DANIEL SCHNELL

Signaturmissbrauch und Rechtssc

Schriften zum Bürgerlichen Recht

Band 364

Signaturmissbrauch und Rechtsscheinhaftung

Von

Daniel Schnell

Duncker & Humblot · Berlin

Die Juristische Fakultät
der Ludwig-Maximilians-Universität München hat diese Arbeit
im Jahre 2006 als Dissertation angenommen.

Bibliografische Information der Deutschen Nationalbibliothek

Die Deutsche Nationalbibliothek verzeichnet diese Publikation in
der Deutschen Nationalbibliografie; detaillierte bibliografische Daten
sind im Internet über http://dnb.d-nb.de abrufbar.

Satz: L101 Mediengestaltung, Berlin
Druck: Berliner Buchdruckerei Union GmbH, Berlin
Printed in Germany

ISSN 0720-7387
ISBN 978-3-428-12495-4

Gedruckt auf alterungsbeständigem (säurefreiem) Papier
entsprechend ISO 9706 ♾

Internet: http://www.duncker-humblot.de

Vorwort

Über „Rechtsschein" ist seit dem ersten Jahrzehnt des 20. Jahrhunderts viel geschrieben worden. Die vorliegende Arbeit will keine neue Theorie hinzufügen. Vielmehr will sie die wildgewachsene Diskussion wieder mit dem Bürgerlichen Gesetzbuch und insbesondere den Zentralregelungen des Rechtsgeschäftsrechts in den §§ 104–185 BGB verzahnen. Der Begriff eines Rechtsscheins begegnet dort zwar nirgends. Der Sache nach wird die Anknüpfung abgestufter Rechtsfolgen an einen unrichtigen Schein verschiedener Inhalte dort jedoch grundlegend behandelt: in den §§ 116 ff. BGB, die im vorliegenden Kontext in Verbindung mit den Vollmachtskundgaben nach den §§ 171 I, 172 I BGB interessieren.

Den Anlass wie auch den exemplarischen Hintergrund für dieses Unterfangen bildet die Frage der Haftung von Signaturschlüssel-Inhabern für den Missbrauch ihrer Signaturschlüssel durch Dritte im modernen Rechtsgeschäftsverkehr. Den an allgemeiner bürgerlich-rechtlicher Dogmatik interessierten Leser möge der administrativ-technische Kontext qualifizierter elektronischer Signaturen wie auch die Tatsache, dass diese bislang keine Massenverbreitung gefunden haben, nicht von der Lektüre dieser Arbeit abhalten.

Die Arbeit lag der Juristischen Fakultät der Ludwig-Maximilians-Universität München im Sommersemester 2006 als Dissertation vor. Sie befindet sich auf dem Stand von Oktober 2006.

Es ist mehrfacher Dank auszusprechen: an Herrn Prof. Dr. Michael Lehmann, Dipl.-Kfm., für die zügige Erstellung des Erstgutachtens und die inhaltliche Freiheit, die bei der Ausarbeitung dieser kritischen Arbeit gelassen wurde. Sowie an Herrn Notar Prof. Dr. Karl Winkler für die ebenfalls zügige Erstellung des Zweitgutachtens.

Zu danken ist der Max-Planck-Gesellschaft für die großzügige Gewährung eines Promotionsstipendiums. In dieser Hinsicht ist des Weiteren der e-fellows.net GmbH & Co. KG zu danken, die mir ein Sachstipendium zukommen ließ, das unter anderem den Zugang zu juristischen Datenbanken umfasste und damit eine große Arbeitshilfe war.

Besonderer Dank ist *last but not at all least* meinen Eltern auszusprechen, die diese Arbeit moralisch und finanziell in umfänglicher Weise unterstützt haben.

Frankfurt, im April 2007   *Daniel Schnell*

Inhaltsverzeichnis

I. Einführung in die Problematik der Haftung von Signaturschlüssel-Inhabern
    für den rechtsgeschäftlichen Missbrauch ihres Signaturschlüssels durch
    Dritte 15

    1. Authentifizierungsfunktion von qualifizierten elektronischen
       Signaturen 15

    2. „Anscheinsbeweis bei qualifizierter elektronischer Signatur"
       gem. §§ 292a, 371a I 2 ZPO [2001, 2005] 21

    3. Haftung des Schlüsselinhabers als materiell-rechtliche „Erschütterungs-
       anschlussfrage" 24

    4. Abschichtung der materiell-rechtlichen Problemebenen der Haftungs-
       frage 25

       a) Kurzdarstellung der potentiellen richterrechtlichen Haftungsgrund-
          lage in Gestalt der Rechtsprechungslinie über Scheinvollmachten .. 27

       b) Kurzdarstellung der weiteren potentiellen Haftungsgrundlage in
          Gestalt der Rechtsprechungslinie über Blankettmissbrauch 33

       c) Nicht in Kraft gesetzter Entwurf eines diese Rechtsprechung im
          Signaturkontext anerkennenden § 126a III 2 BGB-RefE [1999] 34

       d) Verbreitungspolitische Anerkennungshürden 36

       e) Fortbildungspraktische Anerkennungshürden 37

          aa) Präzisierungsbedarf hinsichtlich des Rechtsscheinsinhalts 37

          bb) Bedeutung der Mehrmaligkeitsformel 40

          cc) Präzisierungsbedarf auch hinsichtlich der Rechtsscheinsbasis .. 42

          dd) Behandlung von Signaturschlüsseln nur oder auch wie Blan-
              kette 42

          ee) Rechtsscheinhaftung nur bei zusätzlicher biometrischer Siche-
              rung 44

          ff) Zwischenergebnis: tatbestandliche Unklarheit der Rechtspre-
              chung 44

       f) Gesamtsystematische Anerkennungshürden 44

          aa) Zweistufigkeit von negativem und positivem Vertrauensschutz
              als vertikales Abgrenzungsproblem 48

          bb) Horizontales Folgeproblem auf negativer Haftungsstufe 54

              (1) Begründung negativer Haftung für Signaturmissbrauch aus
                  culpa in contrahendo für das Ausbleiben der Geschäfts-
                  wirksamkeit 55

              (2) Begründung negativer Haftung für Signaturmissbrauch aus
                  Schutzgesetzverstoß 58

(3) Begründung negativer Haftung für Signaturmissbrauch analog § 122 BGB 60

(4) Zwischenergebnis 62

cc) Nichtvorliegen einer Gesetzeslücke für positiven Vertrauensschutz bei unrichtigem Rechtsschein im allgemeinen Rechtsgeschäftsrecht 62

(1) §§ 116 ff. BGB als mittelbarer Maßstab der Kritik an der Rechtsprechung 62

(2) Bürgerlich-gesetzgeberische Erwartung der Anwendung der §§ 171 I, 172 I BGB i. V. m. §§ 116 ff. BGB 65

(3) Zweistufige Differenzierung von Vertrauenshaftung für einen unrichtigen Schein schon im unmittelbaren Anwendungsbereich der §§ 116 ff. BGB 67

(4) Ansatz der vorliegenden Arbeit........................ 71

5. Zwischenergebnis und weiterer Gang der Arbeit 72

II. Signaturgesetzlicher Rahmen 76

1. Hintergrund 76

2. Signaturgesetzliche Vorgaben............................... 81

a) Signaturgesetzliche Vorgaben für Zertifizierungsdiensteanbieter 82

b) Signaturinteressierte Dritte (vorliegend Geschäftsgegner) 86

c) Schlüsselinhaber 88

3. Missbrauchsszenarien...................................... 89

a) Überlassung von Schlüssel und PIN 90

b) Abhandenkommen von Schlüssel und PIN....................... 90

c) Erraten der PIN.. 91

d) Nicht näher interessierende Störkonstellationen 91

aa) Unterschieben von zu signierenden Daten................... 91

bb) Abhandenkommen von bereits signierten Daten.............. 92

cc) Erschleichen einer Schlüsselinhaberschaft unter fremdem Namen... 93

4. Fortgang der Arbeit 94

III. Horizontale Problemebene: Sicherungsmaßnahmen gegen Signaturmissbrauch nach § 6 I 1 SigG als schutzgesetzliche Pflichten gem. § 823 II BGB 95

1. Subjektiv-historische Auslegung der signaturgesetzlichen und formanpassungsgesetzlichen Materialien 98

a) SigG [1997] 98

b) Aktuelles Signaturgesetz................................... 100

c) Formanpassungsgesetz..................................... 101

d) Zwischenergebnis 103

2. Konkretisierung von signaturgesetzlichen Sicherungspflichten 104

a) Verbot der Überlassung von Schlüssel und PIN 104

    b) Auswahl- und Überwachungsgebot bei bloßer Schlüsselüberlassung zu Verwahrungszwecken 106

    c) Besitzwahrungspflicht. 106

    d) Geheimhaltungspflicht bzgl. PIN 106

    e) Besitzvergewisserungspflicht 107

    f) Sperrpflicht 107

    g) Zwischenergebnis. 108

  3. Durch signaturgesetzliche Sicherungspflichten geschützter Personenkreis. 108

  4. Zwischenergebnis. 109

IV. Horizontale Problemebene: Missbrauchsverhinderungspflichten aus rechtsgeschäftsähnlichem Schuldverhältnis gem. §§ 311 II, 241 II BGB [2002].. 110

  1. Abgrenzung von vertraglicher Haftungsbegründung für Signaturmissbrauch. 112

  2. Rechtsgeschäftsähnliches Schuldverhältnis gem. § 311 II BGB [2002] 114

  3. Zwischenergebnis. 119

V. Brücke zur vertikalen Problemebene: Vorliegen und Inhalt eines objektiven Scheintatbestandes analog §§ 171 I, 172 I BGB i. V. m. § 122 II BGB bei Empfang einer signierten Willenserklärung. 122

  1. Allgemeine Vorbetrachtung eines „objektiven Rechtsscheinstatbestandes" bzw. eines „objektiven Vertrauenstatbestandes" 123

    a) „Begriff des Rechtscheins und Aufgabe der Rechtscheinsforschung" nach Naendrup (1910) 123

    b) Der „Recht(s)schein" als Konzept der Bewältigung begrenzter Erkenntnis seitens des Geschäftsgegners 124

      aa) Heranführung 124

      bb) Entmystifizierung 129

      cc) Allgemeine Konsequenzen 131

        (1) Gefahr begrifflicher Überschätzung des „Rechtsscheins".. 131

        (2) Tatbestandliche Teilüberschneidung der vertikal und horizontal abzugrenzenden Haftungstatbestände 132

        (3) Haftungshinderung statt eventueller bloßer Haftungsminderung. 132

        (4) Objektivität der Beurteilung von Erkenntnisfahrlässigkeit.. 133

        (5) Reduzierung der seitens des Geschäftsgegners aufgestellten Tatbestandsmerkmale. 134

    c) Parameter der Beurteilung des Vorliegens eines objektiven Schein- bzw. Vertrauenstatbestandes 137

      aa) Wahrscheinlichkeit 137

      bb) Unzumutbarkeit weitergehender Vergewisserung 137

      cc) „Vertrauensgrundsätzliche" Unterstellung pflichtgemäßen Verhaltens 139

    d) Zwischenergebnis. 140

2. Übertragung auf den Signaturkontext 140

  a) Vorliegen und Inhalt eines objektiven Scheintatbestandes bei Empfang einer signierten Willenserklärung ohne erkennbaren Drittgebrauch des Schlüssels 140

    aa) Bejahung eines signaturbasierten Rechtsscheins, dass der Schlüsselinhaber die signierte Willenserklärung abgegeben habe 141

    bb) Ablehnung einer scheininhaltlichen Alternativerweiterung, dass ein Innenbevollmächtigter den Schlüssel unter dem Namen des Schlüsselinhabers gebraucht habe 142

    cc) Vertiefung 143

    dd) Folgefragen 145

  b) Abwandlungen weniger beschränkter Erkenntnis des Geschäftsgegners 147

    aa) Vertreterzusatz im elektronischen Dokument 148

    bb) Überschreitung von Zertifikatsbeschränkungen gem. § 7 I Nr. 7 SigG 150

    cc) Zwischenergebnis für die beiden vorgenannten Abwandlungen weniger beschränkter Erkenntnis des Geschäftsgegners 154

  c) Zwischenergebnis zur Frage des Vorliegens eines signaturbasierten objektiven Schein- bzw. Vertrauenstatbestandes 154

3. Rückführung der vorangehenden Ergebnisse auf §§ 171 I, 172 I BGB i. V. m. § 122 II BGB 155

  a) Ablehnung einer Isolierung der §§ 171 I, 172 I BGB von §§ 116 ff. BGB 156

    aa) „Vollmacht und Scheinvollmacht" nach v. Seeler (1906) 157

    bb) „Das Vertrauen auf äußere Tatbestände im bürgerlichen Recht" nach Wellspacher (1906) 158

    cc) Ablehnung der Isolierung 161

  b) Einschränkungsdilemma seitens des Geschäftsgegners infolge Isolierung von §§ 116 ff. BGB und damit von § 122 II BGB 162

  c) Die „Willenserklärung" als objektiver Schein- bzw. Vertrauenstatbestand und Behandlung dieser Vorfrage durch §§ 116 S. 2, 117 I, 122 II, 133, 157 BGB 164

    aa) Ausgewählte Beispiele von Verdeckungen der objektiv-scheintatbestandlichen Qualität der Willenserklärung gem. §§ 116 ff. BGB 167

      (1) Verdeckung der objektiv-scheintatbestandlichen Qualität zwecks Einzelkorrekturen am Beispiel von Larenz' Geltungstheorie 167

      (2) Verdeckung der objektiv-scheintatbestandlichen Qualität der Willenserklärung infolge Übersystematisierung am Beispiel Werbas 173

    bb) Die Willenserklärung als objektiv-scheinbar zu definierendes Tatbestandsmerkmal in §§ 116 ff. BGB 174

cc) Verhältnis der die Vorfrage eines objektiven Schein- bzw. Vertrauenstatbestandes betreffenden §§ 116 S. 2, 117 I, 122 II, 133, 157 BGB zueinander.................................. 176

dd) Zwischenergebnis... 180

d) Zwischenergebnis und weiterer Gang der Arbeit................. 181

4. Die Rechtsprechungslinie über Scheinvollmachten als objektiv-scheintatbestandliche Fortbildung von §§ 171 I, 172 I BGB i.V.m. § 122 II BGB 183

a) Rechtsscheinsinhalt... 183

b) Mehrmaligkeitsformel....................................... 183

c) Grenzen einer vertrauensgrundsätzlichen Erklärung.............. 184

5. Die Rechtsprechungslinie über Blankettmissbrauch und §§ 171 I, 172 I BGB analog i.V.m. § 122 II BGB............................. 188

a) Rechtsscheinsinhalt... 188

aa) Vorliegen eines objektiven Scheintatbestandes analog § 172 I BGB bei „offener" Blankettausfüllung?..................... 188

bb) Weitere objektiv-scheintatbestandliche Fortbildung von § 172 I BGB bei „verdeckter" Blankettausfüllung?................... 193

b) Grenzen einer vertrauensgrundsätzlichen Erklärung.............. 194

c) Zwischenergebnis... 195

6. Signaturbasierter Scheintatbestand analog §§ 171 I, 172 I BGB i.V.m. § 122 II BGB und gesetzlicher „Anscheinsbeweis bei qualifizierter elektronischer Signatur" gem. §§ 292a, 371a I 2 ZPO [2001, 2005] ... 196

a) Regelbeweiswirkung eines objektiven Scheintatbestandes in Gestalt einer Vermutung der Richtigkeit des Scheininhalts............... 197

b) § 371a I Satz 2 ZPO [2005] als spezieller Richtigkeitsanschein.... 199

aa) Beweisverlagerungsgraduelle Besonderheit und beweisnormative Struktur von § 371a I 2 ZPO........................... 199

bb) Beweisthematische Überschneidung mit dem Schein des Eigenhandelns analog §§ 171 I, 172 I BGB i.V.m. § 122 II BGB 205

cc) Konsequenzen für die Beweislast für die übrigen Tatbestandsmerkmale neben einem unrichtigen Schein.................. 207

c) Exkurs: Rechtsschein des Nichtabhandenkommens einer signierten Willenserklärung gem. § 371a I Satz 1 ZPO [2005] i.V.m. § 416 ZPO... 210

aa) § 371a I 1 ZPO [2005] i.V.m. § 419 ZPO.................. 211

bb) § 371a I 1 ZPO [2005] i.V.m. § 416 ZPO.................. 211

cc) Kritik.. 214

d) Zwischenergebnis... 217

7. Zwischenergebnis zur objektiv-scheintatbestandlichen Fortbildungsfrage 217

VI. Vertikale Problemebene: Positiver Vertrauensschutz bei Signaturmissbrauch analog §§ 171 I, 172 I BGB i.V.m. §§ 116 S. 1, 119 I a.E., 121 I BGB..... 220

1. Entstehungsgeschichte der §§ 171 I, 172 I BGB.................... 221

a) Gebhards Redaktorenentwurf................................... 221

b) Erste Kommission.. 222

c) Vorkommission des Reichsjustizamtes 224

d) Zweite Kommission.. 225

e) Zwischenergebnis.. 227

2. Kritik an Flumes Interpretation der §§ 171 I, 172 I BGB 228

a) Darstellung... 228

b) Kritik.. 229

c) Erwägenswerter Kern.. 233

3. Entstehungsgeschichte des „Mängel der Übereinstimmung des wirklichen Willens mit dem erklärten Willen" betreffenden Regelungsteils der §§ 116 ff. BGB... 235

a) Vorbetrachtungen 235

b) Problemhierarchisierung von Übereinstimmungsmängeln und
Willensbildungsmängeln...................................... 236

c) Willenstheoretischer Ausgangspunkt und bürgerlich-gesetzgeberische Durchbrechungen bzw. Ergänzungen 238

d) Entwurfsstadien zweistufiger Haftungsdifferenzierung für einen
unrichtigen Schein des Geschäftswillens 242

aa) Redaktorenentwurf von Gebhard 242

bb) Redaktorenentwurf von v. Kübel 244

cc) Erste Kommission 245

dd) Endfassung durch die Vorkommission des Reichsjustizamtes
und die zweite Kommission.............................. 248

ee) Zwischenergebnis....................................... 252

4. Ablehnung einer Analogie zu §§ 171 I, 172 I BGB i. V. m. §§ 118,
119 I a. A., 122 I BGB als negative Haftungsbegründung für Signaturmissbrauch 253

5. Positive Haftung für einen unrichtigen Schein bei Signaturmissbrauch
analog §§ 171 I, 172 I BGB i. V. m. § 116 S. 1 BGB................. 257

a) Abstraktion von § 116 S. 1 BGB als positive Haftung für die vorsätzlich widerrechtliche Veranlassung eines unrichtigen Scheins des
Geschäftswillens 258

aa) Gesetzgeberische Missbilligung des Verhaltens des Geschäftsherrn 259

bb) Umschreibung einer vorsätzlichen Täuschung d.h. einer vorsätzlichen Veranlassung eines unrichtigen Scheins seitens des
Geschäftsherrn.. 259

cc) Beschränkung auf widerrechtliches Verhalten 260

dd) Genügender Vorsatzgrad und erforderlicher Vorsatzbezugspunkt 263

b) Übertragung und Abgrenzung 266

c) Zwischenergebnis 268

6. Positive Haftung für einen unrichtigen Schein bei Signaturmissbrauch analog §§ 171 I, 172 I BGB i.V.m. § 119 I a.E. BGB.............. 270

    a) Abstraktion als hypothetischer Geschäftswille.................. 270

    b) Übertragung... 271

    c) Grenzfragen... 272

    d) Zwischenergebnis.. 274

7. Positive Haftung für einen unrichtigen Schein bei Signaturmissbrauch analog §§ 171 I, 172 I BGB i.V.m. § 121 I BGB 275

    a) Haftung für Nachverhalten 275

    b) Zeitliche Präzisierung....................................... 277

    c) Übertragung.. 277

    d) Zwischenergebnis.. 278

8. Erweiterungsmöglichkeiten positiver Haftung über §§ 116 S. 1, 119 I a.E., 121 I BGB [i.Vm. §§ 171 I, 172 I BGB (analog)] hinaus *de lege lata?* 279

    a) Lücke für unvorsätzlich-bewusste Übereinstimmungsmängel „bei" § 118 BGB 281

    b) Positiver Vertrauensschutz infolge unbeachtlichen Motivirrtums?... 282

    c) „Abhängigkeit" der beiden Haftungsstufen?..................... 286

    d) Privatautonomie 287

    e) Verallgemeinerbarkeit von Spezialregelungen? 291

    f) Zwischenergebnis.. 294

9. Erweiterung positiver Haftung *de lege ferenda?* 294

    a) Mögliche Ansatzpunkte 295

    b) Generalisierbare Extensionsmerkmale 296

    c) Zwischenergebnis.. 298

10. Ergebnis auf vertikaler Problemebene 298

VII. Zusammenfassung... 300

Literaturverzeichnis 306

Sachwortregister.. 322

I. Einführung in die Problematik der Haftung von Signaturschlüssel-Inhabern für den rechtsgeschäftlichen Missbrauch ihres Signaturschlüssels durch Dritte

Rechtsprechung und Theorien, die eine *Rechtsscheinhaftung* des Geschäftsherrn bei vollmachtlosem Vertreterhandeln mit *positivem Vertrauensschutz* des Geschäftsgegners verbinden, sind auf den Boden des Bürgerlichen Gesetzbuchs zurückzuholen: die §§ 171 I, 172 I BGB *i. V. m. §§ 116 S. 1, 119 I a. E., 121 I BGB*. Die in dieser Arbeit behandelte Frage der Haftung von Signaturschlüssel-Inhabern für den rechtsgeschäftlichen Missbrauch ihres qualifizierten elektronischen Signaturschlüssels durch Dritte (kurz: *Signaturmissbrauch*) gibt Anlass hierzu und bietet einen exemplarischen Hintergrund.

Die Fragestellung der Haftung von Signaturschlüssel-Inhabern für Signaturmissbrauch führt zur Rechtsprechung über Scheinvollmachten und Blankettmissbrauch (dazu 4.). Diese Rechtsprechung wird vom Bundesgerichtshof selbst als positiver geschäftsgegnerischer Vertrauensschutz infolge Rechtsscheinhaftung qualifiziert. Sie wirft fortbildungspraktische und sehr weitreichende gesamtsystematische Probleme auf, denen diese Arbeit konsequent und präzise nachgeht (dazu 5.). Die vorgenannte Haftungsfrage stellt sich als „Erschütterungsanschlussfrage" (dazu 3.) zu einer gesetzlichen Beweiserleichterung, die von der jüngeren Gesetzgebung als vertrauensschützende Maßnahme bei „qualifizierten elektronischen Signaturen" (dazu 1.) in §§ 292a, 371a I 2 ZPO [2001, 2005] beweisnormiert worden ist (dazu 2.).

1. Authentifizierungsfunktion von qualifizierten elektronischen Signaturen

In den Materialien zur Signaturgesetzgebung[1] wird ausgeführt, dass „*Sicherheit* und *Vertrauen* von zentraler Bedeutung im elektronischen Ge-

---

[1] Den administrativ-technischen Rahmen für „qualifizierte elektronische Signaturen" normiert das „Gesetz über Rahmenbedingungen für elektronische Signaturen (Signaturgesetz – SigG)" vom 16. Mai 2001 (BGBl. I Nr. 22 vom 21. Mai 2001, S. 876 ff.). Dieses hat das „Gesetz zur digitalen Signatur (Signaturgesetz – SigG [1997])" vom 22. Juli 1997 (BGBl. I Nr. 52 vom 28. Juli 1997, S. 1870 ff.) novel-

schäftsverkehr sind ... . Kernstück zur Förderung dieses *Vertrauens* ist die qualifizierte elektronische Signatur nach dem ... SigG"[2].

Nach der Legaldefinition des § 2 Nr. 1 SigG handelt es sich bei „elektronischen Signaturen" um „Daten in elektronischer Form, die anderen elektronischen Daten beigefügt oder logisch mit ihnen verknüpft sind und *die zur Authentifizierung dienen*". Letzteres bedeutet, dass die *spätere Prüfung* der vorgenannten Daten einen *Rückschluss* auf den *vorangehenden Zeitraum* und insbesondere auf die Umstände der *vorangehenden Erzeugung* der Signatur erlauben soll[3].

Zu „*qualifizierten* elektronischen Signaturen" werden die vorgenannten Signaturdaten, wenn auch die weiteren Voraussetzungen nach § 2 Nr. 2 und Nr. 3 SigG erfüllt sind. Diese werden wiederum in den übrigen Vorschriften des Signaturgesetzes und durch die auf der Grundlage des § 24 SigG erlassene Signaturverordnung konkretisiert[4]. All diese Vorschriften schaffen für

---

liert, das als Art. 3 des „Gesetzes zur Regelung der Rahmenbedingungen für Informations- und Kommunikationsdienste – IuKDG" zum 1. August 1997 in Kraft getreten war. Es ist jüngst durch das „Erste Gesetz zur Änderung des Signaturgesetzes (1. SigÄndG)" vom 4. Januar 2005 (BGBl. I Nr. 1 vom 10. Januar 2005, S. 2 ff.) geringfügig geändert worden. Die „qualifizierte elektronische Signatur" ist neuere Terminologie für dem alten Signaturgesetz gemäße „digitale Signaturen", vgl. *Bettendorf*, RNotZ 2005, 277 [282]. Der administrativ-technische Rahmen, den die Signaturgesetzgebung hierfür normiert d.h. zu standardisieren sucht, wird nachfolgend unter II.2. umrissen.

Eine „Flut von Literatur zur digitalen Signatur" referiert *Rieder*, S. 72 f. mit vielen Nachweisen in Fn. 252, 253 und mit Weiterverweis auf eine „seitenlange Aufzählung" bei *Roßnagel*, Multimedia-Dienste, Einl SigG; extensiv auch etwa Soergel (*Marly*), § 126a vor Rn. 1. Den Verlauf der Signaturgesetzgebung zeichnet *Roßnagel* a.a.O., Einl SigG Rn. 42–215a minutiös nach.

[2] BT-Drs. 15/3417, S. 6 zum 1. SigÄndG [2005] (Hervorhebung hinzugefügt); s.a. BT-Drs. 14/4662, S. 14 zum SigG (Hervorhebung hinzugefügt): „Elektronische Signaturen schaffen ... eine wichtige Grundlage für das *Vertrauen* in die neuen Informations- und Kommunikationsdienste". *Roßnagel* (NJW 2001, 1817) bezeichnet diese demgemäß als „Basistechnologie des elektronischen Rechtsverkehrs". Zu dem in den Zitaten genannten „elektronischen Geschäftsverkehr" bzw. „Rechtsverkehr" bzw. „Rechtsgeschäftsverkehr" siehe unten II.1. in Fn. 258.

[3] Vgl. BT-Drs. 13/7385, S. 26 zum SigG [1997] (Hervorhebung hinzugefügt): „... ergibt sich der dringende Bedarf nach einer digitalen Lösung, die den Anforderungen einer offenen Kommunikation (in der sich die Teilnehmer nicht kennen müssen) gerecht wird, bei der zuverlässig auf den *Urheber geschlossen* werden kann und die Daten vor unbemerkter *Veränderung* geschützt sind. Diese Forderung erfüllt die gesetzliche digitale Signatur"; a.a.O. S. 29 (Hervorhebung hinzugefügt): „... ermöglicht die digitale Signatur einen *zuverlässigen Rückschluss auf die Person, die sie erzeugte*"; BT-Drs. 14/4662, S. 1 (Hervorhebung hinzugefügt): „Die im Gesetzentwurf vorgesehene Sicherheitsinfrastruktur für qualifizierte elektronische Signaturen ermöglicht es, im elektronischen Rechts- und Geschäftsverkehr den *Urheber* und die *Integrität* von Daten *festzustellen*", s.a. a.a.O., S. 14, 28.

qualifizierte elektronische Signaturen einen administrativ-technischen Rahmen von hoher Qualität, nämlich von „hoher Gesamtsicherheit" für deren Erzeugung und Prüfung[5]. Dies bedeutet, dass die vorgenannte Authentifizierungsfunktionalität bzw. Rückschlüssigkeit bei qualifizierten elektronischen Signaturen relativ groß bzw. relativ sicher ist.

Nachfolgend interessieren allein qualifizierte elektronische Signaturen, da diese im Zentrum der praktischen Aufmerksamkeit stehen werden. Zum Zwecke sprachlicher Knappheit werden diese im weiteren Verlauf dieser Arbeit nurmehr als „Signaturen" kurzbezeichnet[6]. Ihr administrativ-technischer Rahmen von „hoher Gesamtsicherheit" wird im folgenden Hauptkapitel skizziert (dazu II.2.).

An dieser einführenden Stelle ist vorwegzunehmen, dass Signaturen mit einem „Signaturschlüssel" erzeugt werden. Dieser ist einzig auf einer „sicheren Signaturerstellungseinheit" zu speichern[7], etwa einer Geldautomaten- bzw. Kreditkarten ähnlichen SmartCard. Der zur nachfolgenden Prüfung von Signaturen erforderliche „Signaturprüfschlüssel", der dem zur Signaturerzeugung verwendeten „Signaturschlüssel" mathematisch korrespondiert[8],

---

[4] „Verordnung zur elektronischen Signatur" vom 16. November 2001 (BGBl. I Nr. 59 vom 21. November 2001, S. 3074 ff., nachfolgend kurz: Signaturverordnung). Diese hat wiederum eine das SigG [1997] begleitende SigV [1997] abgelöst (BGBl. I Nr. 70 vom 27. Oktober 1997, S. 2498 ff.).

[5] BT-Drs. 13/7385, S. 26.

[6] Sofern nachfolgend auf sozusagen *einfache* elektronische Signaturen nach § 2 Nr. 1 SigG oder auf *„fortgeschrittene"* elektronische Signaturen gem. § 2 Nr. 2 SigG Bezug genommen wird, die beide nicht auch die *qualifizierenden* Voraussetzungen nach § 2 Nr. 3 SigG erfüllen, wird dies jeweils klargestellt. Die Dreiteilung beruht auf europarechtlichen Vorgaben in der Richtlinie 1999/93/EG des Europäischen Parlaments und des Rates vom 13. Dezember 1999 über gemeinschaftliche Rahmenbedingungen für elektronische Signaturen (ABl. EG 2000 Nr. L 13 vom 19.1.2000, S. 12 ff.; nachfolgend: Signaturrichtlinie). § 2 Nrn. 1, 2 SigG übernimmt die Definitionen von einfacher und fortgeschrittener elektronischer Signatur aus Art. 2 Nrn. 1, 2 der Signaturrichtlinie. Die „qualifizierte elektronische Signatur" gem. § 2 Nr. 3 SigG ist deutsche Begriffsbildung. Unter diese wurden die zu Art. 2 Nrn. 1, 2 der Signaturrichtlinie hinzukommen weiteren Voraussetzungen von Art. 5 I der Signaturrichtlinie zusammengefasst, vgl. *Miedbrodt/Mayer,* MDR 2001, 432 [434]. Zu diesen drei „Abstufungen" von elektronischen Signaturen näher *Roßnagel,* MMR 2002, 215 ff. Zu „fortgeschrittenen" elektronischen Signaturen nach § 2 Nr. 2 SigG, an die weniger Anforderungen als an „qualifizierte" elektronische Signaturen gem. § 2 Nr. 3 SigG gestellt werden und die daher weniger „gesamtsicher" sind, näher *Roßnagel,* MMR 2003, S. 164 ff.

[7] Vgl. § 2 Nrn. 4, 10, § 5 IV 3 SigG.

[8] Beide „Schlüssel" sind Zahlen. Mit dem „Signaturschlüssel" wird ein zwecks Verringerung des Datenflusses „gehashtes" (d.h. komprimiertes, vgl. dazu *Dobbertin,* DuD 1997, S. 89 ff.) elektronisches Dokument „verschlüsselt". Dieses ist seinerseits nichts weiter als eine (binäre) Zahlenreihe. Die mit dem Signaturschlüssel aus

ist dem „Signaturschlüssel-Inhaber ... durch qualifiziertes Zertifikat zuge-
ordnet"[9]. Diese Person, deren Haftung gegenüber Geschäftsgegnern für den
Missbrauch ihres Signaturschlüssels durch Dritte in dieser Arbeit untersucht
wird, ist zumindest zu Beginn ihrer „zertifizierten" Signaturschlüssel-Inhaberschaft im Besitz der sicheren Signaturerstellungseinheit, auf der ihr Signaturschlüssel einzig gespeichert sein darf[10].

---

dem komprimierten elektronischen Dokument errechneten weiteren Zahlen sind die
Signaturdaten. Diese und das elektronische Dokument können sodann etwa telekom-
muniziert und vom Empfänger geprüft werden [dazu näher unten II.2.b)].

    Mit dem mathematisch korrespondierenden „Signaturprüfschlüssel" wird hierbei
derselbe Rechenvorgang wiederholt und das „entschlüsselte" Ergebnis mit den über-
mittelten Signaturdaten verglichen. Die Übereinstimmung trägt den Schluss, dass
das signierte Dokument nach der Signatur nicht verändert worden ist, vgl. §§ 2 Nr. 2
lit. d, 17 II 2 Nr. 2 SigG. Sie trägt also einen Schluss auf die *Integrität* des Dokuments, vgl. auch das einleitende Zitat oben in Fn. 3. Zum Ablauf der Signaturerzeugung und -prüfung vgl. näher *Bieser* in *Geis*: Rechtsaspekte, 49 [51 f., 68 ff.]. Eine
Skizze der Abläufe findet sich auch bei Soergel (*Marly*), § 126a Rn. 9.

    Die qualifizierte elektronische Signatur ist somit eine *Anwendung asymmetrischer
Kryptographie*, vgl. § 2 Nrn. 4, 5 SigG („private" und „öffentliche kryptographische
Schlüssel"). Im Sinne technikoffener Gesetzgebung wird sie zwar in § 2 Nrn. 4, 5
SigG nur exemplifiziert. Doch ist sie die derzeit einzig bekannte gesetzesgemäße
Technik. Die Asymmetrie soll kennzeichnen, dass zur Erzeugung und Prüfung zwei
verschiedene, jedoch mathematisch korrespondierende Zahlen verwendet werden,
vgl. *Schneier*, 37 ff., 273 ff., 553 ff.; *Fox*, DuD 1997, S. 69 ff. Nach derzeitigem
mathematischem Wissensstand kann der Signaturschlüssel nicht gezielt aus dem
Signaturprüfschlüssel errechnet werden. Letzterer kann daher veröffentlicht werden
und von mehreren und verschiedenen Personen zur Signaturprüfung eingesetzt werden. Damit kann die Signatur- d.h. Authentifizierungsfunktion im vorzitierten Kontext „einer offenen Kommunikation (in der sich die Teilnehmer nicht kennen müssen)" realisiert werden, vgl. oben in Fn. 3 sowie unten II.1. Allerdings kann der Signaturschlüssel über den Signaturprüfschlüssel ausgetestet werden, jedoch mit
zunehmender Schlüssellänge nur mit zunehmendem Rechenaufwand. Mit zunehmender Rechnerleistung wird dies praktikabel. Daher sind in periodischen Abständen
neue, längere Signaturschlüssel einzusetzen. Alte Signaturen werden mit Zeitablauf
aus dem vorgenannten Grunde unsicher, vgl. § 6 I 2 SigG, § 6 Nr. 5 SigV sowie
Roßnagel, CR 2003, S. 301 ff.

    Zur vorgenannten *Integritätsprüfung* und dem signaturgesetzlichen Rahmen des
weiteren Schlusses auf die *Authentizität* i. S. v. Urheberschaft des Signaturschlüssel-
Inhabers an den signierten Daten siehe unten II.2.

    Klarzustellen ist, dass diese Kryptographieanwendung *nicht* der Geheimhaltung
des elektronischen Dokuments dient. Dieses muss vielmehr mitübermittelt werden,
um den vorgenannten Vergleich zu erlauben. Doch können Signatur- und Geheim-
haltungsanwendungen kombiniert werden.

  [9] Vgl. § 2 Nrn. 5, 7, 9, § 7 SigG.

  [10] Vgl. § 2 Nr. 9, § 5 VI SigG. Klarstellung: Einen „Signaturschlüssel-*Inhaber*"
im signaturgesetzlichen Sinne zeichnet nicht allein der *Besitz* des Signaturschlüssels, d.h. der diesen exklusiv speichernden Signaturerstellungseinheit aus. Vielmehr
muss die *Zuordnung* des Signaturschlüsselpaares an seine Person durch ein qualifiziertes Zertifikat *hinzukommen,* dazu näher II.2. Ein Dritter, der in den Besitz des

Die relativ große Authentifizierungsfunktionalität bzw. Rückschlüssigkeit von Signaturen[11] ist zum einen für die Anknüpfung von *Beweiswirkungen* an signierte elektronische Dokumente von Bedeutung. Dahingehend ist sogleich auf § 292a ZPO [2001] und § 371a I 2 ZPO [2005] zurückzukommen (dazu 2.). Sie ist zum anderen für die den Kern dieser Arbeit bildende *materiell-haftungsrechtliche Problematik* von Relevanz (dazu 3. und 4.). Diese geht dahin, ob den Schlüsselinhaber[12] eine Vertrauens- bzw. Rechtsscheinhaftung im Falle des Missbrauchs seines Schlüssels durch einen vollmachtlos handelnden Dritten trifft; und zwar gegenüber Geschäftsgegnern trifft, die auf eine vom vorgenannten Dritten mit dem Schlüssel des Inhabers signierte und *in* sowie vor allem *unter* dessen Namen abgegebene Willenserklärung vertrauen[13].

Vor Beginn der Inhaberschaft an einem Signaturschlüssel ist gem. § 6 I 1 SigG „über die Maßnahmen zu unterrichten, die erforderlich sind, um zur Sicherheit von qualifizierten elektronischen Signaturen … beizutragen". Diese werden hier nachfolgend als nach § 6 I 1 SigG seitens von Schlüsselinhabern „erforderliche Sicherungsmaßnahmen" bezeichnet. Dazu gehört gem. § 6 Nrn. 1, 8 SigV die Unterrichtung über die Möglichkeit der Sperrung des Schlüsselpaares „im Verlustfalle oder bei Verdacht des *Missbrauchs* … der sicheren Signaturerstellungseinheit". Diese Gesetzesformulierung zeigt auf, dass ein *Signaturmissbrauch* auch durch den Signaturrahmen von technisch-administrativ „hoher Gesamtsicherheit" nicht gänzlich ausgeschlossen werden kann. Ein Signaturmissbrauch kann nur erschwert werden zum einen durch die administrative Maßnahme der vorgenannten Unterrichtung mit Folge dahingehender Sensibilisierung von Schlüsselinhabern. Auf diesem Wege kann dessen Häufigkeit sowie Wahrscheinlichkeit minimiert werden. Demnach sind die nach § 6 I 1 SigG erforderlichen *Sicherungsmaßnahmen* dahin zu konkretisieren, *gegen Signaturmissbrauch* erforderlich, zum Zwecke der Prävention desselben „*erforderlich*" zu sein. Ein Signaturmissbrauch wird zum anderen technisch erschwert. So muss

---

Signaturschlüssels einer anderen zugeordneten Person gekommen ist, wird damit nicht zum „Signaturschlüssel-Inhaber" im Sinne des Signaturgesetzes. Der „Signaturschlüssel-Inhaber" wird nachfolgend zwecks terminologischer Verknappung als „Schlüsselinhaber" kurzbezeichnet. Sein „Signaturschlüssel" wird als „Schlüssel" kurzgefasst.

[11] Siehe oben Fn. 6 zur hier nachfolgend kurzgefassten Terminologie von „qualifizierten elektronischen Signaturen" als „Signaturen".

[12] Zur terminologischen Verknappung von „Signaturschlüssel-Inhaber" und „Signaturschlüssel" siehe soeben in Fn. 10.

[13] Dazu sogleich näher unter I.4.e). Als weiterer Haftungsschuldner gegenüber dem Geschäftsgegner kommt der vollmachtlose Vertreter in Betracht, vgl. § 179 I, II BGB. Allerdings soll infolge Rechtsscheinhaftung nach BGHZ 86, 273 [277] nur der Geschäftsherr außen haften, vgl. unten in Fn. 162.

die sichere Signaturerstellungseinheit nach § 17 I 1 SigG „gegen unberechtigte Nutzung der Signaturschlüssel schützen". Zu diesem Zwecke wird deren Nutzbarkeit durch Legitimationsmittel wie PINs oder biometrische Daten des Schlüsselinhabers eingeschränkt[14].

Alle Technik und Unterrichtung gem. § 6 I 1 SigG, § 6 SigV über erforderliche Sicherungsmaßnahmen kann letztlich jedoch nicht gewährleisten, dass der Schlüsselinhaber seinen Schlüssel unter seiner alleinigen Kontrolle hält. § 2 Nr. 2 lit. c SigG setzt denn auch realistischerweise nur voraus, dass der Schlüsselinhaber seine sichere Signaturerstellungseinheit „unter seiner alleinigen Kontrolle halten *kann*". Die Materialien zur Signaturgesetzgebung bezeichnen demgemäß Schlüsselinhaber als ein „Restrisiko" von Signaturverfahren und stellen klar:

> „Wenn Signaturschlüssel-Inhaber die in ihrem eigenen Interesse erforderlichen Maßnahmen nicht treffen, können Signaturschlüssel z.B. für Betrugszwecke *missbraucht* werden"[15].

---

[14] Vgl. auch § 15 I SigV. Die *PIN* (Persönliche Identifikationsnummer, vgl. § 6 Nr. 2 SigV) ist eine Zahl von erinnerungs- und eingabepraktischer Kürze. Bei Signtrust (Deutsche Post AG) werden derzeit beispielsweise sechsstellige PINs verwendet. Sie stellt sicher, dass allein der Besitz der etwa verlorenen oder gestohlenen Signaturerstellungseinheit einen Dritten noch nicht in den Stand setzt, den darauf gespeicherten Schlüssel ohne weiteres zu missbrauchen. Demgemäß wird vom Missbrauchsschutz durch „Besitz *und Wissen*" gesprochen, vgl. § 15 I 1 SigV.
Biometrische Sicherungen der Signaturerstellungseinheit greifen auf *individuelle natürliche Merkmale* des Schlüsselinhabers zurück, wie etwa dessen Fingerabdruck, Netzhaut, Stimme, Schreibfluss etc. Demgemäß könnte von einem Missbrauchsschutz durch „Besitz *und Können*" gesprochen werden. Die Implementation von biometrischen Sicherungen ist *teuer*. Deswegen herrscht momentan eine Sicherung mittels PIN vor. Die Sicherungsmechanismen müssen des Weiteren auf der Signaturerstellungseinheit selbst implementiert werden. Denn werden die biometrischen Daten extern erfasst und zugeleitet, so kann die Signaturerstellungseinheit nicht überprüfen, ob nicht schlicht ein kopierter Satz der biometrischen Daten des Schlüsselinhabers von einem Dritten zugeleitet wird. Soll die Signaturerstellungseinheit nur Kreditkartengröße aufweisen, so scheiden daher biometrische Anwendungen schon aus *implementationspraktischen* Gründen momentan weitgehend aus. Die zukünftige Entwicklung bleibt abzuwarten. Eine sehr optimistische Erwartung der Implementationsmöglichkeiten liegt *A. Albrechts* Ausführungen zugrunde, vgl. Biometrie, S. 128 ff., insbesondere S. 134. Die dort etwa vorgeschlagene biometrische Missbrauchssicherung durch eine eigenhändige Unterschrift auf einem Prüffeld auf der Signaturerstellungseinheit, die sodann einen automatisierten skriptologischen Abgleich mit auf dieser gespeicherten Muster- bzw. Vergleichsdaten durchführen müsste, dürfte schon daran scheitern, dass sich ein Eingabefeld hierfür nicht auf einer kreditkartengroßen Fläche unterbringen lassen wird. Zurückhaltend in der Beurteilung größerer Missbrauchsprävention durch Biometrie auch etwa *Jungermann*, DuD 2003, 69 [70].
Hier wird nachfolgend eine Sicherung durch „Besitz und Wissen" an Karte und PIN zugrunde gelegt, wie sie derzeit praktiziert wird.

Die Umstände, in deren Folge ein Signaturmissbrauch erfolgen kann, insbesondere weil gegen zur Signaturmissbrauchsprävention erforderliche Sicherungsmaßnahmen gem. § 6 I 1 SigG verstoßen wurde, sind an späterer Stelle als Missbrauchsszenarien näher zu betrachten (dazu weiter unten II.3.).

2. „Anscheinsbeweis bei qualifizierter elektronischer Signatur" gem. §§ 292a, 371a I 2 ZPO [2001, 2005]

Eine *Beweisnorm* ist mit § 292a ZPO [2001] über einen gesetzlichen „Anscheinsbeweis bei qualifizierter elektronischer Signatur" durch das Formanpassungsgesetz in Kraft gesetzt worden[16]. Diese „schwierige"[17] bzw. „eigenartige"[18] und teils als zu weit gehend[19], teils aber auch als „überaus gelungen"[20] gewürdigte Beweisnorm ist jüngst mit kleineren Veränderungen in § 371a I 2 ZPO [2005] verlagert worden. Die Begründung des Regierungsentwurfs des Justizkommunikationsgesetzes[21], das diese Verlagerung herbeiführte, besagt hierzu[22]: „Die Aufhebung erfolgt lediglich aus gesetzessystematischen Gründen. Der Regelungsgehalt des § 292a wird unter Aufgabe der Beschränkung auf Willenserklärungen in die Generalvorschrift für die Beweiskraft elektronischer Dokumente als § 371a Abs. 1 Satz 2 überführt"[23].

---

[15] BT-Drs. 13/7385, S. 26 (Hervorhebung hinzugefügt). Vgl. auch *Köhler/Arndt*, S. 81: „… in der Verantwortungssphäre des Signatur-Inhabers selbst liegen die größten Missbrauchsgefahren"; *Bettendorf*, RNotZ 2005, 277 [282].

[16] „Gesetz zur Anpassung der Formvorschriften des Privatrechts und anderer Vorschriften an den modernen Rechtsgeschäftsverkehr" vom 13. Juli 2001, BGBl. I Nr. 35 vom 18. Juli 2001, S. 1542 ff., nachfolgend kurz: Formanpassungsgesetz. „Anscheinsbeweis bei qualifizierter elektronischer Signatur" war amtlicher Normtitel zu § 292a ZPO [2001]. Zum Formanpassungsgesetz vgl. knapp *Hähnchen*, NJW 2001, S. 2831 ff.

[17] *Schemmann*, ZZP 118, 161 [165].

[18] *Noack*, DStR 2001, 1893 [1896].

[19] *Malzer*, DNotZ 2006, 9 [31]; skeptisch bereits *ders.* in *Bettendorf*, EDV und Internet in der notariellen Praxis, 185 [204 f.]; *Roßnagel*, Multimedia-Dienste, Einl SigG Rn. 318 kritisiert § 292a ZPO als „misslungen".

[20] *Sieber/Nöding*, ZUM 2001, 199 [209 bei Fn. 85]; wohlwollend auch *Czeguhn*, JuS 2004, 124 [126].

[21] „Gesetz über die Verwendung elektronischer Kommunikationsformen in der Justiz (Justizkommunikationsgesetz – JKomG)" vom 22. März 2005, BGBl. I Nr. 18 vom 29. März 2005, S. 837 ff., nachfolgend kurz: Justizkommunikationsgesetz. Siehe hierzu *Viefhues*, NJW 2005, 1009 ff.; zu dessen Diskussionsentwurf als „Elektronisches Rechtsverkehrsgesetz" vgl. *Krüger/Bütter*, MDR 2003, S. 181 ff.; zu dessen Referentenentwurf vgl. *Viefhues*, CR 2003, S. 541 ff.; zu dessen signaturspezifischen Neuerungen vgl. *Fischer-Dieskau*, MMR 2003, S. 701 ff.

[22] BT-Drs. 15/4067, S. 32.

§ 292a ZPO sollte „Beweiserleichterung zugunsten des Empfängers einer in der elektronischen Form [d.h. gem. § 126a BGB [2001]: signierten] ... dokumentierten Willenserklärung" sein[24]. Hierdurch sollte „seine Rechtsstellung im Prozess wesentlich gestärkt und im Hinblick darauf das *Vertrauen* in die Rechtssicherheit und die Verkehrsfähigkeit der elektronischen Form in besonderem Maße gewährleistet" werden[25]. Beides trifft nach dem vorgenannten Zitat auch für § 371a I 2 ZPO zu[26]. Dieser lautet:

> „Der *Anschein* der Echtheit einer in elektronischer Form vorliegenden Erklärung, der sich auf Grund der Prüfung nach dem Signaturgesetz ergibt, kann nur durch Tatsachen erschüttert werden, die ernstliche Zweifel daran begründen, *dass die Erklärung vom Signaturschlüssel-Inhaber abgegeben worden ist*".

§ 371a I 2 ZPO ist mittels Verweisung kurz gehalten worden. Die angesprochene „elektronische Form" verweist auf § 126a BGB [2001][27]. Dieser setzt die qualifizierte elektronische Signatur eines elektronischen Dokuments voraus und verweist damit weiter auf das Signaturgesetz[28]. § 371a I 2 ZPO selbst verweist mittels der angesprochenen „Prüfung nach dem Signaturgesetz" auf einzelne Signaturgesetznormen weiter[29].

Die vorliegende Arbeit beschränkt sich auf den Empfang von *signierten Willenserklärungen,* deren *Auslegung* ergibt, *dass der Schlüsselinhaber Ge-*

---

[23] Zum Verfahren der „Beweisführung mit elektronischen Dokumenten", die unsigniert wie auch einfach, fortgeschritten sowie qualifiziert elektronisch signiert sein können und die seit dem durch das Formanpassungsgesetz eingefügten § 371 I 2 ZPO gesetzgeberisch als Beweismittel des Augenscheins gem. §§ 371 ff. ZPO zu klassifizieren sind, vgl. *Berger,* NJW 2005, 1016 ff.

[24] BT-Drs. 14/4987, S. 24 zum Formanpassungsgesetz.

[25] BT-Drs. 14/4987, S. 13 (Hervorhebung hinzugefügt). §§ 292a, 371a I 2 ZPO [2001, 2005] wären überflüssig, wenn sich bereits an den Empfang einer *unsignierten* E-Mail ein entsprechender *richterlicher* Anscheinsbeweis knüpfen würde. Letzteres bejaht *Mankowski,* NJW 2002, 2822 sowie *ders.,* CR 2003, 44. Dies wird zu Recht abgelehnt, vgl. *Roßnagel/Pfitzmann,* NJW 2003, 1209; *Roßnagel,* MMR 2003, 1 („halsbrecherische Konstruktion"); *ders.* MMR 2003, 164.

[26] Siehe soeben bei Fn. 22. Die beiden letztzitierten Sätze bei Fn. 24, 25 werden zudem wortlautidentisch in der Begründung zu § 371a I ZPO [2005] wiederholt, vgl. BT-Drs. 15/4067, S. 34.

[27] § 126a BGB wurde ebenfalls durch das Formanpassungsgesetz in Kraft gesetzt. § 292a ZPO hatte dieses Verweisungsziel gar noch mittels Klammerzusatzes im Gesetzestext klargestellt: „Der Anschein der Echtheit einer in elektronischer Form (§ 126a des Bürgerlichen Gesetzbuchs) vorliegenden Willenserklärung, ...". Dies diente anzunehmendermaßen auch dazu, von „Daten in elektronischer Form" im Sinne von § 2 Nr. 1 SigG abzugrenzen, vgl. oben nach Fn. 2. Da dieses Verweisungsziel des § 126a BGB [2001] nunmehr als bekannt vorausgesetzt wird, ist der Klammerzusatz im Zuge der Verlagerung nach § 371a I 2 ZPO gestrichen worden.

[28] Siehe oben bei Fn. 4.

[29] Zur Signaturprüfung näher unten II.2.b).

schäftsherr sein soll[30]. Denn vor allem hier stellt sich die den Kern dieser Arbeit bildende Frage einer Rechtsscheinhaftung.

Bei Empfang eines solchen Dokuments nimmt § 371a I 2 ZPO dem *Geschäftsgegner*[31] die ihm allgemein zugewiesene Beweislast dafür ab, *wer* die Willenserklärung *abgegeben* hat[32]. Denn die durch § 371a I 2 ZPO bewirkte Beweiserleichterung zugunsten des Geschäftsgegners bedeutet, dass der Schlüsselinhaber (s. Fn. 30) im erkenntnisgerichtlichen Verfahren

---

[30] Die *Parteien* eines Rechtsgeschäfts sind *essentialium negotii*. Sie müssen also *willenserklärt* werden. Eine Willenserklärung muss daher auch dahin *ausgelegt* werden, wer die Parteien, d.h. wer Geschäftsherr und Geschäftsgegner des willenserklärten Geschäfts sein zu sollen scheinen. § 164 II BGB stellt eine Spezialregelung für einen dahingehenden Irrtum der sich willenserklärenden Person dar. Diese Norm zeigt zugleich auf, dass der Wille der willenserklärenden Person entweder dahin gehen kann, selbst Partei d.h. Geschäftsherr sein zu wollen. Oder dass er dahin gehen kann, dass eine andere Person Geschäftsherr sein solle.
Für die vorliegende Arbeit ist zu unterstellen, dass der Inhalt des signierten Dokuments eindeutig ergibt, dass der Inhaber des zur Signatur verwendeten Schlüssels Geschäftsherr sein soll. *Wenn nachfolgend vom Schlüsselinhaber die Rede ist, so ist dieser also zugleich in der Rolle als ausgelegter Geschäftsherr einer mit seinem Schlüssel signierten Willenserklärung gemeint.*
Ob er sich selbst dahingehend willenserklärt hat, oder ob dies ein Vertreter in oder unter seinem Namen und mit oder ohne Vollmacht getan hat, ist damit nicht vorbestimmt. Was dem Empfänger des signierten Dokuments dahingehend näher erkennbar ist, ist Einzelfallfrage. Ausgangspunkt ist eine dahingehend *beschränkte Erkenntnislage* desselben „in einer offenen Kommunikation (in der sich die Teilnehmer nicht kennen müssen)", vgl. oben in Fn. 3 sowie unten II.1. Eben diese im modernen bzw. elektronischen Rechtsgeschäftsverkehr typischerweise beschränkte Erkenntnislage zieht die Frage nach materiell-rechtlicher Vertrauens- bzw. Rechtsscheinhaftung nach sich, dazu sogleich unter 3. und 4.
Denkbar ist des Weiteren, dass sich der Schlüsselinhaber ausweislich des Dokumenteninhaltes im Namen einer anderen Person erklärt. Hierauf ist nur kurz in Fn. 361 für den Fall zurückzukommen, dass das Zertifikat Vertretungsmacht des Schlüsselinhabers für diese andere Person bescheinigt, vgl. §§ 5 II, 7 I Nr. 9, II SigG. Denkbar ist des Weiteren der eher lehrbuchhafte Fall, dass das Dokument mit dem Schlüssel einer Person signiert wurde, die nach der Auslegung nicht Geschäftsherr des dokumentierten Rechtsgeschäfts sein soll. Die Signatur ist dann nur rechtsgeschäftsirrelevantes Beiwerk.
[31] Des Weiteren ist für diese Arbeit zu unterstellen, dass der Empfänger einer signierten Willenserklärung auslegen, d.h. davon ausgehen darf, *Geschäftsgegner* des willenserklärten Geschäfts sein zu sollen. Die durch § 371a I 2 ZPO begünstigte Prozesspartei kann auch ein Rechtsnachfolger dieses Geschäftsgegners sein. Ebenso kann durch § 371a I 2 ZPO ein Rechtsnachfolger des Schlüsselinhabers beweisbelastet werden. Aus Vereinfachungsgründen wird nachfolgend von einer Identität bzw. Kontinuität von materiell-rechtlicher und prozessualer Rolle ausgegangen.
[32] Oder nach der soeben in Fn. 30 verwendeten Terminologie: wer die sich willenserklärende Person war, die sich unter anderem dahin willenserklärt hat, dass der Schlüsselinhaber Geschäftsherr sein soll. Zur allgemeinen Beweislastverteilung hierfür näher unten in Fn. 252.

„ernstliche Zweifel daran begründen" muss, dass die signierte Willenserklärung von ihm abgegeben worden ist, wenn von ihm Abweichendes behaup-
tet wird. Sie enthebt den Geschäftsgegner also von seiner allgemeinen Vollbeweislast dafür, wer eine von ihm empfangene Willenserklärung abgegeben hat. Sie belastet den Schlüsselinhaber (s. Fn. 30) mit einer im
weiteren Verlauf der Arbeit näher zu betrachtenden Last der „Erschütterung", dass *nicht* er die vom Geschäftsgegner empfangene Willenserklärung
abgegeben hat.

Anstelle des Schlüsselinhabers kann dies in Wirklichkeit ein Vertreter getan haben, der wiederum *mit* oder *ohne Vollmacht* sowie *in* oder *unter dem
Namen des Schlüsselinhabers* dessen Schlüssel d.h. Signaturerstellungseinheit gebraucht haben kann.

3. Haftung des Schlüsselinhabers als materiell-rechtliche „Erschütterungsanschlussfrage"

Als *Signaturmissbrauch* interessieren hier die Fälle des Schlüsselgebrauchs durch einen *vollmachtlosen* Vertreter, der sich *in* sowie vor allem
unter dem Namen des Schlüsselinhabers willenserklärt[33]. Diese Fälle werden nur prozesspraktisch relevant, wenn der Schlüsselinhaber den gesetzlichen Anschein nach § 371a I 2 ZPO zu „erschüttern" vermag, dass er selbst
die signierte Willenserklärung abgegeben habe[34]. Die nach § 371a I 2 ZPO
dahingehend jedenfalls mögliche Erschütterung („kann") bleibt *beweisgraduell* hinter einem Gegenteilsbeweis zurück, den eine gesetzliche Vermutung
mit § 371a I 2 ZPO entsprechendem beweisthematischen Inhalt nach sich
zöge, vgl. § 292 ZPO[35]. Auf §§ 292a, 371a I 2 ZPO ist an späterer Stelle im

---

[33] Die dazu führenden Umstände werden unten II.3. als „Missbrauchsszenarien"
abgeschichtet.

[34] Oder wenn der Geschäftsgegner abweichendes Vorbringen des Schlüsselinhabers nicht bestreitet und damit zugesteht, vgl. §§ 138 III, 288 ff. ZPO. Eine gesetzliche Beweiserleichterung d.h. Beweislastverlagerung zieht eine Behauptungslastver-
lagerung für das verlagerte Beweisthema nach sich, vgl. *Prütting*, S. 46 f. Der gesetzliche Anscheinsbeweis nach §§ 292a, 371a I 2 ZPO [2001, 2005] unterscheidet
sich insoweit nicht von gesetzlichen Vermutungen gem. § 292 ZPO. Der von der
gesetzlichen Beweiserleichterung Begünstigte muss deren Tatbestand behaupten und
ggf. beweisen. Die von ihr belastete Gegenpartei muss das Gegenteil der vermuteten
Tatsache bzw. Rechtslage behaupten und vollbeweisen (§ 292 ZPO) bzw. vorliegend den Anschein erschüttern. Der Schlüsselinhaber muss infolge von §§ 292a,
371a I 2 ZPO [2001, 2005] also behaupten, dass nicht er die signierte Willenserklärung abgegeben habe. Bestreitet der Geschäftsgegner diese Behauptung, so muss der
Schlüsselinhaber den gesetzlichen Anschein zudem „erschüttern ... durch Tatsachen,
die ernstliche Zweifel begründen", dazu näher unten V.6.b)aa).

[35] Dazu näher unten V.6.

materiell-rechtlichen Kontext zurückzukommen (s. Fn. 35). Darüber, inwieweit der Schlüsselinhaber der auf ihn verlagerten „Erschütterungsbeweislast" zu genügen vermag, dass *nicht* er die signierte Willenserklärung abgegeben habe, sollen hier keine generellen Aussagen versucht werden[36]. Vielmehr sind die vorgenannten Fälle des Signaturmissbrauchs als *materiell-haftungsrechtliche* „Erschütterungsanschlussfrage" zu betrachten[37].

4. Abschichtung der materiell-rechtlichen Problemebenen der Haftungsfrage

Diese Frage ist bislang noch nicht gerichtspraktisch relevant geworden. Die Literatur kreist um eine Haftungsbegründung als Vertrauens- bzw. Rechtsscheinhaftung des Schlüsselinhabers[38]. Diskutiert wird die Anwendung, Fortbildung bzw. Übertragung[39] einer oder beider Rechtsprechungs-

---

[36] Zu Recht weist *Schneider* (Handbuch des EDV-Rechts, Rn. 804 f.) allerdings auf die allgemeine *praktische* Imminenz der Beweisfragen im vorliegenden Kontext hin.

[37] Vgl. *Dörner*, AcP 202, 363 [393 in Fn. 116]; s.a. *Rieder*, S. 286.

[38] *Kuhn*, S. 43, 193 ff.; *Fritzsche/Malzer*, DNotZ 1995, 3 [15]; Sanner, S. 90–120; *Timm*, DuD 1997, 525 [526]; *Ultsch* in *Schwarz*: Recht im Internet, 6–2.5 auf S. 18 ff. über „unbefugte Schlüsselverwendung"; *ders.* DZWir 1997, 466 [473]; *ders.* in Immenhäuser/Wichtermann, 127 [135 ff.]; *Börms*, S. 95 ff. [96]; *Brückner*, S. 67–108; *Englisch*, S. 96–100; *Roßnagel*, Multimedia-Dienste, § 6 SigG Rn. 45; *T. Deutsch*, JurPC Web-Dokument 188/2000, Absatz 72; *Süßenberger*, S. 126 bei Fn. 218; *Rapp*, S. 96–99; *Noack*, DStR 2001, 1893 [1896]; *Blaurock/Adam*, ZEuP 2001, 93 [111]; *Sieber/Nöding*, ZUM 2001, 199 [209]; *Dörner*, AcP 202, 363 [387–393]; *Jungermann*, S. 123; *Kath*, in *Kath/Riechert*, S. 56 ff., C Rz. 93 ff.; *Schmidl*, CR 2002, 508 [516 f.]; *Stadler*, ZZP 115, 413 [432 ff., 434 in Fn. 94]; *Buss*, S. 105–124, insb. S. 118 ff.; *A. Albrecht*, S. 130–135; *Uhlmann*, S. 229 m.w.N. in Fn. 944; *Dorn* in Dorn/Krämer, E-Commerce, Rn. 680–689; *Redeker*, IT-Recht in der Praxis, 3. Aufl., S. 350 f.; *Hoffmann*, S. 170; *Heusch*, S. 181 ff.; *Rieder*, S. 259 ff.; *Schemmann*, ZZP 118, 161 [172 ff.]; *Holzbach/Süßenberger*, in: *Moritz/Dreier*, S. 406 ff., C Rz. 127 ff.; *Bettendorf*, RNotZ 2005, 277 [286 ff.]; Palandt (*Heinrichs*), § 126a Rn. 12; Soergel (*Marly*), § 126a Rn. 29; Erman (*Palm*), § 12 a Rn. 9; MüKo (*Einsele*), § 126a Rn. 21; s.a. *Oertel*, MMR 2001, 419 [420 f. nach Fn. 19], dessen dahingehende Ausführungen allerdings eher kryptisch bleiben, siehe unten in Fn. 712; sehr vage *Nowak*, MDR 2001, 841 [843 unter 4.] sowie *Schröter*, WM 2000, 2134 [2135].

[39] Exemplarisch *Brückner*, S. 85 vor Fn. 375: „Übertragung"; auf S. 108 spricht *Brückner* dann von „einer konsequent dogmatischen Anwendung der anerkannten Rechtsinstitute des Missbrauchs der Blankenturkunde, der Duldungsvollmacht und Anscheinsvollmacht" auf Fälle des Signaturmissbrauchs.

Methodisch-terminologisch ähnlich bereits *Paefgen* (CR 1993, 558 [559, 563]) zu einer auch im Signaturkontext vielbemühten Entscheidung des OLG Oldenburg (NJW 1993, 1400). In dieser Entscheidung wurde die vorgenannte Rechtsscheins-

linien über Scheinvollmachten und über Blankettmissbrauch. Als deren Gemeinsamkeit wird sich im Verlauf dieser Arbeit herausstellen, dass es
durchweg um eine Haftung des Geschäftsherrn bei vollmachtlosem Vertreterhandeln geht[40]. Von zwei Rechtsprechungslinien wird wegen der Unterschiede im Übrigen gesprochen, die ebenfalls im Verlauf der Arbeit aufzuzeigen sind[41].

Die Literatur kreist damit um Haftungsbegründungen mittels *Entwicklungen von Rechtswissenschaft und Rechtsprechung*, über deren *Tatbestände*
nach wie vor *wenig Klarheit* herrscht [dazu e)] und deren *gesamtsystematische Berechtigung* nach wie vor unabhängig vom Signaturkontext allgemein
umstritten ist [dazu f)]. Die letztgenannten beiden Problemebenen werden
nach einer kurzen Skizzierung der beiden vorgenannten Rechtsprechungslinien über Scheinvollmachten [dazu a)] und über Blankettmissbrauch [dazu
b)] präzisiert. Zuvor ist zudem aufzuzeigen, dass im Referentenentwurf des
Formanpassungsgesetzes *angedacht* worden war, der Rechtsprechungslinie
über Scheinvollmachten in einem § 126a III 2 BGB-RefE [1999] *punktuelle
gesetzgeberische Anerkennung im Signaturkontext* zu verleihen[42] [dazu c)].
Auch die weitere Rechtsprechungslinie über Blankettmissbrauch wurde in
der Begründung des Referentenentwurfs zu § 126a III 2 BGB-RefE [1999]
angesprochen, allerdings in unzutreffender Weise [dazu ebenfalls unter c)].
Neben den vorgenannten *fortbildungspraktischen* und *gesamtsystematischen*
Problemen mit dieser Rechtsprechung [dazu e) und f)] kommen *signaturverbreitungspolitische* Zielsetzungen als denkbare Erklärung dafür in Betracht, dass letztlich von § 126a III 2 BGB-RefE [1999] abgesehen wurde
[dazu d)]. Die Haftung für Signaturmissbrauch ist daher nach wie vor in
vielerlei, sogleich abzuschichtender Hinsicht hochproblematisch.

---

rechtsprechung unter Berufung auf *Redeker* (NJW 1984, 2390 [2393 unter 3. bei
und in Fn. 23]) auf Sachverhalte des Btx-Missbrauchs übertragen. *Paefgen* bezeichnet dies als „verdienstvolle Pionierarbeit" und als „Beitrag zur *systematisch dogma-
tisch-konstruktiven Erfassung* des mit einer hohen Dunkelziffer belasteten Problems
der unbefugten Btx-Nutzung". Nachweise der (Vorgänger-) Diskussion um Rechtsscheinhaftung bei Btx-Missbrauch finden sich etwa bei *Süßenberger,* S. 126 in
Fn. 218. Eine BGH-Entscheidung zu Btx-Missbrauch ist ergangen.
    [40] Gegen Sonderqualifikationen der abredegemäßen, also nicht missbräuchlichen
Blankettausfüllung als nur vollmachtsähnliche „Ausfüllungsbefugnis" o. ä. siehe unten V.5.
    [41] Vgl. unten bei Fn. 83, 84 sowie unten V.5.
    [42] Über § 126a III 2 BGB-RefE [1999] geht *Rieder* (S. 264 in Fn. 33) hinweg,
der kritisiert, dass der Gesetzgeber die Frage einer Rechtsscheinhaftung im Signaturkontext gar nicht in den Blick genommen habe.

a) Kurzdarstellung der potentiellen richterrechtlichen Haftungsgrundlage in Gestalt der Rechtsprechungslinie über Scheinvollmachten

Als Rechtsprechungslinie über *Scheinvollmachten* wird hier die Rechtsprechung zur sog. Anscheinsvollmacht und zur sog. Duldungsvollmacht zusammengefasst. Damit wird auf einen Oberbegriff rekurriert, den v. Seeler in einem Aufsatz über „Vollmacht und Scheinvollmacht" im Jahre 1906 aufgebracht hat[43].

Mit einem Präfix versehen, begegnet der „*Recht*schein" sodann erstmalig im Titel einer Arbeit von Naendrup über „Begriff des Rechtscheins und Aufgabe der Rechtscheinsforschung" von 1910[44]. Diese Arbeit beschränkte sich nicht auf die von v. Seeler behandelte Haftungsproblematik für vollmachtloses Vertreterhandeln infolge einer Rechtscheinsvollmacht[45]. Im Sinne der von Naendrup geforderten „Rechtscheinsforschung" ergingen in den folgenden drei Jahrzehnten zahlreiche Arbeiten, die sehr verschiedene bürgerlich-gesetzliche und sonderprivatrechtliche Regelungskontexte unter den Gesichtspunkt eines „*Recht*scheins" stellten[46].

---

[43] *von Seeler*, Archiv für Bürgerliches Recht, Band 28, 1 ff.; zu diesem Aufsatz näher unten V.3.a)aa).

[44] *Naendrups* Arbeit diente dem erklärten Ziel, dem kurz zuvor aufgekommenen Begriffskompositum eines „Rechtscheins" erstmalig zentrale und übergreifende Aufmerksamkeit zu widmen, *Naendrup*, Begriff des Rechtscheins, S. 1 bei und in Fn. 2. Demgemäß wird die Arbeit hier als Meilenstein der Theoriegeschichte behandelt. Als Begriffserfinder gab sich *Naendrup* nicht aus, ohne andererseits eine dahingehende Person zu benennen. *Herbert Meyer* (Vom Rechtschein des Todes, 1912, S. 6 in Fn. 1) kritisierte Naendrup dahin, dass „Prioritätsfeststellungen zur Förderung der Wissenschaft nicht beitragen". Im gleichen Atemzug wies er allerdings darauf hin, sich in seiner Arbeit über „das Publizitätsprinzip im deutschen bürgerliche Recht" von 1909 bereits der Sache nach mit der Problematik befasst zu haben und beanspruchte das „geistige Eigentum" an der Einordnung der Anfechtung als „Geltendmachung des materiellen Rechts gegenüber dem Rechtsschein" (a. a. O., S. 7). Zu „Vorkämpfern und Anregern des Rechtsscheinprinzipes" vgl. auch *Erner*, S. 4.

[45] Zu *Naendrups* Arbeit näher unten V.1.a).

[46] Siehe unten in Fn. 418. „Der Rechtsschein" stieß von Anfang an nicht auf allseitige Zustimmung. *Oertmann* (ZHR 95, 443 [443]) führte beispielsweise im Jahre 1930 seinen Aufsatz über „Grundsätzliches zur Lehre vom Rechtsschein" einleitend kritisch aus, dass „über den Rechtsschein in den letzten Jahrzehnten von Berufenen und Minderberufenen unendlich viel geredet worden ist, ohne dass über Begriff, Bedeutung und Bezeichnung auch nur annähernd Einklang der Ansichten hätte erzielt werden können". Immerhin war anstelle des von Naendrup verwendeten Begriffskompositums eines „Rechtscheins" nunmehr das Kompositum eines „Rechtsscheins" üblich geworden. Letzteres wird auch in dieser Arbeit zugrunde gelegt, wenngleich es Anlass zu Überinterpretationen gibt, dazu sogleich in Fn. 101.

Das Reichsgericht griff den *Begriff* eines Rechtsscheins[47] im vorliegend interessierenden Haftungskontext für vollmachtloses Vertreterhandeln erst vergleichsweise spät als Haftungsbegründung auf[48], nämlich in einer Entscheidung vom 14. März 1939[49].

Das Begriffskompositum einer „Anscheinsvollmacht" begegnet erstmalig kurz darauf in einer reichsgerichtlichen Entscheidung vom 11. September 1941, die von „Haftung auf Grund einer sogenannten Anscheinsvollmacht" sprach[50]. Warum hier nicht gemäß v. Seelers Terminologie von „Scheinvollmacht" oder gemäß Naendrups Terminologie von „Rechtscheinsvollmacht" gesprochen wurde, sondern von „Anscheinsvollmacht", liegt im rechtshistorischen Dunkel.

Von „den Grundsätzen über die Duldungsvollmacht" spricht sodann erstmalig eine Entscheidung des BGH vom 10. März 1953[51]. Dort heißt es: „Nach anerkannten Rechtsgrundsätzen kann sich der Vertretene auf den Mangel der Vollmacht seines angeblichen Vertreters dann nicht berufen,

---

[47] Der weitere Verlauf dieser Arbeit wird ergeben, dass und warum es sinnlos ist, darüber zu streiten, wann das Reichsgericht *der Sache nach* erstmalig Haftungsfolgen auf einen Rechtsschein der Bevollmächtigung stützte, vgl. dahingehend aber etwa *Bader*, S. 20 bei Fn. 7 sowie S. 22 bei Fn. 14–16 mit Nachweis von Gegenansichten sowie *Canaris*, Vertrauenshaftung, S. 192 in Fn. 19.

[48] Die *Entwicklung* der reichsgerichtlichen *Rechtsprechung* über Rechtsfolgen vollmachtlosen Vertreterhandelns für den Geschäftsherrn referieren *Bader*, S. 18 ff.; *Bienert*, S. 16 ff.; *Bürger*, S. 20 ff. Ein umfassendes *Entscheidungsverzeichnis* (ROHG, RG, BGH, z.T. auch Untergerichte) findet sich bei *Bader* nach S. 200. *Hans Heinrich Meyer* (S. 6) referiert, dass die reichsgerichtliche Rechtsprechung neben dem weiteren Begründungsmuster als „stillschweigende Bevollmächtigung" auch „wahllos und planlos mit dem Grundsatz von Treu und Glauben" gearbeitet habe. Die reichsgerichtliche Rechtsprechungsentwicklung wird dahin skizziert, von der Begründung als „stillschweigender Bevollmächtigung" über die Begründung aus „Treu und Glauben" zur letztlichen Begründung aus „Rechtsschein" verlaufen zu sein, vgl. *Gottsmann*, S. 6.

[49] RGZ 162, 129 [147 ff.]: „Zum Rechtsschein (Treu und Glauben)". Kurz nachfolgend dann RGZ 170, 281 [284]: „Gegebenenfalls würde es sich um die Anwendung der Grundsätze über das Entstehenlassen eines Rechtsscheins oder derjenigen über den sogenannten Vertrauensschutz handeln".
In der weiteren Rechtsprechungslinie über Blankettmissbrauch [dazu sogleich unter b)] fällt der Begriff eines „Rechtsscheins" demgegenüber schon in einer Entscheidung vom 11. November 1932 (RGZ 138, 265 [269]), die § 172 BGB als „Vollmacht kraft Rechtsscheins" benennt, siehe sogleich in Fn. 70.

[50] RG V 31/41, DR 1942, 172.

[51] BGH MDR 1953, 345 [346]. Reichsgerichtliche Entscheidungen sprechen unter anderem bereits von einer „Duldung" des Geschäftsherrn, ohne diese klar zu definieren (vgl. sogleich in Fn. 53). Das Begriffskompositum einer „Duldungsvollmacht" ist jedenfalls erst vom BGH kreiert worden, unpräzise insoweit *Bürger* (S. 32) und *Merkt* (AcP 204, 638 [638 in Fn. 1]).

wenn er dessen Verhalten zwar nicht kannte, es aber bei pflichtgemäßer Sorgfalt hätte kennen und verhindern können und wenn der Geschäftsgegner das Verhalten des Vertreters nach Treu und Glauben dahin auffassen durfte, dass es dem Vertretenen bei verkehrsmäßiger Sorgfalt nicht habe verborgen bleiben können und dass dieser es also dulde (...). Er muss sich in diesem Fall den *Rechtsschein der Vollmacht* des für ihn Handelnden, den er durch sein eigenes Verhalten herbeigeführt hat, entgegenhalten lassen. Im Gegensatz zu *diesem Fall der sog. Anscheinsvollmacht* steht die *stillschweigende Vollmachtserteilung,* wenn nämlich der Vertretene das ihm bekannte Verhalten des Vertreters *duldet* und diese Duldung vom Geschäftsgegner nach Treu und Glauben und mit Rücksicht auf die Verkehrssitte dahin gedeutet werden darf, dass der Vertreter vom Vertretenen Vollmacht, für ihn zu handeln, erhalten hat"[52]. Unklar blieb hier, ob „die Grundsätze über die Duldungsvollmacht" als Oberbegriff für die beiden vorgenannten Fälle zu verstehen sein oder nur den letztgenannten Fall bezeichnen sollten[53].

Eine nachfolgende Entscheidung vom 27. September 1956[54] stellt Letzteres klar: „Die beiden Fälle der sog. ‚Duldungsvollmacht' und der sog. ‚Anscheinsvollmacht' sind ... in dem von der Revision herangezogenen Urteil des ersten Zivilsenats vom 10. März 1953 (...) im Anschluss an BGHZ 5, 111 ... deutlich unterschieden". Hier kennzeichnet der BGH seine Rechtsprechung zugleich als „Weiterentwicklung einer vom Reichsgericht angebahnten Rechtsprechung".

Erst eine Entscheidung vom 8. März 1961[55] spricht sodann eine *Dreiteilung* in stillschweigende Bevollmächtigung, Duldungsvollmacht und An-

---

[52] BGH MDR 1953, 345 [345 f.] (Hervorhebungen hinzugefügt).

[53] „Die Grundsätze über die Duldungsvollmacht" werden im Anschluss an das vorangegangene Zitat unter der Fragestellung eines auf kaufmännische Geschäftsherren beschränkten oder auf bürgerliche Geschäftsherren erweiterten Anwendungsbereichs der Rechtsprechung genannt, dazu nachfolgend bei Fn. 61. Dies spricht für ein oberbegriffliches Verständnis. Der BGH verweist an dieser Stelle auf RGZ 162, 129 [148], siehe oben bei und in Fn. 49. Dort war von „den Grundsätzen über die vermutete Vollmacht" und nicht über „die Duldungsvollmacht" die Rede. Des Weiteren wurde dort klargestellt, dass ein „Dulden" auch unbewusst erfolgen könne. Es wurde dort klargestellt, „dass [nicht] von Belang ist, ob der Vertretene die rechtsgeschäftliche Tätigkeit des Vertreters wirklich gekannt oder geduldet hat", was denn kurz darauf als „Anscheinsvollmacht" gekennzeichnet wurde, siehe soeben bei Fn. 50. Die Rechtsprechung des BGH über Scheinvollmachten, die der BGH selbst in einer Folgeentscheidung als „Weiterentwicklung einer vom Reichsgericht angebahnten Rechtsprechung" bezeichnet (dazu sogleich bei Fn. 54), verläuft hier sehr sprunghaft und unklar. Die Sprunghaftigkeit dieser Rechtsprechung bei Betonung „ständiger Rechtsprechung" wird allgemein kritisiert, vgl. *Bader,* S. 59 in Fn. 6, 119; *Bienert,* S. 9 bei Fn. 13; *Fikentscher,* AcP 154, 1 [3 bei Fn. 9].

[54] BGH NJW 1956, 1673 [1674].

[55] BGH MDR 1961, 592.

scheinsvollmacht aus, in der die Duldungsvollmacht nicht mehr als Unterfall stillschweigender Bevollmächtigung behandelt[56], sondern neben diese bzw. dieser gegenübergestellt wird.

Weitere Präzisierungen dieser Dreiteilung sind durch den BGH nicht nachgefolgt. Das überwiegende heutige Verständnis geht dahin, dass Duldungs- wie auch Anscheinsvollmacht an denselben sog. „objektiven Rechtsscheinstatbestand"[57] anknüpfen und ihre Nebeneinanderstellung nur Unterschiede des seitens des Geschäftsherrn haftungsbegründend vorausgesetzten subjektiven Tatbestandes abbildet[58].

Diese – den Kern der gesamtsystematischen Problematik der Rechtsprechung über Scheinvollmachten [dazu f)] bildenden – subjektiven Tatbestände bzw. Zurechnungsgründe seitens des Geschäftsherrn sind an späterer Stelle näher zu betrachten (dazu VI.). An dieser Stelle genügt der Hinweis, dass in Entscheidungen zur sog. Anscheinsvollmacht einerseits eine hier sog. ältere Formel begegnet, dass der Geschäftsherr „bei pflichtgemäßer Sorgfalt das Verhalten des Vertreters hätte erkennen müssen und verhindern können"[59]. Zum anderen begegnet dort eine hier sog. neue Formel, die

---

[56] Zu der auf diese Begründung für positive Haftung des Geschäftsherrn für vollmachtloses Vertreterhandeln zurückgreifenden älteren reichsgerichtlichen Rechtsprechung siehe oben in Fn. 48. Als Unterfall „stillschweigender Bevollmächtigung" wird „die Duldungsvollmacht" auch noch in der soeben bei Fn. 52 zitierten Entscheidung des BGH vom 10. März 1953 nahelegt.

[57] Vgl. BGH NJW-RR 1986, 1169 (Hervorhebungen hinzugefügt): „Bei der Haftung kraft Anscheinsvollmacht muss das Vertrauen des Geschäftsgegners objektiv und subjektiv berechtigt sein. Die *objektive* Rechtfertigung ergibt sich aus einem *Rechtsscheinstatbestand*, der nach Treu und Glauben einen Schluss auf das Vorliegen der Vollmacht zulässt". Synonym spricht der BGH hier im gleichen Atemzug von einem *Vertrauenstatbestand*, a.a.O. Vgl. auch BGH NJW-RR 1996, 371 sowie BGH NJW-RR 1990, 404 für eine Duldungsvollmacht.

[58] *Werba*, S. 150 m.w.N. in Fn. 799 sowie S. 160 m.w.N. in Fn. 851 sowie S. 161: „Hinsichtlich des objektiven Erklärungswerts, welcher dem Verhalten des Geschäftsherrn zukommt, besteht kein Unterschied zwischen Duldungs- und Anscheinsvollmacht. ... Ein Unterschied besteht nur hinsichtlich des Zurechnungsgrundes".
Rechtsprechung zur sog. Duldungsvollmacht ist relativ selten. Für diese sieht *C. Großfeld* Raum dahin, infolge eines weitergehenden subjektiven Tatbestandes seitens des Geschäftsherrn geringere Anforderungen an das Vorliegen eines objektiven Scheintatbestandes zu stellen, vgl. *C. Großfeld*, S. 18 bei Fn. 56, S. 45 f. Ähnlich wohl auch *Müglich*, MMR 2000, 7 [11 bei Fn. 34]. Gegen ein solches Verständnis *Bader*, S. 170 f.; vgl. auch *Wieling*, JA 1991, Übungsblätter 222 [222 bei Fn. 1, 225 bei Fn. 37, 38]. Die jüngere Rechtsprechung des BGH selbst spricht hiergegen, vgl. das unten in Fn. 62 erfolgende Zitat aus BGH WM 2004, 1227.

[59] BGHZ 5, 111 [116]; mit kleiner modalverbaler Veränderung heißt es nachfolgend in BGH MDR 1953, 345, BGH MDR 1955, 213 [214], BGHZ 40, 197, [204], BGH WM 1977, 1169 [1170], BGH NJW-RR 1986, 1169 sowie BGH NJW-RR

von „Schuldhaftigkeit" seitens des Geschäftsherrn spricht und diese auf die „Veranlassung des Rechtsscheins einer Vollmacht" bezieht und nicht wie die ältere Formel auf das vollmachtlose Vertreterhandeln[60]. Entscheidungen zur sog. Duldungsvollmacht sprechen demgegenüber klassischerweise von „Duldung"[61] und ebenfalls neuerdings von „Wissentlichkeit"[62] seitens des Geschäftsherrn.

Nach dem BGH greift seine Rechtsprechung über Scheinvollmachten „aber *in der Regel* nur ein, wenn das Verhalten des angeblich Vertretenen, aus dem der Geschäftsgegner auf die Bevollmächtigung des Dritten schließen zu können glaubt, *von einer gewissen Häufigkeit und Dauer* ist"[63]. Diese doppelt unbestimmte Formel[64] wird hier nachfolgend als Mehrmaligkeitsformel bezeichnet.

Die Rechtsprechung über Scheinvollmachten greift nach dem BGH auch im bürgerlichen Rechtsgeschäftsverkehr[65]. Dies ist für die vorliegende Ar-

---

1996, 673 sodann, dass der Geschäftsherr dieses „bei pflichtgemäßer Sorgfalt hätte kennen und verhindern *können*" [statt „müssen"], dazu unten bei Fn. 657.

[60] BGH NJW-RR 1987, 308: „Nach ständiger Rechtsprechung kann sich der Vertretene auf den Mangel der Vertretungsmacht seines Vertreters nicht berufen, wenn er *schuldhaft* den Rechtsschein einer Vollmacht veranlasst hat, so dass der Geschäftsgegner nach Treu und Glauben mit Rücksicht auf die Verkehrssitte von einer Bevollmächtigung ausgehen durfte und von ihr ausgegangen ist"; vgl. zuvor bereits BGHZ 43, 21 [27]; BGH WM 1977, 1169 [1170]); wiederholt wird diese hier sog. neue Formel in BGH VersR 1992, 989; BGH NJW-RR 1996, 673; BGH NJW 1998, 1854.

[61] Vgl. das Zitat oben bei Fn. 52.

[62] BGH VersR 1992, 989: „Eine Duldungsvollmacht ist nach ständiger Rechtsprechung des Bundesgerichtshofs anzunehmen, wenn der Vertretene es wissentlich geschehen lässt, dass ein anderer für ihn wie ein Vertreter auftritt und der Geschäftsgegner dieses Dulden nach Treu und Glauben dahin verstehen darf, dass der als Vertreter Handelnde bevollmächtigt ist"; ebenso zuvor BGH NJW-RR 1990, 404 und andeutungsweise bereits BGH NJW 1997, 312; nachfolgend noch genauer BGH WM 2004, 1227 [1229]: „... eine Duldungsvollmacht ist nur gegeben, wenn der Vertretene es – in der Regel über einen längeren Zeitraum – wissentlich geschehen lässt, dass ein anderer für ihn ohne eine Bevollmächtigung als Vertreter auftritt, und der Vertragspartner dieses bewusste Dulden dahin versteht und nach Treu und Glauben verstehen darf, dass der als Vertreter Handelnde bevollmächtigt ist". Vgl. auch BGH NJW 2005, 2985 [2987], wonach eine Duldungsvollmacht eine „bewußt hingenommene" Anscheinsvollmacht darstelle.

[63] BGH NJW-RR 1986, 1169 [1169]; BGH VersR 1992, 989; BGH NJW 1998, 1854.

[64] Unbestimmt bleibt, was „eine gewisse Häufigkeit und Dauer ist". Unbestimmt bleibt des Weiteren, wann diese abweichend von „in der Regel" ausnahmsweise nicht erforderlich ist. Als solche Ausnahme sei genannt die Entscheidung BGHZ 97, 224 [230]; weitere Beispiele bei *Bürger*, S. 116.

[65] BGH NJW 1951, 309 (obiter dictum) – diese Entscheidung sei hier als erste Entscheidung des BGH zu Scheinvollmachten überhaupt klargestellt; MDR 1953,

beit relevant, da diese – nur – die Haftung *allgemeiner Privatrechtssubjekte*
– ergo: von *Bürgern* – als Schlüsselinhaber für Signaturmissbrauch untersucht. Sie beschränkt sich hierauf, da schon die *Bürgerliche Rechtslage* genügend problematisch ist, wie die nachfolgenden Seiten aufzeigen werden.

Als *bürgerlich-gesetzliche* Grundlage der Rechtsprechung über Scheinvollmachten, die für die vorliegende Arbeit von essentieller Bedeutung ist,
nämlich die §§ 171 I, 172 I BGB, deuten jüngere Entscheidungen an[66]:
„Die §§ 171 bis 173 BGB sowie die Grundsätze der Duldungs- und Anscheinsvollmacht sind Anwendungsfälle des allgemeinen Rechtsgrundsatzes,
dass derjenige, der einem gutgläubigen Dritten gegenüber zurechenbar den
Rechtsschein einer Bevollmächtigung eines anderen setzt, sich so behandeln
lassen muss, als habe er dem anderen wirksam Vollmacht erteilt"[67].

345: eine Beschränkung des Anwendungsbereichs auf den kaufmännischen oder
kaufmannsähnlichen Verkehr sei „zu eng, da die Regeln über die Anscheinsvollmacht aus den Rechtsgedanken der §§ 177 ff. BGB i.V.m. § 242 BGB entwickelt
worden sind und daher dem Grundsatz nach auf alle Rechtsbeziehungen, und nicht
nur auf den wirtschaftlichen Verkehr, Anwendung finden müssen"; in BGH NJW
1956, 1673 [1674] heißt es dann nur noch knapp, „dass die Regeln über den Rechtsschein als Ausfluss des allgemeinen Rechtsdenkens von § 242 BGB nicht auf den
Verkehr mit kaufmännischen Betrieben beschränkt sind".

[66] BGH NJW 2003, 2091; Wiederholung in BGH, NJW-RR 2003, 1203; BGH
NJW 2004, 154; vgl. vorangehend bereits BGHZ 102, 60 [64]: „Die §§ 171 bis 173
BGB sind Anwendungsfälle des allgemeinen Rechtsgrundsatzes, dass derjenige, der
(durch besonderen Kundgebungsakt) einem gutgläubigen Dritten gegenüber (wissentlich) den Rechtsschein einer Vollmacht setzt, im Verhältnis zu dem Dritten an
diese Kundgabe gebunden ist …"; BGH NJW 1991, 1225: „Die gesetzliche Regelung der Rechtsscheinvollmacht (§§ 170–172 BGB) …".
Unklar ist, ob es sich bei dem eben in Fn. 65 zitierten Verweis in BGH MDR
1953, 345 auf „den Rechtsgedanken der §§ 177 ff. BGB i.V.m. § 242 BGB" um
einen Schreibfehler handelt und schon damals die §§ 170 ff. BGB gemeint waren.
Die Relevanz von §§ 177 ff. BGB über die Genehmigungsfähigkeit vollmachtlosen
Vertreterhandelns und von §§ 179 f. BGB über die Haftung des vollmachtlosen Ver-
treters selbst für die Frage der Haftung des Geschäftsherrn für vollmachtloses Vertreterhandelns erschließt sich nicht.
Ebenso unergiebig bleiben Rechtfertigungen des BGH für seine Rechtsprechung
über Scheinvollmachten allein mit „§ 242 BGB" bzw. aus „Treu und Glauben" (vgl.
BGH MDR 1955, 213 [215]; BGHZ 40, 197 [203 f.]; BGH NJW 1990, 513), mit
„Rechtssicherheit" (vgl. BGH NJW 1951, 309; BGH NJW 1952, 217 [218]; BGH
NJW-RR 1986, 1169) bzw. mit „dem Bedürfnis nach Schutz des Vertrauens im geschäftlichen Verkehr" oder mit „Verkehrssicherheit" (vgl. BGHZ 17, 13 [16, 17,
19], wo allerdings eine Scheingesellschafterstellung und nicht eine Scheinvollmacht
zur Entscheidung stand).
[67] Auf die Notwendigkeit der Unterscheidung der §§ 171 I, 172 I BGB über die
scheinbare Erteilung von Innenvollmacht von den §§ 170, 171 II, 172 II, 173 BGB
über den scheinbaren Fortbestand von Außenvollmacht und außen kundgegebener
Innenvollmacht wird näher unten bei Fn. 210–215 sowie unter V.3.b) eingegangen.
Zu wenig präzise etwa *Marienfeld*, RIW 2003, 660 [664 in Fn. 47].

In dem eben referierten „allgemeinen Rechtsgrundsatz" deutet sich die *tatbestandliche* Struktur von Rechtsscheinhaftung an, die sich bereits als Abstraktionsversuch in vorangehender Literatur findet[68]: ein objektiver Scheintatbestand müsse zurechenbar sein[69].

b) Kurzdarstellung der weiteren potentiellen Haftungsgrundlage in Gestalt der Rechtsprechungslinie über Blankettmissbrauch

Diese Rechtsprechungslinie hat der BGH in der dahingehenden Grundsatzentscheidung vom 11. Juli 1963[70] selbst auf eine knappe Formel reduziert. Den BGH „führt die entsprechende Anwendung von § 172 Abs. 2 BGB zu folgendem Rechtssatz: Wer ein Blankett mit seiner Unterschrift aus der Hand gibt, muss auch bei einer seinem Willen nicht entsprechenden Ausfüllung des Blanketts den dadurch geschaffenen Inhalt der Urkunde einem redlichen Dritten gegenüber, dem die Urkunde vorgelegt wird, als seine Willenserklärung gegen sich gelten lassen"[71].

Wie die Rechtsprechung über Scheinvollmachten[72] wird diese Rechtsprechung vom BGH selbst als Rechtsscheinhaftung qualifiziert: „Wer eine Blankounterschrift leistet und aus der Hand gibt, schafft damit die Möglichkeit, dass das Blankett entgegen oder abweichend von seinem Willen ausgefüllt und in Verkehr gebracht wird. Er begründet einen Rechtsschein, auf Grund dessen er dem darauf Vertrauenden haftet"[73].

---

[68] Vgl. inbesondere *Canaris,* Vertrauenshaftung, S. 473, 517.

[69] Diese tatbestandliche Struktur geht kategorial an zwei darüber hinaus notwendigen, fundamentalen Unterscheidungen vorbei. Dazu unten bei Fn. 158 sowie bei Fn. 223.

[70] BGHZ 40, 65; Folgeentscheidungen: BGHZ 40, 297 [304]; BGH WM 1973, 750 [751]; BGHZ 113, 48 [53]; BGH MDR 1992, 1142 [1143]; BGHZ 132, 119 [127 f.]; vgl. vorangehend auch bereits RGZ 105, 183 [185]; RGZ 138, 265 [269] sowie BGHZ 21, 122 [128]. In RGZ 138, 265 [269], einer Entscheidung vom 11. November 1932, wird als Hilfsargument eine „Rechtsähnlichkeit" zu § 172 BGB ausgeführt. Zugleich wird hier § 172 BGB als „Vollmacht kraft Rechtsscheins" benannt. Die Vorgängerentscheidung RGZ 105, 183 bleibt demgegenüber in konstruktiver Hinsicht noch gänzlich dunkel. In RGZ 105, 183 [185] wie auch BGHZ 40, 65 [68 f.] wird diese Rechtsprechungslinie über Blankettmissbrauch allerdings bereits als von derjenigen über Scheinvollmachten verschieden expliziert, weswegen denn hier von zwei Rechtsprechungslinien gesprochen wird, siehe oben bei Fn. 40, 41. Aus der älteren Literatur, die Analogien zu § 172 BGB für Fälle des Blankettmissbrauchs vorschlug, sind zu nennen: *Voß,* Jh Jb 56 (1910), 412 [440, 449 ff., 464]; *Bornemann,* S. 25, 35 ff. [38].

[71] BGHZ 40, 65 [68].

[72] Siehe das vorangehende Zitat aus BGH NJW 2003, 2091 bei Fn. 66.

[73] BGHZ 40, 65 [67].

c) Nicht in Kraft gesetzter Entwurf eines diese Rechtsprechung im Signaturkontext anerkennenden § 126a III 2 BGB-RefE [1999]

Der Referentenentwurf des Formanpassungsgesetzes[74] hatte einen § 126 a III BGB-RefE umfasst. Dieser wurde letztlich nicht in Kraft gesetzt. Er lautete[75]:

> „[1] Liegt eine [signierte Erklärung] vor und ergibt eine Prüfung mit dem [Signaturprüfschlüssel], dass das Dokument nachträglich nicht verändert worden ist, so wird vermutet, dass die Erklärung vom Signaturschlüssel-Inhaber abgegeben worden ist. [2] Hat ein Dritter die Erklärung mit einem fremden privaten Signaturschlüssel signiert, so wird vermutet, dass der Dritte vom Signaturschlüssel-Inhaber zur Abgabe der Erklärung bevollmächtigt war ".

§ 126a III *Satz 1* BGB-RefE [1999] entsprach im verlagerten Beweisthema der „Abgabe der signierten Erklärung vom Schlüsselinhaber" dem § 292a ZPO [2001], der letztlich anstelle von § 126a III 1, 2 BGB-RefE [1999] durch das Formanpassungsgesetz in Kraft gesetzt worden ist[76]. Nur ist mit § 292a ZPO [2001] anstelle einer gesetzlichen Vermutung das beweisnormative Novum eines gesetzlichen Anscheinsbeweises realisiert worden, der eine graduell geringere Beweislastverlagerung auf den Schlüsselinhaber bedeutet[77].

§ 126a III *Satz 2* BGB-RefE [1999] sollte auch „Spezialregelung der von der Rechtsprechung entwickelten Anscheins- und Duldungsvollmacht" sein[78]. Danach sollte auch vermutet werden, „dass zumindest die Voraussetzungen der Duldungs- bzw. Anscheinsvollmacht vorlagen"[79]. Wie diese

---

[74] Siehe oben I.2. bei Fn. 16.

[75] Der Referentenentwurf des Formanpassungsgesetzes ist unter http://dud.de/dud/documents/bgbe0599.zip abrufbar. Die zugehörige Begründung ist unter http://www.dud.de/dud/documents/bgbebegr.zip abrufbar. Zum Referentenentwurf des Formanpassungsgesetzes vgl. *Brisch,* CR 1999, S. 537; *Müglich,* MMR 2000, S. 7 [9 ff.].

[76] Siehe oben I.2. bei Fn. 16 ff.

[77] Siehe oben bei Fn. 35 sowie näher unten V.6.

[78] Begründung des Referentenentwurfs des Formanpassungsgesetzes (siehe oben Fn. 75), S. 17, 18. Bereits im Jahre 1995 schlugen *Fritzsche* und *Malzer* (DNotZ 1995, 3 [15]) vor, „die Rechtsscheinhaftung (§§ 170 ff. BGB, Duldungs- und Anscheinsvollmacht) des Schlüsselinhabers ... zum Schutze der potentiellen Erklärungsempfänger auszudehnen". Ähnlich dem späteren § 126a III 2 BGB-RefE [1999] befürworteten sie eine Spezialregelung für Rechtsscheinhaftung bei Signaturmissbrauch. Angedacht wurde eine in §§ 170 ff. BGB einzufügende Norm, durch die „das Bestehen einer Vertretungsmacht bei nachweisbarem [Dritt-] Handeln *unter* Schlüssel- und Zertifikatsverwendung fingiert wird" [Hervorhebung hinzugefügt, dazu sogleich unter e)].

[79] A.a.O., S. 19.

lauten und was etwa die Mehrmaligkeitsformel im Signaturkontext bedeuten solle, führte die Begründung des Referentenentwurfs nicht weiter aus.

Die Begründung bezeichnete eine Rechtsscheinhaftung des Schlüsselinhabers, die durch § 126a III Satz 2 BGB-RefE [1999] anerkannt worden wäre, als „notwendige Ergänzung des Satzes 1. Ansonsten würde kein hinreichender Anreiz dafür bestehen, mit Signaturschlüssel und PIN sorgfältig umzugehen und sie nicht ohne weiteres Dritten zu überlassen oder zugänglich zu machen. Dem Signaturschlüssel-Inhaber ist es auch zumutbar, die *notwendigen Vorkehrungen gegen einen Missbrauch* seines privaten Signaturschlüssels zu treffen. Die Anforderungen sind soweit nicht anders als die für den Fall, dass jemand einem Dritten ein blanko unterschriebenes Papier überlässt"[80].

Die im letztzitierten Satz erfolgte Bezugnahme auf die Rechtsprechungslinie über Blankettmissbrauch geht an deren „subjektivem Tatbestand" in Gestalt der „Aushändigung eines Blanketts mit seiner Unterschrift" vorbei[81]. Der BGH lässt diese Überlassung sehr wohl „ohne weiteres" zur Haftungsbegründung genügen. Es ist keine Entscheidung ersichtlich, die dies dahin einschränken würde, nur an ein Auswahl- und Überwachungsverschulden seitens des Geschäftsherrn anzuknüpfen, wie es das vorgenannte Zitat nahe legt[82]. Die „Zurechenbarkeit" nach beiden Rechtsprechungslinien – Schuldhaftigkeit einerseits[83], verschuldensunabhängige „Aushändigung" andererseits – lässt sich damit schwer auf einen Nenner bringen[84].

---

[80] A.a.O., S. 18 f. (Hervorhebung hinzugefügt).
[81] Siehe oben bei Fn. 71.
[82] Dahingehende Andeutungen finden sich zwar in der reichsgerichtlichen Judikatur, vgl. RGZ 105, 183 [185]: „sorgfältige Überwachung gegen Missbrauch"; RGZ 138, 265 [269]: „Sache des Arbeitgebers ist es, seine Angestellten zu überwachen, denen er Blanketturkunden mit seiner Unterschrift überlässt". Doch lässt die Rechtsprechung des BGH keine dahingehenden Einschränkungen mehr erkennen.
[83] Siehe oben bei Fn. 60 nach der hier sog. neuen Formel.
[84] Vgl. oben bei Fn. 66 ff. Abzulehnen ist ein von *Canaris* (Vertrauenshaftung, S. 473, 479 ff.) aufgebrachtes und von *Rieder* (S. 96 ff., 377) für den Signaturkontext bejahtes „Risikoprinzip" als gemeinsamer Zurechnungsgrund, dagegen unten bei und in Fn. 146, 173, 356, 407, 607, 1032.
Ebenso vage und damit unbefriedigend bleibt die ebenfalls auf *Canaris* (Vertrauenshaftung, S. 28 ff., 482) zurückgehende und vom BGH übernommene „Wissentlichkeit" (vgl. oben Fn. 62 sowie *Canaris*, in: FG 50 Jahre BGH, 129 [156 bei und in Fn. 113]) als verbindendes Moment zwischen der Rechtsprechung zur sog. Duldungsvollmacht und zum Blankettmissbrauch. Denn nach *Canaris* muss der Geschäftsherr nur wissen, was er tut („Aushändigung" des Blanketts). Nicht aber muss „Wissentlichkeit" auch dahin gegeben sein, was er damit abstrakt tut (Schaffung einer Missbrauchsmöglichkeit). Geschweige denn wird „Wissentlichkeit" bei Blankettmissbrauch dahin vorausgesetzt, dass eine konkrete Missbrauchsgefahr konkret bewusst sein und gar „geduldet" werden müsse. Vielmehr wird mit einer unklaren

Warum letztlich von § 126a III BGB-RefE [1999] und insbesondere dessen Satz 2 abgesehen und der engere § 292a ZPO [2001] in Kraft gesetzt wurde, liegt im rechtshistorischen Dunkel der jüngeren Vergangenheit. Drei Erklärungen liegen nahe: signaturverbreitungspolitische Erwägungen mit Blick auf die schwerwiegende Rechtsfolge positiver Haftung für Signaturmissbrauch [dazu d)] sowie fortbildungspraktische [dazu e)] und vor allem gesamtsystematische Probleme der beiden Rechtsprechungslinien [dazu f)].

d) Verbreitungspolitische Anerkennungshürden

Zum einen kommt in Betracht, dass der Formanpassungsgesetzgeber zwecks Förderung der nach wie vor stockenden Verbreitung der Teilnahme an qualifizierten elektronischen Signaturverfahren[85] keine *weit gehende* Haftung für Signaturmissbrauch als mögliche Folge einer Schlüsselinhaberschaft aussprechen wollte, wie sie § 126a III 2 BGB-RefE [1999] anerkannt hätte. Denn Rechtsscheinhaftung wird ganz überwiegend mit einem Schutz des sog. *positiven* Interesses des Geschäftsgegners an der Wirksamkeit der ihm gegenüber abgegebenen Willenserklärung gleichgesetzt. Im Kontext vollmachtlosen Vertreterhandelns steht dieser Wirksamkeit nach § 164 I 1 BGB *an sich* der Mangel dessen ersten Tatbestandsmerkmals entgegen, wonach der Vertreter „innerhalb ihm zustehender Vertretungsmacht" handeln muss. Doch soll Rechtsscheinhaftung zur *ausnahmsweisen* Heilung bzw. Überwindung dieses Mangels führen[86], indem der Geschäftsherr etwa nach der Rechtsprechung über Scheinvollmachten „sich so behandeln lassen muss, als habe er dem anderen wirksam Vollmacht erteilt"[87]. Ein miss-

---

Kombination von im Gegenstand unbestimmt bleibendem „Wissen" und wissenunabhängig-objektiver „Missbrauchsrisikozuweisung" operiert, vgl. *Canaris*, Vertrauenshaftung, S. 58 („geradezu ein Musterbeispiel der Rechtsscheinhaftung kraft wissentlicher Schaffung eines Scheintatbestandes") mit S. 60 bei Fn. 23–25; s.a. ders. in FG 50 Jahre BGH, 129 [159 bei Fn. 131]. Dahingehend kritisch auch *G. Müller*, AcP 181, 515 [534 nach Fn. 96].

[85] Dazu näher unten II.1. bei Fn. 266 f.

[86] Von „Heilung des Vollmachtsmangels" durch eine Scheinvollmacht spricht etwa BGHZ 159, 294 [300], von dessen „Überwindung" etwa *Arnold/Gehrenbeck*, VuR 2004, 41 [44 vor Fn. 32]. Die Kritik von *Wolf/Großerichter* (WM 2004, 1993 [2001 bei und in Fn. 68]) an der erstgenannten Qualifikation dahin, dass Rechtsscheinhaftung vielmehr zur „Fiktion" einer mangelfreien Vollmacht führe, ist sophistisch. Sie überhöht die nicht entscheidende konstruktive Frage, wie positiver Vertrauensschutz zu verwirklichen sei.

[87] Vgl. das oben bei Fn. 67 erfolgte Zitat. Im oben bei Fn. 52 erfolgten Zitat heißt dies ergebnisgleich: „... kann sich der Vertretene auf den Mangel der Vollmacht seines angeblichen Vertreters dann nicht berufen ...". Zurückkommend auf die vorangegangene Fn. 86 kann das letztgenannte Zitat auch als Einwendungsausschluss eingeordnet werden. Fiktion des Scheins als Sein und Ausschluss einer

brauchtes Blankett muss der Geschäftsherr „als seine Willenserklärung gegen sich gelten lassen"[88]. Diese Haftungsfolge von Rechtsscheinhaftung wird auch als *positiver* Vertrauensschutz bzw. als *positive* Vertrauenshaftung bezeichnet[89].

e) Fortbildungspraktische Anerkennungshürden

Als weitere Erklärung für das letztliche Absehen von § 126a III 2 BGB-RefE [1999] kommt in Betracht, dass im Zuge von dessen Entwurf und Diskussion erkannte *fortbildungspraktische Probleme* der beiden im Referentenentwurf herangezogenen Rechtsprechungslinien nicht bewältigt wurden [dazu aa) bis ff)]. Auch die bisherige Behandlung der Haftungsfrage für Signaturmissbrauch unter der Fragestellung von Rechtsschein- und Vertrauenshaftung durch die Signaturliteratur[90] weist noch dahingehenden *Präzisierungsbedarf* auf.

aa) Präzisierungsbedarf hinsichtlich des Rechtsscheinsinhalts

Die Rechtsprechungslinie über Scheinvollmachten knüpft ihrer oberbegrifflichen Bezeichnung gemäß an den „Rechtsschein einer Vollmacht"[91] bzw. den „Rechtsschein einer Bevollmächtigung"[92] an. Signaturmissbrauch steht überwiegend *unter* dem Namen des Schlüsselinhabers zu erwarten[93]. Ein Vertreterhandeln *unter fremdem Namen* wird als *tertium* neben das in § 164 I, II BGB unterschiedene Vertreterhandeln „in fremdem Namen" und das Geschäftsherrnhandeln „im eigenen Namen" gesetzt. Es soll Sachverhalte beschreiben, in denen für den Geschäftsgegner *nicht gem. § 164 I 2 BGB offenkundig* ist, dass sich ihm gegenüber ein Vertreter und nicht der

---

Nichtigkeitseinwendung sind wiederum nur zwei Konstrukte zur Erreichung desselben Ergebnisses positiven Vertrauensschutzes.

[88] Vgl. das oben bei Fn. 71 erfolgte Zitat. In RGZ 105, 183 [185] war noch *obiter dictum* Anfechtbarkeit bejaht und in RGZ 138, 265 [269] nochmals angesprochen worden. Klare Aussagen zu dieser Frage finden sich beim BGH nicht mehr, vgl. BGHZ 40, 65 [69], WM 1973, 750 [751 unter II.]. Ganz überwiegende Ansicht ist denn das unanfechtbare Greifen des in BGHZ 40, 65 [68] aufgestellten „Rechtssatzes", siehe oben bei Fn. 71.

[89] Vgl. *Canaris,* Vertrauenshaftung, S. 5; ders. in FG 50 Jahre BGH, 129 [132 m. w. N. in Fn. 5]; daneben begegnet die Bezeichnung als „Erfüllungshaftung", vgl. *Canaris,* in: FG 50 Jahre BGH, 129 [133].

[90] Vgl. oben in Fn. 1, 38.

[91] Vgl. die in Fn. 60, 66 erfolgten Zitate.

[92] Vgl. das bei Fn. 67 erfolgte Zitat.

[93] Vgl. dahingehend auch die Begründung zu § 126a III BGB-RefE (siehe Fn. 75), S. 19.

Geschäftsherr selbst willenserklärt[94]. Aus der beschränkten Perspektive des Geschäftsgegners (dazu allgemein näher unten II.1.) ist in derartigen Fällen weder offenkundig, dass sich ihm gegenüber ein Vertreter willenserklärt, noch dass sich ihm gegenüber der Geschäftsherr selbst willenserklärt. Aus eben dieser beschränkten Perspektive ist das Vorliegen *und der Inhalt* eines objektiven Scheintatbestandes zu bestimmen. Mit dem *Rechtsscheinsinhalt* ist die erste sinnvolle Präzisierung zur Behandlung der Haftungsproblematik für Signaturmissbrauch als Rechtsscheins- bzw. Vertrauenshaftung genannt. Zu fragen ist präziser, *worauf* der Geschäftsgegner bei Empfang einer signierten Willenserklärung vertrauen dürfen soll. Zu fragen ist, *was* für ihn objektiv-scheinbar[95] bei und nach Erzeugung der Signatur geschehen sein soll[96].

Bei Signaturmissbrauch *unter* dem Namen des Schlüsselinhabers geht es demgemäß entweder gar nicht oder jedenfalls nicht primär um einen „Rechtsschein der Bevollmächtigung" bzw. einen „Rechtsschein der Vollmacht" des Dritten, da dessen Mitwirkung dem Geschäftsgegner *gar nicht offenkundig* i. S. v. § 164 I 2 BGB ist[97]. Demgemäß muss die Rechtsprechungslinie über Scheinvollmachten *rechtsscheinsinhaltlich* fortgebildet werden, so sie auf Signaturmissbrauch *unter* dem Namen des Schlüsselinhabers angewendet, fortgebildet bzw. übertragen[98] werden soll. Die Rechtsprechungslinie über Blankettmissbrauch betraf bislang durchweg vollmachtloses Vertreterhandeln unter fremdem Namen[99]. Doch bleibt diese

---

[94] Strikt zu trennen ist die Frage, ob der *in* oder *unter* dem Namen des Geschäftsherrn handelnde Vertreter „innerhalb ihm zustehender Vertretungsmacht" handelt oder außerhalb bzw. „ohne Vertretungsmacht". Zu Vertreterhandeln „unter fremdem Namen" nochmals näher unten V.2.a)dd).

[95] Siehe oben bei Fn. 57 zum sog. „objektiven Rechtsscheinstatbestand" bzw. „objektiven Vertrauenstatbestand".

[96] Siehe oben bei Fn. 3 zur Authentifizierungsfunktion bzw. Rückschlusssicherung durch Signaturen.

[97] Vgl. *Schemmann*, ZZP 118, 161 [174 f.] zum Signaturmissbrauch *unter* dem Namen des Schlüsselinhabers (Hervorhebungen hinzugefügt): „In Betracht kommen die Grundsätze der Anscheins- oder Duldungsvollmacht, sofern man diese auch auf das Handeln *unter* fremdem Namen anwenden will. ... Hiergegen könnte eingewandt werden, dass *kein Rechtsschein einer Bevollmächtigung* entstehen kann, wo schon die Drittwirkung des rechtsgeschäftlichen Handelns überhaupt nicht offen gelegt wird. Zumindest müsste dieser Rechtsschein *genereller auf die erfolgreiche Bindung des gewünschten Geschäftspartners bezogen* sein".

[98] Siehe oben bei Fn. 39.

[99] Auszunehmen sind Entscheidungen wie BGH WM 1984, 199 [200], die eine missbräuchliche Ausfüllung durch den Geschäftsgegner selbst betrafen. Eine nicht nur gehilfenweise Ausfüllung durch den Geschäftsgegner stellt ein In-Sich-Geschäft gem. § 181 BGB dar. Dem Geschäftsgegner ist hierbei im Sinne von § 164 I 2 BGB offenkundig, *im* Namen des Geschäftsherrn und mit sich selbst den letztlichen Geschäftsinhalt zu bestimmen. So er ihm hierfür gezogene Grenzen überschreitet,

Rechtsprechung für die vorgenannte Fortbildungsfrage unergiebig, da sie den Rechtsschein, auf den der Geschäftsgegner dort vertrauen dürfen soll, nicht weiter konkretisiert[100].

Die Signaturliteratur hat die beiden in Betracht zu ziehenden schein-inhaltlichen Fortbildungen bereits identifiziert: entweder einen objektiven Rechtsscheinstatbestand des Inhalts, dass der Schlüsselinhaber selbst die signierte Willenserklärung abgegeben habe[101]; oder einen Schein des sozu-sagen „alternativen" Inhalts, dass entweder der Schlüsselinhaber selbst oder ein unter seinem Namen handelnder Innenbevollmächtigter diese abgegeben habe[102]. Hat in Wirklichkeit ein vollmachtloser Vertreter den Schlüssel un-

---

ist er keineswegs vertrauensschutzwürdig, da das Blankett hier keine Grundlage für Vertrauensschutz bildet. Vgl. *Marienfeld*, RIW 2003, 660 [663 bei Fn. 27, 28]; MüKo (*Schramm*), S. 173 Rn. 9.

[100] Vgl. das Zitat bei Fn. 73.

[101] *Sanner* [Signatur, S. 112 unter (iii)] bejaht bei verdecktem Schlüsselgebrauch durch einen Dritten einen Rechtsscheinsinhalt des Eigenhandelns des Schlüsselinha-bers. Er bejaht also einen Rechtsscheinsinhalt dahin, dass die signierte Willenserklä-rung vom Schlüsselinhaber stamme. Ebenso *Schmidl*, CR 2002, 508 [516 f.]. *Rieder* (S. 268) gelangt dem ähnlich, wenngleich begriffsumständlich zu einem „Rechts-scheintatbestand in bezug auf die Identität des Erklärenden": „Die Identität des Er-klärenden ist eine gegenwärtige, rechtlich mögliche Rechtslage mit Bezug auf ein Verhalten des Signaturinhabers, nämlich die Zuordnung einer elektronischen Erklä-rung zu einer Person". Diese „Rechtslage" liege bei Schlüsseldrittgebrauch unter dem Namen des Schlüsselinhabers scheinbar vor. Dieses Ergebnis liege „innerhalb einer Typenreihe zwischen verdeckter Blankettausfüllung und den Rechtsscheinvoll-machten" (a.a.O. S. 278).
Rieders vorzitierte Begriffsumständlichkeit dürfte auf die Zielsetzung zurück-zuführen sein, *Canaris'* Beschränkung von „Rechtsscheinstatbeständen" auf schein-bare „Rechtslagen" unter Ausschluss eines „Tatsachenscheins" Rechnung zu tragen, vgl. *Canaris*, Vertrauenshaftung, 496 f.; *Rieder*, S. 93 bei Fn. 360. Demgegenüber ist schlichtweg *Canaris'* Einschränkung in Frage zu stellen. Diese setzt das Präfix eines „Rechts-scheins" mit einer „Rechts-lage" gleich, vgl. Vertrauenshaftung, a.a.O. („wie schon ihr Name sagt"). Diese Ansicht findet keine Grundlage in der älteren Literatur. *Naendrup* sprach von einem „Recht-" i.S.v. Richtigkeitsschein, vgl. unten bei Fn. 413–416.

[102] *Brückner* bejaht bei vollmachtlosem Vertreterhandeln *unter* fremdem Namen einen hier sog. alternativen Rechtsscheinsinhalt dahin, dass eine elektronisch sig-nierte Online-Überweisung scheinbar „vom Kunden selbst oder von einer vom Kun-den hierfür autorisierten Person stammt", S. 83 bei Fn. 370 sowie zuvor S. 78 vor Fn. 352, S. 81 bei Fn. 360; undeutlicher zuvor bereits S. 67, S. 72 nach Fn. 314. Ebenso *Ultsch* in *Schwarz*, Recht im Internet, 6–2.5 auf S. 18 sowie *ders.* DZWir 1997, 466 [473] sowie *Dörner*, AcP 202, 363 [388]. Dem entsprechen die älteren Ausführungen *Kuhns*, die noch nicht signaturspezifisch erfolgten. Bei Handeln *unter* fremder, verlässlicher Kennung entsteht nach *Kuhn* ein „Urheberschaftsrechtsschein" (*Kuhn*, S. 220 als Überschrift), der dahin gehe, „dass die Erklärung von dem ... Kennungszeichenträger selbst stammt oder jedenfalls mit dessen Wissen und Wollen durch einen Dritten erzeugt wurde". Kurz darauf wird dieser Urheberschaftsrechts-

ter dem Namen des Schlüsselinhabers missbraucht, so sind beide Scheintatbestände unrichtig, und es stellt sich die Frage von Rechtsscheinhaftung als Frage der Haftung für einen unrichtigen bzw. falschen Schein[103]. Wäre positiver Vertrauensschutz des Geschäftsgegners bei diesem unrichtigen Schein zu bejahen, so müsste der Geschäftsherr bei Zugrundelegung des erstgenannten Rechtsscheinsinhalts „sich so behandeln lassen ..., als habe er selbst die vom Geschäftsgegner empfangene, signierte Willenserklärung abgegeben"[104]. Im Falle des alternativen Rechtsscheinsinhalts würden beide Alternativen zum selben Ergebnis einer für und gegen den Geschäftsherrn wirkenden (vgl. § 164 I 1 BGB[105]) bzw. wirksamen Willenserklärung führen, so dass auch dieser Weg konstruktiv gangbar wäre.

Ungenügend problematisiert wurde bislang zum einen, ob zu den nach § 6 I 1 SigG seitens von Schlüsselinhabern „erforderlichen Sicherungsmaßnahmen" gehört, *Schlüssel und PIN generell nicht Dritten zu überlassen*[106] und wie ein demgemäß „unsicheres" Verhalten des Schlüsselinhabers im Rahmen der Frage nach Vorliegen und Inhalt eines objektiven Scheintatbestandes zu berücksichtigen ist (dazu III.2. und V.2.). Ungenügend problematisiert wurde bislang zum anderen, wie die Beweisnorm des § 371a I 2 ZPO, die sich mit dem erstgenannten Rechtsscheinsinhalt anscheinsbeweisthematisch überschneidet, zum materiell-haftungsrechtlichen Tatbestandsmerkmal eines objektiven Scheintatbestandes steht (dazu V.4.).

bb) Bedeutung der Mehrmaligkeitsformel

Sehr kontrovers beurteilt wird, welche Bedeutung der in der Rechtsprechung über Scheinvollmachten auftauchenden Mehrmaligkeitsformel[107] bei Rechtsscheinhaftung für Signaturmissbrauch zukommen soll[108]. Klarzustellen ist an dieser Stelle, dass die Rechtsprechung über Blankettmissbrauch

---

schein dahin expliziert, „dass der Kennzeichenträger selbst oder ein von diesem dazu Ermächtigter die Erklärung abgegeben hat" (S. 222). Der Urheberschaftsrechtsschein begründe einen „Vertrauenstatbestand hinsichtlich der Rechtsbindung des Kennzeichenträgers".

[103] Zur Sinnhaftigkeit dieser Präzisierung sogleich bei Fn. 223.

[104] Vgl. oben bei Fn. 67, 87.

[105] Zur „entsprechenden" Anwendung der §§ 164 I 1, 167 I Alt. 1 BGB bei Willenserklärung *unter* dem Namen des Geschäftsherrn *durch einen Innenbevollmächtigten* näher unten V.2.a)dd) bei Fn. 502 ff.

[106] Vgl. *Bettendorf*, RNoZ 2005, 277 [281 in Fn. 19, 285 bei Fn. 45, 287 bei Fn. 63].

[107] Siehe oben bei Fn. 64.

[108] Zu den allgemeinen, signaturunabhängigen Schwierigkeiten der Literatur bei der Einordnung dieses von der Rechtsprechung aufgestellten Merkmals vgl. *Bürger*, S. 14 ff.

kein vergleichbares Erfordernis kennt. Unklarheit herrscht insoweit bereits in grundsätzlicher bzw. signaturunabhängiger Hinsicht. Sie geht dahin, ob die Mehrmaligkeitsformel nur oder zumindest auch für den subjektiven Tatbestand bzw. den Zurechnungsgrund einer Scheinvollmacht[109] oder nur für den objektiven Schein- bzw. Vertrauenstatbestand relevant sein soll[110]. Nach Buss scheidet eine Rechtsscheinhaftung bei einmaligem bzw. erstmaligem Signaturmissbrauch des abhanden gekommenen Schlüssels gegenüber einem Geschäftsgegner aus, da als „herrschend vertretene dogmatische Anforderung an eine Zurechnung kraft Rechtsscheins" festzuhalten sei: „Das Element der Dauerhaftigkeit kann zwar eingeschränkt, aber nicht vollständig aufgegeben werden, um das Rechtssubjekt, dem die Erklärung zugerechnet werden soll, nicht vollkommen schutzlos zu stellen"[111]. Brückner gelangt in „konsequent dogmatischer Anwendung der anerkannten Rechtsinstitute … der Duldungsvollmacht und Anscheinsvollmacht"[112] ebenfalls dahin, einen mehrmaligen Signaturmissbrauch nach Abhandenkommen des Schlüssels vorauszusetzen[113], und zwar mit Blick auf den subjektiven Tatbestand der Anscheinsvollmacht: „Auf das Merkmal des wiederholten Auftretens kann … nicht verzichtet werden, da der [Schlüsselinhaber] ansonsten keine Möglichkeit hätte, das ‚Vertreterhandeln' zu verhindern und es somit am Fahrlässigkeitselement (Zurechnungselement) fehlen würde"[114]. Nicht klar wird hier, warum dem Schlüsselinhaber nicht auch im „Verlustfalle"[115] ein drohender erstmaliger Drittmissbrauch seines Schlüssels vorhersehbar und durch Sperrung des Schlüssels verhinderbar sein soll, warum also der Schlüsselinhaber nicht mangels regelmäßiger Überprüfung seines fortdauernden Besitzes an der Signaturerstellungseinheit sowie mangels unverzüglicher Sperrung im erkennbaren Verlustfalle ebenfalls fahrlässig mit Folge positiver Rechtsscheinhaftung handeln solle. Demgemäß bejaht Sanner unter den genannten Voraussetzungen[116] eine positive Haftung als Entsprechung zu einer Scheinvollmacht[117] bei Handeln

---

[109] Vgl. oben bei Fn. 59–62.

[110] Vgl. oben in Fn. 57 und bei Fn. 68.

[111] *Buss*, Haftung, S. 118 f. mit Verweis in Fn. 587 auf eine entsprechende Ansicht von *aus der Fünten*, Die Haftung der Zertifizierungsstellen nach dem Signaturgesetz, S. 31. Siehe auch *Hoffmann*, S. 170 sowie *Sieber/Nöding*, ZUM 2001, 199 [209].

[112] *Brückner*, S. 108.

[113] *Brückner*, S. 85 bei Fn. 375, s. a. S. 80 ff., 83 ff., 95.

[114] *Brückner*, S. 85 bei Fn. 375–377.

[115] Vgl. oben zu §§ 6 I 1 SigG, 6 Nrn. 1, 8 SigV vor Fn. 14.

[116] *Sanner*, S. 114 ff.; S. 118: „Bereits die Kenntnis bzw. das Kennenmüssen von der konkreten Gefährdung des Signaturschlüssels genügt also zur Anwendbarkeit der Grundsätze über die Duldungs- bzw. Anscheinsvollmacht".

[117] *Sanner*, S. 108 ff.

unter fremdem Namen[118] bereits bei *einmaligem* bzw. *erstmaligem* Signaturmissbrauch[119]. Demgegenüber ist nach Rieder die Mehrmaligkeitsformel ohnehin nur für die Frage des Vorliegens eines objektiven Scheintatbestandes relevant[120]. Eine Verortung der Mehrmaligkeitsformel wird die Rückführung der Rechtsprechung auf §§ 171 I, 172 I BGB erlauben (dazu V.3.–5.).

cc) *Präzisierungsbedarf auch hinsichtlich der Rechtsscheinsbasis*

Nirgends näher behandelt wird, ob ein objektiver Rechtsscheinstatbestand mit einem der Rechtsprechung über Scheinvollmachten entsprechenden Inhalt bei Gebrauch des Schlüssels durch einen Vertreter *im* Namen des Schlüsselinhabers zu bejahen ist. Denkbar ist etwa, dass ein Vertreterzusatz bei der signierten Willenserklärung dies dem Geschäftsgegner gem. § 164 I 2 BGB offenkundig macht. Die Einbeziehung dieser als Missbrauchsfall seltener zu erwartenden Konstellation in die Betrachtung zeigt die Notwendigkeit auf, über die Präzisierung in Gestalt des Rechtsscheinsinhalts hinaus die *Rechtsscheinsbasis* zu präzisieren: *auf der Grundlage welcher dem Geschäftsgegner erkennbaren Umstände* und *warum* soll dem Geschäftsgegner objektiv erlaubt werden, *worauf* zu vertrauen[121] (dazu V.2.)?

dd) *Behandlung von Signaturschlüsseln nur oder auch wie Blankette*

Die Frage der Anwendung, Übertragung bzw. Fortbildung nur oder auch der Rechtsprechungslinie über Blankettmissbrauch kann sehr oberflächlich

---

[118] *Sanner,* S. 101 ff.

[119] *Sanner,* S. 100 ff.; *Dörner* (AcP 202, 363 [393 bei Fn. 115]) wiederum erwägt, „den Haftungseintritt recht flexibel vom Grad der Fahrlässigkeit abhängig [zu] machen". Demnach soll wohl die Rechtsprechung zur Anscheinsvollmacht auf *grobe* Fahrlässigkeit des Schlüsselinhabers reduziert werden, wie schon *Hübner* (A.T. des BGB, 2. Aufl., Rz. 1289) vorschlug, auf den *Dörner* hier verweist. Der Rechtsprechung kann diese Einschränkung nicht entnommen werden, siehe oben bei und in Fn. 59 ff. Ob auch *Buss* und *Brückner* mittels des von ihnen betonten Mehrmaligkeitserfordernisses *grobe* Fahrlässigkeit voraussetzen wollen, kann ebenfalls nur spekuliert werden. Doch kann grobe Fahrlässigkeit des Schlüsselinhabers im Umgang mit seinem Schlüssel jedenfalls auch schon vor einem erst- bzw. einmaligen Missbrauch gegeben sein.

[120] *Rieder,* S. 282 f.: „Mehrmaligkeit ist bei der Anscheinsvollmacht Element des Scheintatbestandes, nicht der Zurechnung"; vgl. auch (signaturunabhängig) *Gottsmann,* S. 1 bei Fn. 5 m.w.N.

[121] Vgl. das in Fn. 57 erfolgte Zitat.

dahin angegangen werden, ob in dem vom BGH aufgestellten „Rechts-satz"[122] schlicht „Blankett" durch „Schlüssel und PIN" ersetzt werden kann[123]. Jungermann verneint die Übertragbarkeit der Rechtsprechung zum Blankettmissbrauch auf den Signaturmissbrauchskontext: „Anders als bei Urkunden wird es hier keine Fälle des Blankettmissbrauchs geben, da es auf Grund der bisher bekannten Signaturtechnik eine Signatur auf Vorrat nicht geben kann"[124]. Diese Sicht geht daran vorbei, dass der Schlüssel bis zu seiner Sperrung einem unerschöpflichen Stapel von Blanketten gleicht[125]. Sanner bezeichnet die Schlüsselüberlassung demgemäß als Über-lassung eines „digitalen Blanketts"[126]. Nicht recht einleuchten will aller-dings, dass bei Abhandenkommen des Schlüssels dieser nicht mehr „digita-les Blankett" sein soll, sondern dann „lediglich die Funktion eines ‚digita-len Füllfederhalters' erfüllen" soll[127]. Hier wird mit künstlichen Trennungen versucht, die *subjektiv-tatbestandlichen* Divergenzen zwischen der Recht-sprechung über Scheinvollmachten und über Blankettmissbrauch zu vermei-den[128]. Diese subjektiv-tatbestandliche Divergenz tritt besonders ins Auge, wenn wie von Sanner eine positive Haftung bereits bei erstmaligem bzw. einmaligem Drittmissbrauch des Schlüssels nach dessen verschuldensunab-hängiger Aushändigung wie auch nach dessen fahrlässigem Abhandenkom-menlassen als Rechtsscheinhaftung bejaht wird: wenn also beide Rechtspre-chungslinien zugleich auf Signaturmissbrauchsfälle übertragen bzw. fort-gebildet werden sollen.

---

[122] Siehe oben bei Fn. 71.

[123] Blankett, Blanketturkunde, Blanketterklärung etc. sind keine Gesetzesbegriffe. Dem BGB fremd sind sie deshalb nicht, siehe unten bei Fn. 668. In der Literatur begegnen objektive Definitionen als mehr oder minder unvollständiges, namens-unterzeichnetes Schriftstück, vgl. *Canaris*, Vertrauenshaftung, S. 54; *Först*, S. 15 f.; sowie engere, subjektive Definitionen, wonach die Unvollständigkeit vom Namens-unterzeichner zum Zwecke der Drittausfüllung gewollt sein müsse, vgl. *Siegel*, S. 3; *P. Fischer*, S. 30 ff.; *G. Fischer*, S. 3; *Neuschäfer*, S. 23.

[124] *Jungermann*, S. 123; wohl ähnlich, wenngleich empirisch argumentierend, und jedenfalls unklar Soergel (*Marly*), § 126a Rn 29 bei Fn. 42.

[125] Vgl. *Hähnchen*, NJW 2001, 2831 [2833]: „Das Missbrauchspotenzial ist bei elektronischen Erklärungen um ein Vielfaches höher als beispielsweise bei einer Blankounterschrift. Denn wer Karte und PIN hat, kann beliebig viele Dokumente signieren".

[126] *Sanner*, S. 93 vor Fn. 414, S. 100 bei Fn. 447. Ebenso wie *Sanner* (S. 91 ff.) bejahen eine Übertragung der Rechtsprechungslinie über Blankettmissbrauch, also eine Rechtsscheinhaftung bei erst- bzw. einmaligem Signaturmissbrauch nach Über-lassung von Schlüssel und PIN etwa *Rieder*, S. 281 bei Fn. 86, S. 284 bei Fn. 88; *Brückner*, S. 95; *Englisch*, 97 f.; *Heusch*, S. 182 f.; *Ultsch* in *Schwarz*, Recht im Internet, 6-2.5 auf S. 19; *Schmidl*, CR 2002, 508 [516].

[127] *Sanner*, S. 101.

[128] Vgl. oben bei Fn. 84; siehe (signaturunabhängig) *Canaris*, JZ 1976, 132 [133].

ee) Rechtsscheinhaftung nur bei zusätzlicher biometrischer Sicherung

Als Gegenbeispiel sei hier zuletzt A. Albrecht genannt. Nach ihr kommt die Bejahung von Rechtsscheinhaftung überhaupt nur in Betracht, wenn zusätzliche biometrische Legitimationsverfahren implementiert werden[129]. Andernfalls dürfe der Geschäftsgegner nicht darauf vertrauen, dass kein Missbrauchsfall vorliege[130].

ff) Zwischenergebnis: tatbestandliche Unklarheit der Rechtsprechung

Mit Blick auf die referierten Fortbildungsschwierigkeiten kann Canaris' Befund nicht geteilt werden, dass Rechtsscheinhaftung „ziemlich klare tatbestandliche Konturen" habe[131], ja dass insoweit „sowohl der Tatbestand als auch die Rechtsfolge ... ziemlich klar umrissen und einfach zu bestimmen" seien[132]. Wann und warum ein „objektiver Rechtsscheintatbestand" vorliegt und wann dieser mit der Rechtsfolge positiven Vertrauensschutzes „zurechenbar" ist[133], bedarf daher vertiefter Betrachtung. Antworten muss das Bürgerliche Gesetzbuch ergeben, wenn die Diskussion nicht im juristischen Niemandsland geführt werden soll. Damit ist zum Kern der Problematik von Rechtsscheinhaftung für vollmachtloses Vertreterhandeln überzugehen.

f) Gesamtsystematische Anerkennungshürden

Zum Dritten kommt als Erklärung für das letztliche formanpassungsgesetzgeberische Absehen von § 126a III 2 BGB-RefE [1999] neben verbreitungspolitischen [dazu oben d)] und fortbildungspraktischen [dazu e)] Anerkennungshürden in Betracht, dass eine auch nur punktuelle Anerkennung der in der allgemeinen Literatur hochstrittigen Rechtsprechung gescheut wurde.

Scheffler und Dressel[134] wendeten dieser allgemeinen Kritik konträr ein, dass die „normative Anerkennung" der richterrechtlichen Duldungs- und

---

[129] A. Albrecht, S. 134 f. insb. bei Fn. 745. Zu praktischen Grenzen der Implementation biometrischer Missbrauchshürden siehe oben bei und in Fn. 14. An einem nach hiesiger Ansicht überstrengen Maßstab gelangt A. Albrecht zu dem überzogenen Urteil, nur durch Besitz und Wissen gesicherte Schlüssel könnten „relativ leicht missbraucht werden", S. 132.

[130] Ähnlich Bettendorf, RNotZ 2005, 277 [287 f. bei Fn. 65].

[131] Canaris, in: FG 50 Jahre BGH, 129 [195].

[132] Canaris, in: FG 50 Jahre BGH, 129 [133].

[133] Siehe oben bei Fn. 68, 69.

Anscheinsvollmacht in einer als Spezialregelung bezeichneten Norm[135] das falsche Zeichen einer gesetzgeberischen Ablehnung dieser Rechtsprechung außerhalb des spezialgeregelten Bereichs gesetzt hätte. Sie plädierten für eine signaturunabhängige „Norm, die die Duldungs- und Anscheinsvollmacht generell anerkennt". Eine solche ist jedoch nicht anstelle von § 126a III 2 BGB-RefE [1999] normiert worden und dahingehende Gesetzgebungsinitiativen sind nicht ersichtlich.

Auf die allgemeine Kritik vor allem an der Rechtsprechung zur sog. Anscheinsvollmacht[136] hob der Zivilrechtsausschuss des Deutschen Anwaltvereins in seiner Stellungnahme zu § 126a III 2 BGB-RefE [1999] ab[137]. Er konstatierte, dass diese Entwurfsnorm die Verknüpfung eines *Fahrlässigkeitstatbestandes* mit der *Rechtsfolge positiven geschäftsgegnerischen Vertrauensschutzes*[138] anerkannt hätte: „Es handelt sich der Sache nach um eine ‚fahrlässige Willenserklärung' des Schlüsselinhabers. Damit wäre ein Novum in die Systematik der Rechtsgeschäfte eingeführt".

Diese fortdauernde Kritik vor allem an der Rechtsprechung zur sog. Anscheinsvollmacht erlaubt keinesfalls, die eben referierten Rechtsprechungslinien[139] *unkritisch als Gewohnheitsrecht zu behandeln* und die Frage einer Rechtsscheinhaftung für Signaturmissbrauch auf die vorgenannten fortbildungspraktischen Fragen[140] zu beschränken. Dies gilt umso mehr, als das letztliche gesetzgeberische Absehen von § 126a III 2 BGB-RefE [1999] eben auch darauf zurückzuführen sein kann, dass der Formanpassungsgesetzgeber die vom Zivilrechtsausschuss des Deutschen Anwaltvereins angedeuteten Bedenken geteilt hat. Vorweggenommen sei allerdings, dass den weiteren Materialien zum Formanpassungsgesetz letztlich *weder für noch gegen* einen *positiven* geschäftsgegnerischen Vertrauensschutz bei Signaturmissbrauch etwas entnommen werden kann (dazu unten III.1.), so dass der bisherige, signaturunabhängige Streitstand[141] ohne ein Machtwort der neueren Gesetzgebung fortbestehen bleibt.

Die große Mehrheit der Signaturliteratur bleibt unkritisch gegenüber den referierten Rechtsprechungslinien[142] und beschränkt sich auf die aufgezeig-

---

[134] *Scheffler/Dressel,* CR 2000, 378 [383]; zustimmend *Blaurock/Adam,* ZEuP 2001, 93 [111].
[135] Siehe oben bei Fn. 78.
[136] Dazu sogleich unten cc).
[137] Abrufbar unter http://www.anwaltverein.de/03/05/99/16_99.html.
[138] Siehe oben bei Fn. 87.
[139] Siehe oben a) und b).
[140] Siehe oben e).
[141] Dazu sogleich unten cc).

ten fortbildungspraktischen Probleme. Eine Ausnahme bildet Rieder mit seiner Arbeit über „die Rechtsscheinhaftung im elektronischen Geschäftsverkehr". Er kritisiert insbesondere die verschuldensbasierte Rechtsprechung zur Anscheinsvollmacht als „von der h. M. mit dem Verschuldensprinzip beschrittenen Irrweg"[143]. Als „deutsches Recht" fungiert in seiner auch rechtsvergleichenden Arbeit die Habilitation von Canaris über „die Vertrauenshaftung im deutschen Privatrecht"[144], was als erstaunlich bezeichnet werden muss. Jene Arbeit wird von Rieder als „hervorragende dogmatische Aufarbeitung der Vertrauenshaftung vor nunmehr bereits drei Jahrzehnten" gewürdigt[145]. Rieder propagiert „die ausdifferenzierte und sachgerechte *deutsche* Zurechnungsproblematik *auf Basis des Risikoprinzips*", in dem Canaris' Arbeit kulminiert[146]. Dieses Zurechnungsprinzip habe sich „als ausgesprochen leistungsfähig erwiesen"[147]. Ein positive Haftung begründendes „risikoerhöhendes Verhalten" des Schlüsselinhabers stelle „insbesondere die Nichtbeachtung der gesetzlichen Obliegenheiten des Signaturinhabers nach dem SigG" dar, die kein Verschulden bedeute[148].

---

[142] Exemplarisch *Heusch* (Elektronische Signatur, S. 182 in Fn. 698), der eine „Kraft des Richterrechts" anführt, aufgrund derer sich die gegenüber der Anscheinsvollmacht kritische, signaturunabhängige Literatur nicht durchsetzen könne; vgl. auch *Sanner*, S. 110 bei Fn. 507, 508; ebenso für die Vorgängerdiskussion um Btx-Missbrauch bereits *Paefgen*, S. 65.

[143] *Rieder*, S. 377; s. a. a. a. O. S. 255, 375 ff.

[144] Vgl. *Rieder*, S. 90 ff. über „die Grundsätze der Rechtsscheinhaftung im *deutschen* Recht", wo ausweislich der Fußnoten *Canaris'* Habilitation rechtsetzende Bedeutung zugemessen wird.

[145] *Rieder*, S. 356. Was rechtswissenschaftliche „Dogmatik" überhaupt ist, ist trotz begrifflicher Omnipräsenz keine Selbstverständlichkeit, vgl. *Struck*, JZ 1975, 84 ff. Nach *Canaris* (FS Heldrich, 11 [24]) hat Dogmatik „die lex lata in ihrer konkreten Gestalt zum Gegenstand und also die Aufgabe …, diese nach Möglichkeit in systematisch stimmiger Weise zu ,erklären'". Seine Vertrauenshaftung wird diesem Anspruch nicht gerecht. *Picker* (AcP 183, 369 [397 in Fn. 96 sowie 418 ff.]) kritisiert insbesondere die „dogmatischen" Ausführungen zu „Vertrauenshaftung und Rechtsgeschäftslehre" (Canaris, Vertrauenshaftung, S. 411 ff.) als „dunkel". Diese sind genauer betrachtet verdunkelnd. Sie sind keine „Aufarbeitung" der formell-gesetzlichen *lex lata* in §§ 171 I, 172 I BGB i. V. m. §§ 116 ff. BGB (dazu unten e), V. und VI.), sondern der Versuch einer Umarbeitung derselben, der unterm Strich nur für noch mehr Verwirrung im Rechtsgeschäftsrecht gesorgt hat. Diese überfällige Kritik an *Canaris'* vielzitierter Vertrauens- und insbesondere Rechtsscheinlehre ist im Verlauf dieser Arbeit zu erhärten, siehe unten Fn. 156, 166, 173, 191, 206, 231, 451, 477, 565, 577, 607, 671, 794, 813, 816, 837, 899, 905, 908, 913, 936, 1006 ff., 1018 ff., 1043 ff., 1060 f., 1068.

[146] *Rieder*, S. 377 (Hervorhebungen hinzugefügt); gegen „das Risikoprinzip" siehe unten in Fn. 173, 1068.

[147] *Rieder*, S. 377.

[148] *Rieder*, S. 285 bei Fn. 92; vgl. auch a. a. O., S. 267 bei und nach Fn. 46 mit S. 268 sowie S. 288, S. 367.

Rieders Argument der „Leistungsfähigkeit" der Begründbarkeit *positiver* Haftung durch „das Risikoprinzip" soll hier das Stichwort zur Vertiefung der gesamtsystematischen Problematik der beiden vorgenannten Rechtsprechungslinien und insbesondere der Rechtsprechung zur sog. Anscheinsvollmacht bilden.

Eher technisch wird diese Problematik bei Schramm wie folgt umrissen[149]: es „... stellt sich das Problem der Anscheinsvollmacht als Frage nach den Rechtsfolgen des zurechenbar veranlassten oder aufrechterhaltenen Anscheins einer Bevollmächtigung, nämlich dahin, ob ‚positiver' *oder* ‚negativer Vertrauensschutz'* zu gewähren ist". Letztere negative Haftung kann auch als *Vertrauensschadensersatzpflicht* des Geschäftsherrn gegenüber dem Geschäftsgegner bezeichnet werden[150]. Aufgrund der Rechtsfol-

---

[149] MüKo (*Schramm*), § 167 Rn. 55 bei Fn. 118 (Hervorhebung hinzugefügt).

[150] Eine *negative Haftung* für einen *Vertrauensschaden* ist ein *Unterfall unmittelbarer Vermögensschädigung,* vgl. *Loges,* Erklärungspflichten, S. 35 in Fn. 41. Ein Vertrauensschaden ist eine unmittelbare Vermögensschädigung *durch den Vertrauenden selbst,* der eine vermögensmindernde Aufwendung tätigt (*damnum emergens*) oder vermögensmehrende Alternativgeschäfte unterlässt (*lucrum cessans*). Er ist also sozusagen *Vermögensselbstschädigung* durch den Vertrauenden. Vertrauensschadensposten sind daher insbesondere im Vertrauen auf die Geschäftswirksamkeit getätigte und durch das Ausbleiben der Geschäftswirksamkeit „frustrierte Aufwendungen", vgl. BGHZ 71, 234 [237 f.]; *Unholtz,* S. 25, 41 ff.; *Deutsch,* Haftungsrecht, Rn. 829 m. w. N. in Fn. 208 ff. Ein Vertrauensschaden ist daher auf eine *Vermögensfehldisposition* zurückzuführen. Dieser Begriff fällt in der Begründung zum Schuldrechtsmodernisierungsgesetz im Kontext von *culpa in contrahendo,* vgl. BT-Drs. 14/6040, S. 125. Damit ist eine mögliche Begründung von Vertrauensschadensersatzpflichten genannt. Alternative Begründungen sind §§ 118, 119 I a. A., 122 I BGB bzw. eine Analogie dazu. Vgl. auch BT-Drs. 14/4662, S. 25, wo im Kontext der Haftung von Zertifizierungsdiensteanbietern vom „Leitbild des Vertrauensschadens in § 122 BGB" gesprochen wird. Weitere Haftungsbegründung ist § 826 BGB sowie § 823 II BGB i. V. m. einem vor Vermögensfehldispositionen schützenden bzw. „vertrauensschützenden" Gesetz, vgl. auch *Unholtz,* S. 48; *Canaris,* FS Larenz, 27 [90]. Vgl. etwa BGHZ 57, 137 [139] zum Schutz des „negativen Interesses" des Geschäftsgegners durch § 263 I StGB i. V. m. § 823 II BGB. Auf diese drei Grundlagen von Vertrauensschadensersatzpflichten bzw. negativer Vertrauenshaftung ist sogleich unter bb) zurückzukommen.
Auch eine Selbstverletzung von durch § 823 I BGB geschützten Rechtsgütern und absoluten Rechten kann infolge eines drittzuverantwortenden Vertrauens erfolgen, vgl. BGH NJW 1970, 1963 (sog. Salzsäure-Entscheidung). Als weiteres Beispiel sei eine unrichtige Seekarte genannt, infolge derer ein Schiff auf Grund läuft und zerstört wird (Abwandlung nach *v. Caemmerer,* 49 [66]). In derartigen Konstellationen wird also nicht auf Umstände vertraut, die die Wirksamkeit eines Rechtsgeschäfts begründen. Jedenfalls sind unmittelbare Selbstverletzungen des Geschäftsgegners in seiner Gesundheit, seinem Eigentum etc. infolge Vertrauens in eine Signatur kaum vorstellbar, unklar daher *Roßnagel,* Multimedia-Dienste, § 6 SigG Rn. 45. Hier sind vielmehr unmittelbare Vertrauensschäden der vorgenannten Art die ganz regelmäßig zu erwartenden Schadensposten. Vgl. *Timm,* DuD 1997, 525

genalternative negativen Vertrauensschutzes wird von Canaris plastisch von *Zweispurigkeit* von Vertrauenshaftung gesprochen[151]: „Der Vertrauende kann entweder so gestellt werden, wie es der von ihm angenommenen Lage entspricht, oder so, als hätte er die wahre Lage gekannt und daher nicht vertraut"[152]. Diese Zweispurigkeit ist als *Zweistufigkeit* zu präzisieren, da positive Haftung durchweg als *schwerwiegendere Folge* im Vergleich zu negativer Haftung beurteilt wird[153].

Damit ist die *vertikale* Konkurrenzproblematik der beiden referierten Rechtsprechungslinien benannt, die durchweg *positiven* geschäftsgegnerischen Vertrauensschutz nach sich ziehen sollen[154] [dazu aa)]. Verneint man diese Rechtsfolge mangels Anerkennung dieser Rechtsprechung, so schließt sich als *horizontale* Konkurrenzproblematik an, wie *negative* Haftung begründet werden soll, soweit positive Haftung verneint wird [dazu bb)].

Der gesamtsystematische Problemkern liegt nun genauer besehen darin, dass das BGB im Vertretungsrecht bzw. im allgemeinen Rechtsgeschäftsrecht *keine* Lücke positiver Vertrauenshaftung für einen unrichtigen Schein bei vollmachtlosem Vertreterhandeln aufweist [dazu cc)].

aa) Zweistufigkeit von negativem und positivem Vertrauensschutz als vertikales Abgrenzungsproblem

Nach ganz überwiegendem Verständnis gründet sich die Rechtsprechung über Scheinvollmachten auf denselben objektiven Scheintatbestand und rührt die Zweiteilung in Anscheins- und Duldungsvollmacht nur aus subjektiv-tatbestandlichen Unterschieden bzw. verschiedenen Zurechnungsgründen her[155]. Knüpft man, wie von Schramm problematisiert, an den Tatbestand einer Anscheinsvollmacht abweichend von der Rechtsprechung *negativen* geschäftsgegnerischen Vertrauensschutz an, so ist auch diese Haftung eine Rechtsscheinhaftung, da ebenfalls ein objektiver Scheintatbestand vorliegt. Nur sind dann gemäß den beiden Rechtsfolgen *positive und negative Rechtsscheinhaftung* zu unterscheiden[156]. Nachfolgend wird daher von posi-

---

[525]; *Roßnagel,* MMR 2003, 164 [169 bei Fn. 41]; *Thomale,* S. 67 bei Fn. 293. Letztere Zitate erfolgen zwar zur benachbarten Fragestellung der Haftung von Zertifizierungsdiensteanbietern gegenüber Geschäftsgegnern (dazu unten in Fn. 297). Die Schadensposten im Rahmen der negativen Haftungsausfüllung sind insoweit jedoch identisch.

[151] *Canaris,* Vertrauenshaftung, S. 5 f., 532.
[152] *Canaris,* in: FG 50 Jahre BGH, 129 [132].
[153] Dazu sogleich bei Fn. 160.
[154] Siehe oben bei Fn. 87 und Fn. 88.
[155] Vgl. oben bei und in Fn. 58.

tiver und negativer Rechtsscheins- bzw. Vertrauenshaftung wie auch zwecks Vereinfachung schlicht von *positiver und negativer Haftung* gesprochen.

Normtechnisch müssen dann *mindestens zwei Rechtssätze* bestimmt werden, deren *verschiedene Tatbestände* – bei *gemeinsamem Tatbestandsmerkmal* eines objektiven Scheintatbestandes – die beiden *verschiedenen Rechtsfolgen* positiven und negativen geschäftsgegnerischen Vertrauensschutzes nach sich ziehen. Dies wird, wie oben bereits angedeutet, in der vorliegenden Arbeit als *vertikale Konkurrenzproblematik* bezeichnet. An dieser Stelle ist vorläufig zu unterstellen, dass auch bei Empfang einer signierten Willenserklärung für den Geschäftsgegner ein objektiver Rechtsscheins- bzw. Vertrauenstatbestand entstehen kann, ggf. mit fortgebildetem Rechtsscheinsinhalt[157]. Sofern dieser unrichtig ist, weil in Wahrheit bzw. in Wirklichkeit ein Signaturmissbrauch vorliegt, geht die vorgenannte vertikale Konkurrenzproblematik im Signaturkontext dahin, wann der Schlüsselinhaber für diesen unrichtigen Schein positiv und wann *nur* negativ haften soll. Demgemäß bleibt die Fragestellung zu beschränkt, ob ein objektiver Scheintatbestand zurechenbar sei[158]. Vielmehr ist zu problematisieren, ob er mit Folge positiver oder negativer Haftung zurechenbar ist[159].

Es wurde die Formulierung benutzt: „... *nur* negativ haften soll", da positive Haftung einhellig als *schwerwiegender* denn negative Haftung beurteilt wird. Canaris bringt dies als „rechtsethische Überlegenheit" von negativer gegenüber positiver Haftung zum Ausdruck[160]. Diese Relation muss nicht auch im Einzelfall gegeben sein. Sie gründet zum einen auf der *ideellen* Beurteilung, dass der Geschäftsherr im Zuge positiver Haftung den Wirkungen eines nicht wirklich gewollten Rechtsgeschäfts ausgesetzt wird, und zwar im vorliegenden Kontext der Wirksamkeit des vom vollmachtlosen

---

[156] Abzulehnen ist demgemäß *Canaris'* Klassifikation, die Rechtsscheinhaftung mit positiver Vertrauenshaftung identifiziert. Vgl. *Canaris,* in: FG 50 Jahre BGH, 129 [133], wo Rechtsscheinhaftung als „Eckpfeiler der vertrauensrechtlichen Erfüllungshaftung" eingeordnet wird; vgl. *ders.,* Vertrauenshaftung, S. 6, wo diese als grundlegendes Institut *positiven* Vertrauensschutzes eingeordnet wird.

[157] Siehe oben e)aa) und näher unten V.

[158] Siehe oben bei Fn. 69.

[159] Eine weitere fundamentale bzw. kategoriale Unterscheidung fehlt auch hier noch. Zu dieser unten bei Fn. 223.

[160] Vgl. *Canaris,* Vertrauenshaftung S. 6, 9 bei Fn. 3, 26 bei Fn. 66, 29 bei Fn. 1, 51 bei Fn. 89 sowie 533 f.: „Man kann daher von einer gewissen *rechtsethischen Überlegenheit der Schadensersatzhaftung über die Erfüllungshaftung* sprechen", S. 534 bei Fn. 44 (Hervorhebungen im Original); in Fn. 16 auf S. 199 wird gar explizit die „wertungsmäßige" Schwererbelastung durch positive Haftung ausgesprochen; s. a. *Canaris,* FS Wilburg, 77 [85 f.]; ausführlich *Singer,* Selbstbestimmung, S. 91 ff.; *ders.* bereits zuvor knapper in: Verbot widersprüchlichen Verhaltens, S. 45 f. Zu dahingehenden Gesetzesmaterialien siehe unten bei Fn. 869.

Vertreter vorgenommenen Rechtsgeschäfts. Sie gründet zum anderen auf der Erwägung, dass im Zuge negativer Haftung der Vermögensnachteil des Geschäftsgegners genau berechnet werden muss und kann[161].

Hinzuzufügen ist das gewichtige Argument, dass sich positive Haftung des Geschäftsherrn gegenüber dem Geschäftsgegner anders als negative Haftung *praktisch schwer oder gar nicht weiter abwälzen lässt*. Zwar ist im vorliegenden Kontext des vollmachtlosen Vertreterhandelns mit dem Vertreter eine dritte Person vorhanden, bei der der Schlüsselinhaber möglicherweise völligen oder zumindest teilweisen Regress nehmen kann, da ohne deren Mitwirkung der Signaturmissbrauch ausgeblieben wäre[162]. Doch wird dies, insbesondere wenn positive Haftung für ein zweiseitiges *Verpflichtungsgeschäft* greifen soll und gar nur partieller Regress in Betracht kommt, in vielen Einzelfällen praktisch schwierig bis unmöglich[163].

---

[161] Häufig entstehen Vertrauensschadensposten (vgl. oben in Fn. 150) nur in minimalem Umfang, etwa als Portokosten für die Annahmeerklärung. Zu diesen „Vertragskosten", die nur ein Posten und Beispiel eines Vertrauensschadens sind, vgl. § 467 S. 1 BGB a. F. sowie BT-Drs. 14/6040, S. 143 f. Doch darf diese empirische Sicht zum einen nicht den Blick dafür verstellen, dass der Einzelfall anders liegen und einen hohen Vertrauensschaden des Geschäftsgegners mit sich bringen kann; vgl. die schon von *Jhering* (JhJb 4 (1861), 1 [6]) problematisierte Telegraphen-Entscheidung, bei der dem Geschäftsgegner ein Kaufauftrag statt des gewollten Verkaufsauftrags über Wertpapiere erteilt wurde und die von diesem sodann gekauften Papiere drastisch an Wert verloren, so dass ihr Deckungsverkauf nur mit großem Verlust möglich war.
Zum anderen darf sie nicht zu dem Fehlschluss verleiten, positive Haftung müsse greifen, damit und weil die negativen Haftungsfolgen häufig praktisch bedeutungslos bleiben. Dagegen pointiert *Frotz*, S. 312 f.
[162] Nach BGHZ 86, 273 [277] bleibt infolge positiver Rechtsscheinhaftung des Geschäftsherrn eine *Außenhaftung auch* des Vertreters gegenüber dem Geschäftsgegner aus. Es liege dann kein „Mangel der Vertretungsmacht" gem. § 179 I, II BGB vor. Denn positive Haftung führe eben zu dessen Überwindung bzw. Heilung, siehe oben bei Fn. 87. Demgegenüber bejaht *Canaris* ein „Wahlrecht" des Geschäftsgegners, entweder den Geschäftsherrn in positive Vertrauenshaftung *oder* den Vertreter in die Haftung nach § 179 I, II BGB zu nehmen, Vertrauenshaftung, S. 520. Damit würde dem Geschäftsgegner jedoch mehr gegeben, als er bei vertrauensgemäß-bevollmächtigtem Vertreterhandeln hätte, nämlich ein zweiter Haftungsschuldner, vgl. *Bader*, S. 172; vgl. allgemein BGHZ 12, 105 [109]; ausführlich gegen ein „Wahlrecht" unter Berücksichtigung zivilprozessualer Sicherungsmöglichkeiten des Geschäftsgegners auch *K. Schmidt*, FS Gernhuber, S. 435 ff. Abstrakter behandelt wird über den Kontext der Scheinvollmachten hinausgehend nach der „Disponibilität des Rechtsscheins" (*Altmeppen*) bzw. nach „Verzichtbarkeit von Rechtsscheinswirkungen" (*Chiusi*) gefragt.
Von der Frage einer *Außenhaftung nur* das Geschäftherrn oder *auch* des Vertreters ist jedenfalls die an dieser Stelle nur interessierende Frage zu trennen, ob Regress- bzw. Ausgleichsansprüche im *Innenverhältnis* zwischen Geschäftsherr und vollmachtlosem Vertreter bestehen.

Im Signaturkontext kommt die *Potenzierung* der Haftungsgefahr hinzu. Diese rührt daher, dass ein Schlüssel binnen kurzer Zeit vielfach missbraucht werden kann[164]. Diese Gefahr der Haftungspotenzierung betrifft eine negative wie positive Haftung des Schlüsselinhabers[165]. Auf positiver Haftungsebene wirkt sie aber schwerer infolge der oben herausgearbeiteten Relation beider Haftungsstufen[166].

---

[163] Zu Regressgrundlagen und Regressdurchführung infolge positiver Außenhaftung des Geschäftsherrn im Innenverhältnis zum vollmachtlosen Vertreter finden sich keine vertieften Ausführungen in der Literatur, kurz nur etwa Soergel (*Leptien*), § 167 Rn. 25; Staudinger (*Schilken*), § 167 Rn. 45 a.
Soweit ein Schuldverhältnis gem. § 311 BGB zwischen Geschäftsherr und vollmachtlosem Vertreter vorbesteht, ist die Regressbegründung nicht weiter problematisch. Fehlt ein solches, ist sie es sehr wohl. Soll hier nicht *in extremo* allein mit § 826 BGB gearbeitet werden müssen, so muss eine Analogie zu § 426 BGB bejaht werden, etwa mit der Begründung, dass eigentlich eine Gesamtschuld des für einen unrichtigen Schein haftenden Geschäftsherrn und des vollmachtlosen Vertreters bestehe, wenngleich mit atypischer, da positiver Haftungsfolge.
Ebenso wenig finden sich nähere Behandlungen der durchführungspraktischen Grenzen eines begründeten Regresses beim vollmachtlosen Vertreter bei positiver Außenhaftung des Geschäftsherrn gegenüber dem Geschäftsgegner. Nicht gemeint ist insofern, ob der Vertreter überhaupt identifizierbar und damit ladungsfähig verklagbar ist, was bei vollmachtlosem Vertreterhandeln *unter* fremdem Namen auch für den Geschäftsherrn problematisch sein kann. Zu hinterfragen ist vielmehr, wie und wieweit durch positive Haftung begründete primäre und sekundäre (zweiseitige Verpflichtungs-) Geschäftswirkungen zwischen Geschäftsherr und Geschäftsgegner auf den Vertreter abgewälzt werden können. Die Vertiefung dieser Folgeproblematik ist nicht Aufgabe der vorliegenden Arbeit.
Oertmann (ZHR 95, 443 [459]) setzte für positiven Vertrauensschutz voraus, dass dem dadurch belasteten Geschäftsherrn „eine möglichst weitgehende Schadloshaltung zugebilligt wird". Dies sah er als durch das Bereicherungsrecht realisiert an. Diese Erwägung mag für *Liberations-* und *Verfügungswirkungen* kraft Rechtsscheins (vgl. Altmeppen, S. 1) zutreffen, siehe auch unten VI.8.e). Für die den Kern der vorliegend untersuchten Problematik bildenden *Verpflichtungen* kraft Rechtsscheins geht sie fehl.
[164] Siehe das Zitat in Fn. 125; s. a. *Bettendorf*, RNotZ 2005, 277 [287 nach Fn. 64].
[165] Demgemäß könnte auch argumentiert werden, dass den Schlüsselinhaber gar keine materiell-rechtliche Haftung für Signaturmissbrauch, sondern nur Beweisnachteile gem. § 371a I 2 ZPO treffen sollten; dass also nur der den Schlüssel missbrauchende Dritte materiell nach § 179 I BGB haften solle. Dafür könnte das oben bei Fn. 25 aufgeführte Zitat fruchtbar gemacht werden, wonach durch §§ 292a, 371a I 2 ZPO [2001, 2005] „das *Vertrauen* in die Rechtssicherheit und die Verkehrsfähigkeit der elektronischen Form *in besonderem Maße* gewährleistet" werden soll (Hervorhebungen hinzugefügt). Demgemäß könnte argumentiert werden, wenn diese Beweiserleichterung schon Vertrauensschutz „in besonderem Maße" darstellen solle, sei für materiell-rechtliche Vertrauenshaftung gar kein Raum mehr. Näheres wird die Gesamtbetrachtung der Materialien zu den Signaturgesetzen und zum Formanpassungsgesetz dahin ergeben, welche Ausführungen zu materiell-rechtlicher Haftung des Schlüsselinhabers für Signaturmissbrauch sich darin finden, dazu unten III.

Positive Haftung mag demgegenüber gerichtspraktisch sein. Sie enthebt von aufwendigen und im Falle entgangenen Gewinns aus Alternativgeschäften (*lucrum cessans*) schwierigen Schadensquantifizierungen[167]. Dies erklärt eine *Justizaffinität* für positive Haftung, wie sie in den beiden referierten Rechtsprechungslinien zum Ausdruck kommt[168]. Die *Fixierung auf positive Haftung,* die auch Großteilen der Literatur entgegenzuhalten ist[169], bleibt jedoch nach dem eben Gesagten allgemein und insbesondere im Signaturkontext *wertungsmäßig kurzsichtig,* da sie die drastischeren Folgen für den Geschäftsherrn bzw. hier Schlüsselinhaber im Vergleich zu einer nur negativen Haftung ausblendet[170]. Pickers Warnung vor der Suggestivwirkung von

[166] Demgegenüber will *Canaris* haftungspotenzierte Sachverhalte zu positiver Haftung gereichen lassen, *weil* hier das Verkehrsschutzbedürfnis besonders stark sei, vgl. Vertrauenshaftung, S. 37, 45, 455. Diese „Stärke des Verkehrsschutzbedürfnisses" scheint auf eine Quantität von Haftungsgläubigern gestützt werden zu sollen. Warum dem einzelnen Gläubiger dies zugute kommen soll, erschließt sich nicht. Eine gesetzliche Grundlage findet es nicht. Denn innerhalb der §§ 171 I, 172 I BGB (siehe oben bei Fn. 66 f. und näher nachfolgend bei Fn. 212 ff.) werden auch „öffentliche Bekanntmachungen" gem. § 171 I Alt. 2 BGB gleichbehandelt, die *Canaris'* Kriterium unterfallen: *nämlich i. V. m. §§ 116 ff. BGB und damit i. V. m. §§ 118, 119 I a. A., 122 I BGB mit Folge nur negativer Haftung,* dazu sogleich bei Fn. 212 ff. *Canaris'* Ansicht grundsätzlich übernehmend *Rieder,* S. 91 f. bei Fn. 347, S. 269; wohl auch *Dörner,* AcP 202, 363 [390 bei Fn. 96]. Allgemein ablehnend demgegenüber *Bader,* S. 131 f.; *Kindl* S. 74 f. m. w. N. in Fn. 158.

[167] Diese Schwierigkeiten werden durch § 287 ZPO, § 252 S. 2 BGB gemindert, nicht aber beseitigt. Gegen negative und für positive Haftung nach der Rechtsprechung zur sog. Anscheinsvollmacht aus eben diesem Grunde daher etwa *Peters,* AcP 179, 214 [220–225].

[168] Vgl. *J.-G. Schubert,* S. 1 (Hervorhebungen hinzugefügt): „Es gibt nicht viele Institute des Privatrechts, die in so ausgeprägtem Maß wie die Scheinvollmacht das Ergebnis souveräner richterlicher Rechtsschöpfung sind, die, auf nicht immer zutreffenden Präjudizien schrittweise aufbauend, *ihren Weg im Wesentlichen unbeeinflusst von der Lehre und frei von dogmatischen Skrupeln genommen hat.* Unsere Rechtsordnung kennt aber weder ein freies Richterrecht noch auch nur ein bloßes, auf die allgemeine Norm von Treu und Glauben gestütztes Billigkeitsrecht".

[169] Klassisch *Wellspacher,* zu seiner Arbeit über „Vertrauen auf äußere Tatbestände im bürgerlichen Recht" aus dem Jahre 1906 näher unten V.3.a)bb); exemplarisch *Chiusi* (AcP 202, 494 [494 bei Fn. 1–3]) die Rechtsscheinwirkungen „traditionellerweise" auf *positiven* Vertrauensschutz reduziert und letzteren als „die nächstliegende Lösung" bezeichnet; sowie *Rothoeft* (Irrtumslehre, S. 75 in Fn. 19), nach dem negative Haftung gem. §§ 118, 122 I BGB nur „eine halbe Lösung" ist und „ein konsequent durchgeführter Vertrauensschutz" zu positiver Haftung führe.

[170] Vgl. schon für negative Haftung *Loges* (27 bei Fn. 95) zur „im Zivilrecht gerne vernachlässigten ... banalen Feststellung", dass durch Haftungsbegründungen „nicht nur Ansprüche geschaffen, sondern dem jeweiligen Gegenüber Lasten ... aufgebürdet" werden.

G. Albrecht (S. 3) ordnet die Rechtsprechung zur Anscheinsvollmacht als „Billigkeitsrechtsprechung" ein. Diese „Billigkeit" wird denn *einseitig* bzw. *vorschnell* allein aus Sicht des Geschäftsgegners (vor-)beurteilt.

Argumentationen mit „dem Vertrauensgedanken"[171] ist daher insbesondere dahingehend berechtigt, dass dieser *vorschnell* mit positiver Vertrauensschutzbedürftigkeit gleichgesetzt wird.

Der „Leistungsfähigkeit" von auf positiven Vertrauensschutz ausgerichteten Theorien ist daher schon in der Sache mit Skepsis zu begegnen.

Normlogische Konsequenz des vorgenannten Stufenverhältnisses ist, dass sich die größere Rechtsfolgenschwere von positiver Haftung in einem engeren, anspruchsvolleren bzw. gewichtigeren Tatbestand spiegeln muss. Positive Haftung ist dann eine doppelte Ausnahme. Die Haftung einer vom unmittelbar Benachteiligten verschiedenen Person überhaupt ist bereits Ausnahme vom Grundsatz der Eigenzuständigkeit für Nachteile bzw. Schäden (*casus sentit dominus*)[172]. Die positive und nicht nur negative Haftung der anderen Person, hier des Geschäftsherrn, ist die vorgenannte doppelte Ausnahme[173].

---

[171] *Picker,* AcP 183, 369 [419]: „Suggestivkraft des Vertrauensgedankens", s. a. a. a. O. [421]: „gefühlsmobilisierender Entscheidungsgesichtspunkt". Schon 1930 konstatierte *Oertmann* (ZHR 95, 443 [446]), dass im benachbarten Rechtsscheinhaftungskontext viele Literaturstimmen „mehr mit Gefühlsmomenten als mit positivrechtlichen Gründen arbeiten".

[172] Vgl. *Deutsch,* Allgemeines Haftungsrecht, S. 1 f. Dies bedeutet für den vorliegenden Kontext, dass von dem Grundsatz auszugehen ist, dass Vermögensfehldispositionen (siehe oben in Fn. 150) vom Disponenten selbst zu tragen sind.

[173] Das von *Canaris* propagierte „Risikoprinzip" überzeugt als dahingehender *Legitimator* nicht. Es wird im Zuge einer Argumentation geboren, deren *Ausgangspunkt abzulehnen* ist und die *ergebnisorientiert* erfolgt.
(a) Ausgangspunkt von *Canaris* ist, „dass die Verbindung von Rechtsscheinhaftung und Verschuldensprinzip de lege lata systemwidrig ist", Vertrauenshaftung, Zitat von S. 476 ff. [478], s. a. S. 30, 51. Die Berücksichtigung „des Verschuldensprinzips" bleibt mit Blick auf die §§ 171 I, 172 I BGB i. V. m. §§ 116 ff. BGB *zu pauschal,* als nachfolgend als formell-gesetzliche Grundlage von Rechtsscheinhaftung für vollmachtloses Vertreterhandeln herauszuarbeiten sind [dazu cc)]. Denn §§ 171 I, 172 I BGB i. V. m. §§ 116 S. 1, 121 I 1 BGB knüpfen an *Verschulden höheren Grades* an (dazu näher unten VI.5 und 7.). Damit ist zugleich ein verallgemeinerbares, vorbekanntes und sachlich einleuchtendes Kriterium zur Bewältigung der vorgenannten vertikalen Konkurrenzproblematik genannt: das in Graden abstufbare Verschulden bzw. das *höhergradige* Verschulden als Legitimator rechtsfolgenschwererer positiver Haftung.
(b) *Canaris'* Argumentation ist des Weiteren ergebnisorientiert. Denn „Systemgerechtigkeit" wird letztlich aus „Problemgerechtigkeit" abgeleitet, die wiederum an positiven geschäftsgegnerischem Vertrauensschutz ausgerichtet wird, vgl. Vertrauenshaftung, S. 194, 473 ff., insb. 477, 480, s. a. S. 159 bei und in Fn. 41.
(c) Das Ergebnis entfernt sich zudem weit von *Canaris'* Prämisse, dass sich diese „Zurechenbarkeit" mit positiver Haftungsfolge mittels „des Risikoprinzips" aus dem „rechtsethischen Prinzip ... der Selbstverantwortung der Person" ableite, vgl. Vertrauenshaftung, S. 468. Denn das Kriterium der *objektiven* Risikozuweisung (vgl. Vertrauenshaftung, S. 476 f., 480 f.) entfernt sich weit von der „Person" des Ge-

bb) Horizontales Folgeproblem auf negativer Haftungsstufe

Soweit die signaturunabhängige Literatur die vorgenannte Rechtsprechung und insbesondere die Rechtsprechung zur sog. Anscheinsvollmacht aufgrund der höherstufigen bzw. schwerwiegenderen Rechtsfolge positiver Haftung ablehnt, hält sie sich weitgehend bedeckt, wann dann zumindest eine negative Haftung für das vollmachtlose Vertreterhandeln bzw. den unrichtigen Schein von dessen Bevollmächtigung[174] greifen soll. Exemplarisch ist die diplomatische Alternativformel: „sei es analog § 122 BGB oder sei es sogar nur bei Vorliegen der Voraussetzungen einer *culpa in contrahendo*"[175].

Damit ist die nachfolgend aufzuzeigende *horizontale Konkurrenzproblematik* auf negativer Haftungsstufe für Signaturmissbrauch benannt. Diese horizontale Konkurrenzproblematik stellt sich, wenn die referierten Rechtsprechungslinien nicht unkritisch übernommen werden, sondern die eben genannte *vertikale Konkurrenzproblematik* aufgeworfen wird. Sie ist *Folgeproblematik,* soweit positive Haftung verneint wird, wie es Großteile der Literatur außerhalb des Signaturkontextes für den Fahrlässigkeitstatbestand der Anscheinsvollmacht fordern[176]. Soweit demgemäß auch eine positive Rechtsschein- bzw. Vertrauenshaftung für Signaturmissbrauch abgelehnt wird, führt die Signaturliteratur die beiden im vorgenannten Zitat genannten Begründungen negativer Haftung und vor allem *culpa in contrahendo* an[177] [dazu (1), zu § 122 BGB analog sodann unter (3)]. Bislang zu kurz gekommen ist die Diskussion einer negativen Haftungsbegründung aus signaturgesetzlichem Schutzgesetzverstoß gem. § 823 II BGB [dazu (2)].

---

schäftsherrn „selbst" und einer „rechtsethischen" Beurteilung seines Verhaltens. Zurechnung mittels „des Risikoprinzips" dient letztlich der weitgehenden *Wegrechnung* individueller Gegebenheiten und konkreter Umstände. Das zeichnet genauer besehen im Grundsatz auch objektive Fahrlässigkeit aus, vgl. *Deutsch,* AcP 202, 889 [890]. Zumindest partiell ist *Canaris'* „Risikoprinzip" daher nur „Krypto-Verschulden" d.h. anderer Begriff für objektive Fahrlässigkeit, vgl. *Köndgen,* S. 103 in Fn. 49.

[174] Siehe oben bei Fn. 59 und 60 zu den Wechseln bzw. Unklarheiten im subjektiv-tatbestandlichen Bezugspunkt der Rechtsprechung; dazu näher unten bei Fn. 654 ff.

[175] *Canaris,* in: FG 50 Jahre BGH, 129 [157 m.w.N. in Fn. 120, 44]; vergleiche auch etwa *Schubert* (JR 1985, 15 [16]), der in der Behandlung der benachbarten Problemstellung des fehlenden Erklärungsbewusstseins (dazu sogleich bei Fn. 205) auf „das herkömmliche Instrumentarium (culpa in contrahendo, Anspruch analog § 122 BGB)" verweist.

[176] Dazu sogleich unten cc).

[177] Vgl. etwa *Ultsch* in *Schwarz,* Recht im Internet, 6 – 2.5, S. 18 f., wo nach *culpa in contrahendo* noch eine Analogie zu § 122 BGB erwähnt wird, ebenso *ders.* DZWir 1997, 466 [473 bei und in Fn. 116].

(1) Begründung negativer Haftung für Signaturmissbrauch aus *culpa in contrahendo* für das Ausbleiben der Geschäftswirksamkeit

Die ebenfalls höchstrichterliche Entwicklung von *culpa in contrahendo* hat durch das Schuldrechtsmodernisierungsgesetz „textlichen Ausdruck" in §§ 311 II, III, 241 II, 280 I, 276 I BGB [2002] erfahren[178]. Die Gesetzesbegründung bezeichnet *culpa in contrahendo* als ein Etikett für „ein ganzes Bündel durchaus verschiedener Fallgruppen"[179]. Schnürt man dieses Bündel auf, so fällt die vorliegende Problematik auf negativer Haftungsstufe in die Fallgruppe des *Ausbleibens der Vertragswirksamkeit*[180]. Diese Fallgruppe ist klassisch in dem Sinne, dass Jhering im Jahre 1861 hierauf seinen Aufsatz über „culpa in contrahendo" ausrichtete[181], der den Ausgangspunkt der nachfolgenden Entwicklung bildete[182]. Dessen Untertitel lautete eben: „Schadensersatz für nichtige und nicht zur Perfection gelangte Verträge".

---

[178] BT-Drs. 14/6040, S. 162. *Larenz* bezeichnet *culpa in contrahendo* als Exempel einer „geglückten richterlichen Rechtsfortbildung", Kennzeichen, S. 5, 13; ähnlich *Nirk*, FS Möhring I, 385 [386 f.] und FS Möhring II, 71 [71].

[179] BT-Drs. 14/6040, S. 85. Weniger wohlwollend spricht *Lieb* (AcP 183, 327 [333]) von einem „vagabundierenden Irrwisch".

[180] Als zwei weitere Hauptfallgruppen von *culpa in contrahendo* werden in der Literatur die Belastung mit einem ungewollten, unerwünschten, nachteiligen, unangemessenen o. ä. Vertrag und § 823 I BGB entsprechende Integritätsverletzungen *in contrahendo* genannt, vgl. *Lorenz*, S. 388; *Medicus*, FS Max Keller, 205 [209]; Erman (*Kindl*) § 311 Rn. 28–43. Beispiele zur Rechtsprechung finden sich in den soeben in Fn. 178 referierten Veröffentlichungen von *Nirk*.

[181] Jherings Jahrbücher, Band 4, S. 1 ff.

[182] Die reichsgerichtliche Rechtsprechung lehnte Schadensersatzpflichten aus *culpa in contrahendo* im ersten Jahrzehnt nach Inkrafttreten des BGB noch ausdrücklich ab und verwies Schadensersatzkläger in die Grenzen der §§ 823 ff. BGB, vgl. RG JW 1908, 657; RG JW 1909, 684; vgl. auch RGZ 74, 124 [125]. Einen „Umschwung" (vgl. *Bogusch*, S. 41) bewirkte eine Arbeit von *Franz Leonhard* über „Verschulden beim Vertragsschluss" aus dem Jahre 1910, die *Jherings* Konzept schon im Titel wiederaufnahm. *Leonhard* argumentierte im Kern mit einem „praktischen Bedürfnis" nach erweiterter Schadensersatzhaftung, a. a. O. S. 3: „Zum Glück haben wir bei unserer Frage ein ungemein starkes Triebmittel, dessen Kraft sich auch der Banause nicht so leicht entzieht: das praktische Bedürfnis". Methodisch operierte er mit einer Analogie zur positiven Vertragsverletzung (a. a. O., S. 42 ff., insb. S. 48, sowie S. 50). Letztere hatte das Reichsgericht schon kurz nach Erlass des BGB bejaht (vgl. RGZ 52, 18 [19]; 53, 200 [201 f.]; 66, 289 [291]) im Zuge von durch *Hermann Staub* initiierten Erwägungen (*Staub*, Die positiven Vertragsverletzungen 1902; siehe die ergänzenden Erläuterungen von *Eberhard Müller* in deren 2. Auflage von 1913, S. 26 ff.). Demgemäß sah *Leonhard* die vorvertragliche Haftung sozusagen als Vorwirkung des späteren Vertrages an, dessen *wirksamen* Abschluss er somit voraussetzte (a. a. O., S. 44, 58 ff.). Als Konsequenz dieses anfangs vom Reichsgericht übernommenen Konzepts wurde zunächst nur Haftung aus *culpa in contrahendo* in den beiden soeben in Fn. 180 genannten Hauptfallgruppen bejaht, vgl. RG JW 1912, 743 f.; RGZ 78, 239; 93, 163; 95, 58 [60]. In die hier

Nachfolgend wird noch allgemeiner vom *Ausbleiben der Geschäftswirksamkeit* gesprochen. Denn ein positives wie auch negatives Interesse des Geschäftsgegners kann auch an der Wirksamkeit eines ihm gegenüber vorgenommenen einseitigen Rechtsgeschäfts bestehen[183]. Im vorliegenden Kontext bleibt die Wirksamkeit gem. § 164 I 1 BGB aus, da der *in* oder *unter* dem Namen des Schlüsselinhabers handelnde Vertreter nicht „innerhalb ihm zustehender Vertretungsmacht" handelt[184]. Soweit dieser die Wirksamkeit hindernde Mangel nicht im Wege positiver Haftung für einen Schein geheilt bzw. überwunden wird[185], bleibt nurmehr negative Haftung für einen unrichtigen Schein zu erwägen[186].

---

interessierende Hauptfallgruppe des Schadensersatzes für das *Ausbleiben der Wirksamkeit* gehörige Fälle bezeichnete *Leonhard* als „völlig andersartige Fälle" (Verschulden, S. 2, 47, 58) und lehnte eine prinzipielle bzw. generelle Haftung insoweit ab (a. a. O., 59).

Eine negative Haftung aus *culpa in contrahendo* für das Ausbleiben der *Wirksamkeit* konnte daher erst nach Abwendung vom Leonhardschen Konzept bejaht und als weitere Hauptfallgruppe ausgebaut werden, vgl. RGZ 104, 265 [267]; 107, 357 [362]; 114, 155 [159]; 120, 126 [130].

Die relativ späte Ausbildung dieser Hauptfallgruppe ist zugleich darauf zurückzuführen, dass die §§ 116 ff. BGB den auch für diese Arbeit wichtigen Unterbereich, den *Jhering* in seinem soeben genannten Aufsatz von 1861 der Sache nach in Bezug genommen hatte, nämlich einen gemessen am Auslegungsergebnis mangelnden Geschäftswillen, gesetzlich und abweichend geregelt haben, nämlich verschuldensunabhängig, d.h. ohne Haftungsvoraussetzung von *culpa,* dazu nachfolgend bei Fn. 194, 851. Ein weiterer Grund liegt darin, dass die Rechtsprechung in der weiteren Unterfallgruppe des Ausbleibens der Geschäftswirksamkeit mangels Vollmacht eines Vertreters früh auf positive Haftung hinauslaufende Begründungen suchte, vgl. oben bei und in Fn. 48.

Zur Entwicklungsgeschichte von *culpa in contrahendo* ausführlich auch *Lehmann,* S. 296 ff.

[183] Vgl. etwa BGH NJW 1956, 1673, worin positive Rechtsscheinhaftung für eine vollmachtlose Kündigung eines Versicherungsvertrages bejaht wurde, an deren Wirksamkeit eine Versicherung als Geschäftsgegner positiv interessiert war, da damit ihre Versicherungspflicht für einen sodann eingetretenen Versicherungsfall entfiel.

[184] Vss. 1 von § 164 I 1 BGB; zur „entsprechenden" Anwendung der §§ 164 I 1, 167 I Alt. 1 BGB bei Willenserklärung *unter* dem Namen des Geschäftsherrn *durch einen Innenbevollmächtigten* näher unten V.2.a)dd) bei Fn. 502 ff.

[185] Vgl. oben bei Fn. 87, 88 sowie bei Fn. 104.

[186] Zur Haftungsausfüllung insbesondere durch Aufwendungen, die durch das Ausbleiben der Wirksamkeit „frustriert" werden, siehe oben in Fn. 150.

Der soeben genannte dreifache Gedankenschritt kann *theoretisch* auf jede Wirksamkeitsvoraussetzung bzw. jeden Nichtigkeitsgrund eines Rechtsgeschäfts übertragen werden: (1) Ist die Wirksamkeitsvoraussetzung wirklich gegeben bzw. ein Nichtigkeitsgrund wirklich nicht gegeben, so ist das Rechtsgeschäft wirksam. (2) Trotz mangelnder Wirksamkeitsvoraussetzung bzw. trotz Nichtigkeitsgrundes kann positive Haftung dahin greifen, dass die Wirksamkeitsvoraussetzung als scheinbar gegeben bzw. der Nichtigkeitsgrund als scheinbar nicht gegeben behandelt wird. (3)

Kaum tiefer behandelt wird, ob und wann sich der Schlüsselinhaber gegenüber dem Geschäftsgegner, gegenüber dem sein Signaturschlüssel in oder unter seinem Namen drittmissbraucht wird, *in contrahendo* befindet, so dass negative Haftung an *culpa*, d.h. Schuldhaftigkeit seinerseits, geknüpft werden kann. Oder nach schuldrechtsmodernisierter Gesetzesterminologie: wann ein zumindest „rechtsgeschäftsähnliches Schuldverhältnis" gem. § 311 II BGB [2002] zwischen Schlüsselinhaber und Geschäftsgegner besteht[187], das Pflichten gem. § 241 II BGB [2002] zur Verhinderung von Signaturmissbrauch mit sich bringen könnte, für deren schuldhafte Verletzung gem. § 280 I, 276 I BGB [2002] dann negativ zu haften wäre[188].

Bleibt die Geschäftswirksamkeit aus, da weder (1) noch (2) gegeben sind, kann immer noch negative Haftung für das Ausbleiben der Wirksamkeit eintreten.

Die vorliegende Arbeit sucht diesen dreifachen Gedankenschritt mit dem Bürgerlichen Gesetzesrecht zu verzahnen. Sie beschränkt sich dabei aus sogleich noch weiter zu konkretisierenden Gründen auf die Wirksamkeitsvoraussetzungen des Bestehens von Vollmacht (§ 164 I 1 VsS) eines dem Auslegungsergebnis korrespondierenden Geschäftswillens (§§ 116 ff. BGB) oder der Person, die eine Willenserklärung abgegeben hat (siehe bereits oben bei Fn. 101). Ob positive und negative (Schein- bzw. Vertrauens-) Haftung auch bei anderen mangelnden Wirksamkeitsvoraussetzungen bzw. vorliegenden Nichtigkeitsgründen – mangelnde Geschäftsfähigkeit nach §§ 104 ff. BGB, mangelnde Form nach § 125 BGB, mangelnder Zugang nach §§ 130 ff. BGB, Gesetzwidrigkeit nach § 134 BGB, Sittenwidrigkeit nach § 138 BGB, verspätete Annahme, §§ 145 ff. BGB, Einigungsmängel nach § 154 f. BGB etc. – gleichermaßen konstruiert werden kann, liegt außerhalb des Erkenntnisinteresses der vorliegenden Arbeit.

Noch anzumerken ist, dass *culpa in contrahendo* auch zur Wahrung des positiven Interesses eines Geschäftsgegners an einem Rechtsgeschäft führen kann. Wäre beispielsweise bei pflichtgemäßem Verhalten des Geschäftsherrn das formnichtige Geschäft formgemäß abgeschlossen worden, so ergibt sich positiver Interessenschutz schon über §§ 249 ff. BGB, vgl. Nickel, S. 71 ff. Das Rechtsgeschäft wird zwar nicht im Sinne positiver Haftung als wirksam fingiert etc., doch ist der Zustand herzustellen, der bei dessen Wirksamkeit bestünde. Derartige Konstellationen interessieren im vorliegenden Kontext des Ausbleibens der Geschäftswirksamkeit mangels Vollmacht des in oder unter dem Namen des Schlüsselinhabers handelnden Vertreters jedoch nicht weiter.

[187] Vgl. den amtlichen Titel von § 311 BGB [2002] über „rechtsgeschäftliche *und rechtsgeschäftsähnliche* Schuldverhältnisse". Erstere behandelt Absatz 1, letztere die Absätze 2 und 3. Diese begriffliche Verfeinerung ist durch den Rechtsausschuss in das Schuldrechtsmodernisierungsgesetz eingebracht worden, vgl. BT-Drs. 14/7052, S. 25, 116, 190. Als terminologische Vorlage ist eine Leitentscheidung des Reichsgerichts vom 7. Dezember 1911 (RGZ 78, 239 [240] – sog. Linoleumrollenfall) zu nennen, die von einem „vorbereitenden Rechtsverhältnis mit rechtsgeschäftsähnlichem Charakter" sprach. Soweit ersichtlich, wurde die Begriffsfolge eines „rechtsgeschäftsähnlichen Schuldverhältnisses" sodann wieder von *Evans-v. Krbek* (AcP 179, 85 [97, 100, 145]) aufgebracht.

[188] Soweit ersichtlich, reisst in der Signaturliteratur allein *Schemmann* (ZZP 118, 161 [175]) diesen Teilaspekt der negativen Haftungsproblematik an. Vertieft wird er bei ihm jedoch nicht. Grundsätzliche Skepsis an der regelmäßigen Begründbarkeit

In extremo geht es darum, eine Pflicht des Schlüsselinhabers begründen
zu können, einen Missbrauch seines Schlüssels durch *irgendeinen* Dritten
gegenüber *irgendeinem* Geschäftsgegner zu verhindern, dem gegenüber der
Missbrauch nach Entscheidung des Dritten erfolgt. Oder auf den Punkt gebracht: es müsste zum Zwecke der vorgenannten Pflichtbegründung gem.
§ 241 II BGB [2002] ein zumindest rechtsgeschäftsähnliches Schuldverhältnis gem. § 311 II BGB [2002] *gegenüber Jedermann* infolge Schlüsselinhaberschaft bejaht werden können. Mit Blick auf die *Relativität* der Schuldverhältnisse nimmt sich das vorgenannte, *absolute* bzw. *generelle* Pflichten
begründende Konstrukt jedoch zweifelhaft aus (dazu näher IV.).

(2) Begründung negativer Haftung für Signaturmissbrauch
aus Schutzgesetzverstoß

Kaum angesprochen wird die an sich naheliegende Möglichkeit, *negative*
Haftung für Signaturmissbrauch aus einem *schuldhaften Verstoß gegen
schutzgesetzliche Pflichten gem.* § 823 II BGB abzuleiten[189]. Wie bereits
oben ausgeführt, spricht § 6 I 1 SigG seitens der Schlüsselinhaber „erforderliche Sicherungsmaßnahmen" gegen Signaturmissbrauch an[190]. Damit
werden *Verhaltenspflichten* von Schlüsselinhabern von der Signaturgesetzgebung in den Blick genommen. Da diese Verhaltensvorgaben Signaturmissbrauch prävenieren sollen, der nach Wahl des den Schlüssel missbrauchenden Dritten gegenüber Jedermann als Geschäftsgegner denkbar ist,

---

eines rechtsgeschäftsähnlichen Schuldverhältnisses im Signaturkontext äußert *Dörner* (AcP 202, 363 [391]) mit Verweis auf *Peters,* AcP 179, 214 [234 ff.]. Zu dieser
Teilproblematik näher unten IV.

[189] Im Ansatz zutreffend, aber zu kategorisch *Dörner,* AcP 202, 363 [391]: „Auf
deliktischer Ebene ließe sich zwar möglicherweise eine Verkehrspflichtverletzung
des nachlässigen Schlüsselinhabers bejahen. Aber für fahrlässig verursachte Vermögensschäden gibt es bekanntlich keinen Ersatz". § 6 I 1 SigG i. V. m. § 823 II
BGB werden hier übergangen.
Eine Schutzgesetzqualität (der von § 6 S. 1 SigG [1997] entsprechend dem späteren § 6 I 1 SigG angesprochenen Sicherungsmaßnahmen) verneint demgegenüber
Roßnagel, Multimedia-Dienste, § 6 SigG Rn. 45. Deren Qualifizierung als „Rechts-
pflichten ... würde ... ein sehr schwieriges Vollzugsproblem aufwerfen und die Akzeptanz des Sicherheitsinstruments digitale Signatur gefährden. Zum anderen dürften
das Eigeninteresse des Signaturschlüssel-Inhabers und seine Verpflichtungen aus
anderen Rechtsgründen ausreichen, um ihn zu veranlassen, die erforderlichen Sicherungsmaßnahmen zu ergreifen", a. a. O. Rn. 47. Da *Roßnagel* als solche „Verpflichtung aus anderen Gründen" eine Rechtsscheinhaftung bejaht (a. a. O. Rn. 45), überzeugen diese Ausführungen in ihrer Gesamtheit nicht. Denn die Akzeptanzgefähr-
dung durch Haftung für Signaturmissbrauch ist bei positiver statt nur negativer
Haftung umso gewichtiger, siehe oben I.4.d) und f)aa).
[190] Siehe oben vor Fn. 14.

kommt § 6 I 1 SigG als Schutzgesetz *zugunsten von Jedermann* in Betracht (dazu III.). Wenn der Empfang einer signierten Willenserklärung einen Schein- bzw. Vertrauenstatbestand für den Geschäftsgegner bildet (dazu näher V.), dessen Unrichtigkeit im Falle eines Signaturmissbrauchs durch die vorgenannten schutzgesetzlichen Verhaltenspflichten verhindert werden soll, wäre § 6 I 1 SigG i. V. m. § 823 II BGB sozusagen ein *Vertrauensschutzgesetz*[191].

---

[191] Diese Qualifikation hat in *Canaris'* Systembildung keinen Platz. Danach soll eine „Vertrauenshaftung" nur vorliegen, „wenn der Gedanke des Vertrauensschutzes nicht lediglich eine ergänzende Hilfsfunktion für den Eintritt der Rechtsfolge erfüllt, sondern deren *tragenden Grund* bildet" (Vertrauenshaftung, S. 2, Hervorhebung im Original). „Bei § 823 II BGB ... liegt das Schwergewicht auf dem *deliktischen Unrecht,* für das der Missbrauch des Vertrauens lediglich eines unter mehreren Elementen ist, und daher geht es um ‚Deliktshaftung' und nicht um ‚Vertrauenshaftung' " (Vertrauenshaftung, S. 2 f., Hervorhebung hinzugefügt).
Diese Sichtweise ist abzulehnen. Sie negiert Querverbindungen auf der negativen Konkurrenzebene zwischen § 122 BGB, §§ 311, 241 II, 280 I, 276 I BGB [2002] und §§ 823 II, 826 BGB, vgl. oben in Fn. 150 wie auch unten IV. Sie will „Vertrauenshaftung" zuviel Eigenständigkeit zumessen. Sie operiert mit unscharfen Formeln wie dem „deliktischen Unrecht". Auch eine vertragliche Primärpflichtverletzung ist etwa als „unerlaubte Handlung" im weiteren Sinne und damit als bürgerlich-rechtliches Unrecht anzusehen, wie die Materialien zum BGB ergeben, vgl. *v. Kübel,* RedE-SchuldR, S. 657, 677 (Paginierung des von Schubert herausgegebenen Nachdrucks); *Mugdan* II, 406, 1076; *Jakobs/Schubert,* Beratung des SchuldR, 3. Teilband (§§ 652–853), S. 874, 880, 882; *dies.,* Beratung des Schuldrechts, 1. Teilband (§§ 241–432), S. 266 unten, ebenso letztlich *Picker,* AcP 183, 369 [400 m. w. N. in Fn. 102 sowie S. 506]. Die „der Wissenschaft überlassene ... Konstruktionsfrage ...‚ ob begrifflich die Haftung für culpa in contrahendo auf einen Eingriff in den fremden Rechtskreis, mithin auf eine unerlaubte Handlung oder auf die Verletzung einer rechtsgeschäftlichen Pflicht zurückzuführen sei" (*Mugdan* I, 460), ist demnach erst recht nicht überzubewerten, da auch letzteres jedenfalls noch bürgerlich-rechtlich „unerlaubte Handlung" im weiteren Sinne ist. Vielmehr ist negativer Vertrauensschutz ein auch vom „Deliktsrecht" der §§ 823 ff. BGB behandelter, allerdings tatbestandlich eng behandelter Unterbereich, dazu unten IV.; vgl. auch *Medicus,* Probleme, S. 19. Das darf jedoch nicht dazu führen, diese Querverbindungen gar nicht zu beachten.
Vgl. gegen systematische Überschätzungen von „Vertrauen" etwa auch *Evans-v. Krbek,* AcP 170, 85 [87 m. w. N. in Fn. 10]; *J.-G. Schubert,* S. 105 f.; *Hopt,* AcP 183, 608, [640 ff., insbesondere 642 bei Fn. 154]: „theoretisch-dogmatische Allzweckwaffe", [623]: „zur Allerweltserklärung gewordene Vertrauenshaftung"; *Loges,* S. 29: „Zauberwort ‚Vertrauen'"; MüKo (*Emmerich*), § 311 Rn. 61 m. w. N. in Fn. 139 („Vertrauen ... ist ... ein so allgemeiner und deshalb so wenig greifbarer Umstand, dass sich mit ihm allein (nahezu) nichts erklären lässt") sowie hier unten bei Fn. 452, 454.

(3) Begründung negativer Haftung für Signaturmissbrauch
analog § 122 BGB

§ 122 BGB, der soeben als des Weiteren angedachte Analogiebasis für eine negative Rechtsscheinhaftung bei Signaturmissbrauch aufgezeigt wurde, führt in seinem unmittelbaren Anwendungsbereich auf gem. §§ 118–120 BGB willensmangelhafte Willenserklärungen *fahrlässigkeitsunabhängig* zu negativer Haftung[192]. Auch dieser Gesetzeskontext gehört der Sache nach in die Fallgruppe des Ausbleibens der Geschäftswirksamkeit[193]. Diese bleibt in den nachfolgend aus §§ 118–120 BGB näher interessierenden Unterfällen der §§ 118, 119 I BGB aus, weil der ausgelegte Geschäftswille nicht mit dem wirklichen Geschäftswillen des Geschäftsherrn übereinstimmt, die Willenserklärung in dieser Hinsicht willensmangelhaft ist. Eben auf diesen Kontext bezog sich Jherings soeben referierter epochaler Aufsatz von 1861[194]. Doch hat der Bürgerliche Gesetzgeber mit der fahrlässigkeitsunabhängigen Konzeption der §§ 118, 119 I a. A., 120, 122 I BGB von Jherings auf *culpa* i. e. Verschulden gegründeter Theorie abweichende Wege eingeschlagen[195].

---

[192] Vorbehaltlich dem *positiven* geschäftsgegnerischen Interesse entgegenkommenden Rechtsfolgen nach §§ 119 I a. E., 121, 141, 144 BGB.
Diese Endfassung wurde von der Vorkommission des Reichsjustizamtes initiiert, vgl. *Jakobs/Schubert,* Beratung des A.T., 1. Teilband, S. 622 f.: „Die im [ersten] Entwurf gemachte Unterscheidung nach dem Grade der Verschuldung des Erklärenden erachtete man nicht für gerechtfertigt; man war vielmehr der Ansicht, dass der Erklärende, *auch wenn ihn ein Verschulden nicht treffe,* dem anderen Theile gegenüber *zum Schadensersatze, und zwar zum Ersatze des negativen Interesses ... verpflichtet* sein müsse". Die §§ 95–99 BGB-EI hatten an Vorsatz und grobe Fahrlässigkeit eine positive Haftung angeknüpft, vgl. § 95, 97 I, II, 99 I BGB-EI. Einfache Fahrlässigkeit sollte negative Haftung nach sich ziehen, vgl. §§ 97 III, 99 II BGB-EI. Nichtfahrlässiges Verhalten sollte anders als nach der Endfassung zu gar keiner Haftung führen. Zur Entstehungsgeschichte der §§ 116 ff. BGB näher unten VI.3. S.a. *Mugdan* I, 712 zur Endfassung gem. der zweiten Kommission (Hervorhebung hinzugefügt): „Müsse man einerseits von der Nichtigkeit der nicht ernstlich gemeinten Willenserklärung [gem. § 118 BGB] ausgehen, so entspreche es andererseits der Billigkeit, dem Erklärenden als demjenigen, welcher den Anstoß zum Rechtsgeschäfte gegeben habe, die Verpflichtung zum Schadensersatz *ohne Rücksicht auf ein ihn treffendes Verschulden* aufzuerlegen, wenn ein Dritter, der den Mangel der Ernstlichkeit weder gekannt habe noch habe kennen müssen, im Vertrauen auf die Willenswirklichkeit der Erklärung zu Schaden gekommen ist ". Für § 119 I a. A. BGB wird Gleiches a. a. O. S. 716 wiederholt. S.a. Prot II 1 S. 106 f.
[193] Siehe oben bei Fn. 180 ff. und insbesondere in Fn. 182.
[194] Siehe oben bei Fn. 181.
[195] Vgl. *Medicus,* FS Kaser, 169 [181]: „Was Jhering als *culpa in contrahendo* entdeckt hat, ist seit dem BGB größtenteils gesetzlich geregelt, und zwar überwiegend in Bahnen, die von denen der *culpa in contrahendo* abweichen. Demgegenüber liegt das, was heute unter dem Stichwort ‚*culpa in contrahendo*' behandelt wird,

Die Grenzen der negativen Haftung nach §§ 118, 119 I a.A., 120, 122 I BGB hin zu keiner Haftung des Geschäftsherrn für eine willensmangelhafte Willenserklärung liegen im Dunkeln. Sehr weit geht deren Verständnis als „reine Veranlassungshaftung"[196]. Dementsprechend weit ginge eine analoge Konzeption negativer Rechtsscheinhaftung. So wäre im Signaturkontext schon der Beginn einer Schlüsselinhaberschaft eine „reine Ursache" für den späteren Missbrauch des dem prospektiven Inhaber auf seinen Antrag hin zugeordneten Schlüssels.

Eine derartige Begründung negativer Haftung geht absehbar *zu weit*. Der Bürgerliche Gesetzgeber sah seine fahrlässigkeitsunabhängige Konzeption der §§ 118, 119 I a.A., 122 I BGB selbst als Ausnahme[197]. Der Grundsatz der Analogiefeindlichkeit von Ausnahmeregelungen spricht daher auf den ersten Blick gegen diese Alternative negativer Haftungsbegründung[198].

---

größtenteils außerhalb der Gedankengänge Jherings". Zu den dahingehenden, hier nicht näher interessierenden weiteren Hauptfallgruppen siehe soeben in Fn. 180, 182.

[196] RGZ 81, 395 [399] (zu §§ 119 II, 122 I BGB); BGH NJW 1969, 1380; *Scholz,* S. 14: „reine Verursachungshaftung"; vgl. *Flume,* Rechtsgeschäft, S. 422 m.w.N. in Fn. 15; vgl. auch die Nachweise bei *Canaris,* Vertrauenshaftung, S. 534 in Fn. 48; nahekommend als „reine Vertrauens- oder Anscheinshaftung" etwa *Larenz/Wolf,* AT, § 36 Rn. 114; s.a. *Larenz,* Schuldrecht I, S. 107 bei Fn. 2; s.a. *ders.* FS für Ballerstedt, 397 [418]; tendenziell auch *Kellmann,* JuS 1971, 609 [615]: „eine Art Gefährdungshaftung"; vgl. aus der älteren Literatur zur letztgenannten Qualifikation *Schuster,* S. 39 ff m.w.N.

[197] Nach Einschätzung der zweiten Kommission knüpfte der erste Entwurf des BGB überhaupt Schadensersatzpflichten durchgängig nur an Verschulden, siehe *Mugdan* II 1074 zu unerlaubten Handlungen. Auch die zweite Kommission wollte deren Anbindung an Verschulden als „das Ergebnis einer höheren Kulturentwicklung" grundsätzlich beibehalten und verwahrte sich gegen eine grundsätzliche Relevanz des „Veranlassungsprinzips", das „Erscheinung … in allen Rechten niederer Kulturstufe" sei und das für eine grundsätzliche Suffizienz im Deliktsrecht „die Wissenschaft nicht soweit durchgebildet habe, dass es dem Gesetze zugrunde gelegt werden könne". Doch sei „in einzelnen Fällen von der konsequenten Durchführung des Verschuldungsprinzips aus Rücksichten der Gerechtigkeit und Billigkeit" abzusehen. Als derartigen Ausnahmefall benannte die zweite Kommission unter anderem die negative Haftungsregelung im Recht der willensmangelhaften Willenserklärung in den letztlichen §§ 118, 119 I a.A., 122 I BGB, siehe *Mugdan* II, a.a.O. Auch der das Schuldrecht modernisierende Gesetzgeber ging jüngst noch vom „bewährten Verschuldensprinzip" aus, vgl. BT-Drs. 14/6040, S. 131 (zu § 276 I 1 BGB [2002]).

[198] Nach *Canaris* soll § 122 BGB demgegenüber ein allgemein fortbildungsfähiges „Modell" für einen „Typus … vertrauensrechtlicher Schadensersatzhaftung" darstellen, vgl. FS Schimansky, 43 [54]. Ähnlich *Singer* (Selbstbestimmung, S. 186), der §§ 122, 179 BGB als „modellhafte Vorzeichnung" für „verschuldensunabhängige Erklärungshaftung" bezeichnet. Dagegen unten VI.4.

(4) Zwischenergebnis

Als Zwischenergebnis ist kurzzufassen, dass die mehr oder minder weite Ablehnung der oben unter a) und b) referierten Rechtsprechung und damit die Verneinung *positiver* Rechtsscheinhaftung zur *vertikalen* Folgefrage führt, ob zumindest *negative* Rechtsscheinhaftung für Signaturmissbrauch greift. Nach wie vor zu unterstellen ist insoweit, dass der Empfang einer signierten Willenserklärung einen objektiven Schein- bzw. Vertrauenstatbestand für den Geschäftsgegner mit sich bringt[199]. Hier stellt sich wiederum die *horizontale* Folgefrage, ob diese negative Rechtsscheinhaftung[200] analog § 122 BGB oder nach §§ 311, 241 II, 280 I, 276 I BGB [2002] oder nach § 823 II BGB i.V.m. § 6 I 1 SigG begründet werden soll.

cc) Nichtvorliegen einer Gesetzeslücke für positiven Vertrauensschutz bei unrichtigem Rechtsschein im allgemeinen Rechtsgeschäftsrecht

Der Vorschlag, eine Anscheinsvollmacht nicht mit positiver Haftung, sondern analog § 122 BGB mit negativer Haftung zu verknüpfen[201], führt zu den §§ 116 ff. BGB über eine „Willenserklärung". Er führt zu den diesen Titel der §§ 116–144 BGB im Abschnitt der §§ 104–185 BGB über „Rechtsgeschäfte" einleitenden Regelungen über willensmangelhafte Willenserklärungen, an denen die Kritik die Rechtsprechung mittelbar misst [dazu (1)]. Auch die subjektiv-historische Auslegung der vertretungsrechtlichen Bestimmungen der §§ 171 I, 172 I BGB, die als wichtigste bürgerlich-gesetzliche Grundlage von Rechtsscheinhaftung bei vollmachtlosem Vertreterhandeln konsentiert werden, führt zu den §§ 116 ff. BGB [dazu (2)]. Die §§ 116 ff. BGB umfassen schon in ihrem unmittelbaren Anwendungsbereich auf Willenserklärungen eine zweistufige Differenzierung von Vertrauenshaftung für einen unrichtigen Schein [dazu (3)].

(1) §§ 116 ff. BGB als mittelbarer Maßstab der Kritik an der Rechtsprechung

Die von Großteilen der Rechtswissenschaft erhobene Kritik vor allem an der Rechtsprechung zur sog. Anscheinsvollmacht[202] führt ebenfalls zu den

---

[199] Siehe oben I.4.e)aa) und cc).

[200] Siehe oben I.4.f)aa) bei Fn. 155 f.

[201] Siehe oben bei Fn. 175.

[202] Vgl. *Bader,* S. 111 ff. m.w.N. von Gegenstimmen, plastisch a.a.O. S. 119: „Vorwurf der Systemwidrigkeit"; *C. Großfeld,* S. 21 ff. m.w.N. der Kritik auf

§§ 116 ff. BGB. Sie führt *mittelbar* dorthin, da die gegen diese Rechtsprechung vorgebrachten Argumente sich nicht unmittelbar mit den §§ 116 ff. BGB verzahnen lassen.

So wird von Flume kritisch vorgebracht, dass diese Rechtsprechung „nicht in den Bereich der *Privatautonomie* gehört" und sie „auf die Nichterfüllung pflichtgemäßer Sorgfalt gegründet" wird, was „nach bürgerlichen Recht ... nur Ansatzpunkt einer Haftung auf Schadensersatz ist"[203]. Privatautonomie wird durch willensmangelsfreie Willenserklärung verwirklicht. Was Privatautonomie für die Behandlung einer willensmangelhaften Willenserklärung gem. §§ 116 ff. BGB ergibt, wird an späterer Stelle zu betrachten sein[204]. Jedenfalls argumentiert Flume dahin, dass eine unbewusste und damit ungewollte Wirkung nicht abweichend von den §§ 116 ff. BGB rechtsfolgenschwerer im Sinne von positiver Haftung behandelt werden dürfe.

Canaris führt darüber hinaus einen Wertungswiderspruch zur *Behandlung fehlenden Erklärungsbewusstseins* an, woran nach Anfechtung nur eine negative Haftung geknüpft wird[205]. Die Verortung der Behandlung der erklärungsunbewussten Willenserklärung in den §§ 116 ff. BGB ist wiederum unklar[206].

S. 26 ff.; *Werba*, S. 161 m.w.N. in Fn. 856. Gegen die deutlich weniger kritisierte Rechtsprechungslinie zum Blankettmissbrauch vgl. *G. Fischer*, S. 83 ff.; *G. Müller*, AcP 181, 515 [536 ff.].

[203] *Flume*, Rechtsgeschäft, 4. Aufl., 832 ff. (Hervorhebung hinzugefügt); ähnlich *Werba*, Willenserklärung, S. 162, nach dem „nur" eine Behandlung analog §§ 119 I Alt. 2 BGB „dem Prinzip der Privatautonomie gerecht wird, wonach niemand an eine nicht gewollte Erklärung gebunden sein soll". Der Sachverhalt soll also anders als nach Flume nicht als *culpa in contrahendo*, sondern nach §§ 119, 121, 122 BGB zu erfassen sein. Ergebnisgleich zu „Anscheinsvollmacht und Privatautonomie" auch *J.-G. Schubert*, insb. S. 104, 141 f. Dessen erweitertes Verständnis von „Privatautonomie" greift allerdings auf die dunkel bleibende Formel der „Freiheit vom Zwang fremder Einwirkung" zurück, die selbst bei „erpreßter Willenserklärung" gem. § 123 I Alt. 2 BGB noch gegeben sein soll, vgl. S. 41 ff., S. 58 bei Fn. 48 sowie unten in Fn. 834. Vgl. auch *Pawlowski*, A.T., Rn. 720 f. m.w.N. Dort deutet Pawlowski an, dass eine „volle Zurechnung" im Sinne positiver Haftung jedoch dann berechtigt sei, wenn der Geschäftsherr „dem Vertreter durch eigene Handlungen eine Legitimation verschafft hat". Dies scheint als Veranlassung durch Tun gemeint zu sein. Er erschließt sich als sachlicher Grund für schwererwiegende, positive Haftung nicht.

[204] Dazu unten VI.8.

[205] *Canaris*, Vertrauenshaftung, 48 ff., insb. 50 f., vgl. auch S. 479; *ders.* in: FG 50 Jahre BGH, 129 [140 f.].

[206] Zur dahingehenden Rechtsprechung des BGH siehe unten in Fn. 599, 609. Zur Nichtergiebigkeit der rechtsgeschäftsrechtlichen Gesetzesmaterialien in der Frage der Relevanz von Erklärungsbewusstsein siehe unten in Fn. 904. Ausführlich zu Erklärungsbewusstsein jüngst *Werba*, S. 28–70.

Daneben begegnet das Argument, die Anscheinsvollmacht entspreche einer „fahrlässigen Willenserklärung" und widerspreche damit dem Recht der Willenserklärung[207]. Dieses Argument lässt sich ebenfalls nur *mittelbar* mit §§ 116 ff. BGB verzahnen. Denn wie eben angesprochen, greift *negative Haftung* nach §§ 118, 119 I a. A., 122 I BGB sogar *fahrlässigkeitsunabhängig*[208]. Doch führt Fahrlässigkeit gem. §§ 116 ff. BGB allenfalls zu negativer und nicht zu positiver Haftung.

Die vorzitierte Kritik misst die Rechtsprechung zur sog. Anscheinsvollmacht somit an §§ 116 ff. BGB, ohne dabei unmittelbar bzw. präzise auf diese Gesetzesnormen einzugehen. Die insoweit gebotene und für den weiteren Verlauf dieser Arbeit ganz zentrale Präzisierung geht dahin, dass innerhalb der §§ 116 ff. BGB die §§ 116 S. 1, 119 I a. E., 121 I BGB Rege-

---

Vereinzelte Enscheidungen des BGH sprechen von nur „analoger Anwendung" der §§ 119 ff. BGB auf erklärungsunbewusste Willenserklärungen, vgl. BGHZ 152, 63 [72]; s. a. BGH NJW 1995, 953. Demgegenüber legt die Leitentscheidung BGHZ 91, 324 [329] eine unmittelbare Anwendbarkeit von § 119 I Alt. 2 BGB nahe. Letzterenfalls wird fehlendes Erklärungsbewusstsein als Unterfall eines „Irrtums" gem. § 119 I BGB i. w. S. von Nichtwissen (*ignorantia*) um die Auslegungsergiebigkeit des eigenen Verhaltens überhaupt vorverstanden, siehe unten in Fn. 904.
„Geradezu unwiderlegliche" (*Canaris*, NJW 1984, 2281) und „nach wie vor unwiderlegte" (*Canaris*, FG 50 Jahre BGH, 129 [142 in Fn. 47]), von *Bydlinski* (JZ 1975, 1 [4]) demgegenüber als „optische Täuschung" bezeichnete Argumente für die Behandlung fehlenden Erklärungsbewusstseins baut *Canaris* auf den § 118 BGB. Dieser soll ein „sogar besonders repräsentativer ... Fall fehlenden Erklärungsbewusstseins" sein (*Canaris*, in: *Bydlinski*: Das Bewegliche System im geltenden und zukünftigen Recht, 103 [106]). Warum in dem von § 118 BGB behandelten Falle überhaupt Erklärungsbewusstsein fehlen soll, wird schon nicht klar, vgl. Vertrauenshaftung, S. 550 gegenüber *Medicus*, A. T., Rn. 591 sowie *Traub*, Erklärungsbewusstsein, S. 70. Hier zeigt sich denn, dass „Erklärungsbewusstsein" schon definitorisch dunkel ist, vgl. *J.-G. Schubert*, S. 16 f. Im Ergebnis einer letztlichen negativen Haftung für eine erklärungsunbewusste Willenserklärung unter der zusätzlichen Voraussetzung der „Zurechenbarkeit" stimmt *Canaris* mit dem BGH überein, siehe unten in Fn. 599, 607. Die Verschiedenheit von Nichtigkeit und Anfechtbarkeit in §§ 118, 119 I a. A. BGB wird überschätzt, dazu sogleich in Fn. 229. Sie wird aus einer Relation von § 118 BGB als „schwächerer Zurechnungsfaktor" gegenüber § 119 I a. A. BGB abgeleitet, wofür die Gesetzesmaterialien nichts hergeben, vgl. Vertrauenshaftung, S. 550 bei Fn. 53 mit unten VI.3.d) *Canaris'* „dogmatische" Ausführungen, wonach *auch und nur* (!) die erklärungsunbewusste Willenserklärung – und damit auch und nur § 118 BGB? – „Problem der Rechtsscheinslehre" sein soll (Vertrauenshaftung, S. 428), sind inkonsequent und widersprüchlich, dazu unten bei Fn. 607 ff.

[207] Vgl. *Gottsmann*, S. 57–61 mit S. 8–12, wo eine maßgeblich von *Manigk* entwickelte „Marburger Schule" über „fahrlässige Willenserklärungen" skizziert und letztlich abgelehnt wird. Vgl. auch die oben bei Fn. 138 angesprochen Stellungnahme des Zivilrechtsausschusses des Deutschen Anwaltvereins zu § 126a III 2 BGB-RefE [1999].

[208] Siehe soeben bei Fn. 192 ff.

lungen positiver Haftung darstellen, unter deren gesetzliche Tatbestände der richterliche Fahrlässigkeitstatbestand der Anscheinsvollmacht nicht gefasst werden kann[209]. Dies wird sogleich noch klarer vor Augen treten.

(2) Bürgerlich-gesetzgeberische Erwartung der Anwendung der §§ 171 I, 172 I BGB i. V. m. §§ 116 ff. BGB

Zu den §§ 116 ff. BGB führen auch die vom BGH in jüngeren Entscheidungen als formell-gesetzliche Grundlage seiner Rechtsprechung über Scheinvollmachten genannten vertretungsrechtlichen Bestimmungen der §§ 170–173 BGB[210].

Hier ist vorweg wiederum eine Präzisierung dahin geboten, die §§ 171 I, 172 I BGB über die *scheinbare Entstehung* von Innenvollmacht gem. § 167 I Alt. 1 BGB klar zu unterscheiden von den §§ 170, 171 II, 172 II, 173 BGB über den *scheinbaren Fortbestand* von Außenvollmacht gem. § 167 I Alt. 2 BGB oder von außen gem. §§ 171 I, 172 I BGB kundgegebener Innenvollmacht[211]. Nachfolgend interessieren nur die §§ 171 I, 172 I BGB, die denn auch „als wichtigste Grundlage der Rechtsscheinhaftung im bürgerlichen Recht" angesehen werden[212].

Die §§ 171 I, 172 I BGB behandeln „Kundgebungen" des Geschäftsherrn, „dass er einen anderen bevollmächtigt habe". Diese werden weiter konkretisiert als „besondere Mitteilungen" (§ 171 I Alt. 1 BGB), „öffentliche Bekanntmachungen" (Alt. 2) und „ausgehändigte und vorgelegte Vollmachtsurkunden" (§ 172 I BGB). Die vergangenheitsbezogene Formulierung („bevollmächtigt habe") wie auch die systematische Stellung neben § 167 I Alt. 1, 2 BGB zeigen auf, dass es insoweit um Kundgebungen des Geschäftsherrn gegenüber dem Geschäftsgegner geht, die auf eine *adressatenverschiedene* Bevollmächtigungserklärung Bezug nehmen. §§ 171 I, 172 I BGB und insbesondere § 171 I Alt. 1 BGB behandeln nicht den Fall, dass der Geschäftsherr den Geschäftsgegner an eine bereits zuvor an diesen selbst adressierte Außenbevollmächtigung gem. § 167 I Alt. 2 BGB erin-

---

[209] Zu §§ 116 S. 1, 119 I a. E., 121 I BGB näher unten VI.5.–7.

[210] Vgl. oben bei Fn. 66. Siehe bei und in Fn. 70, 71 dazu, dass der BGH für seine Rechtsprechung über Blankettmissbrauch § 172 *Absatz 2* BGB analog heranziehen will, während RGZ 138, 265 [269] noch allgemeiner von „§ 172 BGB" sprach. Gegen § 172 *Absatz 2* BGB und für § 172 *Absatz 1* BGB als Analogiebasis bei Blankettmissbrauch siehe unten Fn. 685.

[211] Als misslungen sind die amtlichen Überschriften von §§ 170–173 BGB anzusehen, die durch das Schuldrechtsmodernisierungsgesetz aufgestellt wurden, vgl. BGBl. I Nr. 61 vom 26. November 2001, S. 3190. Insbesondere § 171 BGB wird mit „Wirkungsdauer bei Kundgebung" auf den Regelungsgehalt von § 171 II BGB reduziert.

[212] *Canaris*, Vertrauenshaftung, S. 32 m. w. N. in Fn. 1.

nert. Vielmehr geht es im Kern um eine Kundgebung des Geschäftsherrn gegenüber dem Geschäftsgegner, dass er den Vertreter *innenbevollmächtigt* habe[213]; dass er also eine Willenserklärung gem. § 167 I Alt. 1 BGB gegenüber dem Vertreter abgegeben habe. Da der Geschäftsgegner bei diesem Geschehnis typischerweise nicht zugegen war, schließen §§ 171 I, 172 I BGB seine dahingehende Erkenntnislücke[214]. Der Geschäftsgegner muss dann nicht allein auf die explizite oder implizite Behauptung des Vertreters (vgl. § 180 S. 2 BGB) vertrauen, dass ihn der Geschäftsherr innenbevollmächtigt habe. Diese Behauptung des Vertreters zieht nur Ansprüche gem. § 179 I, II BGB gegen den Vertreter bei wirklich fehlender Vertretungsmacht desselben nach sich. Vielmehr kann er dann auch auf einen vom Geschäftsherrn selbst im Wege der Kundgebungen gesetzten Scheintatbestand vertrauen. §§ 171 I, 172 I BGB sind daher dahin zu qualifizieren, dass die dort genannten Kundgebungen als objektive Scheintatbestände des Inhalts bzw. als objektive Vertrauenstatbestände dafür normiert werden, dass der Geschäftsherr einen Vertreter innenbevollmächtigt habe[215].

Die subjektiv-historische Auslegung der §§ 171 I, 172 I BGB ergibt nun wiederum die bürgerlich-gesetzliche Erwartung der „Anwendung der Vorschriften über Willensmängel usw." auf diese Kundgebungen[216]. Damit füh-

---

[213] Denkbar ist des Weiteren, dass mittels Kundgebung auf eine Außenbevollmächtigung gem. § 167 I Alt. 2 BGB Bezug genommen wird, die gegenüber einem anderen Geschäftsgegner erfolgt ist und über das diesem gegenüber getätigte Vertretergeschäft hinaus wirken soll, etwa als bereits zuvor außen erteilte Generalvollmacht.

[214] Eben daher rührt die ganz bewusst erfolgte Formulierung von §§ 171 I, 172 I BGB *in indirekter Rede*, „dass er einen anderen bevollmächtigt *habe*", vgl. *Jakobs/Schubert*, Beratung des AT, 2. Teilband, S. 916 mit dahingehender Hervorhebung (Vorkommission des Reichsjustizamtes) sowie *Mugdan* I, 740 f. (zweite Kommission). Denn der Gegenstand der Kundgebung war typischerweise nicht Gegenstand direkter Wahrnehmung des Geschäftsgegners, so dass dieser auf dahingehende Behauptungen (vgl. § 180 S. 2 BGB) bzw. Kundgebungen (§§ 171 I, 172 I BGB) angewiesen ist, um seine Erkenntnislücke zu schließen. Plastisch führt Gotthardt (S. 1 f.) diese typische Erkenntnislücke des Geschäftsgegners hinsichtlich einer Innenbevollmächtigung auf den Arbeitsteilungszweck der Vertretung über Raum und Zeit hinweg zurück.

[215] Dazu, dass dies nur als *Regelqualifikation* als objektiver Schein- bzw. Vertrauenstatbestand einzuordnen ist und dazu, dass dessen *ausnahmsweise* Verneinung nicht analog § 173 BGB begründet werden muss, näher unten V.3. Dazu, dass des Weiteren als eventuelle *Rechtsscheinsinhalte* einer Kundgebung gem. §§ 171 I, 172 I BGB die *Erteilung* von Innenvollmacht *überhaupt*, der *Umfang* der Erteilung und die *Wirksamkeit* (etwa Formwirksamkeit) der Erteilung zu unterscheiden sind, also präziser nach einem Erteilungs-, Umfangs- und bzw. oder Wirksamkeitsrechtsschein von Innenvollmacht zu fragen ist, siehe unten in Fn. 813.

[216] *Jakobs/Schubert*, Beratung des AT, 2. Teilband. S. 916 (Vorkommission des Reichsjustizamtes); *Mugdan* I, 740 f. (zweite Kommission); näher unten VI.1.

ren auch die §§ 171 I, 172 I BGB „als wichtigste Grundlage der Rechtsscheinhaftung im bürgerlichen Recht" zu den §§ 116 ff. BGB.

Die beiden Rechtsprechungslinien über Scheinvollmachten und Blankettmissbrauch sind im weiteren Verlauf dieser Arbeit als *objektiv-scheintatbestandliche Fortbildungen von §§ 171 I, 172 I BGB* aufzuzeigen (dazu
V.3. bis. 5.). Hier sei des Weiteren für den Signaturkontext bereits vor-
gegriffen, dass eine Kundgebung des Geschäftsherrn analog diesen Normen
auch dahin gehen könnte, dass er selbst eine dem Geschäftsgegner telekommunizierte Willenserklärung abgegeben habe. Eine solche Kundgebung
könnte etwa auf Nachfrage des Geschäftsgegners ergehen, der vor Annahme einer ihm telekommunizierten Angebotswillenserklärung *deren
Authentizität misstraut* und dementsprechende Nachfrage beim ausgelegten
Geschäftsherrn hält. Demgemäß kommt auch eine weitere, rechtsscheinsinhaltlich identische Fortbildung bei Signaturempfang in Betracht[217] (dazu
unten V.2.).

Gemäß bürgerlich-gesetzgeberischer Erwartung ist die Rechtsfolge allerdings nicht allein den §§ 171 I, 172 I BGB zu entnehmen. Vielmehr *ist
diese i.V.m. §§ 116 S. 2-124 BGB gegebenenfalls auf nur negativen oder
gar keinen Vertrauensschutz des Geschäftsgegners zu relativieren.* §§ 171 I,
172 I BGB sind somit nicht nur nicht isoliert von §§ 116 ff. BGB anzuwenden. Sondern sie sind auch nicht isoliert von diesen fortzubilden. Die oben
zitierte Literatur misst die Rechtsprechung daher *subjektiv-tatbestandlich*[218]
zu Recht an §§ 171 I, 172 I BGB i.V.m. §§ 116 ff. BGB, wenngleich nicht
in genügend präziser Weise.

(3) Zweistufige Differenzierung von Vertrauenshaftung
für einen unrichtigen Schein schon im unmittelbaren
Anwendungsbereich der §§ 116 ff. BGB

Eine verbreitete Gegenargumentation geht dahin, die §§ 171 I, 172 I
BGB führten stets zu positiver Haftung, seien also entgegen der bürgerlich-
gesetzgeberischen Erwartung *nicht* i.V.m. §§ 116 ff. BGB und damit *nicht*
i.V.m. §§ 118, 119 I a.A., 122 I BGB anzuwenden, da sie eine Gesetzesregelung von Rechtsscheinhaftung darstellten[219]. Diese Argumentation setzt

---

[217] Vgl. oben bei Fn. 101 ff.

[218] Siehe oben bei Fn. 59 ff.

[219] Plastische Nachweise bei *Kindl,* S. 1; vgl. des Weiteren die Nachweise bei
Bader, S. 127 in Fn. 1. Hierfür werden erstaunliche Begründungen gefunden. So
tritt etwa nach *Merkt* (AcP 204, 638 [659]) der Geschäftsherr bei einer Kundgebung
gem. §§ 171 I, 172 I BGB „in intensivierter bzw. erweiterter Form an den Geschäftsverkehr heran", weil er „mit Mitteilungs- bzw. Kundgabewillen" handelt, so

Vertrauensschutz mit positivem Vertrauensschutz gleich. Ihr ist schon aus diesem Grunde mit Skepsis zu begegnen[220]. Sie ist geradezu paradox, wenn auch die „Willenserklärung" gem. §§ 116 ff. BGB als objektiver Scheintatbestand bzw. objektiver Vertrauenstatbestand (wieder) erkannt wird[221]. Denn dann wird eine Verschiedenheit von Kundgebungen gem. §§ 171 I, 172 I BGB aus einer Gemeinsamkeit mit Willenserklärungen gem. §§ 116 ff. BGB abzuleiten gesucht. Doch divergiert nur der Scheininhalt. Im unmittelbaren Anwendungsbereich der §§ 116 ff. BGB geht dieser gem. §§ 133, 157 BGB dahin, dass der Geschäftsherr ein bestimmtes Geschäft mit dem Geschäftsgegner wolle. Diese unter einem Berg von Rechtsgeschäftslehren verschwundene, eigentlich simple Qualität der „Willenserklärung" gem. §§ 116 ff. BGB ist im Verlauf dieser Arbeit wieder aufzugreifen und zu belegen (dazu V.3. und VI.3.).

Willenserklärungen können den wirklichen Geschäftswillen des Geschäftsherrn *richtig* zum Ausdruck bringen[222]. Ebenso können Kundgebungen gem. §§ 171 I, 172 I BGB *richtig* sein. Genauso können von der Rechtsprechung über Scheinvollmachten als objektive Schein- bzw. Vertrauenstatbestände erfasste Sachverhalte darauf zurückzuführen sein, dass der Geschäftsherr den Vertreter *wirklich* innenbevollmächtigt hat. Dann ist aber nicht das Vorliegen eines objektiven Scheintatbestandes zu verneinen. Vielmehr liegt ein *richtiger Schein* für den Geschäftsgegner vor. Denn das Konzept eines Scheins trägt dessen begrenzter Erkenntnis – „in den Kopf" des Geschäftsherrn im unmittelbaren Anwendungsbereich der §§ 133, 157, 116 ff. BGB, bzgl. einer beteiligtenverschieden erfolgten Innenbevollmächtigung gem. § 167 I Alt. 1 BGB zwischen Geschäftsherr und Vertreter etc. – Rechnung (dazu näher unten II.1. sowie V.1.). Damit ist eine weitere fundamentale bzw. kategoriale Unterscheidung genannt, der die Frage nach der

---

dass die „stärkere Bindung" d.h. positive Haftung angemessen sei. Ein entsprechender „Erklärungswille" ist jedoch auch bei erklärungsbewusst-irrtümlicher Willenserklärung gegeben, die nach §§ 119 I a.A., 122 I BGB nur zu negativer Haftung bzw. „Anfechtbarkeit" im Sinne von schwächerer bzw. vorläufiger Bindung führt.

[220] Siehe oben I.4.f)aa).

[221] Vgl. HKK zum BGB (*Schermaier*), §§ 116–124, Rn. 14; *Waldeyer*, S. 26; *J.-G. Schubert*, S. 123, 142; *Oertmann* (ZHR 95, 443 [445 f.]) lehnte zwar *H. Meyers* Erklärung der Anfechtbarkeit als nachträgliche Scheinzerstörung (siehe oben in Fn. 44) ab, ging aber zumindest von einem „Rechtsschein eines unantastbaren Geschäftes" bei willensmangelhafter Willenserklärung aus. An späterer Stelle (a.a.O. [475]) spricht *Oertmann* dann gar vom „Rechtsschein des Vorhandenseins ... des Geschäftswillens". Siehe aus der älteren Literatur auch *Henze*, S. 21 ff. mit Verweis in Fn. 59 auf *Jacobi*, Theorie der Willenserklärungen, S. 33 ff. Unklar *Krückmann*, JhJb 57, 1 [S. 111 f. in Fn. 1, S. 144 ff.].

[222] Gegen *Larenz'* „geltungstheoretische" Gegenargumentation siehe unten V.3.c).

„Zurechenbarkeit" eines „objektiven Scheintatbestandes" nicht genügt[223]. Rechtsscheinhaftung ist vielmehr als Frage der positiven oder negativen Haftung des Geschäftsherrn für einen *unrichtigen* Schein zu präzisieren.

Die Haftung für eine unrichtige Willenserklärung, ergo für einen unrichtigen Schein gem. §§ 133, 157 BGB, dass der Geschäftsherr ein bestimmtes Geschäft mit dem Geschäftsgegner wolle, behandeln innerhalb der §§ 116 ff. BGB primär die §§ 116 S. 1, 118, 119 I BGB[224]. Auf unrichtige Willenserklärungen im vorgenannten Sinne finden des Weiteren die §§ 121, 122, 123, 124, 141–144 BGB Anwendung. Diese greifen zugleich für die Problematik von Willensbildungsmängeln, die nicht zu einem unrichtigen Schein für den Geschäftsgegner führen und daher hier nicht weiter interessieren[225]. Die Haftung für eine unrichtige Kundgebung gem. §§ 171 I, 172 I BGB und für davon fortgebildete Rechtsscheinstatbestände ist daher nach bürgerlich-gesetzgeberischer Erwartung gem. §§ 116 S. 1, 118, 119 I, 121, 122, 123, 124, 141–144 BGB zu konzipieren. Die oben dargestellten Rechtsprechungslinien sind also an diesem Bürgerlichen Gesetzesrecht zu messen, um sie auf die Haftungsproblematik für Signaturmissbrauch anwenden, übertragen bzw. fortbilden zu können.

§§ 116 S. 1, 118, 119 I, 121, 122 BGB differenzieren positive und negative Haftung für einen unrichtigen Schein gem. §§ 133, 157 BGB, dass der Geschäftsherr ein bestimmtes Geschäft mit dem Geschäftsgegner wolle[226]. Die hochproblematischen Grenzen der fahrlässigkeitsunabhängigen negativen Haftung gem. §§ 118, 119 I a. A., 122 I BGB *hin zu keiner Haftung*[227] für eine unrichtige Willenserklärung interessieren in der *Abgrenzungsfrage zwischen positiver und negativer Haftungsstufe* nicht weiter. Dahingehend greift zu kurz, nur nach der Anfechtbarkeit eines objektiven Scheintatbestandes analog § 119 I BGB zu fragen[228]. Denn §§ 118, 119 I a. A. BGB divergieren nur in der Behandlung des *Nachverhaltens* gem. §§ 121,

---

[223] Siehe oben bei Fn. 69 und Fn. 158 f.

[224] Dies wird die unten VI.3. skizzierte Entstehungsgeschichte der §§ 116 ff. BGB noch klarer vor Augen führen.

[225] Zur Problemhierarchie beider Mangelarten näher unten VI.3.b).

[226] Vgl. die knappen Ausführungen von *Wieling,* JA 1991, Übungsblätter 222, insbesondere 225 f.

[227] Siehe schon oben bei Fn. 196 zur potentiellen Weite der §§ 118, 119 I a. A., 122 I BGB bei Verständnis als „reine Veranlassungshaftung" sowie unten VI.4.

[228] So aber *Kindl* in seiner Habilitation über „Rechtsscheinstatbestände und ihre rückwirkende Vernichtung". Dort wird nur eine Behandlung „analog §§ 119 ff. BGB" diskutiert, vgl. etwa S. 4, 33 ff. Die Perspektive wird damit um §§ 116–118 BGB verkürzt. Diese verkürzte Perspektive ist nahezu omnipräsent. So bildet etwa nach *Frotz* (S. 310) auch bei §§ 171 I, 172 I BGB die „Anfechtungsfrage" der unrichtigen Kundgebung das „Kardinalproblem", was wiederum §§ 171 I, 172 I BGB i. V. m. §§ 116–118 BGB ausblendet. Ebenso verkürzt etwa *Gotthardt,* S. 50.

141–144 BGB[229]. Doch führt § 118 BGB (Nichtigkeit) ebenso wie § 119 I a. A. BGB (Anfechtbarkeit im Sinne von Vernichtbarkeit) nicht zu einer *anfänglichen* positiven Haftung des Geschäftsherrn für eine unrichtige Willenserklärung. §§ 118, 119 I a. A. BGB ist vielmehr gemeinsam, *letztlich* mangels eines positive Haftung tragenden Nachverhaltens nur zu negativem Vertrauensschutz zu führen[230]. Positiven Vertrauensschutz ziehen insoweit nur die §§ 116 S. 1, 119 I a. E. BGB nach sich. Auf diese Bestimmungen und auf § 121 I BGB, der das Nachverhalten nach Setzung eines unrichtigen Scheins betrifft, ist daher i. V. m. §§ 171 I, 172 I BGB (analog) an späterer Stelle als formell-gesetzliche Grundlage positiver Vertrauenshaftung für einen unrichtigen Schein bei vollmachtlosem Vertreterhandeln zurückzukommen (dazu VI.). Ob sich diese Tatbestände positiver Haftung anders als de *lege ferenda* erweitern lassen, wird dann mitzubetrachten sein[231].

---

[229] Gute Gründe sprechen dafür, die *Nichtigkeitseinwendung* gem. § 118 BGB *auszuschließen,* wenn der Geschäftsherr nicht unverzüglich die Scherzhaftigkeit seiner Willenserklärung aufdeckt, nachdem er Kenntnis davon erlangt, dass der Geschäftsgegner sein Verhalten als ernstlich gemeint ausgelegt hat und auslegen durfte. Die Gesetzesmaterialien legen nicht nahe, dass dem Geschäftsherrn im Falle des § 118 BGB mittels Nichtigkeit statt subjektiv-befristeter Anfechtbarkeit gem. §§ 119 I a. A., 121 I BGB beliebig lange Zeit zur dahingehenden Aufklärung bzw. gar zur Spekulation gelassen werden sollte, vgl. *Jakobs/Schubert,* Beratung des AT, 1. Teilband, S. 622 f. Ob *positive Haftung für ein derartiges Nachverhalten* des Geschäftsherrn analog § 121 I BGB, analog § 116 S. 1 BGB, aus Verwirkung oder sonstwie gem. § 242 BGB begründet wird, ist denn nur Nuancenfrage. Im Ergebnis nahe beieinander liegend daher *Flume,* Rechtsgeschäft, S. 414 (Analogie zu § 116 S. 1), s. a. S. 533; zustimmend *Medicus,* AT, Rn. 604; MüKo (*Kramer*), § 118 Rn. 8; ähnlich *Larenz,* AT, 7. Aufl., § 20 I b (nachträglicher geheimer Vorbehalt); *Larenz/ Wolf,* AT, § 35 Rn. 17 (nachträgliches Schweigen stelle Erklärung ohne Scherzabsicht dar); Palandt (*Heinrichs*), § 118 Rn. 2 (§ 242 BGB); ebenso Soergel (*Hefermehl*), § 118 Rn. 7; *G. Müller,* AcP 181, 515 [537 nach Fn. 114] (analog § 121 I BGB); wohl enger nur für „doloses" bzw. „widersprüchliches" Nachverhalten *Canaris,* Vertrauenshaftung, S. 283, 317, 333, 455 in Fn. 12, 549; a. A. *Singer,* Selbstbestimmung, 182 f.

[230] Siehe unten nach Fn. 886. Vgl. *Jahr,* JuS 1989, 249 [255]. Exemplarisch für die häufige Einordnung von § 118 BGB, aber unzutreffend *Merkt* (AcP 204, 638 [647 bei Fn. 61]), wonach „§ 118 BGB eine systemwidrige Ausnahme darstellt, die gegen den Gedanken des Verkehrsschutzes verstößt". Nichtigkeit gem. § 118 BGB geht mit *negativer* Haftung gem. § 122 I BGB einher, so dass der Geschäftsgegner nicht ungeschützt bleibt. „Der Gedanke des Verkehrsschutzes" wird hier denn wiederum als *positiver* Vertrauensschutz *vorverstanden,* siehe soeben bei und in Fn. 169. Soweit als „systemwidrig" angesehen wird, dass nicht entsprechend § 121 I BGB o. ä. nachfolgend positive Haftung eintreten kann, ist auf die vorangehende Fn. 229 zu verweisen.

[231] *Canaris* greift die bürgerlich-gesetzgeberische Erwartung der Anwendung der §§ 116 ff. BGB auf Kundgebungen gem. §§ 171 I, 172 I BGB auf, vgl. Vertrauenshaftung, S. 35 ff., 453 ff., 486; FG 50 Jahre BGH, 129 [157 m. w. N. in Fn. 119]. Doch wird erst auf S. 549 – von insgesamt 552 Seiten – klargestellt, dass auch „der

(4) Ansatz der vorliegenden Arbeit

Diese Arbeit verfolgt somit folgenden Ansatz: wenn gegen die für positiven Vertrauensschutz bei Signaturmissbrauch potentiell relevante Rechtsprechung mit *rechtsgeschäftsrechtlichen* Argumenten aus den §§ 104–185 BGB und insbesondere aus den §§ 116 ff. BGB opponiert wird, wozu die

---

‚äußere Tatbestand' einer Willenserklärung ... ein objektiver Scheintatbestand" sei. Die in einer Arbeit über Vertrauens- und Rechtsscheinhaftung eigentlich „dogmatisch" naheliegende Konsequenz (siehe oben in Fn. 145, 146) einer parallelen Konzeption der Haftung für einen unrichtigen Schein bei Willenserklärung und Kundgebung wird hieraus jedoch nicht gezogen. Vielmehr vermitteln die vorangehenden „dogmatischen" Ausführungen (vgl. insbesondere Vertrauenshaftung, S. 411 ff. und insb. S. 418 ff.) den Eindruck, dass ein Gedanke an diese Konsequenz gar nicht erst aufkommen soll; vgl. auch *v. Craushaar* (AcP 174, 2 [6]), der *Canaris* eine „ängstliche Scheu" attestiert, „den Begriff Vertrauensschutz im Zusammenhang mit der Willenserklärung zu verwenden". Insbesondere die Behandlung der positiv-vertrauensschützenden Zentralnorm des § 116 S. 1 BGB kann bei *Canaris* nur erstaunen, vgl. unten in Fn. 565.

Canaris' Argumentation kulminiert in der Formel, durch eine Behandlung von Kundgebungen gem. §§ 171 I, 172 I BGB ebenso wie Willenserklärungen würde „die ‚königliche' Sonderstellung des Rechtsgeschäfts verdunkelt" (FG 50 Jahre BGH, 129 [139, s. a. S. 137]). Hier wird zum einen Irrelevantes verglichen, nämlich richtige Willenserklärungen und richtige Kundgebungen, siehe soeben bei Fn. 222 sowie näher unten VI.2.c). Doch geht es nur um partielle Gleichbehandlung, nämlich im Unrichtigkeitsfalle. Es geht nur um Differenzierung bzw. Abstufung positiver und negativer Haftung für einen unrichtigen Schein nach §§ 116 ff. BGB – i. V. m. §§ 133, 157 BGB ebenso wie i. V. m. §§ 171 I, 172 I BGB. Zum anderen befremdet die Metapher der „Königlichkeit", da die §§ 116 ff. BGB (i. V. m. §§ 171 I, 172 I BGB) nicht auf dem *Thron* der bürgerlich-gesetzlichen Autorität gehalten werden sollen.

So sehr die Erkenntnis, dass auch die Willenserklärung ein objektiver Scheintatbestand ist, zu spät kommt und nicht genügend konsequent verfolgt wird, bleiben die einleitenden Ausführungen von *Canaris* zu vage, vgl. Vertrauenshaftung, Vorwort, S. VII (Hervorhebung hinzugefügt): „dass die Bedeutung des Vertrauensgedankens zur Zeit der Schaffung des BGB noch *nicht genügend* ins Bewusstsein getreten war und dass die Vertrauenshaftung daher nicht als ein systemtragender Bestandteil des deutschen Privatrechts, sondern allenfalls als eine *systemfremde Ausnahmeerscheinung* betrachtet wurde". Ob dieses „Nichtgenügen" auf eine formell-gesetzliche Regelungslücke oder auf rechtspolitische Defizite einer formell-gesetzlichen Regelung verweisen soll, wird nicht klargestellt, obwohl es in *Canaris'* Methodenlehre als weichenstellende Vorfrage behandelt wird, vgl. *Larenz/Canaris*, Methodenlehre, S. 191 ff., insb. S. 245 ff.; *Canaris*, Lücken, S. 31 ff., insb. S. 33 f.; vgl. auch *Rieder*, S. 119 f. Das Nichtvorliegen einer wesentlichen Regelungslücke in der zentralen Vertrauensschutzregelung der §§ 116 ff. BGB (i. V. m. §§ 171 I, 172 I BGB) wird deren subjektiv-historische Auslegung ergeben, dazu unten bei Fn. 559 f. sowie VI.3.d). § 116 S. 1 BGB (i. V. m. §§ 171 I, 172 I BGB) ist des Weiteren keine „systemfremde Ausnahmeerscheinung", siehe bereits oben in Fn. 173 und unten VI.5. Seine tatbestandliche Enge und Beweisbrisanz mag auf rechtspolitisches Missfallen stoßen, was dann Frage der Systemkorrektur *de lege ferenda* ist.

oben aufgezeigten Gründe bestehen, dann sind §§ 171 I, 172 I BGB i. V. m. §§ 116 ff. BGB[232] *konsequent* und *präzise* anzugehen. Sie sind konsequent und präzise anzugehen mit dem Ziel der Abstraktion positiver Scheinhaftungs- bzw. Vertrauensschutztatbestände für Fälle eines unrichtigen Scheins bei Signaturmissbrauch aus §§ 171 I, 172 I BGB i. V. m. §§ 116 S. 1, 119 I a. E., 121 I BGB[233].

5. Zwischenergebnis und weiterer Gang der Arbeit

In der Frage einer Haftung des Schlüsselinhabers für Signaturmissbrauch kreist die Signaturliteratur um eine Begründung *positiver Haftung* als Rechtsscheinhaftung bzw. Vertrauenshaftung[234]. Hier besteht noch *Präzisierungsbedarf* dahin, welcher *Rechtscheinsinhalt* auf welcher *Rechtsscheinsbasis* zu bejahen sein soll. Oder anders formuliert: *wann* der Geschäftsgegner *worauf* bei Empfang einer signierten Willenserklärung vertrauen dürfen und *warum* er dies dürfen soll[235].

Es wird die Anwendung, Übertragung bzw. Fortbildung einer oder beider Rechtsprechungslinien über Scheinvollmachten und über Blankettmissbrauch[236] diskutiert, die die vorgenannte Haftungsfolge nach sich ziehen. Soweit die Signaturliteratur diese Rechtsprechung überhaupt in Frage stellt, wird die Folgeproblematik der Haftungsbegründung auf *negativer Haftungsstufe* ungenügend angegangen. Das *in extremo* erforderliche Vorliegen eines zumindest rechtsgeschäftsähnlichen Schuldverhältnisses gem. § 311 II BGB [2002] *gegenüber Jedermann* „in einer offenen Kommunikation (in der sich die Teilnehmer nicht kennen müssen)"[237], wird nicht problematisiert[238]. Die Möglichkeit einer Bejahung von schutzgesetzlichen Pflichten gem. § 823 II BGB gegenüber Jedermann in Gestalt von gegen Signaturmissbrauch „erforderlichen Sicherungsmaßnahmen" gem. § 6 I 1 SigG wird nahezu gar nicht behandelt[239].

---

[232] Siehe oben I.4.f)cc)(2) bei Fn. 216.

[233] Die vorliegende Arbeit setzt fort und präzisiert, was etwa *J.-G. Schubert,* 9 f., 26, 45 f.; *Kellmann,* JuS 1971, 609; *Säcker,* Juristische Analysen 1971, 510 [527 ff., 537 f.]; *Frotz,* S. 288–300, 316, 324; *v. Craushaar,* AcP 174, 2 [S. 3, S. 6 in Fn. 15, S. 18]; *Bydlinski,* ZAS 1976, 83, 126 [130 ff., insb. 137 bei und in Fn. 97] sowie ders. bereits ansatzweise in Privatautonomie, S. 177 f.; *Wieling,* JA 1991, Übungsblätter 222, insbesondere 225 f. angedacht bzw. angedeutet, wenngleich nicht vertieft bzw. teilweise in hier nicht bejahter Weise ihrerseits weiterverfolgt haben.

[234] Siehe die oben in Fn. 38 zitierte Literatur.

[235] Siehe oben I.4.e)aa) bis cc).

[236] Zu diesen siehe oben I.4.a) und b).

[237] Siehe das Zitat aus BT-Drs. 13/7385, S. 26 oben in Fn. 3 sowie unten II.1. zum „offenen Kommunikationskontext".

[238] Siehe oben I.4.f)bb)(1).

Die Diskussion ist insoweit auf halbem und verengtem Wege stecken geblieben. Dies ist auf die *Vorfixierung auf positiven Vertrauensschutz für einen unrichtigen Schein* zurückzuführen.

Eine *kritische Haltung gegenüber der Rechtsprechung* wird in der vorliegenden Arbeit zum einen aus dem Grunde eingenommen, dass der Formanpassungsgesetzgeber ihre mit § 126a III 2 BGB-RefE [1999] ins Auge gefasste Anerkennung letztlich unterlassen hat[240]. Zum anderen geschieht dies aus dem Grunde, dass die eventuelle Vertrauensschutzbedürftigkeit des Geschäftsgegners in keiner Weise präjudiziert, sein *positives* Wirksamkeitsinteresse zu schützen. Vielmehr bedarf diese im Vergleich zu *negativem* Vertrauensschutz schwererwiegende Rechtsfolgenalternative im Rahmen einer *Zweistufigkeit* der Rechtsfolgen einer besonderen tatbestandlichen Rechtfertigung[241]. Die freizulegende *lex lata* führt über §§ 171 I, 172 I BGB zu §§ 116 S. 1, 119 I a.E., 121 I BGB[242], die als solche tatbestandliche Rechtfertigung zu untersuchen sein werden. Angesichts der ständigen und fortdauernden allgemeinen Kritik an der Rechtsprechung und insbesondere der Rechtsprechung zur Anscheinsvollmacht kann diesem Unterfangen nicht entgegengehalten werden, dass die Rechtsprechung zu Gewohnheitsrecht erstarkt sei[243].

Die Beantwortung der Frage der Haftung des Schlüsselinhabers für Signaturmissbrauch wird nachfolgend sozusagen von hinten aufgezäumt, sofern positiver Vertrauensschutz und die dahingehende Rechtsprechung als Ausgangspunkt angesehen werden. Beides sind jedoch abzulehnende Ausgangspunkte. Gegen eine Gleichsetzung von Vertrauensschutz mit positivem Vertrauensschutz bzw. gegen ein dahingehendes Vorverständnis ist nochmals auf die drastischen Auswirkungen dieser Rechtsfolge für den Geschäftsherrn zu verweisen. Der Vorrang des formellen Gesetzesrechts bedarf mit Blick auf Art. 20 III, 97 I GG ebenfalls keiner Ausführung[244].

Demgemäß beginnt die vertiefte Untersuchung der Haftungsproblematik für Signaturmissbrauch mit der Frage, ob nach § 6 I 1 SigG gegen Signaturmissbrauch erforderliche Sicherungsmaßnahmen schutzgesetzliche Pflichten gem. § 823 II 1 BGB sind (dazu III.). Zu diesem Zwecke sind die signatur- und formanpassungsgesetzlichen Materialien subjektiv-historisch dahin auszulegen, was sie in der Haftungsfrage für Signaturmissbrauch ergeben. Dem letztgenannten Vorrang des formellen Gesetzes wird damit im

---

239 Siehe oben I.4.f)bb)(2).
240 Siehe oben I.4.c).
241 Siehe oben I.4.d) sowie f)aa).
242 Siehe oben I.4.f)cc)(2) und (3).
243 Siehe oben I.4.f)cc)(1).
244 Pointiert MüKo (*Säcker*), Einl. zu §§ 1–240, Rn. 65 ff.

Sinne des Vorrangs einer eventuellen *lex posterior et specialis* in dieser Haftungsfrage genüge getan[245].

Soweit die subjektiv-historische Auslegung eines formellen Gesetzes nichts für und gegen eine Schutzgesetzqualität von darin aufgestellten Normen ergibt, ist systematisch auszulegen, ob die Qualifizierung als Schutzgesetz „im Rahmen des haftpflichtrechtlichen Gesamtsystems tragbar erscheint", wie der BGH mit einer restriktiven Note formuliert[246]. Die Besonderheit der „haftpflichtrechtlichen Gesamtsystematik" liegt vorliegend in der Zweistufigkeit der in Betracht kommenden Rechtsfolgen. Bevor diese *vertikale* Problematik angegangen wird, ist auf *horizontaler* Ebene der negativen Haftungsstufe noch näher zu betrachten, ob eine negative Haftungsbegründung aus *culpa in contrahendo* einer Schutzgesetzqualifizierung von nach § 6 I 1 SigG erforderlichen Sicherungsmaßnahmen vorzugswürdig ist (dazu IV.).

Oben ist aufgezeigt worden, dass der objektive Scheintatbestand bzw. Vertrauenstatbestand als gemeinsames Tatbestandsmerkmal von positiver und negativer Rechtsscheins- bzw. Vertrauenshaftung verstanden werden kann[247]. Als „Brücke" bzw. verbindendes Glied der vertikalen Problematik ist dieser Tatbestand – präziser: dieses gemeinsame Tatbestandsmerkmal – daher im Anschluss näher zu betrachten (dazu V.). Signaturspezifisch wird hier wie bereits angesprochen zu fragen sein, *wann* und *warum* der Geschäftsgegner *worauf* bei Empfang einer signierten Willenserklärung vertrauen dürfen soll. Es wird zu fragen sein, *welcher Schein* hinsichtlich der seinem Empfang vorangehenden Geschehnisse *warum* und *wann* für ihn gegeben sein soll. Diese Betrachtungen haben zudem allgemein aufzuzeigen, wieso auch eine Begründung negativer Haftung aus *culpa in contrahendo* bei Ausbleiben der Geschäftswirksamkeit sowie vorliegend eventuell aus § 6 I 1 SigG i.V.m. § 823 II BGB als negative Rechtsscheins- bzw. Vertrauenshaftung erfasst werden kann. Ebenso ist hier zu fragen, ob und welche *materiell-haftungsrechtlichen* Bezüge zur *Beweisnorm* in Gestalt des gesetzlichen Anscheinsbeweises bei qualifizierter elektronischer Signatur gem. § 371a I 2 ZPO [2005] bestehen. Formell-gesetzlich sind die Betrachtungen auf §§ 171 I, 172 I BGB *i.V.m. § 122 II BGB* als gesetzliche Normierung eines objektiven Schein- bzw. Vertrauenstatbestandes rückzuführen.

---

[245] Untersucht wird also, ob ein *signaturbezogener* Wille des *jüngeren* Gesetzgebers erkennbar ist, wann ein Schlüsselinhaber *wie* – nur negativ, nur positiv, sowohl negativ wie auch positiv – bei Signaturmissbrauch haften soll, so dass es auf die *bisherige* Gemengelage von Gesetzes- und Richterrecht nicht mehr ankäme. Zur Normenkollision vgl. knapp *Renck,* JZ 1970, 770 f.

[246] BGH DB 1976, 1665; siehe auch BGHZ 66, 388 [390 f.]; Z 84, 312 [314 ff.]; Z 100, 13 [14 f.]; Z 103, 197 [199 ff.]; Z 106, 204 [206 ff.].

[247] Vgl. oben bei Fn. 155 ff.

Abschließend wird auf vertikaler Problemebene zu betrachten sein, wann eine schwererwiegende positive Rechtsscheins- bzw. Vertrauenshaftung für Signaturmissbrauch analog §§ 171 I, 172 I BGB i.V.m. §§ 116 S. 1, 119 I a.E., 121 I 1 BGB zu bejahen ist (dazu VI.): welche zu einem unrichtigen objektiven Schein- bzw. Vertrauenstatbestand hinzutretenden subjektiven Tatbestände sollen danach diese schwerwiegendere Rechtsfolge nach sich ziehen? Wieweit die referierten beiden Rechtsprechungslinien vor diesem Gesetzesrecht Bestand haben, wird sich im Zuge der Abstraktion der vorgenannten Gesetzesnormen erweisen. Ob andere Begründungen positiver Haftung *de lege lata* in Betracht kommen, wird hier ebenfalls zu betrachten sein.

Vorweg sind der von der Signaturgesetzgebung gezogene administrativ-technische Rahmen hoher Gesamtsicherheit[248] sowie Szenarien des Signaturmissbrauchs darzustellen (dazu II.).

---

[248] Vgl. oben bei Fn. 5.

II. Signaturgesetzlicher Rahmen

Der Hintergrund der Signaturgesetzgebung[249] ist darzustellen (dazu 1.). Sodann ist der signaturgesetzliche „Rahmen"[250] selbst zu skizzieren (dazu 2.), soweit er für die in dieser Arbeit behandelte Haftungsfrage für Signaturmissbrauch relevant ist. Im Anschluss sind Szenarien des Signaturmissbrauchs abzuschichten (dazu 3.).

1. Hintergrund

Ein Hauptzweck, wenn nicht gar der Hauptzweck von Signaturen ist, ein *wahrheitswidriges Schutzvorbringen des Schlüsselinhabers* zu verhindern,

---

[249] Siehe oben in Fn. 1.

[250] Vgl. § 1 I SigG [1997]: „Zweck des Gesetzes ist es, *Rahmenbedingungen* für digitale Signaturen zu schaffen, unter denen diese als sicher gelten und Fälschungen digitaler Signaturen oder Verfälschungen von signierten Daten zuverlässig festgestellt werden können". § 1 I SigG besagt nurmehr: „Zweck des Gesetzes ist es, *Rahmenbedingungen* für elektronische Signaturen zu schaffen". „Digitale Signaturen" nach dem SigG [1997] entsprechen *„qualifizierten* elektronischen Signaturen" nach § 2 Nr. 3 des aktuellen Signaturgesetzes, vgl. *Bettendorf*, RNotZ 2005, 277 [282]. In dieser Arbeit interessieren allein letztere. Für diese erklärt sich der Wegfall des letzten Nebensatzes in § 1 I SigG [1997] daraus, dass der neue Signaturgesetzgeber anders als der alte Signaturgesetzgeber nunmehr von deren „Sicherheit" ausgeht. Der alte Signaturgesetzgeber verstand seine signaturgesetzlichen „Rahmenbedingungen" noch als „Experimentierbereich", vgl. BT-Drs. 13/7385, S. 17. Er wollte innerhalb dieses „experimentellen" Rahmens praktische Erfahrungen in einem technisch-administrativen „Neuland" sammeln, vgl. BT-Drs. 13/7935, S. 1: „Mit dem Gesetzentwurf [des IuKDG] wird Neuland betreten. Dies gilt insbesondere ... für die Regelungen der digitalen Signatur". Fehlende Erfahrung hinsichtlich der „Sicherheit" digitaler Signaturen kam in § 1 I SigG [1997] in der Formulierung zum Ausdruck, dass diese „als sicher gelten ... *können*", vgl. MdB Bierstedt, BT-Plenarprotokoll 13/170, S. 15393 zu § 1 I SigG [1997]. Die Einschätzung des neuen Signaturgesetzgebers, dass qualifizierte elektronische Signaturen *sicher sind,* zeigt sich darin, dass mit §§ 292a, 371a I 2 ZPO [2001, 2005] nunmehr beweisnormative Folgeregelungen an die Verwendung qualifizierter elektronischer Signaturen geknüpft werden.

Die Ablösung des SigG [1997] durch das aktuelle Signaturgesetz wurde mitbedingt durch die Signaturrichtlinie (siehe oben in Fn. 6) sowie durch einen der Bundesregierung vom alten Signaturgesetzgeber aufgegebenen (BT-Drs. 13/7935) Evaluierungsbericht (BT-Drs. 14/1191). Deren Einzelheiten interessieren hier nicht näher.

Zur terminologischen Kurzfassung von qualifizierten elektronischen Signaturen als Signaturen siehe oben Fn. 6.

dass eine mit seinem Schlüssel signierte Willenserklärung[251] *nicht* von ihm abgegeben worden sei[252]. Der ein solches Dokument empfangende Geschäftsgegner soll geschützt werden „vor dem unbegründeten Einwand …, die Erklärung sei nicht von dem Signaturschlüssel-Inhaber abgegeben worden"[253].

Ein weiterer Hauptzweck ist, gesetzliche Formerfordernisse ohne „Medienbruch" wahren zu können, d. h. – vereinfacht dargestellt – nicht auf Papier und eine eigenhändige Namensunterschrift zurückgreifen zu müssen[254]. Diese weitere Signaturfunktionalität interessiert nachfolgend nicht näher[255]. Sie ist durch Folgegesetze für verschiedene Informations- und Kommunikationshandlungen realisiert worden[256].

---

[251] Klarstellung: Signiert wird ein elektronisches Dokument, das eine Willenserklärung enthält. Für die Zwecke der vorliegenden Arbeit ist des Weiteren zu unterstellen, dass die Auslegung des Dokumenteninhalts ergibt, dass der Schlüsselinhaber Geschäftsherr des willenserklärten Geschäfts sein soll, siehe oben in Fn. 30. Die Signatur bzw. Signierung einer Willenserklärung ist denn hier und nachfolgend nur sprachliche Kurzfassung.

[252] *Wer* eine vom Geschäftsgegner empfangene Willenserklärung abgegeben hat, unterliegt nach allgemeinen Grundsätzen der Beweislast des Geschäftsgegners, wenn dieser an der Wirksamkeit dieser Willenserklärung interessiert ist d. h. wenn deren Verpflichtungs-, Verfügungs-, Gestaltungswirkung etc. ihm günstig ist. Zur rechtsgeschäftsrechtlichen Beweislastverteilung vgl. *Heinrich*, Die Beweislast bei Rechtsgeschäften.

[253] BT-Drs. 14/4987, S. 23, 25 zu § 292a ZPO [2001] und damit auch zu § 371a I 2 ZPO [2005], s. o. bei Fn. 22; vgl. auch BT-Drs. 14/4662, S. 16, wo § 292a ZPO als Erfordernis zum Schutze des Erklärungsempfängers angekündigt wird. Diese Konstellation wahrheitswidrigen Schutzvorbringens wird auch als „Repudiation (Leugnung der Urheberschaft)" bezeichnet, vgl. *Bettendorf*, RNotZ 2005, 277 [278]; vgl. auch *Miedbrodt/Mayer*, MDR 2001, 432 [433]: Signaturen sollen zur „Nichtabstreitbarkeit der enthaltenen Erklärungen" führen.
BT-Drs. 14/4987, S. 13 behandelt das durch § 292a ZPO [2001] zu prävenierende wahrheitswidrige Schutzvorbringen des Schlüsselinhabers im Kontext von „Willensmängeln". Deren Regelung in §§ 116 ff. BGB interessiert nachfolgend i. V. m. §§ 171 I, 172 I BGB, wie einführend aufgezeigt [siehe oben I.4.f)]. Das Schutzvorbringen des Schlüsselinhabers, dass er eine dem Geschäftsgegner zugegangene signierte Willenserklärung nicht abgegeben habe, obwohl dies wirklich bzw. in Wahrheit vorangehend geschehen ist, könnte als „Willenswandel" bezeichnet werden. Es ist dann sozusagen *nachfolgender Willensmangel*. Dieser ist grundsätzlich unbeachtlich, sofern kein Rücktrittsrecht o. ä. vorbehalten wurde, siehe unten in Fn. 936. Dieser Willenswandel i. S. v. nachfolgende Willensmangel wird bei Schutzvorbringen bzw. Repudiation zudem nicht wahrheitsgemäß erklärt („Ich will nicht mehr …"). Vielmehr wird er hier durch eine wahrheitswidrige Behauptung über die Vergangenheit („Ich war es nicht …") kaschiert, vgl. auch *Dörner*, AcP 202, 363 [387].

[254] Vgl. BT-Drs. 14/4987, S. 15, 18.

[255] Soweit eine gesetzliche Form auch oder nur eine „Beweisfunktion" verfolgt, überschneidet sie sich mit dem vorgenannten Zweck der Prävention von wahrheitswidrigem Schutzbestreiten. Zu Formzwecken vgl. BT-Drs. 14/4987, S. 16 ff.

Nachfolgend interessiert vielmehr allein die Signatur von rechtsgeschäftsrechtlichen Informations- und Kommunikationshandlungen in Gestalt von Willenserklärungen unabhängig davon, ob diese einer gesetzlichen Form unterliegen. Sie interessiert unter dem Gesichtspunkt positiver
oder negativer Haftung des Schlüsselinhabers nach Bürgerlichem Recht,
sofern ein vollmachtloser Dritter in sowie vor allem unter seinem Namen
signiert hat.

Es sind zwei Kontexte zu unterscheiden, unter denen Willenserklärungen
im Einzelfall signiert werden können. Eine Signatur kann in Anwesenheit
des Geschäftsgegners erfolgen. Sie kann des Weiteren in dessen Abwesen-
heit erfolgt sein, so dass dieser nur den Empfang des signierten Dokuments
wahrnehmen kann. Die Signaturgesetzgebung ist auf den letztgenannten
Kontext ausgerichtet. Sie ist ausgerichtet an „den Anforderungen einer offenen Kommunikation (in der sich die Teilnehmer nicht kennen müssen)"[257].
Als „modernen Rechtsgeschäftsverkehr" beschreibt dies die Begründung
zum Formanpassungsgesetz wie folgt[258]: „In der Gesellschaft hat sich eine

---

[256] Für schriftformbedürftige *Willenserklärungen* gegenüber anderen Privatrechts-
subjektiven und für schriftformbedürftige *Prozesshandlungen* gegenüber Gerichten
ist sie durch das oben in Fn. 16 genannte Formanpassungsgesetz in Angriff genommen worden. In ersterer Hinsicht wurde hierdurch Art. 9 I der Richtlinie
2000/31/EG des Europäischen Parlaments und des Rates vom 8. Juni 2000 über bestimmte rechtliche Aspekte der Dienste der Informationsgesellschaft, insbesondere
des elektronischen Geschäftsverkehrs, im Binnenmarkt (ABl. 2000, L 178 S. 1 ff.)
umgesetzt, vgl. deren Erwägungsgrund 34. Zur Umsetzung dieser Richtlinie im Übrigen siehe *Rudolph,* S. 9 ff.; *Fritz,* S. 5 ff.
Durch das „Gesetz zur Reform des Verfahrens bei Zustellungen im gerichtlichen
Verfahren – Zustellungsreformgesetz (ZustRG)" (BGBl. I Nr. 29 vom 27. Juni 2001,
S. 1206 ff.) ist die Möglichkeit der förmlichen *Zustellung gerichtlicher Entscheidungen in elektronischer Form* eingeführt worden. Vgl. § 174 III ZPO [2001], der insoweit wiederum eine qualifizierte elektronische Signatur seitens des Gerichts voraussetzt.
Für schriftformbedürftige Beteiligtenhandlungen in *Verwaltungsverfahren* ist die
„medienbruchlose" Information und Kommunikation mittels qualifiziert elektronisch
signierter Dokumente durch das „Dritte Gesetz zur Änderung verwaltungsverfahrensrechtlicher Vorschriften" (BGBl. I Nr. 60 vom 27. August 2002, S. 3322 ff.) eröffnet worden, vgl. dazu *Schmitz/Schlatmann,* NVwZ 2002, S. 1281 ff.; *Roßnagel,*
NJW 2003, S. 469 ff. m.w.N. in Fn. 31; zum Regierungsentwurf vgl. *Storr,* MMR
2002, S. 578 ff. Vgl. insbesondere §§ 3a II, 37 II-IV VwVfG [2002].
Eine *elektronische Aktenbearbeitung innerhalb der Gerichte* soll das oben in
Fn. 21 genannte Justizkommunikationsgesetz ermöglichen, vgl. BT-Drs. 15/4067
S. 1. Dessen Kern ist das „gerichtliche elektronische Dokument", vgl. § 130 b ZPO
[2005], das wiederum eine qualifizierte elektronische Signatur erfordert.
Inwieweit Art. 5 der Signaturrichtlinie (vgl. oben in Fn. 250) die vorgenannten
Änderungen verlangte, ist im Einzelnen streitig, interessiert vorliegend jedoch nicht
weiter, vgl. *Bierekoven,* S. 120 ff.
[257] Vgl. das Zitat aus BT-Drs. 13/7385, S. 26 oben in Fn. 3.

Mobilität des Handels herausgebildet, in der eine Vielzahl von Erklärungen über Hunderte von Kilometern hinweg abgegeben werden. Es wird nicht mehr jeder Vertrag zwischen zwei einander bekannten Parteien abgeschlossen. Massenvorgänge haben im modernen Rechtsverkehr erheblich an Bedeutung gewonnen".

In diesem „offenen Kommunikationskontext" schaffen *Anonymität* und *Distanz* sowie *Spurenlosigkeit* der – unsignierten – elektronischen *Telekommunikation*[259] ein Klima für betrügerisches Drittverhalten unter fremdem Namen[260] wie auch zugleich für wahrheitswidriges Schutzbestreiten des Namensträgers. Beides wird in seiner *Kehrseitigkeit* für den Geschäftsgegner und für das Erkenntnisgericht von Kuhn plastisch aufgezeigt[261].

In diesem „offenen Kommunikationskontext" ist die *Erkenntnis* des Geschäftsgegners mehr oder minder *begrenzt. In extremo* ist dem Geschäftsgegner der Schlüsselinhaber nicht von Vorgeschäften o. ä. bekannt. Der Geschäftsgegner nimmt nur die empfangene signierte Willenserklärung sowie das Ergebnis der Signaturprüfung wahr, dass die signierten Daten nicht verändert wurden und das Schlüsselpaar nicht gesperrt ist[262]. Eine solche *beschränkte Erkenntnis* ist für den Kerngegenstand der vorliegenden Arbeit entscheidend, nämlich die Frage einer *Rechtsscheins-* bzw. *Vertrauens*haftung. Schon allgemeinsprachlich spiegeln Schein und Vertrauen diese Gegebenheit begrenzter Erkenntnis bzw. fehlender Gewissheit wieder. Der Schein ist optische Metapher eines Leuchtens, das Abbild eines Lichts wie auch Irrlicht sein kann. Vertrauen ist dann erforderlich, wenn etwas unge-

---

[258] Vgl. BT-Drs. 14/4987, S. 10. Vom „modernen Rechtsgeschäftsverkehr" ist im Gesetzestitel die Rede, vgl. oben Fn. 16. Die Begründung spricht alternierend vom „modernen" wie auch vom „elektronischen" Rechtsgeschäftsverkehr wie auch nur vom „Geschäftsverkehr" oder „Rechtsverkehr", da auch Prozesshandlungen gegenüber Gerichten behandelt werden, siehe oben in Fn. 256. Im Gesetzestext tauchen die Begriffe allesamt nicht auf. Sie beschreiben nur den faktischen Rahmen der Signaturrelevanz. Eine Begriffskonkretisierung von elektronischem Rechts-, Geschäfts- und Rechtsgeschäftsverkehr unternimmt *Rieder*, S. 26 ff.

[259] Plastisch etwa *Roßnagel* (NJW 2001, 1817): „Mangels Verkörperung haben elektronische Daten keine Geschichte. Ihnen sieht man daher Veränderungen nicht an und hat in ihnen auch keine Anhaltspunkte, um auf den wahren Erzeuger zu schließen"; vgl. auch BT-Drs. 13/7385, S. 26: „Elektronisch übertragene oder gespeicherte Daten können ... verändert werden, ohne dass dies Spuren hinterlässt oder nachgewiesen werden kann". *Rieder* (S. 62, 64) spricht von „dematerialisierten Medien", die „ein gesteigertes Vertrauensproblem" mit sich bringen.

[260] Vgl. etwa *Redeker,* IT-Recht in der Praxis, 3. Aufl., S. 350: „Der Einsatz von Telekommunikationsmitteln reizt dazu, sich fremder Namen zur Abgabe von Willenserklärungen zu bedienen". *Bettendorf,* RNotZ 2005, 277 [278] spricht von einer „Identitätstäuschung" in Gestalt einer „Maskerade".

[261] Vgl. *Kuhn,* S. 205 f.

[262] Zur Signaturprüfung sogleich näher unter 2.

wiss ist. Beide Begrifflichkeiten lassen sich verbinden: darf wegen eines Scheins vertraut werden, so ist das Vertrauen nicht *blind,* sondern es darf sich der Vertrauende von einem eventuellen Irrlicht *blenden* lassen. Er darf dann alternative Vorgeschehnisse *ausblenden,* die er aufgrund seiner beschränkten Erkenntnis nicht unmittelbar wahrgenommen hat, ohne ihr wirkliches Vorliegen ausschließen zu können. Diese Rechtsprosa ist im weiteren Verlauf der Arbeit in vorbekannte juristische Muster aufzulösen. Es wird näher aufzuzeigen sein, wie eine beschränkte Erkenntnis des Geschäftsgegners juristisch im Wege einer Rechtsscheins- bzw. Vertrauenshaftung des Geschäftsherrn bewältigt wird (dazu V.).

Die Vorgeschehnisse, die der eine signierte Willenserklärung empfangende Geschäftsgegner im vorgenannten extrem „offenen Kommunikationskontext" nicht unmittelbar wahrgenommen hat, sind die Umstände der Erzeugung der Signatur. Wie oben zitiert, soll der signaturgesetzliche Rahmen einen dahingehenden Rückschluss tragen[263]. Dieser kommt nicht nur als Grundlage einer Beweislastverlagerung zugunsten des Geschäftsgegners[264], sondern auch als *Basis* eines *Rechtsscheins* in Betracht, dessen *Inhalt* zu präzisieren ist[265].

Die Kehrseitigkeit von wahrheitswidrigem Schutzverhalten des Geschäftsherrn und betrügerischem Drittverhalten in sowie vor allem unter seinem Namen verlagert sich bei signierter Telekommunikation durch die Beweislastverlagerung auf den Schlüsselinhaber in §§ 292a, 371a I 2 ZPO [2001, 2005] und ggf. auch durch eine Haftung seinerseits dahin, einen zusätzlichen Anreiz zu betrügerischem Drittverhalten zu bieten. Sie schafft einen Drittanreiz, in den Besitz des Schlüssels und in Kenntnis der PIN zu gelangen. Denn Geschäftsgegner werden sich angesichts der an die Signatur geknüpften Beweiserleichterung und ggf. auch Haftung eher auf Rechtsgeschäfte *und Vorleistungen* einlassen als bei unsignierter Telekommunikation. Hierin liegt eine verbreitungspolitische *Crux* von Signaturen, die denn momentan noch keine Massenverbreitung gefunden haben[266]. Dem Schlüsselinhaber geschieht zwar kein Unrecht dadurch, dass wahrheitswidriges Schutzverhalten seinerseits erschwert wird. Doch bringt eine Schlüsselinhaberschaft nicht nur laufende Kosten[267], sondern auch Beweislosigkeits- und

---

[263] Siehe oben bei und in Fn. 3.

[264] Siehe oben bei Fn. 24.

[265] Siehe oben bei Fn. 95. Zum Zusammenhang zwischen Beweislastverlagerung und objektivem Schein- bzw. Vertrauenstatbestand siehe unten V.6.

[266] Vgl. BT-Drs. 15/3417, S. 6 zum 1. SigÄndG; *Roßnagel,* NJW 2005, 385 [385 bei Fn. 6]: „Durchsetzungsschwäche"; ders. Multimedia-Dienste, Einl SigG Rn. 322; ders. MMR 2003, 1 f.; *Lüdemann/Adams,* K&R 2002, 8 [11].

[267] Beispiele: bei der D-Trust-GmbH, einer Tochtergesellschaft der Bundesdruckerei, kostet eine 18 Monate gültig bleibende „Signaturkarte" einschließlich Entgelt

ggf. Haftungsgefahren mit sich. Ob die elektronische Formwahrung im gesetzlich formbedürftigen Rechtsgeschäftsverkehr[268] oder die Eröffnung anderer, etwa steuerverfahrensrechtlicher Telekommunikationshandlungen dazu führen werden, dass Schlüsselinhaberschaften überhaupt und des Weiteren der Signatureinsatz im Rechtsgeschäftsverkehr zur Massenerscheinung werden, ist denn momentan noch nicht absehbar[269].

2. Signaturgesetzliche Vorgaben

Der signaturgesetzliche „Rahmen"[270] normiert das Verhalten der Beteiligten und die Anforderungen an die von diesen eingesetzte Technik. Beteiligt sind neben Schlüsselinhabern [dazu c)] vor allem „Zertifizierungsdienstanbieter"[271] [dazu a)] sowie im weiteren Sinne auch signaturinteressierte

---

für die Zertifizierungsdienstleistung (dazu sogleich unter 2.) während dieses Zeitraums 126,44 €. Eine „Folgekarte" für weitere 18 Monate kostet 97,44 €. Eine „Ersatzkarte" nach Sperrung des Schlüssels kostet 91,64 €. Die Sperrung selbst kostet 11,60 €. Vgl. www.d-trust.net/internet/files/2.Preisinformationen.pdf, Preisstand 1.1.2006.
Bei T-Systems International GmbH („T-Telesec"), einer Tochter der Deutschen Telekom AG, kostet eine Signaturerstellungseinheit inkl. Zertifikat 49,99 €. Hinzukommen jährlich 34,99 € für den „Public Key Service". Vgl. www.telekom. de/dtag/agb/dokument/pdf/0,1384,1309,00.pdf, Preisstand 1.7.2005.

[268] Vgl. oben bei Fn. 254.

[269] Vgl. *Hähnchen*, NJW 2001, 2831 [2834 unter „Tatsächliches Problem: Akzeptanz"]; *Bizer*, DuD 2002, 277; *Engel-Flechsig* in *Moritz/Dreier*, S. 904, F Rz. 169 m. w. N. in Fn. 2; *Lüdemann/Adams*, K&R 2002, 8 [12].
Die Möglichkeit eines „gerichtlichen Schubes" für Signaturen sieht *Spindler* in dem in letzter Instanz vor dem BGH (XII ZR 207/05) anhängigen Verfahren über eine Störerhaftung von Betreibern elektronischer Marktplätze gegenüber Mitgliedern bei „Identitätsdiebstahl", vgl. MMR 2006, 107 ff.; vgl. auch im benachbarten Kontext einer Rechtsscheinhaftung von Mitgliedern gegenüber Dritten für „Identitätsmissbrauch" *Borges/Meyer*, EWIR 2006, 419 [420].

[270] Siehe oben Fn. 250. Nachfolgend werden ausschließlich die signaturgesetzlichen Anforderungen an qualifizierte elektronische Signaturverfahren behandelt. Zu den weniger sicheren einfachen und fortgeschrittenen Signaturverfahren gem. § 2 Nrn. 1, 2 SigG vgl. *Roßnagel*, MMR 2002, 215 ff.

[271] Vgl. § 2 Nr. 8 SigG. Diese erfüllen Hintergrundfunktionen im Rahmen des qualifizierten elektronischen Signaturverfahrens, die manchen (beglaubigenden und registerbezogenen) Tätigkeiten der Notare im Rahmen der vorsorgenden Rechtspflege (vgl. § 1 BNotO) ähnlich sind, vgl. dazu allgemein *Reithmann*, Vorsorgende Rechtspflege durch Notare und Gerichte: Sicherung des Rechtsverkehrs durch Urkunden und Register, 1989. Die Identifizierung von zukünftigen Schlüsselinhabern (dazu sogleich bei Fn. 279) und die Zertifizierung d.h. Bescheinigung von deren Schlüsselinhaberschaft (dazu sogleich bei Fn. 285) etwa weist Gemeinsamkeiten mit §§ 10 II, 39 ff. BeurkG auf. Demgemäß erstaunt nicht, dass das Notariat im Vorfeld der Signaturgesetzgebung für eine Monopolisierung von Zertifizierungsdienstleistungen in seiner Zuständigkeit plädierte, vgl. *Gounalakis/Rhode*, K&R 1998, 225 [232

Dritte [dazu b)], die in der vorliegenden Arbeit in Gestalt von Geschäftsgegnern eine Rolle spielen[272].

a) Signaturgesetzliche Vorgaben für Zertifizierungsdiensteanbieter

Diese haben die – hohen – technisch-administrativen Anforderungen des Signaturgesetzes[273] nur zu erfüllen, wenn sie signaturbezogene Dienste anbieten, die als „qualifizierte" gekennzeichnet werden[274]. Dafür besteht wiederum der Anreiz, dass sich nur an letztere die Beweiswirkung des § 371a I 2 ZPO und die oben angesprochenen kommunikationseröffnenden Wirkungen[275] knüpfen.

Zertifizierungsdiensteanbieter haben ihre Betriebsaufnahme der staatlichen Aufsichtsbehörde anzuzeigen[276], deren Maßnahmen sie ab diesem Zeitpunkt unterliegen[277]. Sie haben ihre nachfolgend dargestellte Tätigkeit umfänglich zu dokumentieren[278].

Insbesondere sind prospektive Schlüsselinhaber zuverlässig zu identifizieren[279]. Zertifizierungsdiensteanbieter haben diese zugleich über gegen Signaturmissbrauch erforderliche Sicherungsmaßnahmen zu unterrichten[280]. Zu *Beginn der Signaturschlüssel-Inhaberschaft* haben Zertifizierungsdiensteanbieter dem zukünftigen Schlüsselinhaber eine „sichere Signaturerstellungseinheit" zu übergeben[281]. Diese muss Signaturmissbrauch erschwerenden

---

bei Fn. 108 m.w.N.]; *Bettendorf,* RNotZ 2005, 277 [277 m.N. in Fn. 2, 281 m.w.N. in Fn. 15]. Die Signaturgesetzgebung ist andere Wege gegangen. Sie hat die staatliche Mitwirkung auf Aufsicht über private Zertifizierungsdiensteanbieter beschränkt (vgl. §§ 3, 19 f. SigG), die von der ehemaligen Regulierungsbehörde für Telekommunikation und Post (RegTP) und nunmehrigen Bundesnetzagentur ausgeübt wird. Sie hat sich also gegen eine staatliche Wahrnehmung durch Amtsträger (vgl. § 1 BNotO) o.ä. entschieden.

[272] Siehe oben bei Fn. 30 ff. zur hier vorausgesetzten Rollendefinition.

[273] Vgl. insbesondere § 4 II SigG.

[274] Vgl. §§ 2 Nr. 8, 4 III, 7 I Nr. 8 SigG.

[275] Siehe oben bei und in Fn. 256.

[276] Vgl. §§ 4 III SigG, 1 SigV.

[277] Vgl. §§ 19 f. SigG. Aufsichtsbehörde ist die Regulierungsbehörde für Post und Telekommunikation, nunmehr Bundesnetzagentur, vgl. § 3 SigG.

[278] Vgl. §§ 10 SigG, 8 SigV.

[279] Vgl. §§ 5 I 1 und 2, 21 I Nr. 3 SigG, 3 SigV.

[280] Vgl. § 6 I 1 SigG, 6 SigV. Siehe oben nach Fn. 12.

[281] Vgl. §§ 2 Nrn. 2 lit. c, 3 lit. b, Nr. 9, Nr. 10 SigG, 5 II 1 SigV. Soweit ein Schlüsselinhaber bereits über eine sichere Signaturerstellungseinheit verfügt und zu einem anderen Zertifizierungsdiensteanbieter wechselt, hat letzterer dessen fortdauernden Besitz an der Signaturerstellungseinheit bei Zertifizierungsdienstaufnahme zu prüfen, § 5 VI SigG.

technischen Sicherheitsanforderungen genügen, wie schon ihre Bezeichnung aufzeigt[282]. Auf dieser darf der zur Erzeugung von Signaturen verwendete Signaturschlüssel *einzig* gespeichert sein[283]. Zertifizierungsdiensteanbieter haben des Weiteren sicherzustellen, dass das Signaturschlüsselpaar bei seiner Erzeugung vor der Speicherung auf der Signaturerstellungseinheit nicht kopiert wird[284].

Die Identität des Schlüsselinhabers, der dessen Signaturschlüssel mathematisch korrespondierende Signaturprüfschlüssel und weitere für signaturinteressierte Dritte prüfungsrelevante Daten sind vom Zertifizierungsdiensteanbieter in einem „qualifizierten *Zertifikat*" elektronisch zu *bescheinigen*[285]. Dieses soll signaturinteressierte Dritte sicher über signaturrelevante Daten informieren. Es ist daher seinerseits vom Zertifizierungsdiensteanbieter zu signieren[286], um vor ge- und verfälschten Zertifikaten und damit vor unrichtigen Signaturprüfergebnissen zu schützen[287]. Seine Authentizität und Unverfälschtheit muss „jederzeit für jeden über öffentlich erreichbare Kommunikationsverbindungen nachprüfbar" und mit Zustimmung des Schlüsselinhabers auch derart „abrufbar" sein[288]. Die für diese *registerähnliche* Tä-

---

[282] Vgl. §§ 2 Nr. 10, 17 I SigG, 15 I SigV. Siehe oben Fn. 14 zur Sicherung vor Drittmissbrauch bei Besitzverlust durch eine PIN (Besitz und Wissen) oder bzw. und (zukünftig eventuell) durch biometrische Legitimationskontrolle.
Die Signaturerzeugung muss des Weiteren beispielsweise in der Signaturerstellungseinheit erfolgen, wie ihr Name wiederum aufzeigt. Andernfalls müsste der Schlüssel auf einen externen Rechner transferiert werden und wäre damit ohne Weiteres duplizierbar und sodann missbrauchbar.
[283] Vgl. § 2 Nr. 3 lit. c, §§ 5 IV 3, 21 I Nr. 8 SigG. Der Signaturschlüssel ist zu lang, als dass er „im Kopf" seines Inhabers *gespeichert* werden könnte. Diese Länge macht zugleich seine manuelle *Eingabe* zwecks Signatur unpraktikabel. Seine *exklusive* Speicherung auf der Signaturerstellungseinheit dient darüber hinaus der Sicherung der Authentifizierungsfunktion bzw. der Rückschlusssicherung, siehe oben bei Fn. 3.
[284] Vgl. §§ 2 Nrn. 2 lit. c, 12 lit. a, § 5 IV 2, 17 I 2, III Nr. 1, 21 I Nr. 7 SigG, 5 I 1, 15 I 4 SigV.
[285] Vgl. §§ 2 Nrn. 2 lit. b, 3 lit. a, Nrn. 6, 7, § 5 I 2, 7 I Nrn. 1–3 SigG; nachfolgend kurz: Zertifikat.
[286] Vgl. § 7 I a. A. SigG. Das hierzu vom Zertifizierungsdiensteanbieter verwendete Schlüsselpaar wird von der Aufsichtsbehörde (siehe oben in Fn. 271, 277) „zertifiziert". Das eben Ausgeführte greift also nochmals im Verhältnis von Zertifizierungsdiensteanbieter und Aufsichtsbehörde wie im Verhältnis von Schlüsselinhaber und Zertifizierungsdiensteanbieter.
[287] Vgl. § 5 IV 1 SigG.
[288] Vgl. §§ 5 I 3 und 4, 21 I Nrn. 4, 5 SigG, 5 II 2 SigV. Im Zuge dieser [automatisierten, dazu sogleich unter b)] Prüfung wird auch das signierte Zertifikat der Aufsichtsbehörde geprüft, die das zur Signatur des Zertifikats des Schlüsselinhabers verwendete Schlüsselpaar des Zertifizierungsdiensteanbieters dem letzteren zuordnet, vgl. soeben in Fn. 286.

tigkeit der Zertifizierungsdienste[289] in Gestalt eines „Zertifikatsverzeichnis-
ses"[290] eingesetzte Technik unterliegt hohen sicherheitstechnischen Anforderungen[291].

Zertifizierungsdiensteanbieter haben die jederzeitige und unverzügliche
Sperrung von Zertifikaten auf Antrag von Schlüsselinhabern zu gewährleisten[292]. Eine solche Sperrung muss einem die Signatur prüfenden Dritten
(vorliegend Geschäftsgegnern) bei der Nachprüfung des Zertifikats[293] erkennbar gemacht werden. Denn dieses muss nach § 7 I Nr. 5 SigG auch
„Beginn und Ende der Gültigkeit" bescheinigen und damit das Gültigkeits-
ende infolge Sperrung[294].

---

[289] Siehe eben in Fn. 271. Die Ähnlichkeit zu beglaubigenden und registerbezogenen notariellen Tätigkeiten zeigt zugleich, dass der schon im Vorfeld der Signaturgesetzgebung von Teilen der Literatur gesuchten Parallele von signierten elektronischen Dokumenten zu *Privaturkunden* mit Skepsis zu begegnen ist, vgl. BT-
Drs. 14/4987 S. 25. Denn ein nach Identifizierung einer Person dieser durch
Zertifikat zugeordneter Signaturschlüssel weist eher Ähnlichkeiten zu einem *beglau-
bigten Blankett* auf. Dieses ist teils öffentliche Urkunde, nämlich in Gestalt des Be-
glaubigungsvermerks, auf den §§ 437, 418 ZPO i. V. m. §§ 39, 40 BeurkG Anwendung finden. Im Übrigen ist es Privaturkunde, auf die §§ 440 II, 416 ZPO Anwendung finden. Entscheidend für die vorliegend behandelte Haftungsfrage bei
Signaturmissbrauch ist der anfängliche Besitz des identifizierten Schlüsselinhabers,
aus dem auf die Umstände der Signaturerzeugung im nachfolgenden Zeitraum rück-
geschlossen werden soll, dazu näher V.
Hier sei des Weiteren bemerkt, dass vom zweifelhaften Vergleichsobjekt einer
reinen Privaturkunde abgesehen auch das Privaturkundenbeweisrecht vielfach überschätzt wurde und wird, vgl. dazu *Britz,* S. 227. So spricht etwa *Roßnagel* von
„einer Jahrhunderte alten Erfahrung mit der prozessualen Bewertung von Papierdo-
kumenten", vgl. NJW 1998, 3312 [3315]; ders. NJW 2006, 806 [808]. Es ist klarzustellen, dass diese Erfahrung noch im gemeinen Prozessrecht d. h. bis in die Mitte
des 19. Jahrhunderts eine *negative* bzw. *ablehnende* Erfahrung war. Die *comparatio
litterarum* i. e. Schriftvergleichung (vgl. §§ 441 f. ZPO) wurde dort als unzuverläs-
sig angesehen. Sie wurde mit einer *negativen* Beweisregel versehen dahin, dass der
Richter allein auf sie *keine* Überzeugung von der Echtheit einer Privaturkunde stüt-
zen durfte, vgl. *Patermann,* S. 67 f., 71 f. § 442 ZPO, der § 286 I 1 ZPO wiederholt, erklärt sich zwar als Klarstellung der Aufhebung dieser vorangehenden, ein-
schränkenden Beweisrechtslage. Er bringt jedoch nicht zum Ausdruck, dass die
Schriftvergleichung nunmehr stets eine gerichtliche Echtheitsüberzeugung zu begründen vermöge, insbesondere nicht über eine eigenhändige Namensunterschrift.
Dies umso weniger, als nicht nur die technischen Erkenntnismöglichkeiten, sondern
auch die technischen Fälschungsmöglichkeiten sich fortentwickeln, vgl. BT-Drs.
13/7385 S. 27. Zu den Erkenntnismöglichkeiten und -grenzen skriptologischer Be-
gutachtung vgl. etwa *Deitigsmann,* JZ 1953, 494 [497 f.]; ders. NJW 1957, 1867
sowie ausführlich *Michel,* insb. S. 217.

[290] Vgl. § 4 SigV.

[291] Vgl. § 2 Nrn. 7, 12 lit. b, 13, § 4 II S. 1, S. 4, § 5 IV 1, V, 17 III Nr. 2 SigG.

[292] Vgl. § 8 SigG, 7 SigV.

[293] Siehe soeben bei Fn. 288.

§ 11 SigG stellt eine Haftung von Zertifizierungsdiensteanbietern gegenüber signaturinteressierten Dritten klar. Zertifizierungsdiensteanbieter haften diesen gegenüber auf Vertrauensschadensersatz[295] bei schuldhafter Verletzung der soeben skizzierten Vorgaben. § 11 II SigG gibt ihnen eine Exkulpationsbeweislast auf. § 11 III SigG beschränkt diese Haftung bei Zertifikatsbeschränkungen[296]. § 11 IV SigG verschärft die Verantwortlichkeit für Dritte und schließt in Satz 2 insbesondere die Exkulpationsmöglichkeit für Verrichtungsgehilfen nach § 831 I 2 BGB aus[297]. § 12 SigG verpflichtet zur Deckungsvorsorge für Haftungsfälle, insbesondere durch Versicherung[298]. Die Einhaltung der signaturgesetzlichen Vorgaben für Zertifizierungsdiensteanbieter wird daneben durch deren Bußgeldbewehrung gem. § 21 SigG sicherzustellen gesucht.

Mit der Anzeige der Aufnahme von „qualifizierten" Zertifizierungsdiensten[299] ist der Aufsichtsbehörde in einem Sicherheitskonzept aufzuzeigen, wie der technisch-administrative Rahmen eingehalten werden soll[300]. Die

---

[294] Vgl. § 8 I 2 SigG.

[295] Siehe oben bei und in Fn. 150.

[296] Dazu näher unten V.2.b)bb).

[297] Das SigG [1997] hatte keine Haftungsregelung aufgestellt. Vielmehr war in seiner Begründung auf das allgemeine Haftungsrecht verwiesen worden, vgl. BT-Drs. 13/7385, S. 27. Dies konnte als Verweis auf eine schutzgesetzliche Qualität der eben genannten Vorgaben für Zertifizierungsdiensteanbieter gem. § 823 II BGB ausgelegt werden, zwang jedoch nicht dazu. Über die Haftungsrechtslage war infolgedessen Streit aufgekommen, vgl. *Thomale*, MMR 2004, 80 [80 unter I.]. § 11 SigG dient insoweit zumindest auch Klarstellungszwecken, vgl. BT-Drs. 14/4662 S. 24. Hier wird § 11 SigG als Klarstellung einer *schutzgesetzlichen* Qualität der signaturgesetzlichen Vorgaben für Zertifizierungsdiensteanbieter verstanden. Und zwar als Schutzgesetz gem. § 823 II BGB, das jeden signaturinteressierten Dritten vor *Vertrauensschäden* infolge Vertrauens auf die Pflichtgemäßheit der Zertifizierungsdienstleistungen schützt, vgl. § 11 I 1, 2 SigG, BT-Drs. 14/4662 S. 25 sowie oben in Fn. 150. § 11 SigG ist also als unmittelbar vermögensschützendes *Vertrauensschutzgesetz* zu qualifizieren, vgl. oben bei und in Fn. 191. § 11 II SigG ist demgemäß als zu § 823 II BGB spezielle Beweislastverteilung für Verschulden anzusehen. § 11 IV SigG ist als materiell-rechtliche Abweichung von § 831 I 2 BGB zu verstehen. Zur Abweichungsreichweite näher *Thomale*, MMR 2004, 80 [83 ff.]. § 11 I 2 SigG wiederum schließt wie der *haftungshindernde* § 122 II BGB diese Vertrauenshaftung bei Mitverschulden bei der Haftungsbegründung *gänzlich* aus und ist insoweit Spezialregelung zu §§ 823 II, 249 ff., 254 I BGB, die andernfalls auch nur *haftungsmindernd* greifen könnten, vgl. BT-Drs. 14/4662 S. 25, siehe unten V. näher zu § 122 II BGB. Aus Art. 6 der Signaturrichtlinie ergab sich aus dieser Sicht nur gesetzlicher Regelungsbedarf hinsichtlich der Beweislastverlagerung für Verschulden, nicht aber hinsichtlich der schutzgesetzlichen Vertrauenshaftung überhaupt.

[298] Vgl. auch § 9 SigV.

[299] Vgl. oben bei Fn. 276.

[300] Vgl. §§ 4 II 4, III 2 SigG, 2 SigV.

Überprüfung von dessen wirklicher Einhaltung erfolgt allenfalls stichproben-weise[301]. Eine umfängliche Vorabprüfung der signaturgesetzlichen Konfor-mität ist nicht vorgesehen. Ein Zertifizierungsdiensteanbieter kann sich je-doch freiwillig „akkreditieren" lassen[302]. Die Akkreditierung ist ein „Güte-zeichen"[303] für Zertifizierungsdiensteanbieter, mit dem „der Nachweis der umfassend geprüften technischen und administrativen Sicherheit für die auf ihren qualifizierten Zertifikaten beruhenden qualifizierten elektronischen Signaturen (...) zum Ausdruck gebracht" wird[304]. Die Signaturgesetzkon-formität wird bei Akkreditierungsantrag demgemäß umfänglich vorab-geprüft[305]. Die Akkreditierung ist erlaubte Werbemaßnahme[306]. Sie ist für den „Anscheinsbeweistatbestand" von §§ 292a, 371a I 2 ZPO [2001, 2005] von beweispraktischer Bedeutung (dazu unten V.4.). Auf ihre Relevanz für einen eventuellen objektiven Schein- bzw. Vertrauenstatbestand bei Sig-naturempfang ist an späterer Stelle zurückzukommen (dazu unten V.2.).

b) Signaturinteressierte Dritte (vorliegend Geschäftsgegner)

Diese sind von den signaturgesetzlichen Vorgaben betroffen, die die Prü-fung von Signaturen behandeln[307]. Mit einem Zertifizierungsdiensteanbieter haben sie nur dann und nur mittelbar zu tun, wenn sie zugleich Schlüssel-inhaber bei diesem sind. Denn dann werden sie gem. § 6 I 1 SigG zu Be-ginn ihrer Schlüsselinhaberschaft auch unterrichtet über „die Maßnahmen ..., die erforderlich sind, um zur Sicherheit von qualifizierten elektro-nischen Signaturen *und zu deren zuverlässiger Prüfung* beizutragen". Diese Unterrichtung betrifft sie dann nicht als prospektive Signaturerzeuger, son-dern als Signaturprüfer. Sie unterliegen damit nur mittelbarer und begrenz-ter signaturgesetzlicher Einflussnahme. Insbesondere die Verwendung tech-nisch sicherer Prüfkomponenten ihrerseits, die die Nichterkenntnis der Fäl-schung von Signaturen oder der Verfälschung signierter Daten verhindern soll, kann damit nur begrenzt gesteuert werden.

Der Vorgang der Signaturprüfung durch einen signaturinteressierten Drit-ten erfolgt weitgehend automatisiert durch dessen „mit einem Click" aus-gelöste Prüfsoftware. Prüfgrundlage sind das elektronische Dokument, die

---

[301] Vgl. §§ 19 f. SigG.
[302] Vgl. §§ 15 SigG, 11 SigV.
[303] Vgl. § 15 I 3 SigG.
[304] Vgl. § 15 I 4 SigG.
[305] Vgl. § 15 I 2 SigG.
[306] Vgl. § 15 I 5 SigG.
[307] Vgl. §§ 2 Nrn. 5, 6, 9, 11 lit. a, lit. b, 12 lit. b, § 5 I 2, 6 I 1, 7 I Nrn. 2, 3, § 17 II 2 SigG.

zugehörigen Signaturdaten und das mitübermittelte oder abgerufene Zertifikat[308]. Die Prüfsoftware zeigt dem Dritten sodann an, ob das signierte Dokument nachträglich verändert worden ist oder nicht[309]; wer der Schlüsselinhaber laut Zertifikat ist[310]; ob das Zertifikat noch gültig oder gesperrt ist[311]; ob das Zertifikat echt und unverfälscht ist oder nicht[312].

Ist Prüfergebnis, dass das Dokument nach Signatur verändert wurde, dass ein gesperrtes Schlüsselpaar zur Signatur verwendet wurde oder dass das Zertifikat unecht ist bzw. verfälscht wurde, so kommt ein Vertrauensschutz des Dritten d.h. hier Geschäftsgegners nicht in Betracht.

Ergibt die Prüfung demgegenüber für den Geschäftsgegner, dass das Dokument unverändert ist (*Integritätsfrage*) und der dem Dokumenteninhalt entnommene Geschäftsherr ungesperrter Schlüsselinhaber ist (*Authentizitätsfrage*), so stellt sich die in dieser Arbeit behandelte Frage, ob, wann und insbesondere wie – nämlich positiv oder negativ – der Schlüsselinhaber für einen unrichtigen Schein vertrauenshaftet, wenn in Wirklichkeit ein Signaturmissbrauch vorliegt.

Im Kontext „einer offenen Kommunikation (in der sich die Teilnehmer nicht kennen müssen)"[313], der den Ausgangspunkt der Signaturgesetzgebung und dieser Arbeit bildet, reduzieren sich die dem Geschäftsgegner unmittelbar erkennbaren Umstände *in extremo* auf den Inhalt des elektronischen Dokuments und das letztgenannte Ergebnis der Signaturprüfung. Diese beschränkte Erkenntnislage[314] ist an späterer Stelle als Ausgangspunkt eines *signaturbasierten* objektiven Schein- bzw. Vertrauenstatbestandes zu untersuchen, dessen *Scheininhalt* zudem näher zu betrachten ist, welcher jedenfalls von §§ 171 I, 172 I BGB und der Rechtsprechung über Scheinvollmachten divergiert[315] (dazu V.). Abweichend vom vorgenannten

---

[308] Siehe oben Fn. 8 und Fn. 288. Es wird also mit dem dem Zertifikat entnommenen Signaturprüfschlüssel die mit den Signaturdaten zu vergleichende Prüfzahl errechnet, siehe oben in Fn. 8. Deren Übereinstimmung trägt den Schluss, dass das elektronische Dokument nach Signaturerzeugung nicht verändert wurde, vgl. § 2 Nr. 2 lit. d, 17 II 2 Nr. 2 SigG (*Integritätsschluss*). Sodann wird die Echtheit des Zertifikats nachgeprüft, siehe oben in Fn. 288. Über den zumindest anfänglichen Besitz des Schlüsselinhabers (siehe soeben bei Fn. 279–284) ist dann weiter auf die Umstände der Signaturerzeugung zu schließen (*Authentizitätsschluss*), dazu näher unter V.

[309] Vgl. §§ 2 Nr. 2 lit. d, 17 II 2 Nr. 2 SigG.

[310] Vgl. §§ 2 Nr. 2 lit. b, 17 II 2 Nr. 3 SigG.

[311] Vgl. § 2 Nr. 3 lit. a, § 8 SigG.

[312] Vgl. § 2 Nr. 3 lit. a, § 17 II Nr. 5 SigG.

[313] Siehe oben bei Fn. 257.

[314] Siehe oben bei Fn. 262.

[315] Siehe oben bei Fn. 97.

extremen Ausgangspunkt können dem Geschäftsgegner im Einzelfall weitere Umstände erkennbar sein bis hin zu einer Signatur in seiner Anwesenheit, infolge derer ein Scheintatbestand zu verneinen, obsolet oder mit anderem Inhalt zu bejahen sein könnte. So wird insbesondere zu berücksichtigen sein, wie ein Vertreterzusatz im signierten Dokument oder gar ein Schlüsselgebrauch durch einen Vertreter in Anwesenheit des Geschäftsgegners *objektiv-scheintatbestandlich* zu beurteilen sind (dazu ebenfalls unter V.).

c) Schlüsselinhaber

Der bereits mehrfach erwähnte und für den weiteren Verlauf dieser Arbeit wichtige § 6 I 1 SigG über seitens von Schlüsselinhabern gegen Signaturmissbrauch erforderliche Sicherungsmaßnahmen findet sich innerhalb des zweiten Abschnitts in §§ 4–14 SigG. Dieser Regelungsabschnitt ist mit „Zertifizierungsdiensteanbieter" übertitelt. Seine Normen adressieren sich unmittelbar an diese („Der Zertifizierungsdiensteanbieter hat ..."). Überhaupt findet sich im Signaturgesetz nur § 17 II 4 SigG, der sich unmittelbar an Schlüsselinhaber adressiert. Danach „sollen" diese sichere Signaturerzeugungskomponenten gem. § 17 II 1, 3 SigG einsetzen „oder andere geeignete Maßnahmen zur Sicherheit qualifizierter elektronischer Signaturen treffen"[316]. In Bezug genommen wird hier nicht die „sichere Signaturerstellungseinheit", sondern die sonstige Peripherie von Soft- und Hardware, innerhalb derer eine sichere Signaturerstellungseinheit eingesetzt wird. § 17 II 4 SigG berührt damit die Problematik des sog. „Unterschiebens" eines zu signierenden elektronischen Dokuments, die sogleich als ein Missbrauchsfall anzusprechen ist (dazu 3.).

Auch der Vorgang der Signaturerzeugung erfolgt weitgehend automatisiert. Die Signaturerzeugungssoftware wird aktiviert und ein zu signierendes elektronisches Dokument ausgewählt. Sodann muss die sichere Signaturerstellungseinheit, auf der die Erzeugung der Signaturdaten aus sicherheitstechnischen Gründen erfolgt, etwa mittels Kartenlesegeräts verbunden und ihre Nutzung mittels Eingabe der PIN autorisiert werden[317]. Hier sei nochmals wiederholt, dass technisch nicht verhinderbar ist, dass letzteres nicht durch den Schlüsselinhaber, sondern einen Dritten geschieht. Hiervor schützen nur „Besitz und Wissen" an der Signaturerstellungseinheit und um die

---

[316] Die Formulierung als „Soll"-Vorschrift soll ausweislich der Gesetzesbegründung klarstellen, dass ihre Nichtwahrung im Einzelfall der Signatur nicht ihre Qualität als qualifizierte elektronische Signatur gem. § 2 Nr. 1–3 SigG nimmt, vgl. BT-Drs. 14/4662, S. 30.

[317] Zu alternativer oder kumulativer biometrischer Sicherung siehe oben in Fn. 14.

PIN, die jedoch in verschiedener Weise „in die Hand" eines Dritten gelangen können (dazu sogleich unter 3.).

Das Fehlen sonstiger unmittelbar an Schlüsselinhaber adressierter signaturgesetzlicher Normen schließt nicht aus, etwa in § 6 I 1 SigG eine *mittelbare Verhaltensvorgabe für Schlüsselinhaber im Umgang mit ihrer Signaturerstellungseinheit* d.h. mit Schlüssel und PIN zu sehen. So spricht denn auch die Begründung zum Regierungsentwurf des SigG in der Einzelbegründung zur Definition des „Schlüsselinhabers" gem. § 2 Nr. 9 SigG davon, dass „bei den meisten Vorschriften des Gesetzes der *Normadressat* nicht in der Funktion des Unterzeichners, sondern *in der Funktion des Schlüsselinhabers* mit den damit verbundenen Rechten *und Pflichten* angesprochen" ist[318]. Danach ist davon auszugehen, dass sich unmittelbar an Zertifizierungsdiensteanbieter adressierende Normen, den Schlüsselinhaber über Sicherungsmaßnahmen zu unterrichten und diesem diese Maßnahmen wie etwa die Sperrung jederzeit zu ermöglichen, mittelbar auch an den Schlüsselinhaber adressieren, diese Sicherungsmaßnahmen auch zu ergreifen. Ob diese mittelbaren Verhaltensvorgaben als schutzgesetzliche Pflichten gem. § 823 II BGB zu qualifizieren sind, oder noch präziser: ob sie als signaturschutzgesetzliche Missbrauchsverhinderungspflichten gem. § 823 II BGB gegenüber jedem Geschäftsgegner d.h. gegenüber jedem potentiellem Missbrauchsopfer zu qualifizieren sind, ist sogleich zu betrachten (dazu III.). Vorweg sind noch verschiedene Szenarien des Signaturmissbrauchs zu konkretisieren.

3. Missbrauchsszenarien

Anzuknüpfen ist an das derzeit praktizierte Sicherungskonzept mittels „Besitz und Wissen" – mittels Besitzes an der den Schlüssel einzig speichernden Signaturerstellungseinheit und mittels Wissens um die zu deren Nutzung erforderliche PIN[319].

Demgemäß sind drei Konstellationen abzuschichten: dass einem Dritten beides überlassen wird, also die Signaturerstellungseinheit übergeben und die PIN mitgeteilt wird [dazu a)]; dass ein Dritter sich Besitz und Wissen ohne bzw. gegen den Willen des Schlüsselinhabers verschafft [dazu b)]; sowie der Vollständigkeit halber, dass ein Dritter nur den Besitz an der Signaturerstellungseinheit erlangt und die PIN errät [dazu c)]. Im Anschluss sind weitere Störkonstellationen zu skizzieren, die im weiteren Verlauf dieser Arbeit nurmehr am Rande interessieren [dazu d)].

---

[318] BT-Drs. 14/4662, S. 19 (Hervorhebungen hinzugefügt); ebenso die Begründung zum 1. SigÄndG [2005] in BT-Drs. 15/3417, S. 7.

[319] Zu alternativer oder kumulativer biometrischer Sicherung siehe oben in Fn. 14.

a) Überlassung von Schlüssel und PIN

Wie bereits mehrfach ausgesprochen, *kann* technisch *nicht* verhindert werden, dass „Besitz und Wissen" an der Signaturerstellungseinheit „in die Hand" eines Dritten gelangen. Dies kann unter anderem dadurch geschehen, dass der Schlüsselinhaber einem Dritten seine Signaturerstellungseinheit übergibt und diesem die zugehörige PIN mitteilt. Ob eine solche Überlassung von Schlüssel und PIN nach § 6 I 1 SigG nicht geschehen *soll* bzw. gar nicht geschehen *darf,* ist nachfolgend zu betrachten (dazu III.). Vorliegend geht es nur um die Abschichtung faktischer Konstellationen.

Eine Überlassung von Schlüssel und PIN kann *aus Sicht des Schlüsselinhabers* dem Zweck dienen, den Dritten als *Gehilfen* wie auch als *Vertreter* einzuschalten. Als Beispiel für eine gehilfenweise Einschaltung sei genannt, dass der Schlüsselinhaber einer Hilfsperson einen diktierten Text und seine Signaturerstellungseinheit sowie PIN überlässt mit der Vorgabe, den diktierten Text elektronisch zu dokumentieren, das Dokument zu signieren und sodann abzusenden. Als Beispiel für eine vertretungsweise Einschaltung sei genannt, dass die Überlassung an den Dritten mit der Belassung von geschäftsbezogenen Entscheidungsspielräumen einhergeht; dass diesem also etwa die Wahl belassen wird, bei welchem Geschäftsgegner ein inhaltlich vorgegebener „Online"-Kauf mittels signierter Bestellung getätigt werden soll. Der Umfang der Innenvollmachtserteilung zwischen Minimalfällen und Generalbevollmächtigung ist Einzelfallfrage.

Die vorgenannte Überlassung setzt den Dritten in den Stand, auch andere als die mehr oder minder weit mittels Gehilfenauftrags oder beschränkter Innenbevollmächtigung vorgegebenen Willenserklärungen in sowie vor allem unter dem Namen des Schlüsselinhabers zu tätigen. Sie setzt ihn in den Stand, dessen Schlüssel zu *missbrauchen*[320].

b) Abhandenkommen von Schlüssel und PIN

Denkbar ist des Weiteren, dass ein Dritter ohne bzw. gegen den Willen des Schlüsselinhabers in „Besitz und Wissen" von Schlüssel und PIN gelangt. Beides kann *in extremo* dem Schlüsselinhaber *abgenötigt* werden. Die Signaturerstellungseinheit kann ihm des Weiteren *gestohlen* werden oder *verloren* werden. Die PIN kann „außerhalb des Kopfes" des Schlüsselinhabers sicherheitsgespeichert worden sein und diese Papiernotiz oder Datei ebenfalls abhanden kommen. Diese Papiernotiz oder Datei kann mangels Sicherung mehr und infolge Sicherung minder leicht drittzugänglich sein.

---

[320] Vgl. *Pordesch/Nissen,* CR 1995, 562 [566 f.].

Wiederum *in extremo* kann die PIN auf der Signaturerstellungseinheit sicherheitsnotiert worden sein, so dass sie dem Dritten mit Besitzerlangung an der gestohlenen bzw. verlorenen Karte zur Kenntnis gelangt. Des Weiteren kann die PIN bei ihrer Eingabe durch den Schlüsselinhaber von einem Dritten ausgespäht worden sein.

c) Erraten der PIN

Mit den beiden vorgenannten Konstellationen überschneidet sich die Konstellation partiell, dass der Dritte nur in den Besitz der Signaturerstellungseinheit gelangt und er sodann die PIN errät. In den Besitz der Signaturerstellungseinheit kann er hierbei mit wie auch ohne oder gegen den Willen des Schlüsselinhabers gelangen. Diese mag ihm ohne PIN zu bloßen Verwahrungszwecken übergeben worden, durch ihn gestohlen, von ihm gefunden worden sein etc. Die Wahrscheinlichkeit erfolgreichen Erratens der PIN ist gering. Denn die Signaturerstellungseinheit blockiert ihre weitere Nutzung nach wenigen Fehleingaben der PIN. Diese geringe Erfolgswahrscheinlichkeit kann gänzlich ausgeschlossen werden, wenn nach Verlust o. ä. eine Sperrung veranlasst wird. In der vorgenannten Konstellation liegt der Schwerpunkt des Verhaltens des Schlüsselinhabers daher im Unterlassen der Sperrung.

d) Nicht näher interessierende Störkonstellationen

Für den weiteren Verlauf dieser Arbeit nurmehr von peripherer Bedeutung sind die Störkonstellationen des Unterschiebens von zu signierenden Daten [dazu aa)], des Abhandenkommens bereits signierter Daten [dazu bb)] und des Erschleichens einer Schlüsselinhaberschaft unter fremdem Namen [dazu cc)]. Auf diese ist punktuell im weiteren Verlauf der Arbeit zurückzukommen.

aa) Unterschieben von zu signierenden Daten

Wie bereits eben angesprochen[321], kann der Einsatz der sicheren Signaturerstellungseinheit in einem unsicheren technischen Umfeld zu Drittmanipulationen führen. Hauptdiskutierter Störfall ist, dass die am Monitor als zu signierende Daten angezeigten Daten von den der Signaturerstellungseinheit zugeführten Daten divergieren[322]; dass also der Schlüsselinhaber sich in ei-

---

[321] Siehe oben bei Fn. 316.
[322] Vgl. ausführlich *Pordesch*, Präsentationsproblem; kürzer *Pordesch/Nissen*, CR 1995, 562 [567 f.]; *Pordesch*, DuD 2000, 89 ff.; *Jungermann*, 48 ff.

ner (fremdinitiierten und fremdausgenutzten) Fehlvorstellung über die signierten Daten befindet. Diese Konstellation ist auch im hergebrachten privaturkundlichen Rechtsgeschäftsverkehr denkbar[323]. Dass sich keine dahingehende Rechtsprechung und keine dahingehenden Erörterungen in der juristischen Literatur finden, erweist sie als faktisches Novum des modernen bzw. elektronischen Rechtsgeschäftsverkehrs mittels signierter Willenserklärungen.

bb) Abhandenkommen von bereits signierten Daten

Eine verkörperte Willenserklärung kann ebenso in einem signierten Dokument wie auch in einem unsignierten Dokument wie auch in einer eigenhändig namensunterschriebenen wie auch in einer sonstigen Privaturkunde „abhandenkommen". Als solches wird bezeichnet, dass die Verkörperung ohne bzw. gegen den Willen des Geschäftsherrn zum Geschäftsgegner gelangt. Aus Sicht des Geschäftsherrn sollte diese Verkörperung noch und nur Entwurf einer Willenserklärung sein. Denkbar ist, dass der Geschäftsherr selbst versehentlich den Entwurf absendet. Als Beispiel sei genannt, dass die Sende- statt der gewollten Löschtaste betätigt wird[324]. Denkbar ist des Weiteren, dass ein Dritter den zwischengespeicherten Entwurf ohne bzw. gegen den Willen des Geschäftsherrn absendet[325]. Unproblematisch ist die Rechtslage, wenn diese Entwurfsqualität dem Geschäftsgegner noch ersichtlich ist. Dieser ist dann keinesfalls vertrauensschutzwürdig. Unklar ist sie, wenn der Geschäftsgegner die wirkliche Entwurfsqualität nicht mehr erkennen muss. Bringt man dies in die von dieser Arbeit behandelte Schein- bzw. Vertrauensterminologie, so ist zu fragen, wann und warum ihm die empfangene Erklärung als perfekte Willenserklärung erscheinen darf; wann und warum er darauf vertrauen darf, dass es sich nicht nur um einen versehentlich bzw. ungewollt-drittabgesendeten Entwurf, sondern eine perfekte Willenserklärung handelt. § 371a I *Satz 1* ZPO [2005] i. V.m. § 416 ZPO behandeln diese Randfrage der vorliegenden Arbeit in einer seltsamen Symbiose von Prozessrecht und materiellem Recht, auf die an späterer Stelle im weiteren Kontext von § 371a I *Satz 2* ZPO [2005] kurz einzugehen ist [dazu V.6.c)].

---

[323] Eine Urkunde wird zur Unterschrift vorgelegt. Diese enthält an der zu unterzeichnenden Stelle ein Fenster. Der unterzeichnete Text wird durch das Deckblatt verdeckt, das der Aussteller zu unterzeichnen meint.

[324] *Taupitz/Kritter,* JuS 1999, 839 [840 bei Fn. 12].

[325] Vgl. BT-Drs. 14/4987, S. 11; Eidam, S. 63 ff.

cc) Erschleichen einer Schlüsselinhaberschaft
unter fremdem Namen

Denkbar ist des Weiteren, dass ein Antragsteller den Zertifizierungsdiensteanbieter über seine Identität zu täuschen und eine Schlüsselinhaberschaft unter fremder Identität zu erreichen vermag[326]. In dieser Konstellation war der wahre Namensträger anders als in den in dieser Arbeit näher interessierenden Konstellationen nie im Besitz der Signaturerstellungseinheit[327]. Ihm kann daher keinesfalls vorgehalten werden, durch ein auf diese bezogenes Verhalten wie in den unter a) bis c) abgeschichteten Konstellationen seinerseits einen Signaturmissbrauch zumindest verursacht zu haben[328].

---

[326] Vgl. oben Fn. 279 dazu, dass Zertifizierungsdiensteanbieter prospektive Schlüsselinhaber zuverlässig zu identifizieren haben. Durch das 1. SigÄndG (siehe Fn. 1) ist dies dahin erleichtert worden, dass auf vorangegangene Identifikationen zurückgegriffen werden darf. Damit soll die Signaturverbreitung (siehe oben bei Fn. 266 ff.) durch Einbettung in „Verfahrensprozesse zum Beispiel bei der Registrierung und Ausgabe von EC-, Bankkunden- oder Versichertenkarten" gefördert werden, vgl. BT-Drs. 15/3417, S. 6 sowie Roßnagel, MMR 2006, 441 [442]. Mit dieser signaturprozeduralen Erleichterung wird die Gefahr des Erschleichens einer Schlüsselinhaberschaft erhöht, vgl. *Roßnagel,* Multimedia-Dienste, Einl. SigG, Rn. 312 a; NJW 2005, 385 [388]: „Reduzierung des Sicherheitsniveaus qualifizierter elektronischer Signaturen"; *Bettendorf,* RNotZ 2005, 277 [288].

[327] Siehe oben 3.a) bis c) sowie oben bei und in Fn. 281 dazu, dass Zertifizierungsdiensteanbieter zwecks Eröffnung der Authentifizierungsfunktionalität bzw. Rückschlusssicherung (siehe oben bei Fn. 3) sicherzustellen haben, dass der richtig identifizierte Schlüsselinhaber zu Beginn seiner Schlüsselinhaberschaft im Besitz der sicheren Signaturerstellungseinheit ist.

[328] Die nachfolgend nicht näher interessierende Konstellation des Erschleichens lässt sich auch im Erkenntnisverfahren von den nachfolgend näher interessierenden Fällen des Signaturmissbrauchs *isolieren.* Will der Schlüsselinhaber den Anschein nach § 371a I 2 ZPO [2005] *dahingehend* erschüttern, so *kann* und *muss* er sein *Erschütterungsvorbringen* (siehe oben in Fn. 34) dahin *substantiieren,* dass er die signierte Willenserklärung nicht abgegeben habe, weil er nie die zur Signatur verwendete Signaturerstellungseinheit besaß und damit nie Schlüsselinhaber geworden sei (siehe oben in Fn. 10), eine Schlüsselinhaberschaft vielmehr infolge Erschleichens von einem Dritten unter seinem Namen begründet worden sei. Das *Erschütterungsbeweisthema* ist dann ein anderes als bei erschütterungsbehauptetem Signaturmissbrauch. Ob einem Schlüsselinhaber auf diesem Wege infolge der durch das 1. SigÄndG bewirkten Erleichterungen ein wahrheitswidriges Schutzbestreiten (siehe oben bei Fn. 252 f.) nunmehr eher gelingt, ist eine andere Frage.

4. Fortgang der Arbeit

Nunmehr ist näher auf das Verhalten des Schlüsselinhabers in den unter 3.a) bis c) konkretisierten Konstellationen unter der Fragestellung einzugehen, ob dieses gegen Verhaltenspflichten gem. § 6 I 1 SigG i.V.m. § 823 II BGB verstößt: ob also gem. § 6 I 1 SigG seitens des Schlüsselinhabers gegen Signaturmissbrauch erforderliche Sicherungsmaßnahmen schutzgesetzliche Pflichten gem. § 823 II BGB zugunsten von Jedermann sind; ob und wie der Schlüsselinhaber sich somit nicht gem. § 6 I 1 SigG i.V.m. § 823 II BGB verhalten *darf* bzw. ob und wie er sich demgemäß verhalten *muss*.

III. Horizontale Problemebene: Sicherungsmaßnahmen gegen Signaturmissbrauch nach § 6 I 1 SigG als schutzgesetzliche Pflichten gem. § 823 II BGB

Wie oben zitiert, normiert das Signaturgesetz nach signaturgesetzgeberischer Vorstellung mittelbar „Pflichten" von Schlüsselinhabern als solches[329]: also als Inhaber eines Schlüssels, der vor Drittmissbrauch zu sichern ist. Zu betrachten ist, ob schuldhafte Verstöße gegen solche „Pflichten" eine negative Haftung nach § 823 II 1, 2 BGB nach sich ziehen, sofern es infolge solch eines Verstoßes zu einem Signaturmissbrauch und wiederum infolge davon zu Vertrauensschäden eines Geschäftsgegners kommt. Des Weiteren ist zu betrachten, ob jeder Geschäftsgegner in den personalen Schutzbereich einer schutzgesetzlichen Qualifizierung dieser Pflichten fiele[330].

Zu rekapitulieren ist, dass mit dieser Betrachtung begonnen wird, um nachfolgend zum einen zu untersuchen, ob auf horizontaler Konkurrenzebene zu § 6 I 1 SigG i. V. m. § 823 II BGB alternative Begründungen *negativer* Haftung aus *culpa in contrahendo* (dazu IV.) oder gar analog § 122 BGB (dazu VI.4.) vorzugswürdig sind. Zum anderen, um sodann auf vertikaler Konkurrenzebene zu betrachten, ob und welche haftungsqualifizierenden Begründungen *positiven* Vertrauensschutzes das formelle Gesetz nach §§ 171 I, 172 I BGB i. V. m. §§ 116 ff. BGB hergibt (dazu VI.), nachdem zuvor die §§ 171 I, 172 I BGB als Teilregelung des Vorliegens eines objektiven Scheintatbestandes näher betrachtet wurden (V.).

Die drei sog. „kleinen Generalklauseln" in §§ 823 I, II, 826 BGB sind bürgerlich-gesetzgeberische Absage an eine sog. „große Generalklausel" deliktischer Haftung bzw. zivilrechtlich „unerlaubter Handlung", wie sie andere Rechtsordnungen kennen[331]. Sie sind Differenzierung von restitutionspflichtiger „unerlaubter Handlung" mit drittschädlicher Folge[332]. § 823 I

---

[329] Siehe oben bei Fn. 318.

[330] Vgl. § 823 II 1 BGB: „den Schutz eines anderen bezweckend …".

[331] Vgl. etwa *v. Caemmerer*, S. 69 f. Zur Rechtsgeschichte eines allgemeinen Schädigungsverbots „alterum non laedere" vgl. *Schiemann*, JuS 1989, 345 ff.

[332] Siehe oben Fn. 172 dazu, dass §§ 823 ff. BGB Ausnahmen vom Grundsatz der Eigenzuständigkeit für Schäden sind.

BGB beschränkt sich auf die Bestimmung demgemäßer negativer Haftung für die Verletzung der dort genannten Rechtsgüter und absoluten Rechte. Unmittelbare Vermögensnachteile, als deren Unterfall sich Vertrauensschäden, d.h. im Vertrauen auf die Wirksamkeit eines Geschäfts getätigte Vermögensfehldispositionen, darstellen[333], unterfallen nicht § 823 I BGB. Ihre Ersatzpflichtigkeit kommt neben dem subjektiv-tatbestandlich auf Vorsatz zu sittenwidriger Schädigung beschränkten § 826 BGB nach § 823 II BGB in Betracht, sofern ein zu solchen unmittelbaren Vermögensnachteilen führendes Verhalten von einer Rechtsnorm (vgl. Art. 2 EGBGB) behandelt wird, die als dahingehendes Schutzgesetz zugunsten des Vermögensgeschädigten auszulegen ist; die das normierte Verhalten also als zivilrechtlich „unerlaubtes" Verhalten erweist. Die systematische Stellung von § 823 II BGB bedeutet nicht, dass diesem *einzig* eine Konkretisierungsfunktion bezüglich der von § 823 I BGB vor widerrechtlich schuldhaftem Verhalten geschützten Rechtsgüter und absoluten Rechte zukäme. Vielmehr ist § 823 II BGB *zumindest auch* Grundlage unmittelbaren Vermögensschutzes infolge dahingehend „unerlaubter Handlung", wie anerkannte *Vermögens-* bzw. *Vertrauensschutzgesetze* wie § 263 I StGB vor Augen führen[334].

Ob eine Rechtsnorm Schutzgesetz gem. § 823 II 1 BGB und im vorliegenden Kontext also Vermögens- bzw. Vertrauensschutzgesetz ist, ist auszulegen. Vorliegend ist insbesondere § 6 I 1 SigG dahingehend zu untersuchen, der mittelbar Verhaltensanforderungen an Schlüsselinhaber in Gestalt von gegen Signaturmissbrauch erforderlichen Sicherungsmaßnahmen normiert.

Ergibt der Normwortlaut wie regelmäßig und auch vorliegend nichts in dieser Frage, so sind die Normmaterialien subjektiv-historisch auszulegen. Ergeben diese weder eindeutig, dass eine Norm schutzgesetzlich bewehrt sein soll, noch, dass sie es nicht sein soll, so ist systematisch auszulegen: ob eine Qualifizierung als Schutzgesetz „im Rahmen des haftpflichtrechtlichen Gesamtsystems tragbar erscheint"[335]. Auf die besondere Komplizierung dieser Frage im vorliegenden Kontext infolge der vertikalen Konkurrenzproblematik positiver und negativer Haftung wurde bereits oben hingewiesen[336]. Eine Schutzgesetzqualifizierbarkeit setzt nicht voraus, dass die Norm öffentlich-rechtlich als Straftat oder zumindest als Verwaltungs-

---

[333] Vgl. oben in Fn. 150 und bei Fn. 183–186.
[334] Vgl. *v. Caemmerer*, 49 [67]; *Evans-v. Krbek*, AcP 179, 85 [94]. Vgl. BGHZ 57, 137 zur Schutzgesetzqualität des Betrugsstraftatbestandes, der vor täuschungsbedingten Vermögens(selbst)schädigungen schützt. Vgl. oben bei und in Fn. 191 zur Möglichkeit der Qualifizierung derartiger Schutzgesetze als Vermögens- bzw. Vertrauensschutzgesetze.
[335] BGH DB 1976, 1665.
[336] Siehe oben bei Fn. 246.

unrecht sanktioniert ist, dass also nur ihre *zusätzliche* restitutionsrechtliche Bewehrung in Frage stünde[337]. Vielmehr kommt auch in Betracht, nicht öffentlich-rechtlich in vorgenannter Weise erfasste Verhaltensnormen auf ihre *alleinige* restitutionsrechtliche Bewehrung hin zu untersuchen.

Das Signaturgesetz und das an dieses anknüpfende Formanpassungsgesetz sowie insbesondere § 6 I 1 SigG sind damit subjektiv-historisch auszulegen (dazu 1.). Diese Betrachtung trägt zugleich einem Gesetzesvorrang dahingehend Rechnung, Äußerungen des jüngeren Gesetzgebers zur hier behandelten Haftungsproblematik im Sinne einer eventuell darin angeordneten *lex posterior et specialis* vorrangig Rechnung zu tragen. Sodann ist zu konkretisieren, wohin eventuelle schutzgesetzliche Pflichten gem. § 6 I 1 SigG i. V. m. § 823 II BGB gehen würden (dazu 2.) und wer in ihren Schutzbereich fiele (dazu 3.).

---

[337] *Canaris* will eine Qualifizierung einer Norm als unmittelbar vermögensschützendes Schutzgesetz *grundsätzlich* nur bei deren *Strafbewehrung* annehmen, *Larenz/ Canaris*, Schuldrecht II/2, S. 436, 438 f. Doch wird letztlich klargestellt, dass es sich insoweit nur um einen „Fixpunkt" handele und „natürlich" auch nicht strafbewehrte Normen *ausnahmsweise* als Vermögensschutzgesetze qualifizierbar seien, a. a. O., S. 438 bei Fn. 16. Dieses Grundsatz-Ausnahme-Verständnis, das besondere Begründungslasten bei nicht strafbewehrten Normen aufgeben soll (a. a. O., S. 439 bei Fn. 17), wird hier nicht geteilt. Dass nach bürgerlich-gesetzgeberischem Verständnis „die Hauptanwendungsfälle (von § 823 II BGB) auf dem Gebiete des Strafrechts liegen" (*Mugdan* II, 1076), entspricht nicht mehr der nachfolgenden Entwicklung des öffentlichen Rechts. Dieses greift im Zuge *verhältnismäßiger* Ausgestaltung auf die Kriminalstrafbewehrung nurmehr als *ultima ratio* der Verhaltenssteuerung zurück, vgl. BVerfGE 50, 125 [132–134]. Die auch vom Bürgerlichen Gesetzgeber nicht kategorisch ausgeschlossenen „Nebenanwendungsfälle" sind damit empirisch relevanter geworden. Hinzu kommt, dass eine „Massivität" des strafrechtlichen Unrechts (*Larenz/Canaris*, a. a. O., S. 438) wenn überhaupt, dann nur kleiner Ausschnitt aus dem Bereich bürgerlich-gesetzlicher „Unerlaubtheit" ist, vgl. bereits oben in Fn. 191. Für den vorliegenden Kontext kommt es auf die vorgenannte Frage letztlich nicht an. Denn dann ist demgemäß eben über die „ausnahmsweise" Qualifizierbarkeit von § 6 I 1 SigG als Schutzgesetz zu befinden.

Haas (FS Heinrichs, 261 [280 f.]) folgt *Canaris* vorgenannter Theorie in der Fragestellung einer schutzgesetzlichen Qualität von signaturgesetzlichen Vorgaben für Zertifizierungsdiensteanbieter nach dem SigG [1997], siehe auch oben in Fn. 297. Mangels Strafbewehrung dieser Vorgaben lehnte er deren Schutzgesetzqualität demgemäß ab. Nunmehr wurde durch § 11 SigG eine ganz überwiegend als „deliktisch" qualifizierte Haftung klargestellt (vgl. *Thomale*, S. 163–173) und zugleich in § 21 SigG teilweise bußgeldbewehrt. Gemessen an *Canaris'* Theorie handelt es sich somit aufgrund nach wie vor nicht erfolgter Strafbewehrung um eine gesetzgeberisch klargestellte Ausnahme, so denn § 11 SigG als Klarstellung einer vermögensschutzgesetzlichen Qualität der signaturgesetzlichen Vorgaben verstanden wird. Näher liegt, dass schon die Vorgaben im SigG [1997] als solches zu qualifizieren waren, vgl. oben in Fn. 297. Je restriktiver unmittelbarer Vermögensschutz über § 823 II BGB bejaht wird, desto größer wird jedenfalls das Bedürfnis, auf anderweitige Haftungsbegründungen zu rekurrieren, vgl. *Rieder*, S. 271 ff., insbes. S. 275.

1. Subjektiv-historische Auslegung der signaturgesetzlichen und formanpassungsgesetzlichen Materialien

In die Betrachtung einzubeziehen ist neben dem neuen Signaturgesetz [dazu b)] auch das alte SigG [1997] [dazu a)]. Denn in dessen Begründung zur Haftungsproblematik getroffene Aussagen sind mit dessen Novellierung nicht notwendigerweise hinfällig geworden. Zu betrachten ist des Weiteren die Formanpassungsgesetzgebung [dazu c)], zumal in deren Rahmen anfänglich der weitgehende § 126a III 2 BGB-RefE [1999] entworfen worden ist [dazu oben I.4.c)].

a) SigG [1997]

Wie bereits aufgezeigt, verstand der alte Signaturgesetzgeber das SigG [1997] als „Experimentierbereich" in einem „Neuland"[338]. Über an Signaturen anknüpfende Folgeregelungen sollte auf *beweis-* und *formrechtlicher* Ebene zu einem späteren Zeitpunkt entschieden werden[339]. Dieser Plan eventueller Folgegesetzgebung ist mit dem Formanpassungsgesetz umgesetzt worden[340].

Eine *spezielle Haftungsregelung*, wie sie in dessen Rahmen als § 126a III 2 BGB-RefE [1999] entworfen, aber letztlich nicht in Kraft gesetzt wurde[341], war in den Materialien zum SigG [1997] noch nicht explizit angedacht worden. Zu „Haftungsfragen" als „wichtigem Einzelaspekt" wurde im „allgemeinen" Teil der Regierungsentwurfsbegründung zum SigG [1997] immerhin ausgeführt[342]: „Mögliche Haftungsfragen sind aus den *jeweiligen*

---

[338] Siehe oben in Fn. 250.

[339] BT-Drs. 13/7385, S. 26 unter III: „Ziel des Gesetzes – Es soll ein administrativer Rahmen vorgegeben werden, bei dessen Einhaltung digitale Signaturen möglichst eindeutig einer bestimmten Person zuzuordnen sind und die Signaturen als sicher vor Fälschung sowie signierte Daten als sicher vor Verfälschung gelten können. ... Die gesetzliche Regelung soll eine hohe Gesamtsicherheit, von der Erzeugung der Signaturschlüssel über deren Zuordnung durch zuverlässige Zertifizierungsstellen bis zur Darstellung der zu signierenden Daten, gewährleisten. ... Die Beweisfunktion signierter digitaler Daten soll über die faktische Sicherheit gesetzlicher digitaler Signaturen erreicht werden, da davon ausgegangen werden kann, dass die Gerichte diese im Rahmen der freien Beweiswürdigung honorieren werden. In einem weiteren (gesonderten) Schritt wird geprüft, ob Änderungen im Beweisrecht geboten sind. Soweit durch Rechtsvorschrift die Schriftform vorgegeben ist, wird geprüft, ob und in welchen Fällen es zweckmäßig erscheint, neben der Schriftform auch die „digitale Form" mit digitaler Signatur zuzulassen".

[340] Siehe oben bei Fn. 16 und 256. *Engel-Flechsig* benennt diesen legislativen Plan als „Stufentheorie", in *Geis*: Rechtsaspekte, 15 [42 in Fn. 55].

[341] Siehe oben I.4.c).

Verantwortlichkeiten und dem *allgemeinen Haftungsrecht* zu beantworten (*jeder* haftet für sein *schuldhaftes* Handeln oder Unterlassen)". Die Kürze dieser Ausführung lässt keinen Schluss darauf zu, ob hiermit nur die damals vorrangig diskutierte Frage der Haftung von Zertifizierungsdiensteanbietern[343] oder auch eine Haftung von Schlüsselinhabern angesprochen werden sollte. Letzteres einmal unterstellt, blieb des Weiteren offen, ob eine schuldbasierte negative Haftung gem. § 823 II 1, 2 BGB oder nach der damals noch unkodifizierten Rechtsprechung über *culpa in contrahendo* oder gar eine verschuldensbasierte positive Haftung nach der Rechtsprechung über Scheinvollmachten gemeint sein sollte.

Gegen eine Haftung des Schlüsselinhabers überhaupt, also gegen positive wie auch negative Haftung im Signaturmissbrauchsfalle könnte wiederum angeführt werden, dass die Materialien mehrfach von „Maßnahmen" sprachen, die Schlüsselinhaber „*in ihrem eigenen Interesse* für sichere digitale Signaturen zu treffen haben"[344]. Von solchen „Maßnahmen" handelte der dem § 6 I 1 SigG wortlautidentische § 6 S. 1 SigG [1997]. Dahingehend ist ein bereits oben erfolgtes Zitat zum Schlüsselinhaber als „Restrisiko" zu wiederholen[345]: „Wenn Schlüsselinhaber die in ihrem eigenen Interesse erforderlichen Maßnahmen nicht treffen, können Signaturschlüssel z.B. für Betrugszwecke missbraucht werden".

Gegen die Annahme, dass den Schlüsselinhaber nach damaligem signaturgesetzgeberischem Verständnis gar keine Haftung für jeglichen Signaturmissbrauch treffen sollte, sprach wiederum, dass nach § 6 S. 2 SigG [1997] zugleich „über die *Zuordnung* der mit einem privaten Signaturschlüssel erzeugten digitalen Signaturen" zu unterrichten war. § 6 S. 2 SigG [1997] divergierte anders als § 6 S. 1 SigG [1997] vom späteren § 6 II SigG [dazu sogleich unter b)]. Die Entwurfsbegründung sprach anstelle der gesetzesbegrifflichen „Zuordnung" von „Zurechnung"[346]: „Darüber hinaus sollen die Schlüsselinhaber auch darüber unterrichtet werden, dass

---

[342] BT-Drs. 13/7385, S. 27 zu „Haftungsfragen" (Hervorhebungen hinzugefügt); Überschrift „V. Wichtige Einzelaspekte" a.a.O. auf S. 26; „Allgemeines" zum Entwurf des SigG [1997] a.a.O. ab S. 25 ff.

[343] Siehe oben in Fn. 297 sowie soeben in Fn. 337.

[344] BT-Drs. 13/7385, S. 25 (Hervorhebung hinzugefügt) sowie 26, 29, 32.

[345] BT-Drs. 13/7385, S. 26; siehe oben bei Fn. 15.

[346] BT-Drs. 13/7385, S. 32 (Hervorhebung hinzugefügt); zu beschränkenden Zertifikatsangaben gem. § 7 I Nr. 7 SigG [1997] [dazu unten V.2.b)bb)] heißt es im unmittelbaren Anschluss ebenfalls unter Rückgriff auf den Zurechnungsbegriff: „Ist die Nutzung des Signaturschlüssels laut Signaturschlüssel-Zertifikat gem. § 7 I Nr. 7 auf bestimmte Anwendungen nach Art und Umfang beschränkt, so erstreckt sich die *Zurechnung* nur auf den vorgegebenen Rahmen". In der Entwurfsbegründung zu § 7 Nr. 7 ist a.a.O. dann von beschränkter „Geltung" von digitalen Signaturen die Rede.

ihnen mit ihrem Signaturschlüssel erzeugte Signaturen aufgrund der gesetzlich vorgegebenen Kombination von Maßnahmen ... *zugerechnet* werden
können; es sei denn, das Signaturschlüssel-Zertifikat war zum Zeitpunkt der
Signaturerzeugung gesperrt ... oder andere Fakten stehen entgegen". Es ist
selbstverständlich, dass hiernach prospektiven Schlüsselinhabern keine Lek-
tion über ihre Eigenbindung durch signierte Eigenerklärung vorbehaltlich
Willensmängeln o. ä. erteilt werden sollte. Ebenso wenig liegt nahe, hierin
nur einen Verweis auf einen eventuellen richterlichen Anscheinsbeweis infolge Signaturverwendung zu sehen[347]. Ob dann eine „Zurechnung" in Gestalt negativer Haftung oder positiver Haftung gemeint war, blieb offen.

Als Zwischenergebnis soll hier stehen, dass die Materialien zum SigG
[1997] kein klares Bild ergeben; dass etwa „Maßnahmen im eigenen Interesse" und eine materiell-haftungsrechtliche „Zurechnung" mangels Ergrei-
fens dieser Maßnahmen nicht recht zueinander passen; dass von keiner Haftung über negative Haftung bis hin zu positiver Haftung nichts nach den
Materialien eindeutig *bejaht noch verneint* werden kann.

b) Aktuelles Signaturgesetz

Bereits oben wurde aus der Regierungsentwurfsbegründung zum SigG referiert, dass dieses mittelbar „Pflichten" für Schlüsselinhaber nicht in der
Funktion als Unterzeichner, sondern als Inhaber eines Signaturschlüssels
aufstellen soll[348]. „Allgemeine" Ausführungen zu „Haftungsfragen" finden
sich hier anders als zum SigG [1997] nicht mehr. § 6 II SigG ist als Folgen-
norm zu § 6 S. 2 SigG [1997] sowohl im Normwortlaut wie in der Begründung deutlich zurückhaltender. Zu unterrichten ist nunmehr darüber, „dass
eine qualifizierte elektronische Signatur im Rechtsverkehr die gleiche Wirkung hat wie eine eigenhändige Unterschrift, wenn durch Gesetz nicht ein
anderes bestimmt ist". Die Entwurfsbegründung stellt zu § 6 II SigG klar,
dass die Vorschrift „sich bezieht auf die Rechtsfolgen, die sich durch das
vorgesehene Gesetz zur Anpassung der Formvorschriften des Privatrechts
und anderer Vorschriften an den modernen Rechtsgeschäftsverkehr ergeben"[349]. Demnach sind prospektive Schlüsselinhaber insoweit nurmehr über
Formwirkungen und die Beweiswirkung des § 292a ZPO [2001] bzw. nunmehr § 371a I 2 ZPO [2005] zu unterrichten, aber nicht mehr über eine materiell-rechtliche „Zuordnung", „Zurechnung" bzw. Haftung im Drittmiss-
brauchsfalle.

---

[347] Siehe des eben in Fn. 339 erfolgte Zitat.
[348] Siehe oben bei Fn. 318 und Fn. 329.
[349] BT-Drs. 14/4662, S. 22.

Auch die Materialien zum aktuellen Signaturgesetz bringen somit keine Klärung mit sich. Aus der engeren Fassung von § 6 II SigG gegenüber § 6 S. 2 SigG [1997] lässt sich kein eindeutiger Schluss gegen jegliche Haftung ziehen. Dies umso weniger, als die Anführung von „Pflichten" von Schlüsselinhabern auf Verhaltensvorgaben verweist, deren Verletzung zumindest mit negativer Haftung bewehrt sein könnte.

c) Formanpassungsgesetz

Die Materialien zu § 126a III 2 BGB-RefE [1999] bringen auf den Punkt, dass dies auch so sein sollte. Diese sprachen von einem „hinreichenden Anreiz" mittels Haftung dafür, „mit Signaturschlüssel und PIN sorgfältig umzugehen und sie nicht ohne weiteres Dritten zu überlassen oder zugänglich zu machen"[350]. Dass dieser „hinreichende Anreiz" eine positive Haftung sein müsse und nicht in Gestalt von negativer Haftung zu realisieren wäre, folgt daraus nicht. Dies umso weniger, als § 126a III 2 BGB-RefE [1999] letztlich nicht in Kraft gesetzt wurde. Doch kann dem Zitat zumindest das *Sachargument* entnommen werden, dass einer Haftung verhaltenssteuernde Wirkung beizumessen ist und diese Verhaltenssteuerung auch seitens von Schlüsselinhabern im vorliegenden Kontext sinnvoll ist, „um zur Sicherheit von qualifizierten elektronischen Signaturen ... beizutragen" (vgl. § 6 I 1 SigG).

Der letztlichen Normierung nur einer Beweiswirkung in Gestalt von § 292a ZPO [2001] durch das Formanpassungsgesetz und der Begründung hierzu könnte allerdings wiederum gegenteilig zu entnehmen versucht werden, dass diese Beweiswirkung nach formanpassungsgesetzgeberischer Vorstellung als verhaltenssteuernde Belastung von Schlüsselinhabern genügen solle, also weder positive noch negative Haftung darüber hinaus greifen solle. Denn § 292a ZPO [2001] wurde qualifiziert als gesetzliche Gewährleistung von geschäftsgegnerischem Vertrauensschutz „in besonderem Maße"[351]. Dagegen spricht jedoch, dass ein „schlampiges" Verhalten des Schlüsselinhabers mit Folge eines Signaturmissbrauchs durchaus im Einzelfall nachweisbar sein kann und die Beweiswirkung damit keine genügende Verhaltenssteuerung bewirkt[352].

---

[350] Siehe oben bei Fn. 80.

[351] Siehe das oben bei Fn. 25 erfolgte Zitat sowie oben in Fn. 164.

[352] Eine Verhaltenssteuerung allein durch §§ 292a, 371a I 2 ZPO [2001, 2005] wäre genauer besehen geradezu kontraproduktiv. Denn damit würde der evidentsorglose Umgang mit Schlüssel und PIN privilegiert. Hätte der Schlüsselinhaber etwa vor Zeugen seine PIN auf der Signaturerstellungseinheit notiert und diese mehrfach vor diesen „herumliegen" lassen, so kommt eine erfolgreiche Erschütte-

Für eine Suffizienz von Beweiswirkungen könnte auch fruchtbar zu machen versucht werden, dass ähnlich der im SigG [1997] begegnenden Formel über „Maßnahmen im eigenen Interesse" in den Materialien zum Formanpassungsgesetz punktuell auch von „erhöhten Sorgfaltsobliegenheiten" des Schlüsselinhabers die Rede ist[353]. Verstanden als „Gebote des eigenen Interesses"[354] könnte ihre Verletzung dann ohne jede Haftungsrechtsfolge zugunsten von Geschäftsgegnern bleiben, da allein im Interesse des Schlüsselinhabers liegend. Allerdings ist das Konzept von „Obliegenheiten" schon im Allgemeinen umstritten[355]. Demgemäß wird das eben erfolgte Zitat denn auch nicht als Beleg für einen formanpassungsgesetzgeberischen Willen *keiner* Haftung des Schlüsselinhabers in Missbrauchsfällen angesehen, sondern umgekehrt gar als Vorgabe *positiver* Rechtsscheins- bzw. Vertrauenshaftung infolge „Obliegenheitsverletzung"[356]. Dagegen spricht neben der allgemeinen Unklarheit des Obliegenheitsbegriffs und Obliegenheitskonzepts schon, dass das Zitat nur punktuell sowie haftungsunabhängig im Kontext der Wahrung von Schriftformfunktionen durch Signatur im Rahmen von § 126a BGB [2001] fällt.

---

rungsbeweisführung mittels dieser Zeugnisse in Betracht, dass im streitigen Folgefalle ein Dritter und nicht der Schlüsselinhaber eine signierte Willenserklärung abgegeben habe, dazu näher unten V.6.

[353] Vgl. BT-Drs. 14/4987, S. 16 (Hervorhebung hinzugefügt): „Es ist zwar nicht gänzlich auszuschließen, dass ein Dritter im Besitz der Chipkarte mit dem privaten Signaturschlüssel ist und die PIN kennt. In diesem Fall stimmte die Person des tatsächlich Signierenden mit der des Schlüsselinhabers überein. Dieser hat daher *erhöhte Sorgfaltsobliegenheiten,* die mit der Entscheidung für die Nutzung der neuen Technik einhergehen. Im Übrigen ist zu bedenken, dass auch eine eigenhändige Unterschrift in der Weise nachgemacht werden kann, dass die Fälschung u. U. gar nicht oder nur mit erheblichem Aufwand erkennbar ist". Vgl. auch a. a. O. S. 17 im Kontext der Unterschiebensproblematik.

[354] *Heinrichs* führt zu „Obliegenheiten" aus, Palandt, Einl v § 241 Rn. 11: „Sie begründen für den ‚Berechtigten' weder einen Erfüllungsanspruch noch bei Verletzung eine Schadensersatzforderung. Befolgung der Obliegenheit ist Gebot des eigenen Interesses, da der Belastete bei ihrer Verletzung einen Rechtsverlust oder rechtliche Nachteile erleidet".

[355] Vgl. *Canaris*, Vertrauenshaftung, S. 198 f., insb. nach Fn. 17.

[356] So *Rieder*, siehe oben bei und in Fn. 148. Genauer besehen spricht das Zitat nicht von „Obliegenheiten" des Schlüsselinhabers, sondern von „Sorgfaltsobliegenheiten" desselben. Diese Begriffsfolge nähert sich etwa § 543 II Nr. 2 BGB an, der die schadensersatzdivergente Rechtsfolge einer außerordentlichen Kündigungsberechtigung des Vermieters an eine „Vernachlässigung der dem Mieter *obliegenden Sorgfalt"* knüpft. Diese umschreibt weiter als eine schuldhafte Pflichtverletzung im Mietvertragsverhältnis, vgl. § 543 I 2 BGB. *Rieders* verschuldensdivergentes Konstrukt von risikobasierter positiver Haftungsbegründung durch Obliegenheitsverletzung wird schon insoweit zweifelhaft.

d) Zwischenergebnis

Die Materialien zum alten und neuen Signaturgesetz wie auch zum Formanpassungsgesetz ergeben keine klare *grundsätzliche* Aussage dazu, ob der Schlüsselinhaber bei Signaturmissbrauch positiv, negativ oder gar nicht haften solle. In ihrer Gesamtheit fügen sich „Maßnahmen im eigenen Interesse", „Pflichten", „Verschulden" und „erhöhte Sorgfaltsobliegenheiten" des Schlüsselinhabers gar nicht recht zusammen.

Für die momentan behandelte Frage einer schutzgesetzlichen Qualität von gegen Signaturmissbrauch erforderlichen Sicherungsmaßnahmen gem. § 6 I 1 SigG bedeutet dies: diese ist nach subjektiv-historischer Auslegung *weder zu bejahen noch zu verneinen*. Entscheidend wird daher sein, wie sich diese negative Haftungsbegründung „im haftpflichtrechtlichen Gesamtsystem" zu alternativen negativen Haftungsbegründungen (horizontale Problemebene) und zur Begründung positiver Haftung (vertikale Problemebene) verhält (dazu IV.–VI.).

Dass eine Haftung zwecks missbrauchsverhindernder Verhaltenssteuerung von Schlüsselinhabern überhaupt greifen sollte, hat die Begründung zu § 126a III 2 BGB-RefE [1999] trefflich auf den sachlichen Punkt gebracht. Dass § 126a III 2 BGB-RefE [1999] letztlich nicht in Kraft gesetzt wurde und die übrigen Signatur- und Formanpassungsgesetzesmaterialien keine klare Aussage in der Haftungsfrage für Signaturmissbrauch treffen, steht nicht entgegen, das vorgenannte, allgemeine Argument des „erzieherischen Zwecks" von Haftung der Sache nach zu übernehmen. Dass die damit grundsätzlich zu bejahende Haftung keine positive Haftung sein muss, ist vorangehend mehrfach aufgezeigt worden. Hier wird daher vorläufig eine schutzgesetzliche Qualität von § 6 I 1 SigG mit der Folge nur, andererseits immerhin negativer Haftung für Signaturmissbrauch infolge schuldhafter Sicherungspflichtverletzung bejaht, vorbehaltlich abweichender Ergebnisse auf horizontaler und vertikaler Problemebene (dazu IV.–VI.).

In diesem Kapitel verbleibt damit noch zu prüfen, welche Pflichten die Schlüsselinhaber dann gem. § 6 I 1 SigG i.V.m. § 823 II 1 BGB konkret treffen (dazu 2.) sowie wer in den personalen Schutzbereich gem. § 823 II 1 BGB fällt (dazu 3.).

2. Konkretisierung von signaturgesetzlichen Sicherungspflichten

Welche Maßnahmen gegen Signaturmissbrauch erforderlich sind, führt § 6 I 1 SigG nicht näher aus. Mittelbar durch § 6 I 1 SigG normierte dahingehende „Pflichten" des Schlüsselinhabers werden wiederum mittelbar durch § 6 SigV konkretisiert, der die Unterrichtungspflicht von Zertifizierungsdiensteanbietern präzisiert. Dass § 24 Nr. 1 SigG nur Ermächtigungsgrundlage zur verordnungsweisen Ausgestaltung der Unterrichtungspflicht der Zertifizierungsdiensteanbieter und nicht zur Konkretisierung von schutzgesetzlichen Pflichten der Schlüsselinhaber ist, steht einer gesamtsystematischen Qualifizierung von § 6 I 1 SigG als Schutzgesetz nicht entgegen. Es verstärkt nur das eben gefundene Zwischenergebnis, dass der Signatur- und Formanpassungsgesetzgeber keine dahingehende affirmative oder negative Entscheidung getroffen hat.

§ 6 SigV konkretisiert die nach § 6 I 1 SigG erforderlichen Sicherungsmaßnahmen nicht vollständig („mindestens"). Nachfolgend interessieren folgende Unterrichtungspunkte: „die Aufbewahrung ... der sicheren Signaturerstellungseinheit und geeignete Maßnahmen im Verlustfalle oder bei Verdacht des Missbrauchs" (§ 6 Nr. 1 SigV); „die Geheimhaltung von persönlichen Identifikationsnummern oder anderen Daten zur Identifikation des Signaturschlüssel-Inhabers gegenüber der sicheren Signaturerstellungseinheit" (Nr. 2); „das Verfahren der Sperrung nach § 7" (Nr. 8).

a) Verbot der Überlassung von Schlüssel und PIN

Es ist davon auszugehen, dass zu den gem. § 6 I 1 SigG erforderlichen Sicherungsmaßnahmen gehört, Schlüssel *und* PIN *per se* nicht Dritten zu überlassen[357]. Schlüssel und PIN dürfen dann signaturgesetzlich weder zwecks gehilfenweiser noch zwecks vertretungsweiser Drittnutzung [siehe oben II.3.a)] überlassen werden. Eine schutzgesetzliche Qualität von § 6 I 1 SigG wie hier vorläufig bejaht, wäre der Verstoß gegen dieses Überlassungsverbot regelmäßig ein vorsätzlicher Schutzgesetzverstoß[358]. Doch

---

[357] A.A. *Heusch*, S. 181; zweifelnd *Bettendorf*, RNotZ 2005, 277 [281 in Fn. 19, 285 bei Fn. 45].

[358] Der subjektive Tatbestand einer unerlaubten Handlung kann auf die tatsächliche und die normative Ebene der Handlung bzw. eines Handlungserfolges einerseits und ihrer Unerlaubtheit bzw. Widerrechtlichkeit andererseits bezogen werden. Zivilrechtlicher Vorsatz verlangt nach überwiegender Ansicht anders als das Strafrecht mit § 17 StGB grundsätzlich eine „Zweibezüglichkeit" des (zumindest billigenden) Willens: der Handelnde muss billigen, den objektiven Tatbestand auszufüllen. Darüber hinaus muss er billigen, damit „unerlaubt" zu handeln, also gegen

kann ein solches Verhalten gerechtfertigt sein. So etwa, wenn dem Schlüsselinhaber Schlüssel und PIN abgenötigt werden.

In diesem strengen Sinne werden § 6 I 1 SigG, 6 Nrn. 1, 2 SigG von den Zertifizierungsdiensteanbietern gelesen[359]. Dafür spricht, dass die Geheimhaltung der PIN in § 6 Nr. 2 SigV einschränkungslos angeordnet wird. Dagegen spricht nicht, dass § 6 Nr. 1 SigV „Verlustfall" und „Verdacht des Missbrauchs" unterscheidet. Die Vorläuferfassung in § 4 I Nr. 1 SigV [1997] war absoluter gefasst. Danach war der Schlüssel „in persönlichem Gewahrsam" zu halten. Doch sollte die redaktionelle Änderung in § 6 Nr. 1 SigV keine sachliche Änderung mit sich bringen[360]. Die Verfeinerung von § 6 Nr. 1 SigV macht dahin Sinn, dass erlaubt sein kann, den Schlüssel *ohne PIN* Dritten zum Zwecke der Verwahrung zu überlassen [dazu sogleich unter b)].

Für das vorgenannte Überlassungsverbot von Schlüssel *und PIN* spricht des Weiteren, dass Signaturen als *Exklusivzeichen* des Schlüsselinhabers konzipiert sind. Dies zeigt sich insbesondere in der Beschränkung der Inhaberschaft auf *natürliche* Personen, vgl. § 2 Nr. 9 SigG. Die signaturgesetzgeberisch ungewollte Schlüsselinhaberschaft durch *juristische* Personen brächte die vorgenannte, zu verhindernde Überlassung von Schlüssel und PIN an wechselnde Organe mit sich[361].

---

eine objektive Pflicht zu verstoßen. Vgl. *Knauth*, S. 7 ff., 18 ff.; Palandt (*Heinrichs*), § 276 Rn. 11. Die eben im Haupttext ausgesprochene Annahme vorsätzlichen Verstoßes setzt dann sozusagen voraus, dass der Schlüsselinhaber sich noch an die Unterrichtung über das Überlassungsverbot erinnert. Ist dies nicht der Fall, so ist die Überlassung immer noch fahrlässiger Verstoß.

[359] Bei D-Trust wird die Unterrichtung beispielsweise wie folgt eingeleitet (Stand Oktober 2005, abrufbar unter www.d-trust.net, Hervorhebungen hinzugefügt): „Es ist außerordentlich wichtig, dass Sie Ihre Signaturkarte und Ihre PIN mit größter Sorgfalt vor unbefugtem Zugriff schützen. Denn jeder, dem es möglich ist, Ihre Signaturkarte zu benutzen, kann rechtskräftig für Sie agieren. *Hüten Sie deshalb Ihre Signaturkarte wie Ihren Augapfel!* Sie enthält nicht nur Ihren digitalen Ausweis, sondern zugleich auch Ihre elektronische Unterschrift! Geben Sie deshalb *auch* Ihre PIN *unter keinen Umständen* preis!"

[360] Vielmehr wird nach der Begründung zum Entwurf der Signaturverordnung (siehe oben in Fn. 4) in der Fassung des Kabinettsbeschlusses vom 24.10.2001 (S. 10) der § 4 SigV [1997] durch den § 6 SigV „gestrafft, bleibt jedoch im Hinblick auf die einzelnen inhaltlichen Anforderungen der Unterrichtung unverändert".

[361] Die organschaftliche Vertretungsmacht einer natürlichen Person für eine juristische Person kann mittels sog. „Attributs" zertifiziert werden, vgl. §§ 5 II, 7 I Nr. 9, II, 8 II SigG. Diese Konstruktion soll die Exklusivität der Zuordnung des Schlüssels an eine natürliche Person wahren. Diese Zertifizierung ist jedenfalls bei „Abrufbarkeit" des Zertifikats gem. § 5 I 2, 3 SigG eine „öffentliche Bekanntmachung" gem. § 171 I Alt. 2, II BGB; weitergehend auch für bloße Nachprüfbarkeit *Rieder*, S. 179 f., 363, der im qualifizierten (Attribut-) Zertifikat diesesfalls zugleich einen Analogiefall zu § 172 sieht, *Rieder*, S. 132 f., 141 ff., 360; nur negative Haftung

b) Auswahl- und Überwachungsgebot bei bloßer Schlüsselüberlassung zu Verwahrungszwecken

Wie soeben angedeutet, macht die Unterscheidung von „Verlustfall" und „Verdacht des Missbrauchs" in § 6 Nr. 1 SigV dann Sinn, wenn eine Übergabe der Signaturerstellungseinheit an einen Dritten ohne gleichzeitige Mitteilung der PIN zu Verwahrungszwecken erlaubt bleibt. Die Aufrechterhaltung des „persönlichen Gewahrsams" an der Signaturerstellungseinheit kann dem Schlüsselinhaber auf Auslandsreisen rechtlich unmöglich sein, da deutsche Ausfuhr- und ausländische Einfuhrrestriktionen diese Kryptotechnik betreffen. Verfügt er nicht über einen „Panzerschrank", um diese während seiner Absenz selbst sicher zu verwahren, so verbleibt ihm alternativ zu einer unsicheren Verwahrung „unter der Matratze" nur die Möglichkeit, die Signaturerstellungseinheit durch einen Dritten vorübergehend verwahren zu lassen. Erforderliche Sicherungsmaßnahme gegen Missbrauch ist hier, den Dritten sorgfältig auszuwählen und zu überwachen.

c) Besitzwahrungspflicht

Das Verbot der Drittüberlassung von Schlüssel und PIN ist Unterfall einer grundsätzlichen Besitzwahrungspflicht an der Signaturerstellungseinheit, die Ausnahmen kennt wie die vorgenannte Drittüberlassung an einen sorgfältig ausgewählten und überwachten Verwahrer bei unmöglicher eigener Besitzwahrung. Die Besitzwahrungspflicht geht dahin, die Besitzerlangung Dritter zu erschweren. Für eine Signaturerstellungseinheit in Gestalt einer Smart-Card bedeutet dies, dass diese „in persönlichem Gewahrsam" d.h. etwa im Portemonnaie oder an einem sicheren Ort in Räumen des Schlüsselinhabers zu halten ist.

d) Geheimhaltungspflicht bzgl. PIN

Die PIN ist nicht nur Dritten generell nicht mitzuteilen. Sie ist darüber hinaus dergestalt einzugeben, dass hierbei Dritte keine Kenntnis von ihr nehmen können. Angesichts beschränkten Erinnerungsvermögens und angesichts der mit einer Ersatzkarte verbundenen Kosten[362] darf der Schlüsselinhaber eine Kopie der PIN „außerhalb seines Kopfes" speichern. Diese „Sicherungskopie" muss wiederum so vorgenommen werden, dass die

---

gem. §§ 311 II, 241 II, 280 I BGB [2002] „oder den deliktsrechtlichen Bestimmungen" hier demgegenüber andenkend *Thomale,* Haftung und Prävention nach dem Signaturgesetz, S. 173.

[362] Siehe oben in Fn. 267.

Kenntnisnahme Dritter erschwert wird. Keinesfalls darf die PIN auf der Signaturerstellungseinheit zu Erinnerungszwecken vermerkt werden.

e) Besitzvergewisserungspflicht

Mit der vorgenannten Besitzwahrungspflicht geht eine Besitzvergewisserungspflicht einher. Der Schlüsselinhaber muss sich in tendenziell kurzen Abständen vergewissern, noch im Besitz der Signaturerstellungseinheit zu sein. Er muss sich in tendenziell kurzen Perioden versichern, dass diese nicht verloren gegangen ist bzw. gestohlen wurde.

f) Sperrpflicht

Im „Verlustfall" wie auch bei „Verdacht des Missbrauchs" durch einen sorgfältig ausgewählten und überwachten Verwahrer ist vom Schlüsselinhaber unverzüglich die Sperrung zu veranlassen. Auf eine Sperrpflichtverletzung kommt es nur an, wenn nicht bereits gegen die vorgenannten Nichtüberlassungs-, Auswahl- und Überwachungs-, Besitzerhaltungs-, Geheimhaltungs- und Besitzvergewisserungspflichten verstoßen wurde. Erkennt der Schlüsselinhaber also etwa nach vergewisserungspflichtgemäßer Prüfung einen „Verlustfall" seiner Signaturerstellungseinheit trotz pflichtgemäßer Verwahrung derselben, so muss er diese unverzüglich sperren lassen. Die Unwahrscheinlichkeit eines Erratens der PIN und die Hoffnung auf ein Wiederfinden der Signaturerstellungseinheit erlauben kein Hinausschieben der Sperrung. Auch die damit verbundenen Kosten[363] sind keine Rechtfertigung.

Hier sei bereits angemerkt, dass eine schuldhafte Verletzung der vorgenannten Pflichten im Einzelfall ohne Haftungsfolge für den Schlüsselinhaber bleiben kann. So kann etwa eine infolge unsicherer Verwahrung verlorene oder gestohlene oder infolge schuldhafter Nichtvergewisserung oder schuldhafter Nichtsperrung noch von einem Dritten missbrauchbare Signaturerstellungseinheit mangels Fundes oder mangels Erratens der PIN ohne Missbrauch und damit ohne Vertrauen und Vertrauensschaden eines Geschäftsgegners bleiben. Eine Überlassung von Schlüssel und PIN kann ohne nachfolgenden Missbrauch bleiben, weil der Dritte diese nur wie vorgegeben als Gehilfe oder Vertreter gebraucht. Dies ist keine Besonderheit von § 6 I 1 SigG i. V. m. § 823 II 1 BGB. Vielmehr kann jede unerlaubte *Gefährdung* eines deliktsrechtlich geschützten Interesses im Einzelfall ohne *Verletzung* desselben bleiben[364]. Damit ist zugleich die schutzgesetzliche

---

[363] Siehe oben in Fn. 267.

Qualität von § 6 I 1 SigG konkretisiert. Dieser verbietet bereits Signaturmissbrauch eröffnendes und damit *vermögensgefährdendes Verhalten*[365]. Die Verletzung von geschäftsgegnerischen Vermögensinteressen infolge Drittmissbrauchs eines Schlüssels ist damit nur für die Haftungsausfüllung, nicht jedoch bereits für die Haftungsbegründung erforderlich[366].

g) Zwischenergebnis

Wird eine schutzgesetzliche Qualität von gegen Signaturmissbrauch erforderlichen Sicherungsmaßnahmen gem. § 6 I 1 SigG i. V. m. § 823 II BGB bejaht, so trifft den Schlüsselinhaber ein enges Pflichtenkleid. Dieses begründet konsekutive Pflichten vor allem der Besitzerhaltung, Besitzvergewisserung und Sperrung bei Besitzverlust und Missbrauchsverdacht.

3. Durch signaturgesetzliche Sicherungspflichten geschützter Personenkreis

Dass nach § 823 II 1 BGB eine Rechtsnorm „den Schutz eines anderen bezwecken" muss, wird nicht nur als Voraussetzung ihrer schutzgesetzlichen Qualität überhaupt interpretiert, sondern als Frage nach dem geschützten Personenkreis. Der signaturgesetzliche Rahmen ist ausgerichtet an „den Anforderungen einer offenen Kommunikation (in der sich die Teilnehmer nicht kennen müssen)"[367]. Schon dies spricht dafür, jeden Geschäftsgegner als Geschützten zu behandeln, dem gegenüber infolge eines schuldhaften Verstoßes gegen die vorgenannten Pflichten der Schlüssel missbraucht wird. Hinzu kommt, dass sinnvolle Einschränkungen des personalen Schutzbereichs nicht einfallen wollen. Eine schutzgesetzliche Qualität von § 6 I 1

---

[364] Ob dann negatorische Ansprüche gemäß und analog § 1004 BGB greifen, interessiert hier nicht weiter. Zu weit gehen dürfte jedenfalls *Palandt (Heinrichs)*, § 1004 Rn. 4, wonach „alle durch § 823 II BGB ... deliktisch geschützten Rechtsgüter" analog 1004 BGB auch negatorischen Schutz genießen.

[365] Vgl. allgemein *Deutsch,* Haftungsrecht, S. 46 Rn. 63, S. 141 Rn. 215. Klarzustellen ist, dass die Qualifizierung von abstrakten Gefährdungstatbeständen als Schutzgesetzen nichts mit verschuldensunabhängiger Gefährdungshaftung zu tun hat, da § 823 II 2 BGB i. V. m. der Gefährdungsnorm nur bei schuldhaftem Verstoß greift.

[366] Dass auch Normen, die schon Gefährdungen verbieten, als Schutzgesetze qualifiziert werden können, stellt BGHZ 106, 204 [209 unter cc)] mit Verweis auf BGHZ 103, 197 [199 f.] klar, vgl. auch *Larenz/Canaris,* Schuldrecht II/2, S. 432. Verschulden gem. § 823 II 2 BGB muss dann nur bezüglich des haftungsbegründenden Gefährdungstatbestandes und nicht auch hinsichtlich der weiteren Haftungsausfüllung gegeben sein, vgl. BGHZ 103, 197 [200 unter c)].

[367] Vgl. das Zitat aus BT-Drs. 13/7385, S. 26 oben in Fn. 3 und bei Fn. 257.

SigG vorläufig bejaht, greifen die vorangehend konkretisierten Pflichten somit *gegenüber Jedermann*.

4. Zwischenergebnis

Die subjektiv-historische Auslegung der signaturgesetzlichen und formanpassungsgesetzlichen Materialien ergibt nicht, dass nach § 6 I 1 SigG seitens von Schlüsselinhabern gegen Signaturmissbrauch erforderliche Sicherungsmaßnahme schutzgesetzliche Pflichten gem. § 823 II 1 BGB sein sollen. Ebenso wenig ergibt sie, dass dies nicht der Fall sein solle.

Vorverständnis der vorliegenden Arbeit ist, dass eine *Haftung* von Schlüsselinhabern zum Zwecke der Verhaltenssteuerung in Richtung der Signaturmissbrauchsprävention geboten ist. Beweisnachteile durch § 371 a I 2 ZPO [2005] entfalten keine genügende „erzieherische Wirkung". Ebensowenig wird ein unsicherer d.h. missbrauchserleichternder d.h. gefährlicher Umgang von Schlüsselinhabern mit ihrem Schlüssel öffentlich-rechtlich bewehrt. Des Weiteren ist eine Haftung des Dritten nach bzw. analog § 179 I, II BGB bei Signaturmissbrauch unter dem Namen des Schlüsselinhabers wegen anzunehmendermaßen dann häufig fehlender Greifbarkeit des Dritten praktisch wertlos für Geschäftsgegner. Deren Belange werden somit nicht „anderweit ausreichend abgesichert"[368].

Vorverständnis der vorliegenden Arbeit ist angesichts der schwererwiegenden Rechtsfolge[369] jedoch nicht, dass diese Haftung überhaupt, stets oder zumindest weitest möglich *positive* Haftung sein müsse. Eine gem. § 823 II 2 BGB verschuldensbasierte – und damit verschuldensbegrenzte[370] – *negative* Haftungsbegründung gem. § 6 I 1 SigG i.V.m. § 823 II 1 BGB ist mit Blick auf die vorangehend herausgearbeitete Pflichtenkonkretisierung damit grundsätzlich zu bejahen. Sie passt unter der vorgenannten *teleologischen* Erwägung der Sinnhaftigkeit bzw. Zweckmäßigkeit der *haftungsweisen* Verhaltenssteuerung von Schlüsselinhabern „ins haftpflichtrechtliche Gesamtsystem"[371].

Nachfolgend ist auf horizontaler Problemebene zu betrachten, ob eine negative Haftungsbegründung aus *culpa in contrahendo* vorzugswürdig ist (dazu IV.), bevor die vertikale Problemebene angegangen wird (dazu V. und VI.), im Rahmen derer nochmals auf eine negative Haftungsbegründung analog §§ 171 I, 172 I BGB i.V.m. §§ 118, 119 I a.A., 122 I BGB zurückzukommen ist (dazu VI.4.).

---

[368] Vgl. BGHZ 84, 312 [314].
[369] Siehe oben I.4.f)aa).
[370] Vgl. *Deutsch*, AcP 202, 889 [893].
[371] Siehe oben bei Fn. 246 und 335.

IV. Horizontale Problemebene: Missbrauchsverhinderungspflichten aus rechtsgeschäftsähnlichem Schuldverhältnis gem. §§ 311 II, 241 II BGB [2002]

Die Rechtsprechung über *culpa in contrahendo* ist auch Produkt der bürgerlich-gesetzgeberischen Absage an eine große deliktische Generalklausel[372]. Letztere hätte die Frage nach punktuellen Restriktionen nach sich gezogen[373]. *Culpa in contrahendo* diente demgegenüber der punktuellen Extension von Haftungsgrenzen nach den Vorschriften über unerlaubte Handlungen in §§ 823 ff. BGB[374].

---

[372] Siehe oben bei Fn. 331 ff. Einer solchen wäre nahegekommen, wenn § 826 BGB auch als fahrlässige sittenwidrige Schädigung normiert worden wäre, wie im Bürgerlichen Gesetzgebungsverfahren mit § 705 BGB-EI angedacht worden war, vgl. *Mugdan* II S. CXXIII, S. 405 f. [406]. Vgl. *Jakobs/Schubert,* Beratung des SchuldR, 3. Teilband (§§ 652–853), S. 883 dazu, dass der geringere Verschuldensgrad in der jeweiligen Sittenwidrigkeitsbeurteilung hätte Berücksichtigung finden sollen. Vgl. auch *Canaris,* FS Larenz, 27 [90] sowie *Hopt,* AcP 183, 608 [640] zur Überflüssigkeit von *culpa in contrahendo* im Falle einer „großen" deliktischen Generalklausel.

[373] Vgl. *v. Caemmerer,* 49 [66, 69 f.].

[374] Vgl. den Abschlussbericht der Kommission zur Überarbeitung des Schuldrechts, S. 114: „Die Entwicklung der Schutzpflichten im deutschen Recht hängt mit den Schranken der Deliktshaftung zusammen (keine allgemeine Fahrlässigkeitshaftung für Vermögensverletzungen; Gehilfenhaftung nur nach § 831 BGB)". Es werden vertragliche und vorvertragliche Schutzpflichten unterschieden, vgl. BT-Drs. 14/6040, S. 125. Vorliegend interessieren nur letztere *vorvertragliche* Pflichten, eben Pflichten *in contrahendo.* Zur Entwicklung der Rechtsprechung über *culpa in contrahendo* siehe schon oben in Fn. 182.
Die Rechtsprechung über *culpa in contrahendo* wird im Wesentlichen auf vier *Extensionsziele* bzw. auf die Überwindung von vier tatbestandlichen Grenzen der §§ 823 ff. BGB zurückgeführt, vgl. *Picker,* AcP 183, 369 [373 f.]: (1) auf die Überwindung der Grenzen unmittelbaren Vermögensschutzes. § 823 I BGB bewirkt gar keinen unmittelbaren Vermögensschutz. § 823 II BGB fordert ein unmittelbar vermögensschützendes Schutzgesetz, als das im vorliegenden Signaturkontext der signaturgesetzliche Rahmen und insbesondere § 6 I 1 SigG in Betracht kommt, siehe soeben unter III. § 826 BGB weist einen engen subjektiven Tatbestand in Gestalt vorsätzlich sittenwidriger (unmittelbarer Vermögens-) Schädigung auf. (2) auf die Überwindung der Exkulpationsmöglichkeit für Schädigungen durch Gehilfen gem. § 831 I 2 BGB d. h. auf die Erreichung der Anwendbarkeit von § 278 BGB. (3) auf die Überwindung der relativ kurzen Verjährung gem. § 852 BGB a. F. im Vergleich

„Die" *culpa in contrahendo* gibt es nicht. Vielmehr spricht die Begründung des Schuldrechtsmodernisierungsgesetzes, das der dahingehenden
Rechtsprechung „textlichen Ausdruck" in §§ 311 II, III, 241 II, 280 I, 276
I BGB [2002] verliehen und sie damit an zentraler Stelle anerkannt hat[375],
treffend davon, dass dieses Etikett „ein ganzes Bündel durchaus verschiedener Fallgruppen" kennzeichnet[376]. Des Weiteren heißt es dort, dass diese
Rechtsprechung dem Schutz sehr verschiedener Interessen diene[377]. Dies
kommt gesetzesbegrifflich nunmehr im Verweis des § 241 II BGB [2002]
auf „Rechte, Rechtsgüter und Interessen" zum Ausdruck. Aus diesem
„Bündel von Fallgruppen" ist als vorliegend interessierender Kontext die
Extensionszielsetzung der Begründung von negativer Haftung für *unmittelbare Vermögensschädigungen* über die §§ 823 II, 826 BGB hinaus hervorzuheben: über die §§ 823 II, 826 BGB hinaus, die entweder ein unmittelbar vermögensschützendes Schutzgesetz oder ein vorsätzlich sittenwidrig
vermögensschädigendes Verhalten voraussetzen. Vorliegend geht es des
Weiteren um einen *Unterfall* unmittelbarer Vermögensschädigung. Nämlich
um vertrauensbedingte „Vermögensfehldispositionen" bzw. Vermögens-
selbstschädigungen des Geschäftsgegners[378], die denn auch in der Begründung zum Schuldrechtsmodernisierungsgesetz explizit angesprochen
werden[379].

Oder noch präziser: vorliegend geht es um geschäftsgegnerische Vermögensfehldispositionen infolge Ausbleibens der Geschäftswirksamkeit
mangels wirklichen Vorliegens von Wirksamkeitsvoraussetzungen seitens
des Geschäftsherrn und mangels positiver Haftung des Geschäftsherrn für
einen dahingehenden Schein[380].

---

zu §§ 194 ff. BGB a. F. und insbesondere zu § 195 BGB a. F. (4) auf die Erreichung
von Beweisvorteilen für den Geschädigten gem. und analog §§ 282, 285 BGB a. F.

[375] Vgl. oben bei Fn. 178. Eine mittelbare gesetzgeberische Anerkennung ist bereits durch den zum 1. April 1977 in Kraft gesetzten § 11 Nr. 7 Hs. 2 AGBG erfolgt (BGBl. I vom 9. Dezember 1976, S. 3317 ff.), der von „der Verletzung von
Pflichten bei den Vertragsverhandlungen" sprach.

[376] BT-Drs. 14/6040, 85.

[377] BT-Drs. 14/6040, S. 161, 162.

[378] Siehe oben in Fn. 150.

[379] Vgl. BT-Drs. 14/6040, S. 125 (Hervorhebungen hinzugefügt) zu nach §§ 241
II, 311 II BGB [2002] geschützten „Rechten, Rechtsgütern und Interessen": „... sollen die Schutzpflichten ... die gegenwärtige Güterlage jedes an dem [rechts-
geschäftsähnlichen] Schuldverhältnis Beteiligten vor Beeinträchtigungen bewahren:
Dieser soll etwa vor ... *Vermögensfehldispositionen* geschützt werden". Sodann heißt
es zu § 241 II BGB [2002], dieser „habe Bedeutung ... insbesondere, wenn jemand
durch falsche Beratung oder in sonstiger Weise *durch die Erzeugung eines unbegründeten Vertrauens* zu *schädlichen Vermögensdispositionen* veranlasst worden ist".

[380] Siehe oben bei Fn. 87 f. sowie bei Fn. 183 ff.

Als unmittelbar vermögensschützendes bzw. im vorgenannten Sinne ver-
trauensschützendes Schutzgesetz gem. § 823 II BGB zugunsten von Jedermann kommt vorliegend § 6 I 1 SigG in Betracht (siehe oben III.). Die horizontale Konkurrenzproblematik negativer Haftungsbegründung geht im
Signaturkontext damit *entgegen dem theoriehistorischen Extensionshinter-
grund* von *culpa in contrahendo* dahin, ob nunmehr eine negative Haftungsbegründung aus §§ 311 II, 241 II, 280 I, 276 I BGB [2002] „im haftpflichtrechtlichen Gesamtsystem" einer Schutzgesetzqualifizierung von § 6 I 1
SigG vorzugswürdig ist.

Ergebnisunterschiede könnten sich im personalen Schutzbereich ergeben[381], sofern das Erfordernis eines zumindest „rechtsgeschäftsähnlichen
Schuldverhältnisses" gem. § 311 II BGB [2002].[382] zu engeren Ergebnissen
führen würde, also *nicht* zur Haftung für Signaturmissbrauch infolge fahrlässiger Pflichtverletzung gem. §§ 241 II, 280 I, 276 I BGB [2002] *gegenüber Jedermann* führen würde. Insoweit sind also zwei verbundene Fragen
bzw. ist eine zweischichtige Frage zu stellen: ob § 311 II BGB [2002] zu
engeren Ergebnissen führt und ob dies einer Haftung gegenüber Jedermann
gem. § 6 I 1 SigG i.V.m. § 823 II BGB vorzugswürdig ist, eine Schutzgesetzqualität von § 6 I 1 SigG daher „im haftpflichtrechtlichen Gesamtsystem" aus diesem Grund zu verneinen ist (dazu 2.). Vorweg ist klarzustellen,
dass es vorliegend nicht um *vertragliche* Haftung für Signaturmissbrauch
gemäß § 311 *Absatz 1*, 241 II, 280 I, 276 I BGB oder gar gemäß signaturbezogener Sonderabrede geht (dazu 1.).

1. Abgrenzung von vertraglicher Haftungsbegründung
für Signaturmissbrauch

Die Signaturliteratur verweist gelegentlich auf die Problematik des Missbrauchs von Geldautomaten- und Zahlungsersatzkarten[383]. Dahingehende
Vergleiche sind in materiell-haftungsrechtlicher Hinsicht sowie beweisrechtlicher Hinsicht im vorliegend betrachteten „offenen Kommunikationskontext"[384] unangebracht.

Sie gehen in materiell-haftungsrechtlicher Hinsicht daran vorbei, dass
jene Problematik in ein zweifelsohne vorbestehendes Vertragsverhältnis d.h.
„rechtsgeschäftliches Schuldverhältnis" gem. § 311 *Absatz 1* BGB [2002]
fällt, nämlich den zwischen dem Karteninhaber als Bankkunde und der

---

[381] Siehe dazu soeben III.3. für § 6 I 1 SigG i.V.m. § 823 II BGB.
[382] Siehe oben bei und in Fn. 187.
[383] Vgl. nur *Noack*, DStR 2001, 1893 [1896]; *Köhler/Arndt*, Recht im Internet,
S. 82 bei Fn. 90, 92.
[384] Siehe oben II.1.

Bank vorbestehenden Rahmenvertrag. Dieser enthält sogar üblicherweise den Umgang des Inhabers mit der Karte betreffende Kauteln, so dass nicht einmal § 241 II BGB [2002] zum Zwecke der Pflichtenkonkretisierung bei einer „pVV" bemüht werden muss. Die Gegebenheit eines rechtsgeschäftlichen Schuldverhältnisses gem. § 311 *Absatz 1* BGB [2002] enthebt von der Notwendigkeit der Auslotung der Grenzen von § 311 *Absatz 2* BGB [2002], die sich im Verhältnis von Signaturschlüsselinhabern zu nicht vorverbundenen Geschäftsgegnern in Signaturmissbrauchsfällen im vorliegend behandelten „offenen Kommunikationskontext" ergibt (dazu 2.). Ebenso wenig kommt es dann noch auf Vermögensschutzpflichten des Bankkunden gegenüber seiner Bank nach §§ 823 ff. BGB an. Auch die vertikale Problematik ist im Kontext der vorgenannten Bankkarten nebenbei bemerkt weitgehend entschärft, weil und wenn negatives und positives Interesse der Bank als Geschäftsgegner etwa an der Wirksamkeit einer Auszahlungsweisung am Geldautomaten mangels Einzelvergütung hierfür d.h. Einzelgewinn hieran übereinstimmen. Aus den gleichen Gründen liegt auch das durch Signatur gesicherte Online-Banking[385] neben dem bzw. außerhalb des Erkenntnisinteresses der vorliegenden Arbeit: der negativen oder gar positiven Haftung des Schlüsselinhabers für Signaturmissbrauch gegenüber einem Geschäftsgegner als Missbrauchsopfer, zu dem noch keine Vorverbindung gem. § 311 Absatz 1 BGB [2002] besteht in „einer offenen Kommunikation (in der sich die Teilnehmer nicht kennen müssen)"[386].

In beweisrechtlicher Hinsicht geht es in den vorgenannten Kontexten des Weiteren um die Frage eines *richterlichen* Anscheinsbeweises[387]. Dessen Konstruktion wird von den vorgenannten materiell-rechtlichen Gegebenheiten mitbestimmt[388]. Der *gesetzliche* Anscheinsbeweis nach §§ 292a, 371a I 2 ZPO [2001, 2005] betrifft eine letztlich engere Beweisthematik[389].

---

[385] Hierzu ausführlich *Brückner,* Online-Banking.

[386] Vgl. das Zitat aus BT-Drs. 13/7385, S. 26 oben in Fn. 3 sowie oben II.1. bei Fn. 257 ff. Auf die „Besonderheit" einer vertraglichen Vorverbundenheit weist auch etwa *Buss* (S. 106 bei Fn. 525) hin. Vgl. des Weiteren *Schemmann,* ZZP 118, 161 [174 bei Fn. 60, 61].

[387] Vgl. jüngst BGHZ 160, 308 m.w.N.

[388] Führt eine negative Haftung aus pVV hinsichtlich der drittmissbrauchten Geldautomatenkarte o.ä. (§§ 311 I, 241, 280 I, 276 I BGB [2002]) zum selben Ergebnis wie ein schutzbestrittener Aufwendungsersatzanspruch aus §§ 670, 675 I, 676 f BGB im Bankvertrag, so kommt ein dahingehender „Alternativ-Anscheinsbeweis" in Betracht, vgl. BGHZ 145, 337 [342 unter 2.], vgl. allgemein *Musielak/ Stadler,* Grundfragen, Rn. 162 bei Fn. 25 mit Rn. 181 sowie *Prütting,* S. 107 Fn. 67 („Gedanke der Wahlfeststellung"). Im von BGHZ 160, 308 revidierten Sachverhalt stand demgegenüber fest, dass die Karte drittmissbraucht worden war, a.a.O. [312 unter 1.]. Hier ging es denn nur um einen richterlichen Anscheinsbeweis dahin, dass dies auf ein als pVV des Bankkunden zu beurteilendes Verhalten zurückzuführen sei, a.a.O. [314 unter (2)].

2. Rechtsgeschäftsähnliches Schuldverhältnis
gem. § 311 II BGB [2002]

Die sich bei Signaturmissbrauch in „einer offenen Kommunikation (in der sich die Teilnehmer nicht kennen müssen)" stellende *zweischichtige Frage* wurde bereits oben auf den begrifflichen Punkt gebracht:

- entweder ist ein der Schutzgesetzqualifizierung von § 6 I 1 SigG ergebnisgleiches „rechtsgeschäftsähnliches Schuldverhältnis" gem. § 311 II BGB [2002] *gegenüber Jedermann ab Beginn der Schlüsselinhaberschaft* zu bejahen[390]. Dieses würde dann über §§ 241 II, 280 I, 276 I BGB [2002] zu einem ebenso verschuldensbasierten – und damit verschuldensbegrenzten – Pflichtenprogramm führen, wie es eben in Konkretisierung von § 6 I 1 SigG aufgezeigt wurde.

- oder § 311 II BGB [2002] führt in der Frage des gegen schuldhafte Pflichtverletzungen im Umgang mit dem Schlüssel geschützten Personenkreises *enger* als § 6 I 1 SigG i. V. m. § 823 II BGB zu einer Haftung des Schlüsselinhabers *nicht gegenüber Jedermann*. Folgefrage ist dann, ob eine solche Eingrenzung des geschützten Personenkreises „im haftpflichtrechtlichen Gesamtsystem" auf negativer Haftungsebene einer Haftung gegenüber Jedermann gem. § 6 I 1 SigG i. V. m. § 823 II BGB vorzugswürdig ist.

§ 311 II BGB [2002] soll nach der Begründung zum Schuldrechtsmodernisierungsgesetz eine „abstrakte Regelung" mit „Konturenschärfe" sein. Sie soll die „Flexibilität" von *culpa in contrahendo* erhalten, da sie „der Ausdifferenzierung und Fortbildung durch die Rechtsprechung zugänglich" bleiben soll[391]. Als fortbildungsoffener Unterfall ist vor allem der Auffangtatbestand des § 311 II Nr. 3 BGB [2002] anzunehmen.

---

[389] Nämlich kurzgefasst, dass der Schlüsselinhaber die signierte Willenserklärung abgegeben habe, siehe bereits oben I.2. und näher unten V.6. Die Frage ist dann, ob nach erfolgreicher Erschütterung des dahingehenden *gesetzlichen* Anscheinsbeweises gem. §§ 292a, 371a I 2 ZPO [2001, 2005] noch ein *richterlicher* Anscheinsbeweis o. ä. für das Vorliegen der Voraussetzungen negativer oder gar positiver Haftung greift und ebenfalls zu erschüttern ist, dafür wohl *Fischer-Dieskau et alt.*, MMR 2002, 709 [713 bei Fn. 27–29]; dagegen *Roßnagel/Fischer-Dieskau*, NJW 2006, 806 [807 bei Fn. 16]; *Schemmann*, ZZP 118, 161 [171 bei Fn. 52, 174 bei Fn. 60], der mit einem „Anschein … der Abhebung durch den Karteninhaber" die in der vorangehenden Fußnote skizzierte Rechtsprechung zum Bankkartenmissbrauch in beweisrechtlicher Hinsicht allerdings reichlich unpräzise referiert.

[390] Vgl. oben bei Fn. 187 ff.; vgl. in Fn. 174 zum Hintergrund des in § 311 II BGB [2002] positivierten Oberbegriffes eines „rechtsgeschäftsähnlichen Schuldverhältnisses"; vgl. *Paefgen* (S. 78) zu dahingehenden Diskussionsansätzen bereits im Btx-Missbrauchskontext.

Auf diesen nimmt Schemmann begrifflich Bezug. Er hält die Bejahung eines rechtsgeschäftsähnlichen Schuldverhältnisses zumindest dann für möglich, wenn der Schlüsselinhaber Schlüssel und PIN zum Drittgebrauch überlassen hat[392]. Darin liege eine „generelle Veranlassung des rechtsgeschäftlichen Kontakts durch den Schlüsselinhaber"[393].

Schemmanns Lesart von § 311 II Nr. 3 BGB [2002] ist als *subjektive* Normauslegung zu bezeichnen. Denn er setzt voraus, dass der Geschäftsherr *wirklich* einen „geschäftlichen Kontakt" aufnehmen *will*. Dahingehend will er allerdings einen *generellen* Kontaktaufnahmewillen etwa mittels Vertreters genügen lassen, der den Geschäftspartner erst im Rahmen seines Entscheidungsspielraums individualisieren soll. Noch enger wäre eine subjektive Normauslegung, die einen *individuellen* Kontaktaufnahmewillen seitens des Geschäftsherrn, also die Auswahl des Geschäftsgegners schon seitens des Geschäftsherrn erfordern würde[394]. Dann würde nurmehr die Schlüsselüberlassung etwa zur gehilfenweisen Nutzung gegenüber einem vom

---

[391] BT-Drs. 14/6040, S. 161 f., s. a. S. 125. § 311 II BGB [2002] soll damit dreierlei leisten: die restitutionsrechtlichen Extensionen der Rechtsprechung anerkennen (siehe soeben bei und in Fn. 374), diesen einen generalklauselartigen Ausdruck geben, der weitere Extensionen begrenzt, ohne sie grundsätzlich auszuschließen. Es liegt nahe, dass die Normbestimmtheit gering bleibt.

[392] *Schemmann*, ZZP 118, 161 [175]. Zu erinnern ist, dass die Mehrzahl der Literaturstimmen in Übertragung der Rechtsprechung über Blankettmissbrauch an jede Überlassung von Signaturschlüssel und PIN bereits eine *positive* Haftung knüpfen wollen, wenn der Dritte den Signaturschlüssel sodann über den Rahmen seiner Vorgaben hinaus missbraucht, siehe oben bei und in Fn. 126. Schemmann erörtert eine „Verletzung vorvertraglicher Pflichten" denn bezeichnenderweise als „alternative Haftungsgrundlage" zu einer „Haftung des Schlüsselinhabers aus materiellem Recht" in Gestalt der „Grundsätze der Anscheins- und Duldungsvollmacht, sofern man diese auch auf das Handeln unter fremdem Namen anwenden will", a. a. O. [174]. Die Äußerungen erfolgen unter der Überschrift der „willentlichen Kartenweitergabe".

[393] *Schemmanns* kurzer signaturkontextueller Problemanriss von §§ 311 II, 241 II, 280 I, 276 I BGB [2002] geht immer noch weit über die übrige Signaturliteratur hinaus, siehe oben bei und in Fn. 188. Diese vertieft die vertikale Problemebene durch Beschränkung auf positive Haftungsrechtsfolgen entweder gar nicht. Oder sie lässt es im Falle der Ablehnung positiver Haftung bei einem unbestimmten Verweis auf *culpa in contrahendo* (vgl. etwa *Englisch*, S. 98; *Schmidl*, CR 2002, 508 [516] sowie die oben in Fn. 38 zitierte Kommentarliteratur) oder gar die oben zitierte Alternativformel (siehe oben bei Fn. 175) bewenden (vgl. etwa *Ultsch* in: *Schwarz*: Recht im Internet, 6–2.5 auf S. 18 f.). Die gründliche Erörterung der Qualifizierbarkeit von § 6 I 1 SigG als Schutzgesetz gem. § 823 II BGB fehlt bislang überhaupt.

[394] In diesen weiteren Kontext der Haftungsbeschränkung durch Individualisierung der potentiellen Haftungsgläubiger gehören die älteren Ausführungen von *Picker* (AcP 183, 369 [476 ff., 489 ff., 509 f., 518]) und *Canaris* (FS Larenz, 27 [38, 95]), die aber beide ohne die angekündigten Vertiefungen der Voraussetzungen, Reichweite bzw. Grenzen einer „rechtlichen Sonderverbindung" (Picker) bzw. von

Schlüsselinhaber bestimmten Geschäftsgegner ein Schuldverhältnis nach § 311 II Nr. 3 BGB [2002] und nur diesem Geschäftsgegner gegenüber begründen. In diesen Lesarten wäre ein rechtsgeschäftsähnliches Schuldverhältnis gem. § 311 II Nr. 3 BGB [2002] nicht schon ab Beginn der Schlüsselinhaberschaft und bei zweiter Lesart auch nicht gegenüber Jedermann zu bejahen. Besitzwahrungspflichten, Besitzvergewisserungspflichten, Sperrpflichten etc. ließen sich im vorangehenden Zeitraum oder gegenüber anderen Personen dann nicht aus § 241 II BGB [2002] ableiten, da noch gar kein rechtsgeschäftsähnliches Schuldverhältnis gegeben wäre oder ein solches zumindest nicht ihnen gegenüber gegeben wäre. Eine solch enge, subjektive Auslegung von § 311 II Nr. 3 BGB [2002] würde zu Lücken in der Verhaltenssteuerung des Schlüsselinhabers mittels Haftung führen, die wie aufgezeigt ab Beginn der Schlüsselinhaberschaft sinnvoll ist[395]. Eine negative Haftungsbegründung und -begrenzung durch die derart ausgelegten §§ 311 II, 241 II, 280 I, 276 I BGB [2002] wäre einer Qualifikation von § 6 I 1 SigG als Schutzgesetz zugunsten von Jedermann gem. § 823 II BGB damit nicht vorzugswürdig.

Weiter ginge eine *abstrakte* Auslegung, die § 311 II Nr. 3 BGB [2002] schon mit Beginn der Schlüsselinhaberschaft greifen lassen wollte. Dies etwa mit der Argumentationskette, dass die Signatur ein Mittel der geschäftlichen Kontaktaufnahme im modernen bzw. elektronischen Rechtsgeschäftsverkehr darstelle, dass schon der Beginn der Innehabung eines solchen Mittels dem § 311 II Nr. 3 BGB [2002] unterfalle, und dass dies die Pflicht zur Verhinderung des Missbrauchs dieses Mittels gegenüber Jedermann gem. § 241 II BGB [2002] nach sich ziehe. Diese Auslegung würde nurmehr auf einen abstrahierten, potentiellen, eventuellen späteren Willen zur geschäftlichen Kontaktaufnahme abheben. Eine ähnliche Argumentation versucht Musielak, um den Zeitraum zwischen Errichtung und Aushändigung einer *Vollmachtsurkunde* durch §§ 311 II Nr. 2, 241 II, 280 I, 276 I BGB [2002] erfassen zu können und demgemäß Verwahrungs- und Missbrauchsverhinderungpflichten des Geschäftsherrn gegenüber Jedermann begründen zu können[396].

„gerichtetem" Handeln (Canaris, a.a.O. [95]) geblieben sind, vgl. auch *Medicus,* Probleme, S. 24 f.

[395] Siehe oben III.1.c) bei Fn. 350–352.

[396] *Musielak,* JuS 2004, 1081 ff. § 172 I BGB setzt die „Aushändigung" einer Vollmachtsurkunde voraus. Nicht von § 172 I BGB erfasst wird damit der Zeitraum zwischen Errichtung und Aushändigung einer Vollmachtsurkunde. Eine Normerweiterung auf diesen Zeitraum wurde in BGHZ 65, 13 = NJW 1975, 2101 unter Verweis auf den Normwortlaut abgelehnt. Dieses Argumentation trifft unabhängig davon zu, ob § 172 I BGB i.V.m. §§ 116 ff. BGB oder isoliert von diesen angewendet wird, siehe oben I.4.f)cc) und unten V.3. Letzterenfalls bedeutet diese Argumentation, dass keine positive Haftung analog § 172 I BGB bei Abhandenkom-

Die vorgenannte abstrakte Auslegung von § 311 II BGB [2002] würde zu einem gleichen Ergebnis wie die Schutzgesetzqualifizierung von § 6 I 1 SigG führen, indem über § 241 II BGB [2002] Missbrauchsverhinderungspflichten zugunsten von Jedermann bejaht würden. Doch mutet sie überzogen an. Sie stößt zumindest an konstruktive Grenzen des „rechtsgeschäftsähnlichen Schuldverhältnisses", wenn sie diese nicht gar überschreitet. Der Grundsatz der *Relativität* der Schuldverhältnisse deutet eine *grundsätzliche* Beschränktheit der Zahl der sonderverbundenen Personen und damit potentiellen Haftungsgläubiger an[397]. Dies spiegelt sich in den Untertatbeständen in § 311 II Nr. 1–3 BGB [2002] darin, dass die dort genannten Handlungen und insbesondere der Auffangtatbestand des „Kontaktes" ebenfalls eine personale Eingrenzung impliziert. Sie kommt in der an § 311 II BGB [2002] anknüpfenden Folgenorm des § 241 II BGB [2002] zum Ausdruck, die bezogen auf zwei Beteiligte von „dem anderen Teil" und „jedem Teil" des Schuldverhältnisses spricht. Das schließt nicht aus, dass *ausnahmsweise* ein Vertragsschlussangebot und damit allemal eine Aufnahme von Vertragsverhandlungen gem. § 311 II Nr. 1 BGB [2002] *ad incertas personas* d.h. gegenüber Jedermann erfolgen kann: nämlich dann,

---

men einer Vollmachtsurkunde greift. Ersterenfalls bedeutet sie, dass keine positive oder negative Haftung analog § 172 I BGB i.V.m. §§ 116 ff. BGB greift, dass also insbesondere keine *fahrlässigkeitsunabhängige* negative Haftung für das Abhandenkommen analog § 122 I BGB greift, siehe oben bei Fn. 192 ff. Beidesfalls ist jedenfalls nicht ausgeschlossen, negative Haftung für eine abhanden gekommene und missbrauchte Vollmachtsurkunde anders als nach § 172 I BGB (i.V.m. §§ 116 ff. BGB) zu begründen.

Beschränkt auf die Blickrichtung positiver Haftungsbegründung führt BGHZ 65, 13 [15] hinsichtlich der horizontalen Folgefrage der negativen Haftungsbegründung unbestimmt aus, dass „der gutgläubig auf die Vollmacht vertrauende Dritte sich in einem solchen Fall [des Abhandenkommens einer Vollmachtsurkunde vor Aushändigung] vielmehr nach den Grundsätzen, wie sie zu der Haftung auf das negative Interesse entwickelt worden sind, mit dem Ersatz seines Vertrauensschadens begnügen muss". Hier liegt die oben bei Fn. 175 zitierte Alternativformel in der Luft. *Musielak* verneint eine Analogie zu § 122 I BGB und versucht eine Begründung als *culpa in contrahendo* nach §§ 311 II Nr. 2, 241 II, 280 I, 276 I BGB [2002]: als negative Haftung für das fahrlässige Abhandenkommenlassen der sodann missbrauchten Vollmachtsurkunde in einem rechtsgeschäftsähnlichen Schuldverhältnis.

[397] Zur „Relativität der Schuldverhältnisse" vgl. etwa Palandt (*Heinrichs*), Einl. v. § 241 Rn. 5. Die eben angesprochene „Sonderverbindung" begegnet vielfach in der Literatur zu „Schutzpflichten" und insbesondere zu vorvertraglichen bzw. vertragsnahen Schutzpflichten, ohne dass begriffliche Klarheit über sie bestünde, vgl. *Medicus*, Probleme, S. 20 f. Auch in der Begründung zum Schuldrechtsmodernisierungsgesetz wird sie erwähnt, ohne dort weiter konkretisiert zu werden, BT-Drs. 14/6040, S. 125. Auch dieser Begriff soll eine Einschränkung des *in contrahendo* geschützten Personenkreises und damit der potentiellen Haftungsgläubiger zum Ausdruck bringen. Pflichten gegenüber Jedermann wollen als „Sonderverbindung" wiederum nicht einleuchten.

wenn ein dahingehender Wille genereller geschäftlicher Kontaktaufnahme *wirklich* vorhanden ist. Doch wird die Ausnahme zum Grundsatz verkehrt, wenn im Zuge der vorgenannten *abstrakten* Auslegung *generelle bzw. absolute Schuldverhältnisse* gem. § 311 II BGB [2002] zum Zwecke der Schutzpflichtbegründung *zugunsten von Jedermann ohne weiteres* bejaht würden; wenn also aus § 311 II BGB [2002] zu begründen versucht wird, dass Schlüsselinhaber infolge rechtsgeschäftsähnlichen Schuldverhältnisses gegenüber Jedermann i. S. v. § 241 II BGB [2002] verpflichtet sind, Signaturmissbrauch zu verhindern.

Ebenso wenig überzeugt Krebbers Mittellösung. Nach ihm ist das rechtsgeschäftsähnliche Schuldverhältnis grundsätzlich „ein *nach subjektiven Kriterien* entstehendes gesetzliches Schuldverhältnis"[398]. Letztlich wird dieser Ausgangspunkt jedoch für § 311 II Nr. 3 BGB [2002] relativiert d. h. aufgeweicht. Hier genüge, „dass bei der vertragsunwilligen Partei entweder eine *grundsätzliche* Bereitschaft zum Abschluss von Verträgen besteht (Betreiben eines Geschäfts) oder *dass sie zumindest den Anschein einer solchen Bereitschaft zu vertreten hat*"[399]. Diese Ausführungen bleiben in ersterer Hinsicht zu unbestimmt. Ob und warum der Beginn der Signaturschlüssel-Inhaberschaft als eine „grundsätzliche Bereitschaft zum [späteren] Abschluss von [signierten] Verträgen" anzusehen wäre, erlauben sie nicht zu beurteilen. Die Entstehung eines objektiven Scheins etwa des Inhalts, dass

---

[398] *Krebber,* VersR 2004, 150 [154 bei Fn. 82] (Hervorhebung hinzugefügt); s. a. [155 bei Fn. 87]; „Der geforderten Vertragsnähe aber widerspräche es, wenn das Schuldverhältnis nach § 311 II Nr. 3 BGB einem Beteiligten durch den anderen gegen seinen Willen aufgedrängt werden könnte", etwa „wenn eine Partei einen Vertragsschluss in Betracht gezogen hat, während die andere sich von vornherein nicht darauf einlassen wollte *oder noch nicht einmal bemerkt hat, dass es zu einem Vertragsschluss kommen könnte*".

[399] Nachgesetzt wird: „Um eine solche Situation handelt es sich bei der Anscheinsvollmacht", die demnach nach *Krebber* nur zu negativer Haftung aus §§ 311 II Nr. 3, 241 II, 280 I, 276 I BGB führen soll.
Krebber nahe liegt *Singers* noch vor der Kodifizierung der §§ 311 II, 241 II, 280 I, 276 I BGB [2002] geäußerte Ansicht (Selbstbestimmung, S. 174, 200 ff.), für *culpa in contrahendo* solle der „Anschein einer Sonderverbindung" genügen: „denn es entspricht geradezu *dem Wesen des Vertrauensschutzprinzips,* dass auf die Perspektive des Empfängers und nicht auf die wirklichen Verhältnisse abgestellt wird" (a. a. O., S. 201). S. 202 wird dann resümiert: „Unter dem Aspekt des Verkehrsschutzes genügt die (mittelbare) Geschäftsbezogenheit der betreffenden Akte, es genügt aber auch ihr objektiver Anschein. Man sollte deshalb ... bei der Haftung aus c. i. c. ... auf die Perspektive des Adressaten abstellen und demgemäß nur verlangen, dass objektiv eine Sonderbeziehung anzunehmen ist". Anders als *Krebber* setzt *Singer* insoweit kein Vertretenmüssen des Anscheins voraus. Chronologisch zirkulär (dazu gleich im Haupttext) ist auch sein Konzept, da letztlich an eine Pflicht angeknüpft wird, einen unrichtigen Schein zu vermeiden, die aus der späteren Entstehung dieses Scheins als Verhalten „in contrahendo" abgeleitet wird.

der Schlüsselinhaber selbst die empfangene und signierte Willenserklärung abgegeben habe, einmal unterstellt[400], lassen sich die Ausführungen in letzterer Hinsicht nicht mit der Gesetzesstruktur der §§ 311 II, 241 II, 280 I, 276 I BGB [2002] vereinbaren. Danach muss die Pflichtverletzung gem. §§ 241 II, 280 I 1 BGB [2002] nach den §§ 280 I 2, 276 I BGB [2002] zu vertreten sein. Vertretenmüssen spielt demgegenüber keine Rolle für die Entstehung des rechtsgeschäftsähnlichen Schuldverhältnisses gem. § 311 II BGB [2002], das die Pflicht gem. § 241 II BGB [2002] *nach* sich zieht. Bei zeitlicher Streckung des Sachverhalts ist Krebbers Ansicht damit in chronologischer Hinsicht zirkulär. Denn der pflichtbegründende „Anschein" entsteht dann *infolge* eines pflichtverletzenden Verhaltens[401]. Er entsteht einhergehend mit einem Signaturmissbrauch, der einem pflichtwidrigen Verhalten im Umgang mit der Signaturerstellungseinheit nachfolgt.

3. Zwischenergebnis

Als Zwischenergebnis der zweischichtigen Frage einer negativen Haftungsbegründung aus §§ 311 II, 241 II, 280 I, 276 I BGB [2002] anstelle von § 6 I 1 SigG i. V. m. § 823 II BGB steht hier: eine enge, subjektive Auslegung von § 311 II BGB [2002] entspricht der grundsätzlichen personalen Beschränkung der Beteiligtenzahl, die „Schuldverhältnisse" implizieren. Sie führt jedoch zu Haftungs- und damit Verhaltenssteuerungslücken seitens von Schlüsselinhabern, soweit demgemäß noch kein rechtsgeschäftsähnliches Schuldverhältnis gem. § 311 II BGB [2002] und damit keine Missbrauchsverhinderungspflichten gem. § 241 II BGB [2002] bejaht werden. Sie ist damit der Sache nach nicht vorzugswürdig, da Signaturen genutzt werden können sollen in „einer offenen Kommunikation (in der sich die Teilnehmer nicht kennen müssen)"[402]. Eine weite, abstrakte Auslegung von § 311 II BGB [2002] führt demgegenüber zu gleichen Ergebnissen wie die Schutzgesetzqualifizierung von § 6 I 1 SigG. Sie überzeugt als *absolutes* bzw. *generelles* rechtsgeschäftsähnliches Schuldverhältnis im Sinne einer *Schutzpflichtbegründung gegenüber Jedermann* jedoch konstruktiv nicht[403].

---

[400] Siehe oben I.4.e) bei Fn. 101 sowie nachfolgend V.

[401] Kritisch zu dieser bereits von *Manigk* versuchten Zirkelkonstruktion auch *J.-G. Schubert*, S. 48.

[402] Siehe oben bei Fn. 3 und Fn. 257.

[403] Nicht verfolgt wird das Ziel, *generelle* Beweisvorteile in Gestalt der Verschuldensvermutung des § 280 I 2 BGB [2002] mittels der Bejahung eines rechtsgeschäftsähnlichen Schuldverhältnisses gem. § 311 II BGB [2002] *gegenüber Jedermann* zu realisieren. Eine dahingehende Argumentation wäre als ergebnisorientiert abzulehnen. Vielmehr mag der enger auszulegende § 311 II BGB [2002] diesen Beweisvorteil gegenüber § 823 II BGB mit sich bringen, sofern ein demgemäßes

Für dieses zweifelhafte Konstrukt besteht im vorliegenden Kontext auch keine Not. Denn eine Jedermannshaftung des Schlüsselinhabers kann und sollte im Signaturkontext eben aus § 6 I 1 SigG i.V.m. § 823 II BGB begründet werden. Die Begründung zum Schuldrechtsmodernisierungsgesetz referiert rechtsvergleichend „die Feststellung ..., dass die *culpa in contrahendo* eine seltsame Eigendynamik in dem Sinne entfaltet habe, dass eine Berufung auf *culpa in contrahendo* sogar dann noch erfolge, wenn dazu im Bereich gesetzlicher Sondernormen kein Anlass bestehe"[404]. Solch eine „seltsame Eigendynamik" ist auch der Signaturliteratur zu attestieren. Soweit diese die vertikale Problematik mangels Vorfixierung auf positiven Vertrauensschutz überhaupt angeht, fixiert sie sich auf das Rechtsprechungskonstrukt von *culpa in contrahendo,* das deliktsrechtliche Grenzen überwinden sollte. Solche deliktsrechtlichen Grenzen bestehen aber vorliegend gar nicht, da als Schutzgesetz gem. § 823 II BGB qualifizierbare Verhaltensnormen für Schlüsselinhaber mit dem signaturgesetzlichen Rahmen und insbesondere mit § 6 I 1 SigG gegeben sind.

Im Einzelfall mag darüber hinaus auch ein zumindest rechtsgeschäftsähnliches Schuldverhältnis zwischen Schlüsselinhaber und Geschäftsgegner gem. § 311 II BGB [2002] gegeben sein und etwa Beweisvorteile mit sich bringen[405]. Doch ist die Begründung negativer Haftung nicht auf derartige Fälle zu begrenzen d.h. nicht allein auf §§ 311 II, 241 II, 280 I, 276 BGB [2002] zu gründen[406]. Vielmehr sind nach § 6 I 1 SigG gegen Signatur-

---

Schuldverhältnis *im Einzelfall* zwischen Schlüsselinhaber und Geschäftsgegner zu bejahen ist. Hier sei noch klargestellt, dass aus einem objektiven Verstoß gegen § 6 I 1 SigG vorliegend keine ungeschriebene Verschuldensvermutung abzuleiten ist, vgl. BGHZ 116, 104 [114 f.]. Des Weiteren sind §§ 292a, 371a I 2 ZPO [2001, 2005] als beweisrechtliche Sonderregelung im Signaturkontext näher zu betrachten, dazu unten V.6. Zudem ist allgemein fraglich, ob § 280 I 2 BGB [2002] bei nicht erfolgsbestimmten Pflichten (vgl. oben bei Fn. 365 f.) im praktisch wichtigsten Fall objektiver, unbewusster Fahrlässigkeit überhaupt praktikabel ist, vgl. *Deutsch,* AcP 202, 889 [906 f.].

[404] Vgl. BT-Drs. 14/6040, S. 162 mit Verweis auf *Bucher,* Schweizerisches Obligationenrecht, S. 279.

[405] Siehe soeben in Fn. 403.

[406] Eine Haftungsregelung ist kein *essentialium negotii.* Sie kann entsprechend §§ 241, 280 I, 276 I BGB oder abweichend hiervon *willenserklärt* werden, muss es aber als allgemeines *naturalium negotii* nicht.
Wird keine Haftungsregelung willenserklärt, so sind die §§ 241, 280 I, 276 I BGB *gesetzliche* und nicht *gewillkürte* Regelung (vgl. auch BT-Drs. 14/6040, S. 126). Sie sind den gewillkürten Geschäftsinhalt *ergänzendes Gesetzesrecht* im Falle der §§ 311 I, 241, 280 I, 276 I BGB [2002]. Im Falle der §§ 311 II, 241 II, 280 I, 276 I BGB [2002] sind sie ohne ein eventuell und später vorgenommenes Rechtsgeschäft greifendes, demnach „*bloßes*" Gesetzesrecht.
Versteift man sich nicht auf die begriffliche Gegenüberstellung „deliktischer" *oder* „vertragsnaher" Haftung „ex lege" *oder* „ex voluntate" o.ä., so spricht nichts

missbrauch erforderliche Sicherungsmaßnahmen als „deliktische Verhaltenspflichten"[407] von Schlüsselinhabern gem. § 823 II BGB auszulegen (siehe
oben III.): *als schutzgesetzlich begründete Sicherungspflichten von Schlüsselinhabern zum Schutz fremden Vermögens.*

Auf die weitere Alternative negativer Haftungsbegründung auf horizontaler Konkurrenzebene mittels einer fahrlässigkeitsunabhängigen Analogie
zu § 122 BGB ist an späterer Stelle zurückzukommen (dazu VI.4.).

---

dagegen, die §§ 311 I-III, 241 I, II, 280 I, 276 I BGB [2002] *in den vorgenannten
(Regel-)Fällen fehlender dahingehender Willenserklärung* als *vierte kleine Generalklausel gesetzlicher Schadensersatzhaftung* zu bezeichnen, siehe oben bei Fn. 331,
372: als gesetzliche Haftung für die schuldhafte Pflichtverletzung innerhalb eines
Schuldverhältnisses.

[407] Die Regierungsbegründung zum Schuldrechtsmodernisierungsgesetz referiert
als „moderne Schuldrechtslehre" eine Unterscheidung von Leistungs- und Schutzpflichten, die nicht in Frage gestellt werde, vgl. BT-Drs. 14/6040, S. 125. Die letzteren, mit den §§ 311, 241 II BGB [2002] assoziierten Schutzpflichten werden wiederum dahin gekennzeichnet, dass sie „hinsichtlich der Intensität ... über die *allgemeinen* deliktischen Verhaltenspflichten" hinausgehen, a.a.O. (Hervorhebung
hinzugefügt). Gemäß § 6 I 1 SigG i.V.m. § 823 II BGB erforderliche Sicherungsmaßnahmen sind insoweit *besondere* deliktische Verhaltenspflichten, als die dahingehende Verhaltensnorm (vgl. Art. 2 EGBGB) auf einer besonderen gesetzgeberischen Tätigkeit in Gestalt der Rechtsetzung von § 6 I 1 SigG beruht. Sie sind wiederum *allgemeine* deliktische Verhaltenspflichten, da sie jeden Schlüsselinhaber zum
Schutz von jedem Geschäftsgegner als Signaturmissbrauchsopfer binden. Auch
„Schutzpflichten" sind „Verhaltenspflichten", sollen aber „intensiver" als „deliktisch" sein. Diese Klassifikation ist nicht weiter zu vertiefen. Sie ist weder begrifflich noch sachlich klar. Sie ist nur theoriehistorisch zu erklären, siehe oben bei Fn.
182, 374.

V. Brücke zur vertikalen Problemebene: Vorliegen und Inhalt eines objektiven Scheintatbestandes analog §§ 171 I, 172 I BGB i.V.m. § 122 II BGB bei Empfang einer signierten Willenserklärung

Nunmehr ist zu untersuchen, *ob, wann* und *warum* bei Empfang einer signierten Willenserklärung ein objektiver Rechtsscheinstatbestand welchen Inhalts für den Geschäftsgegner vorliegt. Oder anders formuliert: *worauf* dieser hier *wann* und *warum* vertrauen dürfen soll (dazu 2.). Zu diesem Zwecke ist zuvor allgemeiner zu betrachten, was ein „objektiver Rechtsscheinstatbestand" bzw. „objektiver Vertrauenstatbestand"[408] überhaupt ist (dazu 1.). Diese allgemeinere Fragestellung wird zugleich zu erkennen erlauben, wieso negative Rechtsscheins- bzw. Vertrauenshaftung[409] auch aus *culpa in contrahendo* bzw. im vorliegenden Kontext vorzugswürdigerweise aus § 6 I 1 SigG i.V.m. § 823 II BGB begründet werden kann[410].

Sodann ist das Ergebnis auf die §§ 171 I, 172 I BGB *i.V.m. § 122 II BGB* als bürgerlich-gesetzliche Grundlage rückzuführen (dazu 3.). Auch die beiden eingangs dargestellten Rechtsprechungslinien über Scheinvollmachten und Blankettmissbrauch, die für die vorliegend untersuchte Haftungsproblematik für Signaturmissbrauch vielbemüht werden[411], sind *in objektivscheintatbestandlicher Hinsicht* auf dieses Bürgerliche Gesetzesrecht zurückzuführen (dazu 4. und 5.).

---

[408] Siehe oben in Fn. 57.

[409] Siehe oben bei Fn. 156.

[410] Es wird also nicht nach einer gemeinsamen „Haftungslegitimation" von positiver und negativer Rechtsscheins- bzw. Vertrauenshaftung gefragt, die etwa nach *Crezelius* (ZIP 1984, 791 [794]) „in dem enttäuschten Vertrauen des Geschäftsgegners zu sehen ist". Nebenbei bemerkt erweitert Crezelius hier auf die positive Haftungsstufe, was Rechtsprechung (BGHZ 60, 221 [226]) und Literatur (*Ballerstedt*, AcP 151, 501 [506 f.]; *Larenz*, Kennzeichen, S. 13) als „Grundlage" bzw. „Rechtsgrundlage" für negative Haftung aus *culpa in contrahendo* anführen, vgl. auch BGHZ 71, 386 [393], wo sodann vom „Erfordernis des Vertrauensschutzes" die Rede ist. Vgl. auch *Waldeyer* (S. 76), der als „Geltungsgrund der Anscheinsvollmacht ... das Vertrauensprinzip" ausmacht. Sondern es wird nach *tatbestandlichen* Überschneidungen positiver und negativer Rechtsschein- bzw. Vertrauenshaftung gefragt. Ob diese als „Haftungslegitimation" Bestand haben, kann erst im Anschluss hinterfragt werden.

[411] Siehe oben in Fn. 38 sowie oben I.4.e).

Zuletzt ist zu untersuchen, wie sich die materiell-haftungsrechtlichen Ergebnisse zu den neuen Beweisnormen in §§ 292a, 371a I 2 ZPO [2001, 2005] verhalten (dazu 6.).

Wie einführend aufgezeigt, ist ein objektiver Schein- bzw. Vertrauenstatbestand ein gemeinsames Tatbestandsmerkmal von im Übrigen verschiedenen Rechtssätzen, die entweder negative oder positive Haftung des Geschäftsherrn nach sich ziehen[412]. Er bildet sozusagen die „Brücke" zwischen beiden Haftungsstufen. Wann für einen unrichtigen Schein im Signaturkontext positiv zu haften ist, wird im anschließenden Hauptkapitel betrachtet (dazu VI.). Das momentane Hauptkapitel beschränkt sich auf das positiver und negativer Haftung gemeinsame Tatbestandsmerkmal eines objektiven Rechtsscheins- bzw. Vertrauenstatbestandes.

1. Allgemeine Vorbetrachtung eines „objektiven Rechtsscheinstatbestandes" bzw. eines „objektiven Vertrauenstatbestandes"

Die Begriffsfolgen eines „objektiven Rechtsscheinstatbestandes" bzw. eines „objektiven Vertrauenstatbestandes" begegnen im Gesetzestext des BGB nicht. Sie sind Entwicklungen von Rechtswissenschaft und Rechtsprechung [dazu a)]. Nachfolgend ist zu betrachten, ob und inwieweit sie sich mit dem BGB verzahnen lassen, inwieweit sie also nur andere Bezeichnungen für bürgerlich-gesetzliche Gegebenheiten sind. Die Betrachtung verschiedener Gesetzesregelungen, die von Rechtsprechung und Literatur unter den Gesichtspunkt eines „Rechtsscheins" gebracht werden, ergibt ihn als Konzept der Bewältigung einer beschränkten Erkenntnis seitens des Geschäftsgegners [dazu b)]. Dieses ist weiter zu konkretisieren [dazu c)]. Das Ergebnis ist trivial und fundamental zugleich.

a) „Begriff des Rechtscheins und Aufgabe der Rechtscheinsforschung" nach Naendrup (1910)

Als Meilenstein der Rechtsgeschichte des „Recht(s)scheins" wird hier Naendrups bereits oben erwähnte Arbeit von 1910 behandelt[413]. Dies aus dem Grunde, dass sie dem Begriff erstmalig zentrale Bedeutung zuwies, wie im zitierten Titel der Arbeit zum Ausdruck kam. Naendrups Arbeit mahnt zugleich *Skepsis* im Umgang mit „Recht(s)schein" an. Denn seine Arbeit suchte eine Überfülle an juristischen Fragestellungen unter diesen

---

[412] Siehe oben I.4.f)aa) bei Fn. 155 ff. sowie I.5. bei Fn. 247.
[413] Siehe oben bei Fn. 45.

Begriff zu fassen. So sollte die Schließung von Gesetzeslücken eine dahingehende Problematik sein: der Richter habe die Gesetzeslücke so zu schließen, wie es ihm (ge)*recht scheine*[414]. Fragen der erkenntnisgerichtlichen Tatsachenfeststellung sollten ebenfalls dahingehende Problematik sein: das Gericht habe von dem Sachverhalt auszugehen und die Beweislastverteilung gründe darauf, was recht i. S. v. richtig i. S. v. *wahr scheine* („Wahrscheinlichkeit")[415]. Die materiell-rechtliche Haftungsproblematik für einen „Recht(s)schein" war damit für Naendrup nur ein Anwendungsgebiet neben weiteren. Die *übergroßen* Erwartungen, die Naendrup an „Recht(s)schein" herantrug, belegt der Schlusssatz seiner Arbeit[416]: „Vielleicht darf man sogar ohne allzu große Kühnheit behaupten, dass der Rechtschein, indem das jede geschichtliche Entwicklung beherrschende Gesetz der Parallelerscheinungen auch in einer zeitgemäßen Entwickelung der Rechtswissenschaft sich betätigt, für die letztere eine ähnliche Bedeutung erlangen wird, wie für die Naturwissenschaft das Radium gewonnen hat"[417].

b) Der „Recht(s)schein" als Konzept der Bewältigung begrenzter Erkenntnis seitens des Geschäftsgegners

aa) Heranführung

Die von Naendrup initiierte „Rechtscheinsforschung" setzte in den seiner Arbeit nachfolgenden drei Jahrzehnten auf breiter Front ein. Hier seien die Titel nur einiger Arbeiten aus dieser Zeit genannt, um einen Eindruck der Reichweite von bürgerlich-gesetzlichen und sonderprivatrechtlichen Regelungsgegenständen zu vermitteln, die mit „Rechts(s)schein" in Verbindung gebracht wurden und werden[418].

---

[414] Vgl. *Naendrup,* Begriff des Rechtsscheins, S. 13 ff., 16 ff., 27 ff.

[415] Vgl. *Naendrup,* Begriff des Rechtsscheins, S. 13 ff., insb. 15 sowie 33.

[416] *Naendrup,* Begriff des Rechtscheins, S. 36.

[417] Bei *Krückmann* (JhJb 57, 1 [162, 169]) hieß dies gar: „Rechtsschein ist alles". *Oertmann* (ZHR 95, 443 [443 f.]) kritisierte *Naendrups* und *Krückmanns* Arbeiten als „Überspannungen" und „Verstiegenheiten" und rief zu maßvollerer Anwendung des „neuen Begriffs" des Rechtsscheins auf, der andernfalls „dogmatisch wertlos" sei, a. a. O. [457].

[418] Ohne Vollständigkeitsanspruch seien genannt Arbeiten „vom Rechtsschein des Todes" (*Herbert Meyer,* 1912) bzw. „über Vermutung und Rechtsschein besonders bei der Todeserklärung" (*Max Goldschmidt,* 1915), über „den Rechtsschein bei den gesetzlichen Vollmachten des Privatrechts mit besonderer Berücksichtigung des Handelsrechts" (*Oskar Brülle,* 1916), über „den Rechtschein des Genossenschaftsregisters und der Liste der Genossen" (*Alfred Springer,* 1919), über „den Rechtsschein der nichtigen Aktiengesellschaft" (*Wilhelm Sieberg,* 1921), über „die Schecktheorien – Recht und Rechtsschein aus dem gestohlenen Scheck" (*Ludwig*

Als diese Breite bzw. Reichweite erklärende Gemeinsamkeit von „Recht(s)schein" ist anzusehen, dass dieser *eine beschränkte Erkenntnis bzw. eine Ungewissheit bewältigt,* wie sogleich näher auszuführen ist. Demgemäß sind auch die von Naendrup einbezogenen Fragestellungen der gesetzlichen Lückenfüllung und der gerichtlichen Tatsachenerkenntnis der Sache nach nicht deplaziert. Denn beidesfalls geht es um die Erkenntnis von *dem Gericht* nicht unmittelbar erkennbaren bzw. ihm ungewissen Gegenständen: zum einen um die Erkenntnis der aufgrund einer Gesetzeslücke ungewissen Rechtslage; zum anderen um die Erkenntnis der mangels gerichtlicher Anwesenheit bei den vorprozessualen Geschehnissen dem Gericht ungewissen historischen Tatsachen[419]. Im materiell-rechtlichen Rechtsscheinskontext geht es demgemäß um die Bewältigung einer beschränkten

---

Eugen Richter, 1919), über „den Rechtsschein im Handelsrecht" (*Walter Koch,* 1923), über „die Scheinvollmacht im Rahmen der Lehre vom Rechtsschein" (*Hans Joachim Reinicke,* 1924), über „den Rechtsschein in der Zessionslehre" (*Heinz-Guenter Lell,* 1928) bzw. „den Rechtsschein der Urkunde bei der Forderungsabtretung" (*Hans-Ulrich Kahl,* 1928), über „Rechtsschein im Stellvertretungsrecht des BGB mit besonderer Berücksichtigung der Stellvertretung der Ehegatten untereinander" (*Georg Heinrich Behn,* 1935), über „den Rechtsschein im Fundrecht" (*Wilhelm Alberty,* 1936) sowie über „Vollmacht und Rechtsschein beim Versicherungsvertreter" (*Hellmut Neubau,* 1942). Selbst über „den Rechtsscheinsgedanken im deutschen Post-, Telegraphen- und Fernsprechrecht" wurde dissertiert (*Anton Weddige,* 1919). Zudem ergingen „Beiträge zu den §§ 15 HGB, 68 BGB und 892 BGB, insbesondere ihre verschiedene Bedeutung für das Rechtsscheinsprinzip" (*Willi Köster,* 1925). An den letztzitierten Begriff eines „Rechtsscheinsprinzips" anknüpfend ist des Weiteren eine Arbeit zu nennen über „den ‚Rechtsschein' als grundlegendes Prinzip und einzigartiger Blickpunkt des deutschen Rechtslebens, behandelt an den Fällen der Anfechtbarkeit von Rechtsgeschäften und der Todeserklärung" (*Adolf Henze,* 1934).

Mit „Rechtsschein" in Zusammenhang gebracht werden im BGB also unter anderem: §§ 170–173 BGB (siehe die nachfolgende Fn. 420); § 370 BGB, vgl. BGHZ 40, 297 [304]: „Die Haftung aus verursachtem Rechtsschein hat in einzelnen Bestimmungen, wie den §§ 171, 172, 370, 405 und 409 BGB ... positiv-rechtlichen Ausdruck gefunden"; § 405 BGB, vgl. BGHZ 12, 105 [109]: „Rechtsschein über den Bestand einer Forderung"; § 409 BGB, vgl. BGH NJW 1978, 2025 [2026]: „mit der inhaltlich unrichtigen Anzeige hervorgerufene Rechtsschein einer Zession" bzw. BGHZ 64, 117 [120 f.]: „Scheinzessionar"; § 892 BGB, vgl. BGH NJW 1976, 417 [418 unter 3.c)], wo sozusagen vom Rechtsschein der Richtigkeit des Inhalts des Grundbuchs die Rede ist; §§ 932 ff. BGB, vgl. dazu BGHZ 10, 81 [86]: „Rechtschein ... des Eigentums".

Auf den ganz zentralen Rechtsscheinsfall der „Willenserklärung" [siehe bereits oben I.4.f)cc)], der von der zuletzt zitierten Arbeit von *Henze* behandelt wurde, ist zurückzukommen, dazu V.3. und VI.

[419] Das Gericht hat vor- bzw. außerprozessuale Tatsachen regelmäßig nicht unmittelbar wahrgenommen. War das ausnahmsweise der Fall, so dürfen Richter- und Zeugenstellung nicht zusammenfallen, vgl. § 41 Nr. 5 ZPO. Ganz regelmäßig muss das Erkenntnisgericht daher die ihm fremden, streitigen Tatsachen im Wege einer „historischen Methode" (vgl. *Rödig,* S. 240 ff.) rekonstruieren.

Erkenntnis bzw. Ungewissheit *des Geschäftsgegners* etwa dahin, ob der Geschäftsherr einen anderen innenbevollmächtigt habe (§§ 171 I, 172 I BGB[420]), ob dieser noch bevollmächtigt sei (§§ 170, 171 II, 172 II, 173 BGB), ob ein leistungsempfangender Dritter für den Gläubiger empfangsermächtigt sei (§ 370 BGB), ob eine zu zedierende Forderung vinkuliert oder nur zum Schein eingegangen sei (§ 405 BGB), ob der Veräußerer Eigentum innehabe (§§ 932 ff. BGB) etc[421].

Im vorliegend untersuchten Signaturkontext geht es demgemäß um die Bewältigung der beschränkten Erkenntnis bzw. Ungewissheit des Geschäftsgegners dahin, was dem Empfang einer signierten Willenserklärung vorangehend geschehen ist; wer das empfangene Dokument unter welchen Umständen errichtet, signiert und abgesendet hat (siehe oben II.1.).

Die Erkenntnis des Geschäftsgegners ist nicht zwingend beschränkt. Dieser kann im Einzelfall *wissen,* dass eine ihm günstige Lage wie Innenvollmacht, Vollmachtsfortdauer, Empfangsermächtigung, Vinkulations- und Simulationsfreiheit, Eigentum etc. *gegeben ist* oder *nicht* gegeben ist. Er kann im Einzelfall etwa aufgrund eigener Anwesenheit und unmittelbarer Wahrnehmung der relevanten Vorgeschehnisse wissen, dass der Geschäftsherr einen anderen innenbevollmächtigt hat. Auf eine Kundgebung gem. §§ 171 I, 172 I BGB kommt es dann materiell-rechtlich nicht an. Ebenso kann er im Einzelfall umgekehrt wissen, dass der Geschäftsherr einen Vertreter noch nicht innenbevollmächtigt hat. In dieser Konstellation ist das Vorliegen eines objektiven Scheintatbestandes infolge bzw. trotz einer Kundgebung des Geschäftsherrn gem. §§ 171 I, 172 I BGB, dass er einen anderen innenbevollmächtigt habe, aufgrund besseres Wissens des Geschäftsgegners wiederum zu verneinen[422].

Demgemäß kann auch im vorliegend interessierenden Signaturkontext der Geschäftsgegner die ihn interessierenden Vorgeschehnisse unmittelbar wahrgenommen haben. Er kann etwa bei Signatur durch den Schlüsselinhaber und Übergabe der signierten Daten auf einem Datenträger anwesend gewesen sein. Er selbst kann die Signatur mit oder ohne Vollmacht errichtet haben, nachdem ihm Schlüssel und PIN mit anderen Vorgaben überlassen wurden[423]. Er kann der Signatur durch einen bekanntermaßen nicht bevollmächtigten Dritten im Einzelfall beigewohnt haben[424].

---

[420] Zu diesen für diese Arbeit überaus wichtigen Vorschriften bereits oben bei Fn. 66 f. sowie bei Fn. 210–215 sowie näher unter V.3. und VI.1.

[421] Siehe die soeben in Fn. 418 genannten Einordnungen als Rechtsscheinsfälle.

[422] Zur bloßen Regelqualität der Normierung eines objektiven Scheintatbestandes in §§ 171 I, 172 I BGB näher unten cc)(5) sowie 3.d).

[423] Vgl. oben in Fn. 99 zu entsprechenden Fällen der missbräuchlichen Blankettausfüllung durch den Geschäftsgegner selbst.

Wie bereits angesprochen, kommt die eine beschränkte Erkenntnis bewältigende Qualität des „Recht(s)scheins" auch im allgemeinsprachlichen Suffix des „Scheins" zum Ausdruck[425]. Der Geschäftsgegner darf sich durch eine als objektiver Rechtsscheins- bzw. Vertrauenstatbestand zu beurteilende Lage *blenden* lassen. Er darf sich *hinters Licht führen lassen,* darf einem nicht der Wahrheit bzw. Wirklichkeit entsprechenden *Irrlicht* aufsitzen. Er darf denkbare Wirklichkeitsalternativen *ausblenden,* etwa dass der Geschäftsherr den Vertreter entgegen der Kundgebung nicht innenbevollmächtigt habe, dass der eine Quittung überbringende Dritte nicht zum Leistungsempfang ermächtigt sei, dass die zu zedierende Forderung vinkuliert bzw. simuliert worden sei, dass der Veräußerer nicht Eigentümer sei etc.

Für die allgemeine Erfassung eines objektiven Scheintatbestandes bzw. Vertrauenstatbestandes ist in den vorgenannten Formulierungen nun entscheidend, dass der Geschäftsgegner etwas *denken darf.* Die Verbindung eines auf einen Denkvorgang bezogenen Hauptverbs mit dem *erlaubenden* Modalverb „dürfen" begegnet in einer Vielzahl von Entscheidungen zu Scheinvollmachten[426]. Dort wird formuliert, dass der Geschäftsgegner von Vollmacht „ausgehen"[427], diese „annehmen"[428], „auffassen"[429], „verstehen"[430], auf sie „vertrauen"[431], „schlussfolgern"[432], „schließen"[433], „deu-

---

[424] Vgl. oben II.1. bei Fn. 262 zur Spannbreite der Einzelfälle zwischen extrem beschränkter geschäftsgegnerischer Erkenntnis einerseits und Kenntnis der ihm ungünstigen oder günstigen Geschehnisse andererseits.

[425] Siehe oben bei Fn. 262 f.

[426] Zu dieser Rechtsprechungslinie siehe oben I.4.a).

[427] NJW-RR 1987, 308; siehe das Zitat oben in Fn. 60.

[428] BGHZ 5, 111 [116].

[429] BGHZ 40, 197 [204]: „Nach den hiernach auch im vorliegenden Fall anwendbaren Grundsätzen über die Anscheinsvollmacht kann sich der Vertretene ... auf den Mangel der Vollmacht seines angeblichen Vertreters dann nicht berufen, wenn er dessen Verhalten zwar nicht kannte, es aber bei pflichtgemäßer Sorgfalt hätte kennen und verhindern können und wenn der andere Teil das Verhalten des Vertreters nach Treu und Glauben dahin *auffassen durfte,* dass es dem Vertretenen bei verkehrsmäßiger Sorgfalt nicht habe verborgen bleiben können und dass dieser es also dulde".

[430] BGH NJW-RR 1990, 404: „Nach der ständigen Rechtsprechung des Bundesgerichtshofs ist eine Duldungsvollmacht anzunehmen, wenn der Vertretene es wissentlich geschehen lässt, dass ein anderer für ihn wie ein Vertreter auftritt und der Geschäftsgegner dieses Dulden nach Treu und Glauben dahin *verstehen darf,* dass der als Vertreter Handelnde bevollmächtigt ist".

[431] BGH NJW 1981, 1727: „Mit dem Berufungsgericht ist weiter davon auszugehen, dass der Kläger [Geschäftsgegner] nach Treu und Glauben aufgrund der Umstände und der Verkehrssitte darauf *vertrauen durfte,* Rechtsanwalt T. [Scheinvertreter] sei dazu befugt, mit dem Kläger einen Anwaltsvertrag mit Wirkung für die Beklagte [Geschäftsherrin] abzuschließen"; siehe auch BGH WM 1977, 1169 [1170]; BGH NJW-RR 1987, 308; BGHZ 97, 224 [230]; BGHZ 102, 60 [65].

ten"[434], an sie „glauben"[435], sich darauf „verlassen"[436], dies „werten"[437] –
„darf". Die Bejahung dieser Formel ist Synonym der Bejahung des Vorliegens eines objektiven Schein- bzw. Vertrauenstatbestandes[438].

Diesem annehmen dürfen, *vertrauen dürfen* etc. korrespondiert, dass der
Geschäftsgegner nichts Gegenteiliges annehmen muss, er *nicht misstrauen
muss.* Es bedeutet: wenn er *vertrauen darf,* muss er die eventuell abweichende Wirklichkeit bzw. Wahrheit *nicht erkennen.*

Die *Bejahung* eines objektiven Schein- bzw. Vertrauenstatbestandes bedeutet damit, dass sich der Geschäftsgegner *nicht* weitergehend *vergewissern muss,* dass
seine Annahme gemessen an der Wahrheit bzw. Wirklichkeit richtig ist, indem er
weitergehend nachforscht, untersucht, nachfragt etc.

---

[432] BGH MDR 1961, 592 [593]: „Zum Tatbestand der Anscheinsvollmacht gehört
nicht nur ein nach außen in Erscheinung tretendes Verhalten des angeblich Vertretenen, sondern auch die Wahrnehmung dieses Verhaltens durch den Vertragsgegner.
Denn nur dann, wenn das der Fall ist, kann es diesem *gestattet sein,* nach dem
Grundsatz von Treu und Glauben daraus *rechtliche Schlussfolgerungen zu ziehen".*

[433] BGH NJW-RR 1986, 1169 spricht sozusagen von einem „schließen dürfen":
„Bei der Haftung kraft Anscheinsvollmacht muss das Vertrauen des Geschäftsgegners objektiv und subjektiv berechtigt sein. Die objektive Rechtfertigung ergibt sich
aus einem Rechtsscheintatbestand, der nach Treu und Glauben *einen Schluss* auf
das Vorliegen der Vollmacht *zulässt".*

[434] BGH MDR 1955, 213 [214]: „... und wenn ferner der Geschäftsgegner das
Verhalten des Vertreters nach Treu und Glauben und mit Rücksicht auf die Verkehrssitte dahin *deuten durfte,* dass es dem Vertretenen bei verkehrsmäßiger Sorgfalt
nicht habe verborgen bleiben können, dass dieser es also dulde"; ähnlich bereits
BGH MDR 1953, 345: dass Duldung als stillschweigende Bevollmächtigung „gedeutet werden dürfe".

[435] BGH NJW 1958, 2061 [2062]: „Außerdem kommt eine Anscheinsvollmacht
nur in Betracht, wenn der Geschäftsgegner, der mit dem vollmachtlosen Vertreter
verhandelt hat, an das Bestehen einer Vollmacht *glauben durfte".*

[436] BGH NJW 1962, 1003.

[437] BGH NJW 1997, 312: „Die Duldungsvollmacht setzt nur voraus, dass der Geschäftsherr das Verhalten des Vertreters kannte und nicht dagegen eingeschritten ist,
obwohl ihm das möglich gewesen wäre. ... Aus dem Schreiben der B. vom 6. Dezember 1984 musste die Beklagte [Geschäftsherrin] entnehmen, dass die Realisierung der Vertragsverhältnisse, insbesondere der Kredite, über die G. [Vertreter] unmittelbar bevorstand. Wenn die Beklagte den Überweisungsaufträgen der G. nicht
entgegentrat, *konnte* die B. [Geschäftsgegner] dieses Verhalten grundsätzlich als
Einverständnis und – unabhängig von der Wirksamkeit der notariellen Vollmacht –
dahin *werten,* die G. habe Vollmacht".

[438] Vgl. oben in Fn. 57.

bb) *Entmystifizierung*

Aufschlussreicher ist die *Verneinung* eines objektiven Schein- bzw. Vertrauenstatbestandes, aufschlussreicher ist das konträre Urteil, dass der Geschäftsgegner nicht vertrauen darf. Diese Beurteilung bedeutet dann, dass er erkennen i. S. v. sich vergewissern muss. Diese Umkehrbetrachtung, der Blick auf die gesetzliche Definition des „Kennenmüssens" in § 122 II BGB[439] als fahrlässige Nichterkenntnis sowie die Qualität von § 122 II BGB als Spezialregelung zu § 254 I BGB[440] zeigen auf[441]:

> Dass ein objektiver Schein- bzw. Vertrauenstatbestand nichts weiter ist als eine
> positive Formulierung der Verneinung von geschäftsgegnerischem Mitverschulden.

Demgemäß fordert der BGH für das Vorliegen einer Scheinvollmacht das Fehlen von Fahrlässigkeit seitens des Geschäftsgegners[442]. Soweit ersichtlich, wurde dies erstmalig ausgesprochen in einer Entscheidung des BGH vom 17. September 1958[443]. Es ist seitdem mehrfach höchstrichterlich bestätigt worden[444]. In den Gründen dieser Entscheidung heißt es: „Außerdem kommt eine Anscheinsvollmacht nur in Betracht, wenn der Geschäftsgeg-

---

[439] Wendet man auf §§ 171 I, 172 I BGB gemäß bürgerlich-gesetzgeberischer Erwartung „die Vorschriften über Willensmängel usw." in §§ 116 ff. BGB an (siehe oben I.4.f) sowie näher unten 3. und VI.1.), so wird § 122 II BGB für den vorliegenden Kontext von direkter Relevanz: dann entspricht die Anwendung von §§ 171 I, 172 I BGB i. V. m. § 122 II BGB bürgerlich-gesetzgeberischer Erwartung. Die Qualität von Kundgebungen gem. §§ 171 I, 172 I BGB als objektiven Schein- bzw. Vertrauenstatbeständen wird daher i. V. m. §§ 122 II BGB zu betrachten sein, dazu V.3.

[440] Vgl. *Looschelders,* S. 48 ff. insb. bei Fn. 255; zum Spezialregelungsgehalt sogleich bei Fn. 458.

[441] So andeutungsweise auch *Köndgen,* Selbstbindung, S. 99.

[442] Klarstellung: es geht hier nicht um die Zurechenbarkeit des unrichtigen Rechtsscheins an den *Geschäftsherrn,* etwa aufgrund von „Schuldhaftigkeit" bzw. Fahrlässigkeit wie nach der Rechtsprechung zur Anscheinsvollmacht, siehe oben in Fn. 60. Sondern es geht um eine weitergehende Erfassung des Tatbestandsmerkmals eines „objektiven Rechtsscheinstatbestandes" mit Blick auf den *Geschäftsgegner.*

[443] NJW 1958, 2061 [2062]; andeutungsweise bereits kurz zuvor BGH BB 1957, 837. Das „Ergebnis, dass der [Geschäftsgegner] sich nicht auf einen Rechtsschein der Vollmacht berufen kann", wurde dort wie folgt begründet: „Dem [Geschäftsgegner] ist vielmehr nach der Sachlage der Vorwurf nicht zu ersparen, dass er seinerseits die erforderliche Sorgfalt außer acht gelassen habe, indem er sich nicht die Vollmacht ... nachweisen ließ".

[444] Vgl. BGH WM 1966, 491 [494]; BGH WM 1976, 74 [74]; BGH NJW 1982, 1513 [1513]; BGH NJW-RR 1987, 308 [308]; BGH VersR 1992, 989 [990]; BGH NJW 1998, 1854 [1855]. Misslich, da allgemeinsprachlich zu komplex, ist die in BGH WM 1977, 1169 [1170] auftauchende Umschreibung als „Vertrauen in vertretbarer Weise": „Nach allem scheitert eine Haftung der Beklagten unter dem rechtlichen Gesichtspunkt der Anscheinsvollmacht jedenfalls daran, dass die Klägerin

ner, der mit dem vollmachtlosen Vertreter verhandelt hat, an das Bestehen einer Vollmacht glauben durfte (...). Darin liegt auch die Voraussetzung, dass dem Dritten bei seinem Vertrauen auf das Bestehen der Vollmacht keine Fahrlässigkeit zur Last fallen darf (Staudinger – Coing, BGB, 11. Aufl., § 167 Rn. 91)". In jüngeren Entscheidungen wird dies denn kurzgefasst mit der Erlaubnis eines Gedankengangs des Geschäftsgegners dahin, dass ein objektiver Rechtsscheinstatbestand vorliegt, „wenn [der Geschäftsgegner] nach Lage der Dinge *ohne Fahrlässigkeit annehmen darf*, ..."[445].

In der Qualität als auf den Geschäftsgegner bezogene Mitverschuldensprüfung endet die Gemeinsamkeit der Breite von unter den Gesichtspunkt eines „Rechtsscheins" gestellten Gesetzesregelungen[446]. Denn diese lassen teils einfache Erkenntnisfahrlässigkeit des Geschäftsgegners genügen[447]. Teils wird dessen Erkenntnissorgfalt dahin *privilegiert,* dass nurmehr grobe Erkenntnisfahrlässigkeit schadet[448]. Darüber hinaus finden sich Gesetzesfälle, in denen gar nur besseres Wissen schadet, etwa dahin, dass der Grundbuchinhalt unrichtig ist[449]. Die Berücksichtigung schon von einfacher Fahrlässigkeit ist mit Blick auf die allgemeine Vorschrift des § 254 BGB als Grundsatz- bzw. Ausgangsfall anzusehen.

Im hier letztlich interessierenden Signaturkontext (dazu 2.) wird demgemäß zu fragen sein, wann der Geschäftsgegner bei Empfang einer signierten Willenserklärung nicht vertrauen darf, weil ihm ein Mitverschuldensvorwurf zu machen ist. Ob dahingehend nur einfache oder grobe Erkenntnisfahrlässigkeit oder gar nur besseres Wissen seinerseits schadet, ist an späterer Stelle zu betrachten[450]. Worauf er vertrauen darf, wenn ihm kein solcher

---

[Geschäftsgegnerin] einem von H. [Vertreter] etwa geschaffenen Rechtsschein *in nicht vertretbarer Weise* vertraut hat".

[445] Etwa BGH NJW-RR 1987, 308.

[446] Siehe oben in Fn. 418.

[447] Vgl. §§ 173, 405 BGB; terminologisch schwer zu verorten ist § 370 BGB: „... sofern nicht die dem Leistenden bekannten Umstände der Annahme ... entgegenstehen". Für eine Auslegung entsprechend §§ 173, 405 BGB etwa Canaris, Vertrauenshaftung, S. 505 in Fn. 5.

[448] Vgl. § 932 II BGB.

[449] Vgl. § 892 I 1 BGB sowie den ebenfalls unter den Gesichtspunkt eines Rechtsscheins gestellten § 407 I BGB, zu letzterem *Chiusi,* AcP 202, 494 [506 in Fn. 38]. § 409 BGB (siehe oben in Fn. 418) lässt nicht einmal besseres Wissen i. S. v. Kenntnis der Nichtvornahme oder der Unwirksamkeit der angezeigten Zession schaden. Demgemäß wird bestritten, dass es sich um eine vertrauensschützende Norm handele bzw. an einen Rechtsschein angeknüpft werde, so etwa MüKo (*Roth*), § 409 Rn. 2. Oder es wird eine Einschränkung analog § 407 I BGB gefordert, also eine „Liberationswirkung" kraft Rechtsscheins (vgl. *Altmeppen,* S. 1, 93 ff.) bei besserem Wissen des Schuldners verneint, so *Karollus,* JZ 1992, 557 [563].

[450] Siehe unten V.3.b) bei Fn. 569–577.

Mitverschuldensvorwurf zu machen ist, welchen Inhalt also der diesesfalls bejahte objektive Scheintatbestand hat, ist nur Präzisierung der kehrseitigen Fragestellung. Warum er überhaupt vertrauen dürfen soll, könnte sich über die nähere Betrachtung der Parameter erhellen, die in der Beurteilung des Vorliegens oder Fehlens von Erkenntnisfahrlässigkeit bei beschränkter Erkenntnis seinerseits zu berücksichtigen sind. Diese sind sogleich allgemein zu betrachten [dazu im Anschluss unter c)].

cc) Allgemeine Konsequenzen

Vorweg sind aus dem Vorgesagten noch folgende allgemeine Konsequenzen zu ziehen [dazu (1)–(5)].

(1) Gefahr begrifflicher Überschätzung des „Rechtsscheins"

Die kehrbegriffliche Umschreibung fehlender Erkenntnisfahrlässigkeit und fehlenden besseren Wissens seitens des Geschäftsgegners als Scheintatbestand bzw. Vertrauenstatbestand läuft Gefahr, überinterpretiert zu werden. Dies etwa dahin, ein Rechtsschein sei „ein besonders starker Vertrauenstatbestand", was besondere Rechtsfolgen und insbesondere eine positive Haftung legitimiere[451]. Genauer besehen ergibt die Bejahung des Vorliegens eines objektiven Scheintatbestandes d.h. fehlenden Mitverschuldens seitens des Geschäftsgegners jedoch noch gar nichts dahingehend, ob der Geschäftsherr überhaupt für den unrichtigen Schein haften solle, geschweige denn dass dies positive Haftung sein müsse[452]. Denn die beschränkte Erkenntnis wird mittels des Tatbestandsmerkmals eines objektiven Scheintatbestandes nur seitens des Geschäftsgegners dahin bewältigt, dass diesem ggf. kein Mitverschuldensvorwurf gemacht wird. Entmystifiziert man den Rechtsschein in vorangehend erfolgter Weise, so erliegt man weitergehenden Zirkularitäten und Vorverständnissen nicht.

---

[451] So etwa *Canaris,* Vertrauenshaftung, S. 477 bei Fn. 18. Ein ähnliches Vorverständnis einer gegenläufigen Abhängigkeit findet sich etwa auch bei *Dörner* (AcP 202, 363 [392 bei Fn. 107]). Danach sollen an einen stärkeren Schein geringere Zurechnungsvoraussetzungen geknüpft werden können, um zu positiver Haftung zu gelangen. Gegen die Ableitung *positiven* Vertrauensschutzes aus „dem Rechtsschein" bereits *Flume,* FS DJT, 135 [182].

[452] Ebenso *v. Craushaar,* AcP 174, 2 [19]; vgl. auch *J.-G. Schubert,* S. 39.

(2) Tatbestandliche Teilüberschneidung der vertikal und horizontal abzugrenzenden Haftungstatbestände

Zugleich zeigen die vorangehenden Betrachtungen auf, warum *negative* Rechtsscheinhaftung über *culpa in contrahendo* oder vorliegend vorzugswürdig über § 6 I 1 SigG i. V. m. § 823 II BGB begründet werden kann, ohne dass das Vorliegen eines „objektiven Scheintatbestandes" bzw. eines „objektiven Vertrauenstatbestandes" gesetzesbegrifflich in §§ 311 II, 241 II, 280 I, 276 I, 249 ff. BGB oder in § 6 I 1 SigG i. V. m. §§ 823 II, 249 ff. BGB auftaucht. Dies ist möglich, weil das *Tatbestandsmerkmal* eines objektiven Schein- bzw. Vertrauenstatbestandes nichts weiter ist als ein kehrbegriffliches Synonym für verneintes Mitverschulden gem. § 254 I BGB.

Im vorliegenden Kontext geht es um negative Haftung für unmittelbare Vermögensschädigungen in Gestalt von vertrauensbedingten Vermögensfehldispositionen des Geschäftsgegners[453]. Der *Haftungstatbestand* verläuft sozusagen „durch dessen Kopf"[454]. Ob er vertrauen und demgemäß fehldisponieren durfte oder misstrauen musste und damit „auf eigene Gefahr" o. ä. disponierte, ist daher identische Sachfrage[455].

(3) Haftungshinderung statt eventueller bloßer Haftungsminderung

§ 122 II BGB ist *lex specialis* zu § 254 I BGB. Der Spezialregelungsgehalt liegt darin, dass sich an Erkenntnisfahrlässigkeit gem. § 122 II BGB stets eine gänzliche Haftungshinderung und nicht nur ggf. eine Haftungsminderung gem. § 254 I BGB knüpft[456]. Dieser Spezialregelungsgehalt ist keine bürgerlich-gesetzgeberische Zufälligkeit[457]. Er ist *Konsequenz* dessen, dass §§ 116, 118, 119 I, 121, 122 BGB positive und negative Haftung für einen unrichtigen Schein differenzieren, dass der Geschäftsherr ein be-

---

[453] Siehe oben in Fn. 150, bei Fn. 333 sowie bei Fn. 375–380.

[454] Vgl. auch *Picker,* AcP 183, 369 [429]; *Medicus,* Probleme, 21.

[455] „Handeln auf eigene Gefahr" ist als Fallgruppe des Mitverschuldens anerkannt, vgl. *Looschelders,* S. 62 ff. Vorliegend soll es allerdings nicht als bewusste und freiwillige Selbstgefährdung verstanden werden. Sondern als Handeln des Geschäftsgegners unter Umständen, unter denen von diesem keine Haftung seitens des Geschäftsherrn erwartet werden darf, weil nicht vertraut werden darf.

[456] Diese Aussage ist nur auf die anfängliche beschränkte Erkenntnislage zu beziehen, die als objektiver Schein- bzw. Vertrauenstatbestand zu beurteilen ist. Mitverschulden etwa bei der Schadensvertiefung im nachfolgenden Zeitraum wird von § 122 II BGB nicht mehr erfasst, sondern kann flexibler über § 254 II BGB behandelt werden.

[457] Eine dahingehende Spezialregelung findet sich nunmehr auch in § 11 I 2 SigG für die negative Haftung von Zertifizierungsdiensteanbietern gegenüber Geschäftsgegnern, vgl. oben in Fn. 297.

stimmtes Geschäft mit dem Geschäftsgegner wolle[458]. Positive Haftung für einen unrichtigen Schein lässt sich praktisch nur begrenzt als anteilige Haftung realisieren[459] und ist demgemäß nicht dergestalt normiert worden. Negative Haftungsausfüllung kann demgegenüber unproblematisch nur partiell bejaht und durchgeführt werden. Doch überschneiden sich positive und negative Haftung im Erfordernis des Vorliegens eines objektiven Scheintatbestandes d.h. im Erfordernis des Fehlens von geschäftsgegnerischem Erkenntnisverschulden als gemeinsames Tatbestandsmerkmal. Eine Haftungsaufteilung nur auf negativer Haftungsebene zu berücksichtigen, wird damit inkonsequent. Konsequent ist vielmehr, auch bei Begründung negativer Schein- bzw. Vertrauenshaftung aus *culpa in contrahendo*[460] bzw. hier auch aus § 6 I 1 SigG i.V.m. § 823 II BGB ein geschäftsgegnerischen Mitverschulden stets haftungshindernd und nicht nur haftungsmindernd zu berücksichtigen.

(4) Objektivität der Beurteilung von Erkenntnisfahrlässigkeit

Ebenfalls keiner großen Worte bedarf die Erklärung, warum der Schein- bzw. Vertrauenstatbestand „objektiv" ist[461]: weil der zivilrechtliche Fahrlässigkeitsmaßstab grundsätzlich ein objektiver ist[462]. Gefragt wird daher nicht danach, was der Geschäftsgegner nach seinen individuellen Fähigkeiten im vorgenannten Sinne erkennen musste. Sondern gefragt wird danach, was ein Angehöriger seines Verkehrskreises bei einer bestimmten beschränkten Erkenntnislage „[er-]kennen musste"[463].

---

[458] Siehe oben I.4.f)cc) sowie näher unten V.3.c) und VI.

[459] Was oben bei Fn. 162 f. zu dahingehenden Regressgrenzen ausgeführt wurde, gilt auch im Außenverhältnis zwischen Geschäftsherr und Geschäftsgegner.

[460] Diese Aussage ist auf die vorliegend behandelte Unterfallgruppe von *culpa in contrahendo* zu beschränken, siehe oben in Fn. 186. A.A. auch diesesfalls *Nickel*, S. 240 m.w.N. in Fn. 24, 25 wegen der weitergehenden „Flexibilität" von § 254 I BGB gegenüber § 122 II BGB. Zugleich wird darauf hingewiesen, dass diese „Flexibilität" hier allerdings nur von geringer Tragweite sei, da bei Erkennenmüssen des Geschäftsgegners regelmäßig Zurechenbarkeit des Geschäftsherrn zu verneinen sei, a.a.O. S. 241 m.w.N. in Fn. 29. Diese „Reziprozität" wird sogleich mit Blick auf den „Vertrauensgrundsatz" verständlicher, dazu sogleich unter c).

[461] Vgl. oben in Fn. 57.

[462] *Deutsch*, AcP 202, 889 [890, 905]; allgemeiner *ders.*, Fahrlässigkeit, S. 127 ff.; dazu, dass grundsätzlich seitens des Schädigers/Schuldners etc. wie auch seitens des Geschädigten/Gläubigers etc. *der gleiche Maßstab* anzulegen ist, vgl. *Looschelders*, S. 339 ff.

[463] Speziell für § 122 II BGB (siehe oben in Fn. 439 und näher V.3.) vgl. *Deutsch*, Fahrlässigkeit, S. 357 ff. Das in Fn. 462 genannte Argument der Maßstabsgleichheit hat dazu geführt, dass die Rechtsprechung analog dem fahrlässigkeitsunabhängigen § 122 I BGB auch eine Haftungsminderung wegen verschuldensunab-

(5) Reduzierung der seitens des Geschäftsgegners aufgestellten Tatbestandsmerkmale

Die vorangehenden Ausführungen legen des Weiteren nahe, die in der Literatur zu Rechtsscheinhaftung begegnende Überfülle von seitens des Geschäftsgegners aufgestellten *Tatbestandsmerkmalen* zu reduzieren[464]. Genauer besehen genügen drei auf den Geschäftsgegner bezogene *Prüfungsschritte*: (1) kannte dieser die ihm ungünstige Wirklichkeit; verneinendenfalls: (2) durfte er eine ihm günstige Gegebenheit trotz beschränkter Erkenntnis annehmen; bejahendenfalls: (3) hat er diese Annahme auch getroffen bzw. sein Verhalten auf diese Annahme gestützt?

Die ersten beiden Prüfungsschritte können als Frage nach haftungshinderndem Mitverschulden des Geschäftsgegners zusammengefasst werden. Die Frage nach Vertrauensschutzbedürftigkeit des Geschäftsgegners ist Synonym. Der „gute Glaube" nach § 932 BGB ist weiterer synonymer Oberbegriff. Doch sind die darunter zusammengefassten beiden Unterfragen sehr verschieden. Der erste Prüfungsschritt fragt nach einer wirklichen Erkenntnis des Geschäftsgegners. Der zweite Prüfungsschritt verlangt demgegenüber eine im vorgenannten Sinne objektive Beurteilung bei wirklich beschränkter Erkenntnis des Geschäftsgegners dahin, ob diesem trotzdem ein Schluss bzw. eine Annahme zu erlauben ist.

Die Beurteilung des zweiten Prüfungsschritts ist Einzelfallfrage. Sie hängt von den dem Geschäftsgegner im Einzelfall konkret erkennbaren Umständen ab. Oder anders formuliert: sie hängt davon ab, wie beschränkt die Erkenntnislage für den Geschäftsgegner ist. §§ 171 I, 172 I BGB wie auch etwa § 932 I BGB normieren, dass Kundgebungen bzw. der Besitz *grundsätzlich* einen objektiven Rechtsscheintatbestand tragen. Sie normieren, dass der Geschäftsgegner auf dieser Basis *grundsätzlich* schließen bzw. annehmen darf, dass der Geschäftsherr den Vertreter innenbevollmächtigt habe bzw. dass der Veräußerer Eigentümer sei. Doch kann dies im Einzelfall *ausnahmsweise* wegen *hinzutretender* Umstände – und demnach weniger beschränkter, wenngleich nach wie vor mangels Kenntnis noch beschränkter Erkenntnislage für den Geschäftsgegner – zu verneinen sein. Für §§ 171 I, 172 I BGB ergibt sich dies i. V. m. § 122 II Alt. 2 BGB, wie an späterer Stelle auszuführen (dazu V.3.). Für § 932 I BGB folgt es aus § 932 II Alt. 2 BGB. Dieses Grundsatz-Ausnahme-Verhältnis ist für die gesetzliche Beweislastverteilung relevant. Ob sich auch im Signaturkontext solch ein Grundsatz-Ausnahme-

---

hängiger *Mitveranlassung* seitens des Geschäftsgegners über § 122 II BGB hinaus berücksichtigt, vgl. BGH NJW 1969, 1380. Dies ist noch weniger verallgemeinerbar als § 122 I BGB seitens des Geschäftsherrn, vgl. oben bei Fn. 197 und unten VI.4.

[464] Vgl. nur *Rieder,* S. 93 ff.

Verhältnis des Vorliegens und Nichtvorliegens eines objektiven Scheintatbestandes aufstellen lässt, ist sogleich zu betrachten (dazu V.2.). Auch dieses wäre nur für die Beweislastverteilung relevant. Diese ist wie folgt zu abstrahieren: der Geschäftsgegner muss beibringen, dass eine beschränkte Erkenntnislage für ihn gegeben war (Tatfrage), die einen objektiven Scheintatbestand trägt, bei der also ein „Kennenmüssen" der ihm ungünstigen Wirklichkeit zu verneinen war (Rechtsfrage). Der Geschäftsherr muss beibringen, dass die Erkenntnislage weniger beschränkt war (Tatfrage), so dass das Vorliegen eines Scheintatbestandes doch zu verneinen war (Rechtsfrage). Oder dass der Geschäftsgegner um diese ungünstige Wirklichkeit wusste (Tatfrage), seine Erkenntnis also gar nicht beschränkt war.

Schwer zu präzisieren ist der dritte Prüfungsschritt. Die Rechtsprechung über Scheinvollmachten etwa setzt nach jüngeren Formulierungen voraus, „dass der Geschäftsgegner nach Treu und Glauben mit Rücksicht auf die Verkehrssitte von einer Bevollmächtigung ausgehen durfte *und von ihr ausgegangen ist*"[465]. Die Literatur spricht von „Kausalität" des objektiven Scheintatbestandes für eine Vertrauensdisposition des Geschäftsgegners[466]. Hier sind drei Problemebenen zu unterscheiden: zum einen die Konstellation, dass der Geschäftsgegner die den objektiven Rechtsscheinstatbestand tragenden Umstände *gar nicht wahrgenommen* hat; dass er also etwa eine öffentliche Bekanntmachung gem. § 171 I Alt. 2 BGB gar nicht gekannt hat oder eine ihm gem. § 172 I BGB vorgelegte Vollmachtsurkunde überhaupt nicht zur Kenntnis genommen hat. Auf diese Teilproblematik ist im Signaturkontext sogleich zurückzukommen. Zum anderen ist die Konstellation zu nennen, dass er zwar die vorgenannten Umstände wahrgenommen hat, aus diesen aber nicht den ihm erlaubten Schluss gezogen hat. Dass er also trotz Kundgebung gem. §§ 171 I, 172 I BGB und ohne Anlass durch

---

[465] Vgl. das Zitat in Fn. 60; vgl. auch BGHZ 17, 13 [19]: „Eine Haftung kraft Rechtsscheins greift grundsätzlich nur dort ein, wo die Verkehrssicherheit einen solchen Vertrauensschutz erfordert. Ein solches Schutzbedürfnis ist im Allgemeinen nur gegeben, wenn die Kundgebungen, die den Rechtsschein erzeugten, für das rechtsgeschäftliche Handeln desjenigen, der ihnen vertraute, *bestimmend* waren". A.a.O. [18] ist kurz zuvor von „Ursächlichkeit" des Rechtsscheins für das rechtsgeschäftliche Handeln des Geschäftsgegners die Rede. Anzumerken ist, dass es in dieser Entscheidung um eine Scheingesellschafterstellung ging, also um einen von einer Scheinvollmacht divergierenden Rechtsscheininhalt. Vgl. auch die oben in Fn. 57 zitierte Entscheidung, die diesen Prüfungsschritt als „subjektive Berechtigung" der Haftung aus Anscheinsvollmacht anspricht.

[466] Vgl. *Canaris,* Vertrauenshaftung, S. 514 ff. Zumindest auf negativer Haftungsebene ergibt sich dies wiederum aus §§ 171 I, 172 I BGB i.V.m. §§ 116 ff. BGB (siehe oben I.4.f) und näher unter VI.), und zwar i.V.m. § 122 I BGB. Denn § 122 I BGB verlangt haftungsausfüllend einen Schaden, „den der [Geschäftsgegner ...] dadurch erleidet, dass er auf die Gültigkeit der Erklärung vertraut". A.A. für Scheinvollmachten *Wieling,* JA 1991, Übungsblätter 222 [228].

weitere ihm erkennbare und die Erlaubnis relativierende Umstände *gezweifelt hat* bzw. *misstrauisch war,* ob der Vertreter Innenvollmacht habe; dass er entgegen der Kundgebung nicht von Vollmacht „ausgegangen ist". Hat er sich dennoch auf die Willenserklärung des Vertreters eingelassen, so liegen die Dinge so, als habe er auf eine bloße Vollmachtsbehauptung des Vertreters hin reagiert. Hier wäre die Kundgebung dann nicht *psychologisch-kausal* gewesen. Das letztgenannte Kriterium ist schon theoretisch schwer zu fassen. Zudem ist es äußerst beweisbrisant. Es lässt sich jedoch abstrakt nicht von der erstgenannten Konstellation fehlender *äußerer Kausalität* trennen. Hier wird daher davon ausgegangen, dass Kausalität in beiderlei Hinsicht erforderlich ist[467]. Als dritte Problemkonstellation ist zu nennen, dass der Geschäftsgegner zwar die einen objektiven Scheintatbestand tragenden Umstände wahrgenommen und so wie objektiv erlaubt gedeutet hat, dies aber nicht für sein weiteres Verhalten kausal war. Solche Nichtkausalität liegt dann unproblematisch vor, wenn der Geschäftsgegner nicht auf ein Vertragsschlussangebot eingeht, mit dem etwa ein objektiver Scheintatbestand gem. §§ 171 I, 172 I BGB einhergeht. Problematisch wird diese Kausalität demgegenüber, wenn ein solcher Schein mit einer Annahmewillenserklärung oder einer einseitigen Willenserklärung einhergeht. Denn Durchführungshandlungen, die diese Kausalität belegen, müssen hier nicht unmittelbar bzw. kurzfristig (vgl. § 145 ff. BGB) nachfolgen. Solche Durchführungshandlungen stellen Vertrauensschadensposten auf negativer Haftungsstufe dar[468]. Bleiben sie bis zur Aufdeckung der Unrichtigkeit des Scheins aus, so ist jedenfalls keine Haftungsausfüllung gegeben. Ob der Schein überhaupt „kausal" war, ist dann nicht mehr praktisch relevant. Die letztgenannte Problemkonstellation wird daher nur auf positiver Haftungsstufe und nur dann praktisch relevant, wenn die Kausalität belegende Folgehandlungen ausbleiben. Hier kann jedoch und wird häufig durchaus *innere Kausalität* dahin gegeben sein, dass der Geschäftsgegner infolge des Rechtsscheins erwartet bzw. davon ausgeht, dass eine neue Rechtslage

---

[467] A.A. *Canaris,* Vertrauenshaftung, S. 515 in Fn. 40. Nach BGHZ 17, 13 [19] trifft die Beweislast für diese Kausalität den Geschäftsgegner, dem jedoch ein Anscheinsbeweis zugute komme. Weitergehend für eine Beweislastumkehr, jedoch ohne Begründung *Canaris,* Vertrauenshaftung, S. 516. Die Kausalitätsfrage ist i.R.v. §§ 171 I, 172 I BGB i.V.m. § 122 I BGB deutlich schwieriger als im unmittelbaren Anwendungsbereich von § 122 I BGB. Denn dieselbe Reaktion ist ohne unrichtige Willenserklärung dort kaum denkbar. Im Kontext vollmachtlosen Vertreterhandelns ist demgegenüber eine Reaktion auf eine Vertretererklärung auch ohne Kundgebung gem. §§ 171 I, 172 I BGB oder ohne sonstigen Scheintatbestand seitens des Geschäftsherrn durchaus denkbar. Eine Vollbeweislastzuweisung für die Nichtkausalität eines Scheintatbestandes nach §§ 171 I, 172 I BGB folgert *Frotz* (S. 300 ff.) aus einem in diese Normen implizierten Regel-Ausnahme-Verhältnis der Kausalität.

[468] Siehe oben in Fn. 150.

greift. Dies ist dann wiederum Beweisproblem. Materiell-rechtlich zu fordern ist dergestalte Kausalität konsequenterweise auch hier[469].

c) Parameter der Beurteilung des Vorliegens eines objektiven Schein- bzw. Vertrauenstatbestandes

Die partielle begriffliche Überschneidung von Rechts*schein* und Wahr*schein*lichkeit verweist auf die Möglichkeit einer empirisch-probabilistischen Beurteilung [dazu aa)]. Die Literatur betont daneben die Unzumutbarkeit weitergehender Vergewisserung, Aufklärung, Untersuchung, Nachfrage etc. durch den Geschäftsgegner [dazu bb)]. Am konzeptionell überzeugendsten ist die Heranziehung des sog. „Vertrauensgrundsatzes" [dazu cc)].

aa) Wahrscheinlichkeit

Die Wahrscheinlichkeit der Richtigkeit einer vom Geschäftsgegner bei beschränkter Erkenntnis seinerseits getroffenen Annahme mag Ausgangspunkt der Beurteilung des Vorliegens eines annahmegemäßen objektiven Schein- bzw. Vertrauenstatbestandes d.h. des Fehlens von dahingehender Erkenntnisfahrlässigkeit sein[470]. Doch bleiben „statistische" bzw. „empirische" Erkenntnispflichten des Geschäftsgegners konzeptionell unbefriedigend, von ihrer begrenzten Praktikabilität abgesehen[471].

bb) Unzumutbarkeit weitergehender Vergewisserung

Wellspacher führte bereits 1906 in seiner Arbeit über „das Vertrauen auf äußere Tatbestände im bürgerlichen Recht" aus[472]: „Dem heutigen Rechts-

---

[469] Unnötig komplizierend verlangt *Canaris* (Vertrauenshaftung, S. 510 ff.) eine „Objektivierung" des Vertrauens in einer „Disposition" oder „Vertrauensinvestition". Diese soll allerdings dann doch wieder als materielle Haftungsvoraussetzung entbehrlich sein, wenn sie „subjektiv geblieben" sein kann, wie in den hier eben geschilderten Konstellationen (a.a.O., S. 512 f.). Ob die beschränkte Erkenntnislage innerlich kausal war, ist materiell-rechtlich genügende und beweisproblematische Frage.

[470] So andeutungsweise *Eichler,* Vertrauen, S. 18; s.a. S. 112; vgl. auch *Westermann,* JuS 1963, 1 [6 vor Fn. 25].

[471] Empirische Erhebungen zur Wahrscheinlichkeit der Authentizität oder Fälschung einer unsignierten E-Mail beispielsweise sind nicht ersichtlich. Zudem wäre eine solche Erhebung ständiger nachfolgender Relativierung unterworfen. Die Verneinung von geschäftsgegnerischem Mitverschulden auf einer statistischen Basis könnte hier wiederum zu einem Fälschungsanreiz führen und dieser wiederum die Fälschungswahrscheinlichkeit erhöhen mit der Folge nachfolgender gegenteiliger Beurteilung des Mitverschuldens.

leben kann nicht die Diligenz auferlegt werden, sämtliche Voraussetzungen
eines gesicherten rechtlichen Handelns zu prüfen, und ebenso wenig ist es
für dasselbe erträglich, dass Rechtsgeschäfte, die allem Anscheine nach ord-
nungsgemäß vor sich gegangen sind und mit denen wirtschaftlich gerechnet
wird, nachträglich aus dem Gesichtspunkte interner, dem Dritten unkenn-
barer Mängel beseitigt werden". Der hier von *Wellspacher* angesprochene
Gesichtspunkt der *Unzumutbarkeit* begegnet auch in der nachfolgenden
Rechtsprechung und Literatur des Öfteren[473]. Er ist auf die Fragestellung
zu konkretisieren, ob Erkenntnisfahrlässigkeit des Geschäftsgegners zu verneinen und damit ein objektiver Schein- bzw. Vertrauenstatbestand zu bejahen ist, weil weitergehende Vergewisserung, Aufklärung, Untersuchung etc.
infolge von dessen beschränkter Erkenntnis als diesem unzumutbar zu beurteilen ist; ob diesem also trotz beschränkter Erkenntnis zu erlauben ist, eine
Annahme zu treffen und annahmegemäß zu handeln und in diesem Sinne
zu vertrauen, weil die weitere Erhärtung bzw. Überprüfung der Annahme
ihm unzumutbar ist. Diese Betrachtung läuft Gefahr, mit Blick auf ein vom
Geschäftsgegner zwecks Vergewisserung erfordertes *Tun* wie etwa eine
Nachfrage seinerseits beim Geschäftsherrn zur vorschnellen Bejahung von
Unzumutbarkeit zu führen[474]. Erliegt man dieser Gefahr nicht, so bleibt der

---

[472] *Wellspacher,* S. VIII; zu dieser Arbeit nochmals unten V.3.a) bei Fn. 537 ff.

[473] Vgl. BGHZ 17, 13 [16]; *v. Craushaar* (S. 23) findet „das letztlich maß-
gebende Kriterium für die Feststellung der ausreichenden Vertrauensgrundlage ...
nicht [allein, vgl. S. 22] in einem Wahrscheinlichkeitsurteil, sondern in dem Gesichtspunkt möglichen und zumutbaren Selbstschutzes"; s. a. *ders.* AcP 174, 2 [11];
Stüsser, S. 123; vgl. auch *Canaris,* Vertrauenshaftung, S. 11, 113 (im allgemein
überzogenen Kontext einer grundsätzlichen Wirksamkeitsrechtscheinhaftung nach
und analog §§ 171 I, 172 I BGB, dagegen unten in Fn. 813); *Grimme,* JuS 1989,
Lernbogen S. 49; *Lüderitz* entwickelt für die Rechtsgeschäftsauslegung „Kriterien
normativen Verständnisses", mittels derer auch ein geschäftsgegnerisches „Entlastungsinteresse ... von aller Ermittlung, an möglichst einfacher Schlussfolgerung"
realisiert werden soll, S. 286–299 [287]. Soweit sich objektive Auslegung gem.
§§ 133, 157 BGB und die Beurteilung des Vorliegens eines objektiven Schein- bzw.
Vertrauenstatbestandes decken – *Canaris* konstatiert Entsprechungen (Vertrauenshaftung, S. 494), die hier unten V.3.c) weiter erhellt werden – ist denn auch dieses
„Entlastungsinteresse" zu berücksichtigen.

[474] Zudem wird vorschnell auf soziale Unzumutbarkeit einer direkten Nachfrage
beim Geschäftsherrn abgestellt, ob der Vertreter wirklich Innenvollmacht erhalten
habe. Dies sei sozial unzumutbar, da es Misstrauen bekunde und damit der Begründung eines Vertrauensverhältnisses entgegenstehe, vgl. etwa *Eujen/Frank,* JZ 1973,
232 [235 nach Fn. 42]. Dies überzeugt schon insoweit nicht, als eben umgekehrt
mangels Scheintatbestandes objektiv nicht erlaubtes Vertrauen als „Vorleistung" des
Geschäftsgegners verstanden werden kann, die ein *außerrechtliches* Vertrauensver-
hältnis begründen mag. Gegen eine Überdehnung des Gesichtspunkts der sozialen
Unzumutbarkeit spricht des Weiteren, dass eine Vergewisserung in Gestalt indirekter
Nachfrage möglich ist, vgl. *Bader,* S. 136.

Gesichtspunkt der Zumutbarkeit bzw. Unzumutbarkeit weitergehender Erkenntnissuche immer noch konzeptionell unbefriedigend[475].

cc) „Vertrauensgrundsätzliche" Unterstellung pflichtgemäßen Verhaltens

Mit dem im Straßenverkehrsrecht vorbekannten sog. Vertrauensgrundsatz ist ein sehr einleuchtendes Konzept der *wechselseitigen Bestimmung von Verhaltenspflichten* vorbekannt[476], dessen Übertragung auf den Rechtsgeschäftsverkehr anzudenken ist[477]. Der sog. Vertrauensgrundsatz besagt dort, dass das eigene Verhalten *grundsätzlich* auf die *Unterstellung der Pflichtgemäßheit* des Verhaltens anderer Verkehrsteilnehmer gegründet werden darf. Ein Mitverschuldensvorwurf ist somit grundsätzlich nicht dahin zu erheben, ein pflichtwidriges Verhalten eines anderen Verkehrsteilnehmers nicht vorausgesehen und das eigene Verhalten demgemäß schadenshindernd bzw. -mindernd gesteuert zu haben. Eine *Ausnahme* von diesem Grundsatz ist nur dann geboten, wenn das pflichtwidrige Verhalten eines anderen Verkehrsteilnehmers erkannt wurde oder konkret erkennbar war[478].

Demgemäß wird nachfolgend eine „*vertrauensgrundsätzliche*" Beurteilung des Vorliegens eines objektiven Schein- bzw. Vertrauenstatbestandes d.h. des Nichtvorliegens von Erkenntnisfahrlässigkeit des Geschäftsgegners bei Empfang einer signierten Willenserklärung versucht (dazu 2.). Dies kommt im Signaturkontext umso mehr in Betracht, als der signaturgesetzliche Rahmen den Zertifizierungsdiensteanbietern und gem. § 6 I 1 SigG i. V. m. § 823 II BGB auch den Schlüsselinhabern Pflichten zugunsten von jedem sodann durch Signaturmissbrauch geschädigten Geschäftsgegner aufgibt (dazu II. und III.). Ob und worauf der Geschäftsgegner vertrauen darf, ob ein Schein welchen Inhalts bei Empfang einer signierten Willenserklärung für diesen gegeben ist, soll demgemäß die Betrachtung *auf der Grundlage der Unterstellung der Einhaltung aller dieser Pflichten seitens von Zertifizierungsdiensteanbieter und Schlüsselinhaber* ergeben.

Inwieweit sich dieses Konzept über den Signaturkontext hinaus fruchtbar machen lässt, ist im Rahmen der §§ 171 I, 172 I BGB kurz anzudenken,

---

[475] Allgemein kritisch gegenüber „Unzumutbarkeit" als Maßstab *Larenz,* Kennzeichen, S. 8.

[476] BGH VersR 1965, 569 [570] = NJW 1965, 1177 [1178]; BGH VersR 1990, 739 [740]; *Hentschel,* § 1 StVO Rn. 20 ff.

[477] Andeutungsweise *G. Albrecht,* S. 36 bei Fn. 1; zu „Gegenseitigkeit des Vertrauens" allgemein *Eichler,* 4; a. A. *Canaris* (FS Schimansky, 43 [54]): dieses „Deliktsrecht" sei „dogmatisch" von „Vertrauenshaftung" zu trennen.

[478] *Hentschel,* § 1 StVO, Rn. 24.

auf die die nachfolgend näher zu betrachtende objektiv-scheintatbestandliche Fortbildung im Signaturkontext sodann rückzuführen ist (dazu unter
3. bis 5.).

d) Zwischenergebnis

Ein objektiver Schein- bzw. Vertrauenstatbestand bedeutet nicht weniger
und vor allem nicht mehr, als dass dem Geschäftsgegner eine rechtsgeschäftsbezogene Annahme *trotz* beschränkter Erkenntnis seinerseits *erlaubt* wird. Sie bedeutet nicht mehr und nicht weniger, als dass ihm kein
haftungshindernder Mitverschuldensvorwurf dafür gemacht wird, sein Verhalten auf diese rechtsgeschäftsbezogene Annahme gegründet zu haben. Ob
und welche rechtsgeschäftsbezogene Annahme dem Geschäftsgegner bei
welchen Umständen des Empfangs einer signierten Willenserklärung zu erlauben ist, ob, wann und worauf dieser hierbei vertrauen darf bzw. was ihm
hier unter welchen Umständen hinsichtlich der signierten Willenserklärung
scheinbar sein darf, ist nunmehr zu betrachten.

2. Übertragung auf den Signaturkontext

a) Vorliegen und Inhalt eines objektiven Scheintatbestandes bei Empfang einer signierten Willenserklärung ohne erkennbaren Drittgebrauch des Schlüssels

Die Beurteilung des Vorliegens und des Inhalts eines signaturbasierten
objektiven Schein- bzw. Vertrauenstatbestandes erfolgt vom oben heraus-
gearbeiten Extremfall beschränkter geschäftsgegnerischer Erkenntnis bei
Empfang einer signierten Willenserklärung aus[479]: dass dem Geschäftsgegner nur der Inhalt des signierten Dokuments und ein positives Ergebnis der
Signaturprüfung ersichtlich sind; sowie dass der Dokumenteninhalt den
Schlüsselinhaber als gewollten Geschäftsherrn ergibt und keinen Drittgebrauch des Schlüssels erkennen lässt, insbesondere also keinen Vertre-
tungszusatz enthält. Typische Sachverhalte weniger beschränkter Erkenntnis
des Geschäftsgegners sind im Anschluss zu betrachten [dazu b)].

Die Beurteilung soll im vorangehend aufgezeigten *vertrauensgrundsätzlichen* Sinne versucht werden: d.h. auf der Grundlage der *Unterstellung,*
dass der beteiligte Zertifizierungsdiensteanbieter und der Schlüsselinhaber
alle ihre Pflichten[480] gewahrt haben. Da solche Pflichten gem. § 11 SigG
bzw. gem. § 6 I 1 SigG i.V.m. § 823 II 1 BGB auch gegenüber (je)dem

---

[479] Siehe oben bei Fn. 262.
[480] Siehe oben II.2.a) und c) sowie III.2.

Geschäftsgegner zu bejahen sind, ist diese Unterstellung grundsätzlich berechtigt[481]. Ein objektiver Schein- bzw. Vertrauenstatbestand wird dann im Einzelfall zweifelhaft, wenn ein pflichtwidriges Verhalten eines oder beider Beteiligten dem Geschäftsgegner *konkret* erkennbar ist[482].

aa) Bejahung eines signaturbasierten Rechtsscheins, dass der Schlüsselinhaber die signierte Willenserklärung abgegeben habe

Eine Signatur soll Rückschlüsse bzw. Schlussfolgerungen tragen[483]. Auf der Grundlage der vorgenannten Unterstellung ist damit folgende Schluss- bzw. Folgerungskette gegeben: (1) dass der Zertfizierungsdiensteinhaber den zertifizierten Schlüsselinhaber zuverlässig identifiziert habe; (2) dass diesem identifizierten Schlüsselinhaber zu Beginn seiner Schlüsselinhaberschaft der Besitz an seiner sicheren Signaturerstellungseinheit verschafft wurde; (3) dass der Signaturschlüssel einzig auf dieser Signaturerstellungseinheit gespeichert ist; (4) dass die Signatur mit dieser Signaturerstellungseinheit vom Schlüsselinhaber erzeugt wurde; (5) dass die signierten Daten nach Signatur nicht verändert wurden; (6) dass die Signaturdaten und signierten Daten vom Schlüsselinhaber an den Geschäftsgegner abgesendet wurden; (7) dass die Nachprüfung des Zertifikats zu einem richtigen Prüfergebnis geführt hat. Das Ergebnis dieser Folgerungskette und damit Rechtsscheinsinhalt ist, *dass der Schlüsselinhaber selbst die signierte Willenserklärung abgegeben habe*[484].

Dem Geschäftsgegner wird damit erlaubt, die mangels besseren Wissens seinerseits denkbaren Vorgeschehnisalternativen auszublenden: (1) dass eine Schlüsselinhaberschaft unter fremdem Namen erschlichen wurde; (2) dass der Schlüsselinhaber nie in den Besitz seiner Signaturerstellungseinheit gelangt ist und diese also von einem Dritten gebraucht wurde; (3) dass ein duplizierter, erbrochener, ausgelesener Schlüssel zur Drittsignatur verwendet wurde; (4) dass ein Vertreter die Signatur unter dem Namen des Schlüsselinhabers mit dessen Signaturerstellungseinheit erstellt habe; (5) dass das signierte Dokument nach Signatur verändert wurde; (6) dass das vom Schlüsselinhaber signierte Dokument diesem abhanden gekommen ist[485];

---

[481] Näher nachfolgend unter cc).

[482] Näher nachfolgend unter bb) sowie unter b).

[483] Siehe oben in Fn. 3; siehe die in Fn. 432 und 433 zitierten Entscheidungen, in denen der objektive Scheintatbestand einer Scheinvollmacht als „schließen dürfen", als „schlussfolgern dürfen" umschrieben wird.

[484] Siehe oben bei Fn. 101 ff.

[485] Diese oben II.3.d)bb) angesprochene Problematik wird nunmehr von § 371a I *Satz 1* ZPO [2005] i. V. m. § 416 ZPO behandelt, siehe unten V.6.c) und insbesondere in Fn. 762.

(7) dass die Signaturprüfung auf der Basis eines ge- oder verfälschten Zertifikats erfolgt ist und zu einem unrichtigen Prüfergebnis geführt hat.

bb) Ablehnung einer scheininhaltlichen Alternativerweiterung, dass ein Innenbevollmächtigter den Schlüssel unter dem Namen des Schlüsselinhabers gebraucht habe

In der Signaturliteratur wird vom vorgenannten Ergebnis abweichend auch ein Rechtsschein alternativen Inhalts bejaht, dass entweder der Schlüsselinhaber selbst oder ein Innenbevollmächtigter unter seinem Namen gehandelt habe[486]. Diese Konzeption stellt eine Erweiterung des vierten Glieds der vorangehend aufgezeigten Folgerungskette dar. Der Geschäftsgegner müsste dann alternativ folgern dürfen: [4.a)] dass die Signatur mit der Signaturerstellungseinheit des Schlüsselinhabers von diesem selbst erzeugt wurde; oder [4.b)] dass die Signatur mit dieser Signaturerstellungseinheit von einem Dritten erzeugt wurde, dem Signaturerstellungseinheit und PIN vom Schlüsselinhaber überlassen wurden, der den Dritten hierbei zugleich in genügendem Umfang innenbevollmächtigt hat.

Der Geschäftsgegner würde dann die folgenden denkbaren Vorgeschehnisalternativen ausblenden dürfen: [4.a) und b)] dass die Signatur mit dieser Signaturerstellungseinheit von einem Dritten unter dem Namen des Schlüsselinhabers erzeugt wurde, (aa) dem Schlüssel und PIN zwar vom Schlüsselinhaber überlassen wurden, der aber mit der Signaturerzeugung ihm gezogene Grenzen überschritten hat, (bb) an den Schlüssel und PIN abhanden gekommen sind bzw. der die Signaturerstellungseinheit gefunden bzw. gestohlen und die PIN erraten hat.

Die vorgenannte Alternativkonzeption ist nicht grundsätzlich zu verneinen. Bei Blankettausfüllung unter dem Namen des Geschäftsherrn und im Btx-Kontext[487] etwa ist bzw. war sie als alternatives Konstrukt zum vorgenannten Schein des Eigenhandelns [siehe soeben aa)] durchaus zu erwägen.

Im Signaturkontext ist sie mit Blick auf das aus § 6 I 1 SigG abzuleitende Verbot der Überlassung von Schlüssel und PIN jedoch abzulehnen [siehe oben III.2.a)]. Denn damit würde die Folgerungskette auf ein Glied gestützt, das ein Verhalten des Schlüsselinhabers in Gestalt der Überlassung von Schlüssel und PIN unterstellen würde, das verhaltenspflichtwidrig ist und vom Signaturgesetzgeber in § 6 I 1 SigG als „unsicher" bewertet wird. Sie widerspräche damit dem vertrauensgrundsätzlichen Konzeptionsansatz,

---

[486] Siehe oben bei und in Fn. 102.
[487] Siehe oben in Fn. 39.

wonach bei erkennbarer Pflichtwidrigkeit eines anderen die eigenen Schadensvermeidungspflichten steigen[488]. Eine solche Alternativkonzeption des objektiven Scheintatbestandes würde die Qualität der Signatur als *Exklusivzeichen* des Schlüsselinhabers konterkarieren. Dieser wird nur ein objektiver Scheintatbestand des Inhalts gerecht, dass der Schlüsselinhaber selbst die signierte Willenserklärung abgegeben habe. Dieser ist im eingangs skizzierten Extremfall beschränkter Erkenntnis zu bejahen.

Er ist bei *erst-* bzw. *einmaliger* Signatur unter diesen Umständen zu bejahen[489]. Seine Basis bildet der signaturgesetzliche Rahmen und die mit diesem begründeten Verhaltenspflichten von Zertifizierungsdiensteanbietern und Schlüsselinhabern.

cc) Vertiefung

Dieser objektive Scheintatbestand ist nur dann für das weitere Verhalten des Geschäftsgegners kausal, wenn er die den Schein tragenden Umstände wahrgenommen hat[490]. Dazu gehört, dass eine Prüfung der Signaturdaten vom Geschäftsgegner durchgeführt wurde[491].

Fraglich ist des Weiteren, wann *pflichtgemäßes Verhalten seitens des Zertifizierungsdiensteanbieters* unterstellt werden darf und welche Umstände der Geschäftsgegner für diesen Folgerungs- bzw. Schlussteil im vorgenannten Sinne wahrgenommen haben muss: ob es genügt, dass das Zertifikat als *qualifiziertes* ausgewiesen ist, so dass der beteiligte Zertifizierungsdiensteanbieter den signaturgesetzlichen Anforderungen unterliegt[492]; oder ob der Zertifizierungsdiensteanbieter *akkreditiert* d.h. seine Signaturgesetzkonformität generell vorabgeprüft sein muss[493]. Beides kann der Geschäftsgegner im Zuge der Signaturprüfung und damit auch Zertifikatsprüfung erkennen[494]. Diese Frage wird momentan nicht praktisch relevant, da alle Zertifi-

---

[488] Siehe eben bei Fn. 478.

[489] Siehe oben I.4.e)bb) bei Fn. 108 ff.

[490] Siehe oben 1.b)cc)(5).

[491] Ebenso *Rieder,* S. 278 bei Fn. 79, S. 288.

[492] Siehe oben bei Fn. 274.

[493] Siehe oben bei Fn. 302.

[494] Nach § 17 II 2 Nr. 4 SigG muss sich im Zuge der Signaturprüfung „feststellen lassen, ... welche Inhalte das qualifizierte Zertifikat, auf dem die Signatur beruht, ... aufweis[t]". Nach 7 I Nr. 8 SigG gehört zu diesen Zertifikatsinhalten wiederum, „dass es sich um ein qualifiziertes Zertifikat handelt". Nach § 7 I Nr. 6 SigG gehört dazu des Weiteren „der Name des Zertifizierungsdiensteanbieters und des Staates, in dem er niedergelassen ist". Von der durch § 15 I 5 SigG infolge freiwilliger Akkreditierung eingeräumten Befugnis, „sich als akkreditierte Zertifizierungsdiensteanbieter [zu] bezeichnen", darf und sollte auch an der letztgenannten Stelle im Zertifikat

zierungsdiensteanbieter akkreditiert sind[495]. Sie ist materiell-haftungsrechtlich nicht letztentscheidend, da allein die Bejahung des Vorliegens eines
objektiven Scheintatbestandes noch keine Haftung und insbesondere keine
positive Haftung des Geschäftsherrn präjudiziert[496]. Denn hat ein pflichtwidriges Verhalten des Zertifizierungsdiensteanbieters zu einem Signaturmissbrauch im weiteren Sinne geführt, etwa der Verwendung einer erschli-
chenen Schlüsselinhaberschaft oder eines duplizierten Schlüssels, so liegt
kein schuldhaft-pflichtwidriges Verhalten seitens des Namensträgers bzw.
Schlüsselinhabers gem. § 6 I 1 SigG i.V.m. § 823 II BGB vor. Die vorgenannte Frage ist relevant, soweit sich an die Bejahung eines objektiven
Scheintatbestandes zumindest Beweisvorteile d.h. Beweisverlagerungen zugunsten des Geschäftsgegners knüpfen. Im Signaturkontext stellt § 371a I 2
ZPO eine dahingehende Spezialregelung dar, auf die an späterer Stelle zurückzukommen ist (dazu 6.). Hier wird davon ausgegangen, dass ein Geschäftsgegner schon bei ihm bekannter zertifikatsweiser Bezeichnung der
Zertifizierungsdienste als „qualifizierte" Zertifizierungsdienste und nicht
erst bei „Akkreditierung" vertrauensgrundsätzlich von der Einhaltung der
signaturgesetzlichen Verhaltensvorgaben seitens dieses Diensteanbieters ausgehen darf, weil diese Einhaltung dann bereits staatlicherseits beaufsichtigt
wird.

Der für die vorgenannte beschränkte Erkenntnislage bejahte objektive
Scheintatbestand, dass der Schlüsselinhaber selbst die signierte Willenserklärung abgegeben habe, entsteht häufig im Rahmen von *Fernabsatzver-
trägen* gem. § 312 b I, II BGB. In den Grenzen der §§ 312 b III, d II-IV
BGB ist die vorgenannte Willenserklärung dann widerruflich gem. §§ 312
d I, 355 ff. BGB[497]. Die Signaturliteratur geht auf das Verhältnis von
Rechtsscheinhaftung für Signaturmissbrauch und Widerrufsrecht mit keinem
Wort ein. Dass sich der unternehmerische Geschäftsgegner bei Fernabsatz-
verträgen während der *erklärungsnachfolgenden* Widerrufsfrist *nicht* darauf
verlassen kann, dass der Geschäftsherr *gebunden bleibt*[498], steht nicht ent-

---

Gebrauch gemacht werden, wenngleich § 7 I Nr. 6 SigG dies nicht vorschreibt.
Dies sollte geschehen, um eine dahingehende Kenntnisnahme durch Geschäftsgegner zu eröffnen.

[495] Vgl. die Übersicht auf der Website der Bundesnetzagentur unter www.
bundesnetzagentur.de.

[496] Siehe oben 1.b)cc)(1).

[497] Die Vorschriften des Fernabsatzgesetzes (Art. 1 des Gesetzes über Fernabsatz-
verträge und andere Fragen des Verbraucherrechts sowie zur Umstellung von Vorschriften auf Euro, BGBl. I Nr. 28 vom 29. Juni 2000, S. 897 ff.) sind durch das
Schuldrechtsmodernisierungsgesetz in §§ 312 b-d BGB verlagert worden.

[498] Vgl. § 355 I 1 BGB, wonach der Geschäftsherr bei wirksamem Widerruf
„nicht mehr gebunden ... ist". Dies ist Ausnahme zur grundsätzlich dauerhaften
Bindung bzw. Wirksamkeit eines Rechtsgeschäfts, vgl. unten in Fn. 936.

gegen, sein *anfängliches Vertrauendürfen* auf den vorgenannten Scheininhalt zu bejahen. Doch ist das Widerrufsrecht im Rahmen der weiteren Haftungsausfüllung zu berücksichtigen. Durch Scheinhaftung soll der Geschäftsgegner nicht besser gestellt werden, als wenn der Schein richtig wäre[499]. In diesem Falle kann der Geschäftsgegner binnen der Widerrufsfrist nur davon ausgehen, seine eventuelle (Vor-) Leistung im Rahmen der §§ 357, 346 ff. BGB zurückzuerhalten sowie gem. § 357 II 3 BGB nicht mit Rücksendungskosten belastet zu werden. Insbesondere auf die Realisierung eines Gewinns bei jedem einzelnen Fernabsatzgeschäft darf er demnach nicht vertrauen. Demgemäß ist dem Geschäftsherrn auch bei positiver Haftung für Signaturmissbrauch ein Widerrufsrecht gem. § 312 d, 355 ff. BGB zu gewähren[500]. Allerdings ist für den Fristbeginn gem. §§ 312 d II, 355 II BGB auf die (Vor-) Leistung und Information an den Dritten abzustellen, soweit auch insoweit ein Schein für den Geschäftsgegner gegeben war, diese Handlungen gegenüber dem Geschäftsherrn vorzunehmen. Ob ein Widerruf des Geschäftsherrn noch fristgemäß ist, bleibt daher Einzelfallfrage. Kein Widerrufsrecht ist dem Geschäftsherrn bei nur negativer Scheinhaftung zu gewähren. Denn hier kann keine durch positive Haftung herbeigeführte „Bindung ... widerrufen" werden gem. §§ 312 d I 1, 355 I 1 BGB. In diesem Falle ist eine Beschränkung der Vertrauensschadensposten auf den „Erwartungshorizont" gem. §§ 357, 346 ff. BGB abzulehnen, ist also die Ersatzfähigkeit von durch ausbleibende Geschäftswirksamkeit frustrierten Durchführungsaufwendungen des Geschäftsgegners nicht mit Blick auf § 357 II BGB zu verneinen, weil §§ 312 b ff., 355 ff. BGB nicht dem dahingehenden Schutz des Geschäftsherrn dienen. Als Zwischenergebnis soll hier stehen, dass positive Rechtsscheinhaftung aufgrund der §§ 312b, d BGB letztlich doch ohne positiven geschäftsgegnerischen Vertrauensschutz bleiben kann. Sie wird daher nur praktisch relevant, wenn kein Fernabsatzvertrag gem. § 312 b I, II BGB vorliegt, § 312 d BGB gem. § 312 b III BGB keine Anwendung findet oder die Widerrufsfrist verstreicht.

dd) Folgefragen

Hat entgegen dem Schein, dass der Schlüsselinhaber selbst die signierte Willenserklärung abgegeben habe, in Wirklichkeit ein Vertreter diese Wil

---

[499] Vgl. oben in Fn. 162.

[500] Die §§ 357, 346 ff. BGB sind zwar nicht auf den Dreiecksfall des Signaturmissbrauchs unter dem Namen des Schlüsselinhabers und der (Vor-) Leistung (siehe oben nach Fn. 265) an den Dritten zugeschnitten. Doch lässt sich etwa § 346 II BGB auch zwischen Geschäftsgegner und Geschäftsherr anwenden, wenn an den vollmachtlosen Dritten (vor-) geleistet worden ist. Hier sind noch viele Einzelfragen zu klären, deren Vertiefung nicht Aufgabe der vorliegenden Arbeit ist.

lenserklärung unter dessen Namen signiert und abgegeben, so ist der vorgenannte Schein unrichtig.

Die Frage einer Rechtsscheinhaftung im Sinne einer Haftung für einen
unrichtigen Schein[501] stellt sich damit jedoch noch nicht unmittelbar. Denn
nach allgemeinem Konsens finden die §§ 164 I 1, 167 I (Alt. 1) BGB auch
bei (innen-) *bevollmächtigtem* Vertreterhandeln *unter* dem Namen des Geschäftsherrn Anwendung. Die Leitentscheidung des BGH bezeichnet dies
als „entsprechende" Anwendung[502]. Treffender dürfte die Annahme „reduzierter" Anwendung sein: nämlich reduzierter Anwendung von § 164 I 1
BGB, auf dessen zweite Voraussetzung eines Vertreterhandelns „in fremdem
Namen" hier verzichtet wird, welche weit im Sinne von Divergenzerkennbarkeit von Geschäftsherrn und Willenserklärendem interpretiert wird[503].

Als Grenze dieser entsprechenden bzw. reduzierten Anwendung werden
einseitige Rechtsgeschäfte mit Blick auf § 174 S. 1 BGB diskutiert[504].
Diese Begrenzung ist sachgerecht. Sie greift zudem mit der vorliegend behandelten Haftungsproblematik stimmig zusammen. Denn vorliegend geht
es um Fälle, in denen der Geschäftsgegner an der Wirksamkeit der von ihm
empfangenen Willenserklärung interessiert ist. Eine Zurückweisung gem.
§ 174 S. 1 BGB spiegelt sein konträres Interesse. Daher ist er nach späterer
Aufdeckung des Vorangehens eines Vertreterhandelns unter fremdem Namen noch zur unverzüglichen Zurückweisung gem. § 174 S. 1 BGB berechtigt. Ist der Geschäftsgegner demgegenüber an der Wirksamkeit einer vollmachtlosen Vertretererklärung unter dem Namen des Schlüsselinhabers interessiert, so wird diese Möglichkeit nicht relevant[505].

---

[501] Siehe oben bei Fn. 223.

[502] BGHZ 45, 193 (Hervorhebungen hinzugefügt): „Tritt jemand *unter fremdem
Namen* auf, um falsche Identitätsvorstellungen beim Geschäftsgegner zu erwecken,
so ist eine *entsprechende* Anwendung der §§ 164 ff., nicht nur der §§ 177, 179
BGB geboten (Ennecerus/Lehmann, Lehrb. des Bürgerl. Rechts, 15. Aufl., Bd. I 2
§ 183 III 2). Wo die Auslegung der Erklärung den Anschein eines Eigengeschäfts
des Namensträgers ergibt und eine falsche Identitätsvorstellung (hier durch Nach-
ahmung der Schriftzüge des Namensträgers) beim Gegner erweckt werden sollte,
sind die Grundsätze über die Stellvertretung *entsprechend* anzuwenden, …".

[503] Soergel (*Leptien*), § 164 Rn. 23 m.w.N. in Fn. 174: … für den Offenheits-
grundsatz charakteristische, nach außen erkennbare Trennung zwischen dem Handelnden und dem, den die Wirkungen des Geschäfts treffen sollen"; Anwaltskom-
mentar zum BGB (*Stoffels*), § 164 Rn. 70; *Geusen*, Handeln unter fremdem Namen,
S. 21 bei Fn. 3; *Weber*, JA 1996, 426; *Neuschäfer*, Blankobürgschaft, S. 144
m.w.N. in Fn. 590: „Das [Offenheits-] Prinzip besagt, dass stellvertretendes Handeln nur unter der Voraussetzung möglich ist, dass der Vertreter sein Handeln als
Vertreter erkennbar macht"; s.a. *Larenz/Wolf*, AT, § 46 Rn. 54; a.A. *Flume*, Rechtsgeschäft, 4. Aufl, S. 776 ff., insb. 778.

[504] Vgl. *Köhler*, FS für Schippel, 209 [212 f.]; ihm folgend Staudinger (*Schilken*),
Vorbemerkung zu §§ 164 ff., Rn. 90 a.E.

Der in der Überlassung von Schlüssel und PIN liegende Verstoß gegen
§ 6 I 1 SigG zwingt auch nicht dazu, eine dabei zugleich erteilte Innenvollmacht gem. § 134 BGB als nichtig zu behandeln.

Hat somit entgegen dem Schein zwar ein Vertreter unter dem Namen des
Schlüsselinhabers signiert, hatte er jedoch genügend Innenvollmacht inne
und ist der Geschäftsgegner an der Wirksamkeit der von ihm empfangenen
signierten Willenserklärung interessiert, so greifen die §§ 164 I 1, 167 I
Alt. 1 BGB „entsprechend" bzw. in vorgenannter Weise „reduziert". Trotz
haftungsbegründenden Verhaltens des Schlüsselinhabers in Gestalt schuldhaften Verstoßes gegen das Überlassungsverbot aus § 6 I 1 SigG wird daher
mangels Haftungsausfüllung weder die Frage positiver noch die Frage negativer Scheinhaftung relevant[506].

Die Frage einer Haftung des Schlüsselinhabers für einen unrichtigen
Schein stellt sich damit nur, wenn ein gar nicht oder nicht genügend Innenbevollmächtigter den Schlüssel unter dem Namen des Schlüsselinhabers
missbraucht hat. Ob dann zumindest negative Haftung greift, richtet sich
danach, ob ein fahrlässiger oder vorsätzlicher und nicht gerechtfertigter Verstoß gegen nach § 6 I 1 SigG erforderliche Sicherungsmaßnahmen vorliegt.
Ob und wann darüber hinaus gar eine positive Haftung nach §§ 171 I, 172
I BGB i. V. m. §§ 116 S. 1, 119 I a. E., 121 I BGB greift, ist im folgenden
Hauptkapitel zu betrachten (dazu VI.). Davor ist zu betrachten, ob auch bei
vom eben behandelten Extremfall beschränkter Erkenntnis abweichenden,
minder beschränkten Erkenntnislagen noch ein objektiver Scheintatbestand
zu bejahen ist.

b) Abwandlungen weniger beschränkter Erkenntnis des Geschäftsgegners

Wie oben angesprochen, ist ein Spektrum von mehr oder minder beschränkter Erkenntnis des Geschäftsgegners hinsichtlich der Umstände der
Signaturerzeugung im Einzelfall denkbar[507]. Gegenextrem zum vorbesprochenen Fall ist, dass dem Geschäftsgegner gar bekannt ist, dass die signierte
Willenserklärung nicht vom Schlüsselinhaber abgegeben wurde. Dies ist
etwa dann der Fall, wenn die Signatur in Anwesenheit des Geschäftsgegners von einem ihm bekanntermaßen vom Schlüsselinhaber divergenten
Dritten erzeugt wurde; oder wenn der Geschäftsgegner gar selbst die Sig

---

[505] Zu positiver Rechtsscheinhaftung bei einseitigem Rechtsgeschäft, an dessen
Wirksamkeit der Geschäftsgegner interessiert ist, siehe oben in Fn. 183.

[506] Siehe oben bei Fn. 364.

[507] Siehe oben II.1. und V.1.

natur erzeugt hat[508]. Aus diesem Spektrum sollen nachfolgend zwei Fälle herausgegriffen werden. Zum einen, dass das signierte Dokument einen Vertreterzusatz umfasst [dazu aa)]. Zum anderen, dass die signierte Willenserklärung gem. § 7 I Nr. 7 SigG ins Zertifikat aufgenommene „Angaben darüber, ob die Nutzung des Signaturschlüssels auf bestimmte Anwendungen nach Art oder Umfang beschränkt ist", überschreitet [dazu bb)]. Für diese beiden Fälle soll wiederum betrachtet werden, ob auch hier noch ein Rechtsscheinstatbestand und welchen Inhalts zu bejahen ist.

aa) Vertreterzusatz im elektronischen Dokument

Dem soeben angesprochenen Fall eines Schlüsselgebrauchs durch einen Vertreter in Anwesenheit des Geschäftsgegners liegt der Fall nahe, dass ein telekommuniziertes signiertes Dokument einen Vertreterzusatz enthält[509]. Hier kann es nicht wie bei der vorangehend besprochenen beschränkten Erkenntnislage um einen objektiven Scheintatbestand des Inhalts gehen, dass der Schlüsselinhaber selbst die signierte Willenserklärung abgegeben habe. Vielmehr ist zu fragen, ob dann ein den §§ 171 I, 172 I BGB und der auf diese Gesetzesnormen rückzuführenden Rechtsprechung über Scheinvollmachten[510] inhaltlich entsprechender Scheintatbestand zu bejahen ist, dass der Schlüsselinhaber den Vertreter zu seinem Handeln innenbevollmächtigt habe. Oder präziser: dass er ihm bei Überlassung von Schlüssel und PIN dahingehende Innenvollmacht erteilt habe. Die dahingehende Folgerungskette ist bereits eben angedacht worden[511]. Sie ist auch hier zu verwerfen aus demselben Grunde, dass sie ein gegen das Überlassungsverbot des § 6 I 1 SigG verstoßendes und vom Signaturgesetzgeber als „unsicher" bewertetes Verhalten des Schlüsselinhabers einbeziehen müsste. Dies wäre eine mit dem oben genannten Vertrauensgrundsatz unvereinbare Berücksichtigung eines erkennbar pflichtwidrigen Verhaltens[512]. Vielmehr hat der Ge-

---

[508] Siehe oben Fn. 99, 423.

[509] Ein Unterschied besteht dahin, dass der Geschäftsgegner im letzteren Falle mangels Anwesenheit bei der Signaturerzeugung und demgemäß mangels unmittelbarer Wahrnehmung der dahingehenden Geschehnisse nicht gewiss sein kann, dass der Vertreterzusatz der Wirklichkeit entspricht: dass also wirklich ein Vertreter die dokumentierte Willenserklärung mit dem Schlüssel des Geschäftsherrn signiert und im Namen des Schlüsselinhabers abgegeben hat und nicht wirklich der Schlüsselinhaber selbst dies getan hat. Ob Motiv für ein solches „verdecktes Eigenhandeln" des Schlüsselinhabers sein könnte, die Beweiswirkung des § 371a I 2 ZPO [2005] zu vermeiden, ob der gesetzliche Anscheinsbeweis (dazu schon oben I.2.) also diesesfalls wegen des dokumentierten Vertreterzusatzes nicht greift, ist an späterer Stelle zu betrachten (dazu V.6.).

[510] Siehe oben bei Fn. 66, bei Fn. 210–215 sowie nachfolgend unter V.4.

[511] Siehe eben unter a)bb).

schäftsgegner in den vorgenannten Fällen Anlass, sich weiter zu vergewissern, ob der Vertreter Innenvollmacht innehabe. Er darf hier also weder auf ein „verdecktes Eigenhandeln" des Schlüsselinhabers (s. Fn. 509) noch auf ein Handeln eines Innenbevollmächtigten in dessen Namen vertrauen. Sondern er „muss kennen" im vorgenannten Sinne gebotener weiterer Untersuchung, Aufklärung, Vergewisserung, Nachfrage[513] etc., auf die hin sodann etwa eine Kundgebung gem. § 171 I Alt. 1 BGB des Schlüsselinhabers erfolgen kann.

Die Bejahung eines Scheins mit §§ 171 I, 172 I BGB entsprechendem Inhalt wäre mit der Qualität der Signatur als *Exklusivzeichen* des Schlüsselinhabers unvereinbar. Eben diese Qualität weisen Vollmachtsurkunden, Blanketturkunden und Btx-Kennungen nicht auf. Diese sind vielmehr als *Legitimationszeichen* einzuordnen. Eine Vollmachtsurkunde gem. § 172 I BGB ist *nur* in der Hand eines Vertreters von legitimierender Bedeutung. Eine Btx-Kennung kann den Anschlussinhaber wie *auch* einen von diesen zur Nutzung befugten Dritten legitimieren. Die vorgenannten Zeichen sollen (Vollmachtsurkunden) bzw. dürfen (Blankett und Btx-Kennung[514]) somit anders als Signaturschlüssel gem. § 6 I 1 SigG in dritte Hände gelangen[515].

Rechtsschein ist also nicht gleich Rechtsschein, sondern nach Basis und Inhalt zu verfeinern. §§ 171 I, 172 I BGB sind nur dahingehende Legalexempel, auf die sogleich näher einzugehen ist (dazu 3.). Die Basis des sig-

---

[512] Siehe oben bei Fn. 478.

[513] Siehe oben 1.b)aa).

[514] Der Bildschirmtextdienst (Btx) ist inzwischen eingestellt worden. Die Diskussion um die Haftung des Anschlussinhabers bei Btx-Missbrauch und untergerichtliche Entscheidungen hierüber (siehe oben in Fn. 39) sind daher nicht mehr unmittelbar relevant. Soweit ersichtlich, sah die damalige Telekommunikationsordnung anders als nunmehr § 6 I 1 SigG kein Verbot für Btx-Teilnehmer vor, ihr Kennwort Dritten zu überlassen, vgl. Paefgen, S. 248 ff. Demgemäß kamen rechtsscheinsinhaltlich andere Ergebnisse als nun im Signaturkontext in Betracht. Doch wurde die Frage des Rechtsscheinsinhalts damals gar nicht weiter problematisiert bzw. konkretisiert, vgl. *Paefgen,* S. 260 sowie *Redeker,* NJW 1984, 2390 [2393 f.]. *Redekers* Aufsatz war Fixpunkt der nachfolgenden Diskussion. *Redeker* sprach sich für einen Rechtsschein dahin aus, „dass der Namensträger selbst [per Btx] handele und es verhindern könne, dass ein anderer handelt". Der Neuheit seines Konzepts war er sich bewusst, vgl. a.a.O. bei Fn. 22. Dieses Konzept wurde wortwörtlich von OLG Oldenburg übernommen, vgl. BGH NJW 1993, 1400 [1401 unter 1.a)bb)]. Doch widersprach sich *Redeker* in seinen unmittelbar nachfolgenden Ausführungen, in denen dann die Rede davon war, dass der Geschäftsgegner „darauf vertrauen muss, dass derjenige, der das Kennwort kennt, auch der Bildschirmtextteilnehmer ist oder in seinem Einverständnis handelt" (a.a.O. bei Fn. 25) bzw. „darauf vertrauen muss, dass nur ein Berechtigter handelt" (a.a.O. bei Fn. 26).

[515] Siehe oben III.2.a) zum Verbot der Überlassung von Schlüssel und PIN gem. § 6 I 1 SigG i.V.m. § 823 II BGB.

naturgesetzlichen Rahmens führt insbesondere wegen § 6 I 1 SigG und des
damit unter anderem normierten Überlassungsverbots zu dem vorgenannten,
von §§ 171 I, 172 I BGB abweichenden Rechtsscheinsinhalt [dazu a)]. Sie
führt nur dahin, also bei Drittsignatur im Namen des Schlüsselinhabers
nicht auch zu einem §§ 171 I, 172 I BGB inhaltlich entsprechenden Schein
[dazu gerade unter b)aa)].

Hat der den Schlüssel im Namen des Schlüsselinhabers gebrauchende
Dritte wirklich Innenvollmacht inne, so greifen wiederum §§ 164 I 1, 167 I
Alt. 1 BGB, die von einer Scheinvollmacht seitens des Geschäftsherrn unabhängig sind. Ist der Dritte nicht innenbevollmächtigt worden, so greift
§ 179 I, II BGB. Nur kommt dann mangels objektiven Scheintatbestandes
in der vorgenannten Konstellation d.h. aufgrund haftungshindernden Mitverschuldens des Geschäftsgegners kein Haftungsanspruch gegen den Geschäftsherrn in Betracht.

bb) Überschreitung von Zertifikatsbeschränkungen gem. § 7 I Nr. 7 SigG

Nach § 7 I Nr. 7 SigG können ins qualifizierte Zertifikat aufgenommen
werden „Angaben darüber, ob die Nutzung des Signaturschlüssels auf bestimmte Anwendungen nach Art oder Umfang beschränkt ist"[516]. Über diese
Beschränkungsmöglichkeit ist vor Beginn einer Schlüsselinhaberschaft gem.
§§ 6 I 1 SigG, 6 Nr. 4 SigV zu unterrichten[517]. Zu betrachten ist, was aus

---

[516] Solche Zertifikatsbeschränkungen können vom Schlüsselinhaber, aber auch
vom Zertifizierungsdiensteanbieter vorgenommen werden, vgl. zu letzterem BT-Drs.
14/4662, S. 25 und § 11 III SigG, vgl. zu ersterem BR-Drs. 966/96 S. 34 f. zum
SigG [1997]. Hier interessiert ersteres.
[517] Nach derzeitiger Konzeption und Praxis sind Zertifikatsbeschränkungen nur
zu Beginn einer Schlüsselinhaberschaft möglich. Sie können also nicht nachfolgend
getroffen, aufgehoben oder verändert werden. Letzteres setzt nach derzeitiger Konzeption vielmehr voraus, dass das bisherige Schlüsselpaar gesperrt und ein neues
Schlüsselpaar mit anderer Zertifikatsbeschränkung beantragt wird. Die damit verbundenen Kosten (siehe oben in Fn. 267) lassen dieses Vorgehen nicht als Häufigkeit erwarten.
Würden Signaturen von einem *Exklusivzeichen* ihres Inhabers zu einem *Legitimationszeichen* umkonzipiert, so wäre die Möglichkeit *laufender* Veränderung von Zertifikatsbeschränkungen sinnvoll. Denn dann käme bei offenkundigem Drittgebrauch
ein §§ 171 I, 172 I BGB scheininhaltlich entsprechender und bei verdecktem Drittgebrauch ein dies einbeziehender Scheintatbestand alternativen Inhalts in Betracht.
Durch eine nachfolgende Zertifikatsbeschränkung könnte dann einer Beschränkung
der dem Dritten bei Überlassung von Schlüssel und PIN erteilten Innenvollmacht
vertrauensschutzhindernder Ausdruck verliehen werden. Allerdings würde eine laufende Veränderbarkeit mittels signierten Antrags des Schlüsselinhabers an seinen
Zertifizierungsdiensteanbieter wiederum die Gefahr mit sich bringen, dass ein den

einer dem Geschäftsgegner erkennbaren Überschreitung von demgemäß zertifizierten Beschränkungen in objektiv-scheintatbestandlicher Hinsicht folgt. Auszugehen ist also wiederum von der oben unter a) zugrunde gelegten beschränkten Erkenntnislage, die hier um die vorgenannten, dem Geschäftsgegner konkret erkennbaren Umstände einer Zertifikatsbeschränkung und ihrer Überschreitung durch die signierte Willenserklärung zu erweitern ist.

In dieser Konstellation ist aus beschränkter Perspektive des Geschäftsgegners zweierlei denkbar. Zum einen ist denkbar, dass der Schlüsselinhaber selbst gehandelt und die von ihm zuvor gezogenen Schranken überschritten hat. Dies könnte etwa darauf zurückzuführen sein, dass diese anfängliche Beschränkung nachfolgend schlicht vergessen wurde. Zum anderen ist denkbar, dass ein Dritter, dem die Beschränkung nicht bekannt war, den Schlüssel unter dem Namen des Schlüsselinhabers gebraucht hat. Diese Denkalternative kann dann wieder vielfach unterdifferenziert werden über einen vorgabegemäßen Drittgebrauch bis hin zu einem unter verschiedenen Umständen erfolgenden Drittmissbrauch (siehe oben II.3.). Entscheidend ist wiederum, dass eine Zertifikatsbeschränkung gem. §§ 6 I 1 SigG, 6 Nr. 4 SigV als Sicherungsmaßnahme anzusehen ist. Eine Überschreitung ist damit als „unsichere" Lage zu bewerten. Demgemäß ist hier dem Geschäftsgegner kein Rückschluss zu erlauben, dass der Schlüsselinhaber selbst die signierte Willenserklärung abgegeben habe. Vielmehr muss der Geschäftsgegner kennen, d.h. er muss in seine Verhaltensplanung die Denkmöglichkeit einbeziehen, dass ein Drittmissbrauch vorliegen kann. Er darf hier daher nicht vertrauen, so dass weder negativer noch positiver Vertrauensschutz wegen haftungshindernden Mitverschuldens seinerseits in Betracht kommt. Dieses Ergebnis ist sachgerecht. Die erkennbare Zertifikatsüberschreitung gibt wiederum Anlass zu weitergehender Aufklärung, Untersuchung, Vergewisserung, Nachfrage etc. seitens des Geschäftsgegners beim Geschäftsherrn.

Schwierig zu beurteilen ist die Folgefrage, wie materiell-rechtlich zu behandeln ist, wenn in Wirklichkeit der Schlüsselinhaber die signierte und Zertifikatsbeschränkungen überschreitende Willenserklärung abgegeben hat, etwa weil er diese Beschränkungen schlicht mit Zeitablauf vergessen hat[518]. Nach *Fischer-Dieskau et alt.* ist eine Zertifikatsbeschränkung ein „Mittel

---

Schlüssel missbrauchender Dritter schlicht Zertifikatserweiterungen veranlasst. Darüber hinaus ist einer Umkonzeption von einem Exklusivzeichen zu einem Legitimationszeichen grundsätzlich skeptisch gegenüberzustehen. Denn der momentan praktizierte Weg der Attribut-Zertifizierung von Vertretungsmacht für Dritte (dazu oben in Fn. 361) ist ausreichend, um einer Signatur auch dahingehende Legitimationswirkung zu verschaffen. Über die Attribut-Zertifizierung in gesonderten Zertifikaten (vgl. § 7 II SigG), die in vorgenannter Weise (auch vom betroffenen Dritten, vgl. § 8 II SigG) gesperrt und neu beantragt werden können, ist insoweit auch eine nachfolgende Flexibilität bzw. Veränderbarkeit gegeben.

der Risikokalkulation"[519] für den Geschäftsherrn. Zugleich sei sie „Eingrenzung der Rechtsmacht"[520] des Schlüsselinhabers. Das Zertifikat sei „eine Art Bereitschaftserklärung, am elektronischen Rechtsverkehr teilzunehmen"[521]. Zertifikatsbeschränkungen werden demgemäß als „Begrenzung der eigenen Handlungsfähigkeit des Verwenders im elektronischen Rechtsverkehr" bezeichnet[522]. Diese Bereitschafts- und Begrenzungserklärung sei empfangsbedürftige Willenserklärung[523]. Bei Zusammentreffen mit einer die Zertifikatsbeschränkung überschreitenden signierten Willenserklärung liege eine „perplexe" und daher unwirksame Willenserklärung vor[524]. Dieses Konzept einer *gewillkürten Selbstbeschränkung der eigenen Geschäftsfähigkeit* findet keine Vorläufer im bisherigen Rechtsgeschäftsverkehr[525]. Es überzeugt der Sache nach nicht. Es unterscheidet nicht genügend die „Risikokalkulation" *für Signaturmissbrauch durch Dritte* von der späteren *Eigenerklärung* eines weitergehenden als anfangs vorausgesehenen Geschäftswillens. Mit Blick auf diese chronologische Komponente überzeugt auch das Argument der Perplexität nicht: die anfängliche Schranke kann vergessen worden oder nicht mehr gewollt sein. Vielmehr ist zu trennen. Bei Überschreitung der Schranke kommt kein geschäftsgegnerischer Vertrauensschutz in Gestalt einer Haftung für Signaturmissbrauch *mangels Scheins bzw. Vertrauendürfens* in Betracht. Doch bindet eine Eigenerklärung den Schlüsselinhaber *unabhängig von einem dahingehenden Schein für den Geschäftsgegner*. Gleichermaßen greifen §§ 164 I 1, 167 I Alt. 1 BGB „ent-

---

[518] Die nachfolgenden Betrachtungen betreffen den praktisch überwiegenden Bereich des formfreien modernen Rechtsgeschäftsverkehrs. Zur Überschreitung von Zertifikatsbeschränkungen bei formbedürftigen Rechtsgeschäften nimmt *Dörner* (AcP 202, 363 [386 f.]) Stellung.

[519] *Fischer-Dieskau et alt.*, MMR 2003, 384 [384, 385, s. a. 387].

[520] *Fischer-Dieskau et alt.*, MMR 2003, 384 [385 bei Fn. 8].

[521] *Fischer-Dieskau et alt.*, MMR 2003, 384 [386 bei Fn. 15].

[522] *Fischer-Dieskau et alt.*, MMR 2003, 384 [386 f.].

[523] *Fischer-Dieskau et alt.*, MMR 2003, 384 [386 bei Fn. 20, 387].

[524] *Fischer-Dieskau et alt.*, MMR 2003, 384 [387 bei und nach Fn. 23].

[525] Selbst die sog. „Selbstsperre" von Glücksspielern bei Spielbanken wird nicht dergestalt konstruiert, vgl. *Peters*, JR 2002, 177 [180 insbesondere bei Fn. 54]. Jener Kontext wird hier nur zwecks Illustration genannt. Dort ist die „Selbstsperre" Mittel dazu, das Risiko weiterer existenzgefährdenden Glücksspiels (§§ 762 f. BGB) zu minimieren. Eines solchen Schutzes *vor sich selbst* bedarf der Schlüsselinhaber demgegenüber mit Blick auf zukünftige eigene Rechtsgeschäfte unter Signaturverwendung *grundsätzlich* nicht. Ein „Mittel der Risikokalkulation" für zukünftige eigene Rechtsgeschäfte des Schlüsselinhabers ist die Zertifikatsbeschränkung daher grundsätzlich nicht. Sie kann es zwar ausnahmsweise bei Online-Spielen o. ä. sein. Die vorliegenden Ausführungen sind jedoch nicht auf derartige Sonderkonstellationen zu beziehen, mit Blick auf die § 7 I Nr. 7 SigG auch nicht geschaffen wurde. Vielmehr geht es um die „Risikokalkulation" dahin, bei Signaturmissbrauch in Haftung seitens des Geschäftsgegners genommen zu werden.

sprechend" bzw. um das Erfordernis von Divergenzerkennbarkeit „reduziert" *und scheinunabhängig,* wenn ein genügend Innenbevollmächtigter unter dem Namen des Schlüsselinhabers und unter Überschreitung einer Zertifikatsbeschränkung gehandelt hat. Der Geschäftsgegner handelt bei Zertifikatsüberschreitung „auf eigene Gefahr"[526]. Er handelt auf die Gefahr hin, dass in Wirklichkeit ein nicht oder nicht genügend bevollmächtigter Vertreter unter dem Namen des Schlüsselinhabers gehandelt hat, ohne hier diese Denkalternative ausblenden zu dürfen. Doch muss sich diese Gefahr nicht stets realisieren.

Nach derzeitiger Signaturgesetzeslage sind prospektive Schlüsselinhaber gem. §§ 6 I 1 SigG, 6 Nr. 4 SigV nur über „die *Möglichkeit* von Beschränkungen in qualifizierten Zertifikaten nach § 7 Abs. 1 Nr. 7 des Signaturgesetzes" zu unterrichten. Nach § 6 II SigG ist des Weiteren über die *Beweis- und Formwirkungen* einer qualifizierten elektronischen Signatur zu unterrichten[527]. Das in vielerlei Hinsicht „heiße Eisen" der *Haftung* für Signaturmissbrauch[528] bleibt derzeit aus der Unterrichtung ausgeklammert[529]. Eine auch dahingehende Unterrichtung würde dem prospektiven Schlüsselinhaber die *Sinnhaftigkeit* von Zertifikatsbeschränkungen als *dahingehendes* Mittel der Risikokalkulation vor Augen führen[530]. *Rapp* beklagt damit zu Recht ein aktuelles *Unterrichtungsdefizit*[531]. Dieses geht Hand in Hand mit einem *Legitimationsdefizit* von umfänglicher Haftung bei und infolge gänzlich unterlassener Zertifikatsbeschränkung. Der Ausweg, bei weitem Geschäftsumfang im Einzelfall einen objektiven Scheintatbestand zu versagen, überzeugt hier angesichts des oben aufgezeigten Scheininhalts eines Eigenhandelns nicht[532]. Denn die Eigenzuständigkeit ist grundsätzlich unbeschränkt.

---

[526] Siehe schon oben bei Fn. 455.

[527] Siehe oben bei Fn. 349.

[528] Siehe oben I.4.d) bis f).

[529] Siehe oben III.1.a) bei Fn. 346 dazu, dass § 6 S. 2 SigG [1997] demgegenüber unterrichtungsweise „Andeutungen" über die „Zuordnung" bzw. „Zurechnung" im Missbrauchsfalle vorschrieb.

[530] § 122 I BGB deckelt das negative Interesse durch das positive Interesse. Eine den geschäftsgegnerischen positiven Vertrauensschutz beschränkende Zertifikatsangabe gem. § 7 I Nr. 7 SigG wird damit mittelbar auch für negative Haftung gem. § 6 I 1 SigG i.V.m. § 823 II BGB relevant, sofern diese gleichermaßen gedeckelt wird. Letzteres wird für negative Haftung aus *culpa in contrahendo* diskutiert, vgl. *Nickel*, S. 235 ff. Für die Fallgruppe des Ausbleibens der Geschäftswirksamkeit (siehe oben bei Fn. 180 ff.) ist es dort zu bejahen, so auch *Nickel*, 236 ff., 240. Für die in diesen Kontext gehörige negative Haftung für Signaturmissbrauch (siehe oben in Fn. 191) ist es damit ebenfalls zu bejahen.

[531] *Rapp*, 96, 99 ff.

[532] Für den benachbarten Fall der verdeckten Blankettausfüllung (dazu unten V.5.) schlägt *Canaris* (Vertrauenshaftung, S. 66) als einschränkendes Merkmal die

Hier ist *de lege ferenda* vorzugswürdig, die Unterrichtung auf Haftung für Signaturmissbrauch und demgemäße Sinnhaftigkeit der Zertifikatsbeschränkung zu erweitern. Die Unterrichtungserweiterung setzt allerdings zunächst eine Klärung der mehrschichtigen, da vertikalen und horizontalen Haftungsproblematik voraus. Dies ist Anliegen dieser Arbeit.

cc) Zwischenergebnis für die beiden vorgenannten Abwandlungen weniger beschränkter Erkenntnis des Geschäftsgegners

Bei konkreter Erkennbarkeit des Drittgebrauchs des Signaturschlüssels ist kein inhaltlich den §§ 171 I, 172 I BGB und der Rechtsprechung über Scheinvollmachten entsprechender objektiver Scheintatbestand zu bejahen, dass der Schlüsselinhaber den Dritten innenbevollmächtigt habe. Ebenso ist der objektive Scheintatbestand, dass der Schlüsselinhaber selbst gehandelt habe, dann zu verneinen, wenn Zertifikatsbeschränkungen überschritten werden. Bei welchen weiteren dem Geschäftsgegner über den Ausgangspunkt extrem beschränkter Erkenntnis hinaus konkret erkennbar werdenden Umständen ein objektiver Scheintatbestand zu versagen ist, so dass dieser nicht vertrauen darf, sondern sich negative und positive Haftung des Schlüsselinhabers hindernd entgegenhalten lassen muss, dass er weitergehend hätte kennen, erkennen, untersuchen, aufklären, nachfragen etc. müssen, wird hier nicht weiter behandelt, sondern verbleibt Einzelfallfrage.

c) Zwischenergebnis zur Frage des Vorliegens eines signaturbasierten objektiven Schein- bzw. Vertrauenstatbestandes

Den Fixpunkt der Signaturgesetzgebung bildet die extrem beschränkte geschäftsgegnerische Erkenntnislage des Empfangs einer signierten Willenserklärung in „einer offenen Kommunikation (in der die Teilnehmer sich nicht kennen müssen)"[533]. Die geschäftsgegnerische Erkenntnis ist hier *in extremo* dahin beschränkt, dass nur der Inhalt der signierten Daten und das positive Ergebnis der Signaturprüfung dem Geschäftsgegner unmittelbar wahrnehmbar ist.

Hier ist ein objektiver Scheintatbestand für den Geschäftsgegner zu bejahen. Dieser hat den von §§ 171 I, 172 I BGB und der Rechtsprechung über Scheinvollmachten abweichenden Inhalt, dass der Schlüsselinhaber selbst die telekommunizierte und signierte Willenserklärung abgegeben habe. Er ist auf die vertrauensgrundsätzliche Unterstellbarkeit der Einhaltung aller

---

Üblichkeit einer schriftlich-telekommunikativen Willenserklärung vor, die bei wirtschaftlich besonders schwerwiegenden Geschäften regelmäßig zu verneinen sei.

[533] Siehe oben I.1. in Fn. 3 sowie oben II.1.

signaturgesetzlichen Pflichten seitens des beteiligten Zertifizierungsdiensteanbieters und seitens des Schlüsselinhabers zu gründen.

Bei konkret erkennbarem Drittgebrauch des Signaturschlüssels wie auch
der Überschreitung von Zertifikatsbeschränkungen ist dieser Scheintatbestand demgegenüber zu verneinen. Aus § 6 I 1 SigG ergibt sich ein Verbot der Überlassung von Schlüssel und PIN. Eine vertrauensgrundsätzliche
Konzeption des Vorliegens und Inhalts eines objektiven Scheintatbestandes
lässt auch nicht zu, dann zumindest einen Schein mit §§ 171 I, 172 I BGB
entsprechendem Inhalt zu bejahen, dass der Schlüsselinhaber den Dritten
innenbevollmächtigt habe. Denn die konkret erkennbare Drittsignatur ist
ebenso wie die Überschreitung von Zertifikatsbeschränkungen gem. § 6 I 1
SigG als „unsichere" Lage zu beurteilen, die gar keinen Vertrauensschutz
des Geschäftsgegners rechtfertigt. Vielmehr hat der Geschäftsgegner bei Erkennbarkeit der vorgenannten Umstände Anlass zu Misstrauen.

Die Bejahung eines objektiven Scheintatbestandes bedeutet nicht weniger
und vor allem nicht mehr, als dass dem Geschäftsgegner kein haftungshindernder Mitverschuldensvorwurf zu machen ist, sein Verhalten auf die
rechtsgeschäftsbezogene Annahme gegründet zu haben, dass der Schlüsselinhaber selbst die ihm telekommunizierte und signierte Willenserklärung
abgegeben habe. Ob der Schlüsselinhaber überhaupt und zudem positiv
rechtsschein- bzw. vertrauenshaft, wenn in Wirklichkeit ein Signaturmissbrauch vorliegt, ist damit nicht präjudiziert.

Das gewonnene Ergebnis ist nunmehr auf die §§ 171 I, 172 I BGB
i. V. m. § 122 II BGB zurückzuführen.

3. Rückführung der vorangehenden Ergebnisse auf §§ 171 I, 172 I BGB i. V. m. § 122 II BGB

Die allgemein (siehe oben 1.) und signaturspeziell (siehe oben 2.) gewon-
nenen Ergebnisse in der Frage des Vorliegens und des Inhalts eines objektiven Schein- bzw. Vertrauenstatbestandes sind nunmehr am Gesetzestext des
BGB zu erhärten. Sie sind zu erhärten an §§ 171 I, 172 I BGB „als wich-
tigster Grundlage der Rechtsscheinhaftung im bürgerlichen Recht"[534]. Zwar
finden diese aufgrund abweichenden Rechtsscheinsinhalts keinesfalls unmittelbare Anwendung. Doch geht es auch bei Signaturmissbrauch um Haftung
des Geschäftsherrn für vollmachtloses Vertreterhandeln, so dass ihre analoge Anwendung zu untersuchen ist. Diese Gesetzesnormen sind also näher
zu betrachten als die vorgenannten allgemeinen Erkenntnisse tragende formelle Gesetzesgrundlage sowie als Analogiebasis im Signaturkontext.

---

[534] Siehe oben bei Fn. 212.

Die bürgerlich-gesetzgeberische Erwartung der Anwendung „der Vorschriften über Willensmängel usw." auf Kundgebungen gem. §§ 171 I, 172 I BGB[535] wird schon für das positiver und negativer Rechtsschein- bzw. Vertrauenshaftung *gemeinsame* und momentan nur betrachtete *Tatbestandsmerkmal* eines objektiven Schein- bzw. Vertrauenstatbestandes[536] relevant. Sie wird nicht erst für die Differenzierung positiver und negativer Haftung für einen falschen Schein gem. §§ 171 I, 172 I BGB i. V. m. §§ 116 ff. BGB und insbesondere die Konkretisierung haftungsqualifizierender Gründe positiven Vertrauensschutzes in §§ 171 I, 172 I BGB i. V. m. §§ 116 S. 1, 119 I a. E., 121 I BGB relevant. Denn eine *ausnahmsweise* Verneinung schon des Vorliegens eines objektiven Schein- bzw. Vertrauenstatbestandes mit der Folge keines geschäftsgegnerischen Vertrauensschutzes wird dann durch §§ 171 I, 172 I BGB *i. V. m. § 122 II BGB* eröffnet, so dass es mangels Lücke keiner ergebnisgleichen Analogie zu § 173 BGB bedarf [dazu b)]. Schon auf objektiv-scheintatbestandlicher Ebene ist die *Isolierung* der §§ 171 I, 172 I BGB von den „Vorschriften über Willensmängel usw." in §§ 116 ff. BGB damit abzulehnen [dazu a)].

An dieser Stelle ist des Weiteren auf die einführend aufgestellte These zurückzukommen, dass auch die von §§ 116 ff. BGB unmittelbar behandelte „Willenserklärung" ein objektiver Scheintatbestand ist [dazu c)aa) und c)bb)]. Aus den „Vorschriften über Willensmängel usw." sind demgemäß die Normen in ihrem Verhältnis zueinander näher zu betrachten, die diese *Vorfrage* des Vorliegens eines objektiven Schein- bzw. Vertrauenstatbestandes neben § 122 II BGB behandeln, nämlich die §§ 116 S. 2, 117 I, 133, 157 BGB [dazu c)cc)].

a) Ablehnung einer Isolierung der §§ 171 I, 172 I BGB von §§ 116 ff. BGB

Versuche der *Isolierung* der §§ 171 I, 172 I BGB von „den Vorschriften über Willensmängel usw." in den §§ 116 ff. BGB und der isolierten Fortbildung der §§ 171 I, 172 I BGB *nicht* i. V. m. §§ 116 ff. BGB sind nahezu so alt wie das BGB. Als rechtshistorische Meilensteine dieser Isolierung sind kurz zwei Arbeiten von v. Seeler [dazu aa)] und Wellspacher [dazu bb)] aus dem Jahre 1906 zu referieren und abzulehnen.

---

[535] Siehe oben bei und in Fn. 216. Eine subjektiv-historische Auslegung der §§ 171 I, 172 I BGB erfolgt unten VI.1.
[536] Siehe oben bei Fn. 412 sowie oben 1.b)cc)(2).

aa) „Vollmacht und Scheinvollmacht" nach v. Seeler (1906)

Als begriffsinitiale Arbeit für die Rechtsprechung über Scheinvollmachten wurde oben v. Seelers Aufsatz von 1906 über „Vollmacht und Scheinvollmacht" aufgezeigt[537]. „In erster Reihe" die §§ 170–173 BGB sowie weitere „kasuistische Gesetzesfälle"[538] führte v. Seeler im Sinne der „Entwickelung einer gesunden Theorie"[539] allesamt „auf denselben Gedanken zurück …: hat der [Vertretene[540]] durch sein Verhalten einen äußeren Tatbestand veranlasst oder doch mitveranlasst, der in dem [Geschäftsgegner] den Glauben erweckt, der Vertreter sei bevollmächtigt, so gilt dieser dem [Geschäftsgegner] gegenüber als bevollmächtigt, d.h. es treten diejenigen Rechtswirkungen ein, welche eintreten würden, wenn eine Vollmacht in Wirklichkeit vorläge"[541]. Hier wird bereits Vertrauensschutz mit positivem Vertrauensschutz gleichgesetzt. Ohne Begründung und entgegen der bürgerlich-gesetzgeberischen Erwartung der Anwendung der §§ 116 ff. BGB auf §§ 171 I, 172 I BGB stellte v. Seeler schlicht in den Raum, dass „die eine Scheinvollmacht erzeugenden Tatbestände (also insbesondere die Tatbestände der §§ 170–173) nicht nach den Regeln über Rechtsgeschäfte zu beurteilen sind, und ihre Wirkung sich daher nicht danach bemisst, ob sie den Voraussetzungen eines wirksamen Rechtsgeschäfts entsprechen"[542]. Demgemäß schlug er vor, positiven Vertrauensschutz durch Analogie zu den isolierten §§ 171 I, 172 I BGB zu erreichen[543]. Damit ist die spätere Rechtsprechung über Scheinvollmachten vorweggenommen[544].

---

[537] Siehe oben bei Fn. 43.

[538] von Seeler, Archiv für Bürgerliches Recht, Band 28, 1 [36 ff., Zitat von S. 37]: als solches wurden §§ 54, 56, 366 HGB behandelt, a.a.O. [45 f., 47 f., 49 f.].

[539] von Seeler, Archiv für Bürgerliches Recht, Band 28, 1 [3].

[540] Das Original spricht hier von „dem Vertreter". Dies ist angesichts der nachfolgenden Ausführungen von v. Seeler als Schreibfehler anzunehmen. Denn a.a.O. [45, s.a. 48 f.] heißt es: „der gute Glaube des [Geschäftsgegners] wird regelmäßig nur geschützt, wenn er sich auf ein Verhalten des Vertretenen, nicht aber lediglich auf ein Verhalten des Vertreters stützt".

[541] von Seeler, Archiv für Bürgerliches Recht, Band 28, 1 [36 f.].

[542] von Seeler, Archiv für Bürgerliches Recht, Band 28, 1 [36].

[543] von Seeler, Archiv für Bürgerliches Recht, Band 28, 1 [37]. Sodann a.a.O. [51]: „Besondere Mitteilungen" des Geschäftsherrn gem. § 171 I Alt. 1 BGB darüber, „dass er einen anderen bevollmächtigt habe", könnten „übrigens … bemerkt … auch durch konkludente Handlungen und unter Umständen auch durch Stillschweigen erfolgen". v. Seelers ebenso beiläufiger Nachsatz kennzeichnet die Auseinandersetzung zwischen Rechtsprechung und Literatur in den nachfolgenden drei Jahrzehnten: „daher möchte ich die zahlreichen Erscheinungen, die in der Literatur als konkludente oder stillschweigende Bevollmächtigungen bezeichnet werden, überhaupt nicht als Bevollmächtigungen, sondern vielmehr als Fälle der Scheinvollmacht betrachten". Vgl. oben in Fn. 48.

[544] Siehe oben I.4.a).

Zugleich wurde eine *Scheindebatte* im negativen Begriffssinne angesto-
ßen: da „stillschweigenden Bevollmächtigungen" gem. § 167 I Alt.
2 BGB wie auch Kundgebungen gem. §§ 171 I, 172 I BGB eine objektiv-scheintatbestandliche Qualität innewohnt, ist die Behandlung des unrichtigen
Scheins keine eigenständige Problematik der §§ 171 I, 172 I BGB[545].

bb) „Das Vertrauen auf äußere Tatbestände im bürgerlichen Recht" nach Wellspacher (1906)

Die wohl ehrlichsten und klarsten Worte des gesamten 20. Jahrhunderts
zu §§ 171 I, 172 I BGB dürften sich bei Wellspacher finden. Kurz nach
v. Seeler veröffentlichte der Innsbrucker Professor Wellspacher ebenfalls im
Jahre 1906 die vorgenannte Monographie. In dieser stellte er „Erscheinungen der modernen Gesetzeswerke, unter denen das deutsche BGB an erster
Stelle steht, ... unter den Gesichtspunkten des Schutzes des Vertrauens auf
äußere Tatbestände" zusammen[546]. Er wies seiner Arbeit einen „im Wesentlichen kritischen und zivilpolitischen Charakter" zu[547].

Im Abschnitt über „Vollmacht und Vollmachtsurkunde"[548] wird zuerst die
als „offene Vollmacht" bezeichnete Außenbevollmächtigung gem. § 167 I
Alt. 2 BGB angeführt, „die dem Vertrauen des [Geschäftsgegners] als
Grundlage zu dienen vermag"[549]. Sodann werden die §§ 171, 172 BGB angesprochen. Letzteren liege ein einfacher Gedanke zugrunde: „der Schutz
des Vertrauens auf das dem [Geschäftsgegner] kundgegebene oder in der
Vollmachtsurkunde objektivierte Vertretungsverhältnis"[550]. Anders als
v. Seeler setzt Wellspacher dies allerdings nicht begründungslos mit positivem Vertrauensschutz gleich. Vielmehr wird gesehen, dass die Anwendung
der §§ 118, 119 I a.A., 122 I, 142 I BGB auf letztere nur zu negativem
Vertrauensschutz führt. Dahin gelangt Wellspacher einerseits mit dem im
weiteren Sinne systematischen Argument punktueller Unabgrenzbarkeit von
Außenbevollmächtigungen und Außenkundgebungen: „Es scheint doch zu
gewagt, an die feine theoretische Unterscheidung: ‚ich bevollmächtige den
X.' und ‚ich habe den X. bevollmächtigt', verschiedene Rechtswirkungen

---

[545] Selbstverständlich ist auch eine *ausdrückliche* Außenbevollmächtigung ein
Scheintatbestand, der, gemessen am wirklichen Willen des Geschäftsherrn, einem
Vertreter Vollmacht zu erteilen, richtig wie auch unrichtig sein kann, dazu näher sogleich unter c).
[546] *Wellspacher*, S. IX f.
[547] *Wellspacher*, S. X; zum Nachgang auf Wellspachers Arbeit vgl. *Demelius*,
AcP 153, 1 [6 ff.].
[548] *Wellspacher*, S. 79–95.
[549] *Wellspacher*, S. 81.
[550] *Wellspacher*, S. 85 f.

zu knüpfen. Dieses Rasiermesser taugt nicht zum Brotschneiden"[551]. Des Weiteren wird eine „Lehre" ohne Quellennachweis angeführt, nach der „die Normen über die Willenserklärung" auf Kundgebungen nach §§ 171, 172 BGB anzuwenden sind. Hier fehlt die Klarstellung, dass diese „Lehre" aus der Feder des Bürgerlichen Gesetzgebers stammt: die in die Protokolle der Vorkommission des Reichsjustizamtes und der zweiten Kommission geschriebene Erwartung der „Anwendung der Vorschriften über Willensmängel usw." auf §§ 171 I, 172 I BGB[552].

Wellspacher wurde deutlich. Diese „Lehre" führe zu „unerträglichen theoretischen und praktischen Ergebnissen"[553]. „Das Hindernis aber liegt viel tiefer, es liegt in der verfehlten Regelung der Lehre von den Willensmängeln"[554]. Es „ergibt sich, dass die Schranke, auf welche eine sachgemäße Ausgestaltung des Vertrauensschutzes im BGB stößt, in der Lehre von den Willensmängeln gelegen ist"[555]. Als nicht „sachgemäß" sah Wellspacher an, dass der Geschäftsgegner im Falle der „§§ 118, 119, 122 ... auf den völlig unpraktischen Anspruch auf Ersatz des negativen Interesses verwiesen" ist[556]. „Ein praktisches Mittel für den modernen Verkehrsschutz bildet er nicht"[557]. Hier verweist Wellspacher auf dem Erlass des BGB

---

[551] *Wellspacher*, S. 89. An dieser Stelle wurden von *Wellspacher* § 170 BGB und §§ 171 I, 172 I BGB und nicht § 167 I Alt. 2 BGB und §§ 171 I, 172 I BGB gegenübergestellt. Der Sache nach war letzteres gemeint und wurden §§ 171 I, 172 I BGB nicht genügend scharf von §§ 170, 171 II, 172 II, 173 BGB geschieden, vgl. bereits oben bei und in Fn. 67, 210–215.

[552] Siehe oben in Fn. 216, 535.

[553] *Wellspacher*, S. 84.

[554] *Wellspacher*, S. 88.

[555] *Wellspacher*, S. 90.

[556] *Wellspacher*, S. 92; s.a. S, 84, 98. *Demelius* (AcP 153, 1 [8]) referiert dies wohl terminologisch bzw. metaphorischen Anschluss an *Regelsberger* (KritVJSchr 47 (1907), 284 [291]) dahin, dass *Wellspacher* „der Meinung war, das Gesetz gebe dem [Geschäftsgegner] Steine statt Brot, wenn es ihm anstatt des erwarteten Vertrags Ersatz des Vertrauensschadens anbiete". Zur sachlichen Zweifelhaftigkeit dieser metaphorischen Abwertung der negativen Haftung im Vergleich zur positiven Haftung vgl. die pointierten Ausführungen von *Frotz*, S. 313 sowie die in der vorliegenden Arbeit oben in Fn. 161 erfolgten Ausführungen.

[557] Schon 1906 wurde also das Argument der „Modernität" bemüht, um den nur wenige Jahre zuvor in Kraft gesetzten bürgerlich-gesetzlichen Vertrauensschutzregelungen eine Unzeitgemäßheit anzusinnen. Das sollte zu Skepsis anmahnen, aus dem aktuellen Faktum des „modernen Rechtsgeschäftsverkehrs" (siehe oben bei und in Fn. 258) gleiches abzuleiten. Dies umso mehr, als die vorliegende Arbeit nur den Ausgangspunkt des modernen Rechtsgeschäftsverkehrs mit *Bürgern* als Schlüsselinhaber behandelt, siehe oben bei Fn. 61. Über Möglichkeiten von Haftungsverschärfungen im Sonderprivatrecht der Kaufleute wird daher hier nichts ausgeführt. Exemplarisch für die vorgenannte Argumentation im Jahre 1924 auch etwa *H. J. Reinicke*, Die Scheinvollmacht im Rahmen der Lehre vom Rechtsschein, 1924:

vorangehende Literaturstimmen, die maximalen geschäftsgegnerischen Vertrauensschutz gefordert hatten[558]. Einer Vertrauensmaxime hat der Bürgerliche Gesetzgeber auf *positiver* Vertrauensschutzebene jedoch eine klare Absage erteilt[559]. Wohl aber kann die *fahrlässigkeitsunabhängige* Ausgestaltung der *negativen* Vertrauensschutzebene in §§ 118, 119 I a. A., 122 I BGB als *kleine Vertrauensmaxime* eingeordnet werden, deren Rechtsfolge Wellspacher aber eben nicht für „sachgemäß" hielt[560].

Wellspacher gelangt zu einem ehrlichen, jedoch methodisch zweifelhaften Ergebnis, so seine rechtspolitische Meinung der Unsachgemäßheit negativen Vertrauensschutzes überhaupt geteilt wird: „Eine gedeihliche Fortentwicklung des Verkehrsschutzes auf Grund der Bestimmungen des deutschen Gesetzbuches ist meines Erachtens nur dann möglich, wenn Theorie und Praxis den Gedanken von Treu und Glauben auch auf dem Gebiete des Verhältnisses von Wille und Erklärung energisch zur Geltung bringen. Vorläufig wird man sich trotz aller Bedenken dazu entschließen müssen, die Anwendung der Lehre von den Willensmängeln auf die Fälle der [§§ 171 I, 172 I BGB[561]] abzulehnen und den Widerspruch mit dem Falle des [§ 167 I Alt. 2 BGB (s. Fn. 561)] hinzunehmen. *Theoretische Mäntelchen zur Verdeckung dieses Widerspruchs werden sich ja finden lassen. Der Praxis steht der einfache Weg offen, im konkreten Fall die Subsumtion unter [§ 167 I Alt. 2 BGB (s. Fn. 561)] zu vermeiden und § 171 zur Anwendung zu bringen*"[562].

„Zweck des modernen Rechts entwickelter Kulturstaaten ist insbesondere die Gewährleistung reibungsloser Abwicklung eines im Rahmen der kapitalistischen Wirtschaftsordnung gigantisch flutenden Verkehrs"; W. *Ehlerding*, Scheinvollmacht, 1929, S. 58: „Die Scheinvollmacht bildet ... im Verhältnis zur Vollmacht nur eine durch den immer reger und daher formloser werdenden Verkehr erzwungene Fortbildung dieses Instituts"; Otto Ernst, Haftung aus Scheinvollmacht, 1934, S. 1: „Um einem dringenden Bedürfnis des modernen Wirtschaftslebens gerecht zu werden, sind Gesetzgebung, Rechtsprechung und Rechtswissenschaft in steigendem Maße bemüht, die Sicherheit des Rechtsverkehrs zu stärken".

[558] *Wellspacher,* S. 90 f.

[559] *Gebhard*, RedE-AT, S. 107 (Paginierung des von Schubert herausgegebenen Nachdrucks, Hervorhebung hinzugefügt): „Man darf nicht allein an den Erklärungsempfänger, man muss auch an die Lage des Erklärenden denken. Die reine Vertrauensmaxime kümmert sich um die letztere nicht. ... Dass es unmöglich wäre, die Vertrauensmaxime *unbedingt* durchzuführen, *ergiebt sich von selbst*". Siehe auch Prot II 1 S. 94. Halb scherzhaft fasste *Enneccerus* solche vertrauens(schutz)maximalen Theorien dahin: „Hast Du Dich versprochen, so hast Du doch versprochen", Rechtsgeschäft, Bedingung, Anfangstermin, 1888, S. 102.

[560] Zur Entstehungsgeschichte der „zweistufigen" §§ 116 ff. BGB siehe unten VI.3.

[561] Hier wurden im Original wiederum zu unpräzise die „§§ 171 und 172" dem „§ 170" gegenübergestellt, siehe oben in Fn. 551.

[562] *Wellspacher,* S. 93 f. (Hervorhebung hinzugefügt).

Das Programm der *Isolierung* der §§ 171 I, 172 I BGB von §§ 116 ff. BGB zwecks *Maximierung positiven* Vertrauensschutzes ist damit benannt. Ein guter Teil der Literatur ging in der Folge dazu über, die von §§ 116 ff. BGB isolierten §§ 171 I, 172 I BGB als *punktuellen* gesetzgeberischen Ausdruck eines *Prinzips* des positiven Vertrauensschutzes infolge Rechtsscheins überzuqualifizieren, das *verallgemeinert* werden könne[563].

Demgemäß wurden auch von Wellspacher Analogien zu den *isolierten* §§ 171 I, 172 I BGB als Grundlage der Behandlung von Scheinvollmachten im v. Seelerschen Sinne bejaht[564]. Die positive Haftungsbegründung als „stillschweigende Bevollmächtigung" wurde abgelehnt, da diese mit den §§ 116 ff. BGB in unvermeidlichen Konflikt tritt. Explizit wurde hier ausgeführt, dass positive Haftung nur nach § 116 S. 1 BGB und nicht nach §§ 118, 119 I a. A., 123 I BGB als zu eng anzusehen sei[565]. Auf §§ 119 I a. E., 121 I 1 BGB als weitere Gründe positiver Haftung wurde nicht weiter eingegangen[566].

cc) Ablehnung der Isolierung

Das Fehlen eines formell-gesetzlichen Ausdrucks der vorgenannten bürgerlich-gesetzgeberischen Erwartung der Anwendung der §§ 116 ff. BGB auf §§ 171 I, 172 I BGB wie auch die vorgenannte isolierende Theorie und Praxis stehen nicht entgegen, auf die bürgerlich-gesetzgeberische Erwartung zurückzukommen, wie es denn hier geschieht. Denn zum einen kann Gewohnheitsrecht im Kontext der §§ 171 I, 172 I BGB und der hierauf rückzuführenden beiden Rechtsprechungslinien über Scheinvollmachten und Blankettmissbrauch (dazu im Anschluss unter 4. und 5.) angesichts der vielen Streitpunkte nicht bejaht werden[567]. Zum anderen führt die isolierte Anwendung und Fortbildung der §§ 171 I, 172 I BGB zu Folgedilemmata[568], die diese Isolierung als nicht gangbar aufzeigen.

---

[563] Vgl. *H. J. Reinicke,* 90 ff.; *H.H. Meyer,* 33 ff.; *W. Ehlerding,* S. 54 ff.; *Meltz,* S. 53 ff.; *Kothe,* S. 39 ff.; *Grüter,* S. 61 ff.; *Veldung,* S. 39 ff., insbesondere 42; *Tochtermann,* S. 146; vgl. auch *Eichler,* S. 102 f. Vgl. die pointierte Kritik von *Frotz* (S. 286 f., 310 ff.) an der isolierten Fortbildung der §§ 171 I, 172 I BGB. Auf diese Formel greift auch der BGH zurück, vgl. das Zitat oben bei Fn. 67.

[564] *Wellspacher,* S. 95 ff., insbesondere 99 f.

[565] *Wellspacher,* S. 98. Als Gegenbeispiel sei hier *Canaris* genannt, der irgendwie auf einen positiven Zurechnungsgrund der „Wissentlichkeit" stößt („Ausweg"), der weder in Herkunft noch Inhalt klargestellt wird, vgl. Vertrauenshaftung, S. 29 f.; und der § 116 S. 1 BGB mit erstaunlichen Argumenten übergeht, etwa als „bare Selbstverständlichkeit", deren Analogiefähigkeit daher zweifelhaft sei, a. a. O. S. 281 in Fn. 3, S. 419 ff.

[566] *Wellspacher,* S. 97 findet sich nur ein Wortspiel mit § 119 I a. E. BGB.

[567] Vgl. oben I.4.f) sowie VI.2.

b) Einschränkungsdilemma seitens des Geschäftsgegners infolge Isolierung von §§ 116 ff. BGB und damit von § 122 II BGB

Erstes Folgedilemma ist schon, dass §§ 171 I, 172 I BGB bei *isolierter* Anwendung *ohne jede Einschränkung* zugunsten des Geschäftsgegners greifen würden. Wie oben aufgezeigt, sind die §§ 171 I, 172 I BGB über die *scheinbare Erteilung* von Innenvollmacht von den §§ 170, 171 II, 172 II, 173 BGB über den *scheinbaren Fortbestand* von Außenvollmacht und außen kundgegebener Innenvollmacht zu trennen[569]. Nach § 173 BGB darf der Geschäftsgegner nicht auf den scheinbaren Fortbestand von Vollmacht vertrauen, wenn er deren Erlöschen „kennt oder kennen muss"[570]. Diese Einschränkung bezieht sich ausweislich des klaren Gesetzeswortlauts auf §§ 170, 171 II, 172 II BGB über den scheinbaren Fortbestand von Vollmacht. Eine entsprechende Regelung für §§ 171 I, 172 I BGB über die scheinbare Erteilung von Innenvollmacht ist in §§ 164 ff. BGB nicht aufzufinden. Bei Beschränkung des Blicks auf §§ 170–173 BGB bzw. §§ 164–181 BGB wäre demnach aus § 173 BGB *e contrario* für §§ 171 I, 172 I BGB zu schließen, dass hier nicht einmal Kenntnis des Geschäftsgegners, dass der Geschäftsherr den Vertreter entgegen der Kundgebung gem. §§ 171 I, 172 I BGB *nicht* innenbevollmächtigt hat, der Normwirkung entgegenstehen würde. Dieses Ergebnis ginge noch über die speziellen Privilegierungen hinaus, die den Geschäftsgegner von jeglicher Vergewisserung, Untersuchung, Aufklärung, Nachfrage etc. entheben, indem sie allein bessere Kenntnis seinerseits und nicht einmal grobe Fahrlässigkeit schaden lassen[571]. §§ 171 I, 172 I BGB könnten in dieser isolierten Anwendung gar nicht mehr als Vertrauensschutzregelungen qualifiziert werden. Vielmehr müsste den Normen in der vorgenannten isolierten Lesart dann gar ein überindividueller, ein über den besserwissenden Geschäftsgegner hinaus-

---

[568] Die Isolierung macht aus §§ 171 I, 172 I BGB eine in mehrfacher Hinsicht zu extreme Norm, vgl. *Frotz,* S. 286.

[569] Vgl. oben bei Fn. 67, 210 ff.

[570] An der Redaktion von §§ 171 II, 172 II, 173 BGB wird überzogene Kritik geübt. An diesen wird ein „krasser Widerspruch" (*von Seeler,* Archiv für Bürgerliches Recht, Band 28, S. 38 f.) bzw. „Denkfehler" (*Wellspacher,* S. 87) in der Normredaktion dahin kritisiert, dass eine Vertretungsmacht nicht „bestehen bleiben" könne (§§ 171 II, 172 II BGB), die „erloschen" sei (§ 173 BGB), vgl. auch *Canaris,* Vertrauenshaftung, S. 134; *Stüsser,* S. 115. Doch erklärt sich der Wortlaut daraus, dass § 173 BGB aus all- bzw. besserwissender Sicht redigiert ist, während §§ 171 II, 172 II BGB der beschränkten geschäftsgegnerischen Erkenntnis gemäß an den für diesen normierten Schein des Fortbestandes von Vollmacht anknüpfen. Sieht man §§ 171 II, 172 II BGB als Haftung für einen dahingehenden, unrichtigen Schein, so sind diese Vorschriften genauer besehen konsequent redigiert: der unrichtige Schein wird als richtig vorgegeben.

[571] Vgl. oben bei Fn. 446–448.

gehender Schutzzweck beigemessen werden, etwa im Sinne „absoluten Ver-kehrsschutzes"[572].

Abhilfe wird in einer analogen Anwendung von § 173 BGB auf §§ 171 I, 172 I BGB gesucht[573]. Danach ist ein Schein der Erteilung von Innen-vollmacht dann zu verneinen, wenn der Geschäftsgegner die Unrichtigkeit der dahingehenden Kundgebung des Geschäftsherrn „kennt oder kennen muss". Es wird ein Redaktionsversehen des Bürgerlichen Gesetzgebers an-geführt[574]. Das Ergebnis einer Analogie zu § 173 BGB, dass schon einfache Erkenntnisfahrlässigkeit die Bejahung eines objektiven Scheintatbestandes hindert, der Geschäftsgegner dann nicht auf die Kundgebung vertrauen darf, ihm dann ein haftungshinderndern Mitverschuldensvorwurf zu machen ist[575], sowie eine entsprechende Konzeption der Rechtsprechung über Scheinvoll-machten[576] ist sachlich zutreffend. Seine Begründung trägt jedoch nicht. Vielmehr ergibt sich dasselbe Ergebnis aus §§ 171 I, 172 I BGB *i.V.m. § 122 II BGB* als einer der „Vorschriften über Willensmängel usw." in den §§ 116 ff. BGB[577], die nach subjektiv-historischer Gesetzesauslegung An-wendung finden sollten. Die Einschränkungsprobleme sind damit *hausge-macht*. Sie sind Folge der Isolierung der §§ 171 I, 172 I BGB von §§ 116 ff. BGB. Es liegt ein *Anwendungsversehen* seitens der Rechtspre-chung und von Großteilen der Literatur und kein gesetzgeberisches *Redak-tionsversehen* vor[578]. Letzteres kann allenfalls darin gesehen werden, dass

---

[572] Vgl. *Canaris*, Vertrauenshaftung, S. 1.

[573] *Hupka*, S. 225 ff.; *v. Seeler*, Archiv für Bürgerliches Recht, Band 28, 1 [42 f.]; Soergel (*Leptien*), § 173 Rn. 2 m.w.N.; MüKo (*Schramm*), § 173 Rn. 9 m.w.N.; RGZ 108, 125 [127 f.].

[574] *Waldeyer*, S. 22 bei Fn. 3; *Stüsser*, S. 122 f.; *Frotz*, S. 267, 302 ff.

[575] Siehe oben V.1.b)bb); klarzustellen ist, dass sich diese einfache Erkenntnis-fahrlässigkeit nur auf über die Kundgebung hinaus dem Geschäftsgegner unmittelbar erkennbare Umstände bezieht, die ihm Anlass zu einem kundgebungskonträren Schluss geben.

[576] Siehe oben bei Fn. 442–445.

[577] So ansatzweise auch *Wieling*, JA 1991, Übungsblätter 222 [228]. Unergiebig bleiben *Canaris'* Ausführungen. Es wird „eine gewisse Verwandtschaft" von §§ 116 ff. BGB und § 122 II BGB „zur Vertrauenshaftung" bzw. „zur Rechtsschein-haftung" konstatiert (Vertrauenshaftung, S. 412, 505 bei Fn. 12, s.a. etwa S. 420 in Fn. 37). Doch setzt *Canaris'* „Dogmatik" (siehe oben in Fn. 145) alles daran, für „Bindung kraft Rechtsgeschäfts" einschließlich der Willensmangelsfälle der §§ 116 ff. BGB und damit der positiven Haftung für einen unrichtigen Schein des Geschäftswillens einerseits und Vertrauens- bzw. Rechtsscheinhaftung andererseits „zu einer klaren Trennung und zur Anerkennung der dogmatischen Selbständigkeit jedes der beiden Institute gegenüber dem anderen" zu gelangen (vgl. Vertrauenshaf-tung, S. 411–423, Zitat von S. 412).

[578] Noch deutlicher *Frotz*, S. 286: „... sah ein einflussreicher Teil der Lehre in den §§ 171 ff. BGB den Anknüpfungspunkt, um seine eigenen Vorstellungen von

kein Verweis auf §§ 116 ff. BGB in §§ 171 I, 172 I BGB aufgenommen wurde, der die von v. Seeler initiierte Scheindebatte – im doppelten Sinne – vermieden hätte[579].

§§ 171 I, 172 I BGB sind somit i. V. m. §§ 122 II BGB und nicht i. V. m. dem explizit auf §§ 170, 171 II, 172 II BGB beschränkten § 173 BGB *anzuwenden*. Ebenso sind sie demgemäß *fortzubilden*. Als dahingehende objektiv-scheintatbestandliche Fortbildungen sind an späterer Stelle auch die für den Signaturkontext bemühten beiden Rechtsprechungslinien über Scheinvollmachten und Blankettmissbrauch zu behandeln (dazu 4. und 5.).

c) Die „Willenserklärung" als objektiver Schein- bzw. Vertrauenstatbestand und Behandlung dieser Vorfrage durch §§ 116 S. 2, 117 I, 122 II, 133, 157 BGB

Einführend wurde die These aufgestellt, dass auch die „Willenserklärung" gem. §§ 116 ff. BGB ein objektiver Scheintatbestand ist[580]. Dieses Ergebnis der „Auslegung" kann gemessen am wirklichen Geschäftswillen richtig wie auch mehr oder minder unrichtig sein. Ein Teil der §§ 116 ff. BGB wurde als zweistufige Haftung für diesen Schein im Falle seiner Unrichtigkeit skizziert[581]. Die bürgerlich-gesetzgeberische Erwartung der „Anwendung der Vorschriften über Willensmängel usw." auf Kundgebungen gem. §§ 171 I, 172 I BGB ergibt aus dieser Sicht umso mehr Sinn: als zweistufige Parallelbehandlung eines unrichtigen Scheins, mag auch der Scheininhalt einer Willenserklärung (wie etwa einer Außenbevollmächtigung gem. §§ 167 I Alt. 2, 166 II BGB) und einer Kundgebung gem. §§ 171 I, 172 I BGB über eine adressatenverschiedene, historische Willenserklärung gem. § 167 I Alt. 1 BGB mehr oder minder divergieren[582].

Ob und welches Rechtsgeschäft ein anderer will, ist genau besehen stets eine Fragestellung bei beschränkter geschäftsgegnerischer Erkenntnis. Denn der *unmittelbare* Blick in den Kopf einer anderen Person ist grundsätzlich nicht eröffnet. Vielmehr lässt sich deren Geschäftswille nur aus *äußeren Tatsachen* und insbesondere aus *Äußerungen* in Gestalt von diesbezüglichen *Erklärungen,* bejahendenfalls eben „Willens-erklärungen", *schlussfolgern* bzw. *rückschließen*[583]. Er lässt sich damit nur *mittelbar* erkennen[584]. Auch

---

einem angemessenen Verkehrsschutz [im Wege der Isolierung dieser Normen von §§ 116 ff. BGB] als die des Gesetzes auszugeben".

[579] Siehe oben bei und nach Fn. 219, 544.
[580] Siehe oben I.4.f)cc) nach Fn. 219.
[581] Dazu noch näher unten VI.3.
[582] Hierzu nochmals unter VI.2.

die „ausdrückliche" i. S. v. „buchstäbliche" Erklärung (vgl. § 133 BGB) ist nur Ausgangspunkt dahingehenden Rückschlusses, die hergebrachte Gegenüberstellung von ausdrücklichen und schlüssigen Willenserklärungen insoweit missverständlich[585].

Die „Willenserklärung" ist damit ein geradezu natürlicher Scheintatbestand. Nochmals klarzustellen ist, dass die scheintatbestandliche Qualität in keiner Weise impliziert, dass es nurmehr um die Frage der Haftung für einen unrichtigen Schein gehe[586]. Vielmehr ist allgemeinsprachlich wie auch juristisch der Schein ein Konzept der Bewältigung beschränkter Erkenntnis[587]. Der Schein kann damit richtig wie auch unrichtig und letzterenfalls positiv, negativ oder gar nicht zu verantworten sein (*Folgefragen*), so ein Schein d. h. ein Vertrauendürfen überhaupt zu bejahen ist (*Vorfrage*).

Die Qualität der „Willenserklärung" als objektiver Scheintatbestand des Inhalts, dass der Geschäftsherr ein bestimmtes Geschäft mit dem Geschäftsgegner wolle, ist eigentlich eine Trivialität. Dass der Bürgerliche Gesetzgeber in §§ 116 ff. BGB nicht auf den Terminus eines „Scheins" zurückgegriffen hat[588], lag schlicht daran, dass dieses Konzept begrifflich und um das Präfix eines „*Recht(s)*scheins" verfeinert erst wenige Jahre nach Erlass des BGB von der Literatur aufgebracht wurde[589]. Diese Trivialität ist durch eine Vielzahl von Theorien und insbesondere „Rechtsgeschäftslehren" verdeckt worden, die sehr verschiedene Anliegen verfolgten. Jeder Versuch der umfänglichen Darstellung der theoriehistorischen Entwicklung von auf §§ 104–185 BGB über „Rechtsgeschäfte" und insbesondere §§ 116–144 BGB über „Willenserklärungen" bezogenen Lehren wäre Lebensaufgabe. Schon 1910 konstatierte Henle: „... die Fülle der Rechtsgeschäftsliteratur

---

[583] *Kellmann*, JuS 1971, 609 [610 bei Fn. 20]. Demgemäß gelangt *Kellmann* in leicht divergierender Terminologie zum selben Teilergebnis wie die vorliegende Arbeit, dass eine „Willenserklärung" ein objektiver Scheintatbestand ist, a. a. O. [S. 612 bei Fn. 36, S. 616 bei Fn. 69]. *Kellmanns* Aufsatz über „Grundprobleme der Willenserklärung" ist als *präziseste* und *prägnanteste* Kurzarbeit der letzten Jahrzehnte über die *lex scripta* der §§ 116 ff. BGB und ihr Verschwinden unter unzähligen Theorien zu würdigen, von denen viele die Maximierung i. S. v. Extension positiven Vertrauensschutzes bezweckten, vgl. insbesondere a. a. O. [609]. Vgl. auch *Wieling*, JA 1991, Übungsblätter 222 [228]. Zur Erkenntnis des Willens aus einem Verhalten mittels Schlussfolgerung bereits *Isay*, S. 4, 23.

[584] Vgl. auch *Wiebe*, S. 71; *Lüderitz*, 321 ff. [312 bei Fn. 1–4, 339].

[585] Vgl. *Gebhard*, RedE-AT, S. 84 (Paginierung des von Schubert herausgegebenen Nachdrucks) zu § 10 BGB-RedE, in dem „ausdrückliche" und „stillschweigend durch ein Verhalten" erfolgende Willenserklärungen unterschieden wurden.

[586] Vgl. oben vor Fn. 223.

[587] Siehe oben unter V.1.

[588] Zu § 117 I BGB siehe unten c)cc).

[589] Siehe oben bei Fn. 43 f. sowie in Fn. 418.

streift ans Unheimliche"[590]. Die vorliegende Arbeit sucht ohne Anspruch auf Vollständigkeit in dieser „unheimlichen … Fülle" einige wesentlich erscheinende Ursachen für die Verdeckung der objektiv-scheintatbestandlichen Qualität der „Willenserklärung" gem. §§ 116 ff. BGB aufzuzeigen [dazu aa)].

Die objektiv-scheintatbestandliche Qualität der „Willenserklärung" findet in der Systematik der §§ 116 ff. BGB ihre Bestätigung. Die „Willenserklärung" ist hier nicht *ein* Tatbestand oder gar ein diffus-pauschalierender „Zurechnungstatbestand"[591]. Vielmehr ist sie *objektiv-scheinbar zu definierendes* gemeinsames *Tatbestandsmerkmal* verschiedener Rechtssätze, über deren verschiedene Rechtsfolgen je hinzutretende, weitere Tatbestandsmerkmale bestimmen [dazu bb)]. Ein Teil dieser *hinzutretenden Tatbestandsmerkmale* interessiert an späterer Stelle als subjektive Tatbestände bzw. Zurechnungsgründe positiver Haftung für einen unrichtigen Schein, nämlich §§ 116 S. 1, 119 I a. E., 121 I BGB (dazu VI.).

Die *Vorfrage* des Vorliegens oder Nichtvorliegens einer Willenserklärung des Geschäftsherrn aus Sicht des Geschäftsherrn behandeln neben dem soeben angeführten § 122 II BGB in den „Vorschriften über Willensmängel usw." in §§ 116 ff. BGB auch die §§ 116 S. 2, 117 I, 133 BGB. Der im anschließenden Titel über „Vertrag" befindliche § 157 BGB gehört ebenfalls in diesen Sachkontext. Demgemäß ist die Gesamtheit der §§ 116 S. 2, 117 I, 122 II, 133, 157 BGB in ihrem Verhältnis zueinander zu beleuchten, da die Vorfrage des Vorliegens oder Nichtvorliegens eines Scheins gem. §§ 171 I, 172 I BGB für den Geschäftsgegner dann genau besehen i. V. m. §§ 116 S. 2, 117 I, 122 II, 133, 157 BGB zu beantworten ist [dazu cc)]. Diese behandeln also *dieselbe Teilfrage für Willenserklärungen wie für Kundgebungen*: ob ein objektiver Scheintatbestand welchen Inhalts für den Geschäftsgegner zu bejahen oder zu verneinen ist.

Die nachfolgenden Ausführungen bezwecken also dreierlei: zum einen, die These der Willenserklärung als gesetzlich behandelter, wenngleich ebenso wie „Kundgebungen" gem. §§ 171 I, 172 I BGB nicht als solches bezeichneter Schein- bzw. Vertrauenstatbestand zu belegen; des Weiteren, die Trennung und Gegenüberstellung von Rechtsgeschäftslehre und Rechtsscheinslehre[592] für das Rechtsgeschäftsrecht der §§ 104–185 BGB zu widerlegen; sowie zum dritten, die sachliche Gemeinsamkeit von §§ 116 S. 2, 117 I, 122 II, 133, 157 BGB (i. V. m. §§ 171 I, 172 I BGB) als Regelung von haftungshinderndem Mitverschulden des Geschäftsgegners[593] aufzuzeigen.

---

[590] *Henle,* Vorwort S. VII.
[591] Dazu unter aa)(2).
[592] Siehe oben in Fn. 231.
[593] Siehe oben V.1.

aa) Ausgewählte Beispiele von Verdeckungen der
objektiv-scheintatbestandlichen Qualität der Willenserklärung
gem. §§ 116 ff. BGB

Aus der „unheimlichen ... Fülle der Rechtsgeschäftsliteratur" sei hier zum einen *Larenz'* Habilitation über „die Methode der Auslegung des Rechtsgeschäfts" von 1930 herausgehoben, die auch als „Geltungstheorie" bezeichnet wird. Dem Untertitel der Arbeit nach sollte diese „zugleich ein Beitrag zur Theorie der Willenserklärung" sein. Die Kritik dieser Theorie als „wenig klarstellend"[594] bleibt zurückhaltend. Diese Theorie fungiert hier als Beispiel dafür, dass die objektiv-scheintatbestandliche Qualität der Willenserklärung negiert wurde, um Einzelkorrekturen innerhalb der hochdifferenzierenden und -komplexen §§ 116 ff. BGB über den „Begriff der Willenserklärung" und die korrespondierende „Methode der Auslegung" zu realisieren [dazu (1)]. Als demgegenüber junges Beispiel für „Unterdifferenzierungen" bzw. „Übersystematisierungen" der §§ 116 ff. BGB, die zum gleichen Ergebnis der Verdeckung der objektiv-scheintatbestandlichen Qualität der Willenserklärung führen, ist *Werbas* Qualifizierung derselben als „ein Zurechnungstatbestand" in seiner Dissertation über „die Willenserklärung ohne Willen" aus dem Jahre 2005 anzuführen [dazu (2)].

(1) Verdeckung der objektiv-scheintatbestandlichen Qualität zwecks Einzelkorrekturen am Beispiel von Larenz' Geltungstheorie

Larenz' vorgenannte Habilitation lässt sich auf zwei Anliegen fokussieren. Zum einen sollte die Weite der *fahrlässigkeitsunabhängig* konzipierten *negativen* Haftungsstufe der §§ 118, 119 I a. A., 122 I BGB[595] hin zu weitergehender Nichthaftung eingeschränkt werden[596]. Zum anderen sollte der Fall der beidseitigen und übereinstimmenden Verständnisabweichung vom objektiven Auslegungsergebnis dahin bewältigt werden, dem übereinstimmenden wirklichen Verständnis entgegen dem Ergebnis objektiver Auslegung zur Wirkung zu verhelfen, was als *falsa demonstratio non nocet* kurzgefasst wird[597].

---

[594] MüKo (*Kramer*), Vor § 116 Rn. 9 in Fn. 26.

[595] Siehe dazu, dass dieser Regelungsteil der §§ 116 ff. BGB als „reine Veranlassungshaftung" verstanden werden kann und Verschulden hier keine die negative Haftung begründende und damit zugleich begrenzende Bedeutung zukommen soll, oben bei und in Fn. 192 ff.

[596] Auslegung, S. 71, 73, 85.

[597] Auslegung, S. 13, 15, 20, 78 f.; anvisiert war hier nicht der Fall abweichender Definition von einem objektiven Erklärungssinn, sondern das zufällige, gemeinsame Missverständnis gemessen am objektiven Erklärungssinn; vgl. RGZ 99, 147, wo zu-

Diese Anliegen von Larenz waren und sind *der Sache nach* höchst erwägenswert. Doch ist Larenz' Arbeit *ihrem Vorgehen* und *ihrem Ansatzpunkt* nach *entschieden abzulehnen.*

Larenz' Vorgehen ist dahin zu kritisieren, unter *leerbegrifflicher* Problematisierung als Frage der „Zurechenbarkeit"[598] eine *fahrlässigkeitsnahe,* wenn nicht gar *fahrlässigkeitssynonyme* Einschränkung[599] *contra legem* ver-

---

fällig von beiden Vertragsparteien ein Fremdwort („Haakjöringsköd") in gleicher Weise abweichend vom allgemeinen Sinn verstanden wurde.

[598] *Larenz'* Habilitation knüpft in diesem Punkt an seine Dissertation über „Hegels Zurechnungslehre und der Begriff der objektiven Zurechnung" von 1927 an. Essenz der Dissertation war, dass äußerste Grenze „objektiver Zurechenbarkeit" die *adäquate Kausalität* sei, Zurechnungslehre, S. 81 ff., insb. S. 83. Die weiteren Differenzierungen von objektiver und subjektiver Zurechenbarkeit etc. (vgl. Zurechnungslehre, S. 60, 89, 90, 97, 105) werden in der Habilitation allerdings nicht wieder aufgegriffen. „Zurechenbarkeit" wird dort von *Larenz* nurmehr „die grundsätzliche Bedeutung einer juristischen Kategorie zu[ge]messen", Auslegung, Vorwort S. V. Diese kategoriale Bedeutung der Zurechenbarkeit geht für Larenz dahin, „dass dadurch die *Verantwortlichkeit* ... eines Handlungssubjekts begründet wird" (a. a. O., Hervorhebung im Original). „Diese *Verantwortung* des Erklärenden findet ihre Grundlage in der *Zurechenbarkeit* der Erklärungsbedeutung, d. h. in dem Gedanken, dass diejenige Bedeutung als die rechtsverbindliche anzusehen ist, die für den Erklärenden die objektive, die gerade ihm zurechenbar ist, *mit der er selbst rechnen konnte*", Auslegung, S. 71, Hervorhebung hinzugefügt.
Die „Verantwortung" verweist auf eine „Antwort" auf eine Frage nach *Rechtsfolgen* (vgl. *Deutsch,* Haftungsrecht, S. 2 f.), ohne die *tatbestandlichen* Parameter zu dieser Beantwortung klarzustellen. Die „Zurechnung" ist ebensolcher Leerbegriff, der offen lässt, mit welchen tatbestandlichen Parametern „gerechnet" i. S. v. operiert werden soll. Verantwortung und Zurechenbarkeit bleiben ohne weitere Präzisierung formale Leerbegriffe, vgl. *Kelsen,* Reine Rechtslehre, S. 79 ff., insb. S. 85.
Die Einschränkung der als „reine Veranlassungshaftung" verstandenen fahrlässigkeitsunabhängigen negativen Haftung nach §§ 118, 119 I a. A. 122 I BGB durch „objektive Zurechenbarkeit" in Gestalt der adäquater Kausalität brächte nur eine minimale Haftungsrestriktion mit sich. Ohne Begründung griff Larenz denn auf ein weitergehendes und fahrlässigkeitsnahes, wenn nicht gar fahrlässigkeitssynonymes Restriktionsmerkmal in Gestalt engerer Zurechenbarkeit zurück, siehe die nachfolgende Fußnote.
[599] Wichtiger ist die Umkehrung der in der vorangehenden Fußnote zitierten Formulierung: nämlich dass die Verantwortlichkeit mangels Zurechenbarkeit nicht begründet, dass sie durch dieses Erfordernis begrenzt wird: „Fehlt es aber an einer zurechenbaren Willenserklärung, so ist auch keine Verantwortlichkeit des Erklärenden und damit keine Haftung für das negative Interesse begründet", Auslegung, S. 85. Damit werde vermieden, „dass der Erklärende für eine Bedeutung verantwortlich gemacht wird, die seine Erklärung für ihn nicht haben konnte, die er *nicht voraussehen konnte* und die daher für ihn zufällig ist", Auslegung, S. 73, Hervorhebung hinzugefügt.
Nach *Medicus* (BGB-AT, 7. Aufl., Rn. 608) „läuft ... die Zurechenbarkeit ... auf das Verschuldenserfordernis hinaus". Nach *Singer* (Selbstbestimmung, 174 bei Fn. 213) handelt es sich „der Sache nach um reine Verschuldenskriterien". Als Ver-

sucht zu haben, ohne dies klargestellt zu haben[600]: der objektive Erklärungssinn solle nur „zurechenbar" sein, wenn der Geschäftsherr mit ihm rechnen konnte[601], wenn er ihm voraussehbar war[602].

Abzulehnender Ansatzpunkt der Realisierung der beiden vorgenannten Anliegen war bei Larenz die „Methode der Auslegung" gem. §§ 133, 157 BGB und demgemäß der „Begriff der Willenserklärung", über deren Vorliegen und Inhalt im Zuge der Auslegung zu befinden ist. Um zum einen dem Geschäftsgegner unerkennbare subjektiv-tatbestandliche Umstände seitens des Geschäftsherrn, eben mangelnde „Zurechenbarkeit", sowie zum anderen vom objektiven Auslegungsergebnis beidseitig-übereinstimmend abweichende Verständnisse im Wege der Auslegung und damit im Begriff der Willenserklärung berücksichtigen zu können, argumentierte Larenz mit großem Aufwand gegen das Verständnis der Auslegung gem. §§ 133, 157 BGB als objektiv-einseitige Beurteilung des äußeren Verhaltens des Geschäftsherrn aus verobjektivierter Sicht des Geschäftsgegners auf seine *Schlüssigkeit* d.h. *Scheinbarkeit* für einen *Geschäftswillen* hin[603]. Larenz'

---

schuldensumschreibung versteht auch *Werba* (Willenserklärung, S. 120 in Fn. 644) *Larenz'* Ausführungen.

In seiner Leitentscheidung zur Behandlung von erklärungsunbewussten Willenserklärungen griff der BGH unter anderem auf Larenz zurück und forderte „Zurechenbarkeit", um zur Anwendung der §§ 119, 121, 122, 142 BGB bei fehlendem Erklärungsbewusstsein zu gelangen, vgl. BGHZ 91, 324 [330] (Hervorhebungen hinzugefügt): „Eine Willenserklärung liegt *bei fehlendem Erklärungsbewusstsein* ... dann vor, wenn sie als solche dem Erklärenden *zugerechnet* werden kann. Das setzt voraus, dass dieser *bei Anwendung der im Verkehr erforderlichen Sorgfalt hätte erkennen und vermeiden können,* dass seine Erklärung oder sein Verhalten vom Empfänger nach Treu und Glauben und mit Rücksicht auf die Verkehrssitte als Willenserklärung aufgefasst werden durfte (so neben Bydlinski und Kramer insbesondere *Larenz,* Gudian und Brox jeweils aaO; vgl. auch BGHZ 21, 102, 106; Palandt/Heinrichs, BGB 43. Aufl. vor § 116 Anm. 4 b)". In nachfolgenden Entscheidungen wird diese „Zurechenbarkeit" ohne weiteres mit „Fahrlässigkeit" gleichgesetzt, vgl. BGHZ 109, 171 [177]; BGH NJW 1995, 953; BGHZ 152, 63 [70]. Vgl. auch BGHReport 2004, 33 [34], wo insoweit auf „pflichtgemäße Sorgfalt gem. § 276 BGB a.F." verwiesen wird.

[600] Die bürgerlich-gesetzgeberischen Ausführungen lassen keinen Zweifel, dass Fahrlässigkeit keine Rolle im Rahmen der §§ 118, 119 I a.A., 122 I BGB spielen sollte, siehe oben in Fn. 192.

[601] *Larenz,* Auslegung, S. 71.

[602] *Larenz,* Auslegung, S. 73.

[603] *Larenz* führte aus, „dass die Willenserklärung nicht eine Aussage über ein vorliegendes Wollen enthält, sondern auf einen Rechtserfolg als einen zu verwirklichenden abzielt, dass sie ihn als einen solchen bezeichnet, der gelten soll, dass sie Geltungserklärung, nicht Wollenserklärung ist" (Auslegung, S. 52; s.a. S. 58). Danach will er „ihren logischen Charakter bestimmen: sie ist eine volitiv-emotionale Äußerung, die auf ein rechtliches Gelten gerichtet ist". „Die Frage aber, ob das Recht nur die Erklärung als gültig behandeln sollte, die als solche – deren Gel-

Ablehnung der objektiv-scheintatbestandlichen Methode der Auslegung und der objektiv-scheintatbestandlichen Qualität der Willenserklärung war denn Mittel dazu, Auslegung und Begriff der Willenserklärung zu einem *generalkorrektiven* Ansatzpunkt umzufunktionieren[604]. Noch heute finden sich in der Literatur demgemäß Ausführungen, die die Willenserklärung zu einer Wertungsfrage verklären, über deren Rechtsfolge in einer Gesamtwertung zu befinden sei[605].

Dieser Ansatz negiert gesetzliche Differenzierungen. Er hindert die Identifizierung und Präzisierung *punktuellen* Korrekturbedarfs in §§ 116 ff. BGB. Ein solche Korrektur wäre in der Grenzfrage zwischen negativer und keiner Haftung innerhalb der Rechtssätze der §§ 118, 119 I a. A., 122 I BGB zu realisieren[606], gegebenenfalls *de lege ferenda* durch begründeten Ruf nach dem Gesetzgeber, etwa nach einer Fahrlässigkeitseinschränkung. Übereinstimmend-zufällige Missverständnisse wiederum sind als *Ausnahme* der objektiven Auslegung nach §§ 133, 157 BGB zu erfassen und nicht umgekehrt die §§ 133, 157 BGB auf diesen auch empirischen Ausnahmefall zuzuschneiden. Larenz sucht diese Einzelkorrekturen demgegenüber über Korrekturen *im Grundsätzlichen* zu verwirklichen. Sein Ansatz verstellt des Weiteren die geradezu natürliche Qualität der Willenserklärung

---

tungssinn – oder gar deren inhaltliche Bedeutung vom Erklärenden gewollt war, oder ihm doch bewusst war, oder ob es sich mit dem äußeren Erklärungstatbestande begnügen sollte, ist eine Frage des positiven Rechts, und zwar eine Frage der Zurechnung des Erklärungssinnes und der Erklärungsbedeutung – wobei also der sog. ‚Geschäftswille‘ vollkommen ausscheidet" (Auslegung, S. 52 f., s. a. S. 69). „Aus der Auffassung der Willenserklärung als Geltungserklärung ergeben sich für die juristische Dogmatik wichtige Folgerungen. ... Nur das urteilende, nicht das emotionale Denken zielt auf Wahrheit ab. Volitive Sätze können daher ebensowenig wahr wie unwahr sein. ... So *kann auch die Willenserklärung weder wahr noch unwahr sein*" (Auslegung, S. 67). Sie könne jedoch „mit einem Ausdrucksfehler behaftet sein" (Auslegung, S. 68), wie etwa in den Fällen des nach § 119 BGB beachtlichen Irrtums über den Inhalt einer Erklärung. „Der ‚Irrtum‘ beruht also nicht auf einer Divergenz von Wille und Erklärung, sondern auf einer Divergenz zwischen der gemeinten (subjektiven) und der rechtsmaßgeblichen (zurechenbaren) Erklärungsbedeutung. Die irrige Erklärung ist nicht eine ‚unwahre‘ Erklärung: sie ist nicht etwa eine falsche Aussage über einen in Wahrheit nicht bestehenden Willen, sondern eine lediglich fehlerhaft zu Stande gekommene Anordnung. Ihre Fehlerhaftigkeit liegt nicht im Inhalt, sondern im Ausdruck. Das positive Recht mag ihr deshalb die Gültigkeit versagen oder es dem Erklärenden anheim geben, durch eine Anfechtungserklärung ihre Ungültigkeit herbeizuführen; aber auch die irrige und infolgedessen vielleicht ungültige Erklärung bleibt ihrem Sinne nach eine Geltungserklärung, sinkt nicht ‚zum bloßen Schein herab‘ ..." (Auslegung, S. 69).

[604] Vgl. *Larenz,* Auslegung, S. 69, 73, 91.

[605] Vgl. Soergel (*Hefermehl*), Vor § 116 Rn. 7.

[606] Ähnlich *Brehmer,* Wille, S. 247.

als Scheintatbestand mangels unmittelbarer Erkennbarkeit eines fremden Geschäftswillens[607].

---

[607] Ähnlich *Säcker*, Juristische Analysen 1971, 509 [522 ff. mit 517]. Es ist Ironie der Theoriegeschichte, dass *Larenz* und *Canaris* für erklärungsunbewusste Willenserklärungen *zum selben Ergebnis mittels konträrer Begründung gelangen*. Wie in den vorangehenden Fußnoten skizziert, suchte *Larenz* eine (Nicht-) „Zurechenbarkeit" im Rahmen der Auslegung gem. §§ 133, 157 BGB mittels Verneinung der objektiv-scheintatbestandlichen Qualität der Willenserklärung in §§ 116 ff. BGB zu realisieren. Für *Canaris* ist die Behandlung von erklärungsunbewussten Willenserklärungen demgegenüber „Problem der Rechtsscheinslehre", vgl. Vertrauenshaftung, S. 428. Die erklärungsunbewusste Willenserklärung wird als „objektiver Scheintatbestand" klargestellt, vgl. Vertrauenshaftung S. 549 (von 552, siehe oben in Fn. 231). Inkonsequenterweise werden die übrigen Fälle von „Übereinstimmungsmängeln" in den §§ 116 ff. BGB (dazu sogleich bei Fn. 614) nicht als ebensolche (unrichtigen) Scheintatbestände klargestellt. Vielmehr verschwindet diese Gemeinsamkeit hinter der von *Canaris* aufgebauten „Dogmatik" des Erklärungsbewusstseins als „de lege lata die praktisch bedeutsamste Grenze der Rechtsscheinhaftung" zur „Rechtsgeschäftslehre", a. a. O.; s. a. ders. Anmerkung zu BGHZ 91, 324 in NJW 1984, 2281; ders., FG 50 Jahre BGH, 129 [139 ff.]. Der unrichtige Schein bei erklärungsunbewusster Willenserklärung soll nun nach *Canaris* als „Problem der Rechtsscheinslehre" zu Haftung analog § 122 BGB führen, Vertrauenshaftung, S. 537 bei Fn. 58, 550. § 122 BGB wird von ihm als verschuldensunabhängige „Erklärungshaftung kraft Risikozurechnung" qualifiziert, Vertrauenshaftung, S. 534, 542. Nebenbei sei hier bemerkt, dass „das Risikoprinzip" nach Canaris auch positive Vertrauenshaftung begründen – und damit begrenzen – können soll, siehe oben bei und in Fn. 146, 173. Doch wird unter Anführung der Habilitation von *Larenz* diese Analogie zu § 122 BGB dahin eingeschränkt, dass man „die Zurechenbarkeit nur dann wird bejahen können, wenn der Erklärende die Bedeutung seiner Erklärung bzw. seines Verhaltens erkennen konnte; auf ein Verschulden, insbesondere auf das Bestehen einer Schutzpflicht gegenüber dem Vertrauenden kommt es dagegen nicht an", a. a. O., S. 550. *Singer* konkretisiert dieses Konzept von Canaris als „Versubjektivierung der Risikohaftung" und als „partielle Hinwendung zum Verschuldensprinzip", Selbstbestimmung, S. 190. Unerklärlich bleibt, wieso *Singer* das Konzept von *Larenz* erst auf „reine Verschuldenskriterien" zurückzuführen (siehe hier oben in Fn. 599 sowie Selbstbestimmung, S. 174 bei Fn. 213) und dasselbe Konzept bei *Canaris* dann im letztgenannten Sinne anders zu qualifizieren vermag. Berücksichtigt man, dass Verobjektivierungen der zivilrechtlichen Fahrlässigkeit (siehe oben bei und in Fn. 462) ebenso gut als gegenläufige Hinwendung zum Risikoprinzip bezeichnet werden können, so wird hier die Berechtigung von *Köndgens* Kritik am „Risikoprinzip" als „Krypto-Verschulden" greifbar, siehe oben in Fn. 173.
Des Weiteren erstaunt, dass *Canaris* zugleich *Larenz'* „geltungstheoretische" Argumentation zu übernehmen vermag, dass Willenserklärungen *mangels Scheinqualität* nicht richtig oder unrichtig sein könnten, siehe einerseits hier oben in Fn. 603 und andererseits Vertrauenshaftung, S. 484 unter 4. Dies erstaunt, da diese zumindest partiell als objektiver Scheintatbestand zugestanden werden.
Hier muss denn einmal kritisch auf den Punkt gebracht werden, dass *Canaris'* „Vertrauenshaftung im deutschen Privatrecht" sich mit Blick auf §§ 116 ff. BGB [i. V. m. §§ 171 I, 172 I BGB (analog)] durch *Inkonsequenzen* und *Widersprüche*

In Nachbarschaft zu Larenz sind all die weiteren Theorien zu stellen, die eine Einschränkung der potentiellen Weite der fahrlässigkeitsunabhängig konzipierten negativen Haftungsstufe der §§ 118, 119 I a. A., 122 I BGB zwar mittels fahrlässigkeitsdivergenter Kriterien, aber im Wege einer subjektiv-mindesttatbestandlichen Konzeption[608] anstelle objektiv-scheinbarer Definition des Begriffs der Willenserklärung suchten und suchen. Hier sind an erster Stelle dahingehende Theorien zum „Erklärungsbewusstsein" zu nennen[609].

---

auszeichnet und seine diesbezügliche „Dogmatik" eher zur Verwirrung beigetragen hat.

[608] Vgl. dazu *Pawlowski*, AT, Rn. 446.

[609] Vgl. *J.-G. Schubert*, S. 21. Zur *Nichtergiebigkeit* der rechtsgeschäftsrechtlichen Gesetzesmaterialien in der Frage der Relevanz oder Irrelevanz von Erklärungsbewusstsein siehe unten in Fn. 904.
Die *theorieanfängliche* Zielsetzung der Einschränkung der fahrlässigkeitsunabhängig konzipierten negativen Haftungsstufe der §§ 119 I a. A., 122 I BGB durch Erklärungsbewusstsein kam klar etwa bei *H. Lehmann* in seinem damaligen Standardlehrbuch zum „A.T. des BGB" (2. Aufl. von 1922) zum Ausdruck (§ 34 III 1 b, S. 173 f.). Initiator von unter dem BGB aufgestellten Theorien zur Relevanz von Erklärungsbewusstsein war *Manigk* mit seiner Arbeit über „Willenserklärung und Willensgeschäft" von 1907, S. 175–214, wenngleich dort der Begriff des „Erklärungsbewusstseins" noch nicht fällt. Dort gelangte Manigk zu dem – weder in historischer noch grammatischer Auslegung zwingenden (siehe unten in Fn. 904 sowie bereits andeutungsweise oben in Fn. 206) – Ergebnis, dass dem Gesetzesbegriff der Willenserklärung in §§ 116 ff. BGB ein „Kundgebungszweck" (a.a.O., S. 196) bzw. „Erklärungszweck" (a.a.O., S. 177, 200) wesentlich sei. Das Bestreben der Einschränkung der negativen Haftung aus § 122 BGB klang auch dort mehrfach an, a.a.O. S. 196, 199, 208. In *Manigks* vielen weiteren und langen Arbeiten zum Rechtsgeschäftsrecht wechselten seine Positionen vielfach, so insbesondere auch zum Erklärungsbewusstsein, vgl. *Traub*, S. 4 in Fn. 5. So wurde in „Irrtum und Auslegung" von 1918 von *Manigk* dann die *konträre* Position vertreten. Dort hieß es nunmehr, dass die Willenserklärung gem. §§ 116 ff. BGB ein Scheintatbestand sei (siehe oben in Fn. 221) und der Vertrauensschutz gem. §§ 119 I a. A., 122 I BGB nicht von „Kundgebungsbewusstsein" abhänge, a.a.O., S. 107–115.
Der BGH hat *Larenz'* nicht auf fehlendes Erklärungsbewusstsein beschränktes Restriktionskonzept mittels „Zurechenbarkeit" i.S.v. Fahrlässigkeit und Restriktionstheorien mittels Erklärungsbewusstseins letztlich *kombiniert: nur* bei fehlendem Erklärungsbewusstsein soll Zurechenbarkeit bzw. Fahrlässigkeit zur Anwendbarkeit der §§ 119, 121, 122 BGB erforderlich sein, vgl. oben in Fn. 599. Ein weitergehendes Verständnis deutet *Hepting* (FS Universität zu Köln, 209 [218] an: nämlich dass „man nach BGHZ 91, 324 nicht umhinkommt, die Zurechenbarkeit von Willenserklärungen als allgemeine Kategorie in die Rechtsgeschäftslehre zu integrieren". Doch findet sich kein Lehrbuch und keine Entscheidung, die Zurechenbarkeit bei erklärungsbewussten Irrtümern problematisiert. Die Rechtsprechung wird hier daher so verstanden, dass Zurechenbarkeit d.h. Fahrlässigkeit nur bei Fehlen von Erklärungsbewusstsein relevant werden soll.

(2) Verdeckung der objektiv-scheintatbestandlichen
Qualität der Willenserklärung infolge Übersystematisierung
am Beispiel Werbas

In seiner jüngst veröffentlichten Dissertation über „die Willenserklärung
ohne Willen" zeigt Werba treffend auf, dass subjektive Momente nicht im
Begriff der Willenserklärung und im Zuge der dahingehenden Auslegung
zu berücksichtigen sind[610]. Die Konsequenz der Qualität der Willenserklärung als objektiver Scheintatbestand des Geschäftswillens wird punktuell
gar ausgesprochen[611]. Doch werden aus diesen Ausgangserkenntnissen, die
hier völlig geteilt werden, nicht die gebotenen konzeptionellen Konsequenzen gezogen. Vielmehr verschwinden die vielen, wenngleich komplexen
und kompakten Gesetzesdifferenzierungen sowie die Gemeinsamkeit der
Willenserklärung als durchgängiges Tatbestandsmerkmal, das objektiv-
scheinbar zu definieren ist, unter einer praktisch wie dogmatisch unbefriedigenden Erklärung der Willenserklärung als „ein Zurechnungstatbestand"[612].
Werba ist insoweit als Exempel für „Übersystematisierungen" bzw. „Unter-
differenzierung" zu nennen. Die angesichts der Gesetzesdifferenzierungen
vergebliche Suche nach „dem Geltungsgrund der Willenserklärung" gehört
ebenfalls in den Kontext von unergiebigen, ja eben: vergeblichen Rechtsgeschäftslehren.

---

[610] *Werba,* Willenserklärung, S. 28 ff. zu Erklärungsbewusstsein, S. 71 ff. zu
Handlungswille.

[611] *Werba,* Willenserklärung, S. 69: „Rechtsschein einer wirksamen Willenserklärung" in den Fällen der §§ 116–123 BGB; vgl. auch Willenserklärung, S. 153 bei
Fn. 816: „... wird auch der Tatbestand einer Willenserklärung von Grundsätzen des
Vertrauensschutzes und des Rechtsscheins beherrscht, wie sich den §§ 116 ff., 122,
157, 164 II BGB entnehmen lässt". Sowie S. 49 bei Fn. 234, Hervorhebung hinzugefügt: „Eine Willenserklärung ist ein Tatbestand, welcher für die Auslegung des
objektiven Erklärungsempfängers als Willenserklärung *erscheint*".

[612] *Werba,* Willenserklärung, S. 67, 107, 138, 164: „Ausgehend von einem Tatbestand der Willenserklärung, der von dem Gedanken der Zurechnung und des Vertrauensschutzes beherrscht wird, ist nicht nach dem Willen des Erklärenden zu fragen, sondern danach, ob der Erklärungsempfänger auf den objektiven Erklärungs-
wert vertrauen durfte und ob der vom Erklärenden gesetzte Erklärungstatbestand
diesem zurechenbar ist" (a. a. O. S. 110).
Die Ebene positiver Haftung gem. §§ 116 S. 1, 119 I a. E., 121 I 1 BGB kommt
bei *Werba* jedoch viel zu kurz, vgl. etwa S. 151: „Nur die fehlerfreie Willenserklärung führt zur Erfüllungshaftung, während die nicht gewollte Willenserklärung entweder ipso iure (§ 118) oder nach erfolgter Anfechtung nichtig ist". S.a. S. 104.
Auf § 116 S. 1 BGB wird nur kurz und insgesamt zu kurz auf S. 68 eingegangen.

bb) Die Willenserklärung als objektiv-scheinbar zu definierendes Tatbestandsmerkmal in §§ 116 ff. BGB

„Ein Zurechnungstatbestand" kann nicht mehrere und gar konträre Rechtsfolgen nach sich ziehen. So ist die Willenserklärung im Falle des § 116 S. 1 BGB etwa „nicht ... nichtig", während sie im Falle des § 118 BGB genau umgekehrt „nichtig ist". Ebenso wenig lässt sich der Idealfall der willensmangelsfreien Willenserklärung und der in der Rechtsfolge der „Nichtnichtigkeit" ergebnisgleich von § 116 S. 1 BGB behandelte Fall des „geheimen Vorbehalts" auf „einen Geltungsgrund" reduzieren. Dass § 116 S. 1 BGB nicht diesen Idealfall behandelt, ergibt seine Entstehungsgeschichte wie schon die Formulierung der Rechtsfolge in Gestalt einer Ausnahme („ist nicht ... nichtig"), deren Maßstab eben der Idealfall ist. Dieser ist damit nicht ungeschrieben, sondern sozusagen mittelbar vor §§ 116 ff. BGB geschrieben. Diese Redaktion der §§ 116 ff. BGB hält den Gesetzeswortlaut knapp, bietet in ihrer Kompaktheit jedoch umgekehrt Anlass zu Missverständnissen wie dem vorgenannten, § 116 S. 1 BGB sei als an den Kopf des Titels über „Willenserklärung" gestellte Vorschrift Grund- bzw. Zentralfall. Die *ratio* bzw. den „Geltungsgrund" des mittelbar vor §§ 116 ff. BGB geschriebenen Grund- bzw. Idealfalls der Willenserklärung beschreiben die Motive als *Anerkennung* des Geschäftswillens des Geschäftsherrn[613]. Der die §§ 116 ff. BGB einleitende Willensmangelsfall des § 116 S. 1 BGB in Gestalt eines „geheimen Vorbehalts, das Erklärte nicht zu wollen", ist demgegenüber als gesetzgeberische *Missbilligung* des Verhaltens des Geschäftsherrn zu würdigen. Die dahingehenden Gesetzesmaterialien wie auch der verallgemeinerbare Gehalt von § 116 S. 1 BGB sind an späterer Stelle näher zu betrachten unter der Fragestellung positiver Haftung nach bzw. analog §§ 171 I, 172 I BGB i. V. m. § 116 S. 1 BGB (dazu VI.).

Der sozusagen mittelbar vor §§ 116 ff. BGB geschriebene Idealfall der Willenserklärung ist als *richtige* Willenserklärung zu präzisieren: als *Schein,* dass der Geschäftsherr ein bestimmtes Geschäft mit dem Geschäftsgegner wolle, der mit dem *wirklichen* Geschäftswillen des Geschäftsherrn *übereinstimmt.* Demgegenüber behandeln §§ 116, 118, 119 I BGB verschie-

---

[613] *Mugdan* I, 421 (Hervorhebungen hinzugefügt): „Rechtsgeschäft im Sinne des Entwurfes ist eine Privatwillenserklärung, gerichtet auf die Hervorbringung eines rechtlichen Erfolges, welcher nach der Rechtsordnung deswegen *eintritt, weil er gewollt ist.* Das *Wesen* des Rechtsgeschäftes wird darin gefunden, dass *ein auf die Hervorbringung rechtlicher Wirkungen gerichteter Wille sich betätigt,* und dass der Spruch der Rechtsordnung *in Anerkennung dieses Willens die gewollte rechtliche Gestaltung in der Rechtswelt verwirklicht. Besonderer Ausdruck ist dieser Auffassung im Entwurfe nicht gegeben.* ... Unter Willenserklärung wird die rechtsgeschäftliche Willenserklärung verstanden. Die Ausdrücke Willenserklärung und Rechtsgeschäft sind der Regel nach als gleichbedeutend gebraucht".

dene Fälle „mangelnder … Übereinstimmung von erklärtem und wirklichem Willen", wie deren historische Auslegung ergibt[614]. Sie behandeln somit *unrichtige* Willenserklärungen. Sie behandeln einen *unrichtigen Schein,* dass der Geschäftsherr ein bestimmtes Geschäft mit dem Geschäftsgegner wolle, weil der *wirkliche* Geschäftswille vom Auslegungsergebnis d.h. vom objektiven Schein divergiert, nicht mit diesem „übereinstimmt". Diese „Nichtübereinstimmung" bzw. Unrichtigkeit kann dahin gehen, dass entgegen dem Schein gar kein Geschäft gewollt ist, dass ein völlig oder teilweise anderes Geschäft gewollt ist, dass eine andere Person als Geschäftsherr gewollt ist[615], dass eine andere Person als Geschäftsgegner gewollt ist. §§ 116, 118, 119 I BGB differenzieren mit Lüge, Scherz und Irrtum verschiedene *Gründe* der *unrichtigen* Willenserklärung, so allgemeinsprachliche Umschreibungen der an späterer Stelle näher zu betrachtenden subjektiven Tatbestandsmerkmale.

§§ 116 ff. BGB behandeln darüber hinaus auch andere Willensmängel als „Mängel der Übereinstimmung von wirklichem und erklärtem Willen", nämlich sog. Willensbildungsmängel. Diese in §§ 116 ff. BGB mitbehandelte Unterproblematik hat nichts damit zu tun, ob das dem Geschäftsgegner erlaubte[616] oder gebotene[617] Auslegungsergebnis gemessen am wirklichen Geschäftswillen richtig oder unrichtig ist. §§ 119 II, 123 I BGB sind insoweit keine Regelungen von positiver, negativer oder keiner Haftung für einen unrichtigen Schein des Geschäftswillens. Das darf jedoch nicht davon ablenken, dass den §§ 116 S. 1, 118, 119 I BGB eben diese Qualität beizumessen ist. Ebenso wenig darf es dazu führen, etwa den § 121 BGB aus der Betrachtung auszublenden, der Übereinstimmungsmängel gem. § 119 I a.A. BGB sowie Willensbildungsmängel gem. § 119 II BGB betrifft. Gleichermaßen ist § 122 BGB nach d.h. vor die Klammer der §§ 118–120 BGB und damit des hier interessierenden Regelungsteils der §§ 116 ff. BGB gezogen.

Die „Willenserklärung" ist somit in §§ 116 ff. BGB als objektiver Scheintatbestand zu definieren, dass der Geschäftsherr ein bestimmtes Ge-

---

[614] Dazu näher unten VI.3.

[615] Vgl. § 164 II BGB.

[616] Siehe oben bei Fn. 426 ff.

[617] Aufgrund der hier untersuchten Haftungsproblematik ist im Rahmen der vorliegenden Arbeit zu unterstellen, dass der Geschäftsgegner eine ihm erlaubte Annahme auch wirklich getroffen hat (siehe oben bei Fn. 464 ff.) und er an der Wirksamkeit des von dieser Annahme betroffenen Rechtsgeschäfts interessiert ist (siehe oben bei Fn. 502 ff.). Gegenfall sind dem Geschäftsgegner nachteilige (in der Regel einseitige) Rechtsgeschäfte, an deren Wirksamkeit er nicht interessiert ist. Hier ist präziser, nicht von einer Erlaubnis, sondern von einem Gebot eines bestimmten objektiven Auslegungsergebnisses zu sprechen.

schäft mit dem Geschäftsgegner wolle. Die derart *definierte* Willenserklärung ist nicht mehr und nicht weniger als ein *gemeinsames Tatbestandsmerkmal* (!) in den Rechtssätzen der §§ 116 ff. BGB einschließlich des mittelbar davor geschriebenen Idealtatbestandes der richtigen Willenserklärung[618]. Über deren verschiedene Rechtsfolgen bestimmen *weitere Tatbestandsmerkmale* (!), die zum gemeinsamen Tatbestandsmerkmal der Willenserklärung hinzutreten. Im mittelbar vor §§ 116 ff. BGB geschriebenen Idealfall tritt als weiteres Tatbestandsmerkmal hinzu, dass der wirkliche Geschäftswille mit dem scheinbaren Geschäftswillen übereinstimmt. Oder abstrakter formuliert: dass der Schein richtig ist. In §§ 116 S. 1, 118, 119 I BGB unterfallenden Sachverhalten ist der Schein demgegenüber unrichtig und liegen verschiedene Gründe bzw. Umstände der Unrichtigkeit vor. Auf diese Differenzierungen ist als *Folgefragen* später zurückzukommen (dazu VI.).

Nunmehr sind diejenigen Normen in §§ 116 ff. BGB näher in ihrem Zusammenspiel bzw. Verhältnis zueinander zu betrachten, die die *Vorfrage* behandeln, ob überhaupt ein objektiver Scheintatbestand d.h. eine „Willenserklärung" vorliegt, da diese Normen i. V. m. §§ 171 I, 172 I BGB über das Vorliegen oder Nichtvorliegen eines objektiven Scheintatbestandes entscheiden.

*cc) Verhältnis der die Vorfrage eines objektiven Schein- bzw.
Vertrauenstatbestandes betreffenden §§ 116 S. 2, 117 I, 122 II,
133, 157 BGB zueinander*

§ 133 BGB über die „Auslegung einer Willenserklärung" wird zusammen mit § 157 BGB zur Anwendung gebracht und dergestalt *beschränkt*[619]. Diese systematische Gesetzesauslegung ist sinnvoll, da § 133 Hs. 1 BGB für sich betrachtet dem Geschäftsgegner *einschränkungslos* aufgibt, „den wirklichen [Geschäfts-] Willen [des Geschäftsherrn] zu erforschen". Diese unbeschränkte Erforschungsvorgabe soll nach § 133 Hs. 2 BGB selbst bei

---

[618] Diese „Rechtssätze" in und vor §§ 116 ff. BGB sind wiederum regelmäßig nur Teilstücke des jeweiligen rechtsgeschäftlichen Gesamttatbestandes. Im Regelfall eines zweiseitigen Rechtsgeschäfts (§§ 311 I, 145 ff. BGB) muss eine Angebotswillenserklärung zugehen und eine Annahmewillenserklärung zurückgehen. Der Titel der §§ 116 ff. BGB über „Willenserklärung" ist damit sozusagen vor die Klammer des Abschnitts der §§ 104–185 BGB über „Rechtsgeschäfte" gezogen. Die jeweiligen Rechtsfolgen der Rechtssätze in und vor §§ 116 ff. BGB – Wirksamkeit im Falle des Idealtatbestandes, ergebnisgleiche Nichtnichtigkeit nach § 116 S. 1 BGB, ergebnisdivergente Nichtigkeit nach § 118 BGB, Anfechtbarkeit nach § 119 I a. A., Nichtanfechtbarkeit nach § 119 I a. E., Nichtmehranfechtbarkeit nach § 121 I BGB usw. – greifen damit auf den jeweiligen rechtsgeschäftlichen Gesamttatbestand durch.

[619] Vgl. nur Erman (*Palm*), § 133 Rn. 5.

„buchstäblichem ... Ausdruck" und damit relativ eindeutigem[620] „Sinn"
i. S. v. Deutungs- bzw. Rückschlussergebnis greifen. Die vom isoliert
betrachteten § 133 BGB an den Geschäftsgegner gestellten vor- bzw.
außerprozessualen Verhaltensanforderungen[621] kommen einer diskursiven Sisy-
phosarbeit nahe. Denn der Geschäftsherr müsste sich einem eigentlich uner-
reichbaren Ziel[622] durch „Erforschung" i. S. v. Nachfrage etc. weitestmög-
lich annähern. § 157 BGB zieht dem von § 133 BGB einschränkungslos
vorgegebenen Erforschungsaufwand in Gestalt von „Treu und Glauben mit
Rücksicht auf die Verkehrssitte" Schranken. Subsumtionsfähige Vorgaben
enthalten die äußerst unbestimmten §§ 133, 157 BGB auch in Zusammenschau nicht. Doch gibt diese Zusammenschau beiden Normen erst einen
konzeptionellen Sinn[623]: dass Schlüssigkeit, Klarheit, Scheinbarkeit, Ein-
deutigkeit etc. gesucht werden muss, erforderlichenfalls mittels weiterer Erforschung im Wege der Nachfrage; dass damit aber der Erforschungsvorgabe Genüge getan ist. „Ist" nach §§ 133, 157 BGB im Einzelfall weiter
„zu erforschen", so ist eine Willenserklärung zu verneinen; ist nicht weiter
„zu erforschen", so ist ihr Vorliegen zu bejahen[624].

---

[620] Siehe oben bei Fn. 585; vgl. auch *Canaris,* Vertrauenshaftung, S. 27 f. bei
Fn. 72 sowie S. 222.

[621] § 133 BGB ist keinesfalls eine allein an das Erkenntnisgericht adressierte
Norm. Denn dann würde § 133 BGB für die Frage des Vorliegens und des Inhalts
einer „Willenserklärung" eine richterliche Inquisition anordnen und damit grundsätzliche Abweichungen von den zivilprozessualen Beibringungsmechanismen aufstellen. Weder die Entstehungsgeschichte noch die Systematik von BGB (materielles
Recht) und ZPO (prozessuale Verwirklichung desselben) sprechen für dieses Verständnis. § 133 BGB wird daher nachfolgend als das vor- bzw. außerprozessuale
Verhalten des Geschäftsgegners behandelnde Norm verstanden. Sie betrifft sein „in-
tellektuelles" Verhalten: wie ein äußeres Verhalten d. h. Äußerungen d. h. Erklärungen des Geschäftsherrn verstanden werden durften bzw. mussten. Demgemäß hat
das Gericht die vor- bzw. außerprozessualen Geschehnisse nachträglich unter § 133
BGB zu subsumieren, was angesichts des äußerst geringen Bestimmtheitsgrades der
Norm allerdings wenig klare Vorgaben mit sich bringt. Jedenfalls bedeutet § 133
BGB nur, dass die vor- bzw. außerprozessuale Erkenntnisgrundlage des Geschäftsgegners vom Erkenntnisgericht nachzuvollziehen bzw. zu beurteilen ist. Sie bedeutet
nicht, dass das Gericht den wirklichen historischen Geschäftswillen des Geschäftsherrn nach § 133 BGB zu erforschen hätte.

[622] Siehe oben nach Fn. 582.

[623] Vgl. Erman (*Armbrüster*), § 157 Rn. 1, 2; *Säcker,* Juristische Analysen 1971,
509 [517 f.].

[624] Trägt eine anfängliche „-erklärung" noch keine „Auslegung" als „Willenserklärung", so kann das nachfolgende Verhalten und insbesondere Erfüllungshand-
lungen dies anschließend klarstellen. Nichts mit Auslegung nach §§ 133, 157 BGB zu tun
hat die Schließung von Lücken des ergänzenden Gesetzesrechts im Wege „ergänzen-
der Auslegung". Hier ist vielmehr ein hypothetischer Wille ohne Grundlage in einer
„-erklärung" zu mutmaßen. Ebenso sind Fälle von *falsa demonstratio* kein Anwen-
dungsfall der §§ 133, 157 BGB. Vielmehr gilt es hier, einen Geschäftsinhalt ent-

Das in § 122 II Alt. 2 BGB als „fahrlässige Nichtkenntnis" legaldefinierte „Kennenmüssen" und die beschränkte Erforschungsvorgabe durch §§ 133, 157 BGB („ist … zu erforschen") *decken sich im sachlichen Kern.* Es geht darum, ob der Geschäftsgegner trotz einer beschränkten Erkenntnislage seinerseits auf eine Willenserklärung bestimmten Inhalts des Geschäftsherrn soll schließen dürfen, dies ihm scheinbar sein dürfen soll; oder ob er weiter „erforschen" (§ 133 BGB) bzw. „[er-] kennen" (§ 122 II BGB) i. S. v. nachfragen, sich vergewissern etc. *muss* und daher noch nicht auf eine Willenserklärung vertrauen *darf*[625]. Die *sachliche Doppelregelung*[626] erklärt sich zum einen daraus, dass §§ 133, 157 BGB auch bei *richtiger* Willenserklärung relevant werden. Hier würde eine Problematisierung von „Fahrlässigkeit" i. S. v. haftungshinderndem Mitverschulden des Geschäftsgegners gem. § 122 II BGB[627] im mit einer richtigen Willenserklärung gebildeten Gesamttatbestand[628] nicht recht einleuchten wollen. Sie erklärt sich des Weiteren daraus, dass §§ 133, 157 BGB auch die Auslegung einer dem Geschäftsgegner ungünstigen Willenserklärung betreffen, an deren Wirksamkeit dieser also gar nicht interessiert ist, wie etwa einer von ihm unerwünschten einseitigen Gestaltungserklärung seitens des Geschäftsherrn. Was der Geschäftsgegner hier auslegen *muss* und nicht nur *darf*, wird dann gar nicht auf Haftungsebene relevant[629].

§ 116 S. 2 BGB ist *Privilegierung* gegenüber § 122 II BGB. Im Falle des § 116 S. 1 BGB schadet hinsichtlich des geheimen Vorbehalts weder einfache noch grobe Fahrlässigkeit gem. § 122 II Alt. 1 BGB, sondern allein besseres Wissen entsprechend § 122 II Alt. 1 BGB[630]. Angesichts des *qualifizierten* Tatbestandes seitens des Geschäftsherrn[631] gem. § 116 S. 1

---

gegen dem objektiv-scheinbaren Auslegungsergebnis zu begründen, das „non nocere" soll, das entgegen §§ 133, 157 BGB auch nicht vorläufig maßgeblich sein soll. Siehe oben c)aa)(1).

[625] Siehe oben V.1.

[626] Zu dieser Verhältnisproblematik vgl. etwa MüKo (*Kramer*), § 122 Rn. 11.

[627] Siehe oben bei und in Fn. 440, 458 zum Spezialregelungscharakter von § 122 II BGB gegenüber § 254 I BGB.

[628] Siehe soeben in Fn. 618.

[629] Nicht überzeugend ist demgegenüber der Versuch der Erklärung der sachlichen Doppelregelung von §§ 133, 157 BGB und § 122 II BGB daraus, dass § 122 BGB auch den Willensbildungsmangel des § 119 II BGB betrifft, für den die Auslegung bzw. objektive Scheinbarkeit gem. §§ 133, 157 BGB irrelevant ist, so wohl *Jahr*, JuS 1989, 249 [255 bei und in Fn. 71]. Denn § 122 II BGB entsprechende Vorläuferregelungen fanden sich bereits in §§ 97 IV, 99 III BGB-EI, die nur Übereinstimmungsmängel d.h. den unrichtigen Schein einer Willenserklärung betrafen, vgl. *Mugdan* I, S. LXXXIII f. sowie unten VI.4.

[630] Vgl. oben bei Fn. 446–449.

[631] Siehe bereits oben in Fn. 173 sowie näher unten VI.5. dazu, dass § 116 S. 1 BGB als vorsätzlich widerrechtliche Täuschung über den eigenen Geschäftswillen

BGB ist diese Privilegierung des Geschäftsgegners sachlich und gesamtsystematisch[632] stimmig.

In den Fällen der §§ 116 S. 2, 122 II BGB „kennt" der Geschäftsgegner den geheimen Vorbehalt (§ 116 S. 1 BGB), Mangel der Ernstlichkeit (§§ 118, 122 II BGB) oder Irrtum (§§ 119 I, 122 II BGB) seitens des Geschäftsherrn oder „muss" die letzteren beiden Mängel „kennen". §§ 116 S. 2, 122 II BGB besagen konsequenterweise *nicht*, dass in diesen Fällen eine nichtige und auch nicht negativ zu verantwortende „Willenserklärung" (§§ 116 S. 2, 118, 122 II BGB) oder eine anfechtbare und bei fristgemäßer Anfechtung auch nicht negativ zu verantwortende „Willenserklärung" (§§ 119 I, 122 II BGB) vorliege[633]. Vielmehr darf der Geschäftsgegner entweder gar nicht davon ausgehen, dass der Geschäftsherr ein bestimmtes Geschäft mit ihm wolle, so dass schon gar keine „Willenserklärung" objektiv-scheinbar zu bejahen ist und der Gesetzeswortlaut demgemäß auch nicht von einer solchen spricht: dies, weil der Geschäftsgegner den *fehlenden Geschäftswillen* des Geschäftsherrn kennt oder kennen muss (§§ 116 S. 2, 118, 122 II BGB sowie §§ 119 I, 122 II BGB bei Erstreckung auf erklärungsunbewusste Willenserklärungen); oder weil er zwar dessen Irrtum, nicht aber dessen wirklichen Geschäftswillen kennt oder kennen muss[634] (§§ 119 I, 122 II BGB bei erklärungsbewußt-irrtümlicher Willenserklärung). Oder der Geschäftsgegner muss davon ausgehen, dass der Geschäftsherr ein anderes, bestimmtes Geschäft mit ihm wolle: so, wenn der Geschäftsgegner Irrtum und wirklich gewollten Geschäftsinhalt zugleich kennt oder kennen muss. Letzterenfalls liegt dann zwar gem. §§ 133, 157 BGB eine „Willenserklärung" des Geschäftsherrn für ihn vor, jedoch mit dem erkannten oder fahrlässig verkannten wirklich gewollten Geschäftsinhalt. Diese „Willenserklärung" ist dann jedoch richtig und damit weder anfechtbar noch vom Geschäftsherrn negativ zu verhaften, so dass §§ 119 I, 122 BGB hier gar nicht mehr greifen. Die Wortlautredaktion von §§ 116 S. 2, 122 II BGB steht somit der These der „Willenserklärung" als objektiv-scheinbar zu definierendes Tatbestandsmerkmal nicht nur nicht entgegen. Sie stützt sie viel-

---

d.h. als vorsätzlich widerrechtliche Veranlassung eines unrichtigen Scheins zu abstrahieren ist.

[632] So werden etwa auch im Rahmen des vorsatzbeschränkten und damit subjektiv-tatbestandlich qualifizierten § 826 BGB von der Rechtsprechung grundsätzlich höhere Mitverschuldensanforderungen gem. §§ 249 ff., 254 BGB gestellt, wird der Geschädigte insoweit ebenfalls privilegiert, vgl. BGH NJW 1984, 921 [922 m. w. N.].

[633] Unklar MüKo (*Kramer*), § 122 Rn. 11, der als „Anwendungsvoraussetzung" von § 122 II BGB unter anderem eine „nichtige ... Willenserklärung" nach § 118 BGB anzusehen scheint. Doch verweist § 122 II BGB nur auf Kenntnis oder Kennenmüssen „des Grundes der Nichtigkeit oder der Anfechtbarkeit".

[634] Vgl. bereits *Oertmann*, ZHR 95, 443 [445].

mehr, da sie auf die hier gem. gesetzestatbestandlicher Prämisse gar nicht beschränkte (§§ 116 S. 2, 122 I Alt. 1 BGB) oder weniger beschränkte Erkenntnislage für den Geschäftsgegner (§§ 122 II Alt. 2 BGB) Rücksicht nimmt, die keinen Vertrauensschutz desselben in Gestalt eines Schein- bzw. Vertrauenstatbestandes einer „Willenserklärung" mehr trägt.

Nicht mit der vorliegenden These verträgt sich die Wortlautredaktion von § 117 I BGB. Dieser spricht von einer „mit des [Geschäftsgegners] Einverständnisse nur zum Schein abgegebenen ... *Willenserklärung*". Wie in den Fällen der §§ 116 S. 2, 122 II Alt. 1 BGB kennt der Geschäftsgegner hier den fehlenden Geschäftswillen des Geschäftsherrn. Er weiß, dass die Erklärung „nur zum Schein abgegeben" ist, dass also ein unrichtiger Schein gesetzt werden soll. Daher liegt entweder gar keine Willenserklärung vor. Oder es liegt im Falle des § 117 II BGB eine Willenserklärung anderen und richtigen Inhalts für den Geschäftsgegner vor. § 117 I BGB ist in den auf eine beschränkte geschäftsgegnerische Erkenntnislage zugeschnittenen §§ 116 ff. BGB deplaziert. Er ist aus Drittsicht konzipiert und redigiert[635]. Er ist aus Sicht eines Dritten redigiert, der etwa nur die urkundliche „-erklärung" und nicht wie der Geschäftsgegner den mündlichen Zusatz kennt, dass der geschäftliche Urkundeninhalt „nur zum Schein" errichtet werden soll. Er ist aus Sicht eines Dritten konzipiert, dessen Erkenntnislage beschränkter ist als diejenige des Geschäftsgegners mit der Folge, dass nur für den Dritten und nicht für den Geschäftsgegner ein Schein- bzw. Vertrauenstatbestand gegeben sein kann. Die Schwierigkeit, dies auf eine knappe Gesetzesformel zu reduzieren, und die Ergebnisgleichheit von verneinter Willenserklärung und „nichtiger" und auch nicht negativ gem. § 122 I BGB zu verantwortender „Willenserklärung" sprechen dagegen, aus dem verfehlten Normwortlaut von § 117 I BGB konzeptionelle Folgerungen gegen die These der objektiv-scheinbaren Qualität der Willenserklärung ableiten zu wollen.

dd) Zwischenergebnis

Zwischenergebnis ist, dass sich §§ 116 S. 2, 117 I, 122 II, 133, 157 BGB im sachlichen Kern decken: die Bejahung einer „Willenserklärung" bedeutet, dass der Geschäftsgegner trotz beschränkter Erkenntnis davon ausgehen darf bzw. muss, dass der Geschäftsherr ein bestimmtes Geschäft mit ihm wolle. Eine „Willenserklärung" im Sinne des vorgenannten Scheins ist demgegenüber zu verneinen, wenn die Erkenntnislage für den Geschäfts-

---

[635] Vgl. den an § 117 I BGB anknüpfenden § 405 Alt. 1 BGB. Prot II 1 S. 97 führen aus, dass bei einem Scheingeschäft gem. § 117 BGB „die Täuschungsabsicht sich lediglich nach außen gegen Dritte richte".

gegner nicht beschränkt ist oder er die wirkliche Geschäftswillenslage seitens des Geschäftsherrn weiter erforschen, erkennen, untersuchen etc. muss.
Ist der Geschäftsgegner an einer bestimmten Geschäftswillenslage und einer
demgemäßen Wirkung bzw. Wirksamkeit interessiert, und stellt sich die
Frage somit dahin, ob er bei beschränkter Erkenntnis darauf vertrauen darf,
bzw. ob ihm diese gegeben zu sein scheinen darf, so trifft § 122 II BGB
den dogmatischen Kern der Haftungsproblematik, wenn der Schein nicht
mit der Wirklichkeit übereinstimmt: ob dem Geschäftsgegner ein haftungshindernder Mitverschuldensvorwurf zu machen ist oder nicht (siehe
oben 1.).

d) Zwischenergebnis und weiterer Gang der Arbeit

Die Isolierung der §§ 171 I, 172 I BGB von den nach bürgerlich-gesetzgeberischer Erwartung auf diese anzuwendenden „Vorschriften über Willensmängel usw." in §§ 116 ff. BGB ist abzulehnen. Sie resultiert schon in
der Vorfrage des Vorliegens eines objektiven Scheintatbestandes gem.
§§ 171 I, 172 I BGB in zu weitgehenden Ergebnissen, wenn der Geschäftsgegner im Einzelfall die Unrichtigkeit der Kundgebung gem. §§ 171 I, 172
I BGB kennt oder kennen muss. Für dieses hausgemachte Einschränkungsdilemma ist keine Analogie zu § 173 BGB zu bemühen. Vielmehr ergibt
sich Gleiches bürgerlich-gesetzgeberischer Erwartung gemäß aus den
§§ 171 I, 172 I BGB i. V. m. dem § 122 II BGB als einer der „Vorschriften
über Willensmängel usw.".

Innerhalb der §§ 116 ff. BGB behandeln auch §§ 116 S. 2, 117 I, 133,
157 BGB die Vorfrage, ob ein objektiver Schein- bzw. Vertrauenstatbestand
in Gestalt einer Willenserklärung aus beschränkter Perspektive des Geschäftsgegners zu bejahen oder zu verneinen ist. Im vorliegenden Kontext
der Frage der Haftung für einen unrichtigen Schein interessiert insoweit primär § 122 II BGB, den der Blick auf § 254 I BGB als Regelung haftungshindernden Mitverschuldens des Geschäftsgegners erweist.

Die §§ 116 ff. BGB normieren wohlweislich keine Regeln, bei welchen
„-erklärungen" ein objektiver Schein- bzw. Vertrauenstatbestand in Gestalt
einer „Willenserklärung" zu bejahen ist. Die denkbaren Abwandlungen sind
unendlich. Demgegenüber ergeben §§ 171 I, 172 I BGB i. V. m. § 122 II
BGB ein Regel-Ausnahme-Verhältnis der objektiv-scheintatbestandlichen
Qualität einer „Kundgebung" des Geschäftsherrn, „dass er einen anderen
bevollmächtigt habe". Hier muss der Geschäftsgegner grundsätzlich nicht
„erforschen" (vgl. § 133 BGB) bzw. „[er-] kennen" (vgl. § 122 II Alt. 2
BGB) i. S. v. nochmals beim Geschäftsherrn nachfragen, ob dem wirklich so
sei. Bei ihm konkret erkennbaren, zur Kundgebung hinzutretenden und de-

ren Unrichtigkeit naheleidenden Umständen muss er dies ausnahmsweise[636].
Dann darf er gem. §§ 171 I, 172 I BGB i. V. m. § 122 II Alt. 2 BGB doch
nicht auf die Kundgebung vertrauen. Verlässt er sich in einem solchen Falle
dennoch auf die Kundgebung, so hindert sein Mitverschulden in Gestalt unterlassener Erforschung, Erkenntnis, Vergewisserung, Nachfrage etc. eine
negative wie auch positive Haftung des Geschäftsgegners gem. §§ 171 I,
172 I BGB i. V. m. §§ 116 ff. BGB.

Für objektiv-scheintatbestandliche Fortbildungen von §§ 171 I, 172 I
BGB i. V. m. § 122 II BGB kehrt sich das gesetzliche Regel-Ausnahme-Verhältnis um. Es ist nicht mehr zu fragen, ob der Geschäftsgegner ausnahmsweise nicht auf die Kundgebung des Geschäftsherrn vertrauen darf, dass
dieser einen anderen bevollmächtigt habe. Sondern es ist zu fragen, ob und
wann er überhaupt und wohingehend vertrauen darf analog §§ 171 I, 172 I
BGB i. V. m. § 122 II BGB.

Für den scheininhaltlich von §§ 171 I, 172 I BGB divergierenden, aber
auch insoweit noch als objektiv-scheintatbestandliche Fortbildung analog
§§ 171 I, 172 I BGB i. V. m. § 122 II BGB erfassbaren signaturbasierten
Scheininhalt, dass der Schlüsselinhaber selbst eine telekommunizierte Willenserklärung abgegeben habe, wurde dies für die aufgezeigte und extrem
beschränkte Erkenntnisgrundlage im Signaturkontext bejaht[637].

Die für die Haftungsfrage für Signaturmissbrauch von der Signaturliteratur
bemühten Rechtsprechungslinien über Scheinvollmachten und Blankettmissbrauch[638] sind nunmehr mit Blick auf die bisherigen objektiv-scheintatbestandlichen Teilergebnisse dahin zu betrachten, ob sie diesen Befund erhärten (dazu 4. und 5.). Nochmals in Erinnerung zu rufen ist, dass es nach
wie vor nur um das Tatbestandsmerkmal eines objektiven Scheintatbestandes d. h. fehlenden Mitverschuldens des Geschäftsgegners gemäß bzw. analog §§ 171 I, 172 I BGB i. V. m. § 122 II BGB geht. Unter welchen Voraussetzungen für den unrichtigen Schein eine positive Haftung nach bzw. analog §§ 171 I, 172 I BGB i. V. m. §§ 116 S. 1, 119 I a. E., 121 I BGB greift,
ist an späterer Stelle zu betrachten (dazu VI.).

---

[636] Dies korrespondiert dem durch § 157 BGB beschränkten Regelungsgehalt von
§ 133 BGB. Bei „buchstäblichem ... Ausdruck" des Geschäftsherrn, „dass er einen
anderen bevollmächtigt habe", muss der Geschäftsgegner *grundsätzlich* nicht nochmals „erforschen" i. S. v. nachfragen, ob dies wirklich im Vergangenheit adressatenverschieden geschehen sei. Nur *ausnahmsweise,* d. h. bei Hinzutreten von dem
Geschäftsgegner konkret erkennbaren Umständen ist dies „nach Treu und Glauben
mit Rücksicht auf die Verkehrssitte" geboten.

[637] Siehe oben V. 2.

[638] Siehe oben I. 4.

4. Die Rechtsprechungslinie über Scheinvollmachten als objektiv-scheintatbestandliche Fortbildung von §§ 171 I, 172 I BGB i. V. m. § 122 II BGB

a) Rechtsscheinsinhalt

Der BGH spricht überwiegend nur unbestimmt vom „Rechtsschein einer Vollmacht"[639] bzw. vom „Rechtsschein einer Bevollmächtigung"[640]. Immerhin bringen einzelne Entscheidungen einen §§ 171 I, 172 I BGB korrespondierenden Rechtsscheinsinhalt auf den Punkt: dass das Verhalten des Geschäftsherrn vom Geschäftsgegner „dahin gedeutet werden darf, dass der Vertreter vom Vertretenen Vollmacht, für ihn zu handeln, *erhalten hat*"[641]. Demgemäß geht die Literatur davon aus, dass die Rechtsprechung über Scheinvollmachten als Rechtsprechung über *Scheininnenvollmachten* zu präzisieren ist[642]. Dies ist noch weiter dahin zu präzisieren, dass sie eine objektiv-scheintatbestandliche Fortbildung der §§ 171 I, 172 I BGB darstellt: *derselbe Rechtsscheinsinhalt,* dass der Geschäftsherr einen Vertreter innenbevollmächtigt habe, wird auf eine *andere Basis* als eine normgemäße „besondere Mitteilung", „öffentliche Bekanntmachung" oder „ausgehändigte und vorgelegte Vollmachtsurkunde" gestützt. Es ist keine Theorie mehr ersichtlich, die die Rechtsprechung über Scheinvollmachten unmittelbar den §§ 171 I, 172 I BGB unterwerfen wollte[643]. Wann ein Verhalten nicht mehr als „Kundgebung" etwa in Gestalt „besonderer Mitteilung" erfasst werden kann, sondern nurmehr als *Analogie im Sinne eines ebenso schlüssigen Verhaltens* dafür, dass der Geschäftsherr einen anderen innenbevollmächtigt habe, soll hier nicht näher interessieren.

b) Mehrmaligkeitsformel

Ganz regelmäßig ist ein nicht unmittelbar von §§ 171 I, 172 I BGB erfasstes Verhalten nur annähernd so schlüssig wie eine normgemäße Kundgebung dahin, dass der Geschäftsherr einen anderen innenbevollmächtigt

---

[639] Vgl. BGH NJW-RR 1987, 308; vgl. auch BGH VersR 1992, 989, wo vom Rechtsschein die Rede ist, dass der Vertreter „bevollmächtigt ist".

[640] Vgl. das Zitat oben bei Fn. 66.

[641] BGH MDR 1953, 345 [345 f.] (Hervorhebung hinzugefügt).

[642] Vgl. *Canaris,* Vertrauenshaftung, S. 39 ff. über „die Duldungsvollmacht als Scheininnenvollmacht" sowie S. 48; *Bader,* S. 167 bei Fn. 3; *v. Craushaar,* AcP 174, 2 [17]. Wohl anders *Wieling,* JA 1991, Übungsblätter 222 [225], der einen Schein alternativen Inhalts andeutet, dass der Geschäftsherr „Vollmacht erteilt habe oder sie ... nun erteile".

[643] So aber wohl noch *v. Seeler,* siehe oben in Fn. 543.

habe. Die Mehrmaligkeitsformel[644] soll diese annähernd gleiche Schlüssigkeit sicherstellen. Dahingehend stellt eine ältere Entscheidung klar[645]: „Die Grundsätze über die Anscheinsvollmacht setzen im Allgemeinen voraus, dass dasjenige Verhalten des einen Teiles, aus dem der Vertragsgegner auf die Bevollmächtigung eines Dritten schließen zu können glaubt, von einer gewissen Dauer ist und sich nicht nur in wenigen Teilakten erschöpft (...). Denn nur bei solcher Sachlage wird im Allgemeinen gesagt werden können, der Vertragsgegner habe aus der Duldung des Auftretens des Stellvertreters entnehmen dürfen, dass das Handeln des Vertreters dem Vertretenen nicht verborgen geblieben sein könne und dass er, da er es geduldet habe, mit der Vertretung einverstanden sein müsse"[646]. Aus der Mehrmaligkeitsformel folgt zugleich, dass Scheinvollmachten „in der Regel" scheinbare *Dauer*vollmachten betreffen[647].

c) Grenzen einer vertrauensgrundsätzlichen Erklärung

Zu untersuchen ist, ob die oben im Signaturkontext herangezogene und dort konzeptionell überzeugende Begründung bzw. Beurteilung des Vorliegens eines Schein- bzw. Vertrauenstatbestandes mittels des *Vertrauensgrundsatzes* d.h. mittels Unterstellung pflichtgemäßen Verhaltens des Geschäftsherrn[648] auch im gesetzlichen Ausgangskontext der §§ 171 I, 172 I BGB i.V.m. §§ 122 II BGB [dazu aa)] und dessen älterer Fortbildung in Gestalt der Rechtsprechung über Scheinvollmachten [dazu bb)] trägt.

---

[644] Siehe oben bei Fn. 63, 79, 107–120.

[645] BGH MDR 1953, 345 [346]. Vgl. auch *Frotz* (S. 290), der dies als Erfordernis eines „so großen Vertrauenswertes ... wie der einer ausdrücklichen Vollmachtskundgabe" umschreibt.

[646] Vgl. auch BGH NJW-RR 1986, 1169. Die in der Signaturliteratur begegnenden „dogmatischen" Ansichten, die die Mehrmaligkeitsformel auf die subjektiven Tatbestände nach dieser Rechtsprechung beziehen und insbesondere Fahrlässigkeit erst nach mehrmaligem vollmachtlosem Vertreterhandeln bejahen wollen (siehe oben bei Fn. 111–114), finden daher in der Rechtsprechung keine Stütze. Auch allgemein überzeugen sie nicht. Denn schon ein erster Missbrauchsfall und damit die Entstehung eines unrichtigen Scheins kann vorhersehbar und vermeidbar sein (siehe oben bei Fn. 115–119). Erstaunliche allgemeine Konsequenzen aus der *geringeren* Schlussqualität des Verhaltens des Geschäftsherrn im Analogiebereich zu §§ 171 I, 172 I BGB zieht *v. Craushaar*, AcP 174, 2 [23].

[647] Vgl. die oben bei Fn. 47–49 referierte *begriffliche* Leitentscheidung RGZ 162, 129 [147] „zum Rechtsschein (Treu und Glauben)", wo eine „feststehende reichsgerichtliche Rechtsprechung ... bei dauernd ausgeübten Vertretungen" [148] angesprochen wird. Noch weitergehend deutet *Canaris* (Vertrauenshaftung, S. 112) an, dass es bei richterlichen Scheinvollmachten „regelmäßig um Generalvollmachten geht".

[648] Siehe oben V.1.c)cc) und V.2.a).

aa) Für den unmittelbaren Anwendungsbereich der §§ 171 I, 172 I BGB könnten insoweit informatorische Richtigkeitspflichten bemüht werden. Die Kundgebung einer Innenbevollmächtigung betrifft eine eigene, historische Handlung des Geschäftsherrn. Demgemäß könnte argumentiert werden, ein solcher Informationsgegenstand müsse von diesem richtig in Erinnerung gerufen und die Information hierüber richtig transferiert werden. §§ 171 I, 172 I BGB könnten auf eine demgemäße Folgerungskette aus Sicht des Geschäftsgegners[649] zu gründen sein: dass die kundgegebene Information richtig sei, (1) weil diese ein historisches, adressatenverschiedenes Rechtsgeschäft des Geschäftsherrn betrifft, das von diesem pflichtgemäß richtig in Erinnerung gerufen wurde und (2) weil diese Erinnerung pflichtgemäß richtig kundgegeben wurde. Zumindest für § 171 I Alt. 2 BGB und wohl auch für § 172 I BGB müssten dann informatorische Richtigkeitspflichten des Geschäftsherrn gegenüber Jedermann zugrunde gelegt werden können. Aus §§ 823 ff. BGB lassen sich solche Pflichten allerdings nicht ableiten. Zwar ist Kernfallgruppe sittenwidrigen Verhaltens gemäß § 826 BGB die vorsätzliche Fehlinformation in Gestalt der Lüge[650]. Doch handelt es sich insoweit um subjektiv-tatbestandlich qualifizierte Pflichten. Die Frage nach informatorischen Richtigkeitspflichten *in contrahendo* führt zu den oben angesprochenen Grenzfragen des Beginns dieses Vorstadiums, die nunmehr im Wege der Auslegung von § 311 II BGB [2002] zu behandeln sind. Vor allem aber stößt das vertrauensgrundsätzliche Erklärungsmuster in §§ 171 I, 172 I BGB i.V.m. §§ 116 ff. BGB an konzeptionelle Grenzen, da die negative Haftungsstufe der §§ 171 I, 172 I BGB i.V.m. §§ 118, 119 I a.A., 122 I BGB nach normtheoretischer Konzeption *fahrlässigkeitsunabhängig* und damit *pflichtunabhängig* greifen soll[651]. Es könnte daher nur mit einem a-fortiori-Kunstgriff operiert werden: dass der Geschäftsgegner *erst recht* von informationspflichtgemäßem Verhalten seitens des kundgebenden Geschäftsherrn ausgehen darf, da dieser auch ohne unbewusst-fahrlässige Pflichtwidrigkeit haftet. Hier wird die an späterer Stelle wieder aufzugreifende These in den Raum gestellt, dass die *normtheoretische* bzw. *konzeptionelle* Fahrlässigkeitsunabhängigkeit der §§ 118, 119 I a.A., 122 I BGB (i.V.m. §§ 171 I, 172 I BGB) vielleicht eben *empirisch* damit erklärt werden kann, dass die vertrauensgrundsätzliche Implikation informationspflicht-

---

[649] Siehe oben V.2.a)aa) bei Fn. 483.

[650] Vgl. *Larenz/Canaris*, Schuldrecht II/2, S. 460 über die „repräsentative Fallgruppe" des § 826 in Gestalt von „Fehlinformationen"; *Grigoleit*, S. 21 f. m.w.N.

[651] Was oben bei und in Fn. 192 für den unmittelbaren Anwendungsbereich der §§ 118, 119 I a.A., 122 I BGB auf unrichtige Willenserklärungen ausgeführt wurde, greift auch für unrichtige Kundgebungen gem. §§ 171 I, 172 I BGB i.V.m. §§ 118, 119 I a.A., 122 I BGB. Siehe auch unten VI.1. und VI.3., insbesondere bei Fn. 898 f.

gemäßen Verhaltens dazu führt, dass bei unrichtiger Information *ganz regelmäßig* Fahrlässigkeit seitens des Geschäftsherrn *vorläge*[652].

bb) Der Versuch vertrauensgrundsätzlicher Erfassung der objektiv-scheintatbestandlich von den §§ 171 I, 172 I BGB fortgebildeten Rechtsprechung über Scheinvollmachten[653] fällt darüber hinaus aus dem Grunde schwer, dass deren subjektive Tatbestände bzgl. des Geschäftsherrn – „vertrauensgrundsätzlich" berücksichtigt aus der Perspektive des Geschäftsgegners – zum Teil *scheinunabhängige Pflichten* des Geschäftsherrn implizieren. So geht die ältere Zurechnungsformel zur Anscheinsvollmacht dahin, dass der Geschäftsherr „bei *pflichtgemäßer* Sorgfalt das Verhalten des Vertreters hätte erkennen *müssen* und verhindern *können*"[654]. Ein Vertreterhandeln begründet allein keinen objektiven Scheintatbestand gegen den Geschäftsherrn, dass dieser den Vertreter innenbevollmächtigt habe[655]. Die in der vorgenannten Zurechnungsformel angedeutete Pflicht, vollmachtloses Vertreterhandeln zu hindern, divergiert damit von der in der neuen Zurechnungsformel implizierten und vertrauensgrundsätzlich stimmigen Pflicht, einen unrichtigen Schein der Innenbevollmächtigung zu verhindern[656].

Darüber hinaus bleibt die ältere Zurechnungsformel unvollständig. Sie spricht zwar von „pflichtgemäßer Sorgfalt". Aber sie spricht die Konsequenz nicht aus, dass diese „Pflicht" dahin geht, dass vollmachtloses Vertreterhandeln verhindert werden „muss"[657]. Diese Unvollständigkeit könnte sich einerseits aus §§ 177 I, 180 S. 2 BGB erklären. Danach darf vollmachtloses Vertreterhandeln genehmigt werden. Daher muss es nicht generell verhindert werden. Die ältere Zurechnungsformel könnte dieser Einschränkung durch die vorgenannte Unvollständigkeit Rechnung zu tragen suchen.

Sie könnte sich andererseits daraus „erklären", dass eine Pflichtengrundlage, vollmachtloses Vertreterhandeln zu hindern, nicht stets gegeben sein

---

[652] Hierzu nochmals unten VI.4. Dieses Erklärungsmuster macht §§ 118, 119 I a. A., 122 I BGB nicht zu einer verallgemeinerungsfähigen Norm bzw. einem „Modell", vgl. oben Fn. 198. Dazu besteht auch kein Zwang, zumal die Normen vom Gesetzgeber selbst als Ausnahmekonzept gesehen wurden, siehe oben bei und in Fn. 197.

[653] Siehe soeben unter a).

[654] Siehe oben bei und in Fn. 59; dort auch dazu, dass nachfolgend gar nurmehr vorausgesetzt wird, dass der Geschäftsherr „bei pflichtgemäßer Sorgfalt das Verhalten des Vertreters hätte erkennen und verhindern *können*".

[655] Vgl. BGH NJW-RR 1996, 673: „Das Auftreten als Vertreter kann allein kein Vertrauen des Geschäftspartners in das Bestehen einer Vollmacht begründen".

[656] Vgl. oben bei und in Fn. 60.

[657] Aus dieser „Nichtformulierung" folgert *Fikentscher* (AcP 154, S. 8 bei Fn. 25), dass die Rechtsprechung nicht an Fahrlässigkeit anknüpfe. Die neue Zurechnungsformel ergibt Gegenteiliges, weist allerdings einen anderen Pflichtenbezugspunkt auf als die alte Zurechnungsformel, siehe oben bei Fn. 59 ff.

muss[658]. Da es regelmäßig um den Schein von innen erteilten Dauervollmachten geht und vor Entstehung ein Verhalten des Geschäftsherrn gegenüber dem Geschäftsgegner „von gewisser Häufigkeit und Dauer" vorliegen muss[659], dürfte allerdings regelmäßig ein zumindest rechtsgeschäftsähnliches Schuldverhältnis gegeben sein. Die Grenzen von § 311 II BGB [2002] werden hier damit regelmäßig nicht relevant[660]. Doch verbleibt der Befund, dass nur die neue Zurechnungsformel – mittelbar herangezogen im Wege vertrauensgrundsätzlicher Betrachtung, ob und welche Pflichten der Geschäftsgegner als seitens des Geschäftsherrn gewahrt unterstellen darf, nämlich informatorische Richtigkeitspflichten, so dass er sein Verhalten auf die Unterstellung der Einhaltung dieser Pflichten gründen darf[661] – überhaupt stimmig ist.

cc) Als Zwischenergebnis steht hier: ein vertrauensgrundsätzlicher Erklärungsversuch der objektiv-scheintatbestandlichen Qualität von Kundgebungen gem. §§ 171 I, 172 I BGB i. V. m. § 122 II BGB und der diese fortbildenden Rechtsprechung über Scheinvollmachten fällt in eine Grauzone von informatorischen Richtigkeitspflichten bzw. Informationspflichten. Diese Grauzone gründet sich darauf, dass einerseits die §§ 823 ff. BGB generell nur subjektiv-qualifizierte informatorische Richtigkeitspflichten über § 826 BGB begründen; sowie dass andererseits die §§ 118, 119 I a. A., 122 I BGB (i. V. m. §§ 171 I, 172 I BGB) fahrlässigkeitsunabhängig und damit objektiv-pflichtunabhängig konzipiert sind.

Der vorliegend untersuchte Signaturkontext lässt sich demgegenüber über die Pflichtbegründung gegenüber Jedermann nach § 6 I 1 SigG i. V. m. § 823 II BGB einfach und überzeugend konzipieren. Nämlich im Wege von Missbrauchsverhinderungspflichten[662], die den Geschäftsgegner wie auch den Schlüsselinhaber und Geschäftsherrn[663] zugleich angehen. Die den Geschäftsgegner angehen, weil die vertrauensgrundsätzliche Unterstellung der Wahrung dieser Pflichten durch den Geschäftsherrn ihn grundsätzlich vom

---

[658] Letzteres problematisieren konsequenterweise *G. Albrecht*, S. 29 ff., insb. 35 ff. sowie *J.-G. Schubert*, S. 101 ff., insb. S. 103 in Fn. 4, S. 142 bei und in Fn. 3.

[659] Siehe soeben unter b).

[660] So sie im Einzelfall doch relevant werden, kann die unvollständige ältere Formel allerdings nicht begründen, dass überhaupt und zudem positive Haftung greifen soll, wenn kein zumindest rechtsgeschäftsähnliches Schuldverhältnis vorliegt. Die hier versuchte „Erklärung" will denn die ältere Formel des BGH zur Zurechenbarkeit einer sog. Anscheinsvollmacht nicht rechtfertigen, sondern sie nur in ihrer vielfachen Unzulänglichkeit erhellen.

[661] Siehe oben V.1.

[662] Siehe oben III.2. und V.2.

[663] Zur für diese Arbeit vorausgesetzten Rollenidentität von Schlüsselinhaber und ausgelegtem Geschäftsherrn siehe oben bei und in Fn. 30.

Mitverschuldensvorwurf in Gestalt von Erkenntnisfahrlässigkeit hinsichtlich eines Missbrauchs enthebt. Und die zugleich den Geschäftsherrn angehen, weil diese Pflichten Verhaltensvorgaben darstellen, die eine Grenze zwischen negativer Haftung bei schuldhaft widerrechtlicher Pflichtverletzung und keiner Haftung seinerseits mangels Verschuldens für Signaturmissbrauch ziehen.

5. Die Rechtsprechungslinie über Blankettmissbrauch und §§ 171 I, 172 I BGB analog i. V. m. § 122 II BGB

a) Rechtsscheinsinhalt

Hier ist weitergehend zu differenzieren als bei unmittelbar den §§ 171 I, 172 I BGB unterfallenden Kundgebungen und als bei der Rechtsprechung über Scheinvollmachten unterworfenen Fortbildungssachverhalten. Denn ein Blankett kann zum einen vor den Augen des Geschäftsgegners drittausgefüllt werden. Dann stellt sich, wie sogleich auszuführen, für diesen eine den beiden vorgenannten Kontexten vergleichbare Erkenntnisfrage, als deren Antwort ein scheininhaltlich den §§ 171 I, 172 I BGB entsprechender objektiver Scheintatbestand zu erwägen ist [dazu aa)]. Doch kann ein Blankett auch „verdeckt" ausgefüllt werden. Der Geschäftsgegner bekommt dann nur die komplettierte Urkunde zu Gesicht, ohne deren Drittausfüllung unmittelbar wahrgenommen zu haben. Der Drittausfüller tritt ihm gegenüber allenfalls als Bote in Erscheinung bzw. bleibt überhaupt verdeckt, so er die komplettierte Urkunde wiederum fremdübermitteln lässt, etwa durch die Post. Hier stellt sich dem Geschäftsgegner infolge seiner ebenfalls beschränkten, aber in weiterem Maße beschränkten Erkenntnis bzw. wegen der für ihn anderen Erkenntnislage eine andere Erkenntnisfrage. Hier ist also das Vorliegen eines objektiven Scheintatbestandes anderen Inhalts zu erwägen [dazu bb)].

aa) Vorliegen eines objektiven Scheintatbestandes analog § 172 I BGB bei „offener" Blankettausfüllung?

Rechtsprechung über Haftung des Geschäftsherrn für Blankettmissbrauch bei Sachverhalten der Drittausfüllung vor den Augen des Geschäftsgegners findet sich nicht. Die Rechtsprechungslinie über Blankettmissbrauch betraf durchweg sogleich unter bb) näher zu betrachtende „verdeckte" missbräuchliche Ausfüllungen[664]. Immerhin deutet der BGH in der Grundsatzentscheidung vom 11. Juli 1963[665] an, dass sich hier für den Geschäftsgegner

---

[664] Siehe oben bei und in Fn. 99; vgl. *Marienfeld*, RIW 2003, 660 [663 f.].

die Frage stellen würde, ob der Dritte „Vollmacht ..., das Blankett auszufüllen" innehat[666].

Spätere Entscheidungen heben demgegenüber auf eine „Ermächtigung,
die Urkunde ... zu ergänzen" bzw. auf eine „Befugnis zur Ergänzung des
Blanketts" ab[667]. Dies ist unnötige Komplizierung. Es ist Folge des Fehl-
schlusses, dass die Blanketturkunde mangels bürgerlich-gesetzlicher Erwähnung nicht vom BGB behandelt werde[668]. Dies ist wiederum Fehlschluss,
da sie jedenfalls den Vorschriften über die *formfrei-arbeitsteilige* Vornahme
von Rechtsgeschäften unterfällt[669]. Sofern der Geschäftsherr bei mündlicher
Innenbevollmächtigung dem Vertreter zugleich ein Blankett aushändigt, än-
dert dies nichts an der Qualität dieses Vorgangs als Innenbevollmächtigung
gem. § 167 I Alt. 1 BGB. Die offene Ausfüllung des Blanketts ist dann
Willenserklärung des Vertreters gegenüber dem Geschäftsgegner im Namen
des Geschäftsherrn, vgl. § 164 I 1 BGB. Diese Willenserklärung des Vertreters gegenüber dem Geschäftsgegner könnte ebenso mündlich wie auch
durch gänzlich vom Vertreter errichtete, also auch von diesem unterzeichnete Urkunde anstelle der offenen Blankettausfüllung erfolgen. Würde der
Vertreter das ihm ausgehändigte Blankett nach seiner Innenbevollmächtigung verlieren und sich sodann blankettunabhängig gegenüber dem Geschäftsgegner im Namen des Geschäftsherrn willenserklären, so ergeben die
vorgenannten blankettbezogenen Qualifikationen keinen Sinn mehr. Entweder hätte der Vertreter dann keine „Befugnis zur Ergänzung des Blanketts"

---

[665] Siehe oben bei Fn. 70.

[666] Vgl. BGHZ 40, 65 [68].

[667] BGHZ 132, 119 [123, 125]. „Zur rechtsdogmatischen Einordnung dieser Befugnis" wird verwiesen auf „vgl. RGZ 105, 183, 185; MünchKomm/Pecher, 2. Aufl.,
§ 766 Rdn. 13; Canaris, Die Vertrauenshaftung im Deutschen Privatrecht, S. 55 f.",
a. a. O. [123].

[668] Vgl. *Reinicke/Tiedtke*, JZ 1984, 550 [551]: „Das Gesetz enthält keine Vorschriften über das Blankett und seine Ausfüllung. Das Institut hat sich praeter legem
entwickelt". Vgl. auch *Marienfeld*, RIW 2003, 660 [661 bei Fn. 8]. Spezialgesetzli-
che Erwähnung finden Blankette etwa in Art. 10 WG, 13 SchG als „unvollständige"
Wertpapiere sowie in § 40 V BeurkG als „Unterschriften ohne zugehörigen Text".

[669] Aus dem Fehlen *spezieller* Regelungen darf also nicht fehlgeschlossen werden, dass *allgemeine* Regelungen nicht greifen würden und sollen. Dies umso weniger, als das Blankett in den Materialien zum BGB hier und dort angesprochen
wurde, es also nicht übersehen wurde, vgl. etwa *Mugdan* I 454 sowie *Jakobs/Schu-
bert*, Beratung des AT, 1. Teilband, S. 623. Die Masse an Literatur zu Blankett,
Blanketturkunde, Blanketterklärung etc. erklärt sich zum einen aus dieser *frucht-
losen Suche nach Besonderheiten*. Zu dieser Masse an Literatur vgl. die umfänglichen Literaturübersichten bei *G. Müller*, AcP 181, 515 [516 in Fn. 1] sowie bei
Neuschäfer, Blankobürgschaft, S. 243 ff. Sie erklärt sich zum anderen aus der Suche
nach Begründungen positiver Haftung infolge Blankettmissbrauchs. Dahingehend
sind sogleich Analogien zu § 172 I BGB – jedoch wenn, dann ebenfalls i. V. m.
§§ 116 ff. BGB – aufzuzeigen.

mehr infolge Blankettverlusts und könnte den Geschäftsherrn damit blankettunabhängig nicht mehr wirksam vertreten. Oder aber diese „Befugnis
zur Ergänzung des Blanketts" müsste sich im Falle des Blankettverlusts zur
Vollmacht zu mündlichem Vertreterhandeln wandeln. Vorzugswürdig ist,
von vornherein und grundsätzlich von einer Innenbevollmächtigung auszugehen[670].

Gänzlich unzulänglich ist die Qualifizierung der offenen Blankettausfüllung als „Perfizierung" einer Willenserklärung des Geschäftsherrn durch
den Blankettausfüller[671]. Diese Formel verdeckt das *Zusammengreifen von
zwei adressatenverschiedenen Willenserklärungen*: einer Willenserklärung
des Geschäftsherrn gegenüber dem Vertreter in Gestalt der Innenbevollmächtigung und einer weiteren Willenserklärung des Vertreters gegenüber
dem Geschäftsgegner in Gestalt der Vertretererklärung im Namen des Geschäftsherrn. Sie ist zudem widersprüchlich, wenn sie nur zu „vertretungs-
ähnlicher" bzw. „vollmachtsähnlicher" Qualifikation der „Ausfüllungsbefugnis" führen soll. Denn selbst die Delegation allein der Entscheidung
über die Perfizierung eines in geschäftsinhaltlicher Hinsicht gänzlich vorgegebenen Willenserklärungsentwurfs ist Minimalfall einer Bevollmächtigung[672].

---

[670] Das schließt nicht aus, dass im Einzelfall eine Beschränkung der Innenbevollmächtigung durch eine förmliche Vorgabe für das Vertreterhandeln erfolgt. Doch ist
kein grundsätzliches bzw. regelmäßiges Interesse des Geschäftsherrn an der Blankettverwendung durch den Vertreter erkennbar, die Innenbevollmächtigung bei Blan-
kettaushändigung daher regelmäßig nicht als dahingehend beschränkt auszulegen.
Denn soweit das Vertretergeschäft schriftformbedürftig ist, kann der Vertreter diese
Form durch gänzlich eigene Privatbeurkundung wahren. Soweit schon die Innenbevollmächtigung entgegen § 167 II BGB schriftformbedürftig ist, wie nach neuerer
Rechtsprechung zu § 766 BGB bei Bürgschaften (vgl. BGHZ 132, 119 [122 ff.]),
ist schon die Blanketterrichtung und -aushändigung nicht formgemäß. Soweit die
Blankettverwendung den Geschäftsgegner wegen Beweis- und ggf. Rechtsscheinhaf-
tungsvorteilen zum Geschäftsabschluss motivieren soll, interessiert den Geschäftsherrn die Blankettverwendung nicht, wenn der Geschäftsgegner auch blankettunabhängig mit dem Vertreter im Namen des Geschäftsherrn kontrahiert. Zu Beweisvorteilen für den Geschäftsgegner bei Blankettverwendung vgl. BGH NJW 1986, 3086
[3087 m.w.N.]; BGHZ 104, 172 [176 f.]; BGH NJW-RR 1989, 1323 [1324].
[671] *Canaris*, Vertrauenshaftung, S. 55 f.; *Wurm*, JA 1986, 577 [578]. Als Begrün-
der dieser Qualifizierung wird zuweilen *Siegel* angeführt, so etwa von *Neuschäfer*,
Blankobürgschaft, S. 111 bei Fn. 453. Zwar finden sich in dessen Dissertation dahingehende Anklänge, vgl. *Siegel*, S. 16 ff. [18], 29. Doch gelangte *Siegel* genauer
besehen zum auch hier geteilten Ergebnis, dass das „Ausfüllungsrecht" nichts weiter
als eine mit einer Innenbevollmächtigung einhergehende faktische Besonderheit ist,
vgl. a.a.O. S. 28. Den Blankettmissbrauch wollte *Siegel* entsprechend §§ 119 ff.
BGB behandeln, vgl. a.a.O. S. 45 ff.
[672] So schon *Gebhard*, RedE-AT, S. 176 (Paginierung des von Schubert herausgegebenen Nachdrucks); *Mugdan* I, 475 f.; ebenso *Hueck*, AcP 152, 432 [436];

Die offene Blankettausfüllung ist nur aus der beschränkten Perspektive des Geschäftsgegners von Relevanz. Denn sie bedeutet, dass die Erkenntnislage für diesen weniger beschränkt ist[673], da der Vertreter bei offener Blankettausfüllung immerhin ein vom Geschäftsherrn errichtetes Blankett in Händen hält. Ob und welchen Rechtsscheinstatbestand dies analog §§ 171 I, 172 I BGB trägt, ist sogleich zu betrachten. Relevant wird diese Frage materiell-rechtlich nur, wenn der Blankettausfüller gar keine oder umfänglich ungenügende Innenvollmacht innehat[674]. Andernfalls greifen §§ 164 I 1, 167 I Alt. 1 BGB so, wie sie auch bei mündlicher Vertretererklärung ohne Blankettausfüllung bzw. ohne Kundgebung gem. §§ 171 I, 172 I BGB greifen.

Bei offener Blankettausfüllung durch einen Vertreter ist eine Analogie zu § 172 *Absatz 1* BGB i. V. m. § 122 II BGB in Erwägung zu ziehen[675]. Eine Vollmachtsurkunde gibt explizit kund, dass der Geschäftsherr den diese in Händen haltenden Vertreter innenbevollmächtigt habe. Hält dieser ein Blankett in Händen, so kommt derselbe Schluss auf einer weniger festen Basis in Betracht. Die Rückschlussbasis ist weniger fest, da Blankette auch zu anderen Zwecken als Vertretungszwecken ausgehändigt werden können[676], während Vollmachtsurkunden ausschließlich dem Zweck der Drittlegitimation dienen[677]. Ob eine Vollmachtsurkunde auch den Umfang der Innenbe-

---

Müller-Freienfels S. 72; *Neuschäfer,* S. 121; vgl. auch *Bornemann,* S. 23 f.; jüngst *Hanloser,* S. 72–74, der dies als delegiertes „Entschließungsermessen" einem nur oder auch delegierten „Inhaltsermessen" zur Seite stellt.

[673] Zum vertretungskonzeptionellen Ausgangspunkt einer beschränkten Erkenntnislage für den Geschäftsgegner dahin, sich vorbehaltlich weniger beschränkter Erkenntnis bei Außenbevollmächtigung oder Außenkundgebung gem. §§ 167 I Alt. 2, 171 I, 172 I BGB (i. V. m. §§ 116 ff. BGB) nur auf die Behauptung des Vertreters (gem. § 179 I, II BGB) verlassen zu können, innenbevollmächtigt worden zu sein, siehe oben I.4.f)cc)(2) bei Fn. 214.

[674] Es geht also auch bei offenem und verdecktem Blankettmissbrauch darum, ob der Geschäftsherr für dieses vollmachtlose Vertreterhandeln haftet, und zwar positiv oder negativ haftet, siehe oben I.4. bei Fn. 40.

[675] Zur Notwendigkeit der Unterscheidung der §§ 171 I, 172 I BGB über die scheinbare Entstehung von Innenvollmacht von den §§ 170, 171 II, 172 II, 173 BGB über den scheinbaren Fortbestand von Außenvollmacht (§§ 167 I Alt. 2, 170 BGB) und außen kundgegebener Innenvollmacht (§§ 171 II, 172 II BGB) siehe oben bei Fn. 67, 210, 569.

[676] Etwa zum Zwecke gehilfenweiser Ausfüllung oder zu Autogrammzwecken. Oder plastischer: anstelle der Ausfüllung *des Vertretergeschäfts* in den blank gelassenen Urkundenteil könnte der Vertreter auch das behauptetermaßen ihm gegenüber vom Geschäftsherrn „innen" vorgenommene *Hilfsgeschäft* (§ 167 I Alt. 1 BGB) einfüllen und damit dem Blankett einen § 172 I BGB entsprechenden Inhalt einer Vollmachtsurkunde geben. Da das Blankett diesen Inhalt anders als eine Vollmachtsurkunde aber eben nicht hat, ist der Schluss unsicherer, dass solche Innenvollmacht bei Aushändigung auch wirklich erteilt wurde.

vollmächtigung kundgibt und wie „blank" eine Urkunde ist, ist demgegenüber Einzelfallfrage[678], für die keine generelle Schlüssigkeitsrelation hergestellt werden kann. Ein Ausgleichsfaktor, als der die Mehrmaligkeitsformel im Rahmen der Rechtsprechung über Scheinvollmachten fungiert[679], ist hier nicht ersichtlich. Der Bejahung eines objektiven Scheintatbestandes analog § 172 I BGB bei offener Blankettausfüllung ist daher skeptischer gegenüberzustehen als der Bejahung einer Analogie zu §§ 171 I, 172 I BGB und insbesondere zu § 171 I Alt. 1 BGB im Zuge der Rechtsprechung über Scheinvollmachten.

Da ein § 6 I 1 SigG entsprechendes generelles Verbot der Überlassung von Blanketturkunden nicht ersichtlich ist, kommt bei offener Blankettausfüllung anders als bei offenkundiger Drittsignatur[680] eine objektiv-scheintatbestandliche Analogie zu § 172 I BGB grundsätzlich in Betracht. Eine Entscheidung ist hier nicht zu fällen, da die vorliegende Arbeit den anderen Fortbildungskontext der Signaturverwendung behandelt, für den mit dem signaturgesetzlichen Rahmen eine genügend feste Rückschlussbasis auf den oben herausgearbeiteten, anderen Rechtsscheinsinhalt eines Eigenhandelns bei – und nur bei – „verdeckter" Drittsignatur vorhanden ist. Die beiden Rechtsprechungslinien über Scheinvollmachten und Blankettmissbrauch interessieren daher nur in grundsätzlicher Hinsicht und nicht in Detailfragen. Sie führen insoweit in der Teilfrage des Vorliegens eines objektiven Schein-

---

[677] Dass eine „Vollmachtsurkunde" gem. § 172 I BGB dem diese „vorlegenden" Vertreter vom Geschäftsherrn „ausgehändigt" wurde, muss der Geschäftsgegner nicht unmittelbar wahrgenommen haben, wie die historische Normfassung aufzeigt („ausgehändigt hat"). Ebenso wenig muss die in der Literatur als ungeschriebenes Tatbestandsmerkmal genannte „Echtheit" der Vollmachtsurkunde vom Geschäftsgegner in dem Sinne wahrgenommen worden sein, dass er entweder bei deren Errichtung zugegen war oder er die Echtheit mittels Vergleichsschriften und skriptologischen Sachverstandes vorprozessual zu beurteilen wissen müsste. Denn beides würde die Funktion der Vollmachtsurkunde als Drittlegitimationszeichen über Raum und Zeit hinweg konterkarieren. Doch darf der Geschäftsgegner Aushändigung und Echtheit nicht im oben angesprochenen objektiv-scheintatbestandlichen Sinne unterstellen und alternative Vorgeschehnisse wie deren Abhandenkommen oder Fälschung ausblenden, vgl. oben bei Fn. 425, 484. Vielmehr sind Aushändigung und Echtheit sozusagen Prämissen des objektiven Rechtsscheintatbestandes nach § 172 I BGB, dass die Vollmachtsurkunde inhaltlich richtig ist.

[678] Zur Notwendigkeit der Unterscheidung von *Erteilungs-, Umfangs-* und bzw. oder *Wirksamkeitsrechtsschein* nach und analog §§ 171 I, 172 I BGB i.V.m. § 122 II BGB siehe bereits oben in Fn. 215 und näher unten in Fn. 813. Zum *Umfangsrechtsschein* bei offener Blankettausfüllung näher *Marienfeld,* RIW 2003, 660 [662 bei Fn. 24, 665 f.] mit Verweis auf den Maßstab der „Üblichkeit" bei Fn. 49 und unter Betonung der letztlichen Einzelfallabhängigkeit. Die Schwierigkeit dieser Einzelfallbeurteilung betont allgemein *Canaris,* Vertrauenshaftung, S. 494.

[679] Siehe soeben 4.b).

[680] Siehe oben V.2.a)bb).

tatbestandes zu §§ 171 I, 172 I BGB i. V. m. § 122 II BGB, auf die auch im Signaturkontext analog zurückzugreifen ist.

bb) Weitere objektiv-scheintatbestandliche Fortbildung von § 172 I BGB bei „verdeckter" Blankettausfüllung?

Bekommt der Geschäftsgegner erst die bereits ausgefüllte Urkunde zu Gesicht und ergibt auch deren Inhalt nicht etwa mittels Vertreterzusatzes, dass diese drittausgefüllt wurde, so stellt sich für ihn gar nicht oder nicht primär die eben als möglicher Scheininhalt behandelte Frage, ob der Geschäftsherr einen Dritten zur Ausfüllung innenbevollmächtigt habe[681]. Wie bei Signatur ohne offenkundigen Drittgebrauch des Schlüssels ist daher hier über eine weitere und auch scheininhaltliche Fortbildung von § 172 I BGB nachzudenken.

Der BGH stützt seine Rechtsprechung über verdeckten Blankettmissbrauch auf „einen Rechtsschein, auf Grund dessen [der Geschäftsherr] dem darauf Vertrauenden haftet"[682]. Worauf der Geschäftsgegner hier vertrauen dürfen soll, was Rechtsscheinsinhalt sein soll, bleibt dunkel. Der „Bestand einer schriftlichen Willenserklärung" bleibt nichtssagend[683]. Es kann nicht ausgeschlossen werden, dass diese Formel eine begriffliche Brücke zu § 172 II BGB über den scheinbaren Fortbestand von Vollmacht schlagen soll. Diese Norm führt der BGH denn auch als formell-gesetzliche Grundlage des von ihm aufgestellten „Rechtssatzes" an[684]. Diese Brücke geht sachlich fehl. Denn die Frage des Scheins des Fortbestandes von Vollmacht stellt sich nur und erst, wenn die Vorfrage nach der Entstehung von Vollmacht bejaht ist, sei es ebenfalls im Wege eines dahingehenden Scheins (s. Fn. 675). Analogiebasis ist daher auch hier gegebenenfalls § 172 I BGB und nicht § 172 II BGB[685].

Diese Vorfrage ist dann scheininhaltlich dahin zu präzisieren, ob ein Schein eines Eigenhandelns oder ein Schein alternativen Inhalts anzunehmen ist, dass der Geschäftsherr selbst oder ein Innenbevollmächtigter unter seinem Namen die Urkunde ausgefüllt und die beurkundete Willenserklä-

---

[681] Ähnlich *Reinicke/Tiedtke*, JZ 1984, 550 [552], die jedoch eine Analogie zu § 172 I BGB in Gestalt eines anderen Scheininhalts vorschnell ablehnen.

[682] Siehe oben bei Fn. 73.

[683] BGHZ 40, 65 [68] (Hervorhebung hinzugefügt); BGHZ 40, 297 [305]; BGH MDR 1992, 1142 [1143].

[684] Siehe oben bei Fn. 71.

[685] *Canaris*, Vertrauenshaftung, S. 57 in Fn. 16 a. E., S. 65 in Fn. 52, s. a. S. 139 in Fn. 27; vgl. *Wurm*, JA 1986, 577 [579], der erst unter aa. nur von „§§ 172, 173 BGB" spricht, dies aber sodann unter bb) auf „§ 172 Abs. 1" zuspitzt.

rung abgegeben habe[686]. Mangels blankettbezogenen Überlassungsverbots wie gem. § 6 I 1 SigG kommt hier anders als im Signaturkontext ein Schein alternativen Inhalts in Betracht. Einer Entscheidung bedarf es aus den eben genannten Gründen nicht. Vielmehr ergibt sich die grundsätzliche Erkenntnis, dass als Analogiebasis auch hier nur §§ 171 I, 172 I BGB i. V. m. § 122 II BGB und nicht die an diese anknüpfenden §§ 171 II, 172 II, 173 BGB heranzuziehen sind.

b) Grenzen einer vertrauensgrundsätzlichen Erklärung

Wie eben angesprochen, ist ein § 6 I 1 SigG entsprechendes generelles Überlassungsverbot von Blanketten nicht ersichtlich[687]. Blankettbezogene Schutzgesetze gem. § 823 II BGB sind ebenfalls nicht ersichtlich. Inwieweit blankettbezogene Pflichten aus §§ 311 II, 241 II BGB [2002] abgeleitet werden können, führt zu den oben angerissenen Grenzfragen des Beginns eines „rechtsgeschäftsähnlichen Schuldverhältnisses" (siehe oben IV.). Bejaht man demgemäß oder *a fortiori* § 172 I BGB i. V. m. §§ 118, 119 I a. A., 122 I BGB analog[688] blankettbezogene Jedermannspflichten, so sind diese für den Fall der Aushändigung auf Auswahl- und Überwachungspflichten und vor Aushändigung auf Besitzvergewisserungs- und Besitzbewahrungspflichten zu konkretisieren. Sperrpflichten lassen sich zumindest bei Vollblanketten nicht im Wege der Kraftloserklärung realisieren. Auf dieser Pflichtenbasis und der Unterstellung ihrer Einhaltung kommt eine vertrauensgrundsätzliche Folgerungskette zum eben genannten alternativen Rechtsscheinsinhalt in Betracht.

---

[686] Vgl. oben I.4.e) bei Fn. 101 ff. sowie V.2.a)bb).

[687] Dies umso weniger, als Blankette auch notariell beglaubigt werden können, vgl. § 40 BeurkG, so dass andernfalls staatliche Beihilfe zu einem pflichtwidrigen Verhalten naheläge. Mit dem oben genannten a-fortiori-Kunstgriff (siehe soeben nach Fn. 651) kann in § 172 I BGB i. V. m. §§ 118, 119 I a. A., 122 I BGB nur die Pflicht interpretiert werden, keine unrichtige Vollmachtsurkunde auszuhändigen. Den Zeitraum vor Aushändigung, also zwischen Errichtung und Aushändigung einer Vollmachtsurkunde, behandelt § 172 I BGB gar nicht, siehe oben in Fn. 396. Die vorgenannte Pflicht der Aushändigung einer inhaltlich richtigen Vollmachtsurkunde lässt sich wiederum nicht auf Blankette übertragen. Diese sind vor ihrer Ausfüllung zum Zeitpunkt ihrer Aushändigung weder inhaltlich richtig noch unrichtig. Sie sind insoweit eben noch und nur „blank". Es ließen sich denn allenfalls Pflichten ableiten, für eine richtige Ausfüllung zu sorgen, nämlich im Wege der Auswahl und Überwachung des Dritten, dem das Blankett ausgehändigt wird, vgl. oben bei Fn. 81 zu dahingehenden Ausführungen in der Begründung zu § 126a III 2 BGB-RefE [1999].

[688] Siehe oben 4.c).

c) Zwischenergebnis

Die Rechtsprechung über Scheinvollmachten und die bislang nicht praktisch relevant gewordenen Fälle der offenen bzw. offenkundigen Drittausfüllung eines Blanketts sind als *objektiv-scheintatbestandliche* Fortbildungen von §§ 171 I, 172 I BGB i. V. m. § 122 II BGB zu erfassen: derselbe *Rechtsscheinsinhalt,* dass der Geschäftsherr den Dritten innenbevollmächtigt habe, wird auf eine andere *Basis* als die im Gesetzestext genannten Kundgebungen gestützt.

Eine „verdeckte" Blankettausfüllung wie auch der nicht offenkundige, soll heißen dem Geschäftsgegner nicht als konkrete Möglichkeit erkennbare[689] Drittgebrauch eines Signaturschlüssels sind demgegenüber nur als *auch rechtsscheinsinhaltliche* Fortbildungen von §§ 171 I, 172 I BGB erfassbar. Der Rechtsscheinsinhalt deckt sich hier entweder gar nicht oder nur teilweise mit dem von §§ 171 I, 172 I BGB i. V. m. § 122 II BGB regelnormierten Rechtsscheinsinhalt: gar nicht, wenn ein Schein eines Eigenhandelns des Unterzeichnenden bzw. des Schlüsselinhabers bejaht wird; nur teilweise, wenn ein Schein alternativen Inhalts bejaht wird, dass entweder ein Eigenhandeln oder ein Handeln eines Innenbevollmächtigten unter dessen Namen vorliegt[690]. Für den Signaturkontext ist infolge eines § 6 I 1 SigG zu entnehmenden und gem. § 823 II BGB zugunsten von Jedermann greifenden Überlassungsverbots im Zuge vertrauensgrundsätzlicher Konzeption der erstgenannte Rechtsscheinsinhalt analog §§ 171 I, 172 I BGB i. V. m. § 122 II BGB zu bejahen: *dass der Schlüsselinhaber selbst die signierte Willenserklärung abgegeben habe.*

Eine „Kundgebung" gegenüber dem Geschäftsgegner in Gestalt einer etwa auf dessen Nachfrage hin erfolgenden „besonderen Mitteilung" des Geschäftsherrn, dass er selbst die empfangene Willenserklärung abgegeben habe, wäre *nur rechtsscheinsinhaltliche* Analogie zu § 171 I Alt. 1 BGB[691]. Die signaturkontextuelle Analogie ist *zugleich Analogie in der Scheinbasis.* Denn Rückschlussgrundlage für den Geschäftsgegner ist nicht eine Kundgebung in Gestalt vorgenannter besonderer Mitteilung, sondern der signaturgesetzliche Rahmen. Dieser soll den Geschäftsgegner eben von der vorgenannten Nachfrage entheben, soll diese obsolet machen.

Die Bejahung eines objektiven Schein- bzw. Vertrauenstatbestandes gem. bzw. analog §§ 171 I, 172 I BGB i. V. m. § 122 II BGB bedeutet nicht weniger und vor allem nicht mehr, als dass *dem Geschäftsgegner im Verhältnis zum Geschäftsherrn* kein haftungshindernder Mitverschuldensvorwurf ge-

---

[689] Siehe oben V.2.b)aa).
[690] Siehe oben I.4.e)aa).
[691] Siehe schon oben I.4.f)cc) bei Fn. 217.

macht wird, so der Schein unrichtig ist; dass er auf eine ihm günstige Gegebenheit trotz dahingehend beschränkter Erkenntnis vertrauen darf in dem
Sinne, sich nicht durch weitergehende „Erforschung", „Erkenntnis", Nachfrage etc. der Richtigkeit seiner dahingehenden Annahme vergewissern zu
müssen. Bevor näher betrachtet wird, wann §§ 171 I, 172 I BGB i. V. m.
§§ 122 II BGB und i. V. m. §§ 116 ff. BGB zu positiver Haftung *des Geschäftsherrn* führen (dazu VI.), sind die vorangehenden Teilergebnisse für
den Signaturkontext im Lichte der neuen Beweisnormen in §§ 292a, 371a I
2 ZPO [2001, 2005] zu betrachten (dazu 6.).

6. Signaturbasierter Scheintatbestand analog §§ 171 I, 172 I BGB i. V. m. § 122 II BGB und gesetzlicher „Anscheinsbeweis bei qualifizierter elektronischer Signatur" gem. §§ 292a, 371a I 2 ZPO [2001, 2005]

Oben ist aufgezeigt worden, dass die Bejahung des Vorliegens eines objektiven Scheintatbestandes nicht weniger und vor allem nicht mehr ist als
eine Umkehrformulierung der Verneinung von haftungshinderndem Mitverschulden des Geschäftsgegners gem. § 122 II BGB [hier i. V. m. § 171 I,
172 I BGB (analog)]. Des Weiteren ist ausgeführt worden, dass mit der Bejahung des Vorliegens eines objektiven Scheintatbestandes noch nichts über
die endgültigen Rechtsfolgen vorbestimmt ist. Im unmittelbaren Anwendungsbereich der „Vorschriften über Willensmängel usw." in § 116 ff. BGB
ist vielmehr danach zu differenzieren, ob der dort als „Willenserklärung"
benannte Schein gemessen am wirklichen Geschäftswillen des Geschäftsherrn richtig oder unrichtig ist. Letzterenfalls ist positive, negative oder
keine Haftung für einen unrichtigen Schein nach den in §§ 116 ff. BGB
differenzierten Gründen für „Übereinstimmungsmängel" d.h. unrichtige
Willenserklärungen zu bestimmen. Im vorliegenden Signaturkontext ist
diese Grundstruktur ebenfalls von Bedeutung. Doch greift sie nicht mehr in
gleicher Trennschärfe. Denn es sind etwa Fälle eines unrichtigen Scheins
denkbar, für die keine Haftung zu problematisieren ist, weil §§ 164 I 1,
167 I Alt. 2 BGB „entsprechend" bzw. „reduziert" greifen[692].

Doch ist die Unterscheidung der Richtigkeit und Unrichtigkeit eines
Scheins allemal auf Beweisebene von Bedeutung. Es ist zu zeigen, dass das
BGB objektive Scheintatbestände mit einer *Richtigkeitsvermutung* verbindet
[dazu a)]. § 371a I *Satz 2* ZPO [2005].[693] ist als *Richtigkeitsanschein* aufzuzeigen, der nur im Maß der Beweislastverlagerung, nicht aber beweisthe-

---

[692] Siehe oben V.2.a)dd).
[693] Dessen Normwortlaut wurde oben I.2. nach Fn. 26 zitiert.

matisch vom oben entwickelten signaturbasierten Scheintatbestand ab-
weicht, der diesen also mittelbar stützt [dazu b)]. In einem kurzen Exkurs
ist anschließend auf § 371a I *Satz 1* ZPO [2005] i.V.m. § 416 ZPO einzugehen, die ebenfalls eine Rechtsscheinhaftung in einer erstaunlichen
Symbiose von Prozessrecht und materiellem Recht behandeln [dazu c)].

a) Regelbeweiswirkung eines objektiven Scheintatbestandes in Gestalt einer Vermutung der Richtigkeit des Scheininhalts

Prämisse der vorliegenden Arbeit ist, dass der Geschäftsgegner an der
Wirksamkeit einer ihm gegenüber abgegebenen Willenserklärung interessiert ist. Prämisse ist also, dass er etwa bei offenkundigem Vertreterhandeln
daran interessiert ist, dass die Willenserklärung des Vertreters für und gegen
den Geschäftsherrn wirkt, vgl. § 164 I 1 BGB[694]. Nach allgemeiner Beweislastverteilung ist er daher mit dem Nachweis der ihm günstigen, da
wirksamkeitsbegründenden Tatbestandsmerkmale belastet.

Im Rahmen offenkundigen Vertreterhandelns gem. § 164 I 1 Vss. 1 BGB
trifft den Geschäftsgegner dann auch die Vollbeweislast dafür, dass der Vertreter gem. §§ 164 I 1 Vss. 2, 167 I BGB bevollmächtigt war. Ist keine
Außenbevollmächtigung erfolgt, so kann die vom Vertreter behauptete Innenbevollmächtigung (vgl. § 180 S. 2 BGB) etwa über dessen Zeugnis
nachzuweisen versucht werden, wenn der Geschäftsherr dessen Innenbevollmächtigung bestreitet[695].

Kann der Geschäftsgegner nachweisen, dass eine Kundgebung gem.
§§ 171 I, 172 I BGB erfolgt ist, so muss der Geschäftsherr demgegenüber
vollbeweisen, dass entgegen der Kundgebung doch keine Innenbevollmächtigung erfolgt sein soll[696]. Diese Umkehrung der Vollbeweislast kann den
§§ 171 I, 172 I BGB nicht unmittelbar entnommen werden. Deren isoliert
betrachtete Rechtsfolge, dass der Vertreter „auf Grund der Kundgebung …
zur Vertretung befugt ist", scheint auf den ersten Blick die Einwendung

---

[694] Zur selben Rechtsfolge der „Wirksamkeit" führt der mittelbar vor §§ 116 ff.
BGB geschriebene Idealtatbestand der richtigen Willenserklärung durch den Geschäftsherrn selbst, vgl. oben V.3.c)bb). Zur gegenteiligen Konstellation, dass der
Geschäftsgegner nicht an der Wirksamkeit einer ihm gegenüber erklärten Willenserklärung interessiert ist, vgl. oben V.2.a)dd) im Kontext von § 174 BGB.

[695] Aus begrenzter Erkenntnislage ist für den Geschäftsgegner (siehe oben bei Fn.
214 sowie 421, 422) ebenso wie für das Erkenntnisgericht (siehe oben in Fn. 419)
sowohl denkbar, dass die Behauptung des Vertreters der Wahrheit widerläuft wie
auch, dass der Geschäftsherr eine wirklich erfolgte Innenbevollmächtigung nachträglich schutzbestreitet (vgl. oben bei Fn. 253). Vollmachtsurkunden sind daher nicht
nur für den Geschäftsgegner, sondern auch für den Vertreter von Beweisvorteil.

[696] Vgl. auch *Stüsser*, S. 116/117.

gänzlich auszuschließen, dass die Kundgebung unrichtig war, dass also der Vertreter entgegen dieser doch gar nicht innenbevollmächtigt worden sei. Doch ergibt sie sich aus der bürgerlich-gesetzgeberischen Erwartung der „Anwendung der Vorschriften über Willensmängel usw." in §§ 116 ff. BGB auf Kundgebungen gem. §§ 171 I, 172 I BGB. Denn §§ 171 I, 172 I BGB i.V.m. §§ 118, 119 I a.A., 122 I, 123 I, 142 I BGB führen dann abweichend davon nur zu negativer oder gar keiner Haftung für die unrichtige Kundgebung. Dazu muss der Geschäftsherr das Vorliegen eines den §§ 118 ff. BGB unterfallenden Sachverhalts vollbeweisen. Gemeinsamkeit der insoweit interessierenden Regelungsteile der §§ 116 ff. BGB ist, dass der Schein unrichtig ist.

Der objektive Scheintatbestand in Gestalt einer Kundgebung des Geschäftsherrn gem. §§ 171 I, 172 I BGB, dass er einen Vertreter innenbevollmächtigt habe, stellt damit zugleich eine *Vermutung* gem. § 292 S. 1 ZPO dahin dar, dass eine Innenbevollmächtigung erfolgt ist. Auch andere unter den Gesichtspunkt eines Rechtsscheins gestellte gesetzliche Regelungen gehen mit einer solchen Beweiserleichterung zugunsten des Geschäftsgegners einher[697], vgl. etwa § 891 BGB mit Blick auf § 892 BGB sowie § 1006 BGB mit Blick auf §§ 932 ff. BGB[698].

---

[697] Im unmittelbaren Anwendungsbereich der §§ 116 ff. BGB auf „Willenserklärungen" zieht der objektive Scheintatbestand, dass der Geschäftsherr ein bestimmtes Geschäft mit dem Geschäftsgegner wolle, nur *vermutungsähnliche* Beweiswirkungen nach sich. Zwar belasten §§ 116 ff. BGB den Geschäftsherrn mit der *Vollbeweislast* für die Unrichtigkeit dieses Scheins und für bestimmte Unrichtigkeitsgründe, die gem. §§ 118 ff. BGB nur zu negativer oder keiner Haftung führen. Doch kann anders als sonst bei Vermutungen die vermutete Tatsache bzw. Rechtslage im Kontext der §§ 116 ff. BGB nicht unmittelbar bewiesen werden. Sie kann hier nicht nur aus (beweis-)praktischen, sondern aus materiell-rechtlichen Gründen nicht unmittelbar bewiesen werden. Denn der wirkliche Geschäftswille muss eine Äußerung gefunden haben. Er bleibt irrelevant, solange er ungeäußert ist.
Dass der Scheintatbestand also nicht nur Vermutungstatbestand, sondern auch materielles Tatbestandsmerkmal im Idealtatbestand der richtigen Willenserklärung ist, darf allerdings nicht überbewertet werden. *Larenz* etwa hat die Qualifizierung der Willenserklärung als *Schein* des Geschäftswillens unter anderem damit zu widerlegen gesucht (siehe bereits oben bei und in Fn. 603), dass sie dann nur „bloße Mitteilung des gebildeten Willens" sei, vgl. Auslegung, S. 59–62. Dies ist unzutreffend. Die Materialien zum BGB ergeben, dass dies nicht bürgerlich-gesetzliches Verständnis war. *v. Kübel* präzisierte in seinem Redaktorenentwurf, dass erst die Erklärung bzw. Äußerung das die Willensbildung abschließende bzw. perfizierende Moment sei, RedE-SchuldR, S. 136 f., insb. 137; vgl. auch *Gebhard*, RedE A.T., S. 83 (Paginierung des von Schubert herausgegebenen Nachdrucks; Hervorhebung hinzugefügt): „Als rechtsgeschäftlicher Wille kommt nur ein der Außenwelt hingegebener, in die Erscheinung [!] getretener Wille in Betracht. Das Wesen der Erklärung liegt *nicht* darin, dass sie nachfolgende Verkündung eines schon vorher bestehenden rechtlich relevanten Akts des inneren Seelenlebens ist, dessen Existenz nunmehr durch die Kundgebung erweislich wird; …". Dass die Äußerung den Willen perfekt

Will man diese *Beweiswirkung* eines objektiven Scheintatbestandes verallgemeinern, so ist von einer an diesen geknüpften *Richtigkeitsvermutung* zu sprechen: von einer Vermutung der Richtigkeit des Scheininhalts[699]. Dies belegt erneut, dass die Präzisierung des Rechtsscheinsinhalts sinnvoll ist.

b) § 371a I Satz 2 ZPO [2005] als spezieller Richtigkeitsanschein

§ 371a I 2 ZPO fällt beweisgraduell aus diesem Rahmen. Denn es wird nur sozusagen ein Richtigkeitsanschein und nicht eine Richtigkeitsvermutung aufgestellt [dazu aa)]. Doch überschneidet sich das beweisnormativ erleichterte Beweisthema mit dem oben für eine erst- bzw. einmalige Signatur herausgearbeiteten objektiven Scheintatbestand des Inhalts, dass der Schlüsselinhaber selbst die signierte Willenserklärung abgegeben habe [dazu bb)]. Mittelbar stützt § 371a I 2 ZPO damit das hier gefundene objektiv-scheintatbestandliche Ergebnis.

aa) Beweisverlagerungsgraduelle Besonderheit und beweisnormative Struktur von § 371a I 2 ZPO

Eine gesetzliche Vermutung verlagert Vollbeweislasten. Nach § 292 S. 1 ZPO kann und muss derjenige, zu dessen Lasten eine gesetzliche Vermutung greift, das Gericht vom „Gegenteil" der vermuteten Tatsache bzw. Rechtslage überzeugen. § 371a I 2 ZPO gibt dem Geschäftsherrn und Schlüsselinhaber[700] demgegenüber nur eine hier sog. Erschütterungsbeweislast auf.

Das Konstrukt eines *gesetzlichen Anscheinsbeweises* begegnet bereits in einem Aufsatz von *Roßnagel* aus dem Jahre 1998 über „die Sicherheitsvermutung des [alten] Signaturgesetzes"[701]. Roßnagels Ableitung dieses Konstrukts aus § 1 I SigG [1997].[702] überzeugte nicht[703]. Ebenso blieben Roß-

---

machen zu sollen *scheint,* ist denn nur weitere Präzisierung des erforderlichen Inhalts des objektiven Scheins i.R.v. §§ 116 ff. BGB.

[698] Schon *Oertmann* (ZHR 95, 443 [456]) wies auf diese „Doppelbedeutung" als Vermutung und materielles Tatbestandsmerkmal hin. Vgl. auch *Henze,* S. 2, 13 ff.

[699] Von dieser *Beweiswirkung* ist die *materiell-rechtliche Haftung* für einen *unrichtigen* Schein zu trennen. *Positive* Haftung für einen unrichtigen Schein wird im Wege der Gleichstellung von Schein und Sein realisiert, vgl. *Canaris,* Vertrauenshaftung, S. 9 sowie hier oben bei Fn. 87 f. Dies lässt sich auch als Fiktion oder als unwiderlegliche Vermutung qualifizieren.

[700] Zur Rollendefinition für diese Arbeit siehe oben in Fn. 30.

[701] *Roßnagel,* NJW 1998, 3312.

[702] Dessen Normwortlaut wurde oben in Fn. 250 zitiert.

[703] *Roßnagel* argumentierte *negativ* mit dem Wortlaut von § 1 I SigG [1997]. Diese Norm sei weder nur unverbindlicher Programmsatz noch gesetzliche Ver-

nagels Ausführungen unklar dahin, was genau für Geschäftsgegner beweiserleichtert und wofür damit Beweislasten auf Schlüsselinhaber verlagert werden sollten[704]. Misslich war auch die Terminologie. Denn eine Bezeichnung als „Sicherheitsvermutung" geht an der beweisnormativen Eigenheit des bislang weitgehend richterlichen[705] sowie beweisdogmatisch hochstreitigen[706] Konzepts des *prima-facie*-Beweises vorbei, den Anscheinsbeweisgegner weniger schwer zu belasten als durch eine Vermutung[707].

---

mutung gem. § 292 ZPO, da beides hätte klarer zum Ausdruck kommen müssen (a. a. O. [3315 f.]). Dies geht schon an den Gesetzesmaterialien vorbei. Neben dem oben Fn. 339 erfolgten Zitat sei auf die Äußerungen von MdB Bierstedt, BT-Plenarprotokoll 13/170, S. 15393 zum SigG [1997] verwiesen, siehe oben in Fn. 250. Danach sollte durch die Gesetzesformulierung des § 1 I SigG [1997], dass Signaturen „als sicher gelten ... können", signaturgesetzgeberische Unsicherheiten zum Ausdruck gebracht werden. Dies verträgt sich nicht mit der Auslegung der Norm als Anordnung einer Sicherheitsvermutung. Kritisch auch *Brückner*, S. 139, der plastisch vier denkbare Auslegungen von § 1 I SigG [1997] abstuft: als unwiderlegliche Vermutung, als widerlegliche Vermutung, als gesetzlicher Anscheinsbeweis, als gesetzgeberische Deklaration ohne verbindliche Kraft. Die Entstehungsmaterialien ergeben letzteres.

[704] Die „Sicherheitsvermutung" des § 1 I SigG [1997] sollte Beweis über die Sicherheit des Signaturverfahrens und die Unverfälschtheit der Signatur erbringen. „Sind weitere Aspekte der entscheidenden Willenserklärung umstritten, müssen diese ohne Beweiserleichterung bewiesen werden" (a. a. O. [3317]). Als solches wird die „Willentlichkeit der Signaturerzeugung" bzw. die „Autorisierung digitaler Signaturen" genannt, sowie: „ob jemand die digital signierte Erklärung willentlich abgegeben hat oder nicht, richtet sich nach den allgemeinen Regeln des Rechts der Willenserklärung und den für elektronische Willenserklärungen entwickelten Grundsätzen. Diese wollte § 1 I SigG nicht verändern" (a. a. O. [3316]). Es geht auch bei einem gesetzlichen Anscheinsbeweis nicht darum, das materielle Recht zu „verändern". Wie eine gesetzliche Vermutung verlagert dieser nur die Beweislast für Tatbestandsmerkmale des materiellen Rechts. „Willentlichkeit", „Autorisierung" und „willentliche Abgabe" bleiben zu unpräzise. Sollte es letzterenfalls um das Abhandenkommen des signierten Dokuments gehen [siehe oben II.3.d)bb) und sogleich unter c)]? Soll die „Autorisierung" die Missbrauchsszenarien nach Überlassung oder Abhandenkommen von Schlüssel und PIN [siehe oben II.3.a)/b)] bezeichnen? Was ist dann die „Willentlichkeit" neben der „Autorisierung"? Sollte diese wiederum Fälle des „Unterschiebens" bezeichnen [siehe oben II.3.d)aa)]? Welche Beweiserleichterung bedeutet ein gesetzlicher Anschein der Verfahrenssicherheit im Einzelfall?

[705] An *seltenen* Vorläufern eines *gesetzlichen* Anscheinsbeweises sind zu nennen: § 20 V GWB, vgl. *Mestmäcker/Immenga,* § 20 Rn. 322, 323, 325; der Sache nach wohl auch die „Ursachenvermutung" des § 34 GenTG mit Blick auf deren nach Abs. 2 genügende „Entkräftung", vgl. *Deutsch,* NJW 1992, 73 [76 f.].

[706] Vgl. *Rommé,* Der Anscheinsbeweis im Gefüge von Beweiswürdigung, Beweismaß und Beweislast, S. 31 ff. m. w. N. in Fn. 167, S. 98 ff., 121 ff.

[707] Eben dies brachte *Roßnagel* denn auch als Vorzug seines Konzepts eines „vorgezogenen Anscheinsbeweises" gegenüber einer Vermutung der Sache nach zum Ausdruck, wenngleich es als „Sicherheitsvermutung" begrifflich nicht zum Aus-

Damit ist benannt, was den Formanpassungsgesetzgeber anzunehmendermaßen zur letztlichen Normierung eines gesetzlichen „Anscheinsbeweises bei qualifizierter elektronischer Signatur" in § 292a ZPO [2001] veranlasst hat, der jüngst mit kleinen Veränderungen nach § 371a I 2 ZPO [2005] verlagert worden ist[708]: nämlich die Beweislastverlagerung auf Schlüsselinhaber *nur* in Gestalt einer Last der „Erschütterung" des gesetzlichen Anscheins *anstelle einer weitergehenden Gegenteilsbeweislast* gegen eine *Vermutung, vgl. § 292 S. 1 ZPO*[709]. Ob diese *theoretischen* Graduierungen von

---

druck kam. Die an eine Vermutung geknüpfte Gegenteilsbeweislast sei für den Signaturschlüssel-Inhaber „weder risiko- noch sachgerecht", a.a.O. [3317 bei Fn. 58, s.a. 3316 bei Fn. 41]. Demgegenüber wiege ein Anscheinsbeweis weniger schwer für ihn, a.a.O. [3317, 3319]; vgl. auch *Oberndörfer*, NJW-CoR 2000, 228 [231 bei Fn. 52]; vgl. auch BGHZ 160, 308 [319] m.w.N. zur geringeren „Beweislastverlagerungswirkung" von richterlichen Anscheinsbeweisen im Vergleich zu gesetzlichen Vermutungen.

[708] Siehe oben I.2. sowie oben I.4.c) zum weitergehenden Referentenentwurf eines § 126 a III BGB-RefE [1999]. Siehe dort auch bei Fn. 26 dazu, dass der Beweisregelungsgehalt von § 371a I 2 ZPO [2005] dem von § 292a ZPO [2001] weitgehend entsprechen soll. Daher wird nachfolgend bis auf weiteres vereinfachend von §§ 292a, 371a I 2 ZPO gesprochen.

[709] *Gesetzessystematisch* kam dieses hinter einem *Gegenteilsbeweismaß* zurückbleibende *Erschütterungsbeweismaß* darin zum Ausdruck, dass der gesetzliche „Anscheinsbeweis bei qualifizierter elektronischer Signatur" als § 292a ZPO [2001] zwischen die Allgemeinregelung der „gesetzlichen Vermutung" in § 292 ZPO und der „Glaubhaftmachung" in § 294 ZPO eingefügt wurde. Im *Normwortlaut* verwies der Begriff der „Erschütterung" hierauf. Nach diesem soll eine Erschütterungsbeweisführung des Schlüsselinhabers „nur" dann Erfolg haben, wenn diese beim Erkenntnisgericht „ernstliche Zweifel" am gesetzlichen Anschein zu wecken vermag. Dies verlangt einerseits mehr als einfache Zweifel, bei deren Erweckung ein bloßer *Gegenbeweis* bereits Erfolg hat, vgl. BGH BB 1978, 1232 [1233]. Andererseits ergibt die *subjektiv-historische Auslegung* von § 292a ZPO [2001], dass dieses *Erschütterungsbeweismaß* nicht die Erreichung des *Voll-* und *Gegenteilsbeweismaßes* nach §§ 286 I 1, 292 S. 1 ZPO voraussetzt. Die dahingehend erforderliche „Überzeugung von der Wahrheit" (§ 286 I 1 ZPO) bzw. vom „Gegenteil" einer gesetzlichen Vermutung (§ 292 S. 1 ZPO) definiert der BGH als „an Sicherheit grenzende Wahrscheinlichkeit", zu der ein subjektives Moment im Sinne „persönlicher Gewissheit" hinzutreten muss, vgl. BGHZ 53, 245 [255 f.] sowie BGH MDR 1959, 114 für ein gleiches Beweismaß bei § 292 ZPO. Noch soll das nach § 292a ZPO [2001] erforderliche Erschütterungsbeweismaß als „überwiegende Wahrscheinlichkeit" zu verstehen sein, die für eine Glaubhaftmachung gem. § 294 ZPO erfordert wird, vgl. Oberheim, JuS 1996, 1115 Fn. 38 mit Verweis auf BGH VersR 1976, 928 [929]. Vielmehr soll sozusagen „gleichwiegende Wahrscheinlichkeit" genügen. Dies ergibt sich daraus, dass die „ernstlichen Zweifel" gem. § 292a ZPO in Anlehnung an § 529 I Nr. 1 ZPO-RegE [2001] konzipiert wurden, der dann allerdings seinerseits im Zuge des Zivilprozessreformgesetzes letztlich anders gefasst wurde. Der Regierungsentwurf des Formanpassungsgesetzes (BT-Drs. 14/4987, S. 6) hatte § 292a ZPO noch mit dem konträr formulierten Passus vorgesehen: „... kann nur durch Tatsachen erschüttert werden, die es *ernsthaft als möglich erscheinen lassen,*

verlagerten Beweislasten *praktisch* nachvollziehbar werden, wird die noch nicht vorhandene gerichtliche Anwendung des gesetzlichen „Anscheinsbeweises bei qualifizierter elektronischer Signatur" erweisen[710]. Auch der Formanpassungsgesetzgeber hat mit §§ 292a, 371a I 2 ZPO somit in beweisnormativer Hinsicht „Neuland" betreten[711].

Jedenfalls ist der gesetzliche Anschein erschütterbar. Es geht damit nicht an, §§ 292a, 371a I 2 ZPO als „Fiktion" zu qualifizieren[712]. Zumindest unpräzise ist des Weiteren, diese *Beweisnormen* als „eine Art Gefährdungshaftung" zu qualifizieren[713]. Denn eine *Beweislastentscheidung,* die aufgrund einer *Sonderregel* der Beweislast wie §§ 292a, 371a I 2 ZPO *ausnahmsweise* zu einer Anspruchsbejahung führt[714], ist keine materiell-rechtliche

---

dass die Erklärung *nicht* mit dem Willen des Signaturschlüssel-Inhabers abgegeben worden ist". Der Rechtsausschuss schlug im Formanpassungsgesetzgebungsverfahren vor, § 292a ZPO-RegE mit § 529 ZPO-RegE „sprachlich zu harmonisieren", BT-Drs. 14/5561, S. 20. „Ernstliche Zweifel" sollten dort bedeuten, „dass im Ergebnis die Unrichtigkeit oder Unvollständigkeit der erstinstanzlichen Tatsachenfeststellungen mindestens ebenso wahrscheinlich ist wie deren Richtigkeit oder Vollständigkeit", BT-Drs. 14/4722, S. 100.
Zu einer „verfassungskonformen Auslegung" von § 292a ZPO [2001], die *A. Albrecht* (Biometrische Verfahren, S. 139 f.) zur Konkretisierung der Erschütterungsbeweisanforderungen bemüht, besteht somit kein Anlass.

[710] Vgl. Musielak (*Huber*), ZPO, § 292a ZPO, Rn. 16; *Malzer*, DNotZ 2006, 9 [31]. *Malzer* hält selbst §§ 292a, 371a I 2 ZPO wegen Erschütterungsbeweisschwierigkeiten des Schlüsselinhabers noch für zu weitgehend. Die Gegenfrage ist zu stellen, wie die Funktion der Signatur als Exklusivzeichen etc. ohne Nachteile im Falle kontrafunktionaler Schlüsselinnehabung erreicht werden soll.

[711] Siehe oben in Fn. 250.

[712] So *Oertel*, MMR 2001, 419 [420 f. nach Fn. 19, Hervorhebungen hinzugefügt], der § 292a ZPO [2001] in unklar bleibender Weise einzuschränken vorschlug, andernfalls „§ 292a ZPO zu einer *systemfremden Haftungsnorm* wird, die umfassende Willensbindungen ohne Willensäußerung *fingiert*", und der andererseits im gleichen Atemzug ohne nähere Begründung von den „Wirkung und Absicht § 292a ZPO vergleichbaren Figuren der Anscheins- und Duldungsvollmacht" sprach. Möglicherweise werden hier § 126a III 2 BGB-RefE [1999] und § 292a ZPO [2001] von Oertel gleichgesetzt. Seine unklaren Ausführungen übernehmend: *Heusch,* 180.

[713] *A. Albrecht*, Biometrische Verfahren, S. 135 ff., insb. bei Fn. 760.

[714] Mit *Musielak* (Grundlagen, S. 293) ist von einer *negativen Grundregel* auszugehen, dass „ein Rechtssatz nicht als erfüllt gilt, wenn seine tatsächlichen Voraussetzungen nicht festgestellt werden können". Streiten sich Geschäftsgegner und Schlüsselinhaber erkenntnisgerichtlich darüber, dass der Schlüsselinhaber eine vom Geschäftsgegner empfangene signierte Willenserklärung abgegeben habe, so würde ein *non liquet* gemäß dieser *negativen* Grundregel zu der prozessualen Annahme führen, dass er dies *nicht* getan habe. Prozessuale Entscheidungsfolge wäre dann, dass das Greifen des mittelbar vor §§ 116 ff. BGB normierten Idealtatbestandes [dazu oben 3.c)bb)] sowie nochmals sogleich unter bb) bei Fn. 729) zugunsten des Geschäftsgegners abgelehnt wird. Doch greifen §§ 292a, 371a I 2 ZPO als *Sonder-*

Haftung[715]. Das schließt nicht aus, eine *haftungsergebnisgleiche beweis-praktische Folge* einer Beweislastverteilung bzw. -verlagerung zu konstatieren, wie es *Hähnchen* für § 292a ZPO andeutete[716].

Mit § 292a ZPO ist der vom alten Signaturgesetzgeber aufgestellte Plan eventueller und erfahrungsabhängiger Folgeregelung aufgegeben worden[717]. Denn die beweisrechtliche Folgeregelung des § 292a ZPO konnte mangels Verbreitung von Signaturverfahren noch nicht auf in diesem „Neuland" gewonnene Erfahrung, auf Erhärtung des „Experiments" im praktischen Versuch gegründet werden[718]. Es steht anzunehmen, dass § 292a ZPO wesentlich durch die Zielsetzung motiviert war, einen *normativen* Anreiz zur Verbreitung zu setzen[719]. Eben diese „Belohnung" war auch die Zielsetzung von Roßnagels auf § 1 I SigG [1997] gebautem Vorläuferkonzept eines gesetzlichen Anscheinsbeweises[720].

---

regeln (vgl. *Musielak*, Grundlagen, S. 303 ff.), die *konträre prozessuale Wirkungen* nach sich ziehen. Bleibt streitig, ob der Schlüsselinhaber die signierte Willenserklärung abgegeben habe, und kann er den dahingehenden gesetzlichen Anschein nicht erschüttern, so ist gem. §§ 292a, 371a I 2 ZPO hier vom Gericht *ausnahmsweise* anzunehmen, dass dies der Fall war.

[715] Zweifelhaft daher auch *Canaris* (FS für Heldrich, 11 [22 vor Fn. 39]), der gesetzliche Verschuldens*vermutungen* als „Abschwächung des Verschuldensprinzips in Richtung auf eine Risikohaftung durch die Umkehrung der Beweislast" bzw. als „eine gewisse Annäherung an eine ‚strikte' Haftung" (a.a.O. [S. 27 in Fn. 56 m.w.N.]) bezeichnet.

[716] *Hähnchen*, NJW 2001, 2831 [2833] (Hervorhebung hinzugefügt): „Das Missbrauchspotenzial ist bei elektronischen Erklärungen um ein Vielfaches höher als beispielsweise bei einer Blankounterschrift. Denn wer Karte und PIN hat, kann beliebig viele Dokumente signieren. ... enthält jetzt der neue § 292a ZPO eine Anscheinsvermutung der Echtheit der elektronischen Signatur zu Gunsten des Erklärungsempfängers. Wenn also beispielsweise unter missbräuchlicher Verwendung der Karte (mit PIN) eine Warenbestellung im Internet durch einen unbefugten Dritten aufgegeben wird und der Verkäufer dann den Karteninhaber auf Zahlung verklagt, *hat dieser vermutlich größere Schwierigkeiten, einer Verurteilung zu entgehen* – sofern er nicht rechtzeitig seinen Schlüssel hat sperren lassen".

[717] Siehe oben in Fn. 250 sowie bei und in Fn. 339.

[718] BT-Drs. 14/4987, S. 44: „Der Anschein der Echtheit beruht nicht auf einem Erfahrungssatz, sondern auf gesetzlicher Vorgabe". Vgl. *Bizer*, DuD 2002, 276 [279]: „kühne Konstruktion eines ‚Anscheinsbeweis ohne Massenverkehr und ohne Erfahrung'".

[719] A.a.O. verwies die Bundesregierung gegen den Vorschlag des Bundesrates, § 292a ZPO-RegE zu streichen, auf „das vorherrschende Meinungsbild beteiligter Fachkreise. Ergänzend zum Signaturgesetz sei eine ausdrückliche Anerkennung der digitalen Signatur als Unterschriftsersatz und eine Beweisregel für elektronisch signierte Dokumente erforderlich, um die Akzeptanz dieses Signaturverfahrens im Rechtsgeschäftsverkehr zu gewährleisten". Siehe auch oben bei Fn. 269.

[720] *Roßnagel*, NJW 1998, 3312 [3312, 3313]: „Das SigG will also weder das Angebot noch die Nachfrage nach gesetzeskonformen Signaturverfahren erzwingen, je-

Wie einführend aufgezeigt, ist § 292a ZPO durch das Justizkommunikationsgesetz in § 371a I 2 ZPO verlagert worden[721]. Die komplizierte beweisnormative Struktur der Norm ist beibehalten worden. Die ersten beiden Halbsätze verbinden nach wie vor denselben *Anscheinsbeweistatbestand* mit einer *Anscheinsbeweisrechtsfolge*. Die konditionale Normstruktur entspricht insoweit noch derjenigen von gesetzlichen Vermutungen gem. § 292 S. 1 ZPO: *wenn* der Vermutungsbegünstigte den Vermutungstatbestand beibringt, *dann* muss das Gericht bis zum Beweis des Gegenteils durch den Vermutungsgegner von der gesetzlich vermuteten Tatsache bzw. Rechtslage ausgehen. Diese wiederum kann ganz regelmäßig unmittelbar unter einen weiteren, dem Vermutungsbegünstigten günstigen Rechtssatz subsumiert werden[722].

Doch folgt eine Normierung des *Erschütterungsbeweisthemas* in den anschließenden drei Halbsätzen von §§ 292a, 371a I 2 ZPO nach. Eine Entsprechung für gesetzliche Vermutungen d.h. eine gesetzliche Umschreibung des Gegenteilsbeweisthemas findet sich nirgends. Eine solche wäre auch überflüssig, da das Gegenteilsbeweisthema nur die Umkehrung der Vermutungsrechtsfolge ist. In eben diesem Kehrverhältnis stehen auch Anscheinsbeweisrechtsfolge und Erschütterungsthema beim „Anscheinsbeweis bei qualifizierter elektronischer Signatur" nach §§ 292a, 371a I 2 ZPO. Dieser ist damit in normstruktureller Hinsicht unnötig kompliziert gefasst worden. Die Anscheinsbeweisrechtsfolge eines „Anscheins der Echtheit ..." ist nichts weiter als Kehrformulierung des Erschütterungsbeweisthemas. Sie ist *leerbegriffliche* Kehrformulierung desselben. Denn der Begriff der „Echtheit" ist denkbar weit, wie seine *kausalitätsnahen* Umschreibungen im urkundenbeweisrechtlichen Kontext zeigen[723]. Die gesetzliche Anscheinsbeweisrechtsfolge bzw. der Anscheinsinhalt ist damit *mittelbar* der gesetzlichen Erschütterungsbeweisthematisierung zu entnehmen (s. Fn. 722). §§ 292a, 371a I 2 ZPO hätten daher auch schlanker gefasst werden können,

---

doch mit dieser Regelung belohnen". Es steht zu vermuten, dass die Bejahung einer „Sicherheitsvermutung" aus § 1 I SigG [1997] im Evaluierungsbericht über das SigG [1997] durch die Bundesregierung (BT-Drs. 14/1191, S. 17; dazu oben in Fn. 250) vor demselben Hintergrund steht.

[721] Siehe oben I.2.

[722] Zur Verzahnung von §§ 292a, 371a I 2 ZPO mit dem materiellen Recht sogleich unter bb).

[723] Vgl. Baumbach/Lauterbach/Albers/Hartmann, ZPO (*Hartmann*), Einführung vor §§ 437–443 Rn. 1: „herrühren von"; ebenso Alternativkommentar ZPO (*Rüßmann*), vor § 415 Rn. 4; *Thomas/Putzo*, ZPO, § 437 Rn. 1: „stammen von"; andeutungsweise als „Urheberschaft" an der Urkunde Zöller (*Geimer*), § 437 Rn. 1; demgemäß schlug *Dästner* (NJW 2001, S. 3469 [3469]) eine „urkundenrechtliche" Auslegung des Anscheinsinhalts der „Echtheit" nach § 292a ZPO [2001] dahin vor, dass die signierte Willenserklärung vom Schlüsselinhaber „herrührt".

indem Anscheinsbeweistatbestand und Anscheinsbeweisrechtsfolge ohne
den Umweg der „Echtheit" verknüpft worden wären.

Den *Anscheinsbeweistatbestand* von §§ 292a, 371a I 2 ZPO muss der
Geschäftsgegner beibringen. §§ 292a, 371a I 2 ZPO wurden durch Verweisung und Weiterverweisung auf die „elektronische Form" gem. § 126a
BGB [2001] und diverse Signaturgesetzesnormen, denen die vielen Einzel-
merkmale des Anscheinsbeweistatbestandes erst zu entnehmen sind, redak-
tionell schlank gehalten. Kurzgefasst betrifft deren Gesamtheit die Wahrung
der administrativ-technischen Vorgaben für Zertifizierungsdiensteanbieter[724]. Ist der Zertifizierungsdiensteanbieter „akkreditiert" worden d.h. gem.
§ 15 I 1–3 SigG die Wahrung des Signaturrahmens seinerseits vorabgeprüft
und bestätigt worden[725], so kommt dies dem Geschäftsgegner zugute. Denn
dann wird das Gegebensein des Anscheinsbeweistatbestandes von §§ 292a,
371a I 2 ZPO gem. § 15 I 4 SigG vermutet[726]. Der Geschäftsgegner muss
dann also nur noch die Akkreditierung des Zertifizierungsdiensteanbieters
nachweisen.

Die nunmehr näher zu betrachtende, erschütterbare *Anscheinsbeweisrechtsfolge* bzw. der *Anscheinsinhalt* von §§ 292a, 371a I 2 ZPO betrifft
demgegenüber die Umstände der Erzeugung der Signatur. Sie betrifft damit
den Bereich des „Restrisikos" beim Schlüsselinhaber[727].

bb) Beweisthematische Überschneidung mit dem Schein des Eigenhandelns analog §§ 171 I, 172 I BGB i. V. m. § 122 II BGB

Der mittelbare Anscheinsinhalt in Gestalt der gesetzlichen Erschütte-
rungsthematisierung ist von § 292a ZPO [2001] zu § 371a I 2 ZPO [2005]
begründungslos geändert worden: von einer anscheinenden bzw. scheinba-

---

[724] Siehe oben II.2.a); vgl. *Roßnagel/Fischer-Dieskau*, NJW 2006, 806 [807 bei
Fn. 11]; daneben ist eine erfolgreiche Signaturprüfung Merkmal des Anscheinsbeweistatbestandes (siehe oben I.2. bei Fn. 29), also v.a. ein Prüfergebnis der Integrität d.h. Nichtveränderung des Dokuments nach Signatur (s.o. II.2.b) bei Fn. 308).

[725] Siehe oben bei Fn. 302 ff.

[726] Unklar Roßnagel, der § 15 I 4 SigG mal als Vermutung (NJW 2001, 1817
[1822]), mal ebenso wie §§ 292a, 371a I 2 ZPO [2001, 2005] als gesetzlichen Anscheinsbeweis (NJW 2006, 806 [807 nach Fn. 12]) bezeichnet, siehe schon oben bei
Fn. 705 ff. Der Wortlaut von § 15 I 4 SigG ist uneindeutig gefasst („... wird der
Nachweis ... zum Ausdruck gebracht"). Im Zweifel ist vom Vorliegen eines allgemeinen Beweisverlagerungsinstruments d.h. Vermutung auszugehen.

[727] Siehe oben bei Fn. 15; vgl. *Roßnagel/Fischer-Dieskau*, NJW 2006, 806 [807
bei Fn. 15]. Im Anschluss wird ausgeführt, dass „um die Abgabe von Schutzbehaup-
tungen ... auszuschließen", der Schlüsselinhaber „das Abhandenkommen nachzuweisen" habe. Hier bleibt unklar, ob und warum dies eine vom Erschütterungsbeweismaß abweichende Vollbeweislast für den Schlüsselinhaber bedeuten soll.

ren „Abgabe der Willenserklärung *mit dem Willen des Signaturschlüssel-In-haber*" zu einer „Abgabe der Erklärung *vom Signaturschlüssel-Inhaber*"[728]. Dies ist zu begrüßen.

Es findet sich weder die eine noch die andere Begriffsfolge im Rechts-geschäftsrecht der §§ 104–185 BGB. Doch entspricht die aktualisierte Be-griffsfolge der „Abgabe von" einer Person der hergebrachten *praeterlegalen* Terminologie. Diese Terminologie ist wiederum mit dem mittelbar vor §§ 116 ff. BGB geschriebenen Idealtatbestand der richtigen Willenserklä-rung[729] zu verzahnen: eine solche Willenserklärung wirkt für und gegen die Person, „von" der sie abgegeben wurde, sofern diese keinen Fremdwir-kungswillen erklärt hat, vgl. § 164 I 1, II BGB.

Bei erklärtem Fremdwirkungswillen ist die „vom" Vertreter im oder unter dem Namen des Geschäftsherrn abgegebene Willenserklärung dann sozusa-gen „mit" dem Willen des Geschäftsherrn abgegeben, wenn dieser dem Ver-treter überhaupt und genügende Vollmacht erteilt hat[730]. Des Weiteren ist denkbar, dass der Geschäftsherr „mit" Vertreterhandeln einverstanden ist, ohne Vollmacht erteilt zu haben. Die Rechtsprechung zur Duldungsvoll-macht berührt sich subjektiv-tatbestandlich mit derartigen Sachverhalten[731]. Der mittelbare Anscheinsinhalt des § 292a ZPO konnte daher auch als formanpassungsgesetzgeberischer Versuch verstanden werden, verschiedene materiell-rechtliche Konstellationen signierter Willenserklärung unter der damaligen Begriffsfolge der „Abgabe mit dem Willen des Schlüsselinha-bers" beweisnormativ zusammenzufassen[732].

Allerdings geben die Materialien zu § 292a ZPO nichts Eindeutiges da-hingehend her. Die allzu knappe Begründung zu § 292a ZPO [2001] sprach einerseits gem. der späteren Gesetzesterminologie von § 371a I 2 ZPO [2005] vom „Beweis, dass die Erklärung *von dem Schlüsselinhaber abge-geben* worden ist"[733]. Demgemäß wäre die vorgenannte weite Auslegung

---

[728] Klargestellt wurde in der Begründung zu § 371a I 2 ZPO [2005] demgegen-über und kommt auch im weiteren Normwortlaut zum Ausdruck, dass die Beweis-erleichterung nun auch bei anderen elektronisch dokumentierten und signierten „Er-klärungen" als „Willenserklärungen" greifen soll, siehe das Zitat oben bei Fn. 22. In der vorliegenden Arbeit interessiert wegen der nur behandelten Fragestellung positi-ver oder negativer Haftung für eine eigentlich mangels Vollmacht des Vertreters un-wirksame Willenserklärung diese beweisnormative Erweiterung aber nicht weiter.

[729] Siehe oben bei V.3.c)bb).

[730] In diesem Sinne etwa *Gotthardt*, S. 1 bei Fn. 4.

[731] Vgl. oben in Fn. 62.

[732] *Bierekoven* (S. 179, 182) sah in § 292a ZPO [2001] letztlich „wohl" nur eine Umformulierung von § 126a III Satz 1 *und Satz 2* BGB-RefE [1999], vgl. zu letzte-rem oben I.4.c) bei Fn. 75 ff.

[733] BT-Drs. 14/4987, S. 24.

mit Blick auf das damalige Erschütterungsthema in subjektiv-historischer Auslegung nicht angebracht gewesen. Andererseits wurde im gleichen Atemzug die „Echtheit" einer Namensunterschrift gem. § 440 I ZPO dahin umschrieben, „dass die Erklärung vom Schlüsselinhaber selbst oder *mit dessen Willen von einem Dritten signiert* worden ist"[734]. Auf den Begriff der „Echtheit" greift der unmittelbare Anscheinsinhalt gem. §§ 292a, 371a I 2 ZPO zurück.

Da § 292a ZPO [2001] durch § 371a I 2 ZPO [2005] abgelöst worden ist, ist der potentiell weitere mittelbare Anscheinsinhalt von ersterem nicht mehr relevant. Mit Blick auf das aus § 6 I 1 SigG abzuleitende Überlassungsverbot[735] ging § 292a ZPO [2001] jedenfalls fehl, sofern eine Beweiserleichterung auch für überlassungsverbotswidriges Verhalten des Schlüsselinhabers normiert werden sollte. § 371a I 2 ZPO [2005] ist daher zu begrüßende Klarstellung, die dem signaturgesetzlichen Rahmen Rechnung trägt[736].

§ 371a I 2 ZPO [2005] ist zugleich mittelbare Bestätigung des oben gefundenen Ergebnisses, dass sich ein Rechtsschein analog §§ 171 I, 172 I BGB i.V.m. § 122 II BGB an den erst- bzw. einmaligen Empfang einer signierten Willenserklärung knüpft: *dass der Schlüsselinhaber die signierte Willenserklärung abgegeben habe.* Nur stellt § 371a I 2 ZPO [2005] beweisverlagerungsgraduell abweichend hierfür keine Richtigkeitsvermutung [siehe oben a)], sondern nur einen Richtigkeitsanschein auf. Bei einer Richtigkeitsvermutung müsste ihr Gegenteil vom Schlüsselinhaber zur erkenntnisgerichtlichen Überzeugung gebracht werden. Der Richtigkeitsanschein des § 371a I 2 ZPO [2005] kann und muss demgegenüber „nur" erschüttert werden.

cc) Konsequenzen für die Beweislast für die übrigen Tatbestandsmerkmale neben einem unrichtigen Schein

Eine erfolgreiche „Erschütterung" des Anscheins, dass der Schlüsselinhaber selbst die signierte Willenserklärung abgegeben habe, geht nicht zwingend einher mit einer „gegenteiligen" Überzeugung des Gerichts wie im Falle gesetzlicher Vermutung. § 371a I 2 ZPO [2005] führt damit nicht dazu, dass im Erkenntnisverfahren entweder von einem anscheinsgemäßen

---

[734] BT-Drs. 14/4987, S. 25.

[735] Siehe oben III.2.a).

[736] Der mittelbar in § 371a I 2 ZPO [2005] beweisnormierte „Anschein, ... dass die [signierte Willens-] Erklärung vom Signaturschlüssel-Inhaber abgegeben worden ist", ist dann konsequenterweise schon erschüttert, wenn das signierte Dokument einen Vertreterzusatz enthält, vgl. oben in Fn. 509.

Eigenhandeln oder von einer Drittabgabe der signierten Willenserklärung unter dem Namen des Schlüsselinhabers ausgegangen werden kann.

Zudem ist ein unrichtiger Schein des Eigenhandelns nur gemeinsame Gegebenheit verschiedener Rechtssätze, die dann im Signaturkontext greifen können: entweder der entsprechenden bzw. reduzierten Anwendung von §§ 164 I 1, 167 I Alt. 1 BGB bei Signatur eines Innenbevollmächtigten unter dem Namen des Schlüsselinhabers[737]; oder einer negativen Haftungsbegründung für Signaturmissbrauch nach § 6 I 1 SigG i.V.m. § 823 II BGB, bei der dem Geschäftsgegner kein haftungshindernder Mitverschuldensvorwurf zu machen ist[738]; oder gemäß noch ausstehender Betrachtung einer positiven Haftung für Signaturmissbrauch analog §§ 171 I, 172 I BGB i.V.m. §§ 116 S. 1, 119 I a.E., 121 I BGB.

Für die in den letztgenannten Rechtssätzen neben der gemeinsamen Gegebenheit eines unrichtigen Scheins vorausgesetzten weiteren und jeweils verschiedenen Tatbestandsmerkmale verlagert § 371a I 2 ZPO [2005] keine Beweislasten[739].

Die Anwendung der §§ 116 ff. BGB auf §§ 171 I, 172 I BGB bedeutet in beweisnormativer Hinsicht, dass der Geschäftsherr nicht nur die Unrichtigkeit seiner Kundgebung, sondern auch einen nur zu negativer oder gar keiner Haftung führenden Unrichtigkeitsgrund gem. §§ 118, 119 I a.A., 122 I, 123 I, 142 I BGB vollbeweisen muss. Sie verlagert also *auch* die Beweislast auf ihn dafür, dass zumindest kein Zurechnungsgrund positiver und gegebenenfalls auch kein Zurechnungsgrund negativer Haftung vorlag. Grundsätzlich wäre an objektiv-scheintatbestandliche Fortbildungen von §§ 171 I, 172 I BGB i.V.m. §§ 116 ff. BGB dieselbe Beweislastverlagerung für die übrigen materiall-haftungsrechtlichen Tatbestandsmerkmale für einen unrichtigen Schein zu knüpfen. Auch bei fahrlässigkeitsbasierter und

---

[737] Siehe oben 2.a)dd). In diesem Fall ist der unrichtige Schein gar kein Haftungstatbestandsmerkmal, während er in den beiden nachgenannten Fällen negativer und positiver Haftung gemeinsames Tatbestandsmerkmal ist. Denn §§ 164 I 1, 167 I Alt. 1 BGB greifen unmittelbar wie auch „entsprechend" bzw. „reduziert" unabhängig von einem Schein gem. bzw. analog §§ 171 I, 172 I BGB i.V.m. § 122 I BGB, so eine Innenbevollmächtigung erfolgt ist.

[738] Siehe oben III. sowie V.1.b)cc)(2).

[739] Oben ist von einer sich an § 371a I 2 ZPO anschließenden „Erschütterungsanschlussfrage" gesprochen worden, vgl. bei Fn. 37. Diese hat eine materiell-rechtliche und eine beweisrechtliche Facette. Zu fragen ist einerseits, ob sich dann an welche Tatbestände welche Rechtsfolge knüpft. Wie eben skizziert, stehen mehrere Rechtssätze nebeneinander, an die sich teils ergebnisgleiche (Wirksamkeit und positive Haftung), teils verschiedene (negative Haftung) Rechtsfolgen knüpfen. Weitere Frage ist, wen für welche Merkmale dieser Rechtssätze die Beweislast trifft. Vgl. auch oben in Fn. 389.

nicht fahrlässigkeitsunabhängiger Alternativkonzeption der negativen Haftungsstufe wie hier nach § 6 I 1 SigG i. V. m. § 823 II BGB kann diese umfängliche Beweislastverlagerung praktiziert werden.

Doch wäre dies im Signaturkontext nicht mit § 371a I 2 ZPO [2005] vereinbar. § 126a III 2 BGB-RefE [1999] sollte weitergehend vermuten, „dass
zumindest die Voraussetzungen der Duldungs- bzw. Anscheinsvollmacht
vorlagen"[740]. In Kraft gesetzt wurde er letztlich nicht. Ob § 292a ZPO
[2001] zumindest einen Teil von dessen Beweisregelungsgehalt übernehmen
sollte, liegt im rechtshistorischen Dunkel der jüngsten Vergangenheit[741].
§ 371a I 2 ZPO [2005] weist jedenfalls einen klaren und wohl engeren beweisnormativen Inhalt auf. Zudem wurde das Novum eines gesetzlichen
Anscheinsbeweises in §§ 292a, 371a I 2 ZPO [2001, 2005] gewählt, um die
Beweislastverlagerung auf Schlüsselinhaber nicht zu umfänglich ausfallen
zu lassen[742]. Diese beweisgesetzliche Zurückhaltung würde konterkariert
durch eine Analgie zu §§ 171 I, 172 I BGB i. V. m. §§ 116 ff. BGB auch in
beweisnormativer Hinsicht. Denn diese Analogie würde noch weitergehende
Beweislasten auf den Schlüsselinhaber verlagern. Sie würde ihn mit dem an
eine Erschütterung von § 371a I 2 ZPO [2005] anschließenden Nachweis
belasten, dass weder Gründe positiver noch negativer Haftung für den unrichtigen Schein vorlagen[743].

---

[740] Siehe oben I.4.c) bei Fn. 78 f. § 126 a III 2 BGB-RefE [1999] sollte über dieses „zumindest" hinaus vermuten, dass eine Innenbevollmächtigung erfolgt sei.

[741] Siehe soeben bei Fn. 731–736.

[742] Siehe oben bei Fn. 707–711.

[743] Die Tatsachen, die der Schlüsselinhaber zwecks Erschütterung des Ancheins-
beweises nach § 371a I 2 ZPO [2005] vorbringt, kann sich der Geschäftsgegner zu
Eigen machen.
Wohl eher theoretisch bleibt die Konstellation, dass der Schlüsselinhaber vorbringt, nicht er habe die signierte Willenserklärung abgegeben, sondern ein unter
seinem Namen handelnder Innenbevollmächtigter. Denn trotz erfolgreicher Erschütterung des Anscheinsinhalts nach § 371a I 2 ZPO [2005] würde hier für das Vorbringen
des Schlüsselinhabers dieselbe Rechtsfolge wie der Anscheinsinhalt nach sich ziehen, vgl. soeben bei Fn. 729 mit oben 2.a)dd). In derartigen Konstellationen steht
daher zu erwarten, dass der Schlüsselinhaber der signierten Willenserklärung gar
nicht entgegentritt.
Bringt der Schlüsselinhaber vor, er habe einem Dritten Schlüssel und PIN überlassen, der sodann die ihm hierfür gesetzten Vorgaben überschritten habe, so trägt
dieses Vorbringen zumindest eine negative Haftung gem. § 6 I 1 SigG i. V. m. § 823
II BGB, siehe oben III.2.a).
Welches Vorbringen des Schlüsselinhaber im Übrigen zwecks Erschütterung denkbar ist, das sich der Geschäftsgegner zur Begründung negativer oder gar positiver
Haftung des Schlüsselinhabers zu eigen machen kann, soll hier im Übrigen Einzelfallfrage verbleiben. Nicht weiter vertieft wird des Weiteren, welche „Spuren" die
signierte Willenserklärung im Einzelfall hinterlassen mag, die dem Geschäftsgegner
vorprozessuale Erkenntnisse eröffnen mögen.

Ob eine auch dahingehende Beweislastverlagerung auf den Schlüsselinhaber *de lege ferenda* sinnvoll ist, ist eine andere Frage[744]. Dass die jüngere
Gesetzgebung sich mit § 371a I 2 ZPO [2005] auf eine diplomatische Zwischenlösung zurückgezogen hat, mag auch darauf zurückzuführen sein, dass
eine auch nur mittelbare materiell-haftungsrechtliche Festlegung in der vertikalen und horizontalen Haftungsproblematik für Signaturmissbrauch letztlich gescheut wurde[745]. Dass angesichts fortdauernder gesetzgeberischer
Präzisierungen wie etwa von § 292a ZPO [2001] zu § 371a I 2 ZPO [2005]
auch letzterer noch keine Norm „für die Ewigkeit" ist, sondern um weitere
Beweisverlagerungen auf den Schlüsselinhaber zu ergänzen sein könnte,
liegt auf der Hand. Dies setzt jedoch eine weitere Durchdringung der Haftungsproblematik und insbesondere der positiven Haftungsstufe voraus. Zu
dieser Kernthematik der vorliegenden Arbeit ist nach einem kurzen Exkurs
über eine nunmehr in § 371a I *Satz 1* ZPO [2005] i.V.m. § 416 ZPO behandelte Nachbarproblematik von Rechtsscheinhaftung überzugehen.

c) Exkurs: Rechtsschein des Nichtabhandenkommens einer signierten Willenserklärung gem. § 371a I Satz 1 ZPO [2005] i.V.m. § 416 ZPO

Nach § 371a I *Satz 1* ZPO [2005] „finden auf private elektronische Dokumente, die mit einer qualifizierten elektronischen Signatur versehen sind,
die Vorschriften über die Beweiskraft privater Urkunden entsprechende Anwendung". § 371a I 1 ZPO [2005] ist anders als § 371a I 2 ZPO [2005],
der § 292a ZPO [2001] verlagerte und präzisierte, eine justizkommunikationsgesetzliche Neuerung.

An „Vorschriften über die Beweiskraft privater Urkunden" findet sich
ausweislich des amtlichen Normtitels der § 416 ZPO [dazu bb)]. Als weitere solche Vorschrift ist § 419 ZPO zu erwägen, der auch öffentliche Urkunden gem. §§ 415, 417, 418 ZPO erfasst[746] [dazu aa)].

---

[744] §§ 280 I 2 BGB [2002] bringt eine punktuelle Beweislastverlagerung auf negativer Haftungsebene mit sich. Doch greift er nicht stets im Signaturkontext. Sondern nur, wenn ein zumindest rechtsgeschäftsähnliches Schuldverhältnis gem. § 311
II BGB [2002] zwischen dem Schlüsselinhaber und einem Geschäftsgegner gegeben
ist, der Opfer eines Signaturmissbrauchs geworden ist. Die Voraussetzungen von
§ 311 II BGB [2002] wiederum sind nicht per se mit Beginn einer Schlüsselinhaberschaft gegeben (dazu oben IV.), ab der jedoch § 6 I 1 SigG greift. Vgl. auch oben
in Fn. 403.
[745] Vgl. oben I.4.c)–e).
[746] §§ 420–436 ZPO betreffen demgegenüber das Urkundenbeweisverfahren.
§§ 437–443 ZPO wiederum betreffen die Echtheit von Urkunden. §§ 292a, 371a I
2, II 2 ZPO [2001, 2005] über den „Anschein der Echtheit ..." sind signaturspezi-
fische Parallelregelungen zu §§ 437 ff. ZPO.

aa) § 371a I 1 ZPO [2005] i. V. m. § 419 ZPO

„Durchstreichungen, Radierungen, Einschaltungen oder sonstige äußere Mängel" eines signierten elektronischen Dokuments entsprechend § 419 ZPO werden durch die Signaturprüfung erkennbar. Ergibt diese, dass das signierte Dokument nach Signatur verändert wurde, so greift schon § 371a I 2 ZPO [2005] nicht[747]. Ein eigenständiger und sinnvoller Anwendungsbereich von § 371a I 1 ZPO [2005] i. V. m. § 419 ZPO will daneben nicht einleuchten. Es kann nicht ausgeschlossen werden, dass die im Plural gefasste Verweisung auf „Vorschriften …" ungewolltes Überbleibsel der – zu weit geratenen – Anfangsfassung im Diskussionsentwurf des Justizkommunikationsgesetzes ist. Jener § 371 a I 1 ZPO-DiskE [2002] wollte auch die „Vorschriften … über die Echtheit privater Urkunden" in §§ 439 ff. ZPO für entsprechend anwendbar erklären[748].

bb) § 371a I 1 ZPO [2005] i. V. m. § 416 ZPO

Nach § 371a I *Satz 1* ZPO [2005] i. V. m. § 416 ZPO erbringen qualifiziert elektronisch signierte private Dokumente „vollen Beweis dafür, dass die in ihnen enthaltenen Erklärungen *von den Ausstellern abgegeben* sind". Die Gesetzesbegründung wird noch präziser: „Sie begründen, sofern sie als echt anzuerkennen sind, vollen Beweis dafür, dass die in ihnen enthaltenen Erklärungen *vom Signaturschlüssel-Inhaber abgegeben* worden sind"[749]. Der Umkehrschluss zu §§ 415 II, 418 II ZPO legt nahe, dass diese Beweisregel (vgl. § 286 II ZPO) keinem Unrichtigkeitsbeweis zugänglich sein soll; dass also die dokumentierte und signierte Erklärung als „von den Ausstellern [d.h. hier von Schlüsselinhabern] abgegeben" zu behandeln ist, auch wenn sie in Wirklichkeit von einem Dritten abgegeben wurde.

---

[747] Siehe oben I.2. bei Fn. 29 und soeben 6.b)bb) in Fn. 724 dazu, dass eine erfolgreiche Signaturprüfung zum Anscheinsbeweistatbestand von §§ 292a, 371a I 2 ZPO gehört.

[748] Zur Literatur zu den Vorentwürfen des Justizkommunikationsgesetzes vgl. oben in Fn. 21. Die Begründung des Formanpassungsgesetzes erklärte die §§ 439 ff. ZPO zu Recht als für signierte elektronische Dokumente nicht sachgerechte Regelungen, vgl. BT-Drs. 14/4987, S. 25. Zu Überschätzungen des Privaturkundenbeweisrechts in §§ 415 ff. ZPO siehe des Weiteren oben in Fn. 288. Die anfängliche Fassung von § 371a I 1 ZPO-DiskE [2002] sah erstaunlicherweise eben Gegenteiliges vor, nämlich einen Pauschalverweis auf das Privaturkundenbeweisrecht. Text und Begründung des Diskussionsentwurfs des Justizkommunikationsgesetzes, als dessen Titel damals noch „Gesetz über die Einführung des elektronischen Rechtsverkehrs bei den Gerichten" geplant war, sind unter http:///www.bdr-online.de/anhoerungen/ERVG-Diskussionsentwurf.pdf erhältlich; siehe dort S. 19 der Begründung zu § 371a I ZPO-DiskE [2002].

[749] BT-Drs. 15/4067, S. 34 (Hervorhebung hinzugefügt).

§ 371a I *Satz 2* ZPO [2005] wiederum begründet einen mittelbaren gesetzlichen Anschein dafür, „dass die Erklärung *vom Signaturschlüssel-Inhaber abgegeben* worden ist"[750]. Dieser Anschein kann „erschüttert" werden. Es können also Tatsachen dafür beigebracht werden, dass die dokumentierte und signierte Erklärung nicht vom Signaturschlüssel-Inhaber, sondern von einem Dritten abgegeben worden ist.

Auf den ersten Blick scheinen § 371a I 1 ZPO [2005] i.V.m. § 416 ZPO und § 371a I 2 ZPO [2005] somit dieselbe Frage der „Abgabe" einer dokumentierten und signierten Erklärung „von" bzw. durch den Schlüsselinhaber in unvereinbarer Weise zu behandeln, d.h. zum einen in fest vorgegebener, zum anderen in erschütterbarer Weise. Doch ist diese Konkurrenz wie folgt aufzulösen. Ausweislich der Gesetzesmaterialien soll § 371a I 1 ZPO [2005] i.V.m. § 416 ZPO entgegen der Regelungsreihenfolge nur im Anschluss an § 371a I 2 ZPO [2005] relevant werden. Er soll nur relevant werden, wenn die „Echtheit der Signatur" nach § 371a I 2 ZPO [2005] unerschüttert feststeht[751]. Er behandelt auf den Punkt gebracht den Randfall des Abhandenkommens bereits signierter Daten, und zwar bereits vom Schlüsselinhaber selbst signierter Daten[752]. § 371a I *Satz 2* ZPO [2005] betrifft also kurzgefasst das Beweisthema, ob der Schlüsselinhaber ein Dokument signiert *und* die signierte Erklärung abgegeben – d.h. im Telekommunikationkontext vor allem: zwecks Zugangs beim Empfänger *abgesendet* – hat. § 371a I *Satz 1* ZPO [2005] i.V.m. § 416 ZPO betrifft demgegenüber *nur* das Beweisthema, ob der Schlüsselinhaber ein signiertes Dokument abgegeben d.h. vor allem im vorgenannten Sinne abgesendet hat, während außer Streit steht, dass er dieses signiert hat.

Die eben aufgezeigte Lesart von § 371a I 1 ZPO [2005] i.V.m. § 416 ZPO *e contrario* §§ 415 II, 418 II ZPO dahin, keinen Unrichtigkeitsbeweis zuzulassen, würde im Ergebnis einer *positiven Haftung* für das Abhandenkommen eines unstreitig vom Schlüsselinhaber selbst signierten Willenserklärungsentwurfs gleichkommen. Denn das Nichtabhandenkommen wäre dann unumstößlicher Beweisregelungsgehalt von §§ 416, 286 II ZPO. Dieses beweisgesetzliche Ergebnis ginge über die materiell-rechtliche Behandlung der Problematik in der Literatur weit hinaus. Diese gelangt allenfalls zu negativer Haftung des Geschäftsherrn[753].

In der Begründung wiederum des Regierungsentwurfs des Formanpassungsgesetzes finden sich kurze Ausführungen zur vorgenannten Problema-

---

[750] Siehe soeben unter b)bb).

[751] Vgl. BT-Drs. 15/4067, S. 34. Im soeben bei Fn. 749 erfolgten Zitat kommt dies im Erfordernis zum Ausdruck, „sofern sie als echt anzuerkennen sind".

[752] Siehe oben II.3.d)bb).

[753] Vgl. nur *Medicus,* AT, Rn. 266 m.w.N.

tik[754]. Diese legen nicht nahe, dass diese Problematik im potentiell weiteren Wortlaut von § 292a ZPO [2001] gegenüber § 371a I 2 ZPO [2005] mitbehandelt gewesen sein sollte[755]. Es ist eher davon auszugehen, dass es sich sozusagen um gesetzgeberische Ausführungen *obiter dictum* handelte.

Zu § 416 ZPO hieß es dort: „Wird die Unterschrift anerkannt oder ihre Echtheit bewiesen [vgl. §§ 439 II, III, 440–442 ZPO], muss das Gericht nach der erst dann eingreifenden Beweisregel des § 416 die in der Urkunde enthaltene Erklärung als vom Aussteller abgegeben ansehen. Jedoch nimmt diese Beweisregel dem Beweisgegner nicht die Möglichkeit, zur Begründung von Rechtsfolgen außerhalb des Abgabetatbestandes darzulegen und zu beweisen, dass die Urkunde ohne den Willen des Ausstellers in Verkehr gebracht worden ist"[756].

Der letztzitierte Satz übernimmt Ergebnisse aus *Britz'* Dissertation über „Urkundenbeweisrecht und Elektroniktechnologie"[757], ohne diese Arbeit explizit zu referieren. In dieser Arbeit untersuchte Britz unter anderem das urkundenbeweisrechtliche Verhältnis von § 440 II ZPO zu § 416 ZPO. Nach *Rüssmann*, dessen Ansicht insoweit den Ausgangspunkt von und für Britz' dahingehenden Arbeitsteil bildet[758], besitzt § 416 ZPO keinen eigenständigen bzw. weitergehenden Regelungsgehalt neben § 440 II ZPO[759]. Rüssmanns Ansicht hat alte Stimmen aus Zeiten der Entstehung der „Civilprozessordnung" für sich, die vor normativen Überschätzungen des § 416 ZPO warnten[760]. Britz gelangt demgegenüber zum minimal abweichenden Ergebnis, dass § 416 ZPO i. V. m. *§§ 119, 121, 122 BGB* ein kleiner Bereich eigenständiger Bedeutung neben § 440 II ZPO verbleibe. Eben hierauf heben die vorzitierten Ausführungen aus der Begründung zum Formanpassungsgesetz ab: „Rechtsfolgen außerhalb des Abgabetatbestandes"[761], der von § 416 ZPO allein beweisgeregelt werde, sollen demgemäß sein, dass der Willenserklärungsentwurf abhanden gekommen ist und rechtzeitig ange-

---

[754] Vgl. BT-Drs. 14/4987, S. 11 zur „Abgabe einer Erklärung", S. 25 zu § 416 ZPO.

[755] Siehe dazu soeben unter b)bb).

[756] BT-Drs. 14/4987, S. 25; so nun auch jüngst der BGH unabhängig von § 371 a I 1 ZPO [2005] zu § 416 ZPO, vgl. WM 2006, 1170 [1171].

[757] *Britz*, S. 157 f. sowie S. 226, 265 unter Nr. 14; *ders.* ZZP 110, 61 [84 f.].

[758] Vgl. *Britz*, S. 142.

[759] Alternativkommentar zur ZPO (*Rüßmann*), § 416 Rn. 1, §§ 439–442 Rn. 1; vgl. auch *Britz*, ZZP 110, 61 [82 f. m. w. N. in Fn. 58].

[760] Der Reichstagsabgeordnete *Bähr* führte aus, der dem letztlichen § 416 ZPO wortlautidentisch vorangehende § 368 CPO-E sei "in seiner dermaligen [und damit letztlichen] Fassung nur geeignet, wissenschaftlich zu beirren", vgl. *Hahn*, S. 647, s. a. S. 320.

[761] Siehe das Zitat soeben bei Fn. 756.

fochten wurde (§ 121 I BGB), so dass nur die Rechtsfolge negativer Haftung eintritt (§ 122 I BGB). Oder dass der Geschäftsgegner das Abhandenkommen „kannte oder kennen musste", so dass gar keine Haftung eintritt (§ 122 II BGB).

Unter der Prämisse, dass dieses formanpassungsgesetzgeberische *obiter dictum* auch die justizkommunikationsgesetzliche Neuerung des § 371a I 1 ZPO [2005] erfasst, was deren minimaler Begründung nicht entnommen werden kann, bedeutet dies: § 371a I 1 ZPO [2005] i. V. m. § 416 ZPO i. V. m. § 122 II BGB stellen eine *Regelnormierung*[762] dahin dar, dass der Empfang eines signierten Dokuments *regelmäßig* einen *objektiven Scheintatbestand* des *Inhalts* trägt, dass die dokumentierte Erklärung und insbesondere Willenserklärung nicht abhandengekommen ist, sondern willentlich in Richtung auf den Geschäftsgegner in Verkehr gebracht worden ist[763]. Entgegen dieser Regel ist dem gem. § 122 II BGB ausnahmweise nicht so, wenn der Geschäftsgegner die abweichende Wirklichkeit im Einzelfall kennt oder kennen muss. Die Normenkette ordnet des Weiteren an, dass i. V. m. §§ 119 ff. BGB vorbehaltlich Unwesentlichkeit (§ 119 I a. E. BGB) und schuldhaft verzögerter Anfechtung (§ 121 I BGB) für die Unrichtigkeit dieses Scheintatbestandes negativ zu haften ist (§ 122 I BGB), wenn die Erklärung in Wirklichkeit abhanden gekommen ist. § 371a I 1 ZPO [2005] i. V. m. § 416 ZPO i. V. m. §§ 119 ff. BGB bringen zugleich eine Richtigkeitsvermutung des Scheininhalts mit sich, geben dem Schlüsselinhaber also einen Vollbeweis für das Abhandenkommen des von ihm signierten Dokuments auf.

cc) Kritik

Dieses Ergebnis muss als *seltsame Symbiose* von (älterem) Prozessrecht (von 1876) und (jüngerem) materiellem Rechtsgeschäftsrecht (von 1900) bezeichnet werden. Es scheint eine kritische Auseinandersetzung mit einer Dunkelnorm wie § 416 ZPO zu vermeiden gesucht worden zu sein. Dieses Ergebnis aus dem Normwortlaut und der Gesetzessystematik abzuleiten, scheint ebenfalls kaum möglich zu sein, so dass die Schaffung einer wenig bestimmten Gesetzeslage zu kritisieren ist.

Der Kern dieses Ergebnisses ist der Sache nach gutzuheißen. Dieser geht dahin, dass der Empfänger signierter Daten auch[764] darauf vertrauen darf,

---

[762] Siehe oben V.3.d).

[763] So ansatzweise und unabhängig von § 371 a I 1 ZPO [2005] zu § 416 ZPO i. V. m. § 122 BGB jüngst der BGH (WM 2006, 1170 [1172 f. unter IV.2.]), indem § 122 BGB unter Rückgriff auf Literaturstimmen auch hier als denkbare (negative) Haftunggrundlage infolge eines „Rechtsscheins" angesprochen wird.

dass diese im Falle ihrer Zwischenspeicherung nach Signatur vor ungewolltem Drittzugriff geschützt zwischengespeichert wurden. Eine zumindest negative Haftung nach § 371a I 1 ZPO [2005] i. V. m. § 416 ZPO i. V. m. § 119 I a. A., 122 I BGB gibt dem Schlüsselinhaber somit einen Anreiz[765], entweder signierte Daten gar nicht zwischenzuspeichern, um deren Abhandenkommen zu verhindern, also die Signatur erst unmittelbar vor Abgabe bzw. Absendung vorzunehmen; oder bei Zwischenspeicherung signierter Daten etwa zum kurzfristigen Zwecke der Integritätssicherung[766] den Entwurfscharakter im signierten Dokumenteninhalt klarzustellen, so dass der Empfänger ausnahmsweise i. V. m. § 122 II BGB nicht vertrauensschutzwürdig wäre; oder den Zwischenspeicherort zumindest gegen ungewollten Drittzugriff abzusichern[767]; sowie, Lösch- und Absendetaste nicht zu verwechseln, so auch diese Konstellation als „Abhandenkommen" erfasst wird[768].

Als Grundlage einer allgemeinen „Pflicht", ein Abhandenkommen in einer der vorgenannten Weisen zu verhindern, können § 371a I 1 ZPO [2005] i. V. m. § 416 ZPO i. V. m. §§ 119 I a. A., 122 I BGB wegen der normtheoretischen Fahrlässigkeitsunabhängigkeit der negativen Haftungsstufe der

---

[764] Präzisiert man wie hier objektive Scheintatbestände bzw. Vertrauenstatbestände nach ihrem Inhalt, so können *mehrere Scheintatbestände zugleich* für den Geschäftsgegner gegeben sein: (1) Bei Empfang einer verkörperten Erklärung kann deren „buchstäblicher ... Ausdruck" einen eindeutigen „Sinn" ergeben (siehe oben bei V.3.c) zu §§ 133, 157 BGB). Dann ist ein Schein gem. §§ 116 S. 2, 122 II, 133, 157 BGB zu bejahen, dass die willenserklärende Person ein Geschäft zwischen Geschäftsherr und Geschäftsgegner wolle. (2) Ist die empfangene Willenserklärung mit einer Signatur versehen, so ist regelmäßig der oben aufgezeigte Schein analog §§ 171 I, 172 I BGB i. V. m. § 122 II BGB gegeben, dass der Schlüsselinhaber selbst diese signiert und abgegeben habe. Dass also willenserklärende Person und Schlüsselinhaber identisch waren. (3) Hier ist dann des Weiteren noch der Schein des Nichtabhandenkommens eines vom Schlüsselinhaber signierten Willenserklärungsentwurfs gem. vorgenannter Lesart von § 371a I 1 ZPO [2005] i. V. m. § 416 ZPO i. V. m. §§ 119 ff. BGB zugleich gegeben. (4) Willenserklärt sich ein Vertreter unter Vorlage einer Vollmachtsurkunde gem. § 172 I BGB, so ist ein Schein gem. §§ 116 S. 2, 122 II, 133, 157 BGB zu bejahen, dass der Vertreter ein bestimmtes Geschäft zwischen Geschäftsherr und Geschäftsgegener wolle [siehe soeben unter (1)] sowie regelmäßig zugleich dahin, dass der Geschäftsherr den Vertreter innenbevollmächtigt habe gem. § 172 I BGB. Weitere denkbare Kombinationen werden hier nicht vertieft. Denn es geht nur darum, die mögliche Gleichzeitigkeit der Entstehung von objektiven Scheintatbeständen verschiedenen Inhalts aufzuzeigen.

[765] Zum „erzieherischen Zweck" von Haftung siehe oben III.

[766] Die Authentifizierungsfunktion von Signaturen (siehe oben I.1. bei Fn. 3) kann der Schlüsselinhaber in der Teilfacette der Integritätssicherung zu eigenen Gunsten fruchtbar machen: im Sinne von durch Signatur vor unbemerkter Verfälschung gesicherter *Archivierung* eines Dokuments.

[767] Die Signaturtechnik ist kein Mittel des Schutzes des Speicherortes bereits signierter Daten. Missverständlich daher die Ausführungen in BT-Drs. 14/4987, S. 11.

[768] Siehe oben II.3.d)bb) bei Fn. 324.

§§ 119 I a.A., 122 I BGB wiederum nicht recht erfasst werden[769]. Dies erschwert eine konzeptionell stimmige Erklärung des Ergebnisses mittels des Vertrauensgrundsatzes. Zwar kommt auch hier das empirische Erklärungsmuster in Betracht, dass ein zu Abhandenkommen führendes Verhalten des Geschäftsherrn ganz regelmäßig fahrlässig wäre, so dass die normtheoretische Fahrlässigkeitsunabhängigkeit nur selten von Relevanz wird[770]. Doch sind auch dann noch empirische Randfälle denkbar, in denen das Ergebnis auch nur negativer Haftung gem. § 416 ZPO i.V.m. §§ 119 I a.A., 122 I BGB zweifelhaft wird, weil keine fahrlässige Pflichtverletzung des Geschäftsherrn und Schlüsselinhabers mehr bejaht werden könnte[771].

Des Weiteren schafft das vorgenannte Ergebnis Unklarheit, wie Fälle des Abhandenkommens eines nicht qualifiziert elektronisch signierten Dokuments zu behandeln sein sollen. Hier könnte aus § 371a I 1 ZPO [2005] i.V.m. § 416 ZPO gefolgert werden, dass dann generell kein Schein des Nichtabhandenkommens gegeben sei. Ebenso könnte gefolgert werden, dass dann zwar auch ein objektiver Scheintatbestand möglich sein, aber nicht mit einer Richtigkeitsvermutung einhergehen soll, die § 416 ZPO i.V.m. §§ 119 ff. BGB im Ergebnis darstellen. Gesetzliche Grundlage eines solchen objektiven Scheintatbestandes wären dann etwa §§ 122 II, 133, 157 BGB oder gar §§ 171 I, 172 I BGB i.V.m. § 122 II BGB analog. Warum diese aber abweichend von der Regel keine Beweislastverlagerung für eine gegenteilige Wirklichkeit nach sich ziehen sollen, bliebe dann wiederum unklar.

Diese Problematik ist in dieser Arbeit nicht weiter zu vertiefen. Hier soll nur die Kritik stehen, dass § 371a I *Satz 1* ZPO [2005] i.V.m. § 416 ZPO entweder eine zivilprozessuale Dunkelnorm des Privaturkundenbeweisrechts unkritisch für anwendbar erklärt; und zwar für einschränkungslos anwendbar erklärt mit dem (zu) weitgehenden beweispraktischen Ergebnis, dass für jedes Abhandenkommen von signierten Daten positiv gehaftet wird. Oder aber dass diese Dunkelnorm in seltsamer Symbiose von Prozess- und materiellem Recht sowie in einer in Randfragen unklaren und gesetzlich wenig bestimmten Weise mit dem materiellen Recht der §§ 119 ff. BGB verzahnt wird. Zu kritisieren ist also kurzgefaßt, dass eine zu punktuelle und unklare Regelung getroffen wird, die in einen weiteren Kontext gehört: nämlich den Problemkontext positiver oder negativer Haftung für einen unrichtigen Schein im Rahmen der §§ 104–185 BGB.

---

[769] Siehe oben 4.c) und 5.b).

[770] Siehe bereits oben bei und in Fn. 652 sowie unten VI.4.

[771] Beispiel: Der sorgfältig gesicherte Zwischenspeicherort wird mit großem Aufwand von Dritten „gehackt".

d) Zwischenergebnis

§ 371a I *Satz 2* ZPO [2005] [dazu oben b)] stützt das objektiv-scheintatbestandliche Ergebnis, dass bei erst- bzw. einmaligem Empfang einer signierten Willenserklärung regelmäßig ein objektiver Scheintatbestand analog §§ 171 I, 172 I BGB i.V.m. § 122 II BGB zu bejahen ist, dass der Schlüsselinhaber selbst diese signiert und abgegeben habe (dazu oben 2.). *Specialiter* zum *beweisnormativen* Gehalt von §§ 171 I, 172 I BGB i.V.m. §§ 116 ff. BGB [dazu a)] zieht § 371a I 2 ZPO [2005] einen nur zu erschütternden *Richtigkeitsanschein* und keine gegenteilszubeweisende *Richtigkeitsvermutung* nach sich. Die Beweislast für neben die Haftungstatbestandsmerkmale eines Scheins und seiner Unrichtigkeit zu stellende weitere materiell-haftungsrechtliche Tatbestandsmerkmale wird von § 371a I 2 ZPO [2005] nicht verlagert. Diese neue Beweisnorm steht vielmehr einem Rückgriff auf anderweitige Begründungen der Beweislastverlagerung für diese Tatbestandsmerkmale auf den Schlüsselinhaber entgegen. *Materiell-haftungsrechtlich* bleibt § 371a I 2 ZPO [2005] jedoch indifferent. Diese Beweisnorm trägt keinen Schluss, dass keine Haftung für Signaturmissbrauch greifen solle (dazu oben III.).

§ 371 a I *Satz 1* ZPO [2005] behandelt i.V.m. § 416 ZPO in wenig klarer Weise die Störkonstellation des Abhandenkommens eines Dokuments, das der Schlüsselinhaber selbst signiert hat [dazu c)].

7. Zwischenergebnis zur objektiv-scheintatbestandlichen Fortbildungsfrage

§§ 171 I, 172 I BGB normieren, dass eine Kundgebung des Geschäftsherrn, dass er einen anderen innenbevollmächtigt habe, einen objektiven Scheintatbestand des kundgegebenen Inhalts darstellt. Allerdings beschränkt sich der Regelungsgehalt auf die Normierung der regelmäßigen Qualität als objektiver Scheintatbestand. Ein solcher kann ausnahmsweise zu verneinen sein, wenn dem Geschäftsgegner konkret erkennbare Umstände zur Kundgebung des Geschäftsherrn hinzutreten, die deren Unrichtigkeit nahe legen, oder wenn der Geschäftsgegner deren Unrichtigkeit sogar kennt. Dieses Regel-Ausnahme-Verhältnis ergibt sich aus dem § 122 II BGB, der als Teil der „Vorschriften über Willensmängel usw." in den §§ 116 ff. BGB nach bürgerlich-gesetzgeberischer Erwartung auf die §§ 171 I, 172 I BGB Anwendung finden soll (dazu oben 3.). Für eine Analogie zu § 173 BGB ist daher mangels Lücke weder Raum noch Bedürfnis.

Die Rechtsprechung über Scheinvollmachten stellt eine *objektiv-scheintatbestandliche* Fortbildung von §§ 171 I, 172 I BGB i.V.m. § 122 II BGB

dar. In von dieser erfassten Sachverhalten wird dem Geschäftsgegner ebenfalls erlaubt, darauf zu vertrauen, dass der Geschäftsherr einen Vertreter innenbevollmächtigt habe: *derselbe Rechtsscheininhalt* darf auf eine *andere
Basis* als eine normgemäße Kundgebung gestützt werden. Die Mehrmaligkeitsformel ist Konsequenz dessen, dass die Basis des Schein- bzw. Vertrauenstatbestandes hier tendenziell „dünner" ist (dazu oben 4.). Über die
Berechtigung der weiteren, nach der Rechtsprechung über Scheinvollmachten zu einem objektiven Scheintatbestand *hinzutretenden Tatbestandsmerkmale positiver Haftung für einen unrichtigen Schein* soll damit gemessen
an §§ 171 I, 172 I BGB i. V. m. §§ 116 ff. BGB noch nichts besagt sein
(dazu VI.).

Die Rechtsprechung über Blankettmissbrauch ist schon in ihrer objektiv-
scheintatbestandlichen Tragfähigkeit angreifbar. Sie bleibt in scheininhalt-
licher Hinsicht dunkel. Es geht jedenfalls bei Drittausfüllung *unter* dem Namen des Geschäftsherrn nicht um einen den §§ 171 I, 172 I BGB i. V. m.
§§ 122 II BGB und der Rechtsprechung über Scheinvollmachten entsprechenden Scheininhalt, dass der Geschäftsherr einen Vertreter innenbevollmächtigt habe (dazu oben 5.). Die näheren Details interessieren in der vorliegenden Arbeit nicht.

Schon bei erst- bzw. einmaligem Empfang einer signierten Willenserklärung ist in der den Ausgangspunkt der vorliegenden Arbeit bildenden beschränkten Erkenntnislage des Geschäftsgegners „in einer offenen Kommunikation (in der sich die Teilnehmer nicht kennen müssen)" ein objektiver Scheintatbestand zu bejahen. Dieser hat den Rechtsscheininhalt, dass
der Schlüsselinhaber selbst die signierte Willenserklärung abgegeben habe.
Kein objektiver Scheintatbestand ist gegeben, wenn der Drittgebrauch des
Schlüssels konkret erkennbar ist, etwa aufgrund Vertreterzusatzes im Dokument, oder wenn Zertifikatsbeschränkungen gem. § 7 I Nr. 7 SigG überschritten werden (dazu oben 2.).

Auch der vorgenannte objektive Scheintatbestand eines Eigenhandelns
des Schlüsselinhabers und Geschäftsherrn kann noch als objektiv-scheintatbestandliche Fortbildung von §§ 171 I, 172 I BGB i. V. m. § 122 II BGB
eingeordnet werden. Demgemäß ist anschließend eine positive Haftungs-
konzeption analog §§ 171 I, 172 I BGB i. V. m. §§ 116 S. 1, 119 I a. E.,
121 I BGB zu untersuchen (dazu VI.).

§ 371a I 2 ZPO stützt das vorgenannte Ergebnis (dazu oben 6.). Er
bringt nur beweisnormative Abweichungen von §§ 171 I, 172 I BGB
i. V. m. §§ 116 ff. BGB mit sich: zum einen einen Richtigkeitsanschein anstelle einer Vermutung der Richtigkeit des Scheininhalts; zum anderen steht
er einer Übertragung der ebenfalls durch §§ 171 I, 172 I BGB i. V. m.
§§ 116 ff. BGB bewirkten Beweislastverlagerung für die weiteren positiven

oder negativen Haftungstatbestandsmerkmale entgegen. Gegen eine negative oder positive Haftung lässt sich aus § 371a I 2 ZPO [2005] jedoch materiell-rechtlich nichts ableiten. Ebenso wenig ergibt diese Beweisnorm etwas dafür. § 371a I 2 ZPO [2005] ist denn diplomatische Zwischenlösung der jüngeren Gesetzgebung, die eine Festlegung in der vertikalen und horizontalen Haftungsproblematik für Signaturmissbrauch bislang vermieden hat, nachdem mit § 126a III 2 BGB-RefE [1999] das entgegengesetzte Extremum einer gesetzlichen Anerkennung der hochstreitigen Rechtsprechung über Scheinvollmachten und vor allem zur sog. Anscheinsvollmacht angedacht worden war.

Bevor nunmehr die positive Haftungsstufe analog §§ 171 I, 172 I BGB i.V.m. §§ 116 S. 1, 119 I a.E., 121 I BGB materiell-haftungsrechtlich näher betrachtet wird (dazu VI.), ist nochmals die ganz entscheidende Erkenntnis zu wiederholen, dass ein objektiver Scheintatbestand gem. bzw. analog §§ 171 I, 172 I BGB i.V.m. § 122 II BGB nicht weniger *und vor allem nicht mehr ist als eine Umkehrformulierung der Verneinung von haftungshinderndem Mitverschulden des Geschäftsgegners* (dazu oben 1.). Von Mitverschulden dahin, die ihm ungünstige rechtsgeschäftsbezogene Wirklichkeit entweder gekannt zu haben oder kennen gemusst zu haben, also fahrlässig nicht gekannt bzw. ignoriert zu haben, vgl. § 122 II BGB. In diesen Fällen darf der Geschäftsgegner nicht vertrauen. Im als objektiver Scheintatbestand bejahten Konträrfall darf er dies. Mit der Verneinung von Mitverschulden *seitens des Geschäftsgegners* ist noch nichts Endgültiges darüber besagt, ob *der Geschäftsherr* überhaupt und ob er gegebenenfalls negativ oder gar positiv haftet.

Die Entmystifizierung eines objektiven Schein- bzw. Vertrauenstatbestandes als Umkehrformulierung der Verneinung von haftungshinderndem Mitverschulden des Geschäftsgegners führt zugleich vor Augen, warum negative Haftung für rechtsgeschäftlichen Signaturmissbrauch aus § 6 I 1 SigG i.V.m. § 823 II BGB begründet werden kann: weil die Bejahung des Vorliegens eines Analogiefalles zu §§ 171 I, 172 I BGB bei Empfang einer signierten Willenserklärung bedeutet, dass das eventuelle Greifen von § 6 I 1 SigG i.V.m. § 823 II BGB zu Lasten des Schlüsselinhabers jedenfalls nicht seitens des Geschäftsgegners durch § 122 II BGB als Spezialregelung zu § 254 I BGB gehindert wird.

VI. Vertikale Problemebene:
Positiver Vertrauensschutz bei Signaturmissbrauch analog §§ 171 I, 172 I BGB i. V. m. §§ 116 S. 1, 119 I a. E., 121 I BGB

Gemessen am Ergebnis subjektiv-historischer Auslegung der §§ 171 I, 172 I BGB (dazu 1.) dürften wenige andere Normen des Allgemeinen Teils des BGB gleichermaßen in ihrem Regelungsgehalt überschätzt bzw. überdehnt worden sein. Als Beispiel in erster Hinsicht sei kurz Flumes Behandlung von Außenkundgebungen über vorangegangene, adressatenverschiedene Innenbevollmächtigungen gem. §§ 171 I, 172 I BGB als „einseitige, selbständige Rechtsgeschäfte" referiert (dazu 2.). Als Beispiel in letzter Hinsicht ist auf die bereits kritisierte *Isolierung* der §§ 171 I, 172 I BGB von den §§ 116 ff. BGB, und zwar von deren Regelungen über „Mängel der Übereinstimmung" von ausgelegtem d. h. scheinbarem und wirklichem Geschäftswillen zurückzukommen. Dass das Argument, nur §§ 171 I, 172 I BGB würden eine Scheinhaftung regeln, ein Scheinargument im schlechten Begriffssinne ist, dass es nicht trägt, da auch §§ 116 ff. BGB in ihrem unmittelbaren Anwendungsbereich eine Haftung für einen unrichtigen Schein des Geschäftswillens differenzieren, wurde bereits oben aufgezeigt[772]. So gilt es denn im Anschluss, die §§ 116 ff. BGB in dieser zentralen Regelungsfacette ebenfalls subjektiv-historisch auszulegen (dazu 3.). Zu positivem geschäftsgegnerischem Vertrauensschutz bei einem unrichtigen Schein des Geschäftswillens führen danach nur § 116 S. 1 BGB (dazu 5.), § 119 I a. E. BGB (dazu 6.) und § 121 BGB (dazu 7.). Welche weiteren Tatbestandsmerkmale hier für positiven geschäftsgegnerischen Vertrauensschutz zu einem unrichtigen Schein hinzutreten und was dies i. V. m. §§ 171 I, 172 I BGB analog im vorliegenden objektiv-scheintatbestandlichen Fortbildungskontext der qualifizierten elektronischen Signatur bedeutet, ist für jede dieser Normen zu betrachten. Vorweg ist noch kurz eine negative Haftungsbegründung analog §§ 118, 119 I a. A., 122 I BGB anstelle der oben für gegenüber *culpa in contrahendo* vorzugswürdig erachteten negativen Haftungsbegründung aus § 6 I 1 SigG i. V. m. § 823 II BGB zu beurteilen (dazu 4.). Sodann ist zu betrachten, ob methodenehrliche Möglichkeiten der Extension der Tatbestände positiver Haftung für einen unrichtigen Schein

---

[772] Siehe oben I.4.f) und V.3.c).

in §§ 116 ff. BGB *de lege lata* bestehen (dazu 8.) oder ob, wie und wo zumindest *de lege ferenda* Änderungen zu befürworten sein könnten, wie es mit § 126a III 2 BGB-RefE [1999] vom jüngeren Gesetzgeber bereits angedacht wurde (dazu 9.).

1. Entstehungsgeschichte der §§ 171 I, 172 I BGB

a) Gebhards Redaktorenentwurf

Gebhards Redaktorenentwurf eines „Allgemeinen Theiles" des BGB[773] hatte nur eine den letztlichen §§ 170, 171 II, 172 II, 173 BGB entsprechende Regelung über den *scheinbaren Fortbestand* von Vollmacht aufgestellt[774]. Des Weiteren sprach Gebhard allein den Fall der *Innenbevollmächtigung* im Sinne des letztlichen § 167 I Alt. 1 BGB an[775].

---

[773] Eine Kurzübersicht über die Entstehungsgeschichte des BGB findet sich im Palandt, Einleitung Rn. 4 f. Nahezu aus erster Hand referiert eine Denkschrift des Reichsjustizamtes (RJA) die Gesetzesentstehung in knapper Weise, Mugdan I 821 f. Zur Notwendigkeit der umfänglichen Betrachtung der Materialien und zu früheren praktischen Grenzen mangels umfänglicher Veröffentlichung derselben vgl. *Schubert*, AcP 175, 426 [426 ff.].

[774] § 37 RedE-AT lautete (Hervorhebung hinzugefügt): „Hat der Vollmachtgeber die Bevollmächtigung dritten Personen durch besondere Mittheilung, durch öffentliche Bekanntmachung oder durch Ausrüstung des Bevollmächtigten mit einer Vollmachtsurkunde kundgegeben und diese Kundgebung nicht in entsprechender Weise zurückgenommen, so ist Dritten gegenüber eine *Erlöschung der Vollmacht* nur insoweit von Wirkung, als sie bei der Verhandlung mit dem Bevollmächtigten dieselbe kannten oder kennen mussten". *Gebhard* spitzte die § 37 RedE-AT zugrunde gelegte Erwägung dahin zu, ob dem Geschäftsgegner „gerechtes Vertrauen auf den Fortbestand der Vollmacht ... zugeschrieben werden" kann, RedE-AT, S. 196 (Paginierung des von Schubert herausgegebenen Nachdrucks). Zu (partikulargesetzlichen) Vorläufern dieser strikt von §§ 171 I, 172 I BGB zu trennenden Problematik vgl. *Bader*, S. 8 in Fn. 29. Auf die von §§ 171 I, 172 I BGB behandelte Problematik *scheinbarer Erteilung* ging *Gebhard* nur exkursiv und punktuell in einer Fußnote ein, in der er die Ansicht Kohlers referierte, dass eine Vollmachtsurkunde Willenserklärung gegenüber dem Geschäftsgegner sei und im Falle der von Geschäftsherr und Vertreter simulierten (vgl. § 117 BGB) Innenbevollmächtigung insoweit unbeachtliche Mentalreservation (vgl. § 116 S. 1 BGB) gegenüber dem Geschäftsgegner vorliege, RedE-AT, S. 195 in Fn. 1 mit Verweis auf *Kohler*, Studien über Mentalreservation und Simulation, JhJb 16 (1878), S. 118, 342 und m.w.N. Zu einem dahingehenden Regelungsvorschlag gelangte *Gebhard* nicht.

[775] § 34 RedE-AT lautete: „Durch Vollmachtertheilung wird der Vollmachtempfänger befähigt, innerhalb der Grenzen der Vollmacht als Stellvertreter des Vollmachtgebers zu handeln". RedE-AT S. 187 f. heißt es dazu (Hervorhebung hinzugefügt): „Mit dem gewöhnlichen Sprachgebrauche am meisten im Einklange wird man bleiben, wenn man unter Vollmacht die *an den Vertreter gerichtete,* mit ihrer Ankunft sich vollendende Willenserklärung versteht, im Hinblick auf welche alsdann vom Vertreter als solchem gehandelt wird".

b) Erste Kommission

Die erste Kommission ergänzte Gebhards Redaktorenentwurf *in beiderlei Hinsicht.* Sie stellte zum einen die Möglichkeit von *Außenbevollmächtigungen* im Sinne des letztlichen § 167 I Alt. 2 BGB klar. Zum anderen stellte sie eine Regelung über die *scheinbare Erteilung von Innenvollmacht* infolge dahingehender Kundgebung gegenüber dem Geschäftsgegner im Sinne der letztlichen §§ 171 I, 172 I BGB auf. Ganz entscheidend für das Verständnis der Materialien zu den Entwurfsarbeiten der ersten Kommission ist, dass diese *beiden Ergänzungen in einer Norm* aufgestellt wurden. Dieser § 120 I BGB-EI lautete[776]: „Hat der Vollmachtgeber die Bevollmächtigung durch besondere Mittheilung oder durch öffentliche Bekanntmachung Dritten kundgegeben, so gilt die Kundgebung im ersteren Falle gegenüber dem besonders benachrichtigten Dritten, im letzteren Falle gegenüber jedem Dritten, welcher ein Rechtsgeschäft mit dem Bevollmächtigten geschlossen oder gegenüber demselben vorgenommen hat, als selbständige Bevollmächtigung"[777].

Diese „Kundgebung ... der Bevollmächtigung" sollte also zum einen den Fall der Außenbevollmächtigung umfassen[778]. Zum anderen sollte damit eine Kundgebung über eine (adressatenverschieden erfolgte) Innenbevollmächtigung gemeint sein. Die „Kundgebung ... der Bevollmächtigung" gem. § 120 I BGB-EI fasste also zwei Inhalte von Erklärungen gegenüber dem Geschäftsgegner kurz: dass der Vertreter „Vollmacht *habe* bz. *haben solle*"[779] – dass er „Vollmacht *habe*" im Sinne der letztlichen §§ 171 I, 172 I BGB, weil er schon innenbevollmächtigt worden sei; sowie dass er „Vollmacht *haben solle*" im Sinne des letztlichen § 167 I Alt. 2 BGB.

Die Rechtsfolge des § 120 I BGB-EI, dass solche Kundgebungen „als selbständige Bevollmächtigung ... gelten" sollten (s. Fn. 778), erklärt sich

---

[776] Vgl. *Mugdan* I, S. LXXXIX.

[777] § 121 I BGB-EI enthielt eine dem letztlichen § 172 I BGB entsprechende Entwurfsnorm: „Die Vorschriften des § 120 Absatz 1 finden entsprechende Anwendung, wenn der Bevollmächtigte zum Nachweise der Bevollmächtigung von dem Vollmachtgeber eine Vollmachtsurkunde erhalten und dieselbe dem Dritten vorgelegt hat". §§ 120 II, 121 IV BGB-EI entsprachen den letztlichen §§ 170, 171 II, 172 II, 173 BGB. § 121 II, II BGB-EI entsprach den letztlichen §§ 175, 176 BGB. Vgl. *Mugdan* a.a.O.

[778] *Jakobs/Schubert,* Beratung des AT, 2. Teilband, S. 885 f.: „Der Vorschrift [des § 120 I BGB-EI] müsse ... die beschlossene allgemeine Fassung gegeben werden, die zugleich über den juristischen Charakter der Vollmachtsertheilung aufzuklären vermöge, indem sie verdeutliche, dass die Vollmachtsertheilung auch ein zwischen dem Machtgeber und dem [Geschäftsgegner] sich vollziehendes Rechtsgeschäft sein könne oder zugleich sei".

[779] *Mugdan* I, 483 f. [484] (Hervorhebungen hinzugefügt).

also zum einen aus der vorgenannten Klarstellung und Ergänzung gegenüber dem Gebhardschen Redaktorenentwurf.

Zum anderen zeigen die weiteren Materialien der Entwurfsarbeiten der
ersten Kommission auf, dass diese „selbständige … Geltung" *nicht* bedeuten sollte, dass Kundgebungen im vorgenannten zweifachen Sinne stets die
Wirkung einer Bevollmächtigung des Vertreters nach sich ziehen sollten;
dass sie *nicht* durch § 120 I BGB-EI vom sonstigen Rechtsgeschäftsrecht
und insbesondere *nicht* von der Regelung über Willensmängel[780] „verselb-
ständigt" werden sollten[781].

Auch für den Unterfall der letztlichen §§ 171 I, 172 I BGB wurde insoweit ausgeführt: „Erwogen war: die [Innenbevollmächtigung] könne wegen
Willensmangels usw. nichtig oder anfechtbar sein, während für die in Rede
stehende Kundgebung nicht ein Gleiches gelte. *In einem solchen Falle*
müsse die Kundgebung zu Gunsten des Dritten die rechtliche Bedeutung
einer für sich bestehenden Vollmachtsertheilung haben."[782]. Kurz darauf:
„*Sofern* beide Akte, jeder für sich betrachtet, an gleichen Mängeln litten,
verstehe es sich von selbst, dass auch beide hinfällig seien"[783].

In diesem Lichte sind die Motive zu §§ 120 I, 121 I BGB-EI zu lesen.
Deren isolierte Betrachtung ohne Hinzuziehung der weiteren Materialien

---

[780] Zur Willensmangelsregelung des ersten Entwurfs in §§ 95 ff. BGB-EI näher
nachfolgend unter 3.

[781] Vgl. auch die ursprüngliche, durch das Kommissionsmitglied *Planck* einge-
brachte Vorfassung von § 120 I BGB-EI: „… so ist [Geschäftsgegnern] gegenüber
… die Frage, ob die Vollmacht wegen Willensmangels nichtig oder wegen Betrugs
anfechtbar und der Vollmachtgeber zum Ersatze des den [Geschäftsgegnern] durch
ihre Unkenntniß der Nichtigkeit verursachten Schadens verpflichtet ist, so zu beur-
theilen, als wenn die kundgegebene Vollmachtserklärung den [Geschäftsgegnern] gegenüber abgegeben wäre", *Jakobs/Schubert*, Beratung des AT, 2. Teilband, S. 885.

[782] *Jakobs/Schubert*, Beratung des AT, 2. Teilband, S. 885 (Hervorhebung hinzugefügt).

[783] *Jakobs/Schubert*, Beratung des AT, 2. Teilband, S. 886 (Hervorhebung hinzugefügt). Das Zitat fällt im Kontext der Frage, ob die Aushändigung einer Vollmachtsurkunde und die Innenbevollmächtigung überhaupt als zwei Akte getrennt
werden könnten, da sie regelmäßig zusammenfielen. Dies wird bejaht, da diese auch
zeitlich auseinanderfallen könnten, was dem Regelfall des letztlichen § 171 I Alt. 1
BGB über besondere Mitteilungen entsprechen dürfte. Außerdem könne der Vertreter vom Willensmangel Kenntnis haben, während dieser dem Geschäftsgegner unbe-
kannt bleiben könne, womit unausgesprochen auf das bei Gebhard referierte Kohler-
sche Modell Bezug genommen wird, siehe oben in Fn. 774. Zum Extremfall gänzlichen Fehlens der kundgegebenen Innenbevollmächtigung wurde von der ersten
Kommission ausgeführt, vgl. *Jakobs/Schubert*, a.a.O., S. 885: „Eine solche Bedeutung [,einer für sich bestehenden', jedoch gegebenenfalls ebenso ,hinfälligen' Voll-
machtsertheilung] wohne … der Kundgebung überhaupt, nicht blos in dem unter-
stellten Falle, sondern insbesondere auch dann bei, wenn es an einer vorausgegange-
nen Bevollmächtigung fehle".

der ersten Kommission hat zu grandiosen Überschätzungen des Entwurfs-
gehalts geführt[784]. Als dahingehendes Exempel ist sogleich Flume zu referieren (dazu 2.). Die Motive führen aus, es liege „nach der Auffassung des
Lebens wie nach der vernünftiger Weise anzunehmenden Absicht des Vollmachtgebers in dieser Kundgebung … nicht blos ein Hinweis auf die Thatsache der Bevollmächtigung, sondern die Erklärung, dass der Dritte sich darauf *verlassen kann, dass die betr. Person Vertretungsmacht habe*. … Der
Verkehr erfordert …, dass diejenige *Rechtslage schlechthin eintritt*, welche
sich ergeben würde, wenn der Kundgebung die Bedeutung einer für sich
bestehenden Vollmachtsertheilung innewohnte"[785].

Das heißt mit Blick auf die vorzitierten Beratungen der ersten Kommission somit nicht mehr und nicht weniger als: es sollte *nicht* „schlechthin"
die „Rechtslage" einer wirksamen Bevollmächtigung aus einer Kundgebung
folgen. Der Geschäftsgegner sollte sich *nicht* auf *positiven* Vertrauensschutz „verlassen" dürfen. Sondern es sollte die Kundgebung als „für sich
bestehende Vollmachtsertheilung" beurteilt werden. Demgemäß sollte beurteilt werden, ob sie – auch, noch oder nur – unter Willensmängeln oder
sonstigen Wirksamkeitsmängeln leide wie die eventuell vorangegangene
Innenbevollmächtigung. Der Geschäftsgegner sollte sich also nur auf den
Vertrauensschutz „verlassen" können, den ihm die Willensmangelsregelung
etc. zuwies.

c) Vorkommission des Reichsjustizamtes

Die Vorkommission des Reichsjustizamtes führte keine sachlichen Änderungen mehr herbei. Doch sprach sie sich für die systematische Auftrennung von Außenbevollmächtigungen einerseits und Außenkundgebungen
über Innenbevollmächtigungen andererseits in zwei Regelungen aus, wie es
mit § 167 I Alt. 2 BGB einerseits und §§ 171 I, 172 I BGB andererseits
letztlich realisiert wurde. Der als § 120 BGB-E-RJA[786] von § 120 I
BGB-EI verbleibende und § 171 I BGB entsprechende, keine Außenbevoll-

---

[784] Auf dahingehende „Gefahren, die mit dem Gebrauch der Motive als einziger
Quelle des ersten Entwurfs verbunden waren", weist *Schubert*, AcP 175, 426 [426,
429] hin. Vgl. auch *Frotz*, S. 311 bei Fn. 753.

[785] *Mugdan* I, 483 f. (Hervorhebungen hinzugefügt).

[786] § 120 BGB-RJA-E, der den um Außenbevollmächtigungen verkürzten Rest
von § 120 I BGB-EI mit § 120 II BGB-EI zusammenfasste, lautete: „Hat Jemand
durch besondere Mittheilung einem Dritten oder durch öffentliche Bekanntmachung
kundgegeben, dass er einen Anderen bevollmächtigt habe, so gilt die Kundgebung
im ersteren Falle gegenüber dem Dritten, im letzteren Falle gegenüber jedem Dritten als Bevollmächtigung, bis sie in gleicher Weise zurückgenommen ist", vgl. *Ja-
kobs/Schubert*, Beratung des AT, 2. Teilband, S. 917.

mächtigungen mehr umfassende[787] Regelungsbereich „soll sonach auf diejenigen Fälle beschränkt werden, in denen Jemand einem Dritten die Mittheilung oder öffentlich bekanntmacht, dass er eine bestimmte andere Person bevollmächtigt *habe,* sei es, dass diese Kundgebung der Wirklichkeit entspricht, sei es, dass dies nicht der Fall ist. Hier soll die Kundgebung so, wie sie erfolgt ist, *als Bevollmächtigung gelten,* ohne Rücksicht darauf, ob die ertheilte Vollmacht in engeren Grenzen gehalten oder nichtig, oder ob in Wirklichkeit eine Vollmacht überhaupt nicht ertheilt war. Der in dieser Beziehung ... vom [ersten] Entwurf angenommene Standpunkt wurde sachlich gebilligt"[788].

Den Vorstellungen der ersten Kommission entsprechend wurde jedoch gleich im anschließenden Satz eingeschränkt, wie dieses „als Bevollmächtigung gelten" von Außenkundgebungen zu relativieren sei:

„[Dabei] ging man von der Ueberzeugung aus, es werde trotzdem nicht verkannt werden, dass auf die ‚Kundgebung' ..., wennschon sie keine eigentliche Willenserklärung sei, gleichwohl die Vorschriften über Willensmängel usw. Anwendung zu finden hätten".

d) Zweite Kommission

Die für die Endfassung maßgebliche zweite Kommission schloss sich den Vorschlägen und Vorstellungen der Vorkommission des Reichsjustizamtes an. Die Auslagerung von Außenbevollmächtigungen in den § 167 I Alt. 2 BGB wurde zu Klarstellungszwecken für erforderlich erachtet[789]. Die Er-

---

[787] Dieser Regelungsteil von § 120 I BGB-EI wurde in § 119 Alt. 2 BGB-RJA-E ausgelagert. § 119 BGB-RJA-E deckt sich nahezu mit dem letztlichen § 167 I BGB. Vgl. zu § 119 BGB-RJA-E *Jakobs/Schubert,* Beratung des AT, 2. Teilband, S. 916.

[788] *Jakobs/Schubert,* Beratung des AT, 2. Teilband, S. 916 [Hervorhebung teils im Original („habe"), teils hinzugefügt („als Bevollmächtigung gelten")].

[789] *Mugdan* I, 740: „Einig war man darüber, dass die praktisch wichtigen Fälle, in welchen die Vollmachtsertheilung in der Weise erfolgt, dass sie gegenüber einem Dritten erklärt wird, im [ersten] Entwurf nicht genügend hervorgehoben werden". Hier ist zu erinnern, dass die erste Kommission diese Möglichkeit anders als Redaktor *Gebhard* immerhin überhaupt klargestellt hatte, siehe oben bei und in Fn. 778. *Gebhard* selbst stellte in seiner Protokollierung der Verhandlungen der zweiten Kommission klar, deren Mitglied er ebenfalls noch war, dass diese Möglichkeit noch weitergehend hervorzuheben sei; dass also der Fall der Außenbevollmächtigung *zwecks Klarstellung* aus der von der ersten Kommission als § 120 I BGB-EI entworfenen „Gesamtregelung" von vollmachtsbezogenen „Außenerklärungen" gegenüber dem Geschäftsgegner auszugliedern sei, Prot II 1 S. 146: es bestehe „ein dringendes praktisches Bedürfnis, den rechtlichen Karakter der Vollmacht als einer einseitigen, einem Anderen gegenüber abzugebenden Willenserklärung zum Ausdrucke zu bringen und in dieser Hinsicht unterliege es keinem Zweifel, dass die Ertheilung der Vollmacht nicht blos durch Erklärung gegenüber dem zu Bevollmächtigen-

wartung der Anwendung der §§ 116 ff. BGB auf die in §§ 171 I, 172 I BGB verbliebenen Außenkundgebungen über Innenbevollmächtigungen wurde übernommen[790].

Während die Vorkommission eher unbestimmt ausgeführt hatte, dass eine solche Kundgebung „keine eigentliche Willenserklärung sei"[791], heißt es bei der zweiten Kommission nun bestimmter, dass es sich bei dieser um „die *Mittheilung* einer in der Vergangenheit liegenden *Thatsache*" handele und eine Außenbevollmächtigung demgegenüber „Dispositivakt" sei[792]. Das Kommissionsmitglied Gebhard bezeichnet dies als eher theoretische Frage[793]. Angesichts der *partiellen Gleichbehandlung* i. V. m. §§ 116 ff. BGB im Falle der Unrichtigkeit einer Außenbevollmächtigung gem. § 167 I Alt. 2 BGB wie auch einer Kundgebung gem. §§ 171 I, 172 I BGB als entscheidender praktischer Gemeinsamkeit nach bürgerlich-gesetzgeberischer Erwartung ist dem zuzustimmen[794].

---

den, sondern auch durch Erklärung gegenüber dem betheiligten Dritten erfolgen könne".

[790] Scheinbar zurückhaltender ist hier nurmehr davon die Rede, dass eine solche Außenkundgebung „auch den Grundsätzen über Willensmängel zu unterstellen sei", *Mugdan* I, 741. Dass sie, „sofern sie an einem Willensmangel leide, ... auch den Grundsätzen über Willensmängel unterstehe", Prot II 1 S. 146. Des Weiteren klingt rigider, dass sie „im Uebrigen aber so, wie sie erfolgt sei, als Bevollmächtigung zu gelten habe, ohne Rücksicht darauf, ob die thatsächlich schon ertheilte Vollmacht etwa in engeren Grenzen gehalten bz. nichtig oder in Wirklichkeit eine Vollmacht überhaupt nicht ertheilt worden war", *Mugdan* I, 740 f. Doch werden hier nur die längeren Ausführungen der Vorkommission in umgekehrter Reihenfolge und in sprachlich knapperer Gestalt übernommen, vgl. die Zitate oben vor und nach Fn. 788.

[791] Siehe oben nach Fn. 788.

[792] *Mugdan* I, 741.

[793] Prot II 1, S. 146: „Abgesehen von diesen mehr theoretischen Fragen ...".

[794] Demgegenüber will *Canaris* auf den Unterschied von konstitutiven Willenserklärungen und „rein deklaratorischem" Verhalten wie Kundgebungen gem. §§ 171 I, 172 I BGB ein System bauen, das Rechtsgeschäftslehre (einschließlich übereinstimmungsmangelhafter Willenserklärungen gem. §§ 116 ff. BGB) und Rechtsscheinslehre (einschließlich erklärungsunbewusster Willenserklärungen) „strikt trennen" und „dogmatisch verselbständigen" will („bei gewisser Verwandtschaft", vgl. bereits oben in Fn. 577), vgl. *Canaris,* in: FG 50 Jahre BGH, 129 [136 f., 143, 154 f., 156 bei Fn. 116]; *ders.* Vertrauenshaftung, 32 und insbesondere 425; *ders.* FS Wilburg, 77 [88]; *ders.* in: Das Bewegliche System im geltenden und zukünftigen Recht, 103 [109].
An der Vielschichtigkeit der Regelung der „declaratio voluntatis" in §§ 116 ff. BGB (vgl. HKK zum BGB (Schermeier), §§ 116–124 Rn. 2) geht dies vorbei. Oder präziser: an dem Regelungsteil der §§ 116 ff. BGB in Gestalt der §§ 116 S. 1, 118, 119 I, 121, 122 I BGB, der für eine zweistufige Vertrauenshaftung für den unrichtigen Schein des Geschäftswillens in Fällen übereinstimmungsmangelhafter Willenserklärung differenziert. Dieser Regelungsteil der „Willenserklärung" gem. §§ 116 ff.

e) Zwischenergebnis

Es ist zu rekapitulieren: die Entstehungsgeschichte der §§ 171 I, 172 I BGB zeichnet sich durch eine zunehmende *äußere Differenzierung* aus. Der Redaktorenentwurf hatte vollmachtsbezogene „Außenerklärungen" gegenüber dem Geschäftsgegner noch gar nicht berücksichtigt. Die erste Kommission fasste diese in einer Norm zusammen. Sie unterschied damit gesetzesäußerlich nur Innenbevollmächtigungen von Außenkundgebungen im Sinne von Außenbevollmächtigungen und Außenerklärungen über Innenbevollmächtigungen. Die Vorkommission des Reichsjustizamtes und die zweite Kommission teilten die drei Fälle weiter in drei äußere Regelungen auf.

Dem steht die *durchgängige innere Gemeinsamkeit* gegenüber, dass erste Kommission, Vorkommission des Reichsjustizamtes und zweite Kommission die Willensmangelsregelung auf alle drei Fälle angewendet wissen wollten. Außenkundgebungen über Innenbevollmächtigungen sollten damit keinen weitergehenden Vertrauensschutz des Geschäftsgegners nach sich ziehen als Willenserklärungen. Sie sollten insbesondere keinen weitergehenden Vertrauensschutz des Geschäftsgegners nach sich ziehen als Willenserklärungen in Gestalt von Außenbevollmächtigungen gem. §§ 167 I Alt. 2 BGB, auf die §§ 116 ff. BGB über § 166 II BGB zweifelsohne Anwendung finden[795].

BGB – und *nur* dieser, nicht auch der *Idealtatbestand* der *konstitutiven* d.h. wirksamen, weil nicht übereinstimmungsmangelhaften, sondern richtigen Willenserklärung [siehe oben V.3.c)bb)], der in richtigen Kundgebungen gem. §§ 171 I, 172 I BGB keine Entsprechung findet (siehe bereits oben in Fn. 231) – ist *auch* auf Deklarationen leicht anderen Inhalts gem. §§ 171 I, 172 I BGB nach bürgerlichgesetzgeberischer Erwartung anzuwenden, dazu nochmals sogleich unter 2. bei Fn. 814–820.

[795] Nur erwähnt werden soll hier die später von *Eujen/Frank* (JZ 1973, 232) begründete Lehre der Unanfechtbarkeit der *betätigten* Vollmacht, also sozusagen der Nichtanwendbarkeit der §§ 118 ff. BGB auf § 167 I BGB nach einem Vertreterhandeln. Ausgangspunkt auch von *Eujen/Frank* ist die vorgenannte Gleichbehandlung von i.w.S. mangelhaften Innenbevollmächtigungen, Außenbevollmächtigungen und Außenkundgebungen über Innenbevollmächtigungen, a.a.O. [234 unter I.3.]. Doch wird diese Gesetzeslage für „korrekturbedürftig" gehalten, a.a.O. nach Fn. 33. Korrekturargument ist unter anderem ein Wertungsvergleich zur Rechtsprechung über die sog. Anscheinsvollmacht, a.a.O. [236 f. unter 2.]. Hiergegen plastisch *Bader*, S. 136: „Diese Begründung fällt indes in sich zusammen, wenn die Anscheinsvollmacht dogmatisch unhaltbar ist". Vgl. auch *Kindl*, S. 35 ff.; *Becker/Schäfer*, JA 2006, 597 [599 f.].

2. Kritik an Flumes Interpretation
der §§ 171 I, 172 I BGB

a) Darstellung

Flumes Sicht der §§ 171 I, 172 I BGB hebt sich von der Masse der Theorien ab, die diese Normen „als wichtigste Grundlage der Rechtsscheinhaftung im bürgerlichen Recht" behandeln[796] und mehr oder minder weit von §§ 116 ff. BGB isolieren[797]. Für Flume ist die Anwendung der §§ 116 ff. BGB auf §§ 171 I, 172 I BGB demgegenüber eine „Selbstverständlichkeit"[798]. Denn er qualifiziert eine Kundgebung gem. §§ 171 I, 172 I BGB als „ein *selbständiges, einseitiges Rechtsgeschäft.* Sie ist *darauf gerichtet,* dass die Vertretungsmacht nach dem Inhalt der Erklärung *begründet wird*"[799]. Vorangehend heißt es: „Wer die Kundgebung vornimmt, tut dies, um durch sie den Vertreter zu legitimieren. Selbst wenn eine Vollmachtserteilung vorausgegangen ist, ist die Kundgabe eine *Bekräftigung* derselben. Der *Sinn der Bestimmung* des § 171 ist, dass die *Bekräftigung der Vollmachtserteilung* durch die Kundgabe *selbständige Geltung* hat, auch wenn eine vorausgegangene Vollmachterteilung nach § 167 aus irgendwelchen Gründen nichtig sein sollte"[800].

Als wesentliches Argument hierfür werden die Motive zu §§ 120 I, 121 I BGB-EI angeführt [siehe soeben 1.b)].[801]. Flumes „Begründungs-" und „Bekräftigungswillenserklärung" scheint insoweit die „Verlassenkönnenserklärung" umsetzen zu sollen, die dort anklingt[802].

---

[796] Siehe oben Fn. 212.

[797] Siehe oben V.3.a).

[798] *Flume,* Rechtsgeschäft, 4. Aufl., S. 826 bei Fn. 11; *Flumes* Ansicht folgt *Werba,* Willenserklärung, S. 154 f.

[799] *Flume,* Rechtsgeschäft, 4. Aufl., S. 824 (Hervorhebungen hinzugefügt).

[800] *Flume,* Rechtsgeschäft, 4. Aufl., S. 824 (Hervorhebungen hinzugefügt); unpräziserweise wird hier von *Flume* nur § 171 BGB genannt. Seine Ausführungen ergeben jedoch, dass § 171 I BGB und nicht § 171 II BGB gemeint ist. Nachfolgend heißt es a.a.O., dass „§ 172 BGB" d.h. § 172 I BGB entsprechend zu erfassen sei.

[801] *Flume,* Rechtsgeschäft, 4. Aufl., S. 823 f.; die im Zitat bei der vorangehenden Fn. 800 angesprochene „selbständige Geltung" greift die Rechtsfolgenumschreibung des § 120 I BGB-EI auf, siehe oben bei Fn. 776, 778.

[802] Vgl. das Zitat oben bei Fn. 785. Wie *Flume* wohl auch *Gottsmann,* Anscheinsvollmacht, S. 39, der unter Rückgriff auf die Motive zu §§ 120 I, 121 I BGB-EI dazu kommt, §§ 170 ff. regelten „echte, auf Grund einer für sich bestehenden Vollmachtserteilung durch Kundgebung an den Dritten … begründete Vertretungsmacht" bzw. eine „echte Vollmacht".

So „selbstverständlich" für Flume die Anwendung der §§ 116 ff. BGB auf §§ 171 I, 172 I BGB ist, so „natürlich" ist für ihn zugleich deren nur eingeschränktes Greifen: „*Natürlich* ist es kein beachtlicher Willensmangel der Kundgabe der Bevollmächtigung nach §§ 171, 172, wenn ihr eine Vollmachtserteilung an den Bevollmächtigten nach § 167 vorausgegangen und diese *nichtig* ist oder wenn die Kundgabe sonst in der *irrigen* Annahme erfolgt, dass eine Bevollmächtigung nach § 167 geschehen sei. Die Kundgabe selbst muss durch Drohung, Betrug oder durch einen nach § 119 beachtlichen Irrtum beeinflusst sein, damit sie anfechtbar ist"[803]. Die zum erstzitierten Satz („Natürlich …") zugehörige Fußnote setzt ohne nähere Begründung nach: „Ein solcher Irrtum wäre ein unbeachtlicher Motivirrtum"[804].

b) Kritik

Flumes Ansicht ist abzulehnen. Sie fußt auf einer zu isolierten Heranziehung der Motive der ersten Kommission ohne Heranziehung der übrigen Materialien derselben[805]. Sie ist widersprüchlich. Die auf das überinterpretierte „Verlassenkönnen" gegründete, nicht typologisch vorgeprägte „Bekräftigungswillenserklärung" steht begrifflich und sachlich einer Bestätigungswillenserklärung gem. §§ 141 I, 144 I BGB nahe. Bei dieser ist die Heilung von Mängeln einer vorangehenden Willenserklärung *Geschäftsinhalt*[806]. Damit unvereinbar ist die Qualifikation der Mangelfreiheit als den Geschäftsgegner nicht interessieren müssendes *Motiv* für das Handeln des Geschäftsherrn bzw. die Qualifikation des Irrtums über die Mangelfreiheit als *gesetzlich* unbeachtlicher *Motivirrtum* des Geschäftsherrn[807]. Denn

---

[803] *Flume*, Rechtsgeschäft, 4. Aufl., S. 826 (Hervorhebungen hinzugefügt); wie vorangehend ausgeführt, sind hier mit „§§ 171, 172" die §§ 171 I, 172 I BGB gemeint.

[804] Nach *Kindl* (S. 40 m. w. N. in Fn. 33) ist dies allgemeine Ansicht. Gegen diese Ansicht unten 8.b).

[805] Siehe oben in Fn. 784.

[806] Der „Bestätigungswille", der gem. §§ 133, 157, 141, 144 BGB auslegbar sein muss (dazu sogleich bei Fn. 812), wird auch als Heilungswille bezeichnet, vgl. *Flume* selbst, Rechtsgeschäft, 4. Aufl., S. 550–552; *Singer*, Selbstbestimmung, S. 68 bei Fn. 49.

[807] Zu vermissen sind des Weiteren Ausführungen *Flumes* dahin, warum die „irrige Annahme, dass eine Bevollmächtigung nach § 167 geschehen sei" bzw. dass die geschehene Bevollmächtigung „nichtig" sei (vgl. oben bei Fn. 803), als unbeachtlicher Motivirrtum außerhalb von § 119 II BGB zu behandeln sein soll. Zu vermissen sind Ausführungen dahin, warum dies nicht Irrtum über den Inhalt der Kundgebung nach § 119 I Alt. 1 BGB oder zumindest Irrtum über die Eigenschaft der Person des Vertreters in Gestalt von deren Innenvollmacht überhaupt oder von deren Wirksamkeit nach § 119 II Alt. 1 BGB sein soll. Des Weiteren

für einen *gewillkürten Geschäftsinhalt* bleibt dann kein Raum mehr. Des Weiteren dürfte bei einem Rechtsgeschäft mit dem Geschäftsinhalt einer Bekräftigung bzw. Bestätigung nicht entgegenstehen, dass der Geschäftsgegner den Mangel der in Bezug genommenen Willenserklärung, hier der Innenbevollmächtigung, kennt oder kennen muss[808]. Dies will Flume analog § 173 BGB dann aber doch wiederum berücksichtigen[809]. Die mehrfache Kritik an Flume ist somit dahin kurzzufassen, dass der *überinterpretierte gesetzgeberische* „Sinn der Bestimmung" der §§ 120 I, 121 I BGB-EI[810] ins unzutreffende Kleid einer vom Geschäftsherrn *gewillkürten* Rechtsfolge zu zwängen versucht wurde[811]. Die Kundgebung des Geschäftsherrn, dass er einen anderen bevollmächtigt habe, bringt aber weder objektiv den Geschäftswillen zum Ausdruck (§§ 133, 157 BGB[812]), noch kann generell ein dahingehender Geschäftswille als wirklich gegeben unterstellt werden, dass Vollmacht gemäß der Kundgebung *auf jeden Fall* gegeben sein solle, also auch bei „irriger Annahme" der Richtigkeit des Kundgebungsinhalts seitens des Kundgebenden.

Der gesetzgeberische Sinn, die *ratio* der §§ 171 I, 172 I BGB ist vielmehr, die Kundgebung einer eigenständigen Prüfung ihrer Mangelhaftigkeit zu unterziehen [siehe oben 1., insbesondere unter b)]. Ist entgegen der Kundgebung eine Innenbevollmächtigung gar nicht oder nicht im kundgegebenen Umfang erfolgt, so ist die Haftung für den unrichtigen Schein nach

---

wäre bei Verneinung der letztgenannten beiden Qualifikationen noch eine Störung der Geschäftsgrundlage zu diskutieren gewesen, da der Kundgebungsinhalt beide Teile interessiert.

[808] *Bader*, S. 137.

[809] *Flume*, Rechtsgeschäft, S. 827.

[810] Siehe das Zitat oben bei Fn. 800.

[811] So auch *Bader*, S. 123 f., insbesondere vor Fn. 16.

[812] Ein als Bestätigung gem. § 144 I BGB zu qualifizierendes Verhalten muss nach dem Reichsgericht „den Willen offenbaren, trotz Kenntnis der Anfechtbarkeit beim Rechtsgeschäfte stehen zu bleiben" (RGZ 68, 398 [400] unter Verweis auf *Mugdan* I, 731). Vgl. sodann BGHZ 110, 220 [222]; BGH NJW-RR 1992, 779. Vgl. auch *Flume* selbst, Rechtsgeschäft, 4. Aufl., S. 569 bei Fn. 35 a: es sei ein strenger Maßstab anzulegen.
A fortiori §§ 141 I, 144 I BGB ist eine *eventuelle* bzw. *pauschale* Bestätigungswillenserklärung möglich. Also eine Erklärung des Willens, dass ein Geschäft auch bei noch unbekannten Mängeln wirksam bleiben solle. Als einhergehend mit der anfänglichen Geschäftsvornahme geäußerter Wille ist dies nichts weiter als eine sog. „salvatorische Klausel", vgl. *Wiegand*, S. 94. Ein solcher Wille kann denkbarerweise auch der anfänglichen Geschäftsvornahme nachfolgend geäußert werden. Doch kann ein solcher anfänglicher oder nachfolgender *Pauschalbestätigungswille* wohl praktisch nur bei ausdrücklicher Erklärung angenommen werden. Eine Kundgebung gem. §§ 171 I, 172 I BGB, „dass er einen anderen bevollmächtigt habe", trägt jedenfalls keinen Schluss auf einen solchen Pauschalbestätigungswillen des kundgebenden Geschäftsherrn.

§§ 171 I, 172 I BGB i. V. m. §§ 116 S. 1, 118, 119 I, 121, 122 I BGB zu differenzieren[813]. Diese sind sogleich näher zu betrachten (dazu 3.).

[813] Eine kundgegebene Innenvollmacht kann gar *nicht erteilt* worden sein. Sie kann zwar überhaupt erteilt, aber *nicht im kundgegebenen Umfang* erteilt worden sein. Des Weiteren kann die überhaupt und in genügendem Umfang erfolgte Innenbevollmächtigung, auf die mittels Kundgebung Bezug genommen wird, *unwirksam* sein gem. §§ 117, 118, 119 I a. A., 123 I, 125, 134, 138, 142 BGB etc. Demgemäß lassen sich *Erteilungs-, Umfangs- und Wirksamkeitsrechtsschein* einer kundgegebenen Innenvollmacht trennen bzw. als Scheininhalte präzisieren. Diese *Dreiteilung* spielt für den im Signaturkontext zu bejahenden Rechtsschein anderen Inhalts analog §§ 171 I, 172 I BGB keine Rolle, nämlich dass der Schlüsselinhaber selbst die signierte Willenserklärung abgegeben habe, vgl. oben V.2. Unabhängig vom Signaturkontext ist zu §§ 171 I, 172 I BGB in ihrem unmittelbaren Anwendungsbereich jedoch mit Blick auf diese Dreiteilung anzumerken: eine Kundgebung des Geschäftsherrn gem. §§ 171 I, 172 I BGB, „dass er einen anderen bevollmächtigt habe", zieht keinen Rechtsschein einer Generalbevollmächtigung nach sich. Die Bezugnahme auf eine Innenvollmacht gem. §§ 171 I, 172 I BGB trägt nicht ohne weiteres den Rechtsschein, „dass der Geschäftsherr einen anderen *generalbevollmächtigt* habe". Vielmehr ist Einzelfallfrage, in welchem Umfang der Geschäftsherr den Vertreter innenbevollmächtigt zu haben scheint. Eine Kundgebung mit dem Wortlaut der §§ 171 I, 172 I BGB trägt neben einem *Erteilungsrechtsschein* nur einen *Umfangsrechtsschein* dahin, dass der Geschäftsherr den Vertreter zumindest in *minimalem* Umfang bevollmächtigt habe. Ein weitergehender Umfangsrechtsschein ist Einzelfallfrage. Diese ist nach einem ggf. weitergehenden Kundgebungsinhalt und den Kundgebungsumständen zu beantworten, letztlich nach dem praktisch schwierigen Kriterium der „Üblichkeit", vgl. oben in Fn. 678.
     Ein *Wirksamkeitsrechtsschein* ist *grundsätzlich gar nicht* gegeben bei einer Kundgebung mit dem Wortlaut der §§ 171 I, 172 I BGB. Diese bringt nicht zum Ausdruck, dass die Innenbevollmächtigung in wirksamer Weise geschehen sei, sondern nur dass dies überhaupt und gegebenenfalls in welchem Umfang dies geschehen sei. Der Geschäftsgegner darf auch grundsätzlich nichts aus dem Schweigen des Geschäftsherrn über Wirksamkeitsmängel einer kundgegebenen Innenvollmacht folgern. Denn die Rechtslage nach §§ 125, 134, 138 BGB müssen beide gleichermaßen kennen. Der Geschäftsgegner kann anders als bezüglich der historischen Tatsachen der Erteilung und des Umfangs nicht davon ausgehen, dass der Geschäftsherr diese besser kennt und ihn daher gegebenenfalls über Wirksamkeitsmängel informiert, vgl. oben 4.c) bei Fn. 649. Ebenso wenig sind Wirksamkeitsmängel der Innenbevollmächtigung nach § 119 I a. A. BGB dem Geschäftsherrn zwingend bei kundgebungsweiser späterer Bezugnahme auf diese ersichtlich. Der Irrtum mag hierbei noch fortdauern. Tut er dies nicht, so wird § 121 I BGB relevant, so dass § 167 I Alt. 1 BGB trotz Irrtums gem. § 119 I a. A. BGB greift. Ein „Rechtsschein der Irrtumsfreiheit" der kundgegebenen Innenbevollmächtigung ist daher weder praktisch erforderlich. Noch überzeugt er theoretisch, da dem Geschäftsgegner eben grundsätzlich kein Rückschluss dahin zu erlauben ist.
     Doch ist *im Einzelfall* denkbar, dass bei einer Kundgebung gem. §§ 171 I, 172 I BGB der Geschäftsherr auch unrichtige Ausführungen über die Wirksamkeit bzw. über Wirksamkeitserfordernisse tätigt, oder dass der Geschäftsgegner auch dahingehende Aufklärung erwarten darf. Dann kommt ein *Wirksamkeitsrechtsschein* in Betracht. Doch ist dies *Ausnahme* und nicht *genereller* Regelungsgehalt von §§ 171 I, 172 I BGB i. V. m. § 122 II BGB.

Zu weit geht daher die mit RGZ 108, 125 begründete Rechtsprechung, die einen *generellen* Wirksamkeitsrechtsschein an *jede* Kundgebung gem. §§ 171 I, 172 I BGB knüpft. Diese Entscheidung nimmt der Formulierung nach wiederum auf die Motive zu §§ 120 I, 121 I BGB-EI Bezug, die überinterpretiert werden. Korrektiv soll hier nurmehr analog § 173 BGB sein, ob auch der Geschäftsgegner um die Unwirksamkeit wissen muss. Diese und Folgeentscheidungen betrafen §§ 125 S. 1, 134 BGB als Gründe der Nichtigkeit der kundgegebenen Innenbevollmächtigung. Nach nur vereinzelten Folgeentscheidungen (BGH, MDR 1965, 282 [283], BGH, NJW 1985, 730 f.; BGHZ 102, 60 [62 f.]) erlebt diese Rechtsprechung sozusagen über positive *Wirksamkeitsrechtsscheinhaftung* trotz Vollmachtsnichtigkeit gem. Art. 1 § 1 RBerG i.V.m. § 134 BGB im Zuge der aktuellen „Schrottimmobilien"-Entscheidungen eine Renaissance: vgl. nur BGH NJW 2001, 3774 [3775]; BGH ZIP 2003, 2351 [2353]; BGH NJW 2003, 2091 [2092]; BGH ZIP 2003, 1644 [1646]; BGH WM 2004, 922 [923 f.]; BGH WM 2004, 1227 [1228 f.], a.A. *obiter dictum* BGHZ 159, 294 [300 ff.] (II. Senat) wegen § 9 I VerbrKrG bzw. § 358 III BGB [2002], so dass der Geschäftsgegner nicht analog § 173 BGB als gutgläubig behandelt werden könne; letztlich jedoch einlenkend lt. BGH WM 2006, 1008 [1013 unter II.3.] (XI. Senat).

Die genannten Entscheidungen betrafen durchweg notariell beurkundete oder zumindest beglaubigte Vollmachtsurkunden, von der letztgenannten Entscheidung (BGH WM 2006, 1008) abgesehen, die eine privatschriftliche Vollmachtsurkunde betraf (ebenso wie die Parallelentscheidung BGH WM 2006, 1060 vom selben Tage). § 172 I BGB beschränkt sich nicht auf öffentliche Vollmachtsurkunden, sondern erfasst auch private Vollmachtsurkunden. Ebenso wenig spricht der BGH aus, dass der Rechtsschein der Wirksamkeit nur ausnahmsweise, da auf das Fehlen eines „Wirksamkeitszweifelsvermerks" gem. § 17 II 2 BeurkG zu gründen sei. Es würde allerdings auch nicht einleuchten wollen, dass die Nichterkenntnis der Unwirksamkeit seitens des Notars zu einer Wirksamkeitsrechtsscheinhaftung des Geschäftsherrn führen solle. Vielmehr führt die Präzedenzienkette zu RGZ 108, 125 und damit zu einer Überinterpretation des „Verlassenkönnens" nach den Motiven zu §§ 120 I, 121 I BGB-EI (Mugdan I, 483 f.), das von der Rechtsprechung *generell* auch auf die „Wirksamkeit" der kundgegebenen Innenbevollmächtigung *überdehnt* wird. Kritisch auch etwa *Arnold/Gehrenbeck,* VuR 2004, 41 [43 ff.], allerdings mit der partiell abweichenden Begründung, die „§§ 170 ff. BGB" schützten nicht „den Glauben in eine bestehende Rechtsauffassung".

Canaris bemüht einen „Reflex des in der Kundgebung liegenden Vertrauenstatbestandes", um einen „Nichtigkeitseinwendungsausschluss kraft Rechtsscheins" zu konstruieren, Vertrauenshaftung, S. 110 f., insb. S. 112. Es will nicht einleuchten, wieso ein hinsichtlich der Wirksamkeit nicht gegebener Rechtsschein positiv-vertrauensschützende „Kraft" entfalten soll. Es will nicht einleuchten, wieso eine richtige Kundgebung über eine wirkliche und in kundgegebenem Umfang erteilte, aber nichtige Innenvollmacht als „Reflex" eine Haftung nach sich ziehen soll. *Canaris* ist nur zuzugeben, dass §§ 171 I, 172 I BGB in dieser Konstellation der *richtigen* Kundgebung über eine *nichtige* Innenvollmacht ohne ausnahmsweise *wirksamkeitsscheinbegründende* Zusatzumstände „eine weitere Funktion" aufweisen, vgl. Vertrauenshaftung, S. 35 bei Fn. 15: nämlich zu prüfen, ob der Nichtigkeitsgrund auch bzw. noch im Verhältnis zum Geschäftsgegner greift, vgl. oben bei Fn. 783: „Sofern beide Akte, jeder für sich betrachtet, an gleichen Mängeln litten, verstehe es sich von selbst, dass auch beide hinfällig seien". Mit Rechtsschein hat das nichts mehr zu tun.

c) Erwägenswerter Kern

Es ist noch kurz aufzuzeigen, dass Flumes Ansicht einen erwägenswerten Kern enthält. Nach der Vorkommission des Reichsjustizamtes sollten Kundgebungen gem. §§ 171 I, 172 I BGB „keine eigentlichen Willenserklärungen" sein. Die knappe Mehrheit der zweiten Kommission[814] entschied sich demgegenüber dahin, dass sie „Dispositivakten" gegenüberzustellende „Tatsachenmitteilung" seien[815]. Die Qualifikationsansicht der somit knapp überstimmten Minderheit der zweiten Kommission liegt im rechtshistorischen Dunkel. Nach Flumes Ansicht sind Kundgebungen hingegen „mehr als bloße Deklaration", nämlich die oben referierten „selbständigen, einseitigen Rechtsgeschäfte"[816]. Dies geht wie aufgezeigt zu weit.

Doch kommt der Formulierung der Vorkommission des Reichsjustizamtes entsprechend und mit Flume im Kern übereinstimmend in Betracht, einer Kundgebung über eine vorangegangene Innenbevollmächtigung den Charakter einer „Nochwollenserklärung" beizumessen. Sie wäre damit als rechtsgeschäftlicher Randfall, als „uneigentliche" Willenserklärung einzuordnen. Die Erklärung des Nochwollens eines Geschäfts, hier der Bevollmächtigung des Vertreters, ist überflüssig, ohne dass ihr dies zwingend die Qualität als Willenserklärung nimmt. Die überflüssige Erklärung des Noch-

---

Eine *generelle* Wirksamkeitsrechtsscheinhaftung ist Blüte der subjektiv-historischen Überinterpretation der §§ 171 I, 172 I BGB und der Verselbständigung, Übertreibung, Mystifizierung etc. „des Rechtsscheins". Oder zurückkommend auf *Naendrups* Metapher des Rechtsscheins als „Radium" der Rechtswissenschaft (siehe oben bei Fn. 416) ist diese Entwicklung: eine Wucherung bzw. ein „Auswuchs der Rechtsscheinlehre" (vgl. *Demelius*, AcP 153, 1 [11])!

[814] *Mugdan* I, 740; nach Prot II 1, S. 146 bestand in dieser Frage „Stimmengleichheit" in der zweiten Kommission und wurde „durch Stichentscheid des Vorsitzenden" im letztlichen Sinne der äußeren Auftrennung von § 120 I BGB-EI in §§ 167 I Alt. 2, 171 I BGB entschieden.

[815] Siehe oben bei Fn. 791–793.

[816] *Flume*, Rechtsgeschäft, 4. Aufl., S. 824. Tendenziell *Flume* zustimmend, jedoch unklar und allemal abzulehnen in den Konsequenzen *Canaris*, Vertrauenshaftung, S. 33. Nach *Canaris* sind Kundgebungen wie bei *Flume* „nicht bloße Deklaration", sondern enthalten „ein Element der Bekräftigung" und stellen „eine zusätzliche Legitimation" dar. Das solle jedoch nur zu einer „Sonderstellung innerhalb der Rechtsscheinslehre" führen, die nicht weiter konkretisiert wird. „Die Rechtsgeschäftslehre" sei demgegenüber zu „richtiger Einordnung" außerstande. Der abzulehnende Ansatz von *Canaris* ist die *Gegenüberstellung* von Rechtsgeschäftslehre und Rechtsscheinslehre. Vielmehr ist die Frage der Haftung für einen unrichtigen Schein eine über §§ 116 ff. BGB hergestellte *Gemeinsamkeit* von Willenserklärungen und Kundgebungen. Wie sogleich im Haupttext auszuführen, ist nur die Teilfrage der Erfassung des Dispositivgehalts einer Kundgebung und damit die Behandlung einer richtigen Kundgebung schwierig. Daraus dürfen jedoch keine pauschalen bzw. globalen Gegenüberstellungen abgeleitet werden.

wollens eines Geschäfts ist des Weiteren von der konstitutiven bzw. „dispositiven", da mängelheilenden Erklärung des „Dennochwollens" gem. §§ 141 I, 144 I BGB zu trennen[817].

Da das *geschäftsinhaltlich* überflüssige Nochwollen der Innenbevollmächtigung nunmehr „außen" d.h. adressatenverschieden erklärt wird, bringt es immerhin die Anwendbarkeit des *gesetzlichen* Haftungsprogramms der §§ 116 ff. BGB für unrichtige Erklärungen mit sich. Auch diese Betrachtung führt somit wieder zu dem Befund, dass die *aktsqualitative* Verortung von Kundgebungen schwierig, aber nicht letztentscheidend ist. Denn in den *praktisch* nur relevanten Fällen der *Unrichtigkeit der Kundgebung*[818] greifen jedenfalls die sogleich näher zu betrachtenden §§ 116 ff. BGB.

Dies sei zurückkommend auf oben gewonnene Erkenntnisse verdeutlicht. „Die Willenserklärung" besagt noch nichts über die an sie geknüpften Rechtsfolgen[819]. Diese sind unter anderem danach zu differenzieren, ob „die Willenserklärung" richtig oder unrichtig und warum sie unrichtig ist (Lüge, Scherz, Irrtum etc.). *Richtige* Willenserklärungen und *richtige* Kundgebungen sind in ihrer Vergleichbarkeit fraglich. Allenfalls kommt eine Randverwandtschaft in Gestalt der Qualifikation der letzteren als „Nochwollenserklärungen" in Betracht. Entscheidend ist jedoch die *Gleichbehandlung* von *unrichtigen* Willenserklärungen und *unrichtigen* Kundgebungen, die sich wie ein rotes Band durch die Entstehungsgeschichte der §§ 171 I, 172 I BGB zieht: die Gleichbehandlung nach §§ 116 ff. BGB, soweit diese „Mängel der Übereinstimmung" von Auslegungs- bzw. Scheininhalt und Wirklichkeit behandeln[820]. Dieser Regelungsteil der §§ 116 ff. BGB ist nunmehr näher zu betrachten.

---

[817] Zu Bestätigungswillenserklärungen gem. §§ 141 I, 144 I BGB siehe soeben in Fn. 812.

[818] Zur Unterscheidung von Erteilungs-, Umfangs- und Wirksamkeitsrechtsschein und zur Vorfrage, ob überhaupt ein jeweiliger Schein gegeben ist, an den sich dann die Folgefrage anschließt, ob und warum dieser unrichtig ist, siehe soeben in Fn. 813. Zur Irrelevanz richtiger Kundgebungen gem. §§ 171 I, 172 I BGB vgl. auch *Frotz,* S. 285; *Stüsser,* S. 116 f.; *Hupka,* S. 163.

[819] Siehe oben V.3.c)bb).

[820] In der Diskussion um §§ 171 I, 172 I BGB und Scheinvollmachten wird jedoch durchweg die Aktsqualität als Ausgangsfrage gestellt, vgl. etwa *Merkt* (AcP 204, 638 [640 ff.]) für die von §§ 171 I, 172 I BGB fortgebildete Duldungsvollmacht, deren „dogmatische Zuordnung ... zwischen Rechtsgeschäft und Rechtsscheinstatbestand" problematisiert wird. Dieser Ansatz ist nach dem eben Gesagten fruchtlos. Oder in *Frotz'* (S. 284 f.) Worten: er „zeigt deutlich, in welche Sackgassen rechtstheoretische Betrachtungen führen" können; vgl. auch ders. S. 297 bei Fn. 690, S. 307, 315. Siehe auch dessen knappe Übersicht (S. 305 ff.) über die „rechtstheoretische Qualifizierung" vor gut drei Jahrzehnten.

3. Entstehungsgeschichte des „Mängel der Übereinstimmung des wirklichen Willens mit dem erklärten Willen" betreffenden Regelungsteils der §§ 116 ff. BGB

a) Vorbetrachtungen

Dem Titel nach behandeln die §§ 116–144 BGB eine „Willenserklärung". Diese ist Informations- und regelmäßig auch Kommunikationsakt[821]. Eine Willenserklärung ist Mindestbaustein jedes Rechtsgeschäfts[822], in dessen Regelungsabschnitt sich der vorgenannte Titel innerhalb der §§ 104–185 BGB findet. Im gesetzlichen Regelfall des zweiseitigen Rechtsgeschäfts bzw. Vertrages muss ein Geschäftswille nicht nur an den Geschäftsgegner kommuniziert, sondern auch mit identischem Inhalt von diesem rekommuniziert werden. Für die vorliegende Arbeit ist zu unterstellen, dass der Geschäftsgegner an der Wirksamkeit einer Willenserklärung interessiert ist, dass also das willenserklärte Geschäft ihm günstig ist[823]. Des Weiteren ist zu unterstellen, dass die übrigen tatbestandlichen Voraussetzungen des jeweiligen Rechtsgeschäfts gegeben sind, andernfalls die Rechtsfolgen einer willensmangelhaften und zwar „übereinstimmungsmangelhaften" Willenserklärung nicht relevant werden.

„Willensmängel" werden von den an den Kopf des Titel über Willenserklärung gestellten §§ 116–124 BGB behandelt[824]. In Verbindung zu §§ 118–120, 123 BGB stehen des Weiteren die §§ 141–144 BGB, die allerdings im Falle des § 141 BGB auch andere Wirksamkeitsmängel als Willensmängel wie den des § 118 BGB betreffen. Von Interesse innerhalb des Regelungstitels über „Willenserklärung" ist des Weiteren § 133 BGB, nach dem zusammen mit § 157 BGB über die Vorfrage zu befinden ist, ob und welcher Geschäftswille erklärt zu werden scheint[825]. Denn erst nach Bejahung dieser Vorfrage ist ein Ausgangspunkt vorhanden, an dem die Folge-

---

[821] Sie ist Informationsakt, wenn ein Geschäftswille nur überhaupt in die Außenwelt getragen werden, aber nicht an einen bestimmten Geschäftsgegner adressiert werden muss, sog. streng einseitige Willenserklärung, vgl. § 143 IV BGB. Im Falle empfangsbedürftiger Willenserklärung ist sie ist zudem Kommunikationsakt, vgl. § 143 III BGB. Im Regelfall des Vertragsschlusses (vgl. §§ 311 I, 145 ff. BGB) müssen darüber hinaus zwei Willenserklärungen hin- und her kommuniziert werden.

[822] Siehe oben in Fn. 618 dazu, dass der Titel über „Willenserklärung" sozusagen vor die Klammer des Abschnitts über „Rechtsgeschäfte" gehört.

[823] Siehe bereits oben bei Fn. 504 f., 694.

[824] Dieser Oberbegriff begegnet in §§ 166 I, 1600 c II BGB. Der erste Entwurf hatte damit die §§ 95–104 BGB-EI überschrieben, die Vorläufer der letztlichen §§ 116–124 BGB, vgl. *Mugdan* I, S. LXXXII ff.

[825] Siehe oben V.3.c).

frage von „-mängeln" d. h. der Übereinstimmungsmangelhaftigkeit und ihrer Behandlung ausgerichtet werden kann[826].

b) Problemhierarchisierung von Übereinstimmungsmängeln und Willensbildungsmängeln

§§ 116–119 I BGB sind Endfassung der §§ 95–99 BGB-EI. Diese leiteten die §§ 95–104 BGB-EI über „Willensmängel" ein[827]. §§ 95–99 BGB-EI sprachen in ihren Tatbeständen neben weiteren und nachfolgend näher interessierenden Tatbestandsmerkmalen durchgängig von der „Nichtübereinstimmung des erklärten Willens mit dem wirklichen Willen" bzw. einem dahingehenden „Mangel der Übereinstimmung". Wie oben aufgezeigt, ist diese Formulierung ein Synonym für einen unrichtigen Schein des Geschäftswillens[828]. Die sprachlich weniger homogene Endfassung der §§ 116–119 I BGB darf nicht zu dem Fehlschluss verleiten, dass diese bzw. präziser die §§ 116 S. 1, 118, 119 I BGB einen anderen sachlichen Regelungsgehalt hätten als die §§ 95–99 BGB-EI. Dort wie hier ging bzw. geht es um dasselbe: *die Differenzierung der Haftung für einen unrichtigen Schein des Geschäftswillens*[829]. Wie sogleich aufzuzeigen [dazu d)], wurde dieser Regelungsteil von Anfang an *zweistufig* konzipiert[830].

§§ 102–104 BGB-EI behandelten demgegenüber „Irrthümer in den Beweggründen"[831]. Allgemeiner wird auch von „Willensbildungsmängeln" ge-

---

[826] Oder anders formuliert: die „willensmangelhafte Willenserklärung" ist etwas anderes als eine gänzlich mangelnde i. S. v. gar nicht gegebene Willenserklärung. Denn letzterenfalls ist keine „-erklärung" gegeben, die als „Willenserklärung" auslegbar d. h. genügend schlüssig wäre. Dann kommt *mit Blick auf den Geschäftsgegner* gar kein Vertrauensschutz in Betracht. Bei „willensmangelhafter Willenserklärung" ist demgegenüber *mit Blick auf den Geschäftsherrn* zu beurteilen, ob positive, negative oder keine Haftung hierfür rechtsfolgen soll.

[827] Siehe soeben in Fn. 824; die bei *Mugdan* I, S. LXXXII ff. erfolgte Gegenüberstellung eines Teils der Entwurfsstadien und der Endfassung gibt eine schnelle Übersicht über die Genese dieses Regelungsteils.

[828] Siehe bei Fn. 615 und in Fn. 697 zum näheren Inhalt dieses Scheins: Geschäftsherr, Geschäftsgegner, Geschäftsinhalt, Perfizierung der Willensbildung.

[829] Zu §§ 116 S. 2, 117 I BGB, die neben §§ 122 II, 133, 157 BGB die *Vorfrage* des Vorliegens eines Scheins behandeln, siehe oben V.3.c)cc).

[830] Zur Zweispurigkeit bzw. besser Zweistufigkeit der Rechtsfolgen für einen unrichtigen Schein siehe oben bei Fn. 151, 160.

[831] § 102 BGB-EI besagte: „Ein Irrthum in den Beweggründen ist, sofern nicht das Gesetz ein anderes bestimmt, auf die Gültigkeit eines Rechtsgeschäftes ohne Einfluss". „Ein anderes bestimmt" wurde in den anschließenden §§ 103, 104 BGB-EI, die den letztlichen §§ 123, 124 BGB entsprechen. In diesen Fällen sollten die Umstände der Herbeiführung der Willenserklärung des Geschäftsherrn nicht „ohne Einfluss" bleiben, sondern zur Anfechtbarkeit führen.

sprochen. Fundamentale Konzeptionsfrage ist deren *Abgrenzbarkeit* von den vorgenannten Mängeln der Übereinstimmung von erklärtem d.h. ausgelegtem d.h. scheinbarem und wirklichem Geschäftswillen gem. §§ 95–99 BGB-EI bzw. gem. §§ 116–119 I BGB. Der Bürgerliche Gesetzgeber hat vor dieser Konzeptionsfrage letztlich kapituliert[832]. §§ 119 II, 123, 124 BGB sind punktuelle Überbleibsel der §§ 102–104 BGB-EI, die um die grundsätzliche Aussage des § 102 BGB-EI reduziert wurden. Diese Abgrenzungsproblematik ist auch vorliegend relevant. Wie Flumes Ausführungen zeigen, führt die Qualifikation irrtümlich unrichtiger Kundgebungen gem. §§ 171 I, 172 I BGB als „unbeachtlicher Motivirrtum"[833] zu anderen Rechtsfolgen als deren Behandlung i.V.m. §§ 119 I, 121, 122 I BGB. Ersterenfalls folgt stets positiver Vertrauensschutz im Zuge von „Unbeachtlichkeit", letzterenfalls vorbehaltlich §§ 119 I a.E., 121 BGB nur negativer Vertrauensschutz gem. § 122 I BGB.

Hier wird für diese äußerst schwierige Teilproblematik aus den nachfolgenden Gründen als Grundansatz vorgeschlagen, die Frage des Vorliegens und der Behandlung von Übereinstimmungsmängeln als *vorrangige* Problematik zu behandeln. Dies trägt der maßgeblichen und beschränkten Perspektive des Geschäftsgegners Rechnung. Aus dieser Perspektive ist die Vorfrage zu behandeln, ob überhaupt und welcher Geschäftswille mittels Äußerung perfekt gemacht werden zu sollen scheint. Sofern wirklicher und scheinbarer Geschäftswille auch nur partiell divergieren, sind die Rechtsfolgen nach den einschlägigen Regelungsteilen der §§ 116 ff. BGB zu differenzieren. Dazu können auch §§ 123, 124 BGB gehören, sofern deren Tatbestände zu Übereinstimmungsmängeln führen[834]. Sofern kein Übereinstim-

---

[832] Die Endfassung von § 119 I, II BGB ist Produkt vor allem dahingehender Streitigkeiten der zweite Kommission, vgl. *Mugdan* I, 716 f. unter C.

[833] Siehe oben bei Fn. 803. Vgl. *Kindl* (S. 40 f. m.w.N. in Fn. 33) dazu, dass dies „allgemeine Ansicht" geworden sei.

[834] Eine arglistige Täuschung gem. § 123 I Alt. 1 BGB kann zu Übereinstimmungsmängeln wie auch zu vom Geschäftsinhalt unabhängiger Fehlmotivation führen, vgl. *Singer*, Selbstbestimmung, S. 208 f. Mit Blick auf widerrechtliche Drohungen nach § 123 I Alt. 2 BGB sollte nach *Savigny* (System III, S. 100 ff.) auch bei *vis compulsiva* noch ein wirklicher Geschäftswille vorhanden und nur die Willensbildung fehlerhaft, da widerrechtlich fremdverursacht sein. Denn der bedrohte Geschäftsherr habe hier anders als bei *vis absoluta* die „Freyheit" des Willens, der Drohung keine Folge zu leisten. Diese von *Savigny* zwischen Willensbildung und -äußerung gezogene Trennlinie überzeugt nicht. Vielmehr ist auch bei *vis compulsiva* ein Übereinstimmungsmangel vorhanden, so auch etwa *Kellmann*, JuS 1971, 609 [612 unter III.1.]. Diese Sicht von § 123 I Alt. 2 BGB ordnet sich stimmig in §§ 116 ff. BGB ein, siehe unten VI.5.a)cc).

Kaum Literatur findet sich darüber hinaus dazu, wie §§ 123 f. BGB zu §§ 133, 157 BGB stehen. Ob also bei geschäftsgegnerischer Kenntnis oder Kennenmüssen eines geschäftsinhaltlich relevanten Täuschungserfolges (vgl. § 123 II 1 BGB für

mungsmangel vorliegt, ist als *nachrangige* Problematik zu behandeln, ob
Mängel der Willensbildung Abweichungen von der idealtatbestandlichen
Rechtsfolge der Wirksamkeit nach sich ziehen. Hier werden neben § 119 II
BGB (Anfechtbarkeit mit Folge negativen Vertrauensschutzes) die §§ 123,
124 BGB im Übrigen (Anfechtbarkeit ohne jeden Vertrauensschutz) und
weitere Gesetzesregelungen wie der nunmehrige § 313 BGB [2002] (Anpassung, Rücktritt) relevant. Diese *problemhierarchisierende* Betrachtung
trägt der Gegebenheit Rechnung, dass sich Willensbildungsmängel gar nicht
auswirken, wenn ein anderer Geschäftswille erklärt wird, als wirklich gewollt ist[835]. Sie trägt der weiteren Gegebenheit Rechnung, dass Übereinstimmungsmängel eine sogleich näher zu betrachtende umfassende Regelung erfahren haben, während Willensbildungsmängel letztlich nur punktuell behandelt worden sind.

Auf diese hier als Hierarchisierungsfrage verstandene Problematik ist an
späterer Stelle unter dem von Flume aufgebrachten Argument eines „unbeachtlichen Motivirrtums" als eventueller Begründung positiver Haftung
über §§ 116 S. 1, 119 I a.E., 121 I BGB hinaus zurückzukommen [dazu
8.b)].

c) Willenstheoretischer Ausgangspunkt und bürgerlich-gesetzgeberische Durchbrechungen bzw. Ergänzungen

Die *normtheoretischen* Grundlagen der „Willenserklärung" nach
§§ 116 ff. BGB können hier aus quantitativen Gründen nicht im Detail behandelt werden[836]. Sie müssen es auch nicht, da nur der Regelungsteil über
übereinstimmungsmangelhafte d.h. unrichtige Willenserklärungen d.h. über
einen unrichtigen Schein des Geschäftswillens interessiert. Da jedoch mit

---

§ 123 I Alt. 1 BGB) oder einer drohungsbedingten Erklärung eine unrichtige und anfechtbare Willenserklärung gem. §§ 123 f. BGB vorliegt. Oder aus Sicht des Geschäftsgegners dann eine andere (und aufgrund „Übereinstimmung" richtige) Willenserklärung bzw. keine Willenserklärung des Geschäftsherrn auszulegen sind, so
dass kein Anfechtungsbedürfnis entsteht. Da §§ 123 ff. BGB neben derartigen Fällen
ein Anwendungsbereich für täuschungsbedingte Fehlmotivationen und für dem Geschäftsgegner unbekannte Drittdrohungen bleibt, ist diese einschränkende systematische Normauslegung nicht ausgeschlossen. Nach der hier verfolgten Konzeption, die
das Vorliegen eines Scheins als Primärfrage versteht, ist sie zu bejahen; vgl. auch
Singer, Selbstbestimmung, S. 209; a.A. *Henze* (S. 23 ff.), der §§ 123 I Alt. 2, 124
BGB als Spezialregelung zu § 116 S. 2 BGB [siehe oben V.3.c)cc)] sah.

[835] Beispiel: Bezeichnet ein Kaufangebot den Kaufgegenstand infolge Irrtums
fehl (§ 119 I Alt.1 BGB), so wird nicht relevant, dass der eigentlich gewollte Gegenstand infolge Eigenschaftsirrtums (§ 119 II BGB) dem Geschäftsherrn unnütz
ist.

[836] Siehe oben bei Fn. 590.

„der Willenstheorie" im Kontext von Rechtsscheinhaftung in wenig präziser Weise argumentiert wird, sei auf diesen normtheoretischen Ausgangspunkt der bürgerlich-gesetzlichen Vorschriften über „Willenserklärung" kurz eingegangen. Als Beispiel für eine unpräzise Argumentation mit „der Willenstheorie" sei Canaris genannt. Nach diesem ist § 116 S. 1 BGB über einen „geheimen Vorbehalt" (dazu 5.) „eine bare Selbstverständlichkeit". Ein Normverständnis als positive Vertrauenshaftung für einen unrichtigen Schein sei demgegenüber „ein Rückfall in die Willenstheorie in einer extremen ... Form" und daher abzulehnen[837].

„Die Willenstheorie" wird ganz überwiegend mit dem dritten Band von Savignys gemeinrechtlicher Systemlegung „des heutigen römischen Rechts" assoziiert. Savignys Doktrin bildete den normtheoretischen bzw. konzeptionellen *Ausgangspunkt* der Ausarbeitung der bürgerlich-gesetzlichen Vorschriften über Willenserklärungen bzw. präziser über übereinstimmungsmangelhafte Willenserklärungen. Dieser Ausgangspunkt kam in der Begründung der Redaktorenentwürfe eines „Allgemeinen Theiles"[838] wie auch des „Rechts der Schuldverhältnisse"[839] sowie den Materialien zu den Entwurfsarbeiten der ersten Kommission[840] klar zum Ausdruck.

Von einem Ausgangspunkt ist zu sprechen, da die Redaktoren und Kommissionen das Savignysche „System" in zweierlei Hinsicht verbesserten. Axiom von Savignys System war, dass „der Wille als das einzig Wichtige und Wirksame gedacht werden" müsse[841]. Unklar blieb bei Savigny, ob die letztlich in § 116 S. 1 BGB ebenso wie von Savigny als unbeachtlich behandelte *reservatio mentalis* eine *Ausnahme* vom vorgenannten Axiom sein sollte oder dem Axiom noch unterfallen sollte[842]. Dieses „Kap Horn der Willenstheorie"[843] umschifften die Redaktoren und Kommissionen erfolg-

---

[837] *Canaris,* Vertrauenshaftung, S. 419 f. Als Vertreter eines dahingehenden Normverständnisses wird Ennecerus (*Nipperdey*), AT des BGB, § 153 Fn. 21 a.E., 15. Aufl. 1959 sowie weitere Stimmen a.a.O. in Fn. 32 von *Canaris* referiert. Aus der noch älteren Literatur ist *Oertmann* (ZHR 95, 443 [475]) als dahingehende Stimme zu nennen.

[838] *Gebhard,* RedE-AT, Begründung S. 104 ff. (Paginierung des von Schubert herausgegebenen Nachdrucks) unter „Wirklichkeit des erklärten Willens".

[839] *v. Kübel,* RedE-SchuldR, Begründung S. 138 ff. (Paginierung des von Schubert herausgegebenen Nachdrucks).

[840] *Mugdan* I, 456 ff. [457]: „Der Entwurf folgt dem Willensdogma, durchbricht es aber in verschiedenen Richtungen"; *Jakobs/Schubert,* Beratung des AT, 1. Teilband, S. 588.

[841] *Savigny,* System III, S. 258.

[842] *Savigny,* System, 258 f.; nähere Darstellung der dahingehenden konzeptionellen Dunkelheiten in *Savignys* Systemlegung etwa bei *Grundschok,* Geheimer Vorbehalt, S. 12 f., insb. S. 13 bei Fn. 41.

[843] HKK zum BGB (*Schermaier*), §§ 116–124 Rn. 30.

reich und zutreffend, indem sie die *ergebnisgleiche Rechtsfolge* von vor-
behaltlos-mangelfreier und mentalreserviert-mangelhafter Willenserklärung
in ein tatbestandliches Grundsatz-Ausnahme-Verhältnis stellten[844]. Sie sprachen insoweit von einer „Durchbrechung" des „Willensdogmas"[845].

Im letztgenannten Begriff deutet sich das zweite Defizit von Savignys
Willenstheorie an. Deren Bezeichnung als „Dogma" sollte die Exklusivität
der Rechtsfolgenanknüpfung an einen wirklichen Geschäftswillen zum Ausdruck bringen[846]. So sollte nach Savignyscher Theorie bei wirklich fehlendem bzw. anderem d.h. *mangelndem* Geschäftswillen *weder positiver noch
negativer Vertrauensschutz* des Geschäftsgegners greifen. Diese willensthe-
oretische Konsequenz wurde im BGB nicht übernommen, sondern eben mit
§§ 116 ff. BGB „durchbrochen". Berühmt geworden ist Jherings Kritik der
„Unbilligkeit und praktischen Trostlosigkeit" dieser Theorie[847]. Sowenig
die Savignysche Willenstheorie in theoretischer Extremität überzeugte,
wollte sich der Bürgerliche Gesetzgeber theoretischen Gegenextremen an-
schließen. Einer „Vertrauensmaxime", die an jeden Schein eines Geschäftswillens positiven Vertrauensschutz anknüpfen wollte, wurde eine ebenso kategorische Absage erteilt[848].

---

[844] Dass der Grundsatz in Gestalt des Idealtatbestandes der richtigen Willenserklärung nicht die §§ 116 ff. BGB einleitend positiviert wurde, sondern sozusagen
mittelbar vor diese geschrieben wurde ([siehe oben V.3.c)bb)] bei Fn. 613), mag
diese Erkenntnis erschweren, darf sie aber nicht gänzlich verbauen.

[845] Siehe die in Fn. 838–840 angegebenen Fundstellen. In den Materialien der
zweiten Kommission (*Mugdan* I, 710) und in der Denkschrift des Reichsjustizamtes
zum zweiten Entwurf (*Mugdan* I, 832 wohl in Umformulierung von *Mugdan* I, 715)
begegnen Ausführungen, die von diesem konzeptionellen Ausgangspunkt wiederum
abzurücken scheinen. So heißt es dort: „... verständigte man sich zunächst dahin,
dass sich weder das Willensdogma noch die ihm gegenüberstehende Vertrauensmaxime (Erklärungstheorie) ohne erhebliche Modifikationen durchführen lasse und
dass es daher nothig sein werde, die einzelnen in Betracht kommenden Fälle getrennt ins Auge zu fassen, ohne zu der einen oder anderen Theorie positiv Stellung
zu nehmen", *Mugdan* I, 710. Sowie: „Der Entwurf hat den Einfluss der Willensmängel auf die Gültigkeit der Rechtsgeschäfte nicht nach einer bestimmten Theorie geregelt, sondern lediglich nach praktischen Gesichtspunkten, welche den verschiedenen in Betracht kommenden Interessen thunlichst gerecht werden", *Mugdan* I, 832.
Die nähere Betrachtung dieser Materialien ergibt jedoch, dass vom einen willenstheoretischen Grundsatz „durchbrechenden" bzw. besser einen willenstheoretischen
Ausgangspunkt ergänzenden Konzept der Redaktorenentwürfe und der ersten Kommission nicht mehr im Grundsatz, sondern nur im Detail abgewichen wurde, siehe
nachfolgend unter d).

[846] *Savigny*, System III, 263: Bei nicht wirklich gegebenem Geschäftswillen wie
etwa bei irrtümlicher Willenserklärung „... folgt daraus, dass hier der Irrende frey
von jeder Verbindlichkeit bleibt, ohne Unterschied, ob er diesen Irrthum leicht vermeiden konnte oder nicht". Vgl. *Flume*, S. 442 bei Fn. 28.

[847] Jherings Jahrbücher, Band 4, S. 1 [2].

Das eben erfolgte Zitat von Jhering erging im Rahmen seines später von der reichsgerichtlichen Rechtsprechung aufgegriffenen Aufsatzthemas über „culpa in contrahendo" von 1861[849]. Diese Lehre entwickelte Jhering als Grundlage *negativer* Haftung bei übereinstimmungsmangelhafter Willenserklärung[850]. Das BGB ist mit den fahrlässigkeitsunabhängigen d. h. keine *culpa* seitens des Geschäftsherrn voraussetzenden §§ 118, 119 I a. A., 122 I, 142 I BGB letztlich einen von Jhering abweichenden Weg gegangen[851]. Bereits Redaktor Gebhard griff jedoch Jherings Konzept auf *Rechtsfolgenseite* auf[852]. Daneben sah er wie die nachfolgenden Kommissionen zugleich *positive* Haftung für eine übereinstimmungsmangelhafte Willenserklärung vor. Sein Vorentwurf wie auch die nachfolgenden Kommissionen verfolgten durchgängig dieses Konzept *zweistufiger* Haftung für eine übereinstimmungsmangelhafte Willenserklärung, wenngleich mit großen Unterschieden im sogleich zu betrachtenden Detail [dazu unter d)].

Normtheoretische Grundlage der *lex lata* in §§ 116 ff. BGB ist daher eine *Dreiteilung* (!), welche durch das Etikett einer „Willenstheorie" nicht genügend gekennzeichnet wird: (1) der mittelbar vor §§ 116 ff. BGB geschriebene Idealtatbestand der „übereinstimmenden Willenserklärung"[853] ist (2) von positiver und (3) von negativer Haftung für „übereinstimmungsmangelhafte Willenserklärungen" zu unterscheiden[854]. Die konkrete Umsetzung der „Durchbrechungen" bzw. noch treffender: „Ergänzungen" des mittelbar geschriebenen Grundsatzes [siehe soeben (1)] ist zudem in komplizierterer Weise erfolgt, da sich mit §§ 116 S. 1, 119 I a. E., 121 BGB mehrere zu positivem Vertrauensschutz führende Tatbestände [siehe soeben (2)] neben den zu negativem Vertrauensschutz führenden §§ 118, 119 I a. A., 122 I, 142 I BGB [siehe soeben (3)] finden.

---

[848] Siehe oben bei und in Fn. 559.

[849] Siehe oben bei Fn. 181, 194.

[850] *Jhering,* Jherings Jahrbücher Band 4, 1 [7]: „... Ueberzeugung, dass das Leben für diese und ähnliche Fälle sich mit der nackten Nichtigkeit des Contracts nach römischem Recht nicht abfinden lasse, vielmehr die unabweisbare Forderung einer Schadensersatzklage erhebe".

[851] Siehe oben Fn. 195.

[852] *Gebhard,* RedE-AT, S. 128 ff. [129] (Paginierung des Nachdrucks).

[853] Siehe oben bei und in Fn. 613 zu dessen mittelbarer Normierung („Besonderer Ausdruck ... nicht verliehen") und zu dessen Inhalt. Siehe auch *Jakobs/Schubert,* Beratung des AT, 1. Teilband, S. 599: „Einverständnis wurde ferner erzielt, dass ... die Entscheidung darüber, ob das Willensdogma als maßgebendes Prinzip im Gesetzbuch zu besonderem Ausdruck zu bringen sei, der Redaktion überwiesen werde".

[854] Wie soeben unter b) angesprochen, ist als vierter und nachrangiger Problembereich zu identifizieren, dass eine i. S. v. (1) „übereinstimmende Willenserklärung" auf fehlerhafter Willensbildung beruht.

§ 116 S. 1 BGB ist daher keinesfalls „Rückfall in die Willenstheorie in einer extremen ... Form"[855]. Vielmehr ist § 116 S. 1 BGB „Durchbrechung" der extremen Savignyschen Willenstheorie, in deren theoretischer Konsequenz § 116 S. 1 BGB eben keine „bare Selbstverständlichkeit" war. „Extrem" ist allenfalls die Enge des Tatbestandes, an den § 116 S. 1 BGB positive Haftung knüpft [dazu (5)]. „Dogmatik" sollte dies auf den Punkt bringen und nach Extensionsmöglichkeiten *de lege lata* bzw. notfalls *de lege ferenda* suchen [dazu (8) und (9)].

d) Entwurfsstadien zweistufiger Haftungsdifferenzierung für einen unrichtigen Schein des Geschäftswillens

aa) Redaktorenentwurf von Gebhard

Redaktor Gebhard differenzierte in seinen §§ 15–20 RedE-AT über die „Wirklichkeit des erklärten Willens" *positive* und *negative* Haftung für eine „unwirkliche" d.h. übereinstimmungsmangelhafte Willenserklärung danach, ob der Übereinstimmungsmangel dem Geschäftsherrn *bewusst* (§§ 15–17 RedE-AT) oder *unbewusst* sei (§§ 18–20 RedE-AT).

Fälle *bewusster* Nichtübereinstimmung sollten nach Gebhard durchweg zu *positiver* Haftung führen. Hier sei durchweg „das Verhalten des Erklärenden so beschaffen, dass man sagen kann, es geschehe ihm dadurch, dass er beim Worte genommen wird, nicht zu viel"[856]. In der *reservatio mentalis*, dem „Kap Horn der Willenstheorie", das von der ersten Kommission in § 95 BGB-EI und von der zweiten Kommission in § 116 S. 1 BGB als erkannte Ausnahme von bzw. besser Ergänzung zu einem geschäftswillenstheoretischen Ausgangspunkt erfolgreich umschifft wurde, sah Gebhard einen „Täuschungswillen" des Geschäftsherrn walten, sah er ein „vorsätzliches" Verhalten desselben[857]. Mit der Mentalreservation „nicht auf gleicher Linie steht" nach Gebhard zwar der Restbereich bewusster Nichtübereinstimmung[858], der in der Endfassung in § 118 BGB denn nurmehr zu negati-

---

[855] Siehe eben bei Fn. 837.

[856] *Gebhard*, RedE-AT, S. 106 (Paginierung des von Schubert herausgegebenen Nachdrucks).

[857] *Gebhard*, RedE-AT, S. 106 f.: „Zulassung der Mentalreservation würde Handel und Wandel dem *Täuschungswillen* preisgeben; auch kann sich derjenige, welcher *vorsätzlich* eine irrige Vorstellung über sein Wollen hervorruft, nicht darüber beklagen, wenn er so behandelt wird, als ob das als gewollt Bezeichnete wirklich gewollt wäre". S.a. a.a.O. S. 110 ff., insbesondere 112; damalige Qualifikationen der Mentalreservation werden von *Gebhard* a.a.O., S. 111 referiert.

[858] *Gebhard*, RedE-AT, S. 106 (Paginierung des von Schubert herausgegebenen Nachdrucks).

ver Haftung gem. § 122 I BGB führt. Doch sah Gebhard hierin noch ein „leichtfertiges Spiel mit Worten" durch den Geschäftsherrn[859], das positive Haftung ebenfalls tragen sollte. An anderer Stelle hieß es: „Hier will der Urheber der Erklärung nicht täuschen, immerhin aber wagt er und das Wagen geschieht auf seine Gefahr"[860]. Ob dies als positive Haftung für bewusste Fahrlässigkeit oder gar nur für bewusste grobe Fahrlässigkeit („Leichtfertigkeit") oder aus einem anderen Zurechnungsgrunde zu verstehen war, liegt im rechtshistorischen Dunkel.

„Ganz anders verhält es sich, wenn dem Bewusstsein des Erklärenden die Differenz zwischen seinem Wollen und dem als gewollt Bezeichneten fremd geblieben ist"[861]. Hier sollte nach Gebhard nur eine *negative* Haftung greifen, so der Irrtum d.h. unbewusste Übereinstimmungsmangel überhaupt wesentlich sei. Diese negative Haftung für wesentliche Irrtümer sollte *fahrlässigkeitsunabhängig* greifen. Dieses Konzept wurde letztlich in §§ 119 I, 122 I BGB übernommen und auf bewusste Übereinstimmungsmängel „unterhalb" der Mentalreservation in § 118 BGB erstreckt. Eine klare Begründung für die Fahrlässigkeitsunabhängigkeit der negativen Haftung gab Gebhard nicht[862]. Wenig erhellt sich dadurch, dass Gebhard hierin „das Korrektiv für die mit Durchführung des Willensdogmas unter Umständen verbundenen Härten" sah[863].

Gebhard fasste selbst kurz[864]: „Das Richtige dürfte sein, bei dem ... Gegensatze von bewusster und unbewusster Differenz stehen zu bleiben. Der Entwurf tritt dem Täuschungswillen und leichtfertigem Spiel mit Worten entgegen und durchbricht insoweit das Willensdogma; im Übrigen hält er dasselbe als allgemeinen Grundsatz fest; er verwirft die Vertrauensmaxime,

---

[859] *Gebhard*, RedE-AT, S. 107.

[860] *Gebhard*, RedE-AT, S. 106.

[861] *Gebhard*, RedE-AT, S. 107.

[862] *Gebhard* monierte einerseits konstruktive Überspitzungen in Jherings Konzept von *culpa in contrahendo*, vgl. RedE-AT, S. 107, 129 mit *Müller-Erzberg*, AcP 106, 309 [328], der Jherings „Entdeckung" gemessen an den ihr zugrunde gelegten römischen Rechtsquellen als „wissenschaftliche Culpafiktion" beurteilte. Das gänzliche Absehen von einem culpa-Erfordernis wäre jedoch drastische Konsequenz aus solchen konstruktiven Defiziten.
Des Weiteren führte Gebhard gegen eine verschuldensunabhängige positive Haftung an: „Mit der Sicherheit, welche dem Verkehr auf diesem Wege zugeführt werden könnte, müsste Hemmung der freien Bewegung Hand in Hand gehen. Man darf nicht allein an den Erklärungsempfänger, man muss auch an die Lage des Erklärenden denken", vgl. RedE-AT, S. 107. Warum diese Argumentation bei fahrlässigkeitsunabhängiger negativer Haftung nicht mehr greifen soll, problematisierte Gebhard nicht.

[863] *Gebhard*, RedE-AT, S. 128 ff. [131].

[864] *Gebhard*, RedE-AT, S. 107.

überlässt speziellen Vorschriften, den guten Glauben in weitergehendem Umfange da zu schützen, wo besondere Gründe hierfür vorliegen, gewährt zugleich aber dem Erklärungsempfänger Anspruch auf Ersatz des Schadens, welcher demselben durch das Vertrauen auf die Wirksamkeit eines Vertrags erwachsen ist".

bb) Redaktorenentwurf von v. Kübel

Aufgrund einer punktuellen Nichtabstimmung der Arbeitsverteilung hatte auch v. Kübel, der Redaktor eines Vorentwurfs des zweiten Buchs des BGB, Vorschriften über Übereinstimmungsmängel bei Willenserklärungen im Rahmen des Vertragsschlusses ausgearbeitet. Von Kübels Vorentwurf divergierte stark von Gebhards Vorentwurf, da er anders als dieser und anders als die nachfolgenden Kommissionsentwürfe nur eine *einspurige* Haftung *allein* auf das *positive* Interesse des Geschäftsgegners vorsah und insoweit zudem *partiell andere Gründe positiver Haftung* befürwortete.

Denn diese positive Haftung sollte für vorsätzliche und grob fahrlässige Übereinstimmungsmängel greifen[865]. Damit wäre sowohl bewusste wie auch *unbewusste grobe Fahrlässigkeit* erfasst worden[866]. Gebhard wollte demgegenüber sämtliche Fälle bewusster Nichtübereinstimmung über dahingehenden Vorsatz hinaus zu positiver Haftung gereichen lassen, ohne diesen Bereich abstrakt klar als bewusste oder gar bewusste grobe Fahrlässigkeit zu erfassen, während unbewusste Übereinstimmungsmängel zwar *stets,* damit aber auch bei unbewusst grober Fahrlässigkeit *nur* zu negativer Haftung führen sollten.

---

[865] *v. Kübel,* RedE-SchuldR, S. 146 (Paginierung des von Schubert herausgegebenen Nachdrucks): „Das Vertrauen des Erklärungsempfängers für sich allein kann keinen gerechten Grund bilden, dasselbe auf Kosten des Erklärenden zu schützen und diesem einen Nachteil zuzufügen, ... Trägt der Erklärende keine Schuld an dieser Täuschung, so fehlt es an jedem Bindeglied zwischen der Täuschung des Empfängers und einer Haftpflicht des Erklärenden, und es würde gegen Recht und Billigkeit streiten, wollte man mit der einfachen Kausalität sich begnügen, um den Letzteren dem Ersteren gegenüber haftbar zu machen. Anders verhält es sich, wenn auf Seiten des Erklärenden eine grobe Schuld vorliegt, sei es, dass er absichtlich, sei es, dass er aus grober Fahrlässigkeit eine seinem Willen nicht entsprechende Erklärung abgegeben hat". Zur anzunehmenden Synonymität von „Absicht" und „Vorsatz" siehe zum einen unten in Fn. 874. Zum anderen spricht hierfür, dass andernfalls eine Lücke zwischen „Absicht" und „grober Fahrlässigkeit" verblieben wäre.

[866] *v. Kübel,* RedE-SchuldR, S. 153 führte *v. Kübel* aus, dass auch „der Fall des unbewussten Nichtwollens bei gewollter Erklärungshandlung" in gültigkeitserhaltender Durchbrechung des Willensdogmas zu behandeln sei d.h. in hiesiger Terminologie zu positiver Haftung führe, wenn der „Irrthum auf grober Fahrlässigkeit beruhte".

Der *fahrlässigkeitsunabhängigen* negativen Haftung nach Gebhards Konzeption erteilte v. Kübel eine kategorische Absage[867]. Eine *negative* Haftung immerhin bei (bewusster sowie unbewusster) *einfacher Fahrlässigkeit* lehnte v. Kübel aus konstruktiven Grenzen der damaligen Doktrin ab[868].

v. Kübel sprach von einem „Sprung" von negativer zu positiver Haftung[869]. Er stellte also das auch heutzutage bejahte Stufenverhältnis von negativen und positiven Haftungsrechtsfolgen klar. Zugleich zeigte er das Regelungsdilemma zwischen größerer Einzelfallgerechtigkeit von negativer Haftung und größerer Beweis- und Durchführungspraktikabilität von positiver Haftungsausfüllung auf[870].

cc) Erste Kommission

Die erste Kommission kombinierte Elemente beider Vorentwürfe und ging in ihrer ebenfalls zweispurigen Konzeption im Übrigen eigene Wege.

Sie übernahm Gebhards Trennung bewusster und unbewusster Übereinstimmungsmängel. Allerdings sollte diese Trennlinie nicht mehr positive und negative Haftung wie bei Gebhard abgrenzen. Vielmehr bildete sie nurmehr die Grundlage der äußerlich-gesetzlichen Trennung von bewussten (§§ 95–97 BGB-EI[871]) und unbewussten d.h. irrtümlichen Übereinstim-

---

[867] Siehe das Zitat eben in Fn. 865 sowie RedE-SchuldR, S. 148 f. in Fn. 1 und S. 161.

[868] *v. Kübel*, RedE-SchuldR, S. 147: „Der gegenwärtige Entwurf geht davon aus, dass es sich nicht rechtfertigen lasse, die Unterscheidung der verschiedenen Grade der kontraktlichen diligentia auf erst werdende Kontraktsverhältnisse zu übertragen".

[869] *v. Kübel*, RedE-SchuldR, S. 147: Der erst bei grober Fahrlässigkeit eingreifende, dann jedoch zu positiver und nicht nur negativer Haftung führende Normentwurf sei, „wie nicht zu verkennen, immer noch ein Sprung, ... Denn nach allgemeinen Grundsätzen kommt man mit einer Verschuldung doch zunächst nur zu der Verpflichtung, einen dadurch herbeigeführten Schaden zu ersetzen".

[870] Vgl. oben bei Fn. 167 ff. mit *v. Kübel*, RedE-SchuldR, S. 148: Eine negative Haftung habe „vom theoretischen Standpunkt ... Vieles für sich", da sie „nach beiden Seiten eine möglichst billige und gerechte Ausgleichung herbeizuführen sucht". Doch bestünden insoweit „unleugbar große Beweisschwierigkeiten". Vor allem: „Der Zweck, welcher durch die Statuierung der Haftpflicht aus einer mit dem Willen des Erklärenden nicht übereinstimmenden Willenserklärung erreicht werden soll, ist aber wesentlich die Erleichterung und Sicherung des Verkehrs und der Schutz des ... Vertrauens; ... seinen Interessen wird nur dann möglichst einfache und klare Verhältnisse geschaffen werden, und dies geschieht, wenn man, wo gerechtes Vertrauen auf eine zur Schließung eines Vertrags abgegebene Willenserklärung schuldhaft getäuscht wird, die Berufung auf den Mangel eines der Erklärung entsprechenden Willens ausschließt und die Willenserklärung als Willensausdruck gelten lässt".

mungsmängeln (§§ 98, 99 BGB-EI). Diese äußere Systematik wurde auch in der Endfassung der §§ 116–119 I BGB mit §§ 116–118 BGB einerseits und § 119 I BGB andererseits belassen[872].

Von v. Kübel übernahm die erste Kommission die Anknüpfung *positiver* Haftung auch an *grobe Fahrlässigkeit* hinsichtlich des Übereinstimmungsmangels[873]. Dies wurde gemäß der äußeren Systematik als bewusste grobe Fahrlässigkeit in § 97 II BGB-EI wie auch unbewusste grobe Fahrlässigkeit in § 99 I BGB-EI parallel normiert.

Eine Anknüpfung von *positiver* Haftung an *vorsätzliche* Übereinstimmungsmängel hatten schon beide Redaktoren bejaht. Die erste Kommission normierte dies demgemäß in § 95 BGB-EI, der mittelbar an *Täuschungsvorsatz* anknüpfte[874]. Dies wurde denkbar knapp motiviert[875]: „Eine Erklärung,

---

[871] § 96 BGB-EI war Vorentwurf von § 117 BGB und Folgeregelung zu § 16 RedE-AT. Zur in diesen Normen behandelten „Simulation" ist auf die oben V.3.c)cc) erfolgten Ausführungen zu verweisen. Da hier kein geschäftsgegnerischer Vertrauensschutz in Betracht kommt, interessiert dieser Regelungsteil nachfolgend nicht weiter.

[872] Diese äußere Systematik ist darauf zurückzuführen, dass die erste Kommission *Gebhards* Entwurfsstruktur „zur Erleichterung und Abkürzung der Berathungen" des Vorentwurfs übernahm, vgl. *Jakobs/Schubert*, Beratung des AT, 1. Teilband, S. 588. Sie wurde damit wohl eher zufällig zementiert.

[873] Die Motive hierfür bleiben eher vage. Sie sprechen von einer „Gleichstellung" von grober Fahrlässigkeit und Vorsatz, *Mugdan* I, 459, 463; davon, dass „es ebensowohl der Gerechtigkeit als auch dem praktischen Bedürfnisse entspricht, [den Geschäftsherrn] am Worte festzuhalten, wenn die Fahrlässigkeit eine grobe ist", *Mugdan* I, 459; davon, dass „wer infolge der Außerachtlassung der allergewöhnlichen Sorgfalt eine seinem Willen nicht entsprechende Erklärung abgibt, sich nicht darüber beschweren kann, wenn sie als der Ausdruck seines wirklichen Willens behandelt wird", Mugdan I, 463. Für bewusste grobe Fahrlässigkeit begegnet auch die wenig aussagekräftige Formel Gebhards (siehe oben bei Fn. 860) in leicht abgewandelter Form wieder: „Wer auf solche Weise unvorsichtig mit Worten spielt, wagt und das Wagen geschieht auf seine Gefahr", *Mugdan* I, 459. Da sich § 97 II BGB-EI nicht auf ausdrückliche im Sinne von wörtliche Willenserklärungen beschränkte, traf diese Formel schon insoweit nicht zu, als auch mit Gesten unvorsichtig gespielt werden kann.

[874] Siehe *Mugdan* I, S. LXXXII für § 95 S. 1 BGB-EI: „Ist der Urheber einer Willenserklärung, bei welcher der wirkliche Wille mit dem erklärten Willen nicht übereinstimmt, des Mangels der Übereinstimmung sich bewusst, so ist die Willenserklärung gültig, sofern der Urheber den Mangel *verhehlt* hat". Eine Synonymität von „Verhehlung" und „Täuschungsabsicht" ergab der komplementär formulierte § 97 I BGB-EI, siehe *Mugdan* a. a. O., S. LXXXIII: „Hat bei einer Willenserklärung der Urheber, welcher des Mangels der Übereinstimmung des wirklichen Willens mit dem erklärten Willen sich bewusst war, *zu täuschen nicht beabsichtigt*, so ist die Willenserklärung nichtig". Eine Synonymität von „Absicht" und – jeglichem – „Vorsatz" ergibt sich wiederum daraus, dass später von der ersten Kommission festgelegt wurde, alle gesetzlichen Verwendungen von „Absicht" durch „Vorsatz" zu er-

abgegeben unter einem geheimen Vorbehalte, muss gültig sein. Die Beachtung geheimer Vorbehalte ist weder mit dem allgemeinen Rechtsbewusstsein noch mit einem geordneten Verkehre vereinbar".

Anders als beide Redaktoren konzipierte die erste Kommission die *negative Haftungsspur*. Denn anders als v. Kübel stellte sie eine negative Haftung neben die bei Vorsatz und grober Fahrlässigkeit greifende positive Haftung. Und wiederum anders als Gebhard sollte diese negative Haftung *nur bei einfacher Fahrlässigkeit* greifen. Zugleich wurde einer Anknüpfung positiver Haftung auch an einfache Fahrlässigkeit eine Absage erteilt. Die „Gleichstellung der beiden Fälle [d.h. Grade von Fahrlässigkeit] würde der Verschiedenheit in der Schwere des Verschuldens des Erklärenden nicht gerecht. Nur die grobe Fahrlässigkeit lässt sich dem Vorsatz in Ansehung der Rechtsfolgen (§ 95) an die Seite setzen"[876]. Von v. Kübel angeführte Beweisschwierigkeiten der negativen Haftungsausfüllung seien zwar „nicht ohne eine gewisse Berechtigung", doch würde ein Sprung zu positiver Haftung auch bei einfacher Fahrlässigkeit „die Grenzen der Billigkeit überschreiten"[877]. Wiederum wurde gemäß der von Gebhard übernommenen äußeren Systematik bewusste einfache Fahrlässigkeit (§ 97 III BGB-EI) und unbewusste einfache Fahrlässigkeit (§ 99 II BGB-EI) in zwei äußerlich getrennten Normen parallel behandelt.

Bei fehlendem Verschulden des Geschäftsherrn für einen Übereinstimmungsmangel sollte also weder positive noch negative Haftung greifen. Hier sollte vielmehr gar keine Haftung für einen unrichtigen Schein entstehen.

Der erste Entwurf war für Übereinstimmungsmängel somit im Kern *verschuldensgraduierend* konzipiert. In den Beratungen wird dies von der ersten Kommission als „sowohl der Gerechtigkeit als dem praktischen Bedürfnisse am besten Rechnung tragend" beurteilt[878]. Diese theoretische

---

setzen, vgl. *Jakobs/Schubert*, Beratungen des SchuldR, 3. Teilband (§§ 652–853), S. 884. Sie ergibt sich des Weiteren daraus, dass auch die Motive von „dem Vorsatze … (§ 95 [BGB-EI])" sprachen, *Mugdan* I, 459.

[875] *Mugdan* I, 458.

[876] *Mugdan* I, 459.

[877] *Mugdan* I, 460; a.a.O. 463 ist dann von der „Unbilligkeit" positiven Interessenschutzes des Geschäftsgegners bei nur einfacher Fahrlässigkeit des Geschäftsherrn die Rede.

[878] *Jakobs/Schubert*, Beratung des AT, 1. Teilband, S. 590 zum sog. guten Scherz; die spätere „Berathung über den Einfluss der Verschuldung auf die Beachtlichkeit des Irrtums" (a.a.O., S. 595 f.) kam zum selben Entwurfsergebnis, ohne die dahin führenden Argumente zu protokollieren. Der Antrag verschuldensunabhängiger negativer Haftung (a.a.O, S. 596 unter 4.) wurde ohne Protokollierung der Gründe abgelehnt. Ein späterer Antrag von Kurlbaum, die graduierende Lösung zu einer bloßen negativen Haftung für jede Fahrlässigkeit zu modifizieren, wurde abge-

Konzeption überzeugt, wenn zwei Haftungsrechtsfolgen für Übereinstimmungsmängel differenziert werden sollen. Denn sie erlaubt die Anknüpfung an *Verschuldensgrade,* die das *Stufenverhältnis* von negativer zu positiver Haftung abzubilden vermögen: durch Rückgriff auf einen *höheren Verschuldensgrad.* Im Strafrecht ist dies als „Qualifizierung" allbekannt[879].

Die Möglichkeit (vgl. §§ 119 I a.A., 142–144 BGB) und Notwendigkeit (vgl. § 121 BGB) der Anfechtung sah der erste Entwurf im Irrtumsfalle gem. §§ 98, 99 BGB-EI für die nicht zu positiver Haftung führenden Unterfälle noch nicht vor.

dd) *Endfassung durch die Vorkommission des Reichsjustizamtes und die zweite Kommission*

Die Vorkommission des Reichsjustizamtes *verschlankte* die stark differenzierende und verschuldensgraduierende Konzeption der ersten Kommission *mit dem Ergebnis extremerer Ausgestaltung beider Haftungsstufen.* Die zweite Kommission übernahm dieses geänderte Konzept.

Von der *positiven* Haftungsspur in §§ 95 I, 97 II, 99 I BGB-EI blieb nurmehr der *Extremfall* der *reservatio mentalis* übrig, die als Grund positiver Haftung der Sache nach nie streitig gewesen war. Eine positive Haftung hierfür wurde nun begründet mit der „Erwägung, dass Niemand durch Berufung auf seine eigene Arglist eine abgegebene Erklärung entkräften dürfe"[880]. Deren Regelung wurde in § 116 S. 1 BGB zudem in ein weniger abstraktes gesetzesbegriffliches Kleid gehüllt als in den Redaktorenentwürfen. Damit ist die Endfassung in der *positiven* Haftungsspur *enger* geworden als alle vorangehenden Entwürfe, nach denen auch sonstige Fälle bewusster Nichtübereinstimmung (Gebhard) bzw. bewusste sowie unbewusste grobe Fahrlässigkeit hinsichtlich der Nichtübereinstimmung (v. Kübel, erste Kommission) zu positiver Haftung führen sollten.

---

lehnt: „Die Kommission lehnte ab, in die Erörterung der angeregten, seinerzeit eingehend erwogenen Frage von neuem einzutreten" (a.a.O., S. 610).

[879] Dies soll nachfolgend in einem weiten Sinne verstanden werden. Nämlich dahin, dass nachteiligere oder überhaupt nur Rechtfolgen an einen höheren Verschuldensgrad geknüpft werden. Letzteres ist für Vorsatz nach § 15 StGB ein strafrechtlicher Grundsatz. Soweit für denselben Erfolg ausnahmsweise auch aufgrund niedergradigen Verschuldens eine Strafbarkeit gegeben ist, zeigt sich ersteres im höheren Strafrahmen für Vorsatz- gegenüber Fahrlässigkeitsstraftaten, vgl. § 211 ff. StGB mit § 222 StGB. Straftattypologisch zeigt es sich darin, dass Verbrechen durchweg Vorsatzstraftaten sind.

[880] *Mugdan* I, 710; des Weiteren wurde auf die Motive zu § 95 BGB-EI (siehe eben bei Fn. 875) rückverwiesen, Prot II 1 S. 94.

Die Regelung der sog. *Unwesentlichkeit* eines Irrtums wurde von § 98 S. 1 Hs. 2 BGB-EI zu § 119 I a.E. BGB dahin geändert, dass der *hypothetische Geschäftswille* letztlich in weitergehendem Maße objektiv beurteilt werden soll und kann[881].

Allerdings kam einhergehend mit der Anknüpfung von Anfechtbarkeit statt Nichtigkeit an irrtümliche Willenserklärungen gem. § 119 I a.A. BGB mit dem § 121 I 1 BGB eine das *Nachverhalten* des Geschäftsherrn betreffende Regelung hinzu. Alle vorangehenden Entwürfe hatten die Frage nicht aufgeworfen, ob der Geschäftsherr im Falle übereinstimmungsmangelbedingt *nichtiger* Willenserklärung beliebig lange mit der Aufdeckung des Vorliegens eines solchen Mangels zuwarten dürfen solle. Im ersten Entwurf hätte sich diese Frage beispielsweise für einfach fahrlässig und für unverschuldet verursachte Übereinstimmungsmängel gestellt. Es ist anzunehmen, dass bei Inkraftsetzung des ersten Entwurfs diese Frage grundsätzlich verneint worden wäre. Ob für eine zu späte Aufdeckung des Vorliegens eines Übereinstimmungsmangels eine nachträgliche positive oder nur negative Haftung bejaht worden wäre, wäre Folgefrage gewesen[882]. § 121 I 1 BGB ist im Sinne *nachträglicher positiver Haftung* ausgestaltet worden. Grund ist vergleichbar §§ 95, 97 II, 99 I BGB-I und § 116 S. 1 BGB ein *qualifiziertes*, hier jedoch nachträgliches *Verschulden* des Geschäftsherrn. Denn angeknüpft wird daran, dass dieser nach nachträglicher „Kenntniserlangung" vom nichtübereinstimmenden Auslegungsergebnis eine Anfechtung „schuldhaft verzögert". Diese Kenntnis-Verschuldens-Kombination passt zwar in kein hergebrachtes Raster von Verschuldensgraden. Doch ist sie insoweit höhergradig, als ein nachträgliches Erkennenmüssen der Nichtübereinstimmung, also ein nur fahrlässiges Nachverhalten nicht genügt. Die Vorkommission des Reichsjustizamtes hielt diese Regelung „im Interesse

---

[881] „... wenn anzunehmen ist, dass der Urheber bei Kenntnis der Sachlage die Willenserklärung nicht abgegeben haben würde" gem. § 98 S. 1 BGB-EI wurde in § 119 I a.E. BGB um „und bei verständiger Würdigung des Falles" ergänzt. An diese Formulierungen knüpfte § 98 S. 1 Hs. 1 BGB „Nichtigkeit", § 119 I BGB nunmehr Anfechtbarkeit. Wenn umgekehrt „anzunehmen ist, dass der Urheber bei Kenntnis der Sachlage (und bei verständiger Würdigung des Falles) die Willenserklärung auch abgegeben haben würde", sollte die Willenserklärung nach § 98 S. 1 Hs. 2 BGB-EI trotz Irrtums gültig sein. § 119 I BGB ergibt aus seiner Systematik, dass die Willenserklärung dann nicht anfechtbar, also im Ergebnis wirksam ist. Diese Umkehrung der Formulierung zeigt, dass auf einen hypothetischen Geschäftswillen abzustellen ist. Dazu näher unten VI.6.

[882] Diese Betrachtung zeigt, dass die Behandlung des Nachverhaltens des Geschäftsherrn nach übereinstimmungsmangelhafter Willenserklärung nicht davon abhängt, ob die unrichtige Willenserklärung als nichtig oder anfechtbar behandelt wird. Die sich stellende Kernfrage ist, ob und welche Rechtsfolge an eine nicht unverzügliche Aufdeckung der Unrichtigkeit der Willenserklärung d.h. des Scheins zu knüpfen ist, vgl. schon oben in Fn. 229.

des Anfechtungsgegners sowie Dritter ... für geboten"[883]. Die zweite Kommission sprach davon, dass „die nothwendige Rücksicht auf die Lage des Gegners des Irrenden es gebiete, den Zustand der Ungewissheit über den Bestand des Rechtsgeschäfts möglichst abzukürzen. Man muthe auch dem Irrendem nicht zu viel zu, wenn man verlange, dass er, sobald er den Irrtum erkannt habe, den Gegner darüber, ob er sich nicht bei dem Geschäfte beruhigen wolle, aufkläre, widrigenfalls das Anfechtungsrecht verloren gehe"[884]. Bei einer längeren Anfechtungsfristdauer würde andernfalls dem Geschäftsherrn ermöglicht, „auf Kosten des Gegners zu spekulieren", etwa „bei Gegenständen, welche Preisschwankungen unterliegen"[885]. Abschließend heißt es: „Die auf Erstattung des negativen Interesses beschränkte Schadensersatzpflicht des Anfechtenden gewähre dem Gegner einen genügenden Schutz nicht"[886].

Die *negative* Haftungsspur wurde in §§ 118, 119 I a. A., 122 I BGB letztlich *fahrlässigkeits-unabhängig* konzipiert[887]. Die Endfassung kam insoweit auf den Vorentwurf Gebhards zurück. Allerdings hatte dieser nur eine fahrlässigkeitsunabhängige negative Haftung für *unbewusste* Übereinstimmungsmängel vorgesehen. Da *bewusste* Übereinstimmungsmängel unterhalb der *reservatio mentalis* gem. § 116 S. 1 BGB nach der Endfassung anders als nach Gebhards Vorentwurf (jegliches Divergenzbewusstsein) und anders als nach v. Kübels Parallelvorentwurf und dem ersten Entwurf (bewusste grobe Fahrlässigkeit) nicht mehr zu positiver Haftung führen sollen, wurde dieses Konzept der Fahrlässigkeitsunabhängigkeit nunmehr mit § 118, 122 I BGB auch auf diesen Zwischenbereich erstreckt.

Die von der Vorkommission des Reichsjustizamtes konzipierten und von der zweiten Kommission bejahten Änderungen führten somit zu einer *extremeren Verschuldensgraduierung* in der Endfassung als im ersten Entwurf: zu *positiver* Haftung sollte nurmehr der in § 116 S. 1 BGB umschriebene Fall des *vorsätzlich* über die Übereinstimmung täuschenden Verhaltens des Geschäftsherrn führen. Grobe Fahrlässigkeit, einfache Fahrlässigkeit *und keine Fahrlässigkeit* hinsichtlich der Nichtübereinstimmung des Scheins des Geschäftswillens mit dem wirklichen Geschäftswillen, also hinsichtlich der Entstehung eines unrichtigen Scheins, sollten demgegenüber allesamt – also kurz: *fahrlässigkeitsunabhängig* – zu *negativer* Haftung führen.

Die Aufgabe der Fahrlässigkeitsgraduierungen nach §§ 97 II, III, 99 I, II BGB-EI wurde mit dem gerichtspraktischen Gesichtspunkt der Abgren-

---

[883] Vgl. *Jakobs/Schubert*, Beratung des AT, 1. Teilband, S. 623.
[884] *Mugdan* I, 718 f.
[885] *Mugdan* I, 719.
[886] A. a. O.
[887] Siehe die bereits oben in Fn. 192 genannten Fundstellen.

zungsschwierigkeit zwischen grober und einfacher Fahrlässigkeit begründet[888]. Genau besehen stellt sich eine ähnliche Rechtsfrage auch für die Abgrenzung einfacher und keiner Fahrlässigkeit. Man kann daher auch die von jeglicher Fahrlässigkeit unabhängige Ausgestaltung der negativen Haftungsspur unter gerichtspraktischen Gründen sehen, was die Entstehungsmaterialien jedoch nicht explizieren. Des Weiteren wurde dort unbestimmt ausgeführt, dass die Fahrlässigkeitsgraduierung „nicht … gerechtfertigt" sei[889]; sowie dass insbesondere die Anknüpfung positiver Haftung an grobe Fahrlässigkeit eine „Anomalie" sei[890]: „denn hingesehen auf die Gesinnung bestehe immerhin ein großer Unterschied zwischen dem *dolus* und der *culpa lata*. Dem Arglistigen geschehe nicht zu viel, wenn er am Worte gefasst werde, dagegen sei eine solche positive Bestimmung nicht am Platze, wo es sich nicht um Täuschungsabsicht handele". Angeschlossen wurde: „Müsse man einerseits von der Nichtigkeit der nicht ernstlich gemeinten Willenserklärung [gem. § 118 BGB] ausgehen, so entspreche es andererseits der Billigkeit, dem Erklärenden als demjenigen, welcher den Anstoß zum Rechtsgeschäfte gegeben habe, die Verpflichtung zum Schadensersatz ohne Rücksicht auf ein ihn treffendes Verschulden aufzuerlegen, wenn ein Dritter, der den Mangel der Ernstlichkeit weder gekannt habe noch habe kennen müssen, im Vertrauen auf die Willenswirklichkeit der Erklärung zu Schaden gekommen ist". Der „Billigkeit" ähnlich wurde auch auf „eine unabweisliche Forderung des gutgläubigen Verkehres" abgehoben[891].

Gebhards Formel, dass die Fahrlässigkeitsunabhängigkeit der negativen Haftungsspur „Korrektiv für die mit Durchführung des Willensdogmas unter Umständen verbundenen Härten" sei[892], begegnet in den Materialien der zweiten Kommission dahin wieder, dass mit dieser Konzeption der negativen Haftungsspur „der neueren Rechtsentwicklung Genüge geschehe, wenn dafür gesorgt werde, dass der andere Theil durch den Irrthum keinen Schaden erleide"[893]. Anzunehmendermaßen wurde mit „der neueren Rechtsentwicklung" auf die damaligen Erklärungs- und Vertrauenstheorien der gemeinrechtlichen Doktrin[894] und nicht auf die punktuell aufgekommene ge-

---

[888] *Mugdan* I, 712.

[889] *Jakobs/Schubert*, Beratung des AT, 1. Teilband, S. 622 f.

[890] *Mugdan* I, 712.

[891] *Mugdan* I, 716.

[892] Siehe oben bei Fn. 863.

[893] Prot II 1, S. 107.

[894] Vgl. Prot II 1, S. 106. Eine Übersicht über sog. Erklärungs- bzw. Vertrauenstheorien, die geschäftsgegnerischen Vertrauensschutz mehr oder minder weit zu realisieren suchten, gibt *v. Kübel*, RedE-SchuldR, S. 139 ff. Extreme bzw. vertrauens(schutz)maximale Theorien wie diejenigen von *Schall* und *Röver* waren darunter eher selten. *Schall* und *Röver* wollten ohne weiteres an den Schein des Geschäfts-

setzliche Gefährdungshaftung[895] abgehoben. Diese Sicht erlaubt, die normtheoretische Grundlage der negativen Haftung nach §§ 118, 119 I a. A., 122
I BGB als *kleine Vertrauensmaxime* zu kennzeichnen[896]: als *maximalen* Vertrauensschutz des Geschäftsgegners, weil Fahrlässigkeit seitens des Geschäftsherrn nicht haftungsbegründend – und damit zugleich haftungs-
begrenzend – vorausgesetzt wird. Als *kleiner* Vertrauensschutz, weil nur –
andererseits immerhin – dessen negatives und nicht dessen positives Interesse an der Wirksamkeit geschützt wird. Die zweite Kommission sprach
zudem aus, dass negativer Interessenschutz einzelfallgerechter sei[897].

ee) Zwischenergebnis

Die Endfassung der zweistufigen Haftungsdifferenzierung für einen unrichtigen Schein des Geschäftswillens erfolgte auf positiver Haftungsstufe
mit § 116 S. 1 BGB in tatbestandlich engerer Weise als in allen vorangehenden Entwurfsstadien. Die negative Haftungsstufe wurde demgegenüber tatbestandlich weit ausgestaltet.

Die Beschlussfassungen der Vorkommission des Reichsjustizamtes und
der zweiten Kommission jeweils erst über diese Endfassung der Haftungs-
abstufung für Übereinstimmungsmängel und sodann über die gesonderte
Normierung von Außenkundgebungen in §§ 171 I, 172 I BGB unter gleich-
zeitiger Erwartung der Anwendbarkeit der „Vorschriften über Willensmängel usw." auf diese (siehe oben 1.) erfolgten in großer zeitlicher Nähe[898].

---

willens anknüpfen. Andere Theorien sahen Einschränkungen zugunsten des Geschäftsherrn in mehr oder minder weitem Umfang vor. *Eingeschränkte* Vertrauenstheorien und eine „durchbrochene" bzw. *ergänzte* Willenstheorie laufen auf dieselben Ergebnisse hinaus. Doch ist letzteres Konzept aufgrund seiner klareren Trennung der normtheoretisch verschiedenen Fälle vorzugswürdig.

[895] Vgl. oben in Fn. 196 dazu, dass die fahrlässigkeitsunabhängigen §§ 118, 119
I a. A., 122 I BGB auch als „eine Art Gefährdungshaftung" gewürdigt werden. Kurz
vor Beginn der Ausarbeitung des BGB war etwa mit dem Reichshaftpflichtgesetz
eine „Eisenbahnbetriebs-Gefährdungshaftung" (vgl. *Kreuzer*, FS Lorenz, 123 [131])
normiert worden, vgl. dazu *Ogorek*, S. 98 ff.

[896] *Singer* (Selbstbestimmung, S. 64 f. [65] sowie JZ 1989, 1030 [1031]) formuliert dies dahin, dass § 122 BGB „die zentrale Vertrauensschutzbestimmung im
Recht der fehlerhaften Willenserklärung" sei.

[897] Prot II 1 S. 107: „Das Richtige sei, den Ausgleich in einem Schadensersatz-
anspruche zu gewähren, welcher sich der Verschiedenheit der konkreten Verhältnisse
am Besten anzupassen vermöge".

[898] Die Empfehlung der letztlichen Grundstruktur der Willensmangelsregelung
wurde von der Vorkommission des RJA in der Sitzung vom 3. Februar 1891 (vgl.
Jakobs/Schubert, Beratung des AT, 1. Teilband, S. 622), die gesetzesformelle und
aktsqualitative Trennung von Außenbevollmächtigungen und Außenkundgebungen
über Innenbevollmächtigungen unter Erwartung der Anwendung der Willensman-

Danach stand *negativer* Vertrauensschutz auch im Zentrum der gesetzgeberischen Konzeption von §§ 171 I, 172 I BGB i. V. m. §§ 116 ff. BGB[899].

Allerdings kann und sollte im Signaturkontext negative Haftung anders als fahrlässigkeitsunabhängig analog §§ 171 I, 172 I BGB i. V. m. §§ 118, 119 I a. A., 122 I BGB konzipiert werden, nämlich gem. § 6 I 1 SigG i. V. m. § 823 II BGB (dazu nunmehr unter 4.). Es interessieren hier daher nur die positiven Haftungtatbestände nach §§ 171 I, 172 I BGB i. V. m. §§ 116 S. 1, 119 I a. E., 121 I BGB analog näher (dazu sodann unter 5.–7.).

4. Ablehnung einer Analogie zu §§ 171 I, 172 I BGB i. V. m. §§ 118, 119 I a. A., 122 I BGB als negative Haftungsbegründung für Signaturmissbrauch

Die Grenzen der negativen Haftungsstufe nach §§ 118, 119 I a. A., 122 I BGB *hin zu keiner Haftung* für einen unrichtigen Schein des Geschäftswillens sind unklar.

Eine systematische Eingrenzung innerhalb der §§ 116–124 BGB ergibt sich aus §§ 123, 124 BGB, soweit auch diese Normen Fälle von Übereinstimmungsmängeln betreffen[900]. Vorbehaltlich verfristeter Anfechtung führt die Anfechtung einer unter von § 123 BGB erfassten Umständen zustande gekommenen unrichtigen Willenserklärung dann weder zu positiver noch zu negativer, sondern zu keiner Haftung für den unrichtigen Schein.

Weit geht das nach subjektiv-historischer Auslegung nicht ausgeschlossene Verständnis der §§ 118, 119 I a. A., 122 I BGB als „reine Veranlassungshaftung"[901] im Übrigen. Für den Signaturkontext geht es zu weit. Denn eine (adäquate[902]) Ursache für den Missbrauch eines Signaturschlüssels ist bereits die Aufnahme bzw. der Beginn einer Schlüsselinhaberschaft. Analog §§ 171 I, 172 I BGB i. V. m. §§ 118, 119 I a. A., 122 I BGB hätte der Schlüsselinhaber damit für jeden Signaturmissbrauch vorbehaltlich einer

---

gelsregelung auch auf letztere in der Sitzung vom 17. Februar 1891 (vgl. *Jakobs/ Schubert*, Beratung des AT, 2. Teilband, S. 916) beschlossen. Gleichermaßen folgten die entsprechenden Beschlüsse der zweiten Kommission in den 16. bis 18. Sitzungen zu Willensmängeln und in der 24. Sitzung zu Außenkundgebungen über Innenbevollmächtigungen in der Beratungsperiode vom 1. April bis 1. Juli 1891 einander nach, vgl. Prot II 1, Vorwort S. X, S. 90 ff., S. 143 ff.

[899] Hier ist nochmals die Kritik an *Canaris'* unklarem Ausgangspunkt – Gesetzeslücke oder rechtspolitisches Regelungsdefizit – zu wiederholen, „dass die Bedeutung des Vertrauensgedankens zur Zeit der Schaffung des BGB noch *nicht genügend* ins Bewusstsein getreten war", siehe oben in Fn. 231.

[900] Siehe oben in Fn. 834.

[901] Siehe oben bei und in Fn. 192, 196, 891.

[902] Siehe oben in Fn. 598.

§§ 123, 124 BGB unterfallenden Konstellation negativ zu haften. §§ 118, 119 I a. A., 122 I BGB sind aufgrund ihrer Fahrlässigkeitsunabhängigkeit jedoch vom Gesetzgeber selbst als solches gesehene Ausnahmekonzeption[903]. Der analogen Anwendung von Ausnahmeregelungen ist skeptisch gegenüberzustehen. Vorliegend steht mit der schutzgesetzlichen Qualifizierung von gegen Signaturmissbrauch erforderlichen Sicherungsmaßnahmen nach § 6 I 1 SigG eine vorzugswürdige Alternativbegründung – *und Begrenzung* – negativer Haftung offen. Diese ist insbesondere wegen der Begrenzung negativer Haftung hin zu keiner Haftung mittels des Verschuldenserfordernisses nach § 823 II 2 BGB vorzugswürdig.

Klar ist, dass nach bürgerlich-gesetzgeberischem Verständnis Fahrlässigkeit seitens des Geschäftsherrn keine die negative Haftung nach §§ 118, 119 I a. A., 122 I BGB begründende und damit begrenzende Rolle spielen sollte (s. Fn. 901). Ob in der Literatur diskutierte Merkmale wie vor allem „Erklärungsbewusstsein" nur fahrlässigkeitsalternative „Notlösungen" zum Zwecke der Einschränkung der Weite negativer Haftung nach §§ 118, 119 I a. A., 122 I BGB waren, kann hier nicht weiter vertieft werden, da es den Rahmen der vorliegenden Arbeit sprengen würde[904]. Es muss hier nicht weiter vertieft werden, da insbesondere eine „Erklärungsbewusstsein" ent-

---

[903] Siehe oben in Fn. 197.

[904] Zur erklärungsunbewussten Willenserklärung siehe bereits oben in Fn. 206, 599, 609. In den Gesetzesmaterialien finden sich nur einzelne Stellen, die einen „Erklärungsbewusstsein" naheliegenden „Erklärungswillen" o. ä. ansprechen, vgl. etwa das Zitat von *v. Kübel* oben in Fn. 866 sowie *Jakobs/Schubert,* Beratung des AT, 1. Teilband, S. 623. Schon die beiden vorgenannten Zitate divergieren jedoch in der Beurteilung von dessen Relevanz. Bei v. Kübel deutete sich dessen Erforderlichkeit für positive Haftung an, bei der Vorkommission des RJA (*Jakobs/Schubert* a.a.O) dessen Irrelevanz für negative Haftung. In der Endfassung sind „Erklärungswille" bzw. „Erklärungsbewusstsein" mit Blick auf § 119 I BGB zu problematisieren: ob deren Fehlen noch einen „Irrtum" darstellen soll im weiteren Sinne von „Nichtwissen" um die Auslegungsergiebigkeit nicht nur im Einzelnen, *sondern überhaupt* (sog. *ignorantia*). Oder ob ein Irrtum gem. § 119 I BGB nur bei „Falschwissen" um Einzelheiten des objektiven Auslegungsergebnisses bei Wissen um die Auslegungsergiebigkeit überhaupt (sog. *error*) gegeben sein soll. Vgl. *Jakobs/Schubert,* a.a.O., S. 594, wo diese Frage schon von der ersten Kommission offen gelassen wurde. Vgl. des Weiteren die oben in Fn. 832 referierte Fundstelle, die § 119 BGB als Kompromiss der zweiten Kommission erweist. Die Gesetzesgenese führt denn zu einem *Nichtergebnis:* weder kann die Relevanz von Erklärungsbewusstsein im Rahmen von § 119 I BGB bejaht noch verneint werden, vgl. auch *Schubert,* JR 1985, 15 [15] sowie AcP 175, 426 [451 in Fn. 110]. Demnach ist nicht ausgeschlossen, auch erklärungsunbewusst-unfahrlässige Willenserklärungen noch §§ 119 I, 121, 122 I BGB zu unterwerfen, so diese als „reine Veranlassungshaftung" verstanden werden, siehe eben bei Fn. 901. Die Rechtsprechung zu fehlendem Erklärungsbewusstsein (siehe oben in Fn. 599, 609) ist denn *eventuelle* Restriktion *contra legem*.

sprechende Grenzlinie zwischen negativer und keiner Haftung des Schlüsselinhabers für Signaturmissbrauch weder praktikabel scheint noch in den Ergebnissen überzeugt[905]. Die negative Haftungsbegründung – und damit Haftungsbegrenzung hin zu keiner Haftung – durch schutzgesetzliche Qualifizierung von § 6 I 1 SigG, infolge derer *unbewusst*-fahrlässige Verstöße gegen Sicherungspflichten berücksichtigt werden können, ist damit auch insoweit vorzugswürdig.

Die höchstrichterliche Rechtsprechung zum Fehlen des Erklärungsbewusstseins wie auch die hierin berücksichtigte fahrlässigkeitsnahe, wenn nicht fahrlässigkeitssynonyme Restriktionstheorie von Larenz zeigen eine Tendenz der Rückwendung zu der vom Bürgerlichen Gesetzgeber nicht als tatbestandliche Grenze gewollten Fahrlässigkeit auf[906]. Fälle, in denen das Vorliegen von Fahrlässigkeit bei fehlendem Erklärungsbewusstsein von der Rechtsprechung verneint worden wäre, sind nicht ersichtlich. Des Weiteren führt die Literatur aus, dass Fahrlässigkeit nur ausnahmsweise zu verneinen *wäre*, wenn sie denn für §§ 118, 119 I a. A., 122 I BGB vorauszusetzen *wäre*[907]. Es ist nicht zielführend, sich darüber zu streiten, ob „§ 122 BGB" eine formell-gesetzliche Ausprägung „des Vertrauensgedankens" ist[908].

---

[905] Zu definitorischen Dunkelheiten „des Erklärungsbewusstseins" siehe schon oben in Fn. 206. Ein sachliches Defizit des Erklärungsbewusstseins als Trennlinie zwischen negativer Haftung und keiner Haftung beklagt zu Recht auch *Larenz,* Auslegung, S. 90, wenn er kritisiert, dass dessen Relevanz „zu einer Begünstigung der Nachlässigkeit und Unaufmerksamkeit führen würde, die mit den im geschäftlichen Verkehr zu stellenden Anforderungen an die Aufmerksamkeit der Beteiligten nicht im Einklang steht". Vgl. auch *Bydlinski,* Privatautonomie, S. 163, 176. Immer noch „dogmatisch", wenngleich nicht im Ergebnis anderer Ansicht (vgl. oben in Fn. 607), zuletzt „aus psychologischen Gründen" des „Charakters des Rechtsgeschäfts als Geltungserklärung" bzw. als „Akt der Privatautonomie" *Canaris,* in FG 50 Jahre BGH, 129 [139–142].

[906] Siehe oben bei und in Fn. 596, 599, 609.

[907] *Brehmer,* Wille, S. 103 sowie JuS 1986, 440 [444 bei und nach Fn. 36]; Sonntag, S. 7; *Bydlinski,* Privatautonomie, 155 [160]; vgl. auch *Rothoeft,* Irrtumslehre, S. 96 sowie AcP 170, 230 [235, 241]; vgl. auch Prot II 1 S. 99 im Kontext des letztlichen § 118 BGB, wonach „es bei einer Sachlage, welche den Erklärenden nicht voraussehen ließ, dass der Mangel der Ernstlichkeit verkannt werden würde, schwerlich ohne Fahrlässigkeit des anderen Theils geschehen könne, dass dieser trotzdem auf die Ernstlichkeit vertraute". Ob diese Erwägung auch für den letztlichen § 119 BGB greifen sollte, bleibt in Prot II 1 S. 108 unklar.

[908] *Canaris* (FS Schimansky, 43 [55 bei Fn. 33]) moniert, dass Kritik gegen seine Lehre von „der Vertrauenshaftung im deutschen Privatrecht" wohl an deren „Kern" vorbeigehe. Dieser „Kern" bleibt bei Canaris jedoch dunkel. Denn es wird durchweg nur auf einen ungenügend konkretisierten „Vertrauensgedanken" verwiesen. Formeln wie diejenige, „dass der Vertrauensgedanke als konstituierendes Prinzip fungiert" und nicht „nur eine ergänzende Rolle spielt" (*Canaris,* in: FG 50 Jahre BGH, 129 [55]; ders. FS Schimansky, 43 [55]; ders. in ZHR 163 (1999), 206 [221]), bzw. „dass der Gedanke des Vertrauensschutzes nicht lediglich eine ergänzende

Vielmehr sei hier aufbauend auf dem eben Gesagten die *These* einer *empirischen* Fahrlässigkeitsbasierung von §§ 118, 119 I a. A., 122 I BGB aufgestellt: Fahrlässigkeit soll deswegen nicht tatbestandlich relevant sein, da sie ganz regelmäßig zu bejahen ist. Diese These wird durch eine *vertrauensgrundsätzliche* Betrachtung von §§ 118, 119 I a. A., 122 I, II, 133, 157 BGB erhärtet. Danach liegt Fahrlässigkeit seitens des Geschäftsherrn nur dann nicht vor, wenn diesen nicht das Pflichtenprogramm trifft, das der Geschäftsgegner als seinerseits greifend unterstellen durfte[909]. Diese These liefert keine analogiefähige Erklärung der negativen Haftungsstufe nach den §§ 116 ff. BGB, da der Vertrauensgrundsatz in den vorgenannten Normen sozusagen nur „halb" bzw. „unvollständig" realisiert ist. Das muss jedoch auch nicht das Ziel deren „dogmatischer" Erfassung sein. Vielmehr erlaubt die eben genannte These eine Anbindung an gesamtsystematische Strukturen, wie sie mit § 823 II 2 BGB im Sinne der grundsätzlichen Verschuldensbasierung zum Ausdruck kommen. Zugleich zeigt sie, dass Verschiebungen dieser empirischen Normgrundlage außerhalb des unmittelbaren Anwendungsbereich der §§ 118, 119 I a. A., 122 I BGB (i. V. m. §§ 171 I, 172 I BGB im dortigen unmittelbaren Anwendungsbereich) hin zu weitergehender empirischer Relevanz von Fällen fehlender Fahrlässigkeit der Analogiefähigkeit entgegenstehen und den Rückgriff auf allgemeine Strukturen nahe legen.

Hilfsfunktion für den Entritt der Rechtsfolge erfüllt, sondern deren tragenden Grund bildet" (*ders.*, Vertrauenshaftung, S. 2 f., siehe oben in Fn. 191), erhellen nichts. *Canaris* ist daher nach wie vor in einer Bringschuld, was die Determinanten und die Sinnhaftigkeit seiner Systembildung (vgl. insbesondere *ders.* in FG 50 Jahre BGH, 129 ff.) angeht. Im hier behandelten Kontext ist „der Vertrauensgedanke" nach oben herausgearbeiter Ansicht nichts weiter als die zu vage Umschreibung der Erfassung eines „durch den Kopf" des Geschäftsgegners verlaufenden Tatbestandes: ob dieser im Sinne von § 122 II BGB als lex specialis zu § 254 I BGB vertrauen darf und vertraut hat, ihm also vor allem kein Mitverschuldensvorwurf zu machen ist, siehe oben V.1. „Der Vertrauensgedanke" beschränkt sich damit auf die Haftungsvoraussetzungen seitens des Geschäftsgegners vor allem gem. § 122 II BGB. §§ 118, 119 a. A., 122 I BGB behandeln demgegenüber die seitens des Geschäftsherrn vorausgesetzten Haftungserfordernisse. Schon der bloße Verweis auf „§ 122 BGB" ist damit zudem zu undifferenziert.

[909] Dieses normtheoretisch seitens des Geschäftsherrn irrelevante Pflichtenprogramm skizziert *Medicus* dahin, „den unrichtigen Anschein eines wirksamen Vertragsschlusses zu vermeiden", vgl. FS Kaser, 169 [174 bei Fn. 30]; vgl. auch *ders.*, AT, Rn. 453; *Hübner*, FS Nipperdey, 373 [398].
Vertieft man den aufgezeigten Ansatz, so ist Folgefrage, wie derartige informatorische Richtigkeitspflichten bzw. Informationspflichten [siehe schon oben V.4.c)] zu konkretisieren sind. Hier eröffnet sich ein Mikrokosmos von Fragestellungen, etwa nach der jeweiligen Relevanz nationaler, regionaler, lokaler, individueller etc. Sinnstandards von buchstäblichem, gestischem etc. Verhalten, vgl. *Larenz,* Auslegung, S. 70 ff.

Eigentliche Problematik im Spannungsfeld zwischen ausnahmekonzipierter negativer Haftung gem. §§ 118, 119 I a.A., 122 I BGB und grundsätzlicher verschuldensbasierter Haftung ist die Pflichtbegründung: mittels eines vertrauensschützenden Schutzgesetzes (§ 823 II BGB) oder aufgrund eines zumindest rechtsgeschäftsähnlichen Schuldverhältnisses (§ 311 II BGB [2002]). Hier ist noch vieles offen[910]. Da im vorliegend behandelten Signaturkontext als derartiges Schutzgesetz qualifizierbare Gesetzesnormen insbesondere mit § 6 I 1 SigG gegeben sind, wird diese eigentliche Problematik vorliegend nicht relevant. „Der Vertrauensgedanke" ist jedenfalls nicht die Wunderformel, um hier generalklauselweise Begründungsfunktion wahrzunehmen[911].

Nunmehr ist zu betrachten, ob und wie die positive Haftungsstufe nach §§ 116 S. 1, 119 I a.E., 121 I BGB (i.V.m. §§ 171 I, 172 I BGB analog auf einen unrichtigen und haftungsrelevanten Schein bei Signatur) abstrahiert werden kann und wie diese Tatbestände zu alternativ begründeter negativer Haftung nach § 6 I 1 SigG i.V.m. § 823 II BGB und nicht nach §§ 118, 119 I a.A., 122 I BGB (i.V.m. §§ 171 I, 172 I BGB usw.) stehen. Ins Zentrum der Aufmerksamkeit ist dabei § 116 S. 1 BGB zu stellen, der ein „Schattendasein" in Rechtsprechung und Rechtswissenschaft fristet[912].

5. Positive Haftung für einen unrichtigen Schein bei Signaturmissbrauch analog §§ 171 I, 172 I BGB i.V.m. § 116 S. 1 BGB

In den Einzelheiten der Behandlung von Übereinstimmungsmängeln divergierten die Entwürfe der Redaktoren und jeweiligen Kommissionen stark (siehe oben 3.). Mit der Endfassung des § 116 S. 1 BGB stimmten sie der Sache nach jedoch durchwegs überein. Die Behandlung dieses Übereinstimmungsmangels war sozusagen kleinster gemeinsamer Nenner der Redaktoren und Kommissionen. § 116 S. 1 BGB ist zu abstrahieren: als positive

---

[910] Zur Frage der Grenzen von § 311 II BGB [2002] siehe bereits oben IV. Nach *Ahrens* handelt es sich bei der oben referierten Rechtsprechung, nach der bei fehlendem Erklärungsbewusstsein Fahrlässigkeit seitens des Geschäftsherrn vorauszusetzen ist (siehe oben bei und in Fn. 906), „der Sache nach ... um eine (sekundäre) Haftung aus c.i.c.", JZ 1984, 986 [987]. *Brox* deutet eine gegenteilige Ansicht in seiner Habilitationsschrift an, Beschränkung der Irrtumsanfechtung, S. 52. Die Frage geht also wiederum dahin, ob mangels vorangehender Begründung eines Schuldverhältnisses das erklärungsunbewusst-fahrlässige Handeln zumindest zugleich den Tatbestand des § 311 II BGB [2002] ausfüllt, siehe oben unter IV.2.

[911] *Medicus*, Probleme, S. 20 f., insbesondere 23; vgl die oben in Fn. 191 referierten kritischen Stimmen.

[912] *Grundschok*, Geheimer Vorbehalt, S. 7.

Haftung für die vorsätzlich widerrechtliche Veranlassung eines unrichtigen Scheins des Geschäftswillens [dazu a)]. Demgemäß ist die Norm auf Signaturmissbrauch zu übertragen und positive Haftung von negativer Haftung nach § 6 I 1 SigG i. V. m. § 823 II BGB abzugrenzen [dazu b)].

a) Abstraktion von § 116 S. 1 BGB als positive Haftung für die vorsätzlich widerrechtliche Veranlassung eines unrichtigen Scheins des Geschäftswillens

§ 116 S. 1 BGB lautet: „Eine Willenserklärung ist nicht deshalb nichtig, weil sich der Erklärende insgeheim vorbehält, das Erklärte nicht zu wollen".

Die Behandlung von § 116 S. 1 BGB durch Großteile der Literatur ist unbefriedigend. Wie bereits erwähnt, wird die Norm von Canaris als „bare Selbstverständlichkeit" bezeichnet, ohne ihren Regelungsgehalt weiter klarzustellen[913]. Nach Flume wiederum ist der geheime Vorbehalt gem. § 116 S. 1 BGB „ohnmächtig" gegenüber der Willenserklärung[914]. Eine Einordnung in Flumes andernorts verfolgtes Konzept der Erfassung der Willensmangelsregelungen als „Selbstbestimmung korrelierende Selbstverantwortung" ist hier zu vermissen[915]. Nach Larenz stellt die Berufung auf einen geheimen Vorbehalt gem. § 116 S. 1 BGB „ein ,Venire contra factum proprium', eine Verleugnung des eigenen, bewussten und gewollten Tuns dar, die zu dem Prinzip der Verantwortlichkeit und damit zu den ethischen Grundlagen des Rechts in schärfstem Widerspruch steht"[916].

---

[913] Vgl. oben in Fn. 565 und bei Fn. 837. Zurückzukommen ist an dieser Stelle des Weiteren auf die Kritik an *Canaris'* These, „dass die Verbindung von Rechtsscheinhaftung und Verschuldensprinzip de lege lata systemwidrig ist", siehe oben in Fn. 173. Denn wie sogleich aufzuzeigen, knüpft § 116 S. 1 BGB an ein vorsätzlich widerrechtliches Verhalten an. §§ 171 I, 172 I BGB „als wichtigste Grundlage der Rechtsscheinhaftung im bürgerlichen Recht" (siehe oben bei Fn. 212) ergeben i. V. m. § 116 S. 1 BGB also eine positive Vertrauenshaftung für einen unrichtigen Schein infolge höhergradigen Verschuldens.

[914] *Flume*, Rechtsgeschäft, S. 402. Hier verkennt *Flume* zudem den Ausnahmecharakter von § 116 S. 1 BGB gegenüber dem mittelbar vor § 116 ff. BGB geschriebenen Grundsatz, siehe eben unter 3.c), wohingehend die bestenfalls nichtssagende Formel bemüht wird, dass die Norm „auch für die Lehre, welche in dem Willen das Essentiale der Willenserklärung sieht, eine Selbstverständlichkeit" sei. Ob dies gar bedeuten soll, dass ein solcher „essentialer ... Wille" auch im Falle des § 116 S. 1 BGB vorliege und was dieser „essentiale ... Wille" dann sein soll, bleibt unklar.

[915] *Flume*, Rechtsgeschäft, S. 59 ff. Dazu unten VI.8.d).

[916] *Larenz*, Auslegung, S. 88. Hier kritisierte *Larenz* zugleich § 116 S. 2 BGB als zu weit (!) geraten und propagierte eine positive Haftung des Geschäftsherrn auch bei Kenntnis des Geschäftsgegners vom geheimen Vorbehalt. *Larenz* schien hier eine zivilrechtliche Gesinnungssanktion vorzuschweben. Zu § 116 S. 2 BGB siehe

aa) Gesetzgeberische Missbilligung des Verhaltens des Geschäftsherrn

In Larenz' Ausführungen klingt immerhin das tragende Moment der gesetzgeberischen *Missbilligung* des Verhaltens des Geschäftsherrn an. Hier ist denn nochmals zu erinnern, dass § 116 S. 1 BGB zwar an den Kopf der Vorschriften über „Willenserklärung" in §§ 116 ff. BGB gestellt wurde. Doch stellt § 116 S. 1 BGB nicht den Idealfall der übereinstimmungsmangelfreien Willenserklärung dar, in dessen Falle der richtig geäußerte Geschäftswille gesetzgeberische „*Anerkennung*" findet. Vielmehr ist dieser Idealfall sozusagen mittelbar vor §§ 116 ff. BGB normiert worden. Die Formulierung der Rechtsfolge des § 116 S. 1 BGB als Ausnahme („ist nicht … nichtig") ist eben Verweis auf diesen Ausgangs- bzw. Grundfall[917].

Die *Negativwertung* des Verhaltens des Geschäftsherrn im Falle des § 116 S. 1 BGB kommt darin zum Ausdruck, dass nach der zweiten Kommission hier ein „*arglistiges*" Verhalten des Geschäftsherrn umschrieben wird, in dem sich eine besonders missbilligenswerte „Gesinnung" des Geschäftsherrn manifestiert[918]. Die erste Kommission sprach von „Unvereinbarkeit … mit dem allgemeinen Rechtsbewusstsein"[919].

bb) Umschreibung einer vorsätzlichen Täuschung d.h. einer vorsätzlichen Veranlassung eines unrichtigen Scheins seitens des Geschäftsherrn

Daneben bezeichnen die Materialien und die Fassung des Entwurfswortlauts durch die erste Kommission das Verhalten des Geschäftsherrn als „Vorsatz". Und zwar als Vorsatz zur „Täuschung" des Geschäftsgegners[920], eben über die „Nichtübereinstimmung des wirklichen Willlens mit dem erklärten Willen". Demgemäß wird § 116 S. 1 BGB vor allem in der älteren Literatur auch als Regelung einer „Lüge" qualifiziert[921], also einer Lüge

---

oben V.3.c)cc) bei Fn. 630 ff. Zu dieser und zur gegenteiligen Ansicht, § 116 S. 2 BGB sei zu eng geraten und sollte wie § 122 II BGB auf Kennenmüssen erweitert werden, vgl. HKK zum BGB (*Schermaier*), §§ 116–124, Rn. 35.

[917] Siehe oben bei und in Fn. 613. Zur „Durchbrechung" bzw. besser Ergänzung dieses Ausgangspunktes durch Rechtssätze über übereinstimmungsmangelhafte Willenserklärungen in §§ 116 S. 1, 118, 119 I, 123 I BGB siehe oben 3.c).

[918] Siehe oben bei Fn. 880, 890.

[919] Siehe oben bei Fn. 875 sowie in Fn. 880 dazu, dass die zweite Kommission auf die Begründung zu § 95 BGB-EI rückverwies. Die Negativwertung kommt dort des Weiteren darin zum Ausdruck, dass auch der sog. „*böse* Scherz" erfasst sein soll, vgl. *Mugdan* I, 458. Grundschock (S. 16 in Fn. 69) spricht von einer „moralischen Disqualifikation" des Verhaltens des Geschäftsherrn im Falle des § 116 S. 1 BGB.

[920] Siehe oben bei und in Fn. 857, 865, 874, 875, 890.

[921] So *Windscheid* für das gemeine Recht, vgl. AcP 63 (1880), 72 [98], wo ausgeführt wurde, „dass die Mentalreservation eine Lüge enthält, und Niemand sich zu

über den eigenen Geschäftswillen. Nach dem oben Ausgeführten kann dies wiederum zwanglos umformuliert werden als vorsätzliche Veranlassung eines unrichtigen Scheins[922].

Dieser Regelungsgehalt kommt im letztlich unabstrakten Normwortlaut von § 116 S. 1 BGB nicht unmittelbar zum Ausdruck. Doch lassen die Entstehungsgeschichte der Norm wie auch die Ausführungen der für die Endfassung maßgeblichen Vorkommission des Reichsjustizamtes und der zweiten Kommission keinen Zweifel, dass der Sache nach in § 116 S. 1 BGB dasselbe wie in § 15 RedE-AT, 2 RedE-OR, 95, 97 I BGB-EI gemeint war[923]. Mit § 116 S. 1 BGB wurde denn letztlich ohne nähere Begründung der bereits zuvor als Kernsachverhalt angesprochene „geheime Vorbehalt" bzw. die *reservatio mentalis* als Normtatbestand formuliert[924].

cc) Beschränkung auf widerrechtliches Verhalten

Nach vereinzelter Ansicht in der Literatur unterfällt § 116 S. 1 BGB auch ein in „nicht sittlich tadelhafter" Motivation „(bona mente)" erfolgender geheimer Vorbehalt[925]. Genannt wird etwa das Beispiel der mentalreservierten Willenserklärung, um einen Kranken oder Sterbenden zu beruhigen[926]. Auch hier soll nach diesen Ansichten also die Rechtsfolge des § 116 S. 1 BGB in Gestalt positiven geschäftsgegnerischen Vertrauensschutzes d.h. positiver Haftung des Geschäftsherrn greifen.

Angesichts der eben referierten Gesetzesmaterialien liegt eine umgekehrte Behandlung näher. Näher liegt angesichts der dort zum Ausdruck

---

seiner Verteidigung darauf berufen darf, dass er gelogen habe". Windscheid, der Mitglied der ersten Kommission war, stellte hier auch die Ausnahmestellung der Behandlung der *reservatio mentalis* im Verhältnis zu einer am Geschäftswillen ausgerichteten Willenstheorie klar, siehe oben bei Fn. 841–845. Vgl. die in den Redaktorenentwürfen von *Gebhard* (RedE-AT, S. 111 ff. (Paginierung des Nachdrucks) und *v. Kübel* (RedE-SchuldR, S. 151 (Paginierung des Nachdrucks) referierten noch älteren Literaturansichten sowie *Grundschock*, Geheimer Vorbehalt, S. 16 ff. (insb. Fn. 69); *Gebhard* selbst, RedE-AT, S. 112 (Paginierung des Nachdrucks) führte aus: „Die Mentalreservation ist immer Lüge". Vgl. des Weiteren *Adam* in *Lipmann/Plaut*, 158 [165]. Aus jüngerer Zeit vgl. *Singer*, Selbstbestimmung, S. 204 f.: „Lügner"; ebenso bereits ders. Verbot, S. 55, 77; *Larenz/Wolf*, A.T., § 35 Rn. 6 bei Fn. 2: „Lügner".

[922] Siehe oben in Fn. 837 zu älteren Stimmen, die § 116 S. 1 BGB bereits als positive Rechtsscheins- bzw. Vertrauenshaftung qualifizierten.

[923] Vgl. insbesondere das Zitat bei Fn. 890.

[924] Vgl. das Zitat bei Fn. 875. Zur Rechtsgeschichte der *reservatio mentalis* vgl. knapp HKK zum BGB (*Schermaier*), §§ 116–124, Rn. 31 ff.

[925] *Hermann Henrich Meier*, S. 17, 19 mit Verweis auf *Regelsberger*, Pandekten I, § 139; vgl. auch *Gustav Vogel*, Mentalreservation, S. 11.

[926] Letzteres Beispiel bei *Flume*, Rechtsgeschäft, S. 403.

kommenden Missbilligung bzw. Negativwertung des Verhaltens des Geschäftsherrn die Annahme, dass solche nicht negativ zu bewertenden Randfälle gar nicht in der Ausarbeitung der Norm berücksichtigt wurden. Näher liegt die Annahme, dass die Aufstellung eines Erfordernisses der *Widerrechtlichkeit* der vorsätzlichen Täuschung schlicht übersehen wurde[927]. Dies ist umso plausibler, als derartige Randfälle auch empirisch selten sein dürften und daher außerhalb des gesetzgeberischen Fokus geblieben sein dürften. Konsequenz dieser Sicht ist, dass eine *nicht widerrechtliche* bzw. *gerechtfertigte* vorsätzliche Täuschung über den eigenen Geschäftswillen ohne Haftungsfolgen für den Geschäftsherrn d.h. ohne Vertrauensschutz des Geschäftsgegners bleibt.

Dieses Ergebnis wird durch die systematische Betrachtung von § 116 S. 1 BGB mit § 123 I Alt. 2 BGB bestärkt. Auch bei widerrechtlicher Drohung nach § 123 I Alt. 2 BGB ist die Vorfrage zu stellen, ob aus Sicht des Geschäftsgegners überhaupt der Schein eines Geschäftswillens des Geschäftsherrn im Zuge der Auslegung gem. §§ 133, 157 BGB zu bejahen ist[928]. Dies ist jedenfalls dann der Fall, wenn die widerrechtliche Drohung von einem Dritten verübt worden ist, und der Geschäftsgegner diesen Umstand weder kennt noch kennen muss, so dass er ihn nicht im Zuge der Auslegung d.h. der Beurteilung des Vorliegens eines objektiven Scheins aus seiner beschränkten Perspektive zu berücksichtigen hat. Die „Willenserklärung" aus Sicht des Geschäftsgegners erfolgt dann seitens des Geschäftsherrn in extremen Drohungskonstellationen ebenfalls im Sinne von § 116 S. 1 BGB unter „geheimem Vorbehalt" gegenüber dem Geschäftsgegner, „das Erklärte nicht zu wollen". Doch ist abweichend von § 116 S. 1 BGB hier die Willenserklärung anfechtbar gem. § 123 f. BGB mit Folge keiner Haftung vorbehaltlich Verfristung der Anfechtung gem. § 124 BGB. §§ 116 S. 1, 123 I Alt. 2 BGB greifen hier dergestalt ineinander, dass der Geschäftsherr den Geschäftsgegner zwar vorsätzlich über seinen Geschäftswillen täuscht, dies aber aufgrund widerrechtlicher Drittdrohung seinerseits nicht widerrechtlich geschieht. Dies ist *gerechtfertigte Notlüge* gegenüber dem Geschäftsgegner[929].

Das Ergebnis wird des Weiteren durch die allgemein konsentierte Behandlung des tatbestandsparallelen § 123 I Alt. 1 BGB bestärkt. An eine „arglistige Täuschung" knüpft auch der Gesetzeswortlaut von § 123 I Alt. 1 BGB an. Einen ebensolchen Regelungskern von § 116 S. 1 BGB ergeben

---

[927] So ansatzweise auch HKK zum BGB (*Schermaier*), §§ 116–124, Rn. 36.

[928] Siehe bereits oben in Fn. 834.

[929] Im eben bei Fn. 926 genannten Beispiel wäre demgemäß zu problematisieren, ob eine gerechtfertigte Notlüge zwecks Nothilfe zugunsten etwa der Gesundheit des Geschäftsgegners vorliegt mit dem Ergebnis, dass der Geschäftsherr ebenfalls gar nicht haftet.

dessen Entstehungsmaterialien[930]. § 123 I Alt. 1 BGB ist nach weitgehendem Konsens um ein Erfordernis der *Widerrechtlichkeit* der arglistigen Täuschung zu ergänzen[931], wie es hier denn auch für § 116 S. 1 BGB bejaht wird. Die dergestalt in ihrem Anwendungsbereich reduzierte Norm des § 123 I Alt. 1 BGB greift damit nicht bei erlaubter Lüge. Derartige Randfälle vorsätzlicher Täuschung sind bislang vor allem im Arbeitsrecht relevant geworden. V. Lübtow führt diese Reduktion auf eine gesetzgeberische „Anschauungslücke" bei der Gesetzesentstehung zurück, wonach Sachverhalte nicht widerrechtlichen bzw. gerechtfertigten Täuschungsvorsatzes aufgrund empirisch seltener Relevanz schlicht ausgeblendet blieben[932]. Eben dies liegt nach dem eben Gesagten auch für § 116 S. 1 BGB nahe.

Für die restriktive Behandlung von § 123 I Alt. 1 BGB im vorgenannten Sinne der Ergänzung um Widerrechtlichkeit als vom Bürgerlichen Gesetzgeber übergangenes bzw. als stets gegeben fehlimpliziertes Tatbestandsmerkmal spricht des Weiteren, dass § 853 BGB den Tatbestand des § 123 I Alt. 1 BGB als spezialgeregelte „unerlaubte Handlung" nahe legt[933]. Wie

---

[930] Siehe eben bei Fn. 918–921.

[931] *v. Lübtow,* 249 [272 bei Fn. 171, 273 ff.]; Erman (Palm), § 123 Rn. 20 f.; MüKo (*Kramer*), § 123 Rn. 10 mit Verweis auf *Mugdan* I, 965, wonach die Gesetzesverfasser davon ausgegangen waren, dass eine arglistige Täuschung stets widerrechtlich sei.

[932] *v. Lübtow,* 249 [273 ff. nach Fn. 193]. Nicht vertieft werden kann hier die von *v. Lübtow* [260 ff.] problematisierte Frage, ob das Präfix der „*Arg*-heit" der „-listigkeit" als Kurzverweis auf Rechtswidrigkeit verstanden werden kann oder nicht. Bejahendenfalls wäre die Einschränkung von § 123 I Alt. 1 BGB nur Frage der Begriffsauslegung. Bei § 116 S. 1 BGB wäre dieselbe Einschränkung im Wege der historischen Auslegung eröffnet. Am Arglistbegriff setzt etwa die arbeitsgerichtliche Rechtsprechung zu § 123 I Alt. 1 BGB an, vgl. BAG NJW 1958, 516 [517]; BAG ZIP 1985, 431 [432]. Klarzustellen ist, dass es in § 123 I Alt. 1 BGB ebenso wie etwa in §§ 438 III, 442, 444, 445, 536 b, d, 600, 634 a III 1, 639 BGB und wie in § 116 S. 1 BGB um *fehlinformatorische* „Arglist" geht. Daneben begegnet vor allem in der älteren Rechtsprechung eine in Grund und Grenzen unklare, jedenfalls über den nun als solches amtlich betitelten § 853 BGB hinausgehende „Arglisteinrede" als *Generalkorrektiv* formaler Rechtspositionen, aus der älteren Literatur vgl. *Hans Schoan,* Die Einrede der Arglist, S. 5: „Das RG hat … erklärt, es sei vergeblich und unrichtig, den Tatbestand der exceptio doli generalis im voraus abschließen zu wollen. Die Würdigung der Einrede muss ihrer Natur nach dem völlig freien Ermessen des Richters überlassen bleiben". Insbesondere wurde dort mit dem Konstrukt gearbeitet, die *spätere* Berufung auf einen Wirksamkeitsmangel sei *nachfolgende Arglist* gem. §§ 242, 826 BGB, vgl. etwa RGZ 107, 357 [363].

[933] § 853 BGB spricht von einer durch „unerlaubte Handlung" d.h. vor allem gem. §§ 826, 823 II BGB i.V.m. § 263 I StGB erlangten Forderung. *Gebhard,* RedE-AT, S. 138, 146 (Paginierung des Nachdrucks) ging davon aus, dass mit § 123 BGB stets ein solcher deliktischer Anspruch einhergehe, ebenso *Mugdan* I, 465, 467 (insb. letzter Abschnitt) zur Vorfassung als § 103 BGB-EI; s.a. Denkschrift des RJA, Mugdan I, S. 834.

weit die Tatbestände der §§ 826, 823 II BGB i.V.m. § 263 I StGB von § 123 I Alt. 1 BGB divergieren, kann hier nicht im Einzelnen behandelt werden[934]. Vielmehr zeigt die vorgenannte Betrachtungsmöglichkeit jedenfalls, dass auch § 116 S. 1 BGB als Spezialregelung einer „unerlaubten Handlung" eingeordnet werden kann[935]. Diese Betrachtung erhärtet wiederum, dass das vorsätzlich täuschende Verhalten zugleich „unerlaubt" bzw. widerrechtlich sein muss – was es ganz regelmäßig, aber nicht stets ist, so dass jegliche Haftung aufgrund Rechtfertigung der vorsätzlichen Täuschung ausbleiben kann.

dd) Genügender Vorsatzgrad und erforderlicher Vorsatzbezugspunkt

Die Grenze zwischen vorsätzlichem und nicht-vorsätzlichem Verhalten ist allgemein mittels eines real-voluntativen Kriteriums zu bestimmen[936]. Es muss zumindest eine *Billigung* vorliegen, sog. *Eventualvorsatz*[937].

---

[934] Ein Anfechtungsrecht nach § 123 I Alt. 1 BGB entsteht anerkanntermaßen unabhängig von der Vermögensnachteiligkeit des infolge arglistiger Täuschung vorgenommenen Rechtsgeschäfts, vgl. MüKo (*Kramer*), § 123 Rn. 11. Geradezu klassische Fallgruppe vorsätzlich sittenwidriger Schädigung gem. § 826 BGB ist die Fehlinformation des Geschädigten, siehe oben bei und in Fn. 650. Ob allerdings ein konkurrierender Aufhebungsanspruch gem. § 826 BGB wegen immaterieller Schädigung (vgl. § 253 I BGB) des Interesses des Getäuschten an Selbstbestimmung auf richtiger Informationsbasis entsteht, ist streitig, vgl. *Grigoleit*, S. 19 f.

[935] § 826 BGB würde allerdings allenfalls zu *negativer* Haftung für das Ausbleiben der Geschäftswirksamkeit mangels eigenen Geschäftswillens führen, über dessen Vorliegen vorsätzlich widerrechtlich getäuscht wird. Spezialregelungsgehalt von § 116 S. 1 BGB gegenüber § 826 BGB ist damit, *positiven* geschäftsgegnerischen Vertrauensschutz herbeizuführen. Angesichts der dem Gesetzgeber gestellten *Abstufungsaufgabe* positiver und negativer Haftung [siehe oben I.4.f)aa)] ist diese *Qualifizierung* infolge *höhergradigen* Verschuldens gesamtsystematisch stimmig, siehe bereits oben Fn. 173, 879. Zur weiteren Konkretisierung des Qualifizierungstatbestandes des § 116 S. 1 BGB sogleich im Haupttext.

[936] Vgl. *Deutsch*, Haftungsrecht, S. 217 ff. Rn. 336, 340. Als unergiebig ist die Fragestellung anzusehen, ob die §§ 116 ff. BGB Rechtsfolgen „ex lege" oder „ex voluntate" anordnen, vgl. dahingehend jedoch *Canaris*, Vertrauenshaftung, 428 ff. Ebenso wie beim unbestimmten Operieren mit „der Willenstheorie" bleibt dabei schon offen, auf welche *voluntas* abgestellt wird. Nach dem oben Gesagten ist die *voluntas*, an die der mittelbar vor §§ 116 ff. BGB geschriebene Idealtatbestand der richtigen Willenserklärung anknüpft, der *wirkliche Geschäftswille*, den der Gesetzgeber hier *anerkennt*. Demgegenüber ist die *voluntas*, an die § 116 S. 1 BGB anknüpft, der vorsätzlich widerrechtliche Täuschungswille; also ein *wirklicher Wille*, den der Gesetzgeber *missbilligt*, siehe oben bei Fn. 918. Beide „Willen" sind trotz ergebnisgleicher Rechtsfolgen kategorial zu trennen, siehe oben bei Fn. 853 f. und vgl. demgegenüber etwa Flumes pauschalierendes Zitat bei und in Fn. 914.

Hinzu kommt, dass auch der Idealtatbestand zumindest partiell „ex lege" ist. Seine Rechtsfolge der Wirksamkeit der richtigen Willenserklärung ist weniger erklä-

Damit einer geht die Frage, was gebilligt werden muss. Zu präzisieren ist, was bei § 116 S. 1 BGB *objektiv-tatbestandlicher Bezugspunkt* von zumindest Eventualvorsatz des Geschäftsherrn sein muss, während dahingehende einfache wie grobe, bewusste wie unbewusste Fahrlässigkeit allemal nicht mehr tatbestandsgemäß sind. Allgemein finden sich als erforderliche bzw. genügende Verschuldensbezugspunkte verschiedenste formell-gesetzliche Einzelausgestaltungen, die von einem bloßen äußeren Verhalten über Naherfolge bis hin zu Fernerfolgen reichen[938].

Im Sinne einer eventualvorsätzlichen Täuschung[939] durch den Geschäftsherrn muss gem. § 116 S. 1 BGB von diesem jedenfalls ein *Naherfolg* in Gestalt der Entstehung eines unrichtigen Scheins für den Geschäftsgegner gebilligt werden; und zwar eines unrichtigen Scheins dahin, dass der Geschäftsherr ein bestimmtes Geschäft mit ihm wolle[940]. Dieser Schein gem. §§ 116 S. 2, 133, 157 BGB ist hier unrichtig, weil der Geschäftsherr sich damit „nicht übereinstimmend"[941] in Wirklichkeit „insgeheim vorbehält, das Erklärte nicht zu wollen".

Die Gesetzesformulierung eines „geheimen Vorbehalts, das Erklärte nicht zu wollen", ließe auch die Annahme zu, es sei ein noch weitergehender objektiver Tatbestandsbezug des zumindest eventualvorsätzlichen Verhaltens des Geschäftsherrn erforderlich. So könnte argumentiert werden, dass im Sinne einer überschießenden Innentendenz der Geschäftsherr auch den *Fernerfolg* zumindest *billigen* müsse, die Unrichtigkeit des Scheins später mit Nichtigkeitsfolge geltend zu machen[942]. § 116 S. 1 BGB unterfiele

---

rungsaktuell denn *erklärungsnachfolgend* von Bedeutung. Denn sie schließt die Beachtlichkeit eines nachfolgenden Willenswandels aus: auch wenn der Geschäftsherr das anfangs wirklich gewollte und richtig willenserklärte Geschäft nicht mehr will, bleibt dessen Verpflichtungs-, Verfügungs- etc. -wirkung bestehen, vorbehaltlich erklärten und nicht geheimen sowie im Vertragsfalle konsentierten „Vorbehalts" etwa gem. § 346 I BGB. Der Idealtatbestand wirkt damit „ex lege" in der Zeit, vgl. etwa *v. Craushaar*, AcP 174, 2 [8 bei Fn. 22]. In diesem Sinne ist „der Vertrauensgedanke" auch hier relevant, a. A. *Canaris*, Vertrauenshaftung, S. 413 ff. Der von *Larenz* (Auslegung, S. 43) konstatierte „sinnwidrige Zirkel" der Willenstheorie in zeitlicher Hinsicht löst sich damit „ex lege" auf. Zu Willenswandel und Schutzbestreiten siehe schon oben in Fn. 253.

[937] Vgl. *Deutsch*, Haftungsrecht, S. 218 Rn. 337; *Knauth*, S. 6 f.

[938] Vgl. *Deutsch*, Haftungsrecht, S. 222 ff. Rn. 342 ff.: „Der Vorsatz ist ein relativer Begriff, es gibt keinen Vorsatz an sich". Zu einem *relativ kurzen* Verschuldens- und ggf. nur Vorsatzbezug vgl. das oben bei Fn. 365 f. zu § 6 I 1 SigG als verhaltensbeschränktem Schutzgesetz Ausgeführte.

[939] Vgl. das oben bei Fn. 920 Referierte mit dem eben bei Fn. 937 Gesagten.

[940] Zur Präzisierung des Scheininhalts einer Willenserklärung siehe oben bei Fn. 615 sowie in Fn. 697.

[941] Siehe oben bei Fn. 614 ff., 827 f.

dann der Fall eines *spekulativen* Vorbehalts. Noch enger wird § 116 S. 1 BGB ausgelegt, wenn dieser gar auf Fälle der anfänglichen *Absicht* des vorgenannten Nachverhaltens reduziert wird[943].

Zweifelsohne unterfallen die letztgenannten Konstellationen *auch* § 116 S. 1 BGB. Doch ist keine derart enge Normauslegung zu bejahen. Vielmehr ist Eventualvorsatz bezüglich des vorgenannten Naherfolges für genügend zu erachten. Der Normwortlaut spricht nicht für die engen Auslegungen. In den vorangehenden Entwürfen hätten sie eine logische Lücke zu den weitergehenden Tatbeständen positiver Haftung belassen. So hätte eine Beschränkung von §§ 95, 97 I BGB-EI auf „Absicht" im Sinne des höchsten Vorsatzgrades eine Regelungslücke zwischen den Nachbartatbeständen bewusster und unbewusster sowie grober und einfacher Fahrlässigkeit gem. §§ 97 II, III, 99 I, II BGB-EI belassen[944]. Ein engeres Verständnis von § 116 S. 1 BGB seitens der Vorkommission des Reichsjustizamtes und der zweiten Kommission als kleinster gemeinsamer Nenner aller Vorentwürfe in der Frage positiver Haftungsbegründung ergeben die Entstehungsmaterialien nicht. Hinzu kommt das systematische Argument, dass die vorgenannten engen Auslegungen wiederum Lücken zwischen § 116 S. 1 BGB und §§ 118, 119 I a. A. BGB reißen würden[945]. Die im Tatbestand von § 118 BGB begegnende „Erwartung ...", der Mangel der Ernstlichkeit werde nicht verkannt werden", ist nichts anders als das *Bewusstsein,* der unrichtige Schein der Ernstlichkeit könne entstehen, ohne dass dies *gebilligt* wird[946]. Wäre für § 116 S. 1 BGB Eventualvorsatz gar nicht[947] oder nicht bezüglich

---

[942] Zum Zwecke der Erschließung von § 116 S. 1 BGB ist an dieser Stelle erforderlich, diese „selbstverständliche" Norm einmal wegzudenken. Einzunehmen ist an dieser Stelle sodann der Ausgangspunkt eines undurchbrochenen „Willensdogmas" im Sinne der Rechtsfolgenanknüpfung allein an den wirklichen und richtig geäußerten Geschäftswillen, vgl. oben VI.3.c). Des Weiteren ist zu erkennen, dass der anzudenkende Fernerfolg ein eigenes, späteres Verhalten des Geschäftsherrn in Bezug nimmt.

[943] So wohl *Canaris,* in: FG 50 Jahre BGH, 129 [148 in Fn. 79]: „... behandelt Kant nur den Fall, dass jemand von vornherein die Absicht hat, das Versprechen (z. B. zur Rückzahlung eines Darlehens) zu brechen (also in etwa in Problematik des geheimen Vorbehalts) ..."; vgl. auch Vertrauenshaftung, S. 29, S. 44 in Fn. 51, S. 420 f. sowie S. 434 bei Fn. 51.

[944] Dazu, dass „Absicht" im Sinne von §§ 95, 97 I BGB-EI im Sinne von jeglichem Vorsatz zu verstehen war, siehe oben in Fn. 874.

[945] Zu einer zweifelsohne „bei" § 118 BGB gegebenen „kleinen" Gesetzeslücke sogleich bei 8.a).

[946] Unzutreffend HKK zum BGB (*Schermaier*), §§ 116–124, Rn. 36, wonach dem Wortlaut des § 116 S. 1 BGB auch der Fall des § 118 BGB unterfalle. Denn der Geschäftsherr will im Falle des § 118 BGB seinen wirklich fehlenden Geschäftswillen nicht „geheim ... halten".

[947] Siehe eben bei Fn. 943.

der Scheinentstehung[948] genügend, so wäre diese Konstellation gar nicht im Gefüge der §§ 116 S. 1, 118, 119 I a. A. BGB zu verorten[949]. Für die hier vorgenommene Auslegung spricht des Weiteren, dass sie dem konzeptionellen Ausgangspunkt der §§ 116 ff. BGB entspricht: nämlich der Frage, wann das Ausbleiben der Wirksamkeit mangels wirklichen Geschäftswillens im Sinne positiver Haftung ausnahmsweise nicht greifen soll. Diese Frage ist an der Nichtübereinstimmung von wirklichem und scheinbarem Willen auszurichten und demgemäß allein mit Bezug auf die Entstehung des unrichtigen Scheins lösbar.

Wie sich sogleich im Kontext der Frage positiver Haftung für Signaturmissbrauch zeigen wird, ist auch diese weite Auslegung von § 116 S. 1 BGB im Sinne eines kurzen Bezugs von zumindest erforderlichem Eventualvorsatz allein hinsichtlich der Entstehung eines unrichtigen Scheins letztlich noch immer eng[950].

b) Übertragung und Abgrenzung

Die Überlassung von Schlüssel und PIN stellt einen *vorsätzlichen* Verstoß gegen § 6 I 1 SigG i. V. m. § 823 II BGB dar[951]. Sie führt daher vorbehaltlich Rechtfertigung zumindest zu *negativer* Haftung, sofern ihr ein Signaturmissbrauch nachfolgt[952]. Sie unterfällt jedoch nicht bereits §§ 171 I,

---

[948] Siehe eben bei Fn. 942.

[949] Von einem „Gefüge“ der §§ 116 S. 1, 118, 119 I BGB wird hier mit Blick auf deren Entstehungsgeschichte gesprochen, siehe oben 3.d). Diese war von Anfang an dahin angelegt, das Spektrum denkbarer und komplementärer Gründe für Übereinstimmungsmängel abzudecken. Die oben in Fn. 845 angeführten Zitate und die extremere Ausgestaltung dieser komplementären Differenzierung in der Endfassung dürfen und können mit Blick auf die weiteren Entstehungsmaterialien nicht zu der Fehlannahme verleiten, in den §§ 116 S. 1, 118, 119 I BGB sei letztlich nurmehr eine punktuelle Regelung getroffen worden.

[950] Für die „Anwendung der Vorschriften über Willensmängel usw." auf Kundgebungen gem. §§ 171 I, 172 I BGB und nicht bereits auf objektiv-scheintatbestandliche Fortbildungen der §§ 171 I, 172 I BGB wie im Signaturkontext bedeutet das Vorgesagte: eine vorsätzlich widerrechtliche Veranlassung eines unrichtigen Scheins durch den Geschäftsherrn, „dass er einen anderen bevollmächtigt habe", die positive Haftung gem. §§ 171 I, 172 I BGB i. V. m. § 116 S. 1 BGB nach sich zieht, stellt etwa die unrichtige dahingehende Mitteilung gem. § 171 I Alt. 1 BGB an den nach Innenvollmacht des Vertreters nachfragenden Geschäftsgegner dar, die erfolgt, um den vollmachtlosen Vertreter nicht bloßzustellen. Diese Lüge findet im Verhältnis zum Geschäftsgegner keine Rechtfertigung. Es müssen also keine weitergehenden „bösen Absichten" gegenüber dem Geschäftsgegner hinzukommen.

[951] Siehe oben bei Fn. 358.

[952] Siehe oben bei Fn. 364 und nach Fn. 505 dazu, dass mangels Signaturmissbrauchs nach Überlassung von Schlüssel und PIN nur eine Haftungs*begründung*

172 I BGB i.V.m. § 116 S. 1 BGB analog. Denn der analog diesen Normen seitens des Schlüsselinhabers erforderliche (und genügende Eventual-) Vorsatz setzt einen weitergehenden Naherfolg als Bezugspunkt voraus als die erfolgsunabhängigen Verhaltensvorgaben des § 6 I 1 SigG[953], die schon die Steigerung der Missbrauchsgefahr zu vermeiden suchen[954]. Dieser Naherfolg ist in leichter Modifikation von § 116 S. 1 BGB im Signaturkontext analog §§ 171 I, 172 I BGB i.V.m. § 116 S. 1 BGB als *haftungsrelevanter unrichtiger* Schein *infolge Signaturmissbrauchs* zu konkretisieren. Denn ein unrichtiger Schein entsteht hier schon, wenn der Dritte unter dem Namen des Schlüsselinhabers signiert. Soweit der Dritte dabei jedoch ihm gezogene Innenvollmachtsgrenzen nicht überschreitet, greifen §§ 164 I 1, 167 I Alt. 1 BGB „entsprechend" bzw. „reduziert", so dass der unrichtige Schein nicht haftungsrelevant wird[955].

Demgemäß ist eine Analogie zu §§ 171 I, 172 I BGB i.V.m. § 116 S. 1 BGB nur dann zu bejahen, wenn der Schlüsselinhaber bei Überlassung von Schlüssel und PIN im Sinne von Eventualvorsatz zumindest billigt, dass ein Missbrauch durch den Dritten nachfolgt[956]. Die real-voluntative Tatsache seiner dahingehenden Billigung ist stets *beweisbrisant*. Doch ist dies allgemeine Problematik der subjektiven Tatbestandsbeschränkung auf Vorsatz. Darüber hinaus ist *empirisch* davon auszugehen, dass mit einer Überlassung von Schlüssel und PIN *regelmäßig* keine derartige Billigung einhergehen wird.

Der vorsätzliche Verstoß gegen das Verbot der Überlassung von Schlüssel und PIN wie auch ein im Einzelfall zugleich gegebener (Eventual-) Vorsatz bezüglich der Entstehung eines haftungsrelevanten unrichtigen Scheins d.h. eines Missbrauchs infolge Überlassung können ausnahmsweise gerechtfertigt sein. Insbesondere ist hier an den Fall der Abnötigung von Schlüssel und PIN zu denken.

---

nach § 6 I 1 SigG i.V.m. § 823 II BGB, aber keine Haftungs*ausfüllung* gegeben ist, so dass kein Restitutionsanspruch greift.

[953] Vgl. eben bei und in Fn. 938.

[954] § 6 I 1 SigG knüpft denn schon an schuldhaft gefährdendes Verhalten eine negative Haftung an, vgl. oben bei 365 f. § 116 S. 1 BGB (i.V.m. §§ 171 I, 172 I BGB analog) verlangt weitergehend eine vorsätzliche Erfolgsherbeiführung.

[955] Siehe oben unter V.2.a)dd).

[956] §§ 171 I, 172 I BGB i.V.m. § 116 S. 1 BGB sind im Kern „retrospektiv": der Geschäftsherr lügt widerrechtlich über die Vergangenheit. § 116 S. 1 BGB wiederum ist im Kern „aktuell": der Geschäftsherr lügt widerrechtlich über den bei Äußerung (nicht wirklich) gegebenen Geschäftswillen, vgl. oben in Fn. 697. Die für Signaturmissbrauch untersuchte Analogie ist demgegenüber „prospektiv": der Schlüsselinhaber muss einen nachfolgenden Missbrauch seines Schlüssels widerrechtlich billigen. Die zeitliche Verschiebung steht einer Analogie jedoch nicht entgegen.

Doch treffen den Schlüsselinhaber nach Beendigung der vorgenannten Notlage wiederum Pflichten wie etwa Sperrpflichten, deren zumindest fahrlässige Verletzung negative Haftung nach § 6 I 1 SigG i.V.m. § 823 II BGB nach sich zieht. Auch hier ist denkbar, dass nicht nur fahrlässig oder gar vorsätzlich gegen diese Missbrauchsverhinderungspflichten verstoßen wird, sondern zugleich analog §§ 171 I, 172 I BGB i.V.m. § 116 S. 1 BGB der Missbrauchseintritt ohne fortdauernde Rechtfertigung gebilligt wird.

Ebenso ist denkbar, jedoch wiederum beweisbrisant, dass Schlüssel und PIN schon bei weitergehendem subjektiven Tatbestand analog §§ 171 I, 172 I BGB i.V.m. § 116 S. 1 BGB abhanden kommen.

c) Zwischenergebnis

§ 116 S. 1 BGB ist als positive Haftung des Geschäftsherrn für die vorsätzlich widerrechtliche Veranlassung eines unrichtigen Scheins seines Geschäftswillens zu abstrahieren. Dahingehender Eventualvorsatz des Geschäftsherrn ist genügend. Analog §§ 171 I, 172 I BGB i.V.m. § 116 S. 1 BGB ist dieser Bezugspunkt im Signaturkontext dahin zu modifizieren, dass hier vom Schlüsselinhaber zumindest gebilligt werden muss, dass ein haftungsrelevanter unrichtiger Schein dahin entsteht, dass er selbst die signierte Willenserklärung abgegeben habe. Oder schlichter formuliert: dass hier zumindest gebilligt werden muss, dass ein Signaturmissbrauch erfolgt. Ein dahingehendes vorsätzliches Verhalten des Schlüsselinhaber kann ausnahmsweise nicht widerrechtlich bzw. gerechtfertigt sein, so etwa bei Abnötigung von Schlüssel und PIN.

Verschuldensbasierte und damit fahrlässigkeits- wie vorsatzbasierte negative Haftung nach § 6 I 1 SigG i.V.m. § 823 II BGB einerseits und nur vorsatzbasierte positive Haftung analog § 171 I, 172 I BGB i.V.m. § 116 S. 1 BGB andererseits unterscheiden sich im objektiv-tatbestandlichen Bezugspunkt. Für negative Haftung ist ein schuldhafter Verstoß gegen *bloße Verhaltenspflichten* genügend, welche schon die bloße *Gefährdung* im Sinne einer Erhöhung der Missbrauchswahrscheinlichkeit verhindern sollen. Für positive Haftung ist darüber hinausgehend Vorsatz bezüglich des vorgenannten *Naherfolges* in Gestalt der Entstehung eines haftungsrelevanten unrichtigen Scheins d.h. Signaturmissbrauchs erforderlich. Das Beispiel der pflichtwidrigen Überlassung von Schlüssel und PIN zeigt exemplarisch, dass ein vorsätzlicher Verstoß gegen § 6 I 1 SigG damit nicht generell zugleich einer Analogie zu §§ 171 I, 172 I BGB i.V.m. § 116 S. 1 BGB unterfällt, dass sich negative und positive Haftung für Signaturmissbrauch somit tatbestandlich klar trennen lassen.

Die Anknüpfung der *schwererwiegenden Rechtsfolge* positiver Haftung[957] an einen *subjektiv-qualifizierten Tatbestand* der vorgenannten Art überzeugt konzeptionell[958]. Die vorsatzbasierte Analogie zu §§ 171 I, 172 I BGB i. V. m. § 116 S. 1 BGB ist beweisbrisant, dies jedoch Charakteristikum jedes Vorsatztatbestandes. Sie ist tatbestandlich eng, dies jedoch grundsätzlich als Ausgleich der schwererwiegenden Rechtsfolge zu bejahen. Zu welchen tatbestandlichen Erweiterungen positiver Haftung Analogien zu §§ 171 I, 172 I BGB i. V. m. §§ 119 I a. E., 121 I BGB führen, ist sogleich zu betrachten (dazu 5. und 6.).

Vorweg ist noch festzustellen, dass die Rechtsprechungslinie über Blankettmissbrauch dem Maßstab der §§ 171 I, 172 I BGB i. V. m. § 116 S. 1 BGB nicht standhält. Denn die „Aushändigung", die danach ohne weiteres zu positiver Haftung führen soll[959], geht nicht stets mit der Billigung einer missbräuchlichen Ausfüllung und der Entstehung eines unrichtigen Scheins hierbei einher[960]. Vielmehr ist ein solcher Eventualvorsatz eher als empirischer Ausnahmefall anzunehmen. Der Geschäftsherr mag bei Aushändigung zwar häufiger noch die abstrakte Möglichkeit eines Missbrauchs sehen. Doch wird er den konkreten Eintritt dieses Falls regelmäßig nicht billigen. Dann bleibt nur Raum, sein Verhalten als bewusste und ggf. grobe Fahrlässigkeit bezüglich eines Missbrauchs zu beurteilen. Analog dem vorsatzbasierten und damit auch vorsatzbegrenzten § 116 S. 1 BGB kann dieser Sachverhalt jedoch keinesfalls mehr als Grund positiver Haftung erfasst werden[961].

---

[957] Siehe oben I.4.f)aa) zur Zweistufigkeit von Vertrauensschutz.

[958] Einen Vorsatztatbestand, wie er zwar nicht ohne weiteres dem Wortlaut, aber der Genese von § 116 S. 1 BGB zu entnehmen ist, stellen des Weiteren die §§ 276 III, 393, 826, 828 II 2, 839 I 2 BGB sowie § 823 II BGB i. V. m. einem vorsatzbeschränkten Schutzgesetz, insbesondere Straftatbestand gem. § 15 StGB dar. Diese Normen zeigen, dass Vorsatz auch im Bürgerlichen Recht qualifiziert behandelt wird d. h. überhaupt bzw. weitergehende Nachteile nach sich zieht als fahrlässiges Verhalten.

[959] Siehe oben bei Fn. 80–84.

[960] Siehe oben unter V.5. dazu, dass ohnehin Zweifel angebracht sind, ob und welcher Schein bei Blankettausfüllung besteht d. h. ob hier haftungshinderndes Mitverschulden des Geschäftsgegners in Relation zum Geschäftsherrn zu verneinen ist.

[961] Zu *Canaris'* „Minimaltatbestand" positiver Vertrauenshaftung für die „wissentliche Schaffung eines Scheintatbestandes", dem auch die Rechtsprechung über Blankettmissbrauch unterfallen soll, bereits oben in Fn. 84 sowie nachfolgend unter 8.a).

6. Positive Haftung für einen unrichtigen Schein bei Signaturmissbrauch analog §§ 171 I, 172 I BGB i. V. m. § 119 I a. E. BGB

a) Abstraktion als hypothetischer Geschäftswille

§ 119 I BGB lautet: „Wer bei der Abgabe einer Willenserklärung über deren Inhalt im Irrtume war oder eine Erklärung dieses Inhalts überhaupt nicht abgeben wollte, kann die Erklärung anfechten, wenn anzunehmen ist, dass er sie bei Kenntnis der Sachlage und bei verständiger Würdigung des Falles nicht abgegeben haben würde". § 119 I a. E. BGB besagt in umgekehrter Formulierung, dass der Geschäftsherr die irrtümliche Willenserklärung „*nicht* anfechten kann, wenn anzunehmen ist, dass er sie *auch* bei Kenntnis der Sachlage und bei verständiger Würdigung des Falles abgegeben haben würde". Dahingehend ist nicht die *Hypothese* zu beurteilen, ob der Geschäftsherr „bei Kenntnis der Sachlage und bei verständiger Würdigung des Falles" die Willenserklärung unter geheimem Vorbehalt gem. § 116 S. 1 BGB „abgegeben haben würde". Sondern es ist die Hypothese zu beurteilen, ob er dann seinen Geschäftswillen dahingehend gebildet und eine richtige Willenserklärung abgegeben haben würde. Nach § 119 I a. E. BGB ist damit auf einen *hypothetischen Geschäftswillen* abzustellen[962].

§ 119 I a. E. BGB behandelt damit nicht wie die §§ 116 S. 1, 118, 119 I a. A. BGB die *Einstellung des Geschäftsherrn zur Entstehung eines unrichtigen Scheins,* die die vorgenannten Normen im Sinne von dessen vorsätzlich-widerrechtlicher (§ 116 S 1 BGB), möglichkeitsbewusster[963] (§ 118 BGB) und irrtümlicher (§ 119 I a. A. BGB) Herbeiführung differenzieren. Das hypothetische Moment des § 119 I a. E. BGB, das hier als hypothetischer Geschäftswille konkretisiert wurde, wird auch in Normqualifizierungen als „Ursächlichkeit"[964] bzw. „Kausalität"[965] des Irrtums angedeutet. Denn zur dahingehenden Beurteilung sind reale und hypothetische Entwicklung zu vergleichen, ist also zu beurteilen, was ohne Irrtum geschehen

---

[962] Vgl. *Jakobs/Schubert,* Beratung des AT, 1. Teilband, S. 592, wo die „Kategorie des präsumtiven Willens" angesprochen wird. Ein hypothetischer Geschäftswille ist auch im Rahmen der §§ 139, 140, 155 BGB und der ergänzenden Vertragsauslegung von Relevanz.

[963] Siehe eben bei Fn. 946.

[964] So etwa Soergel (*Hefermehl*), § 119 Rn. 67 f.; s. a. *Larenz/Wolf,* A. T., § 36 Rn. 32 f.

[965] So etwa MüKo (*Kramer*), § 119 Rn. Rn. 141; s. a. *Flume,* Rechtsgeschäft, S. 420. *Flume* führt hier aus, dass sich aus § 119 I a. E. BGB eine praktisch bedeutsame Beschränkung der Anfechtbarkeit nicht ergebe.

wäre. Demgegenüber unergiebig bleibt Singers Qualifikation von § 119 I a. E. BGB als rechtsmissbräuchliches Verhalten[966].

Wird ein hypothetischer Geschäftswille bejaht, so kann der Geschäftsherr den unrichtigen Schein seines Geschäftswillens nicht anfechten. § 119 I a. E. BGB führt damit mittels Nichtanfechtbarkeit ebenso wie § 116 S. 1 BGB mittels „Nichtnichtigkeit" zu positivem Vertrauensschutz.

Die Bejahung eines hypothetischen Geschäftswillens ist jedenfalls dann ausgeschlossen, wenn ein wirklicher Unwille hinsichtlich des ausgelegten Geschäftsinhalts gebildet wurde. Einen solchen Fall behandelt § 118 BGB über eine Willenserklärung bei „Mangel der Ernstlichkeit". Demgemäß findet sich hier auch keine § 119 I a. E. BGB parallele Annexregelung dahin, dass die nicht ernstlich gemeinte Willenserklärung dann doch „nicht ... nichtig" wäre.

Das Abstellen auf einen hypothetischen Geschäftswillen ist im Übrigen ein schwieriger Maßstab, da letztlich jedes Geschäft und auch objektiv-nachteilige Geschäfte gewollt sein können. Zu einer restriktiven Anwendung führt der Verweis in § 119 I a. E. BGB auf eine „verständige Würdigung des Falles"[967].

Das Ergebnis restriktiver Normanwendung kommt in Kramers Qualifikation von § 119 I a. E. BGB als „minima non curat praetor" zum Ausdruck[968]. Es reflektiert, dass § 119 I a. E. BGB ganz überwiegend auf *partielle* Nichtübereinstimmungen von erklärtem und wirklichem Geschäftswillen *von geringem Ausmaß* bzw. *geringer objektiver Bedeutung* Anwendung findet[969].

b) Übertragung

Demgemäß greift § 119 I a. E. BGB i. V. m. §§ 171 I, 172 I BGB analog auch im Signaturkontext nur bei „minimalen" Pathologien. Kernfall werden minimale Überschreitungen der wirklich erteilten Innenvollmacht bei Sig-

---

[966] Nach *Singer* (Selbstbestimmung, S. 69 f.) ist § 119 I a. E. BGB „Ausprägung des Rechtsmissbrauchsgedankens und zwar unter dem Gesichtspunkt eines rechtlich nicht schützenswerten Interesses". Eine Anfechtung falle unter den von § 119 I a. E. BGB genannten Voraussetzungen „nicht mehr in den Schutzbereich des Selbstbestimmungsrechts", der Geschäftsherr würde damit „sachfremde, hauptsächlich auf Loslösung gerichtete Ziele" verfolgen.

[967] Vgl. oben bei und in Fn. 881.

[968] MüKo (*Kramer*), § 119 Rn. 141. Vgl. dazu allgemeiner *Deutsch*, Haftungsrecht, S. 191 Rn. 292.

[969] Darauf, dass die „Wesentlichkeit" des Irrtums bzw. allgemeiner der „Nichtübereinstimmung" hauptsächlich bei partieller Divergenz von Relevanz wird, wies bereits *Gebhard*, RedE-AT, S. 122 (Paginierung des Nachdrucks) hin.

natur unter dem Namen des Schlüsselinhabers sein. Der Geschäftsherr und Schlüsselinhaber kann dann nicht die Unrichtigkeit des Scheins, dass er selbst die signierte Willenserklärung abgegeben habe, einwenden, weil analog § 119 I a. E. BGB anzunehmen ist, dass er diese selbst abgegeben bzw. den Vertreter auch dazu bevollmächtigt haben würde.

c) Grenzfragen

Klarzustellen ist, dass ein hypothetischer Geschäftswille nach § 119 I a. E. BGB auch bei *bewussten* Übereinstimmungsmängeln zu bejahen sein kann, denen der von § 119 I a. A. BGB behandelte „Irrtum" als *unbewusster* Übereinstimmungsmangel gegenüber steht[970]. Dies kommt dann in Betracht, wenn dem Geschäftsherrn zwar bewusst ist, dass ein unrichtiger Schein seines Geschäftswillens für einen anderen entstehen wird oder kann, soweit er den scheinbar gewollten Geschäftsinhalt nicht voraussieht. Exemplarisch genannt sei hier die Verwendung bewusstermaßen unbekannter Fachbegriffe und die ungelesene bzw. unverstandene Unterzeichnung drittgerichteter Urkunden durch den Geschäftsherrn. Hier kann zum einen schon gar kein Übereinstimmungsmangel vorliegen, weil der Geschäftsherr insoweit einen *pauschalen Geschäftswillen* ausgebildet hat[971]. Dann liegt ein Randfall des mittelbar vor §§ 116 ff. BGB geschriebenen Idealtatbestandes vor[972]. Derartige Fälle können des Weiteren § 116 S. 1 BGB un-

---

[970] Siehe oben bei und in Fn. 872 zur äußeren Trennung von bewussten (§§ 116–118 BGB) und unbewussten (§ 119 I BGB) Übereinstimmungsmängeln.

[971] RGZ 62, 201 [205] (obiter dictum) (Hervorhebungen hinzugefügt): es liege weder ein Irrtum noch ein sonstiger Übereinstimmungsmangel vor, „weil [der Geschäftsherr] sich klar über seine Unkenntnis ist *und auf alle Fälle will,* mag die Sache so, oder anders liegen". Vgl. auch RGZ 77, 309 [312]. Sodann RGZ 134, 25 [31 f.] (Hervorhebung hinzugefügt): „Subjektiv hat die Klägerin [die Größe der vom Vertragsschluss betroffenen Grundstücksfläche] ohne Irrtum, wenn auch auf innere Klarheit verzichtend, *aufs Geratewohl in ihren Vertragswillen aufgenommen".*
Unter – unzutreffender, siehe sogleich in Fn. 973 – Anführung der letztgenannten Reichsgerichtsentscheidung gelangt BGH DB 1967, 2115 (über BGH NJW 1951, 705) sodann zu einer Arglisteinrede: „Wer bewusst eine Erklärung abgibt, deren Tragweite er nicht kennt, kann sich grundsätzlich nicht hinterher auf seine Unwissenheit berufen". Dies gründet sich nicht mehr wie die vorgenannten reichsgerichtlichen Entscheidungen auf einen pauschalen Geschäftswillen. Unzutreffend ist des Weiteren die angeführte „Grundsätzlichkeit", da eine allgemeine Arglisteinrede gem. § 242 BGB o. ä. vor den besonderen Differenzierungen der §§ 116 ff. BGB keine „grundsätzliche" Berechtigung hat.

[972] Empirisch häufiger dürfte ein solcher pauschaler Geschäftswille nur für Geschäftsbestandteile und nicht für das gänzliche Geschäft ausgebildet werden. Als denkbares Beispiel in letzterer Hinsicht sei unter Rückgriff auf *Henrich* (RabelsZ 35, 55 [56]) genannt: „Der Unternehmer, der in seiner Unterschriftsmappe einen Vertragsentwurf vorfindet und diesen im Vertrauen auf die Zuverlässigkeit seiner

terfallen[973], also als eventualvorsätzlich widerrechtliche Veranlassung eines unrichtigen Scheins zu erfassen sein[974]. Dann besteht kein Bedarf, § 119 I a. E. BGB analog anzuwenden, da bereits § 116 S. 1 BGB dasselbe Ergebnis positiven geschäftsgegnerischen Vertrauensschutzes herbeiführt. Dass § 119 I a. E. BGB analog hier jedoch durchaus zugleich bejaht werden könnte, liegt an der Verschiedenheit der Bezugsgegenstände[975]. Wie aufgezeigt, scheidet eine Bejahung eines hypothetischen Geschäftswillens im Falle des § 118 BGB demgegenüber aus, da der Geschäftsherr hier anders als in den eben genannten Fällen einen gänzlichen Unwillen gebildet hat[976]. Doch ist eine „kleine" Lücke im Gefüge der §§ 116 S. 1, 118, 119 I BGB „bei" § 118 BGB für bewusste *und partielle* Übereinstimmungsmängel zu konstatieren, die mangels Billigung bzw. mangels Eventualvorsatzes nicht § 116 S. 1 BGB unterfallen. Hier kann eine Analogie zu § 119 I a. E. BGB relevant werden[977]. Auf diese Lücke ist unter der Fragestellung nach *de*

Mitarbeiter unterzeichnet, ohne von dem Inhalt des Vertrages Kenntnis zu nehmen". Doch schränkt *Henrich* selbst ein a. a. O. [59 in Fn. 17]: „Wer eine Urkunde ungelesen unterschreibt, hat von ihrem Inhalt im Normalfall eine bestimmte Vorstellung".

[973] Die in Fn. 971 genannten reichsgerichtlichen Entscheidungen werden demgemäß von nachfolgenden Entscheidungen dahin klargestellt, keine generelle Aussage zu treffen, dass mangels Irrtums stets ein pauschaler Geschäftswille vorliege, vgl. RGZ 88, 278 [282 f.]; BGH BB 1956, 254; BGH NJW 1995, 190.

[974] Der Geschäftsherr billigt eine Nichtübereinstimmung dergestalt, dass er zwar (teilweise oder gar) nicht voraussieht, was genau Auslegungsergebnis sein wird, er aber weiß, dieses nicht zu kennen und demgemäß eventuell nicht zu wollen. Die Widerrechtlichkeit ist hier darin zu finden, dass der Geschäftsherr nicht für vorangehende Aufklärung sorgt, sondern den Dingen ihren Lauf lässt unter Voranstellung seiner Bequemlichkeit etc. gegenüber den Planungsinteressen des Geschäftsgegners.

[975] Siehe eben bei und nach Fn. 962.

[976] Siehe eben vor Fn. 967.

[977] Nach §§ 116 ff. BGB muss der Geschäftsherr sozusagen *mit dem Geschäftsinhalt* einer dritterrichteten Urkunde einverstanden sein [bzw. präziser: einverstanden zu sein scheinen (§§ 133, 157 BGB) und wirklich sein (Idealtatbestand)]. § 2 I AGBG bzw. nunmehr § 305 II BGB [2002] lässt demgegenüber ein „Einverständnis *mit der Geltung*" von AGB bzw. Formularverträgen genügen. Vom Verhältnis von § 305 II BGB [2002] zu §§ 116 ff. BGB hängt ab, ob die Problematik des ungelesenen bzw. unverstandenen Unterschreibens für die praktisch signifikanten Fälle von AGB bzw. Formularverträgen entschärft wurde. Dem ist nicht so, sofern § 305 II BGB [2002] nur als Verweis auf die Erforderlichkeit des Vorliegens *zumindest* eines (scheinbaren und wirklichen) pauschalen Geschäftswillens verstanden wird. Dem ist so, sofern § 305 II BGB [2002] als *lex specialis* gegenüber §§ 118, 119 I BGB verstanden wird dahin, dass ein (scheinbarer und wirklicher) Einbeziehungswille hinsichtlich von AGB bw. Formularverträgen *genügt* im Ausgleich für Überraschungsschutz (§ 305 c I BGB [2002]) und Inhaltskontrolle (§§ 307 ff. BGB [2002]). Die Literatur tendiert in erstere Richtung, vgl. *Wolf/Horn/Lindacher*, § 2 Rn. 45, § 9 Rn. 8 m. w. N.; *Ulmer/Brandner/Hensen*, § 2 Rn. 62 m. w. N.

lege lata möglichen Erweiterungen der positiven Haftung über §§ 116 S. 1, 119 I a.E., 121 I BGB hinaus sogleich zurückzukommen (dazu 8.).

Die Rechtsprechung zur Duldungsvollmacht erfasst Sachverhalte, in denen einhergehend mit einem unrichtigen Schein analog §§ 171 I, 172 I BGB i.V.m. § 122 II BGB[978] ein pauschaler Geschäfts- bzw. hier Vollmachtswille des Geschäftsherrn[979] *oder* ein „böser Wille" desselben analog § 116 S. 1 BGB *oder* bzw. *und* ein hypothetischer Geschäftswille analog § 119 I a.E. BGB gegeben ist. Soweit auch sonstige Sachverhalte als „Wissentlichkeit" des Geschäftsherrn erfasst werden sollen[980], findet die Rechtsprechung in §§ 171 I, 172 I BGB i.V.m. §§ 116 ff. BGB keine Rechtfertigung mehr[981].

d) Zwischenergebnis

§ 119 I a.E. BGB stellt auf einen hypothetischen Geschäftswillen ab. Analog §§ 171 I, 172 I BGB i.V.m. § 119 I a.E. BGB ist positiver geschäftsgegnerischer Vertrauensschutz demgemäß vor allem bei geringfügigen Überschreitungen der wirklich erteilten Innenvollmacht durch den unter dem Namen des Schlüsselinhabers signierenden Vertreter gegeben.

---

[978] Siehe oben V.4.

[979] Eine Willenserklärung, die mit einem pauschalen Geschäftswillen einhergeht, ist richtig und nicht übereinstimmungsmangelhaft. Sie unterfällt dem mittelbar vor §§ 116 ff. BGB geschriebenen Idealtatbestand. Letzterer findet keine Entsprechung bei richtigen Kundgebungen des Geschäftsherrn gem. §§ 171 I, 172 I BGB und davon fortgebildeten Scheintatbeständen, dass er einen anderen bevollmächtigt habe, siehe oben in Fn. 794. Ebenso wenig lässt sich ein pauschaler Vollmachtswille, der eine unrichtige Kundgebung oder einen von §§ 171 I, 172 I BGB fortgebildeten, unrichtigen Scheintatbestand begleitet (wie denkbarerweise im eben in Fn. 950 genannten Fall), als idealtatbestandliche Außenbevollmächtigung erfassen. Denn es fehlt an einem dahingehenden objektiven Schein. Dem pauschalen Geschäftswillen könnte hier daher nur *a fortiori* zu § 119 I a.E. BGB zu Geltung verholfen werden. Nämlich mit der Argumentation, dass die Unrichtigkeit des Scheins nicht eingewendet werden kann, da der Schein im Ergebnis gewollt sein würde – weil dieses Ergebnis wirklich gewollt war, wenngleich es nicht richtig geäußert wurde. Soweit §§ 171 I, 172 I BGB i.V.m. §§ 116 S. 1 BGB (analog) greifen, wie im in Fn. 950 gebildeten Fall, kommt es auf diese Konstruktion praktisch nicht an.

[980] Vgl. oben bei Fn. 62 und unten 8.a). Zu weitgehend *Gottsmann,* S. 5 und *J.-G. Schubert,* S. 100, die jede Duldungsvollmacht analog § 116 S. 1 BGB erfassen wollen.

[981] Mit Blick auf das oben unter I.4.a) Ausgeführte ist „die Duldungsvollmacht" Produkt einer sprunghaften und alles andere als klaren Rechtsprechung. Es besteht daher weder Anlass nach Notwendigkeit, diesem Etikett einen einzigen Tatbestand zuzuweisen.

7. Positive Haftung für einen unrichtigen Schein bei Signaturmissbrauch analog §§ 171 I, 172 I BGB i.V.m. § 121 I BGB

a) Haftung für Nachverhalten

§ 121 I BGB lautet: „Die Anfechtung muss in den Fällen der §§ 119, 120 ohne schuldhaftes Zögern (unverzüglich) erfolgen, nachdem der Anfechtungsberechtigte von dem Anfechtungsgrunde Kenntnis erlangt hat. Die einem Abwesenden gegenüber erfolgte Anfechtung gilt als rechtzeitig erfolgt, wenn die Anfechtungserklärung unverzüglich abgesendet worden ist".

Die Rechtsfolge von § 121 I BGB ist § 121 II BGB zu entnehmen: „Die Anfechtung ist ausgeschlossen ...". § 121 I BGB führt somit zum selben Ergebnis positiven geschäftsgegnerischen Vertrauensschutzes wie §§ 116 S. 1, 119 I a.E. BGB. Die übereinstimmungsmangelhafte Willenserklärung ist hier sozusagen „nicht mehr anfechtbar"; während sie im Falle des § 116 S. 1 BGB „nicht ... nichtig" und im Falle des § 119 I a.E. BGB von Anfang an „nicht anfechtbar" ist.

§ 121 I BGB interessiert vorliegend nur für Übereinstimmungsmängel gem. § 119 I a.A. BGB[982]. „Anfechtungsgrund" ist ein demgemäßer „Irrtum". Ein Irrtum ist jedenfalls Falschwissen (*error*) und nach weiterem Begriffsverständnis auch Nichtwissen (*ignorantia*). Die „Kenntniserlangung vom Anfechtungsgrunde" bedeutet gem. §§ 119 I a.A., 121 I BGB also, dass der Geschäftsherr *nachfolgend* erkennt, dass sein *vorangehendes* Verhalten einen Schein seines Geschäftswillens begründet hat, den er anders (*error*) oder gar nicht (*ignorantia*) voraussah[983]. § 121 I 1 BGB setzt dahingehende „Kenntniserlangung" voraus. Es genügt daher nicht, dass der Geschäftsherr seinen vorangehenden Irrtum erkennen musste. Selbst gröbste Erkenntnisfahrlässigkeit ist nach § 121 I 1 BGB unbeachtlich.

Nach dieser „Kenntniserlangung ... muss" der Geschäftsherr „ohne schuldhaftes Zögern (unverzüglich)" anfechten[984]. Er muss nicht *per se* anfechten, wie der Blick auf § 144 I BGB ergibt. Sondern er muss unverzüg-

---

[982] Zur Anwendbarkeit auch auf Willensbildungsmängel gem. § 119 II BGB siehe oben V.3.c)bb). Greift schon § 119 I a.E. BGB, so bleibt der in der Rechtsfolge ergebnisgleiche § 121 I BGB irrelevant. § 120 BGB über Übereinstimmungsmängel infolge „falscher Übermittlung" interessiert hier ebenfalls nicht näher.

[983] Der Irrtumsbegriff (vgl. *Rothoeft*, 67) führt damit zur Problematik der Relevanz von Erklärungsbewusstsein zurück, siehe oben in Fn. 904.

[984] Hier ist nochmals an *Canaris'* abzulehnende These der Verschuldensunabhängigkeit von Rechtsscheinhaftung *de lege lata* zu erinnern, siehe oben in Fn. 173, 913.

lich anfechten, wenn er das anfangs ungewollte Geschäft auch nachträglich nicht will. Die § 121 I 1 BGB zugrunde liegende Pflicht ist in Zusammenschau mit § 144 I BGB nicht einfach zu fassen. Sie geht in etwa dahin, nach der vorgenannten Kenntniserlangung binnen kurzer Frist über das auch nunmehrige Nichtwollen zu entscheiden und sich demgemäß zu erklären, oder die spätere Einwendung des anfänglichen Nichtwollens zu unterlassen. § 121 I 1 BGB greift zum einen, wenn binnen der kurzen Entscheidungsfrist ein nachträglicher Bestätigungswille gebildet, aber nicht gem. § 144 I BGB erklärt wird[985]. § 121 I 1 BGB greift des Weiteren, wenn der Geschäftsherr binnen Frist keine Entscheidung zu treffen vermag. § 121 I 1 BGB greift zum anderen, wenn der Geschäftsherr nicht um sein Anfechtungsrecht wusste oder sich zwar für eine Anfechtung entscheidet, diese aber dann zu erklären vergisst etc. Die somit in extremo greifende *Kenntniserlangungs-Fahrlässigkeits-Kombination* passt in kein hergebrachtes Muster. Sie ist jedenfalls noch insoweit *höherer* Verschuldensgrad[986], als nachträgliches Kennenmüssen des Anfechtungsgrundes d.h. ein durchweg fahrlässiges Nachverhalten nicht genügt. Der Verbindung dieses Tatbestandes mit nachträglicher *positiver* Haftung wird hier nicht grundsätzlich widersprochen[987].

§ 121 I BGB setzt anders als § 144 I BGB nicht voraus[988], dass auch der Geschäftsgegner nachträglich „vom Anfechtungsgrunde Kenntnis erlangt"[989]. Positive Haftung gem. § 121 I BGB kann daher auch eintreten, während der Geschäftsgegner noch auf die Willenserklärung d.h. den damit veranlassten Schein des Geschäftswillens vertraut[990]. Das schließt jedoch

---

[985] Die Bestätigungswillenserklärung gem. § 144 I BGB führt zum vorzeitigen Ausschluss der Anfechtbarkeit, so die Anfechtungsfrist noch läuft. Wichtiger ist dies im Rahmen von §§ 121 II, 124 BGB als im Rahmen von § 121 I BGB.

[986] Siehe oben bei Fn. 958 dazu, dass die Anknüpfung positiver und nicht nur negativer Haftung an ein Verschulden höheren Grades konzeptionell stimmig ist.

[987] Vgl. oben bei Fn. 882. Vgl. des Weiteren oben in Fn. 229 dazu, dass gute Gründe dafür sprechen, auch an das Nachverhalten nach „nicht ernstlich gemeinter Willenserklärung" gem. § 118 BGB positive Haftung zu knüpfen.

[988] Vgl. die oben in Fn. 812 zu §§ 141, 144 BGB genannten Entscheidungen.

[989] Siehe des Weiteren oben V.3.c)cc) dazu, dass anfängliche Kenntnis oder anfängliches Kennenmüssen des Geschäftsgegners gem. § 122 II BGB dazu führt, dass schon gar kein Schein oder ein richtiger Schein des Geschäftswillens für diesen gegeben ist.

[990] Missverständlich ist daher eine Ausführung der zweiten Kommission zu § 121 I BGB, vgl. *Mugdan* I, S. 718 f. Diese führte aus, dass „die nothwendige Rücksicht auf die Lage des Gegners des Irrenden es gebiete, den Zustand der Ungewissheit über den Bestand des Rechtsgeschäfts möglichst abzukürzen". Ein solcher „Zustand der Ungewissheit" wird aber nicht in dem Sinne verlangt, dass § 121 I BGB tatbestandlich voraussetzen würde, dass auch der Geschäftsgegner nachträglich „vom Anfechtungsgrunde Kenntnis erlangt".

nicht aus, § 121 I BGB als Vertrauenshaftung zu qualifizieren: als *positive* Haftung infolge des *Nachverhaltens* des Geschäftsherrn nach Veranlassung eines unrichtigen Scheintatbestandes bzw. Vertrauenstatbestandes, der noch nicht aufgrund das dahingehenden *Vorverhaltens* positiv gem. §§ 116 S. 1, 119 I a.E. BGB zu verantworten ist, auch wenn dieses Nachverhalten in Gestalt unterlassener unverzüglicher Anfechtung und damit Aufdeckung der Scheinunrichtigkeit nicht mehr kausal für den vorangehenden Vertrauenstatbestand ist[991].

b) Zeitliche Präzisierung

Präzisierungen des zeitlichen Anwendungsbereichs von § 121 I BGB finden sich nicht. Dies dürfte daran liegen, dass Abgabe und Zugang mehr oder minder nah zusammenfallen und die „Kenntniserlangung vom Anfechtungsgrunde" allemal beweisbrisant ist. Ob § 121 I BGB auch schon greifen soll, wenn diese Kenntniserlangung denn einmal vor Zugang der unrichtigen Willenserklärung eintreten sollte, ist daher unbehandeltes und praktisch selten relevantes Problem. Der Normwortlaut schließt dies nicht aus. Die „Kenntniserlangung vom Anfechtungsgrunde" etwa kann auch dahin gehen, dass der Geschäftsherr seinen Irrtum unmittelbar nach Abgabe und noch vor Zugang erkennt. Insoweit ist jedenfalls davon auszugehen, dass positive Haftung keinesfalls vor Entstehung eines Scheintatbestandes für den Geschäftsgegner greift, sofern die Frist des § 121 I BGB dann bereits abgelaufen sein sollte. Hier kann daher allenfalls infolge vorangehenden Fristbeginns die Frist zugleich mit Entstehung des Scheintatbestandes für den Geschäftsgegner ablaufen.

c) Übertragung

Für die analoge Anwendung der §§ 171 I, 172 I BGB i.V.m. § 121 I BGB auf einen mit einem unrichtigen Schein einhergehenden Signaturmissbrauch ist aus den nachfolgenden Gründen auf den Zeitpunkt abzustellen, zu dem der Schlüsselinhaber „Kenntnis erlangt" *von einem gegenüber einem bestimmten Geschäftsgegner erfolgten Signaturmissbrauch.* Im vorangehenden Zeitraum greifen Missbrauchsverhinderungspflichten gem. § 6 I 1 SigG. Sofern nicht bereits mit Folge negativer Haftung nach § 6 I 1 SigG i.V.m. § 823 II BGB schuldhaft gegen Nichtüberlassungs-, Besitzwahrungs-, Besitzvergewisserungspflichten etc. verstoßen wurde, greifen zumindest Sperrpflichten[992]. Das konkrete Missbrauchsopfer d.h. der vom den

---

[991] A.A. *Canaris,* FG 50 Jahre BGH, 129 [153].
[992] Siehe oben III.2.

Schlüssel missbrauchenden Dritten ausgesuchte Geschäftsgegner ist dem Schlüsselinhaber zumeist noch gar nicht erkennbar. Das vorgenannte Individualisierungserfordernis entsteht von dem Zwang, die pflichtgemäße Sperrung als Anfechtungserklärung gegenüber Jedermann o. ä. zu überdehnen. Zudem ist die in § 121 I BGB normierte Kenntniserlangungs-Fahrlässigkeits-Kombination weniger als durchgängiger Vorsatz hinsichtlich der Entstehung eines unrichtigen haftungsrelevanten Scheins, wie er analog § 116 S. 1 BGB i. V. m. §§ 171 I, 172 I BGB zumindest in Gestalt von Eventualvorsatz vorauszusetzen ist[993]. Die Systematik der §§ 116 S. 1, 118, 119 I a. A., 121 I BGB spricht daher zumindest im Signaturkontext, in dem regelmäßig kein der „Abgabe" einer übereinstimmungsmangelhaften Willenserklärung vergleichbar konkreter Zeitpunkt als Ursache der Entstehung eines unrichtigen Scheins determiniert werden kann, ebenfalls für die zeitliche Eingrenzung des Anwendungsbereichs von § 121 I BGB in eben genannter Weise.

Kenntniserlangung von einem gegenüber einem konkreten Geschäftsgegner erfolgten Signaturmissbrauch kann etwa infolge einer Bestellungsbestätigung (vgl. § 312 e Nr. 3 BGB) eintreten, aus der sich zugleich die Bestellung unter Signatur mittels des Schlüssels des Schlüsselinhabers ergibt.

d) Zwischenergebnis

§ 121 I BGB knüpft positive Haftung an ein schuldhaftes Nachverhalten des Geschäftsherrn nach Veranlassung eines unrichtigen Scheins. Angeknüpft wird an ein höhergradiges Verschulden in Gestalt einer eigenartigen Kenntnis-Fahrlässigkeits-Kombination. Im Signaturkontext greift § 121 I BGB i. V. m. §§ 171 I, 172 I BGB analog ab Kenntniserlangung des Schlüsselinhabers von einem gegenüber einem konkreten Geschäftsgegner unter seinem Namen erfolgten Signaturmissbrauch. Den Schlüsselinhaber trifft dann die Pflicht, sich unverzüglich zu entscheiden, ob er das vom vollmachtlosen Vertreter unter seinem Namen willenserklärte Geschäft mit dem Geschäftsgegner nicht will und diese Entscheidung dem Geschäftsgegner in Gestalt einer Anfechtung zu erklären. Alternativ kann er gem. §§ 177 I, 182 ff. BGB als Spezialregelung zu § 144 I BGB das vollmachtlose Vertreterhandeln unter seinem Namen genehmigen. Tut er weder das eine noch das andere binnen der kurzen Frist des § 121 I BGB, so kann er ab Fristablauf die Unrichtigkeit des Scheins, dass er selbst die signierte Willenserklärung abgegeben habe, nicht mehr einwenden. Ficht er rechtzeitig an, so dass positive Haftung analog § 121 I BGB i. V. m. §§ 171 I, 172 I BGB

---

[993] Siehe soeben V.5.

ausbleibt, kann immer noch negative Haftung gem. § 6 I 1 SigG i. V. m.
§ 823 II BGB für sein vorangehendes Verhalten greifen[994].

8. Erweiterungsmöglichkeiten positiver Haftung über §§ 116 S. 1, 119 I a. E., 121 I BGB [i. V. m. §§ 171 I, 172 I BGB (analog)] hinaus *de lege lata*?

Die vorliegende Arbeit verfolgte den Ansatz, dass wenn gegen positive
Haftung nach der Rechtsprechung mit Argumenten aus den §§ 116 ff. BGB
oppponiert wird, dann näher und präzise zu betrachten ist, was die
§§ 116 ff. BGB für positive Haftung hergeben[995]. Die bürgerlich-gesetzgeberische Erwartung der Anwendung der §§ 171 I, 172 I BGB i. V. m.
§§ 116 ff. BGB wurde konsequent nachvollzogen. Die eingenommene
Blickrichtung auf die Fälle positiver Haftung für einen unrichtigen Schein
nach §§ 116 ff. BGB ist im Signaturkontext umso angebrachter, als hier
aufgrund von § 371a I 2 ZPO [2005] auch die analog §§ 171 I, 172 I BGB
i. V. m. §§ 116 ff. BGB zu entwickelnden Tatbestände positiver Haftung
nach derzeitiger Beweisrechtslage vom Geschäftsgegner zu beweisen sind.
Im unmittelbaren Anwendungsbereich von §§ 116 ff. BGB (i. V. m. §§ 171
I, 172 I BGB) auf Willenserklärungen (und Kundgebungen) interessieren
demgegenüber beweispraktisch nur die §§ 118 ff. BGB[996].

Die Analogien zu §§ 171 I, 172 I BGB i. V. m. §§ 116 S. 1, 119 I a. E.,
121 I BGB weisen in den Fällen der §§ 116 S. 1, 121 I BGB beweisbri-
sante Tatbestände auf (Vorsatz als real-voluntatives, Kenntniserlangung als
real-kognitives Tatbestandsmerkmal). Der hypothetische Geschäftswille

---

[994] Ist das dem Signaturmissbrauch vorangehende Verhalten des Schlüsselinhabers
schuldlos oder gerechtfertigt, zieht es also keine negative Haftung nach § 6 I 1
SigG i. V. m. § 823 II BGB nach sich, kann dennoch eine positive Haftung *allein*
aufgrund eines Nachverhaltens analog § 121 I BGB i. V. m. §§ 171 I, 172 I BGB
greifen. Denn der Tatbestand des § 121 I BGB ist *von eigenständiger Tragfähigkeit*.
Diese Sicht findet eine Stütze darin, dass § 121 I BGB auch im unmittelbaren Anwendungsbereich der §§ 116 ff. BGB auf schuldlos unrichtige Willenserklärungen
gem. § 119 I a. A. BGB greift. Abweichendes ließe sich zwar in Gegenüberstellung
von §§ 119 I a. A., 121 I BGB zu §§ 123 I, 124 BGB etwa für infolge Abnötigung
gerechtfertigte Überlassungen von Schlüssel und PIN begründen, siehe oben unter
5.b) bei Fn. 928. Doch wollte nicht einleuchten, dass dem Schlüsselinhaber hier ein
Jahr zuzugestehen sein soll, dem Geschäftsgegner das Vorliegen eines Missbrauchs-
falles aufzudecken und über sein „Dennochwollen" des vollmachtlosen Vertretergeschäfts unter seinem Namen zu entscheiden. Hier wird daher auch für diese Konstellation ein Greifen von § 121 I BGB analog bejaht, wobei diese kurze Frist allerdings analog § 124 II 1 Alt. 2 BGB erst mit Beendigung der Zwangslage beginnt.

[995] Siehe oben I.4.f)cc)(4).

[996] Siehe oben V.6.b)cc).

gem. § 119 I a.E. ist zwar beweisunabhängige Beurteilungsfrage, jedoch nur in Minimalfällen zu bejahen. Das Vorliegen eines analog §§ 171 I, 172 I BGB i.V.m. § 116 S. 1 BGB erfassten Falles der Billigung eines haftungsrelevanten unrichtigen Scheins infolge Signaturmissbrauchs ist auch empirisch nicht als Häufigkeit anzunehmen.

Es ist daher zu fragen, ob methodenehrliche Möglichkeiten bestehen, positive Haftung für einen haftungsrelevanten unrichtigen Schein bei Signaturmissbrauch über §§ 171 I, 172 I BGB i.V.m. §§ 116 S. 1, 119 I a.E., 121 I BGB hinaus *de lege lata* für den bürgerlichen Rechtsgeschäftsverkehr[997] zu begründen. Ob und wie dies andernfalls bzw. darüber hinaus *de lege ferenda* geschehen könnte und sollte, ist im Anschluss kurz anzudenken (dazu 9.). Zu erinnern ist, dass positive Haftung angesichts der schwerwiegenden Rechtsfolge kein Haftungsbegründungsziel *per se* ist[998].

Dass die Isolierung der §§ 171 I, 172 I BGB von §§ 116 ff. BGB kein methodenehrlicher Weg ist, wurde oben näher ausgeführt. Sie verstößt gegen das Ergebnis subjektiv-historischer Auslegung der §§ 171 I, 172 I BGB[999]. An den Gesetzesmaterialien kommt nicht vorbei, wer die sich aufdrängende Frage stellt, ob eine Regelungslücke vorliegt, die eine Analogie zu § 173 BGB verlangt[1000]. Wer nicht einmal diese Einschränkungsfrage seitens des Geschäftsgegners stellt, gelangt zu einer seitens des Geschäftsgegners und seitens des Geschäftsherrn[1001] extremen Normierung in §§ 171 I, 172 I BGB als Regelung absoluten Verkehrschutzes. Die Isolierung führt des Weiteren in Grenzfällen zu unbefriedigenden Ergebnisdivergenzen[1002].

Hier ist auf die soeben angesprochene „kleine" Gesetzeslücke „bei" § 118 BGB zurückzukommen und zu fragen, ob diese mit Folge positiver Haftung zu füllen und wie dies zu verallgemeinern ist [dazu a)]. Sodann ist

---

[997] Siehe oben bei Fn. 61 dazu, dass sich diese Arbeit auf Bürger als Schlüsselinhaber und Geschäftsherren beschränkt.

[998] Siehe oben I.4.f)aa).

[999] Siehe oben VI.1.

[1000] Siehe oben V.3.b).

[1001] Lässt man den Geschäftsherrn *isoliert* von §§ 116 ff. BGB d.h. *stets positiv* für eine unrichtige Kundgebung gem. §§ 171 I, 172 I BGB haften, so lassen sich Grenzen dieser positiven Haftung nur über die Auslegung des Begriffs der „Kundgebungen" nach §§ 171 I, 172 I BGB und normsystematisch über das Erfordernis der „Aushändigung" gem. § 172 I BGB finden. Von diesem Ausgangspunkt aus ist selbst die Rechtsprechung zur Anscheinsvollmacht noch eine restriktive Fortbildung, da sie immerhin Fahrlässigkeit voraussetzt, vgl. BGHZ 5, 111 [116] sowie Canaris, JZ 1976, 132 [133 unter 2.b)]. Doch ist bereits der Ausgangspunkt isolierter Normanwendung abzulehnen.

[1002] Vgl. schon *Wellspacher* oben bei Fn. 551 zu Abgrenzungszwängen mit einem „Rasiermesser".

zu fragen, ob eine Irrtumsbehandlung *e contrario* *§ 119 II BGB* als unbe-achtlicher Motivirrtum und nicht nach § 119 I BGB methodenehrliche Er-weiterungen trägt [dazu b)]. Des Weiteren ist zu fragen, ob sich aus der tat-bestandlich engeren Konzeption der negativen Haftung nach § 6 I 1 SigG i. V. m. § 823 II BGB und nicht analog §§ 118, 119 I a. A., 122 I BGB i. V. m. §§ 171 I, 172 I BGB etwas für die positive Haftungsstufe folgern lässt [dazu c)]. Im Anschluss ist die Relevanz von Privatautonomie für die Grenzen positiver Haftung nach §§ 116 ff. BGB zu betrachten[1003] [dazu d)]. Zuletzt ist zu überlegen, ob Erweiterungen aus speziellen Gesetzesnor-men außerhalb des allgemeinen Rechtsgeschäftsrechts in den §§ 104–185 BGB abgeleitet werden können, die unter den Gesichtspunkt eines Rechts-scheins gestellt werden [dazu e)].

a) Lücke für unvorsätzlich-bewusste Übereinstimmungsmängel „bei" § 118 BGB

§ 97 I-III BGB-EI ist in der Endfassung als § 118 BGB über „nicht ernstlich gemeinte Willenserklärungen" auf einen Extremfall reduziert wor-den. Denn neben einem *gänzlichen* „Mangel der Ernstlichkeit", der mit der „Erwartung" des Geschäftsherrn einhergeht, dieser „werde nicht verkannt werden", ist denkbar, dass der Geschäftsherr die Möglichkeit *teilweiser* Di-vergenz des Auslegungsergebnisses vom wirklichen Geschäftswillen vorher-sieht, ohne dies im Sinne von § 116 S. 1 BGB zu billigen[1004]. Als Beispiel sei genannt, dass sich der Geschäftsherr bewusst ist, eine drittvorbereitete einzelne Geschäftsklausel missverstehen zu können. Es liegt nahe, diese „kleine" Gesetzeslücke im Gefüge von positiver und negativer Haftung nach §§ 116 S. 1, 118, 119 I BGB *differenzierend* analog §§ 119 I a. A., a. E., 121 I, 122 I BGB zu schließen. Selbst wenn diese Lücke mit welch anderer Begründung auch immer *durchweg* im Sinne positiver Haftung ge-schlossen würde[1005], lässt sich daraus keine Verallgemeinerung als positive Haftung für die „wissentliche" Schaffung eines unrichtigen Scheins ablei-ten[1006]. Vorfrage ist, was „Wissentlichkeit" überhaupt sein soll. Bei Canaris,

---

[1003] Vgl. die Zitate bei und in Fn. 203 zu Argumentationen mit „Privatautono-mie" im Kontext der Problematik positiver Haftung.

[1004] Der Wortlaut des § 116 S. 1 BGB ist nebenbei bemerkt nicht gleichermaßen extrem geraten wie § 118 BGB. Denn der „geheime Vorbehalt, das Erklärte nicht zu wollen", kann auch nur einen Teil des „erklärten" i. S. v. ausgelegten Geschäfts-inhalts betreffen.

[1005] Vgl. die oben in Fn. 971 referierte Entscheidung BGH DB 1967, 2115, die dies auf eine allgemeine Arglisteinrede gründen will.

[1006] Dies ist bei *Canaris* jedoch „Minimaltatbestand" i. S. v. Grund- bzw. Aus-gangstatbestand positiver Rechtsscheins- bzw. Vertrauenshaftung, vgl. *Canaris*, Ver-trauenshaftung, S. 28 ff. Siehe oben in Fn. 62, 84 dazu, dass auch der BGH die

der sie „unschwer" als „Ausweg" findet[1007], gewinnt sie keine klare Gestalt[1008]. Zivilrechtlich vorgeprägt ist sie nicht. Im Strafrecht bezeichnet sie
auf Absicht und direkten Vorsatz eingeschränktes Verschulden, umfasst also
keinen Eventualvorsatz[1009]. Letzteres würde § 116 S. 1 BGB unnötig ver-
engen und die Lücke „bei" § 118 BGB gar nicht betreffen. Vielmehr würde
es gar eine Lücke „zwischen" § 116 S. 1 BGB und § 118 BGB reißen[1010].
Auch verstanden als real-kognitiv definiertes subjektives Tatbestandsmerkmal eigener Art und Füllung der Lücke „bei" § 118 BGB im Sinne durchgängiger positiver Haftung lässt sich positive Haftung aus §§ 171 I, 172 I
BGB i.V.m. §§ 116 ff. BGB immer noch nicht als positive Haftung für
„Wissentlichkeit" verallgemeinern: weil auch der positivierte § 118 BGB
einen Fall „wissentlicher" im Sinne von im Bewusstsein der Möglichkeit
der Entstehung eines unrichtigen Scheins erfolgender Erklärung behandelt
und nur mit negativer Haftung gem. § 122 I BGB verknüpft wird[1011].

b) Positiver Vertrauensschutz infolge unbeachtlichen Motivirrtums?

Ein Irrtum liegt jedenfalls vor bei Falschwissen (*error*) und nach erwei-
tertem Begriffsverständnis auch bei Nichtwissen (*ignorantia*)[1012]. Überlässt
der Schlüsselinhaber entgegen § 6 I 1 SigG Schlüssel und PIN einem Dritten und kommt es zu einem Signaturmissbrauch unter seinem Namen, so
haftet er negativ wegen vorsätzlichen Schutzgesetzverstoßes gem. § 823 II
BGB. Sofern der Schlüsselinhaber die abstrakte Missbrauchsgefahr im
Moment der Überlassung reflektiert, wird er regelmäßig dennoch davon
ausgehen, dass der Dritte seinen Vorgaben gemäß handeln, dass also kein
Signaturmissbrauch nachfolgen wird. Dann liegt ein Irrtum i.S.v. Falschwissen des Schlüsselinhabers um den nachfolgenden Signaturmissbrauch

---

Rechtsprechung zur Duldungsvollmacht im Anschluss an *Canaris* nunmehr auf
„Wissentlichkeit" seitens des Geschäftsherrn gründet.

[1007] So *Canaris* (Vertrauenshaftung, S. 29) nach Auseinandersetzung mit älteren
Literaturstimmen. Was ein „Ausweg" methodologisch sein soll, bleibt offen.

[1008] Siehe bereits oben in Fn. 84. Im Vergleich von Vertrauenshaftung S. 58 mit
S. 60 bei Fn. 23–25 bleibt unklar, was „gewusst" sein muss. Die dortigen Ausführungen legen nahe, dass nicht einmal „Wissentlichkeit" um die Schaffung eines *unrichtigen* Scheintatbestandes erforderlich sein soll. Der Tatbestand bleibt damit zu
unbestimmt.

[1009] *Tröndle/Fischer,* StGB, § 15 Rn. 7.

[1010] Siehe schon oben VI.5.a)dd).

[1011] Vgl. auch *G. Fischer,* S. 91. Versteht man „Wissentlichkeit" in einem solch
kognitiv-realen Sinne, so soll damit wohl *Gebhards* Redaktorenentwurf wiederbelebt
werden, siehe oben VI.3.d)aa). Dieser ist aber nicht Bürgerliches Gesetz in
§§ 116 ff. BGB geworden und überzeugt auch der Sache nach nicht.

[1012] Siehe soeben bei und in Fn. 983.

vor. Denkt der Schlüsselinhaber im Moment der Überlassung schon gar nicht an die abstrakte Missbrauchsgefahr, die sich sodann konkret realisiert, so liegt gar ein dahingehender Irrtum i. S. v. Nichtwissen vor[1013]. Hätte er Schlüssel und PIN nicht überlassen, wenn er den Missbrauch vorhergesehen hätte, so waren das vorgenannte Falsch- und Nichtwissen um den Missbrauch Beweggründe bzw. Motive der Überlassung. Zum selben Ergebnis positiver Haftung wie §§ 171 I, 172 I BGB i. V. m. § 116 S. 1 BGB analog würde nun führen, die beiden vorgenannten Irrtümer als unbeachtliche Irrtümer analog §§ 171 I, 172 I BGB i. V. m. §§ 119 II BGB *e contrario* zu qualifizieren.

Dieses Ergebnis überzeugt nicht, weil es die Differenzierungen in §§ 116 S. 1, 118, 119 I BGB aushebelt. Es würde dazu führen, dass ein wirklicher „böser Wille" und ein „gutes Motiv" gleichbehandelt werden im Sinne *positiver* Haftung.

Eben dies ist jedoch letzliches (Fortbildungs-)Ergebnis von Flumes oben kritisierter Interpretation der §§ 171 I, 172 I BGB als „selbständige, einseitige Rechtsgeschäfte", auf die §§ 116 ff. BGB zwar „selbstverständlich" Anwendung finden sollen, aber „natürlich" nur im vorgenannten eingeschränkten Sinne, dass die irrige Annahme der Richtigkeit der Kundgebung unbeachtlicher Motivirrtum seitens des Geschäftsherrn sei[1014]. Es ist nochmals zu erinnern, dass Flume mit keinem Wort begründet, warum dies nicht Irrtum über den Inhalt der Kundgebung gem. § 119 I Alt. 1 BGB oder Irrtum über eine Eigenschaft der kundgegebenen Person gem. § 119 II Alt. 1 BGB sein soll, was zu anderen Rechtsfolgen in Gestalt letztlich negativer Haftung gem. § 122 I BGB vorbehaltlich § 119 I a. E., 121 I BGB führt. Des Weiteren ist zu erinnern, dass sich die Anführung eines kraft Gesetzes unbeachtlichen Motivirrtums nicht mit Flumes Qualifizierung von Kundgebungen als Rechtsgeschäften bestätigungsähnlichen Geschäftsinhalts verträgt.

Nach Kindl ist Flumes Behandlung des Richtigkeitsirrtums als bloßer Motivirrtum nur rechtstechnisches Mittel der Realisierung „der von Canaris gefundenen Begründung"[1015], dass eine „Richtigkeitsrisikozuweisung" an den Geschäftsherrn aus „Drittgerichtetheit" des Kundgebungsinhalts einer Innenbevollmächtigung folge[1016].

[1013] Sieht der Schlüsselinhaber demgegenüber die Missbrauchsgefahr und billigt er deren Realisierung, so haftet er positiv analog §§ 171 I, 172 I BGB i. V. m. § 116 S. 1 BGB vorbehaltlich Rechtfertigung, siehe eben 5.b).

[1014] Siehe oben VI.2. *Flume* vorangehende ältere Literaturstimmen über einen „unbeachtlichen Motivirrtum" über die Richtigkeit des Kundgebungsinhalts referiert und kritisiert *Frotz*, S. 323 f.

[1015] *Kindl*, S. 41 bei Fn. 35.

[1016] *Canaris*, Vertrauenshaftung, S. 109, 132 f., 484 ff. *Kindl* geht wie Flume von einem „Richtigkeitsirrtum" in Gestalt eines Irrtums „über Bestand oder Inhalt der

Canaris' „Fund" ist Konsequenz einer durch die überinterpretierten Motive zu § 120 I BGB-EI[1017] ausgelösten Suche nach Begründungen für Ergebnisse, die dem bürgerlichen Gesetzgeber nicht vorschwebten[1018]. Die gefundene „Drittgerichtetheit" überzeugt auch der Sache nach nicht. Denn sie ist Gegebenheit jeder Innenbevollmächtigung. Mittels der oben referierten „Richtigkeitsrisikozuweisung" kraft „Drittgerichtetheit" müsste konsequenterweise jedes Verhalten, dem Schlüssigkeit auf das Vorangehen einer Innenbevollmächtigung zugesprochen wird, zu positiver Haftung im Falle der Unrichtigkeit des Schlussergebnisses aufgrund „Drittgerichtetheit" des Schlussgegenstandes bzw. -ziels führen. Danach wären nicht nur Kundgebungen, sondern auch von der Rechtsprechung über Scheinvollmachten erfasste Verhaltensweisen allein mit dieser Begründung positiv zu verantworten. Schon für Kundgebungen wird die vorgenannte Konsequenz jedoch nicht vollzogen. Auch Canaris befürwortet hier die Beachtlichkeit von Irrtümern analog § 119 BGB, unter anderem „über den Inhalt der Mitteilung"[1019]. Warum „Drittgerichtetheit" hier wiederum doch nicht zu einer „Richtigkeitsrisikozuweisung" führen soll, bleibt offen[1020]. Doch ist nicht die Ausnahme, son-

---

kundgegebenen Vollmacht" aus, vgl. *Kindl*, S. 40 vor Fn. 33, vgl. das oben bei Fn. 803 erfolgte Zitat von *Flume*: „irrige Annahme ..., dass eine Bevollmächtigung nach § 167 geschehen sei". *Canaris* scheint „Richtigkeitsirrtümer" demgegenüber primär auf *Nichtwissen* um die *Nichtigkeit* der wirklich erteilten Innenvollmacht beziehen zu wollen, vgl. Vertrauenshaftung, S. 109 sowie S. 110 in Fn. 2. In der Frage eines *Wirksamkeitsrechtsscheins* ist auf die Ausführungen oben in Fn. 813 zu verweisen, wonach §§ 171 I, 172 I BGB i. V. m. § 122 II BGB schon keine *Regel*normierung eines solchen Rechtsscheins darstellen. Doch sollen bei *Canaris* die „praktisch kaum denkbaren Fälle", die *Flume* und *Kindl* behandeln, „entsprechend hinzuzudenken" sein, Vertrauenshaftung, S. 109.

[1017] Vgl. *Canaris,* Vertrauenshaftung, S. 110 bei Fn. 4, wo Mot I 137 f. aufgegriffen werden.

[1018] Hier sei kurz das unter VI.1. Ausgeführte rekapituliert: § 120 BGB-EI fasste die letztlich getrennten Außenbevollmächtigungen gem. § 167 I Alt. 2 BGB und Außenkundgebungen über Innenbevollmächtigungen gem. § 171 I BGB noch in einer Norm zusammen. Die „selbständige Bevollmächtigung", auf die Canaris abhebt, war Rechtsfolgenformulierung von § 120 I BGB-EI. Diese diente der Klarstellung gegenüber dem engeren Gebhardschen Redaktorenentwurf, dass auch derartige Außenerklärungen über die von *Gebhard* nur behandelten Innenbevollmächtigungen hinaus Rechtsfolgen nach sich ziehen, vgl. oben VI.1.b), insb. bei Fn. 778. Das „Verlassenkönnen", auf das Canaris des Weiteren abhebt, war kein Verweis auf pauschal intendierten positiven Vertrauensschutz. Vielmehr sollte der Geschäftsgegner sich nur darauf „verlassen können", dass eine „Kundgebung ... der Bevollmächtigung" gem. § 120 I BGB-EI eigenständig auf Mängel überprüft wird mit der Folge, dass nur negative bzw. auch gar keine Haftung gegeben sein kann, vgl. dazu oben VI.1.b), insb. bei und nach Fn. 785.

[1019] *Canaris,* Vertrauenshaftung, S. 36.

[1020] Ungangbar ist des Weiteren die an *Larenz* Geltungstheorie zur Willenserklärung (vgl. oben unter V.3.c)aa) insbesondere in Fn. 603) ausgerichtete Trennung

dern der Grundsatz zu hinterfragen. Die „Drittgerichtetheit" stellt nur auf das Richtigkeitsinteresse des Geschäftsgegners ab. Sie negiert damit wiederum die Differenzierungen seitens des Geschäftsherrn in §§ 116 S. 1, 118, 119 I BGB. Daher ist sie schon im Grundsatz abzulehnen[1021]. Im Signaturkontext, bei dem ein Eigenhandeln des Schlüsselinhabers scheinbar sein kann[1022], will „Drittgerichtetheit" ohnehin nicht plastisch werden.

Das vorschnelle Operieren mit einem „unbeachtlichen Motivirrtum" geht allgemein über ein hierarchisches Verhältnis hinweg, in das „Übereinstimmungsmängel" und sonstige Willensmängel zu stellen sind[1023]. Eine Nichtübereinstimmung von wirklichem und scheinbarem Geschäftswillen kann auf verschiedene Gründe zurückzuführen sein, die die Endfassung mit §§ 116 S. 1, 118, 119 I BGB und die Vorentwürfe in verschiedener Weise differenzieren und differenzierten[1024]. Die Auslegungsergiebigkeit des eigenen Verhaltens für andere ist bereits Motiv bzw. Beweggrund in dem Sinne, dass sie intendiert (§ 116 S. 1 BGB) bzw. bei richtiger Voraussicht zu anderem, den unrichtigen Schein vermeidenden Verhalten (§ 119 I a.A. BGB) geführt hätte. *Sonstige* Motive werden daher allenfalls relevant, wenn ein Geschäftswille richtig geäußert wird.

Mit der Argumentation mit einem „unbeachtlichen Motivirrtum" ist daher weder allgemein noch im Signaturkontext eine Erweiterung positiver Haftung für einen unrichtigen Schein über die §§ 171 I, 172 I BGB i.V.m. §§ 116 S. 1, 119 I a.E., 121 I BGB hinaus zu erreichen.

---

von „Unrichtigkeit" und „Fehlerhaftigkeit" der Kundgebung, vgl. *Canaris,* Vertrauenshaftung, S. 484 mit 486.

[1021] Entscheidend ist zudem nicht die *Drittgerichtetheit* des Rechtsverhältnisses, über das der Geschäftsherr informiert bzw. auf das der Geschäftsgegner schließen darf. Sondern entscheidend ist, ob der Geschäftsgegner eine geschäftsbezogene Information als richtig *nehmen* bzw. erschließen darf. Entscheidend ist, ob er eine geschäftsbezogene Annahme treffen darf. Diese Umformulierung führt daher wieder auf die Frage des Vorliegens eines objektiven Scheintatbestandes und seines Inhalts zurück. Dessen Bejahung ergibt noch nichts darüber, ob der Geschäftsherr positiv, negativ oder gar nicht haftet, so der Schein unrichtig ist, vgl. oben bei Fn. 452. Mit der der „Drittgerichtetheit" ähnlichen Argumentation, im Stellvertretungsrecht liege „wegen der *Dreizahl* der Beteiligten eine im Vergleich zu den §§ 116 ff. BGB atypische Interessenkonstellation vor", will *Waldeyer,* S. 103, Hervorhebung hinzugefügt) positiven und nicht nur negativen Vertrauensschutz durch die Rechtsprechung über Scheinvollmachten rechtfertigen. Er widerspricht damit seinen vorangehenden Ausführungen zu §§ 171 I, 172 I BGB, auf die §§ 116 ff. BGB Anwendung finden sollen (S. 23 ff.), da auch hier diese „Dreizahl" vorliegt. Hier wird der Leerfloskelcharakter vieler zur Rechtfertigung positiven Vertrauensschutzes „gefundenen" Argumente evident.

[1022] Siehe oben V.2.

[1023] Siehe bereits oben VI.3.b).

[1024] Siehe oben VI.3.d).

c) „Abhängigkeit" der beiden Haftungsstufen?

Eine Analogie zu §§ 171 I, 172 I BGB i.V.m. §§ 116 ff. BGB wurde auf der Stufe negativer Haftung aufgrund der fahrlässigkeitsunabhängigen Konzeption der §§ 118, 119 I a.A., 122 I BGB als *zu weitgehend* beurteilt[1025]. Die horizontale Konkurrenzproblematik negativer Haftung für Signaturmissbrauch wurde hier im Sinne der Vorzugswürdigkeit der Haftungsbegründung – *und Haftungsbegrenzung* – durch § 6 I 1 SigG i.V.m. § 823 II BGB beantwortet. Wie oben als „kleine Vertrauensmaxime" skizziert, bilden §§ 118, 119 I a.A., 122 I BGB jedoch den gesetzlichen Grundpfeiler des geschäftsgegnerischen Vertrauensschutzes für übereinstimmungsmangelhafte Willenserklärungen, d.h. für den unrichtigen Schein eines Geschäftswillens, wie auch für unrichtige Kundgebungen[1026]. Dies könnte zu der Forderung verleiten, dass wenn denn negative Haftung *enger* als nach §§ 118, 119 I a.A., 122 I BGB konzipiert wird, dann auch positive Haftung *in weiterem Umfang* bejaht werden müsse. Zu argumentieren versucht werden könnte mit der Erklärung der Weite negativer Haftung als „Korrektiv für die mit Durchführung des Willensdogmas unter Umständen verbundenen Härten"[1027]. Doch ist dieser Gedankengang aus mehreren Gründen abzulehnen.

Er fußt auf einem Vorverständnis einer wechselseitigen Abhängigkeit beider Haftungsstufen, das fehlgeht. Die Beurteilung der Ausnahmekonzeption fahrlässigkeitsunabhängiger negativer Haftung als *zu weit* greift auf einen Maßstab in Gestalt des Verschuldensgrundsatzes zurück, den der bürgerliche Gesetzgeber selbst so gesehen und den der das Schuldrecht modernisierende Gesetzgeber noch jüngst bestätigt hat[1028]. Demgegenüber lassen sich §§ 116 S. 1, 119 I a.E., 121 I BGB nicht als *zu eng* beurteilen, da sie nicht Ausnahme zu anderen Gesetzesfällen weitergehender Begründung positiver Haftung für einen unrichtigen Schein sind[1029] [dazu nochmals sogleich unter e)].

Das weiteren *relativiert sich* die Fahrlässigkeitsunabhängigkeit der Konzeption der §§ 118, 119 I a.A., 122 I BGB *empirisch*[1030]. Sie wird nur in

---

[1025] Siehe oben VI.4.

[1026] Siehe oben bei Fn. 560, 899.

[1027] Siehe oben bei Fn. 863, 892.

[1028] Siehe oben bei und in Fn. 197.

[1029] Geschweige denn lassen sich die §§ 116 S. 1, 119 I a.E., 121 I BGB an „dem Vertrauensschutzprinzip", vorverstanden als möglichst *positiver* Vertrauensschutz (siehe oben bei und in Fn. 563), als zu enge Ausnahme bemessen. Soweit „der Vertrauensgedanke" dahin gehen soll, mag er das Denken vieler Juristen beherrschen (vgl. oben in Fn. 169), findet sich dergestalt aber eben nicht im Bürgerlichen Gesetzbuch.

[1030] Siehe oben VI.4.

Ausnahmekonstellationen relevant. Der Versuch vertrauensgrundsätzlicher Erfassung des objektiven Scheintatbestandes einer Willenserklärung nach §§ 133, 157 BGB sowie nach §§ 116 S. 2, 122 II BGB stützt diese These. Konsequenz ist, dass die negative Haftungsebene der §§ 118, 119 I a. A., 122 I BGB trotz fahrlässigkeitsunabhängiger Konzeption weniger weit ist, als diese Konzeption suggeriert. Demgemäß ist auch der Rückgriff auf eine engere, grundsätzliche Begründung und Begrenzung negativer Haftung wie hier nach § 6 I 1 SigG i. V. m. § 823 II BGB empirisch gesehen keine umfängliche Einschränkung. Ein Verständnis der wechselseitigen „Abhängigkeit" der beiden Haftungsstufen wird daher durch die vorliegende Alternativbegründung negativer Haftung schon gar nicht wesentlich berührt.

d) Privatautonomie

Nach Hofer fand Privatautonomie in systematischen Darstellungen des (gemeinen) Zivilrechts im Zeitraum vor und bei Ausarbeitung des BGB keinerlei Erwähnung[1031]. In den Entstehungsmaterialien des BGB begegnet der Begriff demgemäß hier und da[1032], ohne dass ihm eine zentrale, oberbegriffliche Bedeutung beigemessen wurde.

Soweit ersichtlich stammt die erste unter den Oberbegriff von Privatautonomie gestellte Arbeit von von Hippel. Dieser veröffentlichte im Jahre 1936 eine rechtstheoretische Habilitation über „das Problem der rechtsgeschäftlichen Privatautonomie". Privatautonomie war für v. Hippel ein übergreifender Gesichtspunkt, unter dem verschiedene Regelungsprobleme des Rechtsgeschäfts abgeschichtet werden könnten[1033]. Die Frage des „Verkehrsschutzes gegen Verkehrsstörungen" im Falle von „unzutreffenden rechtsgeschäftlichen Willenserklärungen"[1034] sei rechtstheoretisch ein Fol-

---

[1031] *Hofer,* Freiheit, S. 3.

[1032] Vgl. etwa *Gebhard,* RedE-AT, S. 21 (Paginierung des Nachdrucks) im Kontext des Ergänzungsverhältnisses von Selbstbestimmung und anerkennender Wirkung „ex lege", siehe dazu schon eben in Fn. 936: es sei irrig, „dass dem Privatwillen an sich rechtsschöpferische Kraft zukomme, dem Rechte somit in der Privatautonomie neben dem allgemeinen Willen [des Gesetzgebers] eine zweite Quelle fließe".

[1033] *v. Hippel,* S. 22 mit S. 71: „Das Rechtsgeschäft ... ist jetzt erkennbar als eine gesellschaftliche Ordnungsweise von bestimmter Eigenart, als die Anerkennung von Privatangelegenheiten, die der willkürlichen Selbstregelung der Beteiligten unterliegen, als Zulassung einer willkürlichen Selbstbestimmung (Privatautonomie) von Rechtsgenossen über ihr zukünftiges wechselseitiges Verhalten".

[1034] Als solcher Fall einer „unzutreffenden rechtsgeschäftlichen Willenserklärung" wird genannt, „dass eine Handlung, die als Ausdruck eines bestimmten Geschäftswillens, als Willenserklärung erscheint, vorgenommen wird, ohne von einem ihr entsprechenden Geschäftswillen des Erklärenden begleitet zu sein, ja, ohne von dem

geproblem der Zulassung von Rechtsgeschäften, das dahin zu formulieren sei: „wie sollen in einer Rechtsgemeinschaft, die Rechtsgeschäfte zulässt, durch Verkehrsstörungen hervorgerufene Konflikte geregelt werden; wie sollen insbesondere Rechtsgenossen, die unzutreffende rechtsgeschäftliche Willenserklärungen abgegeben haben, (unter wechselnden Umständen) handeln und behandelt werden?"[1035]. Letztlich klammerte von Hippel dieses Folgeproblem aus seiner Untersuchung aus[1036]. Bei ihm fanden sich damit noch keine Aussagen dazu, was „Privatautonomie" zu den Rechtsfolgen der Störfälle „unzutreffender rechtsgeschäftlicher Willenserklärung" ergeben können soll.

Diesen Schritt vollzieht dann Flume in seinem nahezu tausendseitigen Lehrbuch über „das Rechtsgeschäft", dessen erste Auflage im Jahre 1965 erschien. Ausweislich deren Einleitung will diese Arbeit eine „systematische Darstellung der Grundregeln der *Privatautonomie* nach geltendem Recht" sein[1037]. Sie enthalte „nur Variationen über das eine große Thema der Privatautonomie". Es sei „die Behandlung aller Einzelfragen auf dieses Thema ausgerichtet". In der hier interessierenden Einzelfrage der Rechtsfolgen unrichtiger Willenserklärungen stellt Flume eine Formel von mit „Selbstbestimmung korrelierender Selbstverantwortung" auf. Diese Formel gewinnt er in „Ausrichtung" der Pathologiefälle auf den Idealfall[1038]. Diese „Ausrichtung" setze die richtige und vollständige Erfassung von Willenserklärung und Rechtsgeschäft nicht nur als „Mittel der Selbstbestimmung", sondern als „Sozialakt, der andere angeht", voraus[1039]. Das die gegenläufigen Prinzipien der Selbstbestimmung und des Vertrauensschutzes „verbindende" bzw. „vereinigende" Moment sei „die Selbstverantwortung": „Zur Selbstbestimmung gehört nun, wie längst erkannt ist, die Selbstverantwortung"[1040]. Flume unternimmt es nachfolgend jedoch nicht, die §§ 116 S. 1, 118, 119 I BGB näher dahin zu betrachten, welche Art von „Selbstverantwortung" hier jeweils normiert wird. Insbesondere der höhere Verschuldensgrad, an den der als vorsätzlich widerrechtliche Veranlassung eines unrichti-

---

Betreffenden in irgendeinem Sinne als Willenserklärung gemeint zu sein", v. *Hippel*, S. 72.

[1035] *v. Hippel*, S. 71–73, Zitat von S. 73.

[1036] *v. Hippel*, S. 107 f.

[1037] *Flume*, Rechtsgeschäft, Vorwort zur ersten Auflage, S. VII (Hervorhebung hinzugefügt).

[1038] *Flume*, Rechtsgeschäft, S. 49, 59 ff.; vgl. auch bereits *Flume*, FS DJT, 135 [159].

[1039] *Flume*, Rechtsgeschäft, S. 60 f.

[1040] *Flume*, Rechtsgeschäft, S. 61. „Wie längst erkannt ist", wird an *Windscheid* festgemacht, der als Mitglied der ersten Kommission die §§ 95 ff. BGB-EI über „Willensmängel" maßgeblich in seinem zuvor veröffentlichten und die *Savignysche* Theorie verbessernden Sinne beeinflusste, vgl. oben in Fn. 921.

gen Scheins zu abstrahierende § 116 S. 1 BGB die schwerwiegendere Rechtsfolge positiver Haftung knüpft, tritt bei Flume nicht hinter einer unergiebigen Formel der „Ohnmächtigkeit" des geheimen Vorbehalts hervor[1041]. „Selbstbestimmung korrelierende Selbstverantwortung" dient bei Flume letztlich auch dazu, der negativen Haftung nach §§ 118, 119 I a.A., 122 I BGB Grenzen hin zu keiner Haftung zu ziehen[1042].

Zu einer plastisch gefälligen, jedoch abzulehnenden Dreiteilung mittels Privatautonomie, Selbstbestimmung und Selbstverantwortung gelangt aufbauend auf Flume sodann Canaris. Nach diesem sind zu scheiden (1) fehlerfreie Selbstbestimmung, (2) durch Selbstverantwortung „ergänzte … fehlerhafte" Selbstbestimmung und (3) Selbstverantwortung bei „fehlender" Selbstbestimmung, die diese nicht zu „ersetzen" vermöge[1043]. Den beiden erstgenannten „dogmatischen" Konstellationen soll durch den „rechtlichen Grundwert" der Privatautonomie „eine großartige innere Einheit" zukommen[1044]. Fehlende Selbstbestimmung ersetzende „Selbstverantwortung" soll demgegenüber dem „klar zu trennenden und als dogmatisch selbständig anzuerkennenden" dritten Teilbereich von Vertrauens- bzw. Rechtsscheinhaftung zuzuordnen sein[1045] – „was indessen nicht die Leugnung eines inneren Zusammenhangs und einer gewissen Verwandtschaft bedeuten muss"[1046]. Die Grenze zwischen fehlerhafter und fehlender Selbstbestimmung soll Erklärungsbewusstsein bilden[1047]. Diese „Dogmatik" führt zu fundamentalen Widersprüchen. Die erklärungsunbewusste Willenserklärung soll „Problem der Rechtscheinslehre" sein und wird konsequenterweise als „objektiver

---

[1041] Siehe oben bei Fn. 914.

[1042] Vgl. *Flume,* Rechtsgeschäft, S. 131 ff. [132 bei Fn. 41], S. 449 f. [450 nach Fn. 3]. *Flumes* Systemlegung leidet darunter, dass neben Privatautonomie, Selbstbestimmung und Selbstverantwortung noch weitere Oberbegriffe (etwa Finalität, vgl. S. 73, 115 f., 131) und Kategorien (nämlich „grundsätzlich andersartiges" … „rechtsgeschäftliches Verhalten" einerseits und „rechtlich relevantes Verhalten im Bereich des rechtsgeschäftlichen Verkehrs" andererseits, vgl. S. 115 f.) gebildet werden, die die genannte Haftungsrestriktion begründen sollen, deren Gehalt jedoch unklar bleibt. Ebenso unergiebig bleibt die Etikettierung von § 122 BGB als „rechtsgeschäftliche Haftung" (S. 423), was mit Blick auf andere Ausführungen (Rechtsgeschäft, S. 37, 129) wohl als „eine gesetzliche Rechtsfolge in Ergänzung rechtsgeschäftlicher Gestaltung" zu verstehen sein soll.

[1043] *Canaris,* Vertrauenshaftung, S. 412 ff. [422, 428].

[1044] *Canaris,* Vertrauenshaftung, S. 415 f. [insbesondere 416 bei Fn. 17] in Zusammenschau etwa mit S. 422.

[1045] *Canaris,* Vertrauenshaftung, S. 427 f. unter 6.

[1046] *Canaris,* Vertrauenshaftung, S. 412.

[1047] *Canaris,* Vertrauenshaftung, S. 727 f. unter 6. Innerhalb der Verklammerung von fehlerfreier und erklärungsbewusst-übereinstimmungsmangelhafter Willenserklärung will *Canaris* die „Natur" des Rechtsgeschäfts und „die sinngebende Mitte" der Rechtsgeschäftslehre lozieren, vgl. Vertrauenshaftung, 430 unter 2.

Scheintatbestand" zugestanden[1048]. Dass die erklärungsbewusst-übereinstim-
mungsmangelhafte Willenserklärung kein unrichtiger Schein sein soll, wird
nicht explizit verneint. Klargestellt wird es jedoch ebenso wenig. Dahingehende Ausführungen sind jedoch geboten, da eine richtige wie auch
unrichtige Willenserklärung aus der begrenzten Perspektive des Geschäftsgegners gleichermaßen Willenserklärung ist und über ihre Richtigkeit oder
Unrichtigkeit gemessen am wirklichen Geschäftswillen erst aus besserwissender bzw. im Falle des Geschäftsgegners sozusagen aus nachträglicher
Perspektive zu urteilen ist: ob eine ihre Hand in einer Versteigerung he-
bende Person[1049] in Wirklichkeit kein Erklärungsbewusstsein hat, sich über
den momentan zu ersteigernden Gegenstand irrt (§ 119 I BGB), sich einen
guten (§ 118 BGB) oder bösen (§ 116 S. 1 BGB) Scherz erlaubt oder den
Gegenstand wirklich ersteigern will (Idealfall), ist Folgefrage. Vorfrage ist,
ob der Auktionator aus der Geste auf einen Ersteigerungswillen schließen
darf, ob diese einen dahingehenden Schein trägt. Die erklärungsbewusste
Willenserklärung nicht als Schein und die erklärungsbewusst-übereinstim-
mungsmangelhafte Willenserklärung nicht als unrichtigen Schein zu behandeln, wäre eine „Dogmatik", die faktische und in einer Arbeit über Ver-
trauens- und Rechtsscheinhaftung entscheidende Gemeinsamkeiten verstellt.
Die demnach gebotene Erkenntnis, dass in allen drei von Canaris geschie-
denen Konstellationen ein Schein gegeben und *in den beiden letzten Konstellationen* [siehe soeben (2) und (3)] über die Haftung für dessen Unrichtigkeit zu befinden ist, stellt wiederum Canaris' Verklammerung *der ersten
beiden Konstellationen* [siehe eben (1) und (2)] mittels „Privatautonomie"
in Frage.

Hier steht der nüchterne Befund, dass Privatautonomie *gar nichts* (!) zur
Behandlung übereinstimmungsmangelhafter Willenserklärungen ergibt. Weder verbietet sie, ergebnisgleiche Rechtsfolgen an solch einen unrichtigen
Schein wie an eine richtige Willenserklärung zu knüpfen[1050]. Die dahingehende Rigorosität der Savignyschen Theorie hat der Bürgerliche Gesetzgeber zu Recht überwunden[1051]. Noch gibt sie vor, wann positive und wann
negative und wann keine Haftung für solch einen unrichtigen Schein greifen sollten[1052]. Was genau in den §§ 116 S. 1, 118, 119 I BGB als korrek-

---

[1048] *Canaris,* Vertrauenshaftung, S. 549.

[1049] Das Lehrbuchbeispiel der Trierer Weinversteigerung begegnet erstmalig bei
Isay, Willenserklärung, S. 25. *Singer* referiert einen in England praxisrelevant gewordenen ähnlichen Fall, Selbstbestimmung S. 129 bei Fn. 4. *Wieling* findet gar
eine „Präzedenzie" aus altrömischen Zeiten, JA 1991, Übungsblätter 222 [226 bei
Fn. 53].

[1050] Zu eng daher etwa *Wieling,* JA 1991, Übungsblätter 222 [226, 228] und
Werba, siehe oben in Fn. 203.

[1051] Siehe oben 3.c).

turwürdig empfunden wird und wie dies korrigiert werden könnte, sollte daher auf den Punkt gebracht werden und nicht hinter „Dogmatik" wie der letztgenannten mit Folge einer „unnötigen Flucht aus dem Gesetz"[1053] verschwinden.

e) Verallgemeinerbarkeit von Spezialregelungen?

Eine „Willenserklärung" gem. §§ 116 ff. BGB ist Mindestbaustein aller „Rechtsgeschäfte" gem. §§ 104–185 BGB. Der Titel der §§ 116 ff. BGB ist sozusagen vor die Klammer des Abschnitts der §§ 104–185 BGB zu ziehen. Dieser findet sich wiederum im Allgemeinen Teil des BGB. Eine Willenserklärung ist objektiver Scheintatbestand. Die Haftung für dessen Unrichtigkeit regeln §§ 116 S. 1, 118, 119 I, 121, 122 I, 123 I BGB. §§ 171 I, 172 I BGB finden sich ebenfalls im Abschnitt über Rechtsgeschäfte. Sie normieren i. V. m. § 122 II BGB, dass die dort genannten Kundgebungen regelmäßig ebenfalls objektive Scheintatbestände sind. Demgemäß erwartete der Bürgerliche Gesetzgeber eine parallele Behandlung der Haftung im Falle ihrer Unrichtigkeit nach den §§ 116 S. 1, 118, 119 I, 121, 122 I, 123 I BGB.

Der Inhalt des für den Signaturkontext herausgearbeiteten objektiven Scheintatbestandes, dass der Schlüsselinhaber selbst eine signierte Willenserklärung abgegeben habe, gehört ebenfalls in den Regelungskontext der §§ 104–185 BGB über Rechtsgeschäfte. Demgemäß wurde er hier als Fortbildung der §§ 171 I, 172 I BGB i. V. m. § 122 II BGB eingeordnet. Hier ist nochmals daran zu erinnern, dass ein objektiver Scheintatbestand nicht weniger und vor allem nicht mehr ist als die Verneinung von haftungshinderndem Mitverschulden des Geschäftsgegners.

Demgemäß wurde auch die Haftung des Geschäftsherrn für die Unrichtigkeit des Scheins d. h. für die Folgen der dem Geschäftsgegner erlaubten Fehlannahme als Analogie zu §§ 171 I, 172 I BGB i. V. m. §§ 116 ff. BGB zu entwickeln versucht. Für die *negative Haftungsstufe* wurde diese Analogie jedoch abgelehnt. Hier wurde eine Haftungsbegründung aus § 6 I 1

[1052] Erweiterte Verständnisse von „Privatautonomie" wie *in extremo* dahin, es genüge die „Möglichkeit" der Verhaltenssteuerung (vgl. HKK zum BGB (*Schermaier*), vor § 104 Rn. 6 ff. [7]) laufen auf dieselben (zu) weiten und damit wenig ergiebigen Konzeptionen hinaus wie derjenigen von objektiver Zurechenbarkeit im Minimum adäquater Kausalität, siehe oben in Fn. 598. Ebenso wenig dürfen der wirkliche Geschäftswille im Idealfall der richtigen Willenserklärung und der wirkliche Täuschungswille im Pathologiefall des § 116 S. 1 BGB in einem erweiterten Verständnis von Rechtsfolgen (privat-)autonomen Verhaltens aufgehen. Denn der erstgenannte Idealfall ist in *Essers* Worten Gebrauch, letztgenannter Pathologiefall ist Missbrauch autonomer Willensfreiheit, vgl. Gefährdungshaftung, S. 51.

[1053] So HKK zum BGB (*Schermaier*), §§ 116–124 Rn. 25.

SigG i. V. m. § 823 II BGB als allgemeinerer und aufgrund der Haftungsbeschränkung durch Verschulden überzeugenderer Grundlage bejaht. Trotz
Normierung im *Allgemeinen* Teil des BGB und im *allgemeinen* Rechtsgeschäftsrecht wurden die §§ 118, 119 I a. A., 122 I BGB i. V. m. §§ 171 I,
172 I BGB also nicht als Analogiebasis herangezogen. Vielmehr wurde auf
die *Allgemeinregelung* über „unerlaubte Handlungen" in §§ 823 ff. BGB im
zweiten Buch des BGB zurückgegriffen. Diese behandeln *auch,* wenngleich
nicht nur und *nicht generell* die von §§ 118, 119 I a. A., 122 I BGB behandelte Frage einer Schadensersatzpflicht für unmittelbare Vermögensschäden
im Unterfall von vertrauensbedingten Vermögensfehldispositionen. Sie behandeln diese *nicht nur,* da auch andere Modi unmittelbarer Vermögensschädigung sowie nur mittelbare Vermögensschädigungen infolge der Verletzung der in § 823 I BGB enumerierten Rechtsgüter und absoluten Rechte
geregelt werden. Sie behandeln den vorliegend interessierenden Unterfall
unmittelbarer Vermögensschädigung *nicht generell,* da ein dahingehendes
Schutzgesetz gem. § 823 II BGB hinzukommen oder der subjektiv-qualifizierte Tatbestand des § 826 BGB gegeben sein muss. Hier ist ersteres mit
§ 6 I 1 SigG der Fall. Auf diese horizontale Konkurrenzebene gehören des
Weiteren die §§ 311, 241 II, 280 I, 276 BGB, die wiederum nicht nur den
von §§ 118, 119 I a. A., 122 I BGB behandelten Schädigungsfall betreffen.

Die tatbestandlich engen Ergebnisse von Analogien zu §§ 171 I, 172 I
BGB i. V. m. §§ 116 S. 1, 119 I a. E., 121 I BGB wurden oben aufgezeigt
(siehe 5.–7.). Es fragt sich, ob auch hier ein Rückgriff auf *allgemeinere* Be-
gründungsmöglichkeiten offen steht, der konträr zu § 6 I 1 SigG i. V. m.
§ 823 II BGB im Vergleich zu §§ 118, 119 I a. A., 122 I BGB zu positiver
Haftung auf breiterer tatbestandlicher Grundlage führt.

Als Regelungen positiven Vertrauensschutzes für einen unrichtigen
Schein werden verschiedenste Regelungen in den weiteren Büchern des
BGB verstanden[1054]. Diese bleiben jedoch punktuell. Die *Gesetzessystema-
tik* spricht zudem dagegen, sie nicht nur als Spezialregelungen weitergehen-
der positiver Haftung zu verstehen, sondern ihnen zugleich einen in ihren
Erweiterungen verallgemeinerbaren und auch für das allgemeine Rechts-
geschäftsrecht in §§ 104–185 BGB relevanten Gehalt beizumessen. Des
Weiteren belasten die dortigen Wirkungen positiven Vertrauensschutzes den
Geschäftsherrn abstrakt besehen weniger schwer. Ein Rechtsverlust infolge

---

[1054] Siehe oben in Fn. 418. Es ist zu erinnern, dass diese Arbeit sich auf die *bürgerliche Rechtslage* beschränkt, siehe oben bei Fn. 61. Soweit für einen Schlüsselinhaber etwa als Kaufmann *Sonderprivatrecht* greift, mögen sonderprivatrechtliche
Normen positive Haftung über §§ 116 ff. BGB [i. V. m. §§ 171 I, 172 I BGB (analog)] hinaus im Einzelfall begründen. Ob etwa § 56 HGB verallgemeinert werden
kann, ist jedoch allenfalls für den sonderprivatrechtlichen Bereich zu erwägen, vgl.
Art. 2 I EGHGB.

scheinbaren Eigentums des Veräußerers gem. § 932 ff. BGB etwa ist gegenständlich begrenzt. Ein Regress beim wirksam verfügenden Dritten für den verlorenen Sachwert ist unproblematisch gangbar. Gleichermaßen führt etwa die Liberation kraft Rechtsscheins[1055] nach §§ 370, 407, 409 BGB letztlich nur zu einem Schuldnerwechsel. Demgegenüber betrifft positive Haftung für einen unrichtigen Schein im Kontext der §§ 104–185 BGB auch und vornehmlich *Verpflichtungswirkungen*. Diese sind nicht apriorisch begrenzt. Gegebenheit und Durchführbarkeit einer Regressnahme beim vollmachtlosen Dritten sind nicht selbstverständlich[1056]. Daher ist *auch der Sache nach* Skepsis geboten, was allgemeine Rückschlüsse aus Spezialregelungen positiven Vertrauensschutzes angeht, die unter weiteren Tatbeständen als die §§ 116 S. 1, 119 I a.E., 121 I BGB (i.V.m. §§ 171 I, 172 I BGB) greifen[1057].

Eine *Verfügungswirkung* kraft Rechtsscheins (s. Fn. 1055) knüpfen §§ 932 ff. BGB *e contrario* § 935 I BGB an die „Aushändigung" einer Sache, die dann vom Nichteigentümer bei Schein seines Eigentums veräußert wird. Eine *Verpflichtungswirkung* kraft Rechtsscheins knüpft § 172 I BGB an die „Aushändigung" einer Vollmachtsurkunde, sofern deren Inhalt unrichtig ist und seitens des Geschäftsherrn ein §§ 116 S. 1, 119 I a.E., 121 I BGB unterfallender Sachverhalt gegeben ist. Im Übrigen tritt nach § 172 I BGB i.V.m. §§ 118, 119 I a.A., 122 I BGB nur negative Haftung ein. Demgegenüber führen §§ 932 ff. BGB zu positivem Vertrauensschutz, auch wenn der Eigentümer bei Aushändigung die nichtberechtigte Verfügung nicht voraussieht und insoweit irrt (*ignorantia*)[1058]. Die empirisch seltene Relevanz der Fahrlässigkeitsunabhängigkeit der Konzeption der §§ 118, 119 I a.A., 122 I BGB zeigt sich wiederum i.V.m. § 172 I BGB: der Geschäftsherr kann und muss eine Vollmachtsurkunde bei deren Aushändigung auf deren inhaltliche Richtigkeit hin untersuchen[1059]. Fälle, die nicht als demgemäß fahrlässig zu beurteilen wären, sind schwer vorstellbar[1060]. Die

---

[1055] Vgl. *Altmeppen*, Disponibilität des Rechtscheins, S. 1.

[1056] Siehe oben bei und in Fn. 162 f.

[1057] Es ist daher als übereilt zu kritisieren, aufgrund der Gemeinsamkeit eines Rechtsscheins eine „Vergleichbarkeit" der Gesetzesregelungen anzuführen, so etwa für §§ 171 I, 172 I BGB und § 409 BGB Eujen/Frank, JZ 1973, 232 [233 in Fn. 11].

[1058] Zum Irrtumsbegriff siehe oben Fn. 983.

[1059] Das „müssen" wird hier *a fortiori* der normtheoretisch fahrlässigkeitsunabhängigen Haftung für die unrichtige Vollmachtsurkunde unterstellt, siehe oben V.5.c).

[1060] Das von *Canaris* (Vertrauenshaftung, S. 34) genannte „alte Schulbeispiel" der Aushändigung einer bewusstermaßen noch unrichtigen Vollmachtsurkunde mit der Anweisung, diese erst nach Rücksprache d.h. späterer Innenbevollmächtigung zu gebrauchen, begegnet in den Gesetzesmaterialien nicht. „Dass kein Zweifel daran

„Aushändigung" gem. § 172 I BGB zieht hier die Grenze zu Sachverhalten, in denen Haftung anders begründet werden muss und insbesondere die Ausnahmekonzeption der §§ 118, 119 I a. A., 122 I BGB nicht mehr trägt. Sie ist also nicht wie bei §§ 932 ff. BGB Grenze zwischen positivem und keinem Vertrauensschutz des Geschäftsgegners. Der weitergehende Tatbestand positiven Vertrauensschutzes nach §§ 932 ff. BGB als nach §§ 172 I BGB i. V. m. §§ 116 S. 1, 119 I a. E., 121 I BGB erklärt sich wiederum aus der unterschiedlichen Rechtsfolgenbelastung, wie soeben aufgezeigt. Somit ist §§ 172 I, 935 I BGB keine gemeinsame Wertung für die „Zurechenbarkeit" eines unrichtigen Scheins zu entnehmen[1061]. Geschweige denn kann § 935 I BGB entnommen werden, dass auch bei § 172 I BGB für jede „ausgehändigte" Vollmachturkunde positive Haftung greifen solle, also keine Differenzierung i. V. m. §§ 116 ff. BGB erfolgen solle. Demgemäß kann auch nicht gesamtanalog §§ 172 I, 935 I BGB positive Haftung für jede Aushändigung bzw. Überlassung von Signaturschlüssel und PIN begründet werden[1062].

f) Zwischenergebnis

Methodenehrliche Möglichkeiten der Erweiterung positiver Haftung über §§ 171 I, 172 I BGB i. V. m. §§ 116 S. 1, 119 I a. E., 121 I BGB hinaus sind nicht ersichtlich.

9. Erweiterung positiver Haftung *de lege ferenda*?

Die Problematik von Rechtsschein- bzw. Vertrauenshaftung des Geschäftsherrn für vollmachtloses Vertreterhandeln geht nicht dahin, Feinheiten einer im Kern klaren und unstreitigen Gesetzesregelung auszuloten bzw.

---

bestehen kann, dass § 172 I BGB gerade Fälle wie den vorliegenden meint und dass der Prinzipal daher ohne die Möglichkeit einer Anfechtung gebunden ist", wird von Canaris einfach in den Raum gestellt. Die „Bindung ... ohne die Möglichkeit einer Anfechtung" d.h. die positive Haftung hierfür wird aus einer „Missbrauchsrisikozuweisung" gefolgert (a. a. O. S. 35). Subjektiv-tatbestandlich steht der Sachverhalt regelmäßig allenfalls § 118 BGB nahe: der Geschäftsherr mag die Möglichkeit eines Missbrauchs abstrakt vorhersehen, billigt diese zukünftige Entwicklung aber regelmäßig nicht. §§ 118, 122 I BGB führen zu negativer Haftung.

[1061] So aber *Canaris,* Vertrauenshaftung, S. 548; *ders.* JZ 1976, 132 [133 unter 2.b)]; vgl. auch *Rieder,* S. 115 bei Fn. 24, S. 152 bei Fn. 184; *Ultsch,* DZWir 1997, 466 [473] scheint gar gesamtanalog §§ 172, 173, 932 ff. BGB zu einer Privilegierung der Mitverantwortung des Geschäftsgegners nur bei *grober* Fahrlässigkeit gem. § 932 II BGB statt § 173 BGB (siehe oben bei Fn. 446–449 und 569–579) gelangen zu wollen.

[1062] So wohl *Ultsch* in *Schwarz*: Recht im Internet, 6 – 2.5, S. 18.

auszutarieren. Vielmehr wird eine sehr zentrale Gesetzesregelung von Rechtsprechung und Teilen der Literatur als defizitär empfunden. Nämlich die §§ 116 ff. BGB, zu denen die subjektiv-historische Auslegung der §§ 171 I, 172 I BGB führt, die wiederum „als wichtigste Grundlage der Rechtsscheinhaftung im bürgerlichen Recht" für vollmachtloses Vertreterhandeln angesehen werden. Eine gute Theorie über als schlecht empfundenes Gesetzesrecht sollte dessen Defizite klar herausarbeiten und generalisierbare Korrekturmöglichkeiten vorschlagen.

Einen Defizitbefund hat Wellspacher geliefert. Dass sein Ausgangspunkt des „völligen Ungenügens" negativer Haftung[1063] zu teilen ist, soll damit nicht besagt sein. Wellspachers Korrekturvorschlag in Gestalt einer Isolierung der §§ 171 I, 172 I BGB von §§ 116 ff. BGB war als Provisorium gedacht[1064]. Das folgende Jahrhundert hat demgegenüber einen Berg von „theoretischen Mäntelchen" auf- und ausgebaut, um den von Wellspacher eingestandenen „Widerspruch" seines Korrekturvorschlags zu verdecken[1065]. Die Herausarbeitung etwaiger Gesetzesdefizite wird damit zunehmend schwer. Es kann nicht ausgeschlossen werden, dass das letztliche gesetzgeberische Absehen von § 126a III 2 BGB-RefE [1999] eben darauf zurückzuführen ist, dass vor einer auch nur punktuellen Korrektur in diesem theoretischen Dickicht kapituliert wurde[1066].

Die vorliegende Arbeit hat anhand des konkreten Anlasses der vorgenannten Haftungsfragestellung für Signaturmissbrauch die §§ 116 S. 1, 119 I a. E., 121 I BGB als den einschlägigen Teil der kompakten und komplexen Gesetzesregelung der §§ 116 ff. BGB (i. V. m. §§ 171 I, 172 I BGB) herausgearbeitet, die – und nur die – positive Haftung für einen unrichtigen Schein zu begründen vermögen und als deren Defizit ihre tatbestandliche Enge vorverstanden wird.

a) Mögliche Ansatzpunkte

Wird dieser gegenüber Wellspacher präzisierte Defizitbefund geteilt, so kommen folgende *formell-gesetzliche Ansatzpunkte* für positive Haftung erweiternde Korrekturen in Betracht: zu erwägen ist (1) eine allgemeine Extension innerhalb der §§ 116 ff. BGB. Alternative wäre (2) eine spezielle Extension nur im Vertretungsrecht der §§ 164 ff. BGB. Hier ist wiederum denkbar, (a) eine Extension für jegliche „Außenerklärungen" vorzunehmen. Also sowohl für Außenkundgebungen gem. §§ 171 I, 172 I BGB wie auch

---

[1063] Siehe oben bei Fn. 553–557.
[1064] Siehe oben bei Fn. 547, 562 („Vorläufig").
[1065] Siehe oben bei Fn. 562.
[1066] Siehe oben I.4.

für Außenbevollmächtigungen gem. § 167 I Alt. 2 BGB positive Haftung
unter weitergehenden Tatbeständen greifen zu lassen als nach §§ 116 S. 1,
119 I a. E., 121 I BGB. Unteralternative (b) wäre wiederum, nur für Außenkundgebungen gem. §§ 171 I, 172 I BGB eine Extension zu normieren und
damit den von Wellspacher zu Recht gesehenen Widerspruch gesetzgeberisch zuzulassen[1067]. Weitere Alternative wäre (3) eine punktuelle Regelung,
wie sie mit § 126a III 2 BGB-RefE [1999] angedacht war. Letztere würde
keine Klarheit schaffen, sondern die Folgefrage nach sich ziehen, inwieweit
Analogien dazu Abweichungen von §§ 167 I Alt. 2, 171 I, 172 I BGB
i. V. m. §§ 116 ff. BGB im sonstigen Vertretungsrecht erlauben würden.

b) Generalisierbare Extensionsmerkmale

An *generalisierbaren Extensionsmerkmalen* sind einfache Fahrlässigkeit
und grobe Fahrlässigkeit zu erwägen.

„Das Risikoprinzip" ist bislang nicht als operabel aufgezeigt worden[1068].
Gebhards kognitive Trennlinie mittels Bewusstsein und fehlendem Bewusst-

---

[1067] In diese Richtung dürfte der oben bei Fn. 134 referierte Vorschlag von
Scheffler und *Dressler* zu verstehen sein.

[1068] Bei *Canaris* (Vertrauenshaftung, S. 481 ff.) werden verschiedene Risiken suf-
fixiert. Teils überschneiden sich diese mit Verschulden, wie etwa das „Irreführungs-
risiko" mit Täuschungsvorsatz, vgl. Vertrauenshaftung, S. 482. Teils überschneiden
sich diese untereinander, wie Richtigkeitsrisiko und Fehlerhaftigkeitsrisiko einer
Kundgebung, vgl. a. a. O. S. 484, 486. Es verbleibt der Eindruck, dass hier letztlich
nur *Fallgruppen* unter dasselbe Suffix eines allzu unbestimmten „-risikos" gezwängt
werden. Um eine „subsumtionsfähige Norm" (vgl. Vertrauenshaftung, S. VIII) auch
nur im Sinne eines generalklauselartigen Tatbestandsmerkmals handelt es sich damit
nicht. Die bei Canaris zugleich omnipräsente Argumentation mit „dem Sphären-
gedanken" gewinnt keine verallgemeinerbare Gestalt („näher dran"). Letztlich äußert sich *Canaris* selbst skeptisch gegenüber einer Generalisierbarkeit „des Risikoprinzips", vgl. *Canaris*, in FS für Heldrich, 11 [22 f.]. Zu erinnern ist des Weiteren,
dass „das Risikoprinzip" eine zweifache Differenzierung bzw. Abstufung leisten
müsste: nämlich die Abgrenzung positiver, negativer und keiner Haftung für einen
unrichtigen Schein.
    Klarer wird die Haftungsbegründung und -begrenzung durch „Risiko" auch nicht
in der etwa zeitgleich zu Canaris' Habilitation entstandenen Dissertation von *Gotthardt,* der mit sehr ähnlichen, jedoch gleichermaßen unbestimmt bleibenden Kriterien operiert, vgl. dort S. 7–16, insb. S. 15. Letztlich führt *Gotthardt* eine Begründung positiver Haftung infolge einer „Objektivierung subjektiver Momente" an,
S. 205, 212.
    Soweit ersichtlich, taucht der „Vorschlag eines allgemeinen Zurechnungsprinzips"
dahin, dass der Geschäftsherr „Risikoträger" sei und daher positive hafte „in solchen
Fällen, in denen er selbst die Risikolage geschaffen hat, die geeignet ist, das bestimmte ihm nachteilige Ereignis zu fördern", im Scheinvollmachtskontext erstmalig
bei *G. Albrecht* (S. 94 ff., insb. 98 f.) auf. Damit soll „das Gesamtgeschehen einzel-
ner praktischer Fälle einer wertenden Beurteilung zu unterziehen sein" (S. 99). *G.*

sein der (Möglichkeit der) Entstehung eines unrichtigen Scheins[1069] findet keine formell-gesetzlichen Paten und überzeugt der Sache nach nicht.

Einfache wie auch grobe Fahrlässigkeit weisen den *beweispraktischen Vorteil* auf, als *unbewusste* Fahrlässigkeit keine *innerlich-tatsächliche* Beweisbrisanz mit sich zu bringen.

Eine allgemeine oder auch nur spezielle Erweiterung der Tatbestände positiver Haftung auf *einfache* Fahrlässigkeit, wie sie § 126a III 2 BGB-RefE [1999] punktuell bedeutet hätte, kann angesichts der Rechtsfolgenschwere und der Regressgrenzen nicht befürwortet werden, so denn überhaupt ein potentieller Regressschuldner vorhanden ist wie im Vertretungsdreieck.

Albrecht wendet selbst ein, „dass sich hiermit praktisch jedes Ergebnis begründen lasse und dass an die Stelle einer bestehenden Zumutbarkeitsprüfung ein Prinzip trete, das zu einer unübersichtlichen Haftungserweiterung führen müsse", doch „muss betont werden, dass die Einordnung des Billigkeitsrechts in gesetzesähnliche Tatbestände nur schrittweise erfolgen kann" (S. 100).

Eine beeindruckende kulturgeschichtliche Einordnung der Entwicklung hin zu technischer Gefährdungshaftung unternimmt *Meder* in seiner Habilitation über „Schuld, Zufall, Risiko". Einen Gehalt als *zentrales* Kriterium für Haftungsbegründung gewinnt „Risiko" jedoch auch bei *Meder* nicht, vgl. auch ders. JZ 1993, 539 ff. über „Risiko als Kriterium der Schadensverteilung".

In der noch älteren Literatur begegnet statt „Risiko" denn auch der begrifflich verwandte Gesichtspunkt der *Haftung für „Gefahr" bzw. „Gefährdung" im rechtsgeschäftlichen Verkehr,* vgl. die Nachweise bei Canaris, Vertrauenshaftung, S. 480 in Fn. 26. Schon Rümelin relativierte seine Ausführungen allerdings dahin, dass auch Schuldhaftung der Gefahrvermeidung diene (S. 19, 36). Im Rechtsgeschäftsverkehr geht es nicht um Gefährdungshaftung im Sinne der Erlaubnis einer eigentlich unerlaubten, aber kollektiv nützlichen *technischen* Gefährdung um den Preis verschuldensunabhängiger Haftung. Oder plastischer formuliert: §§ 118, 119 I a. A., 122 I BGB (i. V. m. §§ 171 I, 172 I BGB) sind keine Gefährdungshaftung für den ausnahmsweise erlaubten gefährlichen „Betrieb eines Mundwerks". Deren Erklärungsversuch als „Gefahrverteilung nach Maßgabe der Einwirkungsmöglichkeit" (Rümelin, S. 49 f.; Müller-Erzberg, AcP 106, 309 [437]) bleibt zu vage, lässt sich nicht verallgemeinern. Die Kritik an der Unbestimmtheit und damit Inoperabilität dieser Theorien rechtsgeschäftlicher Gefährdungshaftung ist daher verständlicherweise nahezu so alt wie diese Theorien, vgl. *Schuster,* S. 39 ff.

Die vorangehende Kritik bzw. Skepsis sei am Signaturkontext exemplifiziert. (1) Um welches Risiko bzw. welche Risiken soll es hier gehen? Soll pauschal das „Restrisiko" (siehe oben vor Fn. 15) dem Schlüsselinhaber zugewiesen werden? Soll dieses „Restrisiko" mit Rechtsfolge positiver oder negativer Haftung zugewiesen werden? Überzeugt eine Trennung von „Abhandenkommensrisiko" mit Folge negativer Haftung einerseits und „Missbrauchsrisiko" nach Aushändigung mit Folge positiver Haftung andererseits, vgl. Vertrauenshaftung, S. 482 f. unter 3. mit S. 487 unter 7.? Wiegt nicht eine „grob-schlampige" Verwahrung mindestens so schwer, wenn nicht gar schwerer als die Aushändigung an eine sorgfältig ausgesuchte Person, die wieder Erwartung doch den Schlüssel missbraucht?

[1069] Vgl. oben VI.3.d)aa) sowie soeben bei und in Fn. 1011.

c) Zwischenergebnis

Es ist daher im allgemeinen Rechtsgeschäftsrecht der §§ 104–185 BGB *de lege ferenda* allenfalls eine Extension positiver Haftung auf die grob fahrlässige Veranlassung eines unrichtigen Scheins in mehr oder minder genereller Weise [siehe a)] zu erwägen[1070]. Diesen rechtspolitischen Gedanken weiter zu konkretisieren, ist nicht Aufgabe der vorliegenden Arbeit.

10. Ergebnis auf vertikaler Problemebene

Analogien zu den §§ 171 I, 172 I BGB i.V.m. §§ 116 S. 1, 119 I a.E., 121 I BGB führen zu engen und beweisbrisanten Tatbeständen positiven Vertrauensschutzes bei unrichtigem und haftungsrelevantem Schein, dass der Schlüsselinhaber selbst eine signierte Willenserklärung abgegeben habe: für dessen zumindest eventualvorsätzliche und widerrechtliche Veranlassung analog § 116 S. 1 BGB; bei hypothetischem Wollen des vom vollmachtlosen Vertreter unter dem Namen des Schlüsselinhabers willenserklärten Geschäfts analog § 119 I a.E. BGB; bei schuldhaft verzögerter Anfechtung nach Kenntniserlangung von einem Signaturmissbrauch gegenüber einem konkreten Geschäftsgegner analog § 121 I BGB.

Im Übrigen tritt negative Haftung für einen Signaturmissbrauch nach § 6 I 1 SigG i.V.m. § 823 II BGB ein, sofern der Schlüsselinhaber schuldhaft gegen signaturgesetzliche Sicherungspflichten verstoßen hat.

Andernfalls haftet der Schlüsselinhaber gar nicht für einen Signaturmissbrauch unter seinem Namen.

Weitergehende Begründungen positiver Haftung sind *de lege lata* nicht möglich. „Der Vertrauensgedanke" bzw. „das Vertrauensschutzprinzip" geben über die vorgenannten rechtsgeschäftsrechtlichen Gesetzesnormen hinaus nichts her. Ein weitergehender positiver Schutz des Vertrauens im modernen Rechtsgeschäftsverkehr[1071] bei Missbrauch qualifizierter elektronischer Signaturschlüssel von Bürgern als Signaturschlüssel-Inhabern kann nur *de lege ferenda* erreicht werden.

De lege ferenda ist angesichts der Schwere ungewollter Verpflichtungswirkungen und angesichts der hiermit einhergehenden Regressgrenzen al-

---

[1070] Das „ungelesene Unterzeichnen" eines dritterrichteten Willenserklärungsentwurfs wäre dann etwa als solcher Fall *grob* fahrlässigen Handelns erfassbar, vgl. *Bydlinski*, Privatautonomie, S. 163; *Henrich*, RabelsZ 35, 55 [55, 64 ff., 67].
Siehe oben in Fn. 119 zu auf dieses Ergebnis hinauslaufenden Argumentationen, welches *de lege lata* nach §§ 116 S. 1, 119 I a.E., 121 I BGB [i.V.m. §§ 171 I, 172 I BGB (analog)] jedoch nicht zu erreichen ist.

[1071] Siehe das Zitat oben I.1. bei Fn. 2.

lenfalls eine materiell-haftungstatbestandliche *Erweiterung* positiven Vertrauensschutzes auf *grobe* Fahrlässigkeit bei der Veranlassung eines haftungsrelevanten unrichtigen Scheins anzudenken.

Nicht nur die Rechtsprechung zur sog. Anscheinsvollmacht, sondern auch
die Rechtsprechung über Blankettmissbrauch ist gemessen an §§ 171 I, 172
I BGB i. V. m. §§ 116 S. 1, 119 I a. E. BGB „systemwidrig"[1072], so bei verdeckter Blankettausfüllung überhaupt ein objektiver Scheintatbestand analog
§§ 171 I, 172 I BGB i. V. m. § 122 II BGB zu bejahen ist[1073]. Die Rechtsprechung zur Duldungsvollmacht überschneidet sich mit §§ 171 I, 172 I
BGB i. V. m. §§ 116 S. 1, 119 I a. E. BGB sowie mit Fällen eines „pauschalen Geschäftswillens" und ist präzisierungsbedürftig.

[1072] Siehe oben bei Fn. 202 ff.
[1073] Siehe oben V.5.

VII. Zusammenfassung

„Sicherheit und Vertrauen sind von zentraler Bedeutung im elektronischen Geschäftsverkehr ... Kernstück zur Förderung dieses Vertrauens ist die qualifizierte elektronische Signatur"[1074].

Die vorliegende Arbeit ist der Frage nachgegangen, welche Rechtsfolgen der Missbrauch eines überlassenen, abhanden gekommenen etc.[1075] Signaturschlüssels durch einen vollmachtlosen Vertreter im elektronischen Rechtsgeschäftsverkehr für den Schlüsselinhaber nach sich zieht. Fixpunkt der Betrachtungen war der Fall der vollmachtlosen Drittabgabe einer signierten Willenserklärung unter dem Namen des Schlüsselinhabers[1076] „in einer offenen Kommunikation (in der sich die Teilnehmer nicht kennen müssen)"[1077]. In diesem Fall ist Vertrauensbasis für den Geschäftsgegner allein das ihm telekommunizierte signierte elektronische Dokument und das Ergebnis der Signaturprüfung[1078]. Die Betrachtungen wurden auf allgemeine Privatrechtssubjekte als Schlüsselinhaber und damit auf die Bürgerliche Rechtslage bei Signaturmissbrauch beschränkt.

Diese Rechtslage ist durch die Signaturgesetzgebung[1079] und an diese anknüpfende Folgegesetze[1080] nicht spezialgeregelt worden. Eine „Spezialregelung der von der Rechtsprechung entwickelten Anscheins- und Duldungsvollmacht" war zwar mit § 126 a III 2 BGB-RefE [1999] für den Signaturkontext angedacht worden. Sie ist jedoch letztlich nicht in Kraft gesetzt worden[1081]. Damit ist die Haftungsbegründung benannt, um die die Signaturliteratur mit stark divergenten Ergebnissen kreist[1082]: positiver Vertrauensschutz des Geschäftsgegners trete ein, wenn und weil bei Signaturmissbrauch ein Schein- bzw. Vertrauenstatbestand gegeben und dem Schlüsselinhaber zurechenbar sei[1083]. Diskutiert wird die Anwendung, Übertra-

---

[1074] BT-Drs. 15/3417, S. 6; siehe oben bei Fn. 2.
[1075] Siehe oben II.3. zu Missbrauchsszenarien.
[1076] Siehe oben I.4.e)aa).
[1077] BT-Drs. 13/7385, S. 26; siehe oben in Fn. 3.
[1078] Siehe oben II.1. und V.2.
[1079] Siehe oben in Fn. 1.
[1080] Siehe oben in Fn. 256.
[1081] Siehe oben I.4.c).
[1082] Siehe oben in Fn. 38 sowie I.4.e).
[1083] Siehe oben bei Fn. 66–69.

gung bzw. Fortbildung einer oder beider Rechtsprechungslinien über Scheinvollmachten[1084] und über Blankettmissbrauch[1085].

Verzahnt man diese Diskussion mit dem Bürgerlichen Gesetzbuch, so stößt man auf die Vertretungsbestimmungen der §§ 171 I, 172 I BGB „als wichtigste Grundlage der Rechtsscheinhaftung im bürgerlichen Recht"[1086]. Diese überwinden die typische Erkenntnislücke des Geschäftsgegners dahin, ob der Geschäftsherr einen Vertreter innenbevollmächtigt habe[1087].

Für den nicht auszuschließenden Fall, dass der Geschäftsgegner die Unrichtigkeit einer demgemäßen „Kundgebung" des Geschäftsherrn kennt, „dass er einen anderen bevollmächtigt habe", muss deren Qualifizierung als Rechtscheins- bzw. Vertrauenshaftung auf Zweifel stoßen, wenn auch hier deren Rechtsfolge greifen würde, dass der vollmachtlose Vertreter „auf Grund der Kundgebung ... zur Vertretung befugt ist". Denn es würde dann an eine für diesen bösgläubigen i. S. v. besserwissenden Geschäftsgegner gar nicht gegebene Scheinvollmacht angeknüpft bzw. dessen nicht vorhandenes Vertrauen geschützt. Fragt man, ob eine planwidrige Einschränkungslücke seitens des Geschäftsgegners vorliegt, die analog § 173 BGB zu schließen ist[1088], so kommt man um die Entstehungsmaterialien zu §§ 171 I, 172 I BGB nicht umhin. Diese ergeben die bürgerlich-gesetzgeberische Erwartung der Anwendung der „Vorschriften über Willensmängel usw." in den §§ 116 ff. BGB auf Kundgebungen gem. §§ 171 I, 172 I BGB[1089]. Unter den §§ 116 ff. BGB findet sich auch der § 173 BGB identische § 122 II BGB, so dass für eine Analogie zu § 173 BGB weder Raum noch Bedarf ist.

Betrachtet man auch die Entstehungsmaterialien zu den §§ 116 ff. BGB näher, so tritt ein Teil dieser Bestimmungen als zweistufige Vertrauensschutzregelung[1090] für einen unrichtigen Schein des Geschäftswillens vor Augen[1091]. Die Stufe positiven Vertrauensschutzes für einen unrichtigen Schein ist mit §§ 116 S. 1, 119 I a. E., 121 I BGB (i. V. m. §§ 171 I, 172 I BGB) tatbestandlich eng normiert worden. Zentralnorm ist § 116 S. 1 BGB, der positiven Vertrauensschutz an die vorsätzlich widerrechtliche Veranlassung eines unrichtigen Scheins knüpft[1092]. Die Stufe negativen Ver-

---

1084 Siehe oben I.4.a) und V.4.
1085 Siehe oben I.4.b) und V.5.
1086 Siehe oben I.4.f)cc)(2) bei Fn. 212; siehe auch oben bei Fn. 66 f.
1087 Siehe oben I.4.f)cc)(2), II.1., V.1.
1088 Siehe oben V.3.b).
1089 Siehe oben VI.1.
1090 Siehe oben I.4.f)aa).
1091 Siehe oben VI.3.
1092 Siehe oben VI.5.

trauensschutzes ist mit den fahrlässigkeitsunabhängig konzipierten §§ 118, 119 I a. A., 122 I BGB (i. V. m. §§ 171 I, 172 I BGB) demgegenüber normtheoretisch weit ausgestaltet worden[1093]. Die Vorfrage, ob überhaupt ein Schein für den Geschäftsgegner gegeben ist, behandeln die §§ 116 S. 2, 117 I, 122 II, 133, 157 BGB (i. V. m. §§ 171 I, 172 I BGB)[1094].

Konsequenz dieses subjektiv-historischen Herangehens an §§ 171 I, 172 I BGB i. V. m. §§ 116 ff. BGB ist, dass Rechtsgeschäftslehre und Rechtsscheinslehre für vollmachtloses Vertreterhandeln nicht „dogmatisch" gegenüberzustellen sind[1095]. Vielmehr ist die Frage der Vertrauensschutzdifferenzierung für einen unrichtigen Schein des Geschäftswillens und für einen unrichtigen Schein von Vollmacht im Ausgangspunkt eine rechtsgeschäftsrechtliche Teilfragestellung[1096].

Seit v. Seeler und Wellspacher wird an „theoretischen Mäntelchen"[1097] geflickt, um positiven Vertrauensschutz mehr oder minder weit über §§ 171 I, 172 I BGB i. V. m. §§ 116 S. 1, 119 I a. E., 121 I BGB hinaus zu begründen. Keines dieser „theoretischen Mäntelchen" kann überdecken, was der gründliche Blick in die Gesetzesmaterialien ergibt, nämlich die Zentrierung der §§ 116 ff. BGB (i. V. m. §§ 171 I, 172 I BGB) auf negativen Vertrauensschutz. Diplomatisch formuliert verschwimmen im vorliegenden Kontext die Grenzen zwischen Rechtswissenschaft und Rechtspolitik. Unverblümter formuliert, wurde und wird weitgehend Rechtspolitik im Kleide mehr oder minder ausgefeilter Dogmatik und Methode[1098] bzw. im Wege der judiziellen Beharrlichkeit[1099] betrieben.

Letztere hat angesichts der zugleich stets starken Opposition zumindest gegen die Anscheinsvollmacht[1100] sowie angesichts vieler bis heute verbliebener tatbestandlicher Unklarheiten[1101] keinesfalls zu richterlichem Gewohnheitsrecht geführt. Der Verfasser teilt auch nicht das rechtspolitische Vorverständnis maximalen positiven Vertrauensschutzes für den von der vorliegenden Arbeit behandelten bürgerlichen Rechtsgeschäftsverkehr. Zu erwägen ist *de lege ferenda* allein die Ausdehnung positiven Vertrauens-

---

[1093] Siehe oben I.4.f)bb)(3) in Fn. 192, VI.3.d)ee) bei Fn. 899 sowie VI.4.

[1094] Siehe oben V.3.c).

[1095] Siehe oben in Fn. 231, 794.

[1096] Siehe insbesondere VI.2.c).

[1097] Siehe oben V.3.a), insb. bei Fn. 562.

[1098] Siehe oben in Fn. 578.

[1099] Siehe oben in Fn. 53 zur Sprunghaftigkeit der „ständigen Rechtsprechung", die nur im gerichtspraktischen Ergebnis positiver Haftung beständig ist.

[1100] Siehe oben I.4.f)cc)(1).

[1101] Siehe oben I.4.a), I.4.e), V.4., V.5., VI.8.a).

schutzes auf grob fahrlässige Veranlassungen eines unrichtigen Scheins[1102]. *De lege lata* lässt sich dieses Ergebnis nicht erreichen[1103].

Positiver Vertrauensschutz bei Signaturmissbrauch ist analog §§ 171 I, 172 I BGB i.V.m. §§ 116 S. 1, 119 I a.E., 121 I BGB auf einen Rechtsscheinstatbestand des Inhalts zu gründen, dass der Schlüsselinhaber selbst die telekommunizierte Willenserklärung signiert und abgegeben habe[1104]. Ein Schein dahingehenden Inhalts ist bereits bei erstmaligem sowie einmaligem Empfang einer signierten Willenserklärung gegeben. Dieses Ergebnis wird mittelbar gestützt durch § 371 a I 2 ZPO [2005].[1105]. Hat entgegen dem Schein in Wirklichkeit ein vollmachtloser Vertreter unter dem Namen des Schlüsselinhabers gehandelt[1106], so haftet der Schlüsselinhaber positiv für den unrichtigen Schein, wenn er einen solchen Signaturmissbrauch vorsätzlich widerrechtlich veranlasst hat[1107] (§ 116 S. 1 BGB), wenn das ungewollte Vertretergeschäft seinem hypothetischen Willen entspricht[1108] (§ 119 I a.E. BGB) oder wenn er nach Kenntniserlangung von einem Signaturmissbrauch gegenüber einem konkreten Geschäftsgegner nicht unverzüglich diesem die Anfechtung erklärt[1109] (§ 121 I BGB).

Negativer Vertrauensschutz bei Signaturmissbrauch ist nicht analog den fahrlässigkeitsunabhängigen §§ 171 I, 172 I BGB i.V.m. §§ 118, 119 I a.A., 122 I BGB zu begründen[1110]. Ebenso wenig ist ein rechtsgeschäftsähnliches Schuldverhältnis gem. § 311 II BGB [2002] gegenüber Jedermann ab Beginn einer Schlüsselinhaberschaft zu bemühen, um Missbrauchsverhinderungspflichten gem. § 241 II BGB [2002] gegenüber Jedermann ableiten zu können[1111]. Vielmehr sind im Signaturgesetz mittelbar behandelte und insbesondere in § 6 I 1 SigG angesprochene Sicherungsmaßnahmen des Schlüsselinhabers als schutzgesetzliche Pflichten gem. § 823 II 1 BGB gegenüber Jedermann zu qualifizieren[1112]. Deren schuldhaft widerrechtliche Verletzung begründet – und begrenzt gem. § 823 II 2 BGB – negativen Ver-

---

[1102] Siehe oben VI.9.
[1103] Siehe oben VI.8.
[1104] Siehe oben V.2.
[1105] Siehe oben V.6.
[1106] Zur entsprechenden bzw. reduzierten Anwendung von §§ 164 I 1, 167 I Alt. 1 BGB bei signierter Willenserklärung unter dem Namen des Schlüsselinhabers durch einen Innenbevollmächtigten siehe oben V.2.a)dd) sowie in Fn. 743.
[1107] Siehe oben VI.5.
[1108] Siehe oben VI.6.
[1109] Siehe oben VI.7.
[1110] Siehe oben VI.4.
[1111] Siehe oben IV.
[1112] Siehe oben III.

trauensschutz bei Signaturmissbrauch[1113]. Das Signaturgesetz ist insoweit Vertrauensschutzgesetz: signaturgesetzlich gegen Signaturmissbrauch erforderliche Sicherungsmaßnahmen sind Sicherungspflichten zum Schutz fremden Vermögens vor Vertrauensschäden im modernen elektronischen Rechtsgeschäftsverkehr[1114].

Diese negative Vertrauenshaftung nach § 6 I 1 SigG i.V.m. § 823 II BGB kann auch als negative Rechtsscheinhaftung bezeichnet werden. Denn „der Rechtsschein" ist nicht weniger und vor allem nicht mehr als eine Umkehrformulierung der Verneinung von haftungshinderndem Mitverschulden des Geschäftsgegners[1115]. Dies ergibt der Blick auf §§ 171 I, 172 I BGB i.V.m. § 122 II BGB als einer der „Vorschriften über Willensmängel usw.". Darf der Geschäftsgegner auf eine rechtsgeschäftsbezogene Annahme – im vorliegenden Kontext: dass der Schlüsselinhaber selbst die Willenserklärung signiert und abgegeben habe – vertrauen und ist demgemäß ein Scheintatbestand für ihn zu bejahen, so muss er nicht weitergehend nachfragen, nachforschen, sich vergewissern, ob seine rechtsgeschäftsbezogene Annahme der Wirklichkeit entspricht (§ 122 II Alt. 2 BGB i.V.m. §§ 171 I, 172 I BGB). Muss er umgekehrt misstrauen, ist also kein Schein zu bejahen, so hindert sein Unterlassen weitergehender Vergewisserung eine Haftung des Geschäftsherrn. Gleichermaßen liegt kein Schein vor, wenn der Geschäftsgegner die ihm ungünstige Wirklichkeit sogar kennt (§ 122 II Alt. 1 BGB i.V.m. §§ 171 I, 172 I BGB).

§§ 171 I, 172 I BGB i.V.m. § 122 II BGB ergeben zugleich, dass die objektiv-scheintatbestandliche Qualität einer Kundgebung nur Regel ist, die gem. § 122 II BGB Ausnahmen kennt. Wie beschränkt die Erkenntnisgrundlage des Geschäftsgegners bei Empfang einer signierten Willenserklärung ist, bestimmt daher auch im Signaturkontext darüber, ob der Geschäftsgegner analog §§ 171 I, 172 I BGB i.V.m. § 122 II BGB auf einen Rechtsschein vertrauen darf oder nicht, dass der Schlüsselinhaber selbst die signierte Willenserklärung abgegeben habe[1116].

Die zukünftige Diskussion von positiver und negativer Rechtsscheins- bzw. Vertrauenshaftung bei Ausbleiben der Geschäftswirksamkeit sollte stärker auf eine Pflichtengrundlage fokussiert werden. Eine Pflichtenkon-

---

[1113] Zur Abgrenzbarkeit vorsätzlicher Gefährdung nach § 6 I 1 SigG i.V.m. § 823 II BGB etwa bei bewußt-pflichtwidriger Überlassung von Schlüssel und PIN von vorsätzlich widerrechtlichem Verhalten analog § 116 S. 1 BGB i.V.m. §§ 171 I, 172 I BGB siehe oben VI.5.b) und c).

[1114] Zur Haftungsausfüllung siehe oben in Fn. 150; zum modernen Rechtsgeschäftsverkehr siehe oben II.1. bei Fn. 258.

[1115] Siehe oben V.1. und V.3.

[1116] Siehe oben V.2. und V.3.

zeption überzeugt in zweifacher Hinsicht. Zum einen erlaubt sie, unter Rückgriff auf Verschuldensgrade positive Haftung infolge qualifiziert-schuldhafter Pflichtverletzung von negativer Haftung infolge einfach-schuldhafter Pflichtverletzung von keiner Haftung mangels Verschuldens zu trennen[1117]. Zum anderen erlaubt sie, Pflichten des Geschäftsherrn einzube-ziehen in die Beurteilung des Vertrauendürfens des Geschäftsgegners gem. § 122 II Alt. 2 BGB (i. V. m. §§ 171 I, 172 I BGB), soweit und indem de-ren Wahrung unterstellt werden darf[1118]. Der Vertrauensgrundsatz sollte da-her auch im Rechtsgeschäftsverkehr konzeptionelle Berücksichtigung fin-den. Solch eine Pflichtengrundlage ist den §§ 116 ff. BGB (i. V. m. §§ 171 I, 172 I BGB) nicht fremd. Doch ist sie dort angesichts der Fahrlässigkeits- und damit Pflichtunabhängigkeit der negativen Haftungsstufe der §§ 118, 119 I a. A., 122 I BGB (i. V. m. §§ 171 I, 172 I BGB) nicht konsequent ver-wirklicht worden[1119]. Das sollte jedoch nicht dazu führen, nach gänzlich andersartigen Konzeptionen zu suchen.

[1117] Siehe oben VI.3.d)cc) bei Fn. 878 f.; VI.5.a)cc) in Fn. 935; VI.c) bei Fn. 957 f.

[1118] Siehe oben V.1.c), V.2.

[1119] Siehe oben V.1.c), 4.c), 5.b), 6.c)cc), VI.4.

Literaturverzeichnis

Adam, Leonhard: Die Lüge im Recht, in: Lipmann, Otto/Plaut, Paul (Hrsg.): Die Lüge in psychologischer, philosophischer, juristischer, pädagogischer, historischer, soziologischer, sprach- und literaturwissenschaftlicher und entwicklungsgeschichtlicher Betrachtung, S. 158 ff., Leipzig 1927

Ahrens, Hans-Jürgen: Anmerkung zu BGH, Entscheidung vom 7. Juni 1984, IX ZR 66/83, JZ 1984, S. 986 f.

Albrecht, Astrid: Biometrische Verfahren im Spannungsfeld von Authentizität im elektronischen Rechtsverkehr und Persönlichkeitsschutz, Baden-Baden 2003

Albrecht, Gisela: Voraussetzungen und Grenzen der Haftung des angeblich Vertretenen aus der sogenannten Anscheinsvollmacht, Mainz 1958

Alternativkommentar zur Zivilprozessordnung, Neuwied 1987

Altmeppen, Holger: Disponibilität des Rechtsscheins, Köln 1993

Anwaltkommentar zum BGB, Band 1 – Allgemeiner Teil mit EGBGB, Bonn 2005

Arnold, Christian/*Gehrenbeck,* Cornelia: Kein Rechtsschein nichtiger Treuhändervollmachten – Auswirkungen des Rechtsberatungsgesetzes auf Immobilienfinanzierungen bei Treuhandmodellen, VuR 2004, S. 41 ff.

Bader, Peter: Duldungs- und Anscheinsvollmacht – Zur Entwicklung in der Rechtsprechung der Zivilgerichte und zur dogmatischen Einordnung, Frankfurt am Main 1979

Ballerstedt, Kurt: Zur Haftung für culpa in contrahendo bei Geschäftsabschluss durch Vertreter, AcP 151 (1950/51), S. 501 ff.

Baumbach, Adolf/*Lauterbach,* Wolfgang/*Albers,* Jan/*Hartmann,* Peter: Zivilprozessordnung, 64. Aufl., München 2006

Becker, Tilmann/*Schäfer,* Alexander: Die Anfechtung von Vollmachten, JA 2006, S. 597 ff.

Berger, Christian: Beweisführung mit elektronischen Dokumenten, NJW 2005, 1016 ff.

Bettendorf, Jörg: Elektronische Dokumente und Formqualität, RNotZ 2005, S. 277 ff.,

Bienert, Gunter: „Anscheinsvollmacht" und „Duldungsvollmacht" – Kritik der Rechtsprechung und ihrer Grundlagen, Marburg 1975

Bierekoven, Christiane: Der Vertragsabschluss via Internet im internationalen Wirtschaftsverkehr – Zustandekommen, Schriftform, Beweisrecht, Elektronische Signaturen, Köln 2001

Bieser, Wendelin: Digitale Signatur – Vom Papierdokument zum beweissicheren digitalen Dokument, in Geis, Ivo: Rechtsaspekte des elektronischen Geschäftsverkehrs, S. 49 ff., Eschborn 1999

Bizer, Johann: Sicherheit durch Interaktion – Alternative zu gesetzkonformen Signaturen im E-Commerce, DuD 2002, S. 276 ff.

Blaurock, Uwe/*Adam,* Jürgen: Elektronische Signatur und europäisches Privatrecht, ZEuP 2001, S. 93 ff.

Börms, Steffen: Die fehlerhafte digitale Erklärung, in Geis, Ivo (Hrsg.): Die digitale Kommunikation – Rechtliche Aspekte elektronischer Geschäftsprozesse, S. 89 ff., Eschborn 1997

Bogusch, Ernst: Die neuere Entwicklung der Lehre von der culpa in contrahendo, Königsberg 1928

Borges, Georg/*Meyer,* Julia: Anmerkung zu OLG Köln: Internetauktion, Rechtsscheinhaftung, EWiR 2006, S. 419 f.

Bornemann, Joachim: Die Blankobürgschaft, Marburg 1934

Brehmer, Nikolaus: Willenserklärung und Erklärungsbewusstsein – BGHZ 91, 324, JuS 1986, S. 440 ff.

– Wille und Erklärung, Baden-Baden 1992

Brisch, Klaus: Textform und elektronische Form, CR 1999, S. 537 f.

Britz, Jörg W.: Urkundenbeweisrecht und Elektroniktechnologie – Eine Studie zur Tauglichkeit gesetzlicher Beweisregeln für elektronische Dokumente und ihre Reproduktionen im Zivilprozess, München 1996

– Beschränkung der freien Beweiswürdigung durch gesetzliche Beweisregeln?, ZZP 110 (1997), S. 61 ff.

Brox, Hans: Die Einschränkung der Irrtumsanfechtung, Karlsruhe 1960

Brückner, Dirk: Online-Banking – Sphärenhaftung, Rechtsscheinhaftung, Verschuldenshaftung; eine Erörterung im Hinblick auf das Online Banking nach dem von der deutschen Kreditwirtschaft verwendeten Standard unter besonderer Berücksichtigung von elektronischen Signaturen und rechtsvergleichender Aspekte, Berlin 2002

Bürger, Raimund: Die Tatbestandsvoraussetzungen der Anscheins- und Duldungsvollmacht, insbesondere zur „Häufigkeit des Auftretens" – Eine Analyse der höchstrichterlichen Rechtsprechung, Bielefeld 1992

Bundesminister der Justiz: Abschlussbericht der Kommission zur Überarbeitung des Schuldrechts, Köln 1992

Buss, Oliver: Zivilrechtliche Haftung beim Einsatz elektronischer Signaturen – insbesondere in geschlossenen Zertifizierungssystemen, Aachen 2004

Bydklinski, Franz: Privatautonomie und objektive Grundlagen des verpflichtenden Rechtsgeschäftes, Wien 1967

– Erklärungsbewusstsein und Rechtsgeschäft, JZ 1975, S. 1 ff.

- Willens- und Wissenserklärungen im Arbeitsrecht, ZAS 1976, S. 83 ff., 126 ff.

von Caemmerer, Ernst: Wandlungen des Deliktsrechts, in: Hundert Jahre deutsches Rechtsleben – Festschrift zum hundertjährigen Bestehen des Deutschen Juristentages 1860–1960, S. 49 ff., Karlsruhe 1960

Canaris, Claus-Wilhelm: Die Vertrauenshaftung im deutschen Privatrecht, München 1971

- Schweigen im Rechtsverkehr als Verpflichtungsgrund, in: Festschrift für Walter Wilburg zum 70. Geburtstag, S. 77 ff., Graz 1975
- Anmerkung zu BGH, Entscheidung vom 30. Mai 1975, V ZR 206/73, JZ 1976 S. 132 ff.
- Die Feststellung von Lücken im Gesetz – Eine methodologische Studie über Voraussetzungen und Grenzen der richterlichen Rechtsfortbildung praeter legem, 2. überarbeitete Aufl., Berlin 1983
- Schutzgesetze – Verkehrspflichten – Schutzpflichten, in: Festschrift für Karl Larenz zum 80. Geburtstag, München 1983
- Anmerkung zu BGH, Entscheidung vom 7. Juni 1984, IX ZR 66/83, NJW 1984, S. 2281 f.
- Bewegliches System und Vertrauensschutz im rechtsgeschäftlichen Verkehr, in: Bydlinski, Franz: Das Bewegliche System im geltenden und künftigen Recht, S. 103 ff., Wien 1986
- Die Schadensersatzpflicht der Kreditinstitute für eine unrichtige Finanzierungsbestätigung als Fall der Vertrauenshaftung, in: Bankrecht – Schwerpunkt und Perspektiven – Festschrift für Herbert Schimansky, S. 43 ff., Köln 1999
- Die Reichweite der Expertenhaftung gegenüber Dritten, ZHR 163 (1999), S. 206 ff.
- Die Vertrauenshaftung im Lichte der Rechtsprechung des Bundesgerichtshofs, in: 50 Jahre Bundesgerichtshof – Festgabe aus der Wissenschaft, S. 129 ff., München 2000
- Grundlagen und Rechtsfolgen der Haftung für anfängliche Unmöglichkeit nach § 311 a Abs. 2 BGB, in: Festschrift für Andreas Heldrich zum 70. Geburtstag, S. 11 ff., München 2005

Chiusi, Tiziana: Zur Verzichtbarkeit von Rechtsscheinswirkungen, AcP 202 (2002), S. 494 ff.

von Craushaar, Götz: Der Einfluss des Vertrauens auf die Privatrechtsbildung, München 1969

- Die Bedeutung der Rechtsgeschäftslehre für die Problematik der Scheinvollmacht, AcP 174 (1974), S. 2 ff.

Crezelius, Georg: Zu den Rechtswirkungen der Anscheinsvollmacht, ZIP 1984, S. 791 ff.

Czeguhn, Ignacio: Beweiswert und Beweiskraft digitaler Dokumente im Zivilprozess, JuS 2004, S. 124 ff.

Dästner, Christian: Neue Formvorschriften im Prozessrecht, NJW 2001, S. 3469 ff.

Deitigsmann, Ottmar: Der gerichtliche Schriftsachverständige, JZ 1953, S. 494 ff.

– Fehlurteile auf Grund von unrichtigen Schriftgutachten, NJW 1957, S. 1867 ff.

Demelius, Heinrich: M. Wellspachers Vollmachtslehre, AcP 153 (1953), S. 1 ff.

Deutsch, Erwin: Das neue System der Gefährdungshaftungen: Gefährdungshaftung, erweiterte Gefährdungshaftung und Kausal-Vermutungshaftung, NJW 1992, S. 73 ff.

– Fahrlässigkeit und erforderliche Sorgfalt, 2. und ergänzte Auflage, Köln 1995

– Allgemeines Haftungsrecht, 2. Auflage, München 1996

– Die Fahrlässigkeit im neuen Schuldrecht, AcP 202 (2002), S. 889 ff.

Deutsch, Thomas: Die Beweiskraft elektronischer Dokumente, JurPC Web-Dokument 188, 2000

Dobbertin, Hans: Digitale Fingerabdrücke – Sichere Hashfunktionen für digitale Signaturen, DuD 1997, S. 82 ff.

Dörner, Heinrich: Rechtsgeschäfte im Internet, AcP 202 (2002), S. 363 ff.

Dorn, Dietrich-W./*Krämer,* Clemens: E-Commerce, Produkte und Dienstleistungen im Internet – die rechtlichen Grundlagen, Berlin 2003

Ehlerding, Wilhelm: Scheinvollmacht, Göttingen 1929

Eichler, Hermann: Die Rechtslehre vom Vertrauen – Privatrechtliche Untersuchungen über den Schutz des Vertrauens, Tübingen 1950

Eidam, Harriet: Typische Risiken des elektronischen Geschäftsverkehrs, Frankfurt am Mai, 2005

Engel-Flechsig, Stefan: Rechtliche Grundlagen für die Informationsgesellschaft, in Geis, Ivo: Rechtsaspekte des elektronischen Geschäftsverkehrs, S. 15 ff., Eschborn 1999

Englisch, Susanne: Elektronische gestützte Beweisführung im Zivilprozess, Bielefeld 1999

Erman, Bürgerliches Gesetzbuch, 11. Aufl., Köln 2004

Erner, Günter: Die Haftung aus Rechtsschein (Verschuldenshaftung?), Frankfurt a. M. 1937

Ernst, Otto: Haftung aus Scheinvollmacht, Freiburg 1934

Esser, Josef: Grundlagen und Entwicklung der Gefährdungshaftung, 2. Aufl., München 1969

Eujen, Heiko/*Frank,* Rainer: Anfechtung der Bevollmächtigung nach Abschluss des Vertretergeschäfts?, JZ 1973, S. 232 ff.

Evans-v. Krbek, Franziska-Sophie: Nichterfüllungsregeln auch bei weiteren Verhaltens- oder Sorgfaltspflichtverletzungen?, AcP 179 (1979), S. 85 ff.

Fikentscher, Wolfgang: Scheinvollmacht und Vertreterbegriff, AcP 154 (1954), S. 1 ff.

Fischer, Gerfried: Die Blanketterklärung – Eine typologische Untersuchung, Göttingen 1975

Fischer, Peter: Die dogmatische Stellung der Blanketterklärung, Bonn 1969

Fischer-Dieskau, Stefanie/*Gitter,* Rotraud/*Paul,* Sandra/*Steidle,* Roland: Elektronisch signierte Dokumente als Beweismittel im Zivilprozess, MMR 2002, S. 709 ff.

– Der Referentenentwurf zum Justizkommunikationsgesetz aus Sicht des Signaturrechts, MMR 2003, S. 701 ff.

Fischer-Dieskau, Stefanie/*Gitter,* Rotraud/*Hornung,* Gerrit: Die Beschränkung des qualifizierten Zertifikats – § 7 I Nr. 7 SigG als wichtiges Mittel der Risikokalkulation, MMR 2003, S. 384 ff.

Flume, Werner: Rechtsgeschäft und Privatautonomie, in: Hundert Jahre Deutsches Rechtsleben – Festschrift zum hundertjährigen Bestehen des deutschen Juristentages 1860–1960, S. 135 ff., Karlsruhe 1960

– Das Rechtsgeschäft, 4. Aufl., Berlin 1992

Först, Klaus: Blanko unterschriebene Vertragsurkunden im deutschen und englischen Recht – Eine rechtsvergleichende Untersuchung, Kiel 1987

Fox, Dirk: Fälschungssicherheit digitaler Signaturen, DuD 1997, S. 69 ff.

Fritz, Julia: Vertragsschluss-Modalitäten im elektronischen Geschäftsverkehr – § 312 e BGB, Hamburg 2003

Fritzsche, Jörg/*Malzer,* Hans M.: Ausgewählte zivilrechtliche Probleme elektronisch signierter Willenserklärungen, DNotZ 1995, S. 3 ff.

Frotz, Gerhard: Verkehrsschutz im Vertretungsrecht, Frankfurt am Main 1972

Geusen, Manfred: Das Handeln unter fremdem Namen im Zivilrecht, Köln 1966

Gotthard, Peter Jürgen: Der Vertrauensschutz bei der Anscheinsvollmacht im deutschen und im französischen Recht, Karlsruhe 1970

Gottsmann, Ortwin: Die Anscheinsvollmacht – Ein Unterfall der Culpa in contrahendo, Köln 1964

Gounalakis, Georgios/*Rhode,* Lars: Haftung der Zertifizierungsstellen – Neue Signaturnormen als Schutzgesetze im Sinne des § 823 Abs. 2 BGB?, K&R 1998, S. 225 ff.

Grigoleit, Hans Christoph: Vorvertragliche Informationshaftung – Vorsatzdogma, Rechtsfolgen, Schranken, München 1997

Grimme, Rainer: Duldungs- und Anscheinsvollmacht, JuS 1989, Lernbogen S. 49 ff.

Großfeld, Claudia: Die Rechtsscheinvollmacht im deutschen und italienischen Recht, Münster 2002

Grüter, Hugo: Stillschweigende Bevollmächtigung und Scheinvollmacht im Rechtsverkehr der Sparkassen, Kiel 1936

Grundschok, Lothar: Der geheime Vorbehalt des § 116 BGB und seine gemeinrechtlichen Grundlagen, Frankfurt am Main 1965

Haas, Lothar: Zur Haftung der Zertifizierungsstellen nach dem Signaturgesetz gegenüber Dritten, in FS für Heinrichs, S. 261 ff., München 1998

Hähnchen, Susanne: Das Gesetz zur Anpassung der Formvorschriften des Privatrechts und anderer Vorschriften an den modernen Rechtsgeschäftsverkehr, NJW 2001, S. 2831 ff.

Hahn, Carl: Die gesammten Materialien zur Civilprozessordnung und dem Einführungsgesetz zu derselben vom 30. Januar 1877, 2. Band, Materialien zur Civilprozessordnung, Berlin 1880

Hanloser, Stefan: Stellvertretung und Botenschaft, Frankfurt am Main 2004

Heinrich, Christian: Die Beweislast bei Rechtsgeschäften, Köln 1996

Henle, Rudolf: Vorstellungs- und Willenstheorie in der Lehre von der juristischen Willenserklärung, Leipzig 1910

Henrich, Dieter: Die Unterschrift unter einer nicht gelesenen Urkunde – Eine rechtsvergleichende Betrachtung, RabelsZ 35 (1971), S. 55 ff.

Hentschel, Peter: Straßenverkehrsrecht, 37. Auflage, München 2003

Henze, Adolf: Der „Rechtsschein" als grundlegendes Prinzip und einzigartiger Blickpunkt des deutschen Rechtslebens, behandelt an den Fällen der Anfechtbarkeit von Rechtsgeschäften und der Todeserklärung, Coburg 1934

Hepting, Reinhard: Erklärungswille, Vertrauensschutz und rechtsgeschäftliche Bindung, in Festschrift der rechtswissenschaftlichen Fakultät zur 600-Jahr-Feier der Universität zu Köln, S. 209 ff., Köln 1988

Heusch, Clemens-August: Die elektronische Signatur – Änderungen des Bürgerlichen Rechts aufgrund der Signatur-Richtlinie (1999/93/EG) durch das Gesetz zur Anpassung der Formvorschriften des Privatrechts an den modernen Rechtsgeschäftsverkehr vom 13. Juli 2001, Berlin 2004

von Hippel, Fritz: Das Problem der rechtsgeschäftlichen Privatautonomie, Tübingen 1936

Historisch-kritischer Kommentar zum BGB, Band I – Allgemeiner Teil – §§ 1–240 BGB, Tübingen 2003

Hofer, Sibylle: Freiheit ohne Grenzen? – Privatrechtstheoretische Diskussionen im 19. Jahrhundert, Tübingen 2001

Hoffmann, Mario: Willenserklärungen im Internet – Rechtssicherheit durch elektronische Signaturen sowie Anpassung der Formvorschriften und des Beweisrechts, Hamburg 2003

Hopt, Klaus J.: Nichtvertragliche Haftung außerhalb von Schadens- und Bereicherungsausgleich – Zur Theorie und Dogmatik des Berufsrechts und der Berufshaftung, AcP 183 (1983), S. 608 ff.

Hübner, Heinz: Zurechnung statt Fiktion einer Willenserklärung, in Festschrift für Hans Carl Nipperdey zum 70. Geburtstag, S. 373 ff., München 1965

– Allgemeiner Teil des Bürgerlichen Gesetzbuchs, 2. Aufl., Berlin 1996

Hueck, Götz: Bote – Stellvertreter im Willen – Stellvertreter in der Erklärung, AcP 152 (1952), S. 432 ff.

Hupka, Josef: Die Vollmacht – Eine civilistische Untersuchung mit besonderer Berücksichtigung des deutschen Bürgerlichen Gesetzbuchs, Leipzig 1900

Isay, Hermann: Die Willenserklärung im Tatbestand des Rechtsgeschäfts nach dem BGB für das deutsche Reich, Jena 1899

Jahr, Günther: Geltung des Gewollten und Geltung des Nicht-Gewollten – Zu Grundfragen des Rechts empfangsbedürftiger Willenserklärungen, JuS 1989, S. 249 ff.

Jakobs, Horst Heinrich/*Schubert,* Werner (Hrsg.): Die Beratung des Bürgerlichen Gesetzbuchs in systematischer Zusammenstellung der unveröffentlichten Quellen, Berlin 1985
– Allgemeiner Teil, 1. Teilband zu §§ 1–240
– Allgemeiner Teil, 2. Teilband zu §§ 1–240
– Recht der Schuldverhältnisse, 1. Teilband zu §§ 241–432
– Recht der Schuldverhältnisse, 3. Teilband zu §§ 652–853

von Jhering, Rudolf: Culpa in contrahendo – Schadensersatz bei nichtigen und nicht zur Perfection gelangten Verträgen, Jherings Jahrbücher Band 4 (1861), S. 1 ff.

Jungermann, Sebastian: Der Beweiswert elektronischer Signaturen – eine Studie zur Verlässlichkeit elektronischer Signaturen und zu den Voraussetzungen und Rechtsfolgen des § 292 a ZPO, Frankfurt am Main 2002

– Der Beweiswert elektronischer Signaturen – Zu den Voraussetzungen und Rechtsfolgen des § 292 a ZPO, DuD 2003, S. 69 ff.

Karollus, Martin: Unbeschränkter Schuldnerschutz nach § 409 BGB?, JZ 1992, S. 557 ff.

Kath, Peter/*Riechert,* Anne: Internet-Vertragsrecht, Berlin 2002

Kellmann, Christof: Grundprobleme der Willenserklärung, Jus 1971, S. 609 ff.

Kelsen, Hans: Reine Rechtslehre, 2., vollständig neu bearbeitete und erweiterte Auflage, Wien 1960

Kindl, Johann: Rechtsscheintatbestände und ihre rückwirkende Beseitigung, Berlin 1999

Knauth, Katherine: Zur Bedeutung des Unrechtsbewusstseins für den Vorsatz im Zivilrecht, Köln 1977

Köhler, Helmut: Die Unterschrift als Rechtsproblem, in: Festschrift für Helmut Schippel zum 65. Geburtstag, S. 209 ff., München 1996

Köhler, Markus/*Arndt,* Hans-Wolfgang: Recht des Internet, 4. Aufl., Heidelberg 2003

Köndgen, Johannes: Selbstbindung ohne Vertrag – Zur Haftung aus geschäftsbezogenem Handeln, Tübingen 1981

Kothe, Herbert: Scheinvollmacht, Forchheim 1937

Krebber, Sebastian: Der nicht zufällige Kontakt ohne Vertragsnähe auf der Grenze zwischen vertraglicher und deliktischer Haftung – eine Untersuchung zu § 311 Abs. 2 und 3 BGB, VersR 2004, S. 150 ff.

Kreuzer, Karl: Prinzipien des deutschen außervertraglichen Haftungsrechts – Eine Skizze, in: Festschrift für Werner Lorenz zum 70. Geburtstag, S. 123 ff., Tübingen 1991

Krückmann, Paul: Nachlese zur Unmöglichkeitslehre, Jherings Jahrbücher Band 57 (1910), S. 1 ff.

Krüger, Thomas/*Bütter,* Michael: „Justitia goes online!" – Elektronischer Rechtsverkehr im Zivilprozess, MDR 2003, S. 181 ff.

Kuhn, Matthias: Rechtshandlungen mittels EDV und Telekommunikation – Zurechenbarkeit und Haftung, München 1991

Larenz, Karl: Hegels Zurechnungslehre und der Begriff der objektiven Zurechnung – Ein Beitrag zur Rechtsphilosophie des kritischen Idealismus und zur Lehre von der „juristischen Kausalität", Leipzig 1927

– Die Methode der Auslegung des Rechtsgeschäfts – Zugleich ein Beitrag zur Theorie der Willenserklärung, Leipzip 1930

– Kennzeichen geglückter richterlicher Rechtsfortbildung, Karlsruhe 1965

– Bemerkungen zur Haftung für „culpa in contrahendo", in Festschrift für Kurt Ballerstedt zum 70. Geburtstag, S. 397 ff., Berlin 1975

– Allgemeiner Teil des deutschen bürgerlichen Rechts, 7. Aufl., München 1988

– Lehrbuch des Schuldrechts – Erster Band: Allgemeiner Teil, 14. Aufl., München 1987

Larenz, Karl/*Canaris,* Claus-Wilhelm: Lehrbuch des Schuldrechts – Zweiter Band: Besonderer Teil – 2. Halbband, 13. Aufl., München 1994

– Methodenlehre der Rechtswissenschaft, 3. Aufl., Heidelberg 1995

Larenz, Karl/*Wolf,* Manfred: Allgemeiner Teil des Bürgerlichen Rechts, 9. Aufl., München 2004

Lehmann, Heinrich: Allgemeiner Teil des Bürgerlichen Gesetzbuchs, 2. Aufl., Berlin 1922

Lehmann, Michael: Vertragsanbahnung durch Werbung, München 1981

Leonhard, Franz: Verschulden beim Vertragsschluss, Berlin 1910

Lieb, Manfred: Grundfragen einer Schuldrechtsreform, AcP 183 (1983), S. 327 ff.

Loges, Rainer: Die Begründung neuer Erklärungspflichten und der Gedanke des Vertrauensschutzes, Berlin 1991

Looschelders, Dirk: Die Mitverantwortlichkeit des Geschädigten im Privatrecht, Tübingen 1999

Lorenz, Stephan: Der Schutz vor dem unerwünschten Vertrag, eine Untersuchung von Möglichkeiten und Grenzen der Abschlusskontrolle im geltenden Recht, München 1997 *von Lübtow,* Ulrich: Zur Anfechtung von Willenserklärungen wegen arglistiger Täuschung, in: Festschrift für Horst Bartholomeyczik zum 70. Geburtstag, S. 249 ff., Berlin 1973

Lüdemann, Voker/*Adams,* Nils: Die elektronische Signatur in der Rechtspraxis, K & R 2002, S. 8 ff.

Lüderitz, Alexander: Auslegung von Rechtsgeschäften – Vergleichende Untersuchung anglo-amerikanischen und deutschen Rechts, Karlsruhe 1966

Malzer, Hans Michael: Neuere Gesetzgebung zur Erleichterung des elektronischen Geschäftsverkehrs und ihre Auswirkungen auf die notarielle Tätigkeit, in: Bettendorf, Jörg (Hrsg.): EDV und Internet in der notariellen Praxis, S. 185 ff., Köln 2002

– Elektronische Beglaubigung und Medientransfer durch den Notar nach dem Justizkommunikationsgesetz, DNotZ 2006, S. 9 ff.

Manigk, Alfred: Willenserklärung und Willensgeschäft – ihr Begriff und ihre Behandlung nach Bürgerlichem Gesetzbuch; ein System der juristischen Handlungen, Berlin 1907

– Irrtum und Auslegung – Zwei Grundpfeiler der Lehre von der Willenserklärung, Berlin 1918

Mankowski, Peter: Wie problematisch ist die Identität des Erklärenden bei E-Mails wirklich?, NJW 2002, S. 2822 ff.

– Für einen Anscheinsbeweis hinsichtlich der Identität des Erklärenden bei E-Mails, CR 2003, S. 44 ff.

Marienfeld, Stephan: Darf sich der deutsche Anwalt auf Signature Pages verlassen?, RIW 2003, S. 660 ff.

Meder, Stephan: Schuld, Zufall, Risiko – Untersuchungen struktureller Probleme privatrechtlicher Zuordnung, Frankfurt am Main, 1993

– Risiko als Kriterium der Schadensverteilung, JZ 1993, S. 539 ff.

Medicus, Dieter: Allgemeiner Teil des BGB, 8. Aufl., Heidelberg 2002

– Zur Entdeckungsgeschichte der *culpa in contrahendo,* in Festgabe für Max Kaser zum 80. Geburtstag, S. 169 ff., Wien 1986

– Die culpa in contrahendo zwischen Vertrag und Delikt, in Festschrift für Max Keller zum 65. Geburtstag, S. 205 ff., Zürich 1989

– Probleme um das Schuldverhältnis, Berlin 1987

Meier, Hermann Henrich: Die gesetzgeberischen Grundgedanken der Vorschriften in den §§ 116–122 BGB, Göttingen 1911

Meltz, Karl: Die Vertretungsmacht kraft Rechtsscheins, Rostock 1933

Merkt, Hanno: Die dogmatische Zuordnung der Duldungsvollmacht zwischen Rechtsgeschäft und Rechtsscheintatbestand, AcP 204 (2004), S. 638 ff.

Mestmäcker, Ulrich, Immenga, Ernst-Joachim: GWB – Kommentar zum Kartellrecht, 3. Aufl., München 2001

Meyer, Hans Heinrich: Die Scheinvollmacht im System der Lehre von der Vertretungsmacht nach dem Bürgerlichen Gesetzbuch, Wesermünde-Lehe 1926

Meyer, Herbert: Vom Rechtsschein des Todes, Leipzig 1912

Michel, Lothar: Gerichtliche Schriftvergleichung – Eine Einführung in Grundlagen, Methoden und Praxis, 1982

Miedbrodt, Anja/*Mayer,* Patrick: E-Commerce – Digitale Signaturen in der Praxis, MDR 2001, S. 432 ff.

Moritz, Hans-Werner/*Dreier,* Thomas: Rechts-Handbuch zum E-Commerce, 2. Aufl., Köln 2005

Münchener Kommentar zum Bürgerlichen Gesetzbuch
 – Band 1, Allgemeiner Teil, 4. Auflage, München 2001
 – Band 1a, Allgemeiner Teil (Auszug), München 2003
 – Band 2a, Schuldrecht Allgemeiner Teil, 4. Aufl., München 2003

Müglich, Andreas: Neue Formvorschriften für den E-Commerce – Zur Umsetzung der EU-Signaturrichtlinie in deutsches Recht, MMR 2000, S. 7 ff.

Müller, Gerd: Zu den Grenzen der analogen Anwendbarkeit des § 172 BGB in den Fällen des Blankettmißbrauchs und den sich daraus ergebenden Rechtsfolgen, AcP 181 (1981), S. 515 ff.

Müller-Erzberg, Rudolf: Gefährdungshaftung und Gefahrtragung, AcP 106 (1910), S. 309 ff.

Müller-Freienfels, Wolfram: Die Vertretung beim Rechtsgeschäft, Tübingen 1955

Mugdan, Benno: Die gesamten Materialien zum Bürgerlichen Gesetzbuch für das Deutsche Reich, Neudruck der Ausgabe Berlin 1899, Aalen 1979
 – Band 1 – Einführungsgesetz und Allgemeiner Teil
 – Band 2 – Recht der Schuldverhältnisse

Musielak, Hans-Joachim: Die Grundlagen der Beweislast im Zivilprozess, Berlin 1975

 – Kommentar zur Zivilprozessordnung, 4. Aufl., München 2005

 – Referendarexamensklausur – Bürgerliches Recht: Probleme der Rechtsscheinshaftung, JuS 2004, 1081 ff.

Musielak, Hans-Joachim/*Stadler,* Max: Grundfragen des Beweisrechts, München 1984

Naendrup, Hubert: Begriff des Rechtsscheins und Aufgabe der Rechtsscheinsforschung, Münster 1910

Neuschäfer, Claudia: Blankobürgschaft und Formnichtigkeit, Frankfurt am Main 2004

Nickel, Carsten: Die Rechtsfolgen der culpa in contrahendo, Berlin 2004

Nirk, Rudolf: Culpa in contrahendo – eine richterliche Rechtsfortbildung in der Rechtsprechung des Bundesgerichtshofs, in: Festschrift für Philipp Möhring zum 65. Geburtstag, S. 385 ff., München 1965

– Culpa in contrahendo – eine geglückte richterliche Rechtsfortbildung – Quo Vadis?, in: Festschrift für Philipp Möhring zum 75. Geburtstag, S. 71 ff., München 1975

Noack, Ulrich: Digitaler Rechtsverkehr: Elektronische Signatur, elektronische Form und Textform, DStR 2001, S. 1893 ff.

Nowak, Ulrich: Der elektronische Vertrag – Zustandekommen und Wirksamkeit unter Berücksichtigung des neuen „Formvorschriftenanpassungsgesetzes", MDR 1999, S. 841 ff.

Oberheim, Rainer: Beweiserleichterungen im Zivilprozess, JuS 1996, S. 636 ff.

Oberndörfer, Julian: Die EG-Richtlinie über „gemeinschaftliche Rahmenbedingungen für elektronische Signaturen" und das Bankgeschäft – am Beispiel von db-order, NJW-CoR 2000, S. 228 ff.

Oertel, Klaus: Elektronische Form und notarielle Aufgaben im elektronischen Rechtsverkehr, MMR 2001, S. 419 ff.

Oertmann, Paul: Grundsätzliches zur Lehre vom Rechtsschein, ZHR 95 (1930), S. 443 ff.

Paefgen, Thomas Christian: Bildschirmtext aus zivilrechtlicher Sicht – Die elektronische Anbahnung und Abwicklung von Verträgen, Weinheim 1988

– Anmerkung zu OLG Oldenburg – Rechtsscheinhaftung im Btx-Dienst, CR 1993, S. 558 ff.

Palandt, Otto: Bürgerliches Gesetzbuch, 65. Aufl., München 2006

Patermann, Christian: Die Entwicklung des Prinzips der freien Beweiswürdigung im ordentlichen deutschen Zivilprozess in Gesetzgebung und Lehre, Bonn 1970

Pawlowski, Hans-Martin: Allgemeiner Teil des BGB, 7. Aufl., Heidelberg 2003

Peters, Frank: Zur Geltungsgrundlage der Anscheinsvollmacht, AcP 179 (1979), S. 214 ff.

– Die Selbstsperre des Glücksspielers, JR 2002, S. 177 ff.

Picker, Eduard: Positive Forderungsverletzung und culpa in contrahendo – Zur Problematik der Haftungen „zwischen" Vertrag und Delikt, AcP 183 (1983), S. 396 ff.

Pordesch, Ulrich/*Nissen,* Kai: Fälschungsrisiken elektronisch signierter Dokumente, CR 1995, S. 562 ff.

– Der fehlende Nachweis der Präsentation signierter Daten, DuD 2000, S. 89 ff.

– Die elektronische Form und das Präsentationsproblem, Baden-Baden 2003

Rapp, Christiane: Rechtliche Rahmenbedingungen und Formqualität elektronischer Signaturen, München 2002

Redeker, Helmut: Geschäftsabwicklung mit externen Rechnern im Bildschirmtextdienst, NJW 1984, S. 2390 ff.

– IT-Recht in der Praxis, 3. Aufl., München 2003

Reichs-Justizamt: Protokolle der Kommission für die zweite Lesung des Entwurfs des Bürgerlichen Gesetzbuchs, Band I – Allgemeiner Theil und Recht der Schuldverhältnisse Abschn. I, Abschn. II Tit. 1, Berlin 1897 (zitiert: Prot II 1)

Reinicke, Dietrich/*Tiedtke*, Klaus: Die Haftung des Blankettgebers aus dem abredewidrig ausgefüllten Blankett im bürgerlichen Recht, JZ 1984, S. 550 ff.

Reinicke, Hans Joachim: Die Scheinvollmacht im Rahmen der Lehre vom Rechtsschein, Marburg 1924

Reithmann, Christoph: Vorsorgende Rechtspflege durch Notare und Gerichte: Sicherung des Rechtsverkehrs durch Urkunden und Register, Köln 1989

Renck, Ludwig: Zum Anwendungsbereich des Satzes „lex posterior derogat legi priori", JZ 1970, S. 770 f.

Rieder, Markus S.: Die Rechtsscheinhaftung im elektronischen Geschäftsverkehr – eine rechtsvergleichende Untersuchung nach dem Recht der Bundesrepublik Deutschland, der Vereinigten Staaten von Amerika und Regelwerken internationaler Organisationen, Berlin 2004

Rödig, Jürgen: Die Theorie des gerichtlichen Erkenntnisverfahrens – Die Grundlinien des zivil-, straf- und verwaltungsgerichtlichen Prozesses, Berlin 1973

Rommé, Oliver: Der Anscheinsbeweis im Gefüge von Beweiswürdigung, Beweismaß und Beweislast, Köln 1989

Roßnagel, Alexander: Die Sicherheitsvermutung des Signaturgesetzes, NJW 1998, S. 3312 ff.

– Das neue Recht elektronischer Signaturen – Neufassung des Signaturgesetzes und Änderung des BGB und der ZPO, NJW 2001, S. 1817 ff.

– Rechtliche Unterschiede von Signaturverfahren, MMR 2002, 215 ff.

– Eine konzertierte Aktion für die elektronische Signatur, MMR 2003, S. 1 f.

– Die fortgeschrittene elektronische Signatur, MMR 2003, S. 164 ff.

– Das elektronische Verwaltungsverfahren – Das Dritte Verwaltungsverfahrensänderungsgesetz, NJW 2003, S. 469 ff.

Roßnagel, Alexander/*Fischer-Dieskau*, Stefanie: Elektronische Dokumente als Beweismittel – Neufassung der Beweisregelungen durch das Justizkommunikationsgesetz, NJW 2006, S. 806 ff.

– Die Ausgabe sicherer Signaturerstellungseinheiten, MMR 2006, S. 441 ff.

Roßnagel, Alexander/*Fischer-Dieskau*, Stefanie/*Pordesch*, Ulrich/*Brandner*, Ralf: Erneuerung elektronischer Signaturen – Grundfragen der Archivierung elektronischer Dokumente, CR 2003, S. 301 ff.

Roßnagel, Alexander/*Pfitzmann*, Andreas: Der Beweiswert von E-Mail, NJW 2003, S. 1209 ff.;

– (Hrsg.): Recht der Multimedia-Dienste, Loseblattsammlung, München Stand Juni 2004

- Elektronische Signaturen mit der Bankkarte? – Das Erste Gesetz zur Änderung des Signaturgesetzes, NJW 2005, S. 385 ff.

Rothoeft, Dietrich: System der Irrtumslehre als Methodenfrage der Rechtsvergleichung, dargestellt am deutschen und englischen Vertragsrecht, Tübingen 1986

- Faktoren der Risikoverteilung bei privatautonomem Handeln, AcP 170 (1970), S. 230 ff.

Rudolph, Arne G.: Vertragsschluss im elektronischen Geschäftsverkehr, Hamburg 2005

Rümelin, Max: Schadensersatz ohne Verschulden, Tübingen 1910

Säcker, Franz-Jürgen: Rechtsgeschäftsauslegung und Vertrauensprinzip, Juristische Analysen 1971, S. 509 ff.

Sanner, Markus: Die digitale Signatur, Regensburg 2001

von Savigny, Friedrich Karl: System des heutigen römischen Rechts, Band 3, 2. Neudruck der Ausgabe Berlin 1840, Aalen 1981

Scheffler, Hauke/*Dressel*, Christian: Vorschläge zur Änderung zivilrechtlicher Formvorschriften und ihre Bedeutung für den Wirtschaftszweig E-Commerce, CR 2000, S. 378 ff.

Schemmann, Till: Die Beweiswirkung elektronischer Signaturen und die Kodifizierung des Anscheinsbeweises in § 371 a Abs. 1 Satz 2 ZPO, ZZP 118 (2005), S. 161 ff.

Schiemann, Gottfried: Das allgemeine Schädigungsverbot: „alterum non laedere", JuS 1989, S. 345 ff.

Schmidl, Michael: Die elektronische Signatur – Funktionsweise, rechtliche Implikationen, Auswirkungen der EG-Richtlinie, CR 2002, S. 508 ff.

Schmidt, Karsten: Falsus-procurator-Haftung und Anscheinsvollmacht – Ein Versuch über Zivilrechtsdogmatik und Prozessstrategie, in: FS für Joachim Gernhuber zum 70. Geburtstag, S. 435 ff., Tübingen 1993

Schmitz, Heribert/*Schlatmann*, Arne: Digitale Verwaltung? – Das Dritte Gesetz zur Änderung verwaltungsverfahrensrechtlicher Vorschriften, NVwZ 2002, S. 1281 ff.

Schneider, Jochen: Handbuch des EDV-Rechts, 3. Aufl., Köln 2003

Schneier, Bruce: Angewandte Kryptographie, Bonn 1996

Schoan, Hans: Die Einrede der Arglist, Halle/Saale 1931

Scholz, Walter: Verschulden beim Vertragsschluss, Göttingen 1930

Schröter, Jürgen: Rechtssicherheit im elektronischen Geschäftsverkehr – Zur Notwendigkeit einer gesetzlichen Zurechnungsregelung beim Einsatz elektronischer Signaturen, WM 2000, S. 2134 f.

Schubert, Johann-Georg: Anscheinsvollmacht und Privatautonomie, Berlin 1970 (zitiert: J.-G. Schubert)

Schubert, Werner: Zu einer Edition unveröffentlichter Materialien zum BGB – Zugleich ein Beitrag zur Entstehungsgeschichte des § 119 BGB, AcP 175 (1975), S. 426 ff.

– (Hrsg): Die Vorlagen der Redaktoren für die erste Kommission zur Ausarbeitung des Entwurfs eines Bürgerlichen Gesetzbuchs – Unveränderter photomechanischer Nachdruck der als Manuskript vervielfältigten Ausgabe aus den Jahren 1876 bis 1887
– Gebhard, Albert: Allgemeiner Teil, Teil 2, Nachdruck Berlin 1981
– Von Kübel, Franz Philipp: Recht der Schuldverhältnisse, Teil 1, Nachdruck Berlin 1980

– Anmerkung zu BGH, Entscheidung vom 7. Juni 1984, IX ZR 66/83, JR 1985, S. 15 f.

Schuster, Helmut: Das Erklärungsbewusstsein im Tatbestand der Willenserklärung, Düsseldorf 1939

von Seeler, Wilhelm: Vollmacht und Scheinvollmacht, Archiv für Bürgerliches Recht, Band 28 (1906), S. 1 ff.

Sieber, Stefanie/*Nöding*, Toralf: Die Reform der elektronischen Unterschrift, ZUM 2001, S. 199 ff.

Siegel, Julius: Die Blanketterklärung – Ihre juristische Konstruktion und ihre Behandlung nach dem materiellen Recht und dem Prozessrecht, München 1908

Singer, Reinhard: Geltungsgrund und Rechtsfolge der fehlerhaften Willenserklärung, JZ 1989, S. 1030 ff.

– Das Verbot widersprüchlichen Verhaltens, München 1993

– Selbstbestimmung und Verkehrsschutz im Recht der Willenserklärungen, München 1995

Soergel, Hans Theodor: Bürgerliches Gesetzbuch mit Einführungsgesetz und Nebengesetzen,
– Band 2 – Allgemeiner Teil, 13. Aufl., Stuttgart 1999

Sonntag, Emil: Schadensersatzpflicht wegen Nichtzustandekommen eines Vertrages, Oppeln 1926

Spindler, Gerald: Anmerkung zu OLG Brandenburg: Störerhaftung von eBay bei Identitätsdiebstahl, MMR 2006, S. 110 f.

Stadler, Astrid: Der Zivilprozess und neue Formen der Informationstechnik, ZZP 115 (2002), S. 413 ff.

Staub, Hermann: Die positiven Vertragsverletzungen, 2., durch Eberhard Müller ergänzte Auflage, Berlin 1913

von Staudinger, Julius: Kommentar zum Bürgerlichen Gesetzbuch mit Einführungsgesetz und Nebengesetzen, Buch 1 – Allgemeiner Teil – §§ 164–240, Neubearbeitung 2004

Storr, Stefan: Elektronische Kommunikation in der öffentlichen Verwaltung – Die Einführung des elektronischen Verwaltungsakts, MMR 2002, S. 579 ff.

Struck, Gerhard: Dogmatische Diskussion über Dogmatik, JZ 1975, S. 84 ff.

Stüsser, Rolf: Die Anfechtung der Vollmacht nach bürgerlichem Recht und Handelsrecht, Berlin 1986

Süßenberger, Christoph: Das Rechtsgeschäft im Internet, Frankfurt am Main 2000

Taupitz, Jochen/*Kritter,* Thomas: Electronic Commerce – Rechtsprobleme bei Rechtsgeschäften im Internet, JuS 1999, S. 839 ff.

Thomale, Hans-Christoph: Haftung und Prävention nach dem Signaturgesetz, Baden-Baden 2003

– Die Haftungsregelung nach § 11 SigG, MMR 2004, S. 80 ff.

Thomas, Heinz/*Putzo,* Hans: Zivilprozessordnung, 27. Aufl., München 2005

Timm, Birte: Signaturgesetz und Haftungsrecht, DuD 1997, S. 525 ff.

Tochtermann, Barbara: Die Anscheinsvollmacht im deutschen und amerikanischen Recht – eine rechtsvergleichende Untersuchung, München 1969

Traub, Werner: Das Erklärungsbewusstsein im Tatbestand der Willenserklärung, Mainz 1971

Tröndle, Herbert/*Fischer,* Thomas: Strafgesetzbuch und Nebengesetze, 51. Aufl., München 2003

Uhlmann, André Marc: Elektronische Verträge aus deutscher, europäischer und US-amerikanischer Sicht – Wirksamwerden, Beweisfragen, Widerruf unter besonderer Berücksichtigung der elektronischen Signatur, Frankfurt am Main 2003

Ulmer, Peter/*Brandner,* Erich/*Hensen,* Horst-Diether: AGB-Gesetz, 8. Aufl., Köln 1997

Ultsch, Michael L.: Digitale Signaturen: in Schwarz, Mathias (Hrsg.): Recht im Internet, 6–2.5

– Zivilrechtliche Probleme elektronischer Erklärungen – dargestellt am Beispiel der Electronic Mail, DZWir 1997, S. 466 ff.

– Digitale Willenserklärungen und digitale Signatur, in: Immenhäuser, Martin/ Wichtermann, Jürg: Vernetzte Welt – Globales Recht, Jahrbuch Junger Zivilrechtswissenschaftler 1998, S. 127 ff.

Unholtz, Jörg Sebastian: Der Ersatz „frustrierter Aufwendungen" unter besonderer Berücksichtigung des § 284 BGB, Berlin 2004

Veldung, Rudolf: Vertrauensschutz redlicher Dritter beim Vorliegen einer Scheinvollmacht, Frankfurt, 1941

Viefhues, Wolfram: Referentenentwurf des Justizkommunikationsgesetz (JkomG) – Auf dem Wege zur elektronischen Gerichtsakte, CR 2003, S. 541 ff.

– Das Gesetz über die Verwendung elektronischer Kommunikationsformen in der Justiz, NJW 2005, S. 1009 ff.

Vogel, Gustav: Mentalreservation und Simulation nach Bürgerlichem Gesetzbuch (§§ 116, 117) unter Hinweis auf das Gemeine Recht, Hagen in Westfalen 1899

Voß: Die Anfechtbarkeit von Blanketterklärungen wegen mißbräuchlicher Ausfüllung nach dem Rechte des Bürgerlichen Gesetzbuchs, Jherings Jahrbücher Band 56 (1910), S. 412 ff.

Waldeyer, Hans-Wolfang: Vertrauenshaftung kraft Anscheinsvollmacht bei anfechtbarer und nichtiger Bevollmächtigung, Münster 1969

Weber, Ralph: Das Handeln unter fremdem Namen, JA 1996, S. 426 ff.

Wellspacher, Moritz: Das Vertrauen auf äußere Tatbestände im bürgerlichen Rechte, Wien 1906

Werba, Ulf: Die Willenserklärung ohne Willen, Berlin 2005

Westermann, Harry: Die Grundlagen des Gutglaubensschutzes, JuS 1963, S. 1 ff.

Wiebe, Andreas: Die elektronische Willenserklärung – Kommunikationstheoretische und rechtsdogmatische Grundlagen des elektronischen Geschäftsverkehrs, Tübingen 2002

Wiegand, Daniel: Vertragliche Beschränkungen der Berufung auf Willensmängel, München 2000

Wieling, Hans: Duldungs- und Anscheinsvollmacht, JA 1991, Übungsblätter S. 222 ff.

Windscheid, Bernhard: Wille und Willenserklärung, AcP 63 (1880), S. 72

Wolf, Manfred/*Horn*, Norbert/*Lindacher*, Walter F.: AGB-Gesetz, 4. Aufl., München 1999

Wolf, Manfred/*Großerichter*, Helge: Ergebnis als Methode der Rechtsfindung? – Zur Entscheidungsserie des II. Zivilsenats des BGH vom 14.6.04 und ihren Folgen für das finanzierte Anlagegeschäft, WM 2004, S. 1993 ff.

Wurm, Michael: Blanketterklärung und Rechtsscheinhaftung, JA 1986, S. 577 ff.

Zöller, Richard: Zivilprozessordnung, 25. Aufl., Köln 2005

Sachwortregister

§ 122 I BGB 60, 172
- Erklärungsversuch dieser
  Konzeption 185, 256
- Fahrlässigkeitsunabhängige
  Konzeption 60 (Fn. 192)
- Restriktionslehren 172

Abhandenkommen 92, 210
Anscheinsbeweis 200
- Gesetzlicher Anscheinsbeweis in
  §§ 292a, 371a I 2 ZPO [2001, 2005]
  21, 199
Anscheinsvollmacht *siehe auch* Schein-
  vollmachten
- Allgemeine Kritik 62
- Aufkommen des Begriffs-
  kompositums 28
- Maßstab der §§ 171 I, 172 I BGB
  i.V.m. §§ 116 ff. BGB 62, 299
- Zurechnungsformeln 30

Blankettmissbrauch 33, 188
- Entwicklung der Rechtsprechung 33
- Maßstab der §§ 171 I, 172 I BGB
  i.V.m. §§ 116 ff. BGB 269, 299
- Zurechnungsformel 33
Btx-Anschlussmissbrauch 25 (Fn. 39),
  149 (Fn. 514)

Culpa in contrahendo 55, 110
- Grundlage negativer Rechtsscheinhaftung 56, 123, 132
- Rechtsgeschäftsähnliches Schuldverhältnis 57, 114
- Relevante Fallgruppe des Ausbleibens der Geschäftswirksamkeit 55,
  60, 111

Duldungsvollmacht *siehe auch* Scheinvollmachten
- Aufkommen des Begriffs-
  kompositums 28
- Maßstab der §§ 171 I, 172 I BGB
  i.V.m. §§ 116 ff. BGB 274, 299
- Zurechnungsformeln 31

Elektronische Form 22, 77
Erklärungsbewusstsein 63 (Fn. 206),
  168 (Fn. 599), 172 (Fn. 609), 254
  (Fn. 904)
Erwägungen *de lege ferenda* 294
- Grobe Fahrlässigkeit 296

Formanpassungsgesetzgebung 21,
  101, 201
- § 126a III BGB-RefE [1999] 34

Geltungstheorie 167

Horizontale Problematik 48, 54, 62,
  95, 109

Justizkommunikationsgesetzgebung
  21, 204

Motivirrtum 229, 282

Naendrup 27, 123

Objektiver Rechtsscheinstatbestand
  30, 122
- Allgemeine Einordnung nach den
  §§ 171 I, 172 I BGB i.V.m.
  §§ 116 ff. BGB 156, 163

– Bedeutung und Grenzen des Vertrauensgrundsatzes 139, 184, 194, 256
– Beschränkte Perspektive bzw. Erkenntnislücke des Geschäftsgegners 38, 66, 78, 125, 164
– Gemeinsames Tatbestandsmerkmal mehrerer Rechtssätze 49, 122, 132, 166, 176
– Geschäftsgegnerisches Mitverschulden 129, 196
– Parameter 137
– Regelbeweiswirkung als Richtigkeitsvermutung 197
– Richtiger und unrichtiger Schein 40, 68, 165

Privatautonomie 63, 287

Rechtsgeschäftslehre 165
– Dreiteilung 241, 289
– Frage der Haftung für unrichtigen Schein als Teilbereich des Rechtsgeschäftsrechts 166, 233 (insb. Fn. 816)
Rechtsscheinhaftung
– Ausgangspunkt und Verfeinerungen der Tatbestandsstruktur 33, 49, 53, 68
– Positive und negative Rechtsscheinhaftung 48, 56
– Widerrufsrecht im Fernabsatz 144
Rechtsscheinsbasis 42, 80, 87, 183
Rechtsscheinsinhalt 37, 131, 195
– Beweisthema 199, 205
– Blankettmissbrauch 38, 188
– Fortbildung von Scheintatbeständen mit von §§ 171 I, 172 I BGB abgewandeltem Inhalt 67, 193
– Signaturkontext 38, 67, 140
– Vollmachtskundgaben und Scheinvollmachten 37, 66, 183
Risikoprinzip 46, 53 (Fn. 173), 296 (Fn. 1068)

Scheinvollmachten 27, 183
– Bürgerlich-gesetzliche Grundlage 32, 65, 183
– Entwicklung der Rechtsprechung 28
– Mehrmaligkeitsformel 31, 40, 143, 183
Schriftvergleichung 84 (Fn. 289)
Schutzgesetz 58, 74, 89, 95, 96
– Grundlage negativer Rechtsscheinhaftung 58, 122, 132
– Vertrauensschutzgesetz 59, 96
Signatur (qualifizierte elektronische Signatur)
– Administrativ-technischer Rahmen qualifiziert elektronischer Signaturen 17, 81
– Arten 16
– Funktionsweise 17
– Hintergrund 76
– Signaturerzeugung 88
– Signaturprüfung 86
– Terminologie 17
– Verbreitungshürden 36, 80
– Signaturgesetzgebung 15, 98
Signaturmissbrauch 19, 20, 147
– Dogmatische Abgrenzung vom Missbrauch von Geldautomatenkarten 112
– Szenarien 89
Signaturschlüssel 17, 83
Signaturschlüssel-Inhaber 18, 82
– Signaturgesetzliche Sicherungsmaßnahmen 19, 58, 100
Skriptologie *siehe* Schriftvergleichung

Unterschieben 91
Untersuchungsbeschränkung auf den bürgerlichen Rechtsgeschäftsverkehr 22, 32, 78

Vertikale Problematik 48, 62, 220
Vertrauensgrundsatz 139, 305
Vertrauensschaden 47, 56, 96, 111

Vertrauenstheorie 46 (Fn. 145), 59
(Fn. 191), 255 (Fn. 908)
Vertrauensschutz *siehe auch* Zwei-
stufigkeit der Rechtsfolgen
– Negative Haftungsstufe 47, 54, 95,
111, 253
– Positive Haftungsstufe 37, 257,
270, 275
– Zusammenspiel beider Vertrauens-
schutzstufen in §§ 116 ff. BGB 242
Vertretung unter fremdem Namen 146
– Signaturgebrauch unter fremdem
Namen 147
– Signaturmissbrauch unter fremdem
Namen 147
Vollmachtskundgaben nach §§ 171 I,
172 I BGB 65
– Anwendung und Fortbildung i. V. m.
§§ 116 ff. BGB 66, 159
– Bestätigungen 229
– Einschränkungsdilemma bei isolierter
Anwendung und Fortbildung 162
– Entstehungsgeschichte 221
– Erteilung, Umfang und Wirksamkeit
einer Innenbevollmächtigung als
mögliche Rechtsscheinsinhalte einer
Kundgebung 66 (Fn. 215), 192
(Fn. 678), 231 (Fn. 813)
– Flumes Qualifikation als einseitige,
selbständige Rechtsgeschäfte 228
– Irrelevanz richtiger Kundgebungen
234
– Kritik der Isolierung der §§ 171 I,
172 I BGB von §§ 116 ff. BGB
156, 280
Von Seeler 27, 157

Wellspacher 158
Willenserklärung als objektiver Schein-
tatbestand 68, 164, 175
Willensmängel 60, 235
– Entstehungsgeschichte der §§ 116 ff.
BGB 242
– Geschäftswille 60, 68, 164, 169,
174, 236
– Hypothetischer Geschäftswille 270
– Problemhierarchisierung von Über-
einstimmungs- und Willensbildungs-
mängeln 236
– Regelung von Übereinstimmungs-
mängeln in §§ 116 ff. BGB als zwei-
stufige Differenzierung der Haftung
für einen unrichtigen Schein 67, 242
Willenstheorie 239
– Gesetzgeberischer Ausgangspunkt
und Durchbrechungen 238

Zertifikat 18, 83
Zertifikatsbeschränkungen 150
Zertifizierungsdiensteanbieter 81
Zurechenbarkeit 33, 46, 100, 168
(Fn. 598)
– Divergenzen der Rechtsprechungs-
linien über Scheinvollmachten und
Blankettmissbrauch 35, 43
Zweistufigkeit der Rechtsfolgen *siehe
auch* positive und negative Rechts-
scheinhaftung 48
– Qualifizierung durch Nachverhalten
276
– Qualifizierung infolge vorsätzlich
widerrechtlichen Verhaltens 269